国家经济安全学

National Economic Security

魏 浩 主编

图书在版编目（CIP）数据

国家经济安全学 / 魏浩主编. —北京：北京大学出版社，2023.6
21世纪经济与管理规划教材. 经济学系列
ISBN 978-7-301-34000-4

Ⅰ. ①国⋯　Ⅱ. ①魏⋯　Ⅲ. ①国家安全—经济安全—高等学校—教材　Ⅳ. ①F114.32

中国国家版本馆CIP数据核字(2023)第089964号

书　　　　名	国家经济安全学
	GUOJIA JINGJI ANQUANXUE
著作责任者	魏　浩　主编
责任编辑	曹　月　李　娟
标准书号	ISBN 978-7-301-34000-4
出版发行	北京大学出版社
地　　　　址	北京市海淀区成府路205号　100871
网　　　　址	http://www.pup.cn
微信公众号	北京大学经管书苑(pupembook)
电子邮箱	编辑部 em@pup.cn　总编室 zpup@pup.cn
电　　　　话	邮购部 010-62752015　发行部 010-62750672　编辑部 010-62752926
印 刷 者	河北文福旺印刷有限公司
经 销 者	新华书店
	787毫米×1092毫米　16开本　28.25印张　675千字
	2023年6月第1版　2024年5月第2次印刷
定　　　　价	78.00元

未经许可，不得以任何方式复制或抄袭本书之部分或全部内容。
版权所有，侵权必究
举报电话：010-62752024　电子邮箱：fd@pup.cn
图书如有印装质量问题，请与出版部联系，电话：010-62756370

丛书出版说明

教材作为人才培养重要的一环,一直都是高等院校与大学出版社工作的重中之重。"21世纪经济与管理规划教材"是我社组织在经济与管理各领域颇具影响力的专家学者编写而成的,面向在校学生或有自学需求的社会读者;不仅涵盖经济与管理领域传统课程,还涵盖学科发展衍生的新兴课程;在吸收国内外同类最新教材优点的基础上,注重思想性、科学性、系统性,以及学生综合素质的培养,以帮助学生打下扎实的专业基础和掌握最新的学科前沿知识,满足高等院校培养高质量人才的需要。自出版以来,本系列教材被众多高等院校选用,得到了授课教师的广泛好评。

随着信息技术的飞速进步,在线学习、翻转课堂等新的教学/学习模式不断涌现并日渐流行,终身学习的理念深入人心;而在教材以外,学生们还能从各种渠道获取纷繁复杂的信息。如何引导他们树立正确的世界观、人生观、价值观,是新时代给高等教育带来的一个重大挑战。为了适应这些变化,我们特对"21世纪经济与管理规划教材"进行了改版升级。

首先,为深入贯彻落实习近平总书记关于教育的重要论述、全国教育大会精神以及中共中央办公厅、国务院办公厅《关于深化新时代学校思想政治理论课改革创新的若干意见》,我们按照国家教材委员会《全国大中小学教材建设规划(2019—2022年)》《习近平新时代中国特色社会主义思想进课程教材指南》《关于做好党的二十大精神进教材工作的通知》和教育部《普通高等学校教材管理办法》《高等学校课程思政建设指导纲要》等文件精神,将课程思政内容尤其是党的二十大精神融入教材,以坚持正确导向,强化价值引领,落实立德树人根本任务,立足中国实践,形成具有中国特色的教材体系。

其次,响应国家积极组织构建信息技术与教育教学深度融合、多种介质综合运用、表现力丰富的高质量数字化教材体系的要求,本系列教材在形式上将不再局限于传统纸质教材,而是会根据学科特点,添加讲解重点难点的视频音频、检测学习效果的在线测评、扩展学习内容的延伸阅读、展示运算过程及结果的软件应用等数字资源,以增强教材的表现力和吸引力,有效服务线上教学、混合式教学等新型教学模式。

为了使本系列教材具有持续的生命力,我们将积极与作者沟通,争取按学制周期对教材进行修订。您在使用本系列教材的过程中,如果发现任何问题或者有任何意见或建议,欢迎随时与我们联系(请发邮件至 em@pup.cn)。我们会将您的宝贵意见或建议及时反馈给作者,以便修订再版时进一步完善教材内容,更好地满足教师教学和学生学习的需要。

最后,感谢所有参与编写和为我们出谋划策提供帮助的专家学者,以及广大使用本系列教材的师生。希望本系列教材能够为我国高等院校经管专业教育贡献绵薄之力!

北京大学出版社
经济与管理图书事业部

前　言

中国共产党第二十次全国代表大会(下称"党的二十大")报告提出,"推进国家安全体系和能力现代化,坚决维护国家安全和社会稳定"。这是中共中央从实现第二个百年奋斗目标、中华民族伟大复兴的战略高度作出的重要部署。这充分体现了新时代新征程国家安全工作在党和国家事业全局中的重要地位,彰显了我们党对国家安全工作的深刻认识和全面把握。自2012年党的十八大以来,以习近平同志为核心的党中央准确把握国家安全形势变化的新特点和新趋势,创造性地提出坚持总体国家安全观,走出了一条中国特色国家安全道路。总体国家安全观是习近平新时代中国特色社会主义思想的重要组成部分,是维护国家安全的指导思想和根本遵循。

推进国家安全体系和能力现代化,必须坚定不移贯彻总体国家安全观,把维护国家安全贯穿党和国家工作各方面全过程,确保国家安全和社会稳定。要坚持以人民安全为宗旨、以政治安全为根本、以经济安全为基础、以军事科技文化社会安全为保障、以促进国际安全为依托,统筹发展和安全,坚持发展和安全并重,防范和化解影响我国现代化进程的各种风险,实现高质量发展和高水平安全良性互动,建设更高水平的平安中国,以新安全格局保障新发展格局。

从经济安全来看,经济安全是国家安全的基础。发展是我们党执政兴国的第一要务,是解决我国一切问题的基础和关键。只有推动经济持续健康发展,才能筑牢人民安居乐业、社会安定有序、国家长治久安的物质基础。中华人民共和国成立以来特别是改革开放以来长期积累的综合国力,是我们从容应对惊涛骇浪的底气。推进国家安全体系和能力现代化,要加强经济安全体系和能力建设,强化重点经济领域安全能力建设,完善经济安全风险监测预警体系,实现重要产业、基础设施、战略资源、重大科技等关键领域安全可控,确保粮食、能源资源、重要产业链供应链安全,加强海外安全保障能力建设,提高防范化解重大风险能力,严密防范系统性安全风险。

党的二十大报告提出,"全面加强国家安全教育,提高各级领导干部统筹发展和安全能力,增强全民国家安全意识和素养,筑牢国家安全人民防线"。从学科建设方面来看,2021年,"国家安全学"一级学科正式设立并纳入交叉学科门类,安全问题成为经济学、管理学等学科的研究热点和新的发展方向。因此,为了积极服务国家安全战略,深入贯彻党的二十大精神和总体国家安全观,落实中共中央关于"将国家安全教育纳入国民教育体系"的法定要求和教育部制定的《大中小学国家安全教育指导纲要》,响应研究开发国家安全教育教材的号召,特别是为了满足经济学、管理学、国家安全学等学科发展的需要,我们编写了《国家经济安全学》这本教材,以期将国家经济安全教育和研究落到实处。

《国家经济安全学》这本教材对加强国家安全教育、相关学科发展、国家安全领域特别是国家经济安全领域的高层次人才培养具有重要意义,最终目的是帮助学生全面了解国家经济安全的内涵和特点,牢固树立国家经济安全意识,并且能够运用相关理论和知识分析国家经济安全的现实问题,深入理解和把握总体国家安全观,增强自觉维护国家经济安全的意识,具备维护国家经济安全的能力。

我们按照"基本知识+重要专题+国际实践"的思路进行本书的编写。具体来看,基本知识包括国家经济安全理论、国家经济安全状态、国家经济安全的监测与预警、国家经济安全的保障措施;重要专题包括国家产业安全、国家金融安全、战略资源与国家经济安全、对外开放与国家经济安全;国际实践包括美国、欧盟、日本、印度、俄罗斯和中国六个国家或地区的经济安全情况。

本书适合作为高等学校经济学、管理学、国家安全学等一级学科,特别是国际经济与贸易、世界经济、金融学、经济学、国际商务、企业管理、国际关系、国际政治等专业的教材,可以作为高校大学生公共基础课程教材、专题教育课程教材,也可以作为相关专业研究生的参考用书,还可以作为全国党员教育培训教材、国家公务员培训教材、企业培训教材等,以及个人提高经济安全意识的专业书籍。

本书由北京师范大学魏浩教授负责拟定大纲、统稿、修改和定稿。编写成员来自北京师范大学、北京大学、北京邮电大学、西南大学、首都经济贸易大学、山西财经大学等高校。各章具体分工如下:第一章,魏浩、巫俊、时一鸣;第二章,魏浩、薛潇;第三章,李明翔、钱虹宇;第四章,李明翔、张文倩;第五章,刘缘;第六章,连慧君;第七章,钱虹宇;第八章,范莹瑭、钱虹宇、封起扬帆、周亚如、时一鸣;第九章,马茂清、袁然、涂悦;第十章,刘缘;第十一章,时一鸣;第十二章,马茂清;第十三章,孙盛昊;第十四章,薛潇;第十五章,钱虹宇。

在全部初稿完成以后,由魏浩、马茂清、刘缘对初稿进行修改、删减、补充和校对,最后,由魏浩对全部稿件进行了统稿和定稿。另外,北京大学出版社的李娟、曹月老师特别敬业、认真,为本书的出版做了大量工作,在此表示感谢!本书在编写过程中得到了北京师范大学经济与工商管理学院、国家安全与应急管理学院、国家安全与发展战略研究院的大力支持。

在编写过程中,我们参阅了大量国内外相关教材、专著、论文以及众多网站的内容,并引用了其中许多观点和资料,我们尽可能将引用的出处都进行了标注,但由于书稿经历了多人、多次的修改、调整和校对,可能有所疏漏,在此一并表示感谢。由于编者水平有限,书中难免存在一些不足甚至错误之处,诚恳希望广大读者特别是任课教师和使用本书的同行提出宝贵意见,以便再版时修改。

魏 浩

2022年于北京师范大学

目 录

第一章 国家经济安全导论 1
    第一节 国家经济安全的界定 4
    第二节 国家经济安全的特征 8
    第三节 世界各国关注国家经济安全的动因 9
    第四节 国家经济安全面临的挑战 11
    第五节 本书的结构安排 16

第二章 国家经济安全理论 19
    第一节 国家经济安全理论的溯源 20
    第二节 经济危机的相关理论 24

第三章 国家经济安全状态 33
    第一节 国家经济安全状态的划分和界定 34
    第二节 国家经济安全状态的转化 35
    第三节 一国经济抵御风险的能力状态 37
    第四节 国家经济安全的影响因素 38

第四章 国家经济安全的监测与预警 49
    第一节 国家经济安全监测预警的内容 51
    第二节 国家经济安全监测预警的方法 55
    第三节 国家经济安全监测预警体系的构建 64

第五章 国家经济安全的保障措施 73
    第一节 国家经济安全保障体系的特征和分类 74
    第二节 维护国家经济安全的组织机构 77

第三节　维护国家经济安全的法律制度 ………………………………… 82
　　第四节　维护国家经济安全的政策措施 ………………………………… 88

第六章　国家产业安全 …………………………………………………………… 98
　　第一节　国家产业安全的内涵、分类和影响因素 ……………………… 99
　　第二节　国家产业安全的相关理论 ……………………………………… 105
　　第三节　国家产业安全评价指标体系 …………………………………… 119

第七章　国家金融安全 …………………………………………………………… 129
　　第一节　国家金融安全的界定、分类和影响因素 ……………………… 130
　　第二节　国家金融安全的相关理论 ……………………………………… 135
　　第三节　国家金融安全预警 ……………………………………………… 141
　　第四节　国家金融安全监管 ……………………………………………… 145

第八章　战略资源与国家经济安全 ……………………………………………… 150
　　第一节　国家科技安全 …………………………………………………… 151
　　第二节　国家人才安全 …………………………………………………… 167
　　第三节　国家粮食安全 …………………………………………………… 181
　　第四节　国家能源安全 …………………………………………………… 202

第九章　对外开放与国家经济安全 ……………………………………………… 214
　　第一节　国家对外贸易安全 ……………………………………………… 215
　　第二节　国家对外投资安全 ……………………………………………… 231
　　第三节　国家利用外资安全 ……………………………………………… 249

第十章　美国的国家经济安全 …………………………………………………… 267
　　第一节　美国的国家经济安全观 ………………………………………… 268
　　第二节　美国的国家经济安全战略 ……………………………………… 272
　　第三节　美国维护国家经济安全的组织机构 …………………………… 277
　　第四节　美国维护国家经济安全的立法保障 …………………………… 279
　　第五节　美国维护国家经济安全的政策措施 …………………………… 291

第十一章　欧盟的经济安全 ……………………………………………………… 302
　　第一节　欧盟的经济安全观 ……………………………………………… 303

第二节　欧盟的经济安全战略 ………………………………………… 305
第三节　欧盟维护经济安全的组织机构 ………………………………… 307
第四节　欧盟维护经济安全的立法保障 ………………………………… 309
第五节　欧盟维护经济安全的政策措施 ………………………………… 312

第十二章　日本的国家经济安全 ……………………………………… 329
第一节　日本的国家经济安全观 ………………………………………… 330
第二节　日本的国家经济安全战略 ……………………………………… 333
第三节　日本维护国家经济安全的组织机构 …………………………… 335
第四节　日本维护国家经济安全的立法保障 …………………………… 336
第五节　日本维护国家经济安全的政策措施 …………………………… 345

第十三章　印度的国家经济安全 ……………………………………… 361
第一节　印度的国家经济安全观 ………………………………………… 362
第二节　印度的国家经济安全战略 ……………………………………… 364
第三节　印度维护国家经济安全的组织机构 …………………………… 366
第四节　印度维护国家经济安全的立法保障 …………………………… 367
第五节　印度维护国家经济安全的政策措施 …………………………… 371

第十四章　俄罗斯的国家经济安全 …………………………………… 385
第一节　俄罗斯的国家经济安全观 ……………………………………… 386
第二节　俄罗斯的国家经济安全战略 …………………………………… 388
第三节　俄罗斯的国家经济安全监测预警指标 ………………………… 390
第四节　俄罗斯维护国家经济安全的组织机构 ………………………… 393
第五节　俄罗斯维护国家经济安全的政策措施 ………………………… 393

第十五章　中国的国家经济安全 ……………………………………… 406
第一节　新中国不同时期的国家经济安全思想 ………………………… 407
第二节　中国的国家经济安全观 ………………………………………… 410
第三节　中国维护国家经济安全的组织机构 …………………………… 413
第四节　中国维护国家经济安全的立法保障 …………………………… 415
第五节　中国维护国家经济安全的政策措施 …………………………… 418

第一章
国家经济安全导论

> **学习目标**
> 1. 了解国家经济安全的界定。
> 2. 掌握国家经济安全的特征。
> 3. 了解世界各国关注国家经济安全的动因。
> 4. 掌握国家经济安全面临的挑战。

导入案例

习近平：保证国家安全是头等大事

党的十八大以来，习近平总书记创造性提出总体国家安全观，把我们党对国家安全的认识提升到了新的高度和境界，为破解我国国家安全面临的难题、推进新时代国家安全工作提供了基本遵循。以总体国家安全观为指引，我国国家安全得到全面加强，经受住了来自政治、经济、意识形态、自然界等各方面的风险挑战考验，为党和国家兴旺发达、长治久安提供了有力保证。

一、国家安全是国家生存发展的基本前提

国家安全是国家生存发展的基本前提，维护国家安全是全国各族人民根本利益所在。当今世界，兵戎相见时有发生，冷战思维和强权政治阴魂不散，恐怖主义、难民危机、重大传染性疾病、气候变化等非传统安全威胁持续蔓延。种种景象深刻启示我们：没有国家安全的基础，任何美好蓝图都是空中楼阁。习近平总书记高度重视国家安全问题，多次强调要增强忧患意识，做到居安思危，把安全发展贯穿国家发展各领域全过程。

总书记说

"不困在于早虑，不穷在于早豫。"随着我国社会主要矛盾变化和国际力量对比深刻调整，我国发展面临的内外部风险空前上升，必须增强忧患意识、坚持底线思维，随时准备应

对更加复杂困难的局面。

——2021年1月11日在省部级主要领导干部学习贯彻党的十九届五中全会精神专题研讨班上的讲话

二、准确把握国家安全形势变化新特点新趋势

习近平总书记指出,随着我国社会主要矛盾变化和国际力量对比深刻调整,我国发展面临的内外部风险空前上升;国家安全内涵和外延比历史上任何时候都要丰富,时空领域比历史上任何时候都要宽广,内外因素比历史上任何时候都要复杂。总书记的重要论述指明了新时代我国国家安全所处的历史方位,是我们在新征程上准确识变、科学应变、主动求变的基本坐标和依据。

总书记说

当前我国国家安全内涵和外延比历史上任何时候都要丰富,时空领域比历史上任何时候都要宽广,内外因素比历史上任何时候都要复杂,必须坚持总体国家安全观,以人民安全为宗旨,以政治安全为根本,以经济安全为基础,以军事、文化、社会安全为保障,以促进国际安全为依托,走出一条中国特色国家安全道路。

——2014年4月15日在中央国家安全委员会第一次会议上的讲话

当前,世界大变局加速深刻演变,全球动荡源和风险点增多,我国外部环境复杂严峻。我们要统筹国内国际两个大局、发展安全两件大事,既聚焦重点、又统揽全局,有效防范各类风险连锁联动。

——2019年1月21日在省部级主要领导干部坚持底线思维着力防范化解重大风险专题研讨班上的讲话

新的征程上,我们必须增强忧患意识、始终居安思危,贯彻总体国家安全观,统筹发展和安全,统筹中华民族伟大复兴战略全局和世界百年未有之大变局,深刻认识我国社会主要矛盾变化带来的新特征新要求,深刻认识错综复杂的国际环境带来的新矛盾新挑战,敢于斗争,善于斗争,逢山开道、遇水架桥,勇于战胜一切风险挑战!

——2021年7月1日在庆祝中国共产党成立100周年大会上的讲话

三、坚持总体国家安全观,走中国特色国家安全道路

坚持总体国家安全观,必须坚持国家利益至上,以人民安全为宗旨,以政治安全为根本,以经济安全为基础,以军事、科技、文化、社会安全为保障,以促进国际安全为依托,维护各领域国家安全,构建国家安全体系,走出一条中国特色国家安全道路。总体国家安全观关键在"总体",突出的是"大安全"理念,强调的是做好国家安全工作的系统思维和方法。

总书记说

贯彻落实总体国家安全观，必须既重视外部安全，又重视内部安全，对内求发展、求变革、求稳定、建设平安中国，对外求和平、求合作、求共赢、建设和谐世界；既重视国土安全，又重视国民安全，坚持以民为本、以人为本，坚持国家安全一切为了人民、一切依靠人民，真正夯实国家安全的群众基础；既重视传统安全，又重视非传统安全，构建集政治安全、国土安全、军事安全、经济安全、文化安全、社会安全、科技安全、信息安全、生态安全、资源安全、核安全等于一体的国家安全体系；既重视发展问题，又重视安全问题，发展是安全的基础，安全是发展的条件，富国才能强兵，强兵才能卫国；既重视自身安全，又重视共同安全，打造命运共同体，推动各方朝着互利互惠、共同安全的目标相向而行。

——2014年4月15日在中央国家安全委员会第一次会议上的讲话

统筹发展和安全，增强忧患意识，做到居安思危，是我们党治国理政的一个重大原则。必须坚持国家利益至上，以人民安全为宗旨，以政治安全为根本，统筹外部安全和内部安全、国土安全和国民安全、传统安全和非传统安全、自身安全和共同安全，完善国家安全制度体系，加强国家安全能力建设，坚决维护国家主权、安全、发展利益。

——2017年10月18日在中国共产党第十九次全国代表大会上的报告

四、树立共同、综合、合作、可持续的全球安全观

在经济全球化时代，安全问题早已超越国界，各国可谓安危与共、唇齿相依，没有哪个国家能够置身事外而独善其身，也没有哪个国家可以包打天下来实现所谓的绝对安全。习近平总书记倡导共同、综合、合作、可持续的全球安全观，为解开世界安全困局、实现持久和平与共同安全指明了方向。

总书记说

国际社会应该倡导综合安全、共同安全、合作安全的理念，使我们的地球村成为共谋发展的大舞台，而不是相互角力的竞技场，更不能为一己之私把一个地区乃至世界搞乱。

——2013年4月7日在博鳌亚洲论坛2013年年会上的讲话

"明者因时而变，知者随事而制。"形势在发展，时代在进步。要跟上时代前进步伐，就不能身体已进入21世纪，而脑袋还停留在冷战思维、零和博弈的旧时代。我们认为，应该积极倡导共同、综合、合作、可持续的亚洲安全观，创新安全理念，搭建地区安全和合作新架构，努力走出一条共建、共享、共赢的亚洲安全之路。

——2014年5月21日在亚洲相互协作与信任措施会议第四次峰会上的讲话

要倡导共同、综合、合作、可持续的安全观，通过协商和谈判化解分歧，反对干涉内政，反对单边制裁和"长臂管辖"，共同营造和平稳定的发展环境。

——2020年11月17日在金砖国家领导人第十二次会晤上的讲话

资料来源：习近平：保证国家安全是头等大事[EB/OL].(2022-04-24)[2022-10-18].http://www.qstheory.cn/zhuanqu/2022/04/24/c_1128590203.htm.有删减。

第一节　国家经济安全的界定

一、国外学者对国家经济安全的界定[①]

国外学术界对国家经济安全的含义尚未达成一致认识，不同国家对国家经济安全的内涵有多种理解。造成这种状况的原因在于，不同国家处于不同的经济发展阶段，国情国力千差万别，所采取的经济战略各有特点，对外开放程度各不相同。国家经济安全的界定往往受到经济发展状况、国情国力、国家战略目标、对外开放程度的影响。即便是同一国家，处在不同的历史时期、面对不同的国内外环境、经历不同的发展阶段，其对国家经济安全的理解和关注重点也会有所不同。

从国外学者对国家经济安全内涵的理解来看，不同的学者所处的时代背景不尽相同，出发点也各不相同，因此，任何一种观点都有其合理成分，当然也存在表述狭隘、不够全面等不足之处。一般来说，国外学者对国家经济安全内涵的界定大概有以下几种：

（一）经济安全是军事政治安全的附属品

由于冷战时代的国际形势主要表现为美苏两大集团的政治、军事对抗，两大集团不得不把更多的注意力和资源用于军事，与此同时，两个超级大国管制下的国际秩序又使各国的经济利益无法明显地表现出来。在此背景下，诸多学者认为经济安全是军事和政治安全的附属品。例如，Hawtrey（1952）提出国家资源对国家实力至关重要，认为权力是一国争取国际地位的重要手段，其主要取决于是否有足够能运用于武力的经济生产力。Rostow（1971）指出，不仅国家的富裕，国家的独立与安全也与生产的发展息息相关。

冷战结束后，经济安全附属于军事政治安全的观点依旧盛行。例如，Buzan（1991）认为，经济安全只是在限定的条件下——在经济与军事力量、权力和社会之间具有明显的联系时才有意义。Huntington（1993）指出，经济学家没有看到，经济活动不仅是人民福祉的源泉，而且是国家权力的源泉，它可能是国家权力最重要的源泉。在一个主要国家间不大可能发生战争的世界里，经济力量将是决定一国处于主导或相对优势地位还是从属地位的日益重要的因素。Cable（1995）指出，经济安全首先是指直接能影响国家防务的贸易和投资，自由地采购武器和有关技术，可靠地供应军事装备或防止敌手获得武器技术的优势。Stankevičienė等（2013）认为，经济安全是一种状态，在这种状态下，个体获得体面生活和个性化发展，社会经济稳定，国家和社会具备能够消除内部和外部威胁的政治军事能力。从这些论述来看，经济安全被看成是一种工具，是维护国家军事安全的一个中介目标。

（二）经济安全是经济本身的安全

尽管冷战期间美苏两大集团进行了激烈的军备竞赛，然而，当时已有学者意识到经济安全本身的重要性。例如，罗伯特·麦克纳马拉（Robert McNamara）早在20世纪60年

[①] 刘斌.国家经济安全保障与风险应对[M].北京：中国经济出版社，2010：26-29.

代末即指出,发展是国家安全的本质。他认为,"美国的安全不仅仅在于或首先在于军事力量,同样重要的是国内和世界经济和政治发展的稳定""安全是发展,没有发展就没有安全可言"。[①]

同时,有学者对经济安全提出明确的定义。Krause 和 Nye(1975)把经济安全定义为"国家经济福利不受到被严重剥夺的威胁""当一国为稳定国内经济而放弃可以从经济一体化中所获得的部分收益时,或当一国有意地选择经济低效率来避免外来经济冲击时,说明该国将经济安全视为了本国的发展目标"。[②] 为了避免经济福利受到被严重剥夺的威胁,必须保证重要经济资源的有效供应,如果不能保证,经济主权就可能受到威胁。

随着冷战后两极格局的瓦解、东西方两大阵营尖锐对立的消失,国际关系出现的一个新的重要特点就是,敌我阵营已不再像过去那么明晰和固定,大国之间也不再构成直接的军事威胁,大国之间的矛盾和冲突主要表现在以经济实力为基础的综合国力的竞赛以及国际事务中主导权的争夺。在此背景下,越来越多的学者认识到经济安全是经济本身的安全,对经济安全内涵的界定也更加丰富。

例如,Alagappa(1998)认为,经济安全是取得资源、金融和市场以维持国家福祉及权力的最低程度。Grigoreva 和 Garifova(2015)认为,经济安全是国家安全的基础,受不断变化的物质生产环境、经济体的内部和外部威胁的影响。

(三) 经济安全是经济全球化带来的非军事国家安全问题

冷战结束后,经济全球化趋势越来越明显。大多数国家的经济正在加速融入世界经济体系,参与国际分工,对国际市场的依存度越来越高。在此背景下,越来越多的学者意识到对外开放可能给国家经济安全带来的影响。例如,Moran(1993)在论述经济安全时,强调对外开放对国家自主权的侵蚀,认为贸易、金融一体化和货币相互依存是国家安全政策中的薄弱环节。Rickards(2009)认为,国家经济安全主要关注的问题是,国际资本流动可能导致通货膨胀国际传导、外汇储备被耗尽以及金融系统不稳定等。

二、国内学者对国家经济安全的界定

如前文所述,冷战时代以及冷战结束初期,经济安全是军事政治安全的附属品这一观点在国外学术界盛行。冷战结束后,国际政治和经济形势都发生了巨大的变化,以政治多元化、经济一体化或区域化、安全机制多边化为特征的世界新格局逐步形成。世界各国尤其是具有国际影响力的大国,在制定本国安全与发展战略时,均在不同程度上表现出向"经济安全本位"的复归。在这样的背景下,国内学者开始关注国家经济安全问题,少量国内学者认为国家经济安全是军事政治安全的附属品,大部分国内学者认为国家经济安全是经济本身的安全。也就是说,在国家经济安全的界定上,国内学者达成了一定程度的共识。然而,国内学者对国家经济安全内涵的界定仍然存在一定分歧,具体包括以下三类观点:

---

① 万君康,肖文韬,冯艳飞.国家经济安全理论述评[J].学术研究,2001(9):74-78.
② KRAUSE L B, NYE J S. Reflections on the economics and politics of international economic organizations[J]. International organization, 1975, 29(1): 323-342.

(一) 国家经济安全是一种抵御外来风险的能力

第一类观点认为,国家经济安全是一种抵御外来风险的能力。例如,张幼文(1999)认为:从最狭义的层面来说,国家经济安全是指在开放条件下一国如何防止金融乃至整个经济受到外部冲击而产生动荡并导致国民财富的大量流失;从比较广义的层面来说,国家经济安全是国家对来自外部的冲击和由此带来的国民经济重大利益损失的防范,是一国使本国经济免受各种非军事政治因素严重损害的战略部署。万君康等(2001)认为,国家经济安全是国家安全价值体系的内容之一,本质上是一个在规避风险条件下实现更高对外开放效益的问题。顾海兵等(2007)认为,对影响国家经济安全因素的研究应该更侧重于分析国外因素及其传导,因此,国家经济安全是指通过加强自身机制的建设,使国家经济具备抵御外来风险冲击的能力,以保证国家经济在面临外来风险冲击时能继续稳定运行、健康发展。孙伊然等(2021)认为,经济安全观是一国对于外部世界与自身经济安全之间关系的基本看法。

(二) 国家经济安全是一种化解国内外风险的能力

一国经济不仅面临着外来冲击,还面临着国内的潜在风险,因此,第二类观点认为国家经济安全是一种化解国内外风险的能力。例如,赵英(1996)认为,国家经济安全是指维持国家经济正常运转,不受内外环境干扰、威胁、破坏的一种状态。它既包括一国抗击各种风险的能力,又包括该国为确保经济持续发展而确立的战略目标以及为此而采取的策略和措施等。曾繁华和曹诗雄(2007)认为,国家经济安全包括两个方面:一是国内经济安全,即一国能够化解各种潜在风险,保持经济稳定、均衡、持续发展的状态和能力。二是在国际关系中的经济安全,即一国经济主权不受侵犯,经济发展所依赖的资源供给不受外部势力控制,国家经济发展能够抵御国际市场动荡和风险的冲击。吴垠(2021)认为,国家经济安全是经济全球化时代一国保持其经济存在和发展所需资源有效供给、经济体系独立稳定运行、整体经济福利不受恶意侵害与不可抗力损害的状态和能力。

(三) 国家经济安全是经济利益不受威胁的状态

第三类观点认为,国家经济安全是经济利益不受威胁的状态。这个观点侧重于强调国家经济安全需要达到的状态,部分学者从"经济利益"和"经济制度"的视角定义了国家经济安全需要达到何种状态。例如,丁冰(2006)认为,所谓国家经济安全,就我国来讲,主要是指国家经济独立自主地持续发展的利益不受威胁和侵害,中国特色社会主义制度不会被削弱和改变。叶卫平(2010)认为,国家经济安全是指一个国家经济战略利益的无风险或低风险的状态,表现为基本经济制度和经济主权没有受到严重损害,使得经济危机的风险因素处于可以控制的状态。雷家骕(2011)也从根本经济利益的视角定义了国家经济安全,且具体解释了根本经济利益。他认为,国家经济安全是指一国作为一个主权独立的经济体,其最为根本的经济利益不受伤害,即一国经济在整体上主权独立、基础稳固、稳健增长、持续发展,且该国就业充分、科技进步。具体而言,国家经济安全是指一国在国际经济生活中具有一定的自主性、自卫力和竞争力;不至于因为某些问题的演化而使整个经济受到过大的打击或者损失过多的国民经济利益;能够避免或化解可能发生的局部性或全局性经济危机。

此外，部分学者还从"高质量发展"视角定义了国家经济安全需要达到何种状态。例如，陶坚（2021）认为，现阶段和未来长期维护国家经济安全的主要任务，应定位在统筹发展和安全前提下实现高质量发展和高水平安全的良性互动。

事实上，为了达到经济利益不受威胁的状态，国家经济必须具备化解国内外风险的能力。然而，除了化解国内外风险的能力，第三类观点还提及了一些其他的能力，如一国在国际经济生活中具有一定的自主性、自卫力和竞争力等，因此，第三类观点其实是第二类观点的延伸与拓展。

综上所述，虽然国内学者对国家经济安全的内涵界定存在一定差异，但有以下共同点：第一，国家经济安全需达到某种状态或者目的，这种状态或目的是"经济正常运转""经济主权不受侵犯""经济利益不受威胁"等；第二，实现国家经济安全需具备一定的能力，至少包括"抵御外来风险冲击的能力"。

相关案例 1-1

推进国家安全体系和能力现代化　坚决维护国家安全和社会稳定

国家安全是民族复兴的根基，社会稳定是国家强盛的前提。必须坚定不移贯彻总体国家安全观，把维护国家安全贯穿党和国家工作各方面全过程，确保国家安全和社会稳定。

我们要坚持以人民安全为宗旨、以政治安全为根本、以经济安全为基础、以军事科技文化社会安全为保障、以促进国际安全为依托，统筹外部安全和内部安全、国土安全和国民安全、传统安全和非传统安全、自身安全和共同安全，统筹维护和塑造国家安全，夯实国家安全和社会稳定基层基础，完善参与全球安全治理机制，建设更高水平的平安中国，以新安全格局保障新发展格局。

一、健全国家安全体系

坚持党中央对国家安全工作的集中统一领导，完善高效权威的国家安全领导体制。强化国家安全工作协调机制，完善国家安全法治体系、战略体系、政策体系、风险监测预警体系、国家应急管理体系，完善重点领域安全保障体系和重要专项协调指挥体系，强化经济、重大基础设施、金融、网络、数据、生物、资源、核、太空、海洋等安全保障体系建设。健全反制裁、反干涉、反"长臂管辖"机制。完善国家安全力量布局，构建全域联动、立体高效的国家安全防护体系。

二、增强维护国家安全能力

坚定维护国家政权安全、制度安全、意识形态安全，加强重点领域安全能力建设，确保粮食、能源资源、重要产业链供应链安全，加强海外安全保障能力建设，维护我国公民、法人在海外合法权益，维护海洋权益，坚定捍卫国家主权、安全、发展利益。提高防范化解重大风险能力，严密防范系统性安全风险，严厉打击敌对势力渗透、破坏、颠覆、分裂活动。全面加强国家安全教育，提高各级领导干部统筹发展和安全能力，增强全民国家安全意识和素养，筑牢国家安全人民防线。

三、提高公共安全治理水平

坚持安全第一、预防为主，建立大安全大应急框架，完善公共安全体系，推动公共安全治理模式向事前预防转型。推进安全生产风险专项整治,加强重点行业、重点领域安全监管。提高防灾减灾救灾和重大突发公共事件处置保障能力,加强国家区域应急力量建设。强化食品药品安全监管,健全生物安全监管预警防控体系。加强个人信息保护。

四、完善社会治理体系

健全共建共治共享的社会治理制度,提升社会治理效能。在社会基层坚持和发展新时代"枫桥经验",完善正确处理新形势下人民内部矛盾机制,加强和改进人民信访工作,畅通和规范群众诉求表达、利益协调、权益保障通道,完善网格化管理、精细化服务、信息化支撑的基层治理平台,健全城乡社区治理体系,及时把矛盾纠纷化解在基层、化解在萌芽状态。加快推进市域社会治理现代化,提高市域社会治理能力。强化社会治安整体防控,推进扫黑除恶常态化,依法严惩群众反映强烈的各类违法犯罪活动。发展壮大群防群治力量,营造见义勇为社会氛围,建设人人有责、人人尽责、人人享有的社会治理共同体。

资料来源:节选自党的二十大报告。

第二节 国家经济安全的特征[①]

一、国家性

国家性是国家经济安全作为国家安全的重要组成部分所体现出来的特征。国家经济安全要求国家的根本经济利益不受伤害,代表国家经济利益的中央政府是维护国家经济安全的主体机构,地方政府、非政府组织和机构、企业等都不能作为国家经济安全的代表,政府可以动用各种经济、政治、军事手段直接或间接地维护经济安全。国家经济安全的国家性特征意味着其不只是针对一般性经济风险,还涉及国家全局的重大经济安全问题。

二、综合性

国家经济安全强调的是一个国家的整体经济利益,也就是经济整体上的安全性。在国家经济安全范畴中,诸多领域的安全问题都是国家经济整体安全问题在该利益领域的具体反映。国家经济安全同各子领域安全之间是总体和局部的关系,任何子领域的安全只是局部的安全,子领域的局部安全不能代替国家经济整体安全。因此,从现实策略的角度看,由不同子领域衍生出来的政策措施应该是相互联系的,应该作为一个综合体来予以实施。

三、战略性

国家经济安全不能仅仅关注当前经济发展的稳定和均衡,国家经济安全的长期目标在于保障未来经济的稳定性和可靠性,维护国家经济安全是一个长远的、具有战略意义的大课题。未来经济利益是国家利益的重要组成部分,必须站在长远利益的战略高度上,以前瞻性的眼光,从本国的资源、经济发展水平、技术力量等实际国情出发,结合世界经济发展大趋势,制定国家经济安全大战略。

---

① 刘斌.国家经济安全保障与风险应对[M].北京:中国经济出版社,2010:29-32.

四、动态性

全球经济处于不断变化之中,国家经济安全状况也不是一成不变的,而是在发展过程中不断地在安全与不安全的临界线附近左右变动。一国国家经济不发展、发展慢于其他国家或不能持续发展,就不能有效地维护自身稳定,从而处于不安全状态。发展才能安全,发展是维护经济安全的根本途径,不发展是最大的不安全,已成为现阶段国家经济安全的共识。

五、基础性[①]

在国家综合安全体系中,国家经济安全是其余各项安全的基础。例如,在一个经济危机此起彼伏的国家,人民很难拥护当时的执政政府。此时,该国的政治安全可能受到威胁,人民可能要求调整政府组成,甚至要求改变本国的政体、国体,政府的相关活动将难以处于稳定、有序的状态。此外,经济安全也是国防安全的基础。对于一个经济水平落后的国家而言,政府很难投入足够的资源建设强大的国防。

六、复杂性

经济全球化背景下,国家经济安全所处的国际政治经济环境更为复杂多变。首先,当前的国际行为主体包括主权国家、跨国公司和各类国际组织,这些主体能够对各主权国家产生强大的制约力,可能会侵犯主权国家的经济利益。其次,在当前的国际政治环境下,国家经济安全有时仍带有传统军事安全的烙印,某些国家可能会出于强权政治、霸权主义的需要对他国进行经济制裁或经济封锁,损害他国经济利益。最后,在经济全球化背景下,经济行为的国界越来越模糊,国家经济安全问题没有明显的国界线,国与国之间常常既是竞争对手又是合作伙伴,捍卫国家经济安全的斗争阵线不明晰,使得维护国家经济安全的难度加大。

第三节 世界各国关注国家经济安全的动因

一、国际经济秩序发生很大变化[②]

随着全球化的发展和技术革新,发达国家和发展中国家之间的差距不断缩小,与此同时,一些发达国家内部出现了中产阶层人数减少、国内收入差距扩大的状况。另外,第二次世界大战后,一些新兴国家推行国家主导的经济政策,并实现了经济增长。国内收入差距的扩大以及对不同政治经济体制崛起的不满和不安,使一些发达国家的"本国优先主义"倾向日益明显。

在这样的时代背景下,大国之间的对立已经超越了单纯的贸易摩擦和经济实力竞争。各国比以往更加重视将国家安全和经济安全视为一体,纷纷以本国产业为中心制定相关政

---

① 雷家骕.国家经济安全:理论与分析方法[M].北京:清华大学出版社,2011:5-6.
② 崔健.经济安全视角下日本外资管理政策变化分析[J].日本学刊,2022(1):71-89.

策,如美国实施"再工业化战略"、日本促进制造业回归本土、德国实施"国家工业战略2030计划"等。另外,由人工智能(Artificial Intelligence,AI)和大数据、量子计算机、区块链、基因编辑等新技术驱动的"破坏性的创新"正在极大地改变当今的社会、经济和产业,就像以往的产业革命那样,"破坏性的创新"会使世界的权力均衡急速发生变化。尤其是在新冠疫情导致全球供应链混乱、经济相互依存脆弱性凸显的背景下,国际经济秩序的变化可能会进一步导致大国间竞争更加激烈并大幅修正全球供应链。

二、各类风险更容易传导到经济领域[①]

从实践来看,相较于国家安全其他领域,各类风险更容易传导到经济安全领域,经济安全受到其他领域风险的冲击和影响也更大一些。新冠疫情全球大流行对世界各国经济造成的严重冲击和给国民财富带来的巨大损失再次证明了这一点。而美国近年来掀起对华科技"脱钩"潮,限制中美科技交流合作,打压中国高技术人才,甚至限制理工科专业的学生赴美留学,企图从根本上削弱中国创新能力,威胁中国科技安全,这些也必然会传导到中国的经济安全领域。此外,日本直排核污水入海威胁生态安全、地缘政治冲突威胁资源供应安全等,都将给周边国家的经济安全带来直接的不利影响。

三、国家经济不安全甚至危机事件时有发生[②]

长期以来,世界范围内国家经济不安全甚至危机事件在不同国家、不同地区时有发生。20世纪70年代,伴随1973年的阿以战争和1979年的伊朗革命发生了两次全球性的能源危机,这使得工业化国家不得不面对产业结构难题,例如,日本被迫关心自己的生存空间和经济安全。在拉丁美洲,1982年开始的债务危机带来的后果是长期而令人痛苦的经济衰退。20世纪90年代以后,日本想尽办法也无法摆脱经济泡沫的影响,陷入了长时间的衰退。1995年,随着金融危机的发生,墨西哥进入了最痛苦的一年,实际GDP(国内生产总值)下降了7%,工业生产总值下降了15%,仅次于美国在20世纪30年代的经济衰退。"墨西哥金融危机"余波未平,1997年亚洲又发生了金融危机,使得不少人对经济危机谈虎色变。

21世纪初,阿根廷陷入严重的债务危机之中,危机爆发后短短半个月内,先后有四位总统登台亮相,而民众对政府的敌视则直接导致了流血事件,哄抢商店等骚乱事件频频发生,这个素有"世界粮仓和肉库"之称的国家在2002年甚至有一些儿童因营养不良而夭折。所有这些教训皆使人们认识到必须关心本国的经济安全问题。

四、经济不安全可能引发政局动荡

考虑到国家经济安全的基础性和综合性,经济不安全产生的严重后果不仅作用于经济领域,还将深刻影响国家政治,甚至引发政局动荡。以俄罗斯为例,1998年的金融危机导致俄罗斯彼时相对平稳的政局再次动荡,在五个月内政府两次更迭,使联邦政府的威信在

[①] 陶坚.坚持总体国家安全观,在百年变局中维护好经济安全[J].现代国际关系,2021(7):7-8.
[②] 雷家骕.国家经济安全:理论与分析方法[M].北京:清华大学出版社,2011:7-10.

国内外投资者面前大受影响,也使各联邦主体与中央政府的矛盾被激化。俄罗斯国家杜马(俄罗斯联邦会议下议院)中的反对派党团与总统之间的矛盾进一步加深,俄罗斯共产党等党派联合全俄工会在街头举行抗议活动,力图迫使总统下台;不仅国家杜马主席要求总统主动辞职,国家杜马还组成了准备弹劾总统的调查委员会。由于政府更迭和总统权力受到约束,俄罗斯联邦政府对整个社会的控制力被大大削弱,急剧激化社会矛盾。

第四节 国家经济安全面临的挑战

一、资源约束

(一)资源稀缺性凸显

首先,世界经济不断增长,经济发展所需的自然资源与日俱增,自然资源量特别是不可再生资源量迅速减少。人类对资源的不合理利用,尤其是无节制的耗费与滥用,使得整个自然资源生态系统受到了破坏,资源的有限性和稀缺性更加突出,甚至可能给人类带来局部的灾害性后果。丰裕的自然资源本身有助于经济增长,但是并不能以此为由过度地依赖自然资源,太过依赖自然资源往往对国家或地区长期经济发展不利,会出现所谓的"资源诅咒",给国家经济安全带来不可忽视的隐患。

其次,各种不可再生资源价格的飙升及日益严重的全球气候变暖等问题使得人们认识到,不可再生资源的日益枯竭逐渐成为全球经济可持续发展的瓶颈。人类如何摒弃"高消耗、高污染"的传统工业化道路,进而转向"资源消耗少、环境污染少"的新型工业化道路,成为不可回避的难题。因此,实现不可再生资源的可持续利用,成为世界各国共同面临的亟待解决的问题。

最后,很多国家也面临着人才资源枯竭问题。预计到2030年,技能型劳动力将出现严重的供不应求现象,全球将面临8 520万人以上的人才缺口。在捷克、波兰、匈牙利和斯洛伐克等失业率低且制造业蓬勃发展的国家,劳动力短缺加速了其自动化进程。机器人的普遍应用并非是为了取代人类,而是劳动力严重不足、无法满足用工需求所致。为了储备人才资源,发达国家纷纷出台各项政策吸引国际人才。例如,美国大力修改移民法,每年留出移民名额专门用于从国外引进高科技人才;德国出台招聘国外人才的新政策;日本实施"人类新领域计划",直接在欧美等国设立研究机构来招揽人才。从现实情况来看,发达国家对发展中国家人才的"掠夺",已经造成发展中国家人才的大量外流,对发展中国家的人才安全形成巨大挑战,直接影响发展中国家的经济发展以及经济安全。

(二)资源争夺加剧

近年来,伴随着新一轮技术创新的突破,全球经济重心向新兴产业转移,战略性矿产资源竞争格局也在发生改变。世界主要国家对矿产资源尤其是战略性新兴产业所需关键矿产的争夺日益加剧。保障关键矿产资源的供给对国家经济安全、国防安全的重要性都空前上升。

未来一段时间,全球资源的刚性需求将持续增长,供需矛盾将不断加剧,世界政治经济格局深刻变化和全球资源竞争日趋激烈会导致利用国外资源的风险和难度加大。区域性短缺和地缘政治导致的供给中断或短缺、需求型短缺将会不同程度地存在,考虑到未来全球经济重心从发达经济体向新兴经济体转移,目前发达经济体的总人口数是10亿,而新兴和发展中经济体的总人口数近50亿,全球经济增长的人口基数变化和新兴经济体人均收入水平的不断提高将产生大规模的消费需求和消费的升级换代需求。因此,新一轮消费势必推动对原材料等大宗商品和能源需求的增加,未来全球资源争夺将可能成为常态化趋势。

例如,锂作为"白色石油",是生产新能源汽车不可或缺的重要原料。从中长期看,随着各国逐渐淘汰汽油车,实现碳达峰、碳中和的日期逐渐临近,对于锂资源的需求还会进一步膨胀。国际能源署(International Energy Agency,IEA)预测,如果世界到2050年成功实现净零排放,那么到2040年时对锂的需求量将接近120万吨。除非探矿的速度能够赶超锂需求的增长速度,否则锂在市场中的紧俏表现还将持续下去。

二、国际关系恶化

冷战结束后,尽管世界上有利于和平与发展的因素在增加,但是,国际关系中多种矛盾交织,国际形势复杂多变,决定了当今时代和平与发展的道路是曲折前行的。国际政治经济秩序还有许多不公正、不合理之处,影响和平与发展的不确定因素在增加,世界安全形势日趋复杂。一些国家内部的政治矛盾和冲突导致国际干预,出现国内政治国际化的趋势。由于经济全球化的发展,各国在许多领域的交流和接触大大增多,在许多国家,国内政治对外交政策的影响程度有很大提高。

(一) 霸权主义国家

以霸权主义和强权政治为代表的国际秩序给国家经济安全带来严重挑战。霸权主义国家有超高的实力地位,对国际事务有强烈的"领导权"和"主宰欲",力图左右事态的发展进程,企图建立以自身为主导的国际游戏规则和世界秩序,插手干涉其他国家主权范围内的经济事务,惯于以自己的标准来规范别国行为。霸权主义国家不仅将自己的经济利益凌驾于别国的经济利益之上,而且将自己的社会经济制度和体制模式视为全球普遍适用的范例,竭力在全世界移植推广,其表现形式多样,危害十分严重。例如,把国际经济关系政治化、意识形态化,对别的国家实施残酷的经济封锁、禁运和制裁;采取治外法权和单边主义行动,不断挑起贸易争端,表现为加征高额关税、技术封锁、科技脱钩等。实行制裁的理由已经远远超出自身经济利益和国际规则允许的范围,严重侵害别国的经济利益与经济安全,激起许多国家之间开展激烈的争斗,从而导致经贸争端持续升温,国际经济秩序更加失衡。

当今世界霸权主义和强权政治仍然是一些国家特别是发展中国家最为主要的外部威胁,在某些条件下,这些霸权主义和强权政治也可能会演变成重大国际冲突甚至是战争,从而对各国经济安全构成威胁。

(二) 地缘政治冲突

地缘政治是人类政治中历史最悠久的现象之一,它包括客观和主观两个层面的含义:在客观层面上,指客观存在的地缘政治态势、关系和过程;在主观层面上,指人们在对这些客观存在的地缘政治现实的认知、理解和运筹的基础上产生的思想、理论和方法论。国家安全战略一直在地缘政治的影响下,着眼于实现和维持一个较长期的和平国际环境。地缘政治直接影响国家的经济发展,地缘政治冲突加剧是国家经济安全面临的重大挑战。

第二次世界大战后,世界地缘政治的特征可以用"一个中心、两个点"来概括:一个中心,就是中亚和中东地区;两个点,就是两洋,即以欧亚大陆为依托的大西洋和太平洋地区。中亚、中东地区是欧亚大陆的结合地带,经典地缘政治学认为,它是世界地缘政治的"心脏地区",甚至认为谁控制了这一地区,谁就控制了世界的关键部位,而谁控制了大西洋和太平洋及其所依托的欧亚大陆的关键地区,谁也就基本控制了世界的全部。

俄罗斯与乌克兰两国地处欧亚大陆,2022年2月爆发的俄乌冲突不仅使得两国经济受到影响,还对全球能源、粮食安全产生了冲击。俄乌冲突在很大程度上加快了世界秩序的调整,冷战结束后全球各国间建立的国际秩序也随着俄乌冲突的爆发而受到显著冲击,在很大程度上意味着冷战后建立的国际秩序的结束。世界各国有可能会受此影响纷纷提高贸易壁垒,全球化和自由贸易进程被打断,各国间的经济和科技发展受到影响,最终将给包括欧洲在内的全球各地区带来挑战,对各国的经济发展和经济安全产生不利影响。

三、经济全球化风险

(一)贸易保护主义存在

当前,经济全球化遭遇波折,世界经济结构发生深刻调整,保护主义、单边主义愈演愈烈,多边主义和自由贸易体制受到冲击,不稳定、不确定因素和风险明显增加。贸易保护主义是违背自由贸易规则,采用高筑关税和非关税壁垒来限制外国商品进口,以保护本国市场的各种行为的总称。贸易保护主义早已有之,受近年来金融危机与主权债务危机的接踵冲击,贸易保护主义再度抬头。发达国家是贸易保护主义的发源地。长期以来,发达国家一直扮演着双重角色:一方面,积极倡导自由贸易原则,要求发展中国家打开国门,为其占优势的产业部门开放市场;另一方面,又处处设防,寻找各种借口,限制发展中国家有相对优势的产品的市场准入,对国内市场严加保护。

贸易保护主义是市场竞争加剧和贸易摩擦升温的表现,已经成为国际贸易领域的一大顽症和阻碍发展中国家经济发展的一大根源。贸易保护主义的盛行严重扭曲了商品价格,恶化了市场秩序和商业环境,加剧了贸易体系的不平衡。贸易保护主义的存在引发了大量贸易摩擦与争端,这对参与全球化的国家和出口导向型国家的经济安全产生了比较严重的影响,给当今世界各国经济安全带来了挑战。

(二)国内矛盾加剧

经济全球化带来的冲击和影响会激化各国国内经济中本已存在的各种难题、矛盾与危机,对各国经济发展和安全造成威胁。经济全球化给各国带来经济发展机遇的同时,也使得各国收入分配不平等加剧,劳动力市场极化,社会阶层固化,社会流动性受到冲击,导致各国国内社会矛盾不断出现,国内社会的不稳定在很大程度上给维护国家经济安全带来了挑战。对广大发展中国家来说,因经济实力相对较弱、产业结构不尽合理、经济处于赶超阶段、市场机制尚不成熟等种种情况,它们在参与全球化的进程中更是面临着巨大的挑战和风险。

在人类的发展过程中,国家间的关系变得越来越紧密,一国的国内社会安全稳定程度也会受到其他国家经济行为的影响,因此,一国社会稳定需要其他国家的协助。开放合作、互利共赢,不仅体现在经济的相互依存上,还更加深刻地反映在一国内部的社会稳定和谐上,社会稳定和谐也会反向影响国家经济发展。

(三) 国家经济主权让渡

经济主权是最基本的国家生存权利之一。经济主权不仅表现在领土的管辖与治理上,而且在全球化背景下更体现在主权国家对国内经济事务的自主决策上。独立自主决策是国家经济安全的关键。在参与经济全球化进程时,国家需要让渡一定的经济主权,这对维护国家经济安全提出了挑战。

为了促进国家间的经济交流、推动经济全球化的发展,不同国家共同成立了全球性的国际经济组织和区域性的国际经济组织。在这些国际经济组织中,各国都要遵守相关的国际规则,限制自己的经济主权,与此同时,其经济主权又受到相关国际规则的保护。由于在法律上各国都让渡一定的经济主权,这实际上意味着主权的某种延伸和共享。国家间之所以相互让渡经济主权,基本目的在于增进经济交流与合作,共同拓展经济发展的空间,最终促进本国的经济利益增长。让渡经济主权的基本目的能不能达到取决于多方面因素,一要靠自觉自愿,二要讲相互对等,三要看收益的分配是否公平。没有对等、没有公平,就难有自愿,没有自愿、对等、公平的主权让渡,也就谈不上相互的主权延伸、共享和维护。

然而,长期以来,一些西方发达国家垄断了国际经济规则的制定权,在国际经济交流中将不平等条件强加于其他国家。这种"强加"对接受国来说,当然不是主权的对等让渡,更谈不上主权的延伸和共享,只能说是少数发达国家对有关国家的主权侵害,遭受侵害的经济主权包括经济制度和经济体制的选择权、本国经济发展战略和经济政策的主控权。许多发展中国家先后走过了丧失主权、争取政治主权、试图获得经济主权的漫长历程。这一情况表明,国际经济组织所体现的主权对等让渡原则,完全可能由于"实力原则"进入国际经济合作领域而被扭曲发生变异,从而成为单方面的经济主权侵害。

相关案例 1-2

被美国打断的日本崛起

第二次世界大战之后,日本以和平方式实现"经济赶超"。然而好景不长,内忧外患导致日本经济泡沫破裂,使日本经历了"失去的十年"的长期经济低迷。其间,美国利用日本对其政治、军事及经济的依赖,以贸易、金融等综合举措有效消解了来自日本的挑战,日本的二次崛起被打断。

1960—1980 年,日本的人均 GDP 从 479 美元猛增至 9 465 美元,增长了约 19 倍。1987 年,日本的人均 GDP 首次超过了美国,并一度跃居 OECD(经济合作与发展组织,日本于 1964 年加入该组织)成员国的首位。经济上的繁荣使日本的政客们战略野心膨胀,他们已不甘心只做经济大国,而宣称要搞"战后政治总决算",扬言要做政治大国,甚至谋划构建"日美欧三极体制",摆出一副要与美国和欧洲平起平坐"共主天下"的架势。也正是在这个时期,日本的社会风气开始转向,舆论对美国肆意地高呼"日本可以说不",财界豪横地砸钱叫嚣"买下整个纽约",美国衰退论、美元崩溃论甚嚣尘上,几乎所有的日本人都坚信"日本时代"即将来临。

膨胀的日本令美国深感不安。正如美国著名政治学家罗伯特·基欧汉(Robert Keohane)所言,第二次世界大战后美国与日本等盟国之间进行的是"不对等合作"。出于战略利益的考虑,美国在国际贸易领域消减关税、率先取消歧视性限制举措,却容忍日本和德国等国保留贸易保护措施。美国认为日本的成功是在其护航下取得的,随着日本在贸易等领域对美国的威胁增大,美国不再容忍日本的不对等开放政策,对日本发动了一波又一波的"贸易战"。

美国对日本采取步步紧逼的策略。一开始,美国要求日本减少对美国的出口,以保护美国自己的传统产业,开始重视逐渐扩大的对日贸易赤字,日美接连在纺织品、钢铁、电视机、汽车及零部件等领域产生摩擦。这一时期,美国以保护传统制造业为主,打着"国际协调"的旗号下调美元汇率;日本则主要通过"自愿出口限制"并允许日元升值主动减少对美国出口。在纺织品领域,理查德·尼克松(Richard Nixon)在总统选举中明确提出"限制纺织品进口"的口号。尼克松当选总统后,便立即威胁要限制从日本进口纺织品。1969年,虽然日本的纺织品进口只占美国进口的2%,但尼克松为兑现竞选承诺,执意将日美纺织品摩擦与归还冲绳问题挂钩,迫使日本最终同意自愿限制纺织品对美出口。

汽车及零部件是美国向日本施压的另一重要领域。日本在生产小型轿车方面具有优势,1979年在国际石油危机冲击下,美国汽油价格高涨,生产成本低、油耗更小的小型轿车的市场需求显著上升,这使得日本汽车厂商开始大量占据美国市场。代表美国汽车业的全美汽车工会强烈要求保护美国汽车市场。美国政府随即与日本谈判,要求日本限制汽车对美出口。美国国际贸易委员会提出紧急进口限制措施并于1981年5月签订日美汽车贸易协议,规定日本1981年4月至1982年4月对美国汽车出口在168万辆以内。此后日美贸易摩擦又转向零部件领域。美国的要求也不断变本加厉,从自愿出口限制升级为定向购买美国产品。1992年时任美国总统乔治·布什(George Bush)访问日本,双方达成关于零部件问题的协议,规定到1994年日本需购买价值达190亿美元的美国制造的汽车零部件。

接下来,美国开始要求日本取消自身贸易壁垒,希望能够打开封闭的日本市场,扩大美国对日本的出口,并维系美国战略性产业的优势地位。到了20世纪80年代,日本已经将自身的主要关税率下降到了发达国家的最低水平,除农业外,多个工业领域已经实现了零关税。但是,日本仍然保留了大量看不见的非关税壁垒,而且商业习惯也与西方差异较大,从美国的进口量难以大幅提升,这导致了美国对日贸易赤字的规模非但没有缩小,反而逐渐扩大。与此同时,日本不再掩饰其狂妄心态,这使得美国日益警觉,甚至罕见地将意识形态作为武器瞄准了自己的盟国日本。于是在20世纪80年代后期到90年代,美国对日本相继启动了"日美结构性障碍协议"和"日美经济框架对话",将攻击日本的目标扩大到金融、汇率、资本市场、商业习惯等领域,提出一系列具体的数量目标要求日本"改弦更张"。最终,日本对美国的要求几乎全盘接受。这导致重视计划性和秩序性的"日本模式"被破坏,而推崇自由化和民营化的"美式标准"则在日本水土不服,日本资本主义在崛起途中黯然失败。

资料来源:中国现代国际关系研究院.大国兴衰与国家安全[M].北京:时事出版社,2021:250-254.

第五节 本书的结构安排

本书一共十五章。其中,第一章为导论,主要介绍国家经济安全的界定和特征、世界各国关注国家经济安全的动因和国家经济安全面临的挑战。余下十四章可归纳为三部分,即国家经济安全基本知识、国家经济安全专题和国家经济安全的国际实践。具体如下:

一、国家经济安全基本知识

第二章介绍国家经济安全的相关理论,主要介绍马克思主义、自由贸易主义、依附理论以及全球化理论等关于国家经济安全观的论述。此外,本章将重点介绍经济危机的相关理论。

第三章介绍国家经济安全状态,介绍国家经济安全状态的划分和界定、国家经济安全状态的转化、一国经济抵御风险的能力状态与国家经济安全的影响因素。

第四章介绍国家经济安全的监测与预警,主要介绍国家经济安全监测预警的内容、方法以及体系的构建。

第五章介绍维护国家经济安全的保障措施,主要介绍国家经济安全的保障制度及其分类,维护国家经济安全的机构组织体系、法律体系及相关政策。

二、国家经济安全专题

第六至九章包括以下四个专题:国家产业安全、国家金融安全、战略资源与国家经济安全、对外开放与国家经济安全。每个专题将重点介绍各类国家经济安全的相关理论、监测、预警和保障等内容。

三、国家经济安全的国际实践

第十至十五章分别介绍以下六个国家或地区维护经济安全的实践:美国、欧盟、日本、印度、俄罗斯和中国。每章都将重点介绍各国或地区的经济安全观、经济安全战略、经济安全组织机构以及经济安全立法保障、政策保障等。

本章小结

(1) 国家经济安全的基本含义。国外学者对国家经济安全内涵的界定包括:经济安全是军事政治安全的附属品,经济安全是经济本身的安全,经济安全是经济全球化带来的非军事国家安全问题。国内学者对国家经济安全内涵的界定包括:国家经济安全是一种抵御外来风险的能力,国家经济安全是一种化解国内外风险的能力,国家经济安全是经济利益不受伤害、不受威胁的状态。

(2) 国家经济安全的特征具体包括:国家性、综合性、战略性、动态性、基础性和复杂性。

(3) 各国关注国家经济安全问题的动因:第一,国际经济秩序正在发生很大变化,且可能进一步导致大国间竞争更加激烈并大幅修正全球供应链;第二,相较于国家安全其他领域,各类风险更容易传导到经济领域;第三,各国国家经济不安全甚至危机事件屡见不鲜;第四,经济不安全可能引发政局动荡。

(4)国家经济安全主要面临着以下挑战:①资源约束。经济发展所需的自然资源与日俱增,而自然资源量特别是不可再生资源量迅速减少,各国对能源、人才等重要资源的争夺不断加剧。②国际关系恶化。霸权主义、强权政治以及地缘政治冲突等给各国特别是发展中国家的国家经济安全带来了严重挑战。③经济全球化风险。经济全球化给国家经济安全带来了激发国内矛盾、侵害发展中国家经济主权等多个挑战。

复习思考题

1. 国家经济安全的基本含义是什么?
2. 国家经济安全具有哪些特征?
3. 世界各国为何高度关注国家经济安全问题?
4. 如何理解经济安全是国家安全工作的基础?
5. 如何理解国家经济安全的动态性?

参考文献

陈凤英.国家经济安全[M].北京:时事出版社,2005.
陈宇.从俄新版《国家安全战略》看其战略走向[J].现代国际关系,2021(10):29-36.
崔健.经济安全视角下日本外资管理政策变化分析[J].日本学刊,2022(1):71-89.
丁冰.我国利用外资和对外贸易问题研究[M].北京:中国经济出版社,2006.
杜人淮.对外开放条件下的国家经济安全及对策[J].南京经济学院学报,1999(1):18-20.
顾海兵,沈继楼,周智高,等.中国经济安全分析:内涵与特征[J].中国人民大学学报,2007(2):79-85.
归泳涛.经济方略、经济安全政策与美日对华战略新动向[J].日本学刊,2021(6):45-66.
何维达.全球化背景下的国家经济安全与发展[M].北京:机械工业出版社,2012.
江心学.冷战后的美国经济安全[J].解放军外国语学院学报,1998(3):109-113.
雷家骕.关于国家经济安全研究的基本问题[J].管理评论,2006(7):3-7.
雷家骕.国家经济安全:理论与分析方法[M].北京:清华大学出版社,2011.
雷家骕,陈亮辉.基于国民利益的国家经济安全及其评价[J].中国软科学,2012(12):17-32.
刘斌.国家经济安全保障与风险应对[M].北京:中国经济出版社,2010.
倪峰,达巍,冯仲平,等.俄乌冲突对国际政治格局的影响[J].国际经济评论,2022(3):38-67.
邵帅,杨莉莉.自然资源丰裕、资源产业依赖与中国区域经济增长[J].管理世界,2010(9):26-44.
慎思行.全球人才危机的逼近[EB/OL].(2018-07-19)[2022-12-01].https://www.jiemian.com/article/2320893.html.
孙伊然,何曜,黎兵."入世"20年中国经济安全观的演进逻辑[J].世界经济研究,2021(12):42-53.
陶坚.坚持总体国家安全观,在百年变局中维护好经济安全[J].现代国际关系,2021(7):7-8.
万君康,肖文韬,冯艳飞.国家经济安全理论述评[J].学术研究,2001(9):74-78.
吴江.人才强国战略概论[M].北京:党建读物出版社,2017.
吴垠.平台经济反垄断与保障国家经济安全[J].马克思主义研究,2021(12):114-121.

夏立平.中国国家安全与地缘政治[M].北京:中国社会科学出版社,2013.

杨云霞.当代霸权国家经济安全泛化及中国的应对[J].马克思主义研究,2021(3):138-147.

叶卫平.国家经济安全定义与评价指标体系再研究[J].中国人民大学学报,2010,24(4):93-98.

曾繁华,曹诗雄.国家经济安全的维度、实质及对策研究[J].财贸经济,2007(11):118-122.

张茉楠.后危机时代全球经济四大趋势,资源争夺战不可避免[EB/OL].(2013-01-21)[2022-12-01]. https://www.chinanews.com.cn/cj/2013/01-21/4505462.shtml.

张文木.世界地缘政治中的中国国家安全利益分析[M].北京:中国社会科学出版社,2012.

张幼文.国家经济安全问题的性质与特点[J].国际商务研究,1999(4):1-8.

赵英.国家经济安全浅议[J].世界知识,1996(20):4-5.

郑羽.俄罗斯国家经济安全战略与1998年金融危机[J].东欧中亚研究,1999(6):47-54.

朱巧玲,杨剑刚,侯晓东.中国共产党经济安全思想的历史演进与启示[J].财经科学,2022(2):74-88.

ALAGAPPA M. Asian security practice material and ideational influences[M]. Redwood City, California: Stanford University Press, 1998.

BUZAN B. People, state and fear: an agenda for international security studies in the post-cold war era[M]. Boulder, Colorado: Lynne Rienner, 1991.

CABLE V. What is international economic security[J]. International affairs, 1995, 71(2):306-308.

GRIGOREVA E, GARIFOVA L. The economic security of the state: the institutional aspect[J]. Procedia economics and finance, 2015, 24: 266-273.

HAWTREY R G. Economic aspects of sovereignty[M]. London: Longmans, Green and Co., 1952.

HUNTINGTON S P. Why international primacy matters[J]. International security, 1993, 17(4): 68-83.

KRAUSE L B, NYE J S. Reflections on the economics and politics of international economic organizations[J]. International organization, 1975, 29(1): 323-342.

MORAN T H. American economic policy and national security[M]. New York: Council on Foreign Relations Press, 1993.

RICKARDS J G. Economic security and national security[J]. Strategic studies quarterly, 2009, 3(3): 8-49.

ROSTOW W W. Politics and the stages of growth[M]. New York: Cambridge University Press, 1971.

STANKEVIČIENĖ J, SVIDERSKĖ T, MIEČINSKIENĖ A. Relationship between economic security and country risk indicators in EU Baltic Sea region countries[J]. Entrepreneurial business and economics review, 2013, 1(3): 21-33.

第二章
国家经济安全理论

> **学习目标**
> 1. 掌握国家经济安全的相关理论。
> 2. 掌握经济危机的相关理论。

导入案例

1929年的"黑色星期四"

华尔街是美国金融精英的聚集地,也是美国经济尤其是金融的代名词,一提到华尔街,人们就自然联想到股市、股票指数和金融危机。

1929年华尔街的崩盘结束了历史上最大的一次疯狂投机。

愁云惨雾笼罩着华尔街,许多人一生的积蓄都因金融崩溃而实实在在地一夜间化为乌有。过去,美国也曾经历过股市恐慌与金融萧条,但没有一次像这次一样对美国普通市民的生活产生如此深刻的影响。

1929年10月24日(史称"黑色星期四"),在经历了10年的大牛市后,美国股市忽然间崩溃了,股价一夜之间从顶点跌入深渊。道琼斯工业指数从363点的最高点持续下跌,直到1932年7月跌至40.56点才宣告见底。而让股市投资者绝对没有想到的是:股市崩溃前的1929年9月3日,竟成了此后25个春秋里股票平均价格最高的一天。这次股市大崩溃以后,经过1/4个世纪的漫长岁月,道琼斯工业指数才再次升至昔日高峰时的指数值。

1929年9月初到11月中旬,纽约证券交易所的股票市价总值损失了300亿美元。然而,这仅仅是灾难的开始,股市的崩溃带来美国历史上破坏性最大的大萧条、大危机,使美国经济处于瘫痪状态。用居民的个人存款去搞股票投机的银行纷纷倒闭:1929年659家、1930年1 352家、1931年2 294家。美国国民总收入从1929年的880亿美元下降到1933年的402亿美元。著名的通用电气股价从最高的396美元跌到8美元。股票和各种债券的面值总共下跌了90%。无数"百万富翁"倾家荡产。这次股灾造成5 000多万人失业,数以千计的人跳楼自杀,近9 000家金融机构倒闭,上千亿美元财富付诸东流,生产停滞,百业凋零,是美国历史上影响最大、危害最深的经济事件。该经济事件持续了4年之久,影响波及英国、德国、法国、意大利、西班牙等国家,最终演变为西方资本主义世界的经济大危机。

资料来源:汪大海.世界14次重大金融危机透视[M].北京:中国传媒大学出版社,2011:61.

第一节 国家经济安全理论的溯源

一、马克思主义理论的国家经济安全观

马克思曾经论述过资本帝国主义或资产阶级帝国主义在改造传统社会并把全世界结合为相互依存的世界经济中的革命性作用,这一观点暗含国家经济安全的思想。他提出,"资产阶级,由于一切生产工具的迅速改进,由于交通的极其便利,把一切民族甚至最野蛮的民族都卷到文明中来了……它迫使一切民族——如果它们不想灭亡的话——采用资产阶级的生产方式;它迫使它们在自己那里推行所谓的文明……"[1]"不断扩大产品销路的需要,驱使资产阶级奔走于全球各地。它必须到处落户,到处开发,到处建立联系"[2]。马克思对资本主义向全球扩张的有关论述蕴含着国家经济安全问题,当本国资源及市场无法满足资本最大限度追逐利润的需求时,资本主义生产必将突破区域限制,在向全球的扩张中开拓新的市场。资本在全球的扩张使一国或地区的局部经济风险得以转移和扩散,资本主义基本矛盾与风险也随之转化为全球性矛盾与风险,从而对各国经济安全构成威胁。

马克思也认识到了经济安全是维护国家安全的基础,他认为"政治权力不过是用来实现经济利益的手段"[3]"暴力还是由经济状况来决定,经济状况供给暴力以配备和保持暴力工具的手段"[4]。由此可见,政治权力帮助实现经济利益,而经济利益的实现又是军事实力的重要支撑。

二、重商主义理论的国家经济安全观

重商主义大致可以追溯到15世纪至17世纪。重商主义者高度重视国家利益,认为国家利益的实现需要财富积累,在财富等同于金银的金本位时代,重商主义者将金银等硬通货视为衡量财富的主要标准,将一国财富混同于其所拥有的金银,强调通过贸易顺差实现金银流入以积累财富的重要性,并主张借助国家干预等手段促进贸易顺差和财富积累。

重商主义者认为国强源于国富,一国的财富积累不仅关乎其经济的安全与稳定,更决定了国家整体的稳定与安全状态。在重商主义者看来,金银等硬通货是一国安全与稳定的重要保障,一国拥有的金银等硬通货越多,就会越稳定、越强盛、越安全。为了实现财富积累、维护国家稳定与安全,国家应尽量使出口大于进口,借助贸易顺差实现金银等硬通货的

---

[1] 马克思恩格斯选集:第一卷[M].中共中央马克思恩格斯列宁斯大林著作编译局,译.北京:人民出版社,1995:276.
[2] 马克思恩格斯文集:第二卷[M].中共中央马克思恩格斯列宁斯大林著作编译局,译.北京:人民出版社,2009:35.
[3] 马克思恩格斯选集:第四卷[M].中共中央马克思恩格斯列宁斯大林著作编译局,译.北京:人民出版社,1995:250.
[4] 马克思恩格斯选集:第三卷[M].中共中央马克思恩格斯列宁斯大林著作编译局,译.北京:人民出版社,1995:510.

净流入。重商主义者认为应优先考虑国家的安全利益,不能容忍市场的脆弱后果。他们站在生产者的立场上,不惜牺牲经济效率来实现自力更生。

三、自由贸易理论的国家经济安全观

自由贸易对世界经济发展的重要性及对国家利益的影响,早已受到人们的广泛关注。从亚当·斯密(Adam Smith)的绝对优势理论,到大卫·李嘉图(David Ricardo)的比较优势理论,再到赫克歇尔-俄林(Heckscher-Ohlin)的资源禀赋理论,这些具有主流地位的自由贸易理论都对自由贸易之于国家利益的重要性及二者的相互关系作了系统性的阐述。自由贸易理论包含着丰富的国家利益思想,既重视自由贸易为一国带来的实际经济利益,也重视自由贸易带来的普遍利益。

与重商主义者相反,自由贸易主义者的基本预设是,效率全面提高带来的巨大收益足以弥补市场运转不可避免会产生的不平等、市场失灵等问题。自由贸易主义者倾向于从消费者的角度看待经济体系。他们期望生产能力最大化,愿意以经济的脆弱性为代价追求效率和丰裕,希望通过全球自由市场体系和商品贸易的发展各取所需,而无须担心供给的约束问题,让资源配置和发展问题迎刃而解。这样既会促进经济效率的提高,也会使各国避免以战争方式抢夺资源和市场。在自由贸易主义者看来,安全意味着市场相对不受阻碍地运转。

自由贸易理论重视经济效率,强调通过全球自由市场体系获取经济利益,因而对一国市场不受阻碍地安全运转给予更多关注,并将其视为维护一国经济安全的前提。然而,自由贸易主义者过度聚焦于静态利益,在一定程度上忽视了一国对外贸易对其产业结构、技术水平、国际分工地位的长期动态影响及负面效应。

四、幼稚产业保护理论的国家经济安全观

幼稚产业保护理论最早由美国政治家亚历山大·汉密尔顿(Alexander Hamilton)于1791年提出,后来德国经济学家弗里德里希·李斯特(Friedrich List)于1841年在其出版的《政治经济学的国民体系》一书中对幼稚产业保护进行了详细的论述。幼稚产业保护理论后来经过众多经济学者的不断补充、完善,形成观点鲜明的贸易保护理论的一个分支。该理论认为,一个国家的某种商品可能有潜在的比较优势,但是由于缺乏专有技术和足够的投入,相关产业难以建立,或虽已启动,但很难与外国企业进行有效的竞争,因而需要对该产业进行贸易保护,直到它能应对外国竞争,具有经济规模并形成长期的竞争优势为止。

幼稚产业保护理论反映了后起国家发展民族经济的要求,对一国产业发展、经济安全给予了更多关注,意识到了工业产业发展对一国经济安全的重要作用,并主张借助保护扶持政策提高本国幼稚产业的竞争力,以短期利益的牺牲换取长远经济利益的获得和完整产业体系的建立,最终达到维护一国经济安全的目的。

五、战略性贸易理论的国家经济安全观

战略性贸易理论是主张政府对具有战略重要性的行业进行干预,以提高其国际竞争力

的国际贸易理论。这个理论产生于20世纪80年代早期，代表人物是美国经济学家保罗·克鲁格曼（Paul Krugman）。这个理论认为，政府应当干预战略性产业的贸易，创造和培育本国企业在该产业的国际优势，以免遭到外国垄断企业的严重损害，同时谋取规模经济效益，并借机争夺竞争对手的市场份额和利润。该理论不主张干预所有产业，而是主张帮助少数几个具有战略重要性的产业。

战略性贸易理论提出了经济发展与经济安全之间的关系。它强调在各国发展道路上，政府的科技产业政策和贸易政策不仅对当前的经济发展起着重要作用，而且会对未来的发展产生深远的影响，强调当今的世界经济是一种总是处在变动中的动态经济，强调经济的潜力和对这种潜力的培育，强调国家应顺应经济全球化的浪潮，加速产业结构调整，强化政府的管理和干预，以便在国家竞争中抢占优势地位，从而确保国家经济安全。

六、依附理论的国家经济安全观[①]

20世纪60年代中期，许多拉美经济学家提出挑战"西方中心主义"的依附理论，主要观点是：建立在旧的国际关系基础上的资本主义已发展成为中心—外围的世界体系，处在这个体系中心的是少数发达国家，而广大第三世界国家则是这个中心的外围。外围国家在资本主义世界体系中处于从属地位，对中心国家存在依附关系，尤其是在贸易、资本、技术等方面受发达国家控制，因而得不到应有的发展。迈克尔·托达罗（Michael Todaro）认为，发展中国家在国际关系中最重要的表现之一就是在国际关系中处于受支配、依附和脆弱的地位，这是发展中国家经济不安全的根源。在他看来，发展中国家拥有收入水平低下、生产力滞后、失业现象严重等经济不安全特征的主要原因就是发展中国家与发达国家的经济、政治力量的悬殊。托达罗指出，成功地实现社会经济发展不仅需要发展中国家自己制定适宜的战略，还需要改变现有的国际经济秩序，使之较为切合发展中国家的需要。

特奥托尼奥·多斯桑托斯（Theotonio Dos Santos）的依附理论认为，"依附是这样一种状况，即一些国家的经济受制于它所依附的另一国经济的发展和扩张"[②]。由于依附结构的存在，发展中国家的工业发展在很大程度上依赖国际市场的需求，导致大量的利润源源不断地流向发达国家。尤其是当发达国家的跨国公司日益深入发展中国家的经济体系时，它们凭借对技术的垄断，不仅获得了大量的垄断利润，而且使发展中国家的经济结构难以得到彻底的改进和提升，从而使发展中国家的经济安全受到严重侵蚀。

七、全球化理论的国家经济安全观

全球化理论代表人物弗雷德里克·詹姆森（Fredric Jameson）认为，跨国公司和金融资本主义将在全球化时代对民族经济产生巨大冲击。第一世界以外的国家绝对依赖外国资本，包括借贷、援助和投资。在这种经济秩序下，资本的瞬间转移可以汲干国民劳动力多年生产积累的价值，使全球的某些地区贫困化。全球化的不断深入与新经济秩序的形成使得跨国资本对民族经济和民族产业产生了日益明显的影响，大部分国家对国外资本的依

---

① 刘斌.国家经济安全保障与风险应对[M].北京：中国经济出版社，2010：21-22.
② 多斯桑托斯.帝国主义与依附[M].毛金里，白凤森，杨衍水，等译.北京：社会科学文献出版社，1999：302.

赖性也不断增强,尤其是发展中国家和后发展国家,导致这些国家的经济安全受到不同程度的威胁。

罗伯特·吉尔平(Robert Gilpin)认为,经济全球化的力量,即贸易、资本流动和跨国公司活动,已使全球经济更加相互依存,这一客观事实加剧了全球经济体系的脆弱性,也使全球经济体系的稳定性面临更多挑战。进入21世纪以来,日益开放的全球经济面临着威胁。虽然东亚和全球的金融危机已明显缓解,但国际金融和货币体系的脆弱性仍威胁着全球经济的稳定。在高度一体化的全球经济中,各国会继续利用它们的权力,推行各种引导经济力量有利于本国国家利益和公民利益的政策。这些国家的经济利益包括从国际经济活动中获得较多的利益和保持本国独立。

全球化理论关注到了经济全球化对各国经济安全的冲击。经济全球化使各国经济更加相互依存,但也对各国经济稳定性及经济主权构成了不同程度的威胁。一方面,经济全球化下的国际资本渗透与国际分工形成加深了一国经济的外部依赖性,压缩了民族产业的生存空间并且削弱了政府对本国经济发展的引导与控制程度,对一国经济安全与健康发展构成了威胁。另一方面,经济全球化加快了国际资本等要素的流动速度,也使国际经济波动与危机的传导更为灵敏,必然对一国经济体系造成更为严峻的外部冲击,加剧了各国经济体系的脆弱性,迫使各国采取措施维护本国经济利益与安全。

相关案例 2-1

外国直接投资对东亚和拉美国家经济安全的影响

正如全球化理论代表人物詹姆森所言,跨国公司和金融资本主义将在全球化时代对民族经济产生巨大冲击,以发达国家为主的外国直接投资必然会对发展中东道国的国家经济安全产生一定影响,这种影响表现在很多方面。

1. 对民族工业发展的影响

政体方面的差异使东亚和拉美在民族工业发展方面有较大差距。东亚的政府能有效地将绝大多数外国直接投资引导向制造业部门。第二次世界大战后(以下简称"战后"),外国直接投资在制造业中的比重,韩国为50%以上,新加坡达80%以上。由于外国直接投资主要集中于制造业,因此其投资效果较为明显,迅速地推动了东亚的工业化进程。

战后,与东亚相比,虽然拉美制造业中外国直接投资的增长也比较迅速,但由于其自然经济特征,加之政体方面等原因,外国直接投资的相当一部分没有投入制造业部门。美国对拉美直接投资中制造业投资总额的比重,1950年为17.5%,1960年为18.2%,1973年为39.2%,1980年为37.9%,一直低于50%。而且,由于长期实行进口替代战略,拉美外国投资企业的产品主要面向国内市场而非国际市场,从而未能对民族工业的成长起到更大的推动作用。

从结果来看,战后韩国、新加坡和中国台湾地区等国家和地区的民族工业发展迅速,已经实现了从劳动密集型轻工业向资本密集型重工业的转变,情报产业和知识产业等知识集约型产业部门的发展也达到了相当高的水平,实现了产业结构的高级化。相比之下,尽管战后拉美各国的民族工业也有很大发展,但由于其"官僚权威主义"政府受到各种国内外利益集团,尤其是长期进口替代战略下各种既得利益集团的牵制,未能进行适时的发展战略转换,再加上高度的外资控制等原因,民族工业的发展及产业结构的升级受到很大阻碍。

2. 对本地资本积累的影响

在拉美地区,外国资本对经济生活的控制程度很高,造成大规模的资金外流。据统计,美国在拉美地区投资的利润额从1966年的13.26亿美元上升到1981年的58.44亿美元,15年间增长了3.4倍。韩国外资公司的利润返还占总出口额的0.6%,而巴西外资公司的利润返还则占总出口额的6.5%。外国跨国公司在对拉美各国投资的过程中,其投资资金的主要来源是一部分利润再投资、折旧和在东道国市场上筹措,而不是取自母公司的新投资。1958—1968年,在美国跨国公司对拉美制造业的投资总额中,来自母公司的资金仅占20%,而子公司内部资金以及除母公司外的外部资金则各占40%。由此可见,外国跨国公司不仅没有更多地弥补拉美各国国内储蓄和外汇资金的不足,反而占用了相当大规模的内部资金。这也是拉美各国资金外流的另一个重要原因。

东亚的情况则不同。韩国虽然在战后初期接受了大量美援(美国对外援助)或外国借款,但其投向主要是用于扶植和促进以财阀为核心的民族大资本的形成和发展,推动其资本积累;中国台湾地区在20世纪50年代接受的美援占其投资总额的比重曾一度高达40%,但这些外国资金大部分由当局直接控制并推动以公营企业为核心的内部资本积累,从而使自身的积累能力迅速提高,20世纪60年代后期,其内部积累在资本形成总额中的比重已高达90%,甚至更高。正是由于东亚注重发挥外资的"造血"功能,迅速提高了自身的积累能力,才使积累资金来源很快地从以外资为主转为以内部积累为主。这种在利用外资的同时注意培育内部积累机制的结果,与拉美只利用外资、不注重培育内部积累机制而陷入债务危机的结果,形成了鲜明的对照。

资料来源:崔健,刘忠华.外国直接投资对东亚和拉美国家经济安全影响的制度分析[J].东北亚论坛,2004(1):19-23.节选。

第二节 经济危机的相关理论

国家经济安全状态并不是静止不变的,往往会被经济危机的爆发而打破。当一国陷于经济危机的困境时,该国的产业安全、财政金融安全、贸易安全、战略资源安全等国家经济安全的重要组成部分均会受到威胁甚至破坏。因此,从这个意义上来说,经济危机是经济不安全的状态和表现形式。

一、经济周期

在不同历史时期,不同理论流派的学者对经济周期有不同的理解与定义。

第二次世界大战前,由于经济周期表现为总产量绝对量的变动过程,古典经济学家认为,经济周期是经济总量的上升和下降的交替过程。例如,1860年,克莱门特·朱格拉(Clèment Juglar)将经济周期定义为"重复发生的、虽然不一定是完全相同的经济波动形式";弗里德里希·哈耶克(Friedrich Hayek)则认为经济波动是对均衡状态的偏离,而经济周期则是这种偏离状态的反复出现;韦斯利·米切尔(Wesley Mitchell)将经济周期定义为

"经济变量水平的扩张和收缩的系列",这是被经常引用的古典经济周期定义。

第二次世界大战后,总产量绝对量下降的现象几乎不存在了,因此,现代经济学家对经济周期的定义也发生了改变,认为经济周期是经济增长率的周期性变动。罗伯特·卢卡斯(Robert Lucas)对经济周期的定义是"经济变量对平稳增长趋势的偏离"。它的含义是,经济周期是经济增长率的上升和下降的交替过程。米切尔与阿瑟·伯恩斯(Arthur Burns)在1946年出版的《衡量经济周期》一书中将经济周期定义如下:"经济周期是在主要以工商企业形式组织其活动的那些国家的总量经济活动中可以发现的一种波动形态。一个周期包含许多经济领域在差不多相同的时间所发生的扩张,跟随其后的是相似的总衰退、收缩和复苏,后者又与下一个周期的扩展阶段相结合,这种变化的序列是反复发生的,但不是定期的。"这个定义是西方经济学界公认的非常经典的定义。

总的来看,古典经济周期时期强调的是经济总量的扩张和收缩,而现代经济周期时期则强调经济增长率上升与下降的交替变动。

但是,要把握世界经济周期的内涵必须抓住以下四个要点:①世界经济周期波动是资本主义经济的必然产物和基本特征之一,只要资本主义生产方式存在,经济的周期波动就不可避免。②世界经济周期波动是总体经济活动的波动,即这种波动不是局部的,而是涵盖世界多数国家几乎所有重要的经济部门,并由此引起就业人数、产量等宏观经济指标的周期性波动。③虽然经济波动具有周期性,会依次经历"危机—萧条—复苏—高涨—再次发生危机"的周期循环,但不应简单地将这种周期及其各阶段的长度理解为是相同或固定不变的。④并非每个国家的每一次经济危机都会发展成为世界性经济危机,只有当世界多数国家在大体相同的一段时间经历经济危机时,才会形成一次世界性经济危机,由此也就形成世界经济周期进程。

二、经济危机

经济危机是经济周期的一个阶段,是对再生产比例关系严重失调的一种强制性调整。经济危机的典型特征是商品生产过剩、库存增加、价格大幅下降,企业被迫削减投资、压缩生产,企业开工率低、工人大量失业,社会消费需求下降。由于企业利润下滑,部分企业破产倒闭。生产领域中发生的这些变化延伸到金融领域,则会引起银行业的危机,即由于企业发生亏损和破产,资金链条断裂,出于对现金的追求和对银行存款的担心,人们纷纷挤兑存款,使很多陷入困境的银行倒闭。

传统的经济危机被定义为资本主义在生产过程中周期性爆发的生产过剩危机,然而,经济危机并非资本主义制度下的特有产物,资本主义生产过剩不是经济危机的唯一诱因。基于此,学者对传统的经济危机定义进行了拓展,给予了经济危机更为科学、普遍的解释。《现代经济辞典》将经济危机定义为:①在传统的经济周期(一般为古典经济周期)分析中,指经济运行经过复苏、繁荣,直到生产过剩的阶段后,国民经济产出总量(绝对量)开始下降,给整个社会经济生活带来严重破坏和影响,称此阶段为"危机阶段"或"崩溃阶段"。②泛指一国经济受到重大冲击后,整个社会经济遭受严重破坏,陷入严重混乱的状况,如货币危机、金融危机、财政危机,或国际债务危机、国际收支危机、国际石油危机,或战争、重大自然灾害等导致的全面经济危机。

三、经济危机产生的原因

关于经济危机产生原因的研究层出不穷,主要包括以下两方面:一方面是西方经济学对经济危机理论的研究,另一方面是马克思主义经济学对经济危机理论的研究。

(一)西方经济学对经济危机理论的研究[①]

在对经济危机的传统研究中,一般以经济危机的影响因素来自经济运行内部、外部或是内外兼有为依据,分为内因论、外因论和综合论。这种划分方法能够较好地对各种研究观点进行总结归纳,但是无法在时间顺序上反映出观点的演进。在此将以西方主流经济学派的演进历史为序,追溯梳理古典经济学、凯恩斯主义、新自由主义等关于经济危机的主要观点,并对其进行分类和归纳,这样能够在观点归纳的基础上,较好地反映出西方经济学对于经济危机研究的演进。

1. 古典经济学对经济危机的研究

19世纪初,资本主义生产方式刚刚确立,关于资本主义生产方式是否必然导致生产过剩存在较大的争议。在此背景下,古典经济学对经济危机的研究观点经历了由全面否定资本主义经济危机到逐步认识到资本主义经济危机存在不可避免性的发展历程。

(1)资本主义无危机论。持资本主义无危机论的学者普遍持市场万能论观点,认为市场中的总需求与总供给相等,资本主义经济危机不会发生,其代表人物有让·巴蒂斯特·萨伊(Jean-Baptiste Say)、李嘉图等学者。萨伊认为货币只是交换的媒介,出售某种商品意味着购买了另一种商品,即生产某种商品的同时为与它价值相当的商品提供了实现价值的渠道,所以,总需求总是与总供给一致的,不会出现普遍生产过剩下的经济危机。李嘉图继承了亚当·斯密的"看不见的手"理论,认为个人对自身利益最大化的追求与社会整体利益并不冲突,从而将资本主义生产的目的归结为满足社会需要。此外,李嘉图接受萨伊的思想,认为生产创造了需求,即资本家通过生产实现商品价值后,无论选择个人消费或扩大再生产,都会产生价值相等的新的购买,因此,总需求和总供给总是相等的。纵观李嘉图的危机理论,其建立在需求无限论的基础上,并混淆了商品流通与物物交换的概念。

综上,资本主义无危机论认为资本主义不会产生普遍性经济危机,这与当时处于资本主义生产方式建立初期的时代背景有关。当时资产阶级迫切需要减少政府干预而扩大生产,导致了当时主流经济学家关于资本主义无危机论的观点的出现,符合其所代表的大资产阶级利益。

(2)资本主义危机存在论。与上述资本主义无危机论相对立的观点是资本主义危机存在论,其代表人物是让·西斯蒙第(Jean Sismondi)、托马斯·马尔萨斯(Thomas Malthus)等学者,他们认为资本主义生产与消费之间存在矛盾,资本主义存在产生经济危机的可能

[①] 王欣亮,严汉平,刘飞.经济危机的起源与反思:马克思与西方经济学比较研究[J].西北大学学报(哲学社会科学版),2011,41(5):94-98.

性。西斯蒙第接受了亚当·斯密的思想,认为商品并不完全等同于收入。资本主义市场经济以及机械化大生产导致生产规模的无限扩大,使小生产者不断破产,进而影响市场需求和总体消费,最终导致商品价值无法实现,产生经济危机。因此,经济危机产生的根源是资本主义大生产导致的生产无限扩大与消费需求不足之间的矛盾。

马尔萨斯认为,当社会积累大量转向生产必需品时,必需品的产出必将超过现有需求程度,产生有效需求不足。但是,在解决社会有效需求不足方面,不能仅仅依靠资本家和工人的收入,还应由地主、军队、官员等非直接劳动者创造与商品生产无关的需求,从而保持商品产出和消费的平衡。因此,对于资本主义而言,若要维持总需求与总供给之间的平衡,则必须刺激非生产阶级的消费,从而避免经济危机。

资本主义危机存在论通过分析生产和消费之间的矛盾,认为资本主义条件下经济危机是必然存在的。但是,由于出身及代表阶级不同等因素,持资本主义危机存在论的学者之间的观点存在差异。西斯蒙第基于生产与消费的矛盾,认为小生产者破产会导致国内市场缩小,产生经济危机;而马尔萨斯则从地主阶级的利益出发,认为贵族等非生产阶级的挥霍能够避免或缓解经济危机。

2. 凯恩斯主义对经济危机的研究

凯恩斯主义是在1929—1933年经济危机的背景下产生的,其全面否定萨伊定律,认为需求能够创造供给,并在"个人消费倾向""资本边际产出"以及"个人偏好"的基础上,提出"有效需求"的概念,认为有效需求不足是形成经济危机的根本原因。

约翰·梅纳德·凯恩斯(John Maynard Keynes)认为,"个人消费倾向"是由人的习惯、心理以及社会背景共同决定的,会随个人收入的提高而下降。因此,当国民收入提高时,收入和消费之间的缺口会不断加大,导致需求小于供给。而"资本边际产出"为新增的每单位投资可得到的利润。当资本边际产出高于资本的使用成本即利息时,投资会增加;当资本边际产出等于利息时,投资将停止。长期来看,资本边际产出是递减的,这也将是资本边际产出不足的原因之一。"个人偏好"是指个人基于交易动机、谨慎动机以及投机动机等心理,偏好于持有一定量的货币,而非全部储蓄。因此,在货币总量一定的前提下,人们对持有货币偏好的存在会使利率保持在高位,导致投资不足。

在上述理论的基础上,凯恩斯提出了"有效需求"的概念,指商品总供给与商品总需求相等时的需求量。有效需求不足时,均衡条件下的就业量小于充分就业的就业量,是资本主义中大量失业存在的原因。对于有效需求不足的原因,凯恩斯认为可分为消费需求和投资需求两个层面。在消费需求层面,经济危机时期对失业可能性的忧虑导致人们不断减少消费,使社会总需求降低;在投资需求层面,由于货币总供给量不足及流通速度较慢,社会整体中没有足够的货币满足投资需求。

基于上述原因,凯恩斯认为,在经济危机发生时,政府应采取扩张性的货币政策和积极的财政政策,以尽快摆脱经济萧条的影响。其中,扩张性的货币政策包括政府通过公开市场业务、调整准备金率或利率等方法影响市场货币使用成本,以提高市场货币供给;积极的财政政策是指政府加大公共投资和政府购买力度,并利用相关政策鼓励私人增加消费,如利用适度的通货膨胀使居民的实际工资减少,进而促进消费。

3. 新自由主义对经济危机的研究

随着通货膨胀与失业并存的"滞胀"爆发，凯恩斯主义受到质疑，并出现了以反对政府干预为主要观点的新自由主义。新自由主义强调"看不见的手"调节下的自由竞争的重要性，认为经济危机是政府采用凯恩斯主义对市场进行过度干预而产生的。新自由主义根据研究视角的不同，可分为不同的学派。下面将对其中有代表性的货币学派和供给学派关于经济危机的研究观点进行归纳和梳理。

以米尔顿·弗里德曼（Milton Friedman）为代表的货币学派以货币数量论为核心，认为由收入、边际资本产出、通货膨胀率以及个人偏好共同决定的货币供给量对经济危机的产生具有决定性作用。当货币发行量高于生产产品总价值时，通货膨胀就会产生。但是，由于自然失业率的存在，通货膨胀率与失业率之间不存在替代关系，因此凯恩斯主张利用通货膨胀降低失业率的举措只能导致"滞胀"。对于"滞胀"，应采用只以货币供应量为调节因素的货币政策，使货币供应量与经济增长之间保持同步。这种观点对于缓和资本主义矛盾具有积极作用，但忽视了失业的产生及其解决方法。

供给学派反对凯恩斯主义需求创造供给的论断，认为需求不一定创造供给，而可能造成通货膨胀，影响社会经济主体对储蓄和投资的预期，从而产生经济危机。因此，经济危机产生的根本原因是供给缺乏，应通过减税、削减政府开支等措施提高社会供给，避免经济危机。

新自由主义还包括弗莱堡学派、理性预期学派和公共选择学派等，都认为经济危机是政府遵循凯恩斯学派的意见，对经济过度干预导致的，应反对政府干预，提倡市场自由竞争。但是，新自由主义在对"滞胀"现象作出相应的原因诠释和解决路径分析的同时，也带来了一系列新的问题。例如，新自由主义下，由于资本家对超额利润的追求，资本的投入重点由实体经济转向金融项目。这对于居民而言，能够依靠透支消费提前满足远期需求；对于资本家而言，能够提前支取远期收益。但是，一旦其中一项资金链断裂，就会产生连锁反应，进而爆发经济危机。

4. 其他学派对经济危机的研究

（1）外生因素论。外生因素论认为经济危机与经济周期波动产生的根源在于经济体系之外的因素，如太阳黑子、政治事件等。例如，威廉·杰文斯（William Jevons）的太阳黑子理论认为，太阳黑子这一自然因素的周期性变化引起地球气候的变化，对农业收成产生影响，而农业部门的减产将引发其他部门的一系列连锁反应，与之相关的工业、商业等部门将随之收缩，进而引起整个经济的萧条。政治经济周期理论则从政府换届、政府政策等角度来解释经济周期性波动和危机产生的原因。

（2）创新理论。创新理论是由约瑟夫·熊彼特（Joseph Schumpeter）提出的。他认为，经济周期是企业创新的结果，创新是指提供新产品或劳务、引进新方法、采用新原料、开辟新市场和建立新企业组织形式等行为。创新可以提高生产率、增加利润、引起投资增长，从而刺激经济增长。同时，创新也使经济活动形成从"繁荣"到"衰退"的周而复始的变化。尽管创新是某些企业家在一段较短时间内进行的，但是，创新一旦实现，就会引起大量企业相继模仿、效法，形成"创新浪潮"。创新浪潮的出现主要以投资活动的迅速增加为标志，从而引起银行信用的扩张和需求的增加,于是经济出现高涨。随着创新的逐渐普及,一方面,企业创新利润减少甚至消失;另一方面,企业偿还贷款必然引起信用收缩、需求减少。这时如果没有新的创新出现,就会出现经济萧条。因为创新活动不可能经常出现,所以经济活动的周期性波动也就在所难免。

(二)马克思主义经济学对经济危机理论的研究

马克思从唯物主义历史观出发,认为资本主义经济危机是资本主义生产方式的特定历史现象,也是资本主义制度历史性的表现。经济危机的根源在于资本主义社会的基本矛盾,即生产的社会化与生产资料私人占有之间的矛盾。资本主义的基本矛盾首先表现为个别生产的有组织性和整个社会生产的无政府状态之间的矛盾。马克思用生动的语言说明了经济危机的表现和原因,"由于棉布充斥而造成的市场停滞,会使织布厂主的再生产遭到破坏。这种破坏首先会影响到他的工人……当然,他们对棉布有需要,但是他们买不起,因为他们没有钱,而他们之所以没有钱,是因为他们不能继续生产,而他们之所以不能继续生产,是因为已经生产的太多了,棉布充斥市场"①。

随着世界经济的发展,统一的世界资本再生产运动形成,使资本主义的商品和货币关系在世界范围内展开,为世界经济危机的爆发提供了可能。资本主义国家经济内部基本矛盾的普遍激化为各国爆发生产过剩的危机创造了条件,但这并不等于一定会形成世界经济危机,只有当世界范围内资本主义基本矛盾激化时,世界性经济危机才会爆发。

机器大工业在各主要资本主义国家经济中统治地位的确立,使这些资本主义国家的生产能力有了空前的增长。这一方面吸收越来越多的原料,另一方面又生产出越来越多的产品,需要不断扩大市场,最终资本流通和社会再生产过程超越一国范围,形成生产国际化。生产的国际化、广阔的世界市场以及世界市场上的激烈竞争,促使资本主义国家不断扩大资本积累的规模、改进生产技术、提高劳动生产率,促进了资本主义生产无限增长的趋势。然而处于需求端的生产者和工人的购买力和需求是有限的,世界范围内的生产过剩不断积累,最终必然爆发世界性生产过剩危机。

马克思认为,资本主义危机只是现有矛盾的暂时的暴力的解决,永远只是使已被破坏的平衡得到瞬间恢复的暴力的爆发。可以说,资本主义经济危机的解决完全是靠强制方式达到资本主义生产下经济比例的平衡,维持生产发展。但是,这样做不可能从根本上消除经济危机发生的根源。恩格斯说:"在危机中,社会化生产和资本主义占有之间的矛盾达到剧烈爆发的地步……经济的冲突达到了顶点:生产方式起来反对交换方式,生产力起来反对已经被它超过的生产方式。"②虽然经济危机会在强制的方式下得到解决,但是,这种解决方式同时也在孕育下一次危机的产生,不能从根本上摆脱经济危机。

---

① 马克思恩格斯文集:第八卷[M].中共中央马克思恩格斯列宁斯大林著作编译局,译.北京:人民出版社,2009:261-262.
② 马克思恩格斯全集:第二十卷[M].中共中央马克思恩格斯列宁斯大林著作编译局,译.北京:人民出版社,1971:301.

相关案例 2-2

美国次贷危机导致的大衰退

2007—2009 年的经济危机后来被称作"大衰退",这是美国自大萧条以来持续时间最长、影响最深远的经济危机。衰退始于巨型地产泡沫的破灭,之后出现了一系列连锁反应——股市崩盘、美国最大的投资银行倒闭、商品价格暴跌、信贷冻结、国际贸易放缓。其后果是 900 多万所房屋被取消赎回权,800 多万个工作岗位消失。到 2009 年年底,约 3 000 万人(相当于 18% 的劳动力)处于失业、就业不足或放弃寻找工作的状态。危机发端于美国,但影响波及全球,许多国家面临着更为严重的衰退和萧条。全球有近 3 400 万人加入失业大军,受冲击最大的是年轻人和流动工人。东欧、中欧、牙买加、阿根廷的大部分地区都出现了严重的、类似萧条的经济收缩。大部分拉丁美洲国家陷入了深度衰退。

如要寻找大衰退的根源,就应该追溯到美国的"新自由主义"时期。"新自由主义"被用来定义自 20 世纪 70 年代以来美国资本主义几十年的发展状况,它既包括自由市场的自由化意识形态,又包括私有化、提高工人工作强度、提高生产率、放松管制等政策措施。

20 世纪 70 年代的"新自由主义革命"在很大程度上推翻了大萧条之后政府对金融资本的监管机制。政府放松管制,金融部门的自主权不断提升,这为金融产品的爆发性增长开辟了道路,推动了全面"证券化"进程,即将抵押贷款和养老金等各种债务转变为可公开交易的金融工具。利润率增长过快,资本急需其他投资渠道,为获得更高的回报,金融机构越来越倾向于在传统领域之外找寻更复杂的金融投资组合。任何债务都可以重新打包成证券,即可交易的金融资产。抵押贷款证券是一种将抵押贷款捆绑在一起的金融产品,后来成为引发大衰退的罪魁祸首。

高水平投资推动了房地产市场的繁荣。虽然房产价格上涨,但抵押贷款利率低,拥有房屋产权不再是很多人的奢望。此时,银行开始强力推出"次级抵押贷款"。次级抵押贷款几乎不需要购房者提供首付,并且避开了贷款的严格条件。次级抵押贷款的初始利率低,刺激了人们对贷款的需求,但随后次贷利率迅速升高。工薪阶层错误地以为房产价值将无限期上升,以为他们可以在利率升高前再融资。与此同时,投资者对抵押贷款证券的需求刺激了银行发行更多的抵押贷款,银行将贷款分割,重新打包销售,从中收取巨额服务费。银行极力推行这种掠夺性贷款,导致次级抵押贷款占抵押贷款的比重从 2003 年的 8% 上升到 2005 年的 20% 以上。

在抵押贷款出现爆发性增长的同时,投机者的投机行为刺激了对房地产的需求,房价开始上涨。投机者用次级抵押贷款购置大量房产,由于这类贷款不需要支付太多首付,因此即使房价上涨,投机者也可以继续购房。房地产向我们充分展示了经典投机泡沫(商品交易价格极度膨胀)的发展过程。在 2005 年泡沫高峰时期,美国房产总估价是美国 GDP 的 145%。

房地产价格和利率飙升,工人阶级不再有能力购房,对新建住宅的有效需求下降。房地产销售量锐减,需求的下降拉低了房价和房产净值。银行原来寄希望于美国穷人去购买住房,现在开始上门索债。转折点已经到来,泡沫即将破灭。房地产供给过剩问题越来越严重,抵押贷款产品创新浪潮即将结束。2006年第三季度,名义房价同比下降。部分浮动利率贷款开始调整利率,抵押贷款因风险管理不善而恶化。过热的房地产市场开始出现抵押贷款违约现象,房屋开始空置,对房价构成了下行压力,大量在建项目取消,仅在2007年就减少了20多万个建筑工作岗位。

毫无疑问,生产过剩的现实盖过了金融投机的狂想。华尔街炮制投资组合的用意就是收取费用。而大量违约案例的出现使金融机构的抵押贷款服务费流失,导致华尔街投资组合方案破产。截至2007年年底,取消抵押品赎回权案例达到100万起。对抵押贷款证券的需求急剧下降,投资者被迫亏本出售。房价下行导致房产净值下降,工人贷款额度变少,进一步挤压了消费支出。

债务过度扩张与房地产等资产价值膨胀都是金融体系内的普遍现象,只不过这次矛盾首先在金融体系最薄弱的地方——次级抵押贷款市场爆发。当资本家们不得不着手处理被高估的资产时,源于美国次贷市场的危机很快演变成了全球金融信贷危机。随之而来的是股价暴跌、商业地产陷入困境、公司负债累累且无法获得或释放足够的现金。

资料来源:蒂尔,车艳秋,张蕙莹.大衰退十年之后[J].国外理论动态,2019(12):32-39.节选。

本章小结

(1) 国家经济安全理论的溯源。国家经济安全思想具有丰富的理论渊源,国家经济安全观在马克思主义理论、重商主义理论、自由贸易理论、幼稚产业保护理论、战略性贸易理论、依附理论和全球化理论中均有体现。

(2) 西方经济学对经济危机的相关理论研究。①古典经济学对经济危机的研究经历了由全面否定资本主义经济危机到逐步认识到资本主义经济危机会不可避免地存在的转变。②凯恩斯主义认为有效需求不足是形成经济危机的根本原因。③新自由主义强调"看不见的手"调节下的自由竞争的重要性,认为经济危机是政府采用凯恩斯主义对市场进行过度干预而产生的。其中,货币学派认为货币供给量对经济危机的产生具有决定性作用。供给学派则认为经济危机产生的根本原因是供给缺乏。④外生因素论认为经济危机与经济周期波动产生的根源在于经济体系之外的因素,如太阳黑子、政治事件等。⑤创新理论认为企业创新使经济活动形成从"繁荣"到"衰退"的周而复始的变化。

(3) 马克思主义经济学对经济危机的相关理论研究。马克思从唯物主义历史观出发,认为资本主义经济危机是资本主义生产方式的特定历史现象,也是资本主义制度历史性的表现。经济危机的根源在于资本主义社会的基本矛盾,即生产的社会化与生产资料私人占有之间的矛盾。

复习思考题

1. 简述战略性贸易理论的国家经济安全观。
2. 凯恩斯主义认为经济危机的成因是什么?
3. 简述货币学派关于经济危机的主要观点。

4. 简述全球化理论的国家经济安全观。
5. 简述马克思主义经济学关于经济危机的主要观点。

参考文献

布赞.人、国家与恐惧：后冷战时代的国际安全研究议程[M].闫健,李剑,译.北京:中央编译出版社,2009.
崔友平.经济周期理论及其现实意义[J].当代经济研究,2003(1):29-34.
多斯桑托斯.帝国主义与依附[M].毛金里,白凤森,杨衍水,等译.北京:社会科学文献出版社,1999.
高伟凯.自由贸易理论的国家利益观评析[J].世界经济与政治论坛,2008(2):1-6.
吉尔平.全球资本主义的挑战:21世纪的世界经济[M].杨宇光,杨炯,译.上海:上海人民出版社,2001.
吉尔平.全球政治经济学:解读国际经济秩序[M].杨宇光,杨炯,译.上海:上海人民出版社,2006.
江涌.金融安全是国家经济安全的核心:国际金融危机的教训与启示[J].求是,2009(5):60-62.
李霞,李孟刚.经济危机、政策嬗变与经济安全[M].北京:经济科学出版社,2013.
梁碧波.贸易保护与幼稚产业的成长:国际的经验与中国的选择[J].国际经贸探索,2004(2):20-23.
刘斌.国家经济安全保障与风险应对[M].北京:中国经济出版社,2010.
马克思.资本论:第三卷[M].中共中央马克思恩格斯列宁斯大林著作编译局,译.北京:人民出版社,2004.
孙伊然,何曜,黎兵."入世"20年中国经济安全观的演进逻辑[J].世界经济研究,2021(12):42-53.
万君康,肖文韬,冯艳飞.国家经济安全理论述评[J].学术研究,2001(9):74-78.
王逢振.詹姆逊文集:第4卷:现代性、后现代性和全球化[M].北京:中国人民大学出版社,2004.
王欣亮,严汉平,刘飞.经济危机的起源与反思:马克思与西方经济学比较研究[J].西北大学学报(哲学社会科学版),2011,41(5):94-98.
魏浩.世界经济概论[M].北京:机械工业出版社,2017.
郑宇.开放还是保护:国家如何应对经济危机[J].世界经济与政治,2018(12):134-155.
中共中央党史和文献研究院.习近平关于总体国家安全观论述摘编[M].北京:中央文献出版社,2018.
中国社会科学院经济研究所.现代经济辞典[M].南京:凤凰出版社,2005.

第三章
国家经济安全状态

学习目标
1. 了解国家经济安全状态的划分和界定。
2. 掌握不同国家经济安全状态的转化。
3. 熟悉一国经济抵御风险的能力状态。
4. 了解国家经济安全的影响因素。

导入案例

过去220年,全球已发生近230起国家破产事件

德国《明镜周刊》称,1800年以来,全球已发生过近230起国家破产事件。进入21世纪以来,破产的国家也不在少数,从美洲到欧洲无一幸免。

自2000年以来,阿根廷已破产过两次。这个南美国家曾是世界上最富裕的国家之一。直到20世纪50年代,阿根廷的人均收入还高于德国。但自胡安·庇隆(Juan Perón)执政后,经济每况愈下。2001年,阿根廷的国家债务上升到令人难以置信的1 600亿美元。同年12月,阿根廷政府宣布国家破产。

破产后,阿根廷的艰难岁月接踵而至。德意志广播电台称,2001年12月,成千上万的人在布宜诺斯艾利斯市中心游行抗议,而政府则以"铁"的强硬态度回应民众的愤怒。骑警向人群开枪,导致二十多人死亡,国家一片混乱。短短两星期内,总统接连更换。阿根廷货币比索每小时都在下跌,直到政府进行冻结干预。银行也停止发行货币,储户损失多达其储蓄的四分之三。一半阿根廷人口陷入贫困。衣着整洁的老绅士们上街乞讨,女士们在旧货市场卖皮草大衣,"新穷人"的说法开始流行。布宜诺斯艾利斯一半以上的商店关门,国家无法偿还外债。政治学家豪尔赫·阿里亚斯(Jorge Arias)说,2001年,他们认为稳固的经济突然像纸牌屋一样倒塌。之后几年,阿根廷的经济从未真正恢复过来。许多家庭的父亲需要干好几份工作才能养家糊口。

2014年,阿根廷再度破产。不过,《明镜周刊》发现,阿根廷人对这次破产似乎无动于衷,一个主要原因是阿根廷之前已经有13年没有从国际金融市场上拿到钱了。这意味着,他们几乎不用担心国际信用。但这种印象具有欺骗性,国家破产更快地使阿根廷人再次陷入贫困。破产就像一个经济问题的加速器。阿根廷也缺乏外汇,无法从国外购买药品、机器等。

实际上,近年来破产的不仅有新兴国家,还有西方发达国家。据《南德意志报》报道,2008年,冰岛也曾破产。此前,冰岛的三家银行利用宽松的金融管制疯狂扩张。这些缺乏经验的银行到处乱扔钱,买它们不了解的资产,并从欧洲各地的储户那里吸引存款,其总资产相当于当时冰岛GDP的10倍。当国际金融危机期间资金流动枯竭时,这几家银行也倒闭了。雷克雅未克政府不得不将它们国有化,承担了500亿美元的国债,冰岛也因此成为几十年来第一个向国际货币基金组织寻求援助的富裕国家。2008年11月,国际货币基金组织向该国提供了21亿美元的救助贷款,另外30亿美元来自斯堪的纳维亚国家。

《世界报》称,国家陷入金融危机后,许多冰岛人仍难以想象他们的成功故事即将结束。就在2007年,一项联合国研究还称冰岛是"世界上最宜居的国家"。许多冰岛人通过以欧元或英镑为基础的贷款购买房屋或汽车。但国家破产后,冰岛克朗贬值一半以上,许多冰岛人失去了储蓄。他们的养老基金也陷入了困境,失业率居高不下。但不少冰岛人认为"冰岛文化是一种危机文化",冰岛人习惯了艰难的生活。而且,冰岛有大量自然资源。冰岛人后来的确战胜了危机,现在又成为经济稳定的国家。

其他欧洲国家历史上也多次破产。《世界报》称,自1800年以来,德国已经破产了7次,奥地利有7次,西班牙达到8次,葡萄牙有6次,希腊有6次,法国和荷兰各有1次。

资料来源:沈杰森.德媒:过去220年,全球已发生近230起国家破产事件[EB/OL].(2022-07-20)[2022-08-20]. https://world.huanqiu.com/article/48tTFFzzWky.

第一节 国家经济安全状态的划分和界定

一、国家经济安全状态的划分[①]

一般认为,一国经济整体或局部都可能处于"安全、潜在非安全、显在非安全、危机"中的某一种状态。相应地,国家经济安全状态的监测预警应主要评价一国经济局部或全局、目前或今后将处于哪一种安全状态。如果要形象地定义"安全""非安全"与"危机",可将"安全"定义为经济安全状态或趋势处于"绿灯区",将"潜在非安全"定义为经济安全状态或趋势处于"浅黄灯区",将"显在非安全"定义为经济安全状态或趋势处于"深黄灯区",将"危机"定义为经济安全状态或趋势处于"红灯区",如表3-1所示。其中,"潜在非安全"主要指经济中发生不利于国家经济安全的问题,但还没有出现"显在非安全"的局面;"显在非安全"主要指经济中出现明显的不安全局面。

---

① 雷家骕.国家经济安全:理论与分析方法[M].北京:清华大学出版社,2011:276-277.

表 3-1　国家经济安全状态的划分

安全态势	区域划分
安全	绿灯区
潜在非安全	浅黄灯区
显在非安全	深黄灯区
危机	红灯区

二、国内经济领域的安全状态界定

从整体来看,国内经济领域的安全状态也可分为"安全、不安全、危机"三种。

(1) 国内经济领域的"安全"是指一国经济系统各重要子领域的安全,主要涉及宏观经济、战略资源、重要产业、财政金融、生态环境、信息网络等领域的安全问题。

(2) 国内经济领域的"不安全"是指一国经济系统各重要子领域的不安全,即存在某些因素或问题导致相关子领域的运行偏离了正常轨道。

(3) 国内经济领域的"危机"是不安全的极端情况,指一国经济某个或某些重要子领域发生了危机,这个或这些子领域受到某些问题的冲击,使其运行或发展出现了重大问题,偏离了正常轨道,甚至遭受了重大损失。

三、国际经济领域的安全状态界定

国际经济领域同样可以划分为"安全、不安全、危机"三种状态。

(1) 国际经济领域的"安全"是指一国拥有较为有利的国际经济环境,与其他国家有着较为正常的经济贸易及投资关系,占有着较为适当的国际资源和产品市场份额;与此同时,发生于他国的经济问题没有伤及该国的经济运行与发展,也没有危害到该国的海外资产与企业经营。

(2) 国际经济领域的"不安全"是指存在不利于一国经济发展的国际环境问题,包括一国与其他国家缺乏正常的经济贸易或投资关系,一国正常的国际经济贸易或投资关系受到干扰,或是一国缺乏适当的国际资源和产品市场份额等情况。特别是在贸易保护主义仍然盛行的国际背景下,如果一国存在较大的外贸依存度或投资依存度,那么其经济的健康运行与稳定增长更易受到他国经济波动的影响。

(3) 国际经济领域的"危机"则是指一国与其他国家发生了直接的经济冲突或对抗,甚至遭受了重大损失,如对国际重要资源的获取严重受阻或其产品的国际市场被他国抢占等。这些都可能较大程度地影响一国经济的运行与增长。

第二节　国家经济安全状态的转化[①]

在国家经济安全各种风险影响因素的作用下,一国的经济安全状态可能发生从"安全"到

---

① 雷家骕.国家经济安全:理论与分析方法[M].北京:清华大学出版社,2011:279-285.

"不安全"甚至"危机"的转化。实际转化的过程可能是渐进式的,也可能是跳跃式的。

一、经济安全状态的渐进式转化与跳跃式转化

渐进式转化是指在各种风险因素作用下,一国的经济安全状态从"安全"到"不安全"直到"危机"的转化,是经过各种状态连续变化并顺次实现的。一般来说,经济安全状态连续变化的过程往往是各种风险因素缓慢恶化,并对整个经济安全状态产生作用的结果。

跳跃式转化是指在各种风险因素的作用下,一国的经济安全状态从"安全"直接跳跃、恶化至"危机",中间没有经过"不安全"的过渡。经济安全状态的跳跃式转化通常是某种风险因素突然恶化的结果,如国内发生重大自然灾害或突发事件,国际经济领域发生激烈的经济对抗甚至升级为全面的经济制裁,从而导致一国经济在短期内受到较大的冲击。

二、国家经济安全状态变化的尖点突变模型

国家经济安全状态的渐进式转化和跳跃式转化过程可用尖点突变模型刻画。

(一)基本假设

我们假设国家经济安全状态可以用一个状态变量 X 表示。国家经济安全状态 X 受到两个控制变量的作用:一个是风险因素 U,包括国内经济领域和国际经济领域的风险因素,是使一国经济安全状态恶化的基本动力;另一个是国家经济的抗风险能力 V,是防止国家经济安全状态恶化的基本能力。

(二)基于尖点突变模型的经济安全状态转化过程描述

一国经济安全状态的转化过程,可以用包括一个状态变量 X、两个控制变量 U 和 V 的尖点突变模型来描述。

如图 3-1 所示,X 代表状态变量,U 代表控制变量"风险因素",V 代表控制变量"抗风险能力"。上部曲面为平衡曲面,该曲面为三维坐标系;下部平面为控制空间,平衡曲面中的控制变量 U 和 V 在控制空间形成投影。

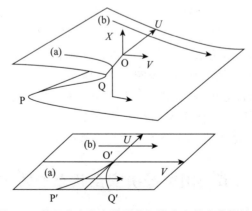

图 3-1 基于尖点突变模型的经济安全状态转化过程

平衡曲面包括上叶、中叶和下叶。其中,中叶存在褶皱区,由折痕线 OP 和 OQ 围成,在控制空间对应的区域为 P'O'Q'。平衡点 (X, U, V) 位于平衡曲面的上叶时,代表一国经济处

于安全状态,且此时平衡点是稳定的(即系统受到小的扰动仍能保持原有状态)。中叶为过渡区,表示国家经济处于不安全状态。当平衡点位于中叶的褶皱区之外时,代表一国经济的不安全状态是稳定的;当平衡点位于中叶的褶皱区内时,平衡点是不稳定的,即此时的不安全状态是不稳定的。下叶代表一国经济处于危机状态,若平衡点位于平衡曲面的下叶,此时平衡点是稳定的,即危机状态是稳定的。

当控制变量轨迹如路径(a)所示时,即在控制空间中,控制变量轨迹依次通过$O'P'$和$O'Q'$,并在通过$O'Q'$时状态变量发生突变,这一过程被称为跳跃式转化。其原因在于在"安全"和"危机"状态之间的"不安全"状态是不可达到的,因此路径(a)表示国家经济安全状态的跳跃式转化过程。

当控制变量轨迹如路径(b)所示时,即在控制空间中,控制变量的轨迹不经过$O'P'$和$O'Q'$,系统状态的变化是连续的。这表明在适当的控制变量的综合作用下,可能发生国家经济安全状态从"安全"到"不安全"然后到"危机"的连续变化,即形成渐进式转化过程。

(三)经济安全状态"渐变"与"突变"的本质区别

从前述尖点突变模型,我们可以认识到渐变和突变的本质区别。在现实经济生活中,人们往往将缓慢的变化称为"渐变",而将瞬间完成的、明显的、急促的变化称为"突变"。但实际上,这种经验性认识既不精确也不科学,因为时间是相对的,不同的研究对象有着不同的时间尺度。

从尖点突变模型可以看出,突变与渐变的本质区别不是状态变化率的大小,即不是变化的时间长短,而是状态的变化过程是否为连续的,起止状态间是否存在不稳定的中间状态。在路径(b)上,每个状态都是稳定的,因此是渐变过程。而在路径(a)上,在突变之前,虽然在上叶的安全状态和下叶的危机状态都是稳定的,但中间状态由于跳跃过程而不能达到,即路径(a)不存在稳定的中间状态,因此是突变过程。综上,我们判断国家经济安全状态的转化是渐进式的还是跳跃式的,不能看状态转化的时间长短,而应看"安全"状态和"危机"状态之间是否有稳定的中间状态存在。若有,则是渐进式转化过程;若没有,才是跳跃式转化过程。在实际中,渐进式转化过程一般是控制变量缓慢作用的结果,而跳跃式转化过程既可以是控制变量突然作用的结果,也可以是控制变量缓慢作用的结果。

第三节 一国经济抵御风险的能力状态[①]

一般来说,一国经济整体上抵御风险的能力可以划分为"强、弱、差"三种状态。具体如下:

一、抵御风险的能力强

一国经济在整体上抵御风险的能力强,主要表现是:一国的经济发展水平较高、市场经济体系较为完善、政府有足够的能力和手段来调控宏观经济的运行,从而具有较强的风险

---

① 雷家骕.国家经济安全:理论与分析方法[M].北京:清华大学出版社,2011:277.

防范、化解和危机处理能力;能及早发现经济中的隐患,消除可能出现的风险和危机,避免因国内或国际上某些问题的演化而使本国经济遭受较大的冲击,避免损失过多的国民经济利益。

二、抵御风险的能力弱

一国经济在整体上抵御风险的能力弱,主要表现是:在一国的经济发展水平、经济运行体制、市场体系建设和政府宏观调控能力中,一个或几个方面出现了不利于整体经济安全的问题和局面。例如,GDP增长缓慢、经济结构失衡、经济制度存在缺陷、政府工作效率低下等。客观地看,如果一国经济抵御风险的能力弱,整个经济系统运行将会缺乏稳健性,对可能出现的风险和危机缺乏防范和调控能力,这就极可能导致一国经济整体上遭受某种程度的损失。

三、抵御风险的能力差

一国经济在整体上抵御风险的能力差,主要表现是:在一国的经济发展水平、经济运行体制、市场体系建设和政府宏观调控能力中,一个或几个方面出现了极为严重的问题。例如,经济结构严重失衡、经济运行严重失控、政府失去社会信任等。客观地看,如果一国经济整体上抵御风险的能力差,整个经济系统十分脆弱,对可能出现的风险缺乏基本的防范和化解能力,其发生经济危机的可能性就会较高。而一旦发生危机,如果政府面对危机束手无策,不能控制各种风险的演化和共同作用,导致危机局面恶化、迅速扩散,那么一国经济整体上就可能遭受更加严重的损失。

第四节 国家经济安全的影响因素

随着经济全球化的发展,一个国家的经济发展在一定程度上已经同世界经济发展紧密联系在一起。因此,国家经济安全不仅会受到国内各种因素的影响,还会受到国际上各种风险的冲击。具体来看,一方面,国家经济安全会受到整个国际环境的影响,并且经济全球化发展本身也会给不同国家的经济安全带来不同的影响;另一方面,一个国家内部战略资源的储备情况、国家内部经济情况以及地理等其他因素也会对国家经济安全造成影响。

一、国际环境与国家经济安全

(一)国际安全环境[①]

国际安全环境主要是指世界或地区范围内,总体趋势是和平还是动荡。对于某一具体国家来说,即该国的国家安全在军事上受到威胁的程度。

和平的国际环境是经济稳定发展的基本保障。一方面,在充满战争或冲突的国际环境中,各国必定将维护本国的军事安全置于国家利益的首位,对他国的疑虑会迫使各国将大量的经济财富转化为国防支出,并可能由此引发军备竞赛,最终使弱国的经济结构出现严

[①] 徐桂华.中国经济安全的国家战略选择[M].上海:复旦大学出版社,2005:33.

重不平衡,甚至导致国民经济的崩溃。另一方面,在战争爆发的国家或地区内,由于投资者对该国或地区的信心减弱,会出现大量资本外逃,同时,进出口贸易也可能会严重萎缩,导致国内经济受到严重的威胁。

国家强大的军事力量是经济稳定发展的重要保障。一般来说,一国军事上受到的威胁程度既同整个国际安全环境相联系,也同世界主要国家之间的军力对比有关。一国在国际上争夺政治话语权的背后,必定有其经济利益的驱使。政治实力为经济利益提供秩序和安全,但支撑政治实力的是强大的军事力量。对一国来说,经济上的成功或许比军事上的强大更有吸引力,但是,一个军事弱国却很难保障其经济发展。一国如果只将非常微薄的财富投于防务,就可能失去创造财富的基础。一国军事安全的水平取决于自身军力同其他国家军力的对比程度。一国的军事安全水平(在合理的基础上)越高,其经济就越有保障。在军事上占优势的国家,相应地就拥有经济上的支配性权力。

(二)国际政治环境[①]

国际政治环境是指在一定时期内,世界或区域范围内主要战略力量间相对稳定的关系结构。它包括两个层面的内容:一是指以国家为单位的国与国之间的关系,又称国家间政治,包括外交、军事等内容;二是指以国家行为体及非国家行为体为单位,以整个国际社会为舞台的各个国家的政治及其对国际社会的影响,又称世界政治,包括国际组织、跨国公司、恐怖主义等,它的核心是国际格局。

国际政治环境的稳定对各国经济安全有着重要影响。一方面,国家之间政治关系的稳定有利于两国之间开展良好的经济合作,最直接的影响就是有助于两国友好的贸易往来,促进两国经济健康发展。而国家之间的政治冲突很容易影响国家间经贸关系的发展,可能导致激烈的贸易摩擦,最终两国可能完全停止贸易,这势必会使各国遭受巨大的经济损失。另一方面,良好的国际政治环境通常伴随着国际组织的诞生和发展,国际组织特别是一些经济性质的国际组织的存在,可以为成员提供一个友好的经济发展环境,促进国内经济安全稳定发展。国际政治环境对国家经济安全的影响主要取决于该国在国际社会中的政治需求度,即在国际格局中的地位和在国际组织中的发言权。一般来说,他国对该国的政治需求越高,该国的经济安全程度也就越高。具体来讲,国际政治格局会对贸易格局产生直接影响,各国的对外贸易政策一般鼓励本国与其盟国进行贸易,抑制本国与潜在的竞争对手和敌人进行贸易。在国际政治格局中拥有较大话语权的国家往往在制定各种规则时拥有主导权,会制定更符合自己国家经济利益的规则。对于国际地位较低的国家来说,这会构成比较大的威胁,更容易造成其国家经济不安全。

(三)国际经济环境

国际经济环境是指在世界或地区范围内的经济运行规则。2015年以来,在"一体化"与"碎片化"的交织共生中,"反全球化"甚嚣尘上,世界经济在逆流中艰难前行。在国际治理领域,部分发达国家的内部经济结构失衡、社会两极分化等诸多矛盾累积,加上新技术革命及气候危机等因素的影响,全球治理面临极大的不确定性。在上述背景下,世界各国尤

[①] 徐桂华.中国经济安全的国家战略选择[M].上海:复旦大学出版社,2005:34.

其是一些发达国家试图将风险转移给其他国家。英国脱欧,法国、意大利等国民粹主义力量抬头,本质上都是试图将风险转移给其他国家的表现。尤其是唐纳德·特朗普(Donald Trump)上台之后的美国奉行"美国优先"战略和贸易保护主义,动辄以维护国家经济安全为借口,频繁使用经济制裁等手段危及其他国家经济安全,加深了各国对国家经济安全的担忧。中国作为美国最主要的遏制对象,国家经济安全受到的影响尤其严重。

另外,国际经济合作在当今整个国际经济环境中占有突出地位,国际经济合作的发展状况与各国利益密切关联,是影响国家经济安全的重要因素。国际经济合作具有普遍、活跃、密切和持续发展的特点,它贯穿于各国国内经济与国际经济交融、相互依存的全过程,是经济全球化的集中体现。当前世界上没有一个国家能够游离于国际经济合作体系之外,而不受其变化的影响。建立有利于自身发展的国际经济环境是各国对外经济交往和对外政治互动追求的主要目标。积极拓展经济外交,谋求全方位的国际合作,维护国家经济安全,已成为各国对外战略的一大重点。

相关案例 3-1

中国经验:以国际经济合作促进国家经济安全

中华人民共和国成立初期的30年中,世界格局呈现出两极特征,美苏两大阵营尖锐对立。这一阶段中国在经济上自给自足,受制于严峻复杂的国际政治环境,对国际经济活动的参与很少,对外经济关系没有得到应有的发展,同世界经济的联系基本处于松散的半封闭状态。

1978年,党的十一届三中全会作出改革开放的重大决策,中国开始积极谋求加入各种国际经济合作组织。1986年7月,中国正式向当时的关税与贸易总协定(GATT)提交"复关"申请。2001年12月,在进行了旷日持久的外交谈判后,中国正式成为世界贸易组织(WTO)第143个成员。这是中国顺应经济全球化潮流的重大举措,具有里程碑式意义。

在入世谈判过程中,有些人忧心忡忡,怕入世影响国家经济安全,许多产业会受到大的冲击。但入世后的实践表明,入世对中国利大于弊,原来的许多担心并未出现。入世后,中国经济快速腾飞,外汇储备大量积累,技术进步、产业升级和结构调整加快,人民生活条件大幅改善,同时为应对外部冲击做好了准备。

改革开放以来,特别是入世以后,我国加速融入世界分工体系,制造业不断升级,成为全球唯一具有完备工业生产体系的国家,货物贸易和生产规模长期居世界第一,与北美、欧洲并列为全球产业链三大枢纽。中国在实现国家安全、政治稳定、自身社会经济发展等重要目标的同时,积极参与全球和区域经济治理,在多个领域开展了积极的经济外交,推动国际经济合作和全球经济发展。这对于稳定外部经贸环境、维护国家经济安全具有重要的现实和长远意义。

资料来源:[1]周武英.中国为全球经济治理贡献智慧[N/OL].经济参考报,2019-09-23[2022-07-21].http://dz.jjckb.cn/www/pages/webpage2009/html/2019-09/23/content_57470.htm;[2]史丹.我国工业稳定发展的长期态势不会变(经济形势理性看)[N/OL].人民日报,2022-05-19[2022-07-21].http://theory.people.com.cn/n1/2022/0519/c40531-32424835.html.

二、经济全球化与国家经济安全

所谓经济全球化,是指经济活动跨越国界和区域,世界各国经济相互依赖程度不断加深的过程。经济全球化是时代潮流,在它推动世界经济发展、为世界各国的经济增长带来活力和机遇的同时,我们也应该意识到,经济全球化对国家经济安全必然会造成利弊共存的双重影响。我们只有正确认识经济全球化对国家经济安全的真实影响,才能在经济全球化进程中趋利避害,有效地防范和减轻经济全球化给国家带来的风险,在开放中维护国家经济安全,从而更好地保障国家开放型经济健康、稳定和快速发展。

(一) 经济全球化对国家经济安全的积极影响

首先,经济全球化的发展可以使世界保持一个较长的和平时期,有利于世界各国的经济发展,扩展各国的生存空间和发展空间,在一定程度上为各国经济安全提供稳定条件。其次,经济全球化给世界经济带来了活力,越来越多的国家转向市场经济,世界经济进入了大开放时代。大开放是指世界不同类型、不同发展程度的国家和地区都在实行开放政策,而且开放程度前所未有。世界大部分国家都在积极参与全球经济活动,充分利用国际分工所提供的历史机遇发挥自己的比较优势,努力使本国经济与世界经济接轨并最终达到使本国经济更安全的目的。

经济全球化的发展意味着将世界经济这块"蛋糕"做大,并且越来越多的国家参与到这块"蛋糕"的制作中来,为的就是能够从中分得一定的利益。因此,从某种程度上说,一国经济的发展和安全都依赖于全球化的收益。但是,经济全球化的收益如何进行分配是由多种因素决定的。从国家经济安全的角度看,一国参与国际经济活动的能力、参与专业化生产的能力、生产技术创新的能力、参与制定国际经济规则的能力都决定了一国在经济全球化中的分配情况。仅从全球化收益这一方面考虑,国家的这四种能力越强,收益就越多,国家经济安全的程度也就越高,反之就越低。在这里所指的安全寓于发展之中,不发展就不安全,越发展越安全。

(二) 经济全球化对国家经济安全的消极影响

1. 对发展中国家的冲击

经济全球化使国际市场竞争加剧,从而造成两极分化,对发展中国家的经济安全产生威胁。相较于国内市场,国际市场上的竞争更为激烈,发达国家的跨国公司实力强大,不仅拥有雄厚的经济实力,而且在管理经验、技术工艺、市场营销等诸多方面,发展中国家的企业都难以与之相比。在一国国内,国家政府一般都制定了相应的反垄断等方面法律来规范市场秩序,但是在国际市场上,由于缺乏强有力的超国家机构来规范市场,"丛林法则"居主导地位,竞争态势有利于跨国公司,其结果必然是优胜劣汰,加剧两极分化,从而使得发达国家与发展中国家之间的差距越来越大。

2. 经济独立性减弱

经济全球化造成的国家经济不安全主要是对外依存度提高带来的。例如,对于粮食、石油等具有战略安全属性的商品,一国如果过度依赖外部供应而本国供应不足,在面临冲突、自然灾害等冲击时,就可能会出现重大国家经济危机等。与此同时,在国内经济增长对国际贸易、国际投资的依赖度越来越高的情形下,国际燃料和中间品价格的涨落、国际市场对发展中国家产品需求的起伏、本币对主要货币汇率的升降都会越来越明显地影响国内相关商品价格的波动,导致输入性通货膨胀或通货紧缩,从而影响发展中国家的经济增长、社会就业与国际收支平衡。

三、国内战略资源与国家经济安全

所谓战略资源,是指在国民经济中对当前和未来经济发展目标的实现具有重要影响的自然资源及非自然资源,主要由能源资源、矿产资源、水资源、粮食资源等自然资源以及人才资源、科技资源等非自然资源共同构成。国内战略资源具有供给的稀缺性、开发以及获得的高成本性、用途的广泛性、影响的普遍性以及深远性等特征。国内战略资源的安全体现为国家拥有主权的,或实际占有的,或可得到的各种战略资源的数量和质量,能够满足该国经济运行、参与国际竞争以及未来经济可持续发展的需求。由于国内战略资源具有上述重要特性,当其面临安全风险时将会对国家经济安全构成威胁。

(一)自然资源

国内战略资源中的自然资源主要包括能源资源、矿产资源、水资源和粮食资源。

首先,能源安全涉及矿物能源安全和电力系统安全。由于石油是当代工业的血液,石油资源分布相对集中,且很难在短时间内找到其他矿物燃料大规模对其进行替代,因此,一般讲的能源安全多指石油安全。但是,从广义上来讲,能源安全还包括煤炭、电力等能源品种的安全,石油和煤炭资源安全属于矿物能源安全的范畴。能源安全问题由来已久,自19世纪末以电力、化学工业和内燃机为特征的产业革命发生以来,能源消费不断增加,供需矛盾日益凸显,引起了人们对于能源安全问题的关注。在经济全球化、科技进步日新月异的今天,能源安全进一步成为世界各国普遍关心并致力解决的重大问题。

能源安全概念的明确提出源于20世纪发生的石油危机。由于西方发达国家对石油的高度需求和依赖,20世纪70年代两次石油危机使得发达国家的经济遭受重创,如在1973年爆发的中东战争中,部分国家对石油采取禁运政策,导致西方发达国家经济增长大幅下降。与能源安全相对应的概念是能源危机。能源危机通常是指石油供应中断、短缺或是价格飙升而对经济产生重大影响的事件,也会涉及煤炭、天然气、电力的供应中断和短缺。能源危机通常会使经济瞬间休克,很多突如其来的经济衰退常源于能源危机。

其次,矿产资源同样是国内战略资源的重要组成部分,其安全状况对国家经济安全有着重要影响。矿产资源是指经过地质成矿作用,使埋藏于地下或出露于地表并具有开发利用价值的矿物或有用元素的含量达到具有工业利用价值标准的集合体。矿产资源是重要的自然资源,矿产资源安全是国家经济安全的重要组成部分,矿产资源受到威胁时,其供应稳定性、开发使用安全性和价格稳定性均会受到冲击,从而影响国家经济安全。

再次,水资源被认为是影响世界各国经济发展的重要生产要素,水资源短缺不仅会影响人类、社会和生态系统运行,还将威胁经济增长。因此,当一国拥有主权的,或实际占有的,或可得到的各种水资源在数量和质量上无法满足一国经济当前需要,无法满足参与国际竞争的需要和可持续发展的需要时,水资源安全问题便产生了。对于世界上绝大多数国家来说,水资源短缺和水生态破坏是水资源安全的主要问题。

最后,粮食资源引起的国家经济安全问题可以分为"短期安全"和"长期安全"。1983年联合国粮食及农业组织以"粮食安全的最终目标"的形式提出关于"粮食安全"的最新定义,认为粮食安全的最终目标是保证任何人在任何时候都能够买到并能买得起他们为了生存和健康所需要的基本食品。与粮食有关的短期国家经济安全问题是由粮食的短期供给失衡和价格波动引起的国家经济安全问题,与粮食有关的长期国家经济安全问题则是农业资源的不合理配置和不可持续利用导致的国家粮食供给能力下降问题。

(二)非自然资源

国内战略资源中的非自然资源主要是指人才资源和科技资源。

人才资源安全问题是关系到一国经济能否持续发展的战略问题,只有掌握大量的人才资源,才能在科技水平上取得长足的进步,进而推动一国经济的发展。随着经济全球化的发展,人才的跨国流动变得更加频繁,如果一国的人才大量流失,就会对一国经济安全构成严重的威胁。缺乏具有国际视野、综合素养的创新型人才作支撑,会对一个国家作出正确的、长远的经济战略决策造成影响,进而对国家经济安全稳定发展构成潜在的威胁;缺乏高技术型专业人才作支撑,则会对国家产业转型升级造成一定的阻碍,进而制约一国经济的安全发展;更严重地,如果人才的流失伴随着国家机密的泄露,对于一个国家的经济甚至是主权安全都会产生严重影响。总之,人才安全问题如果不能得到根本性的解决,将严重阻碍一国经济发展,最终影响一国的国际竞争力,危害国家经济安全。

作为国家的重要战略资源,科技资源为科技活动提供物质保障,为科技管理、决策和研究提供基本性条件保障。其中,科技成果作为科技资源成功转化的结果,是衡量一个国家综合实力的重要标志,是国家经济实力的重要组成部分,是国家财富的重要方面。创新是一个民族进步的灵魂,是国家兴旺发达的不竭动力,没有创新能力的民族是难以屹立于世界先进民族之林的。科技成果是创新的成果,科技成果的多少特别是专利的多少是衡量创新能力大小的标志。因此,实施专利发展战略是提高国家科技水平、维持国家经济安全的重要保障之一。对于一个国家而言,丧失了在科学技术方面的优势和竞争力,也就意味着丧失了国家安全特别是经济安全的基本保障。

相关案例 3-2

20 世纪 60 年代英国人才大量流失至美国

英国在 20 世纪 60 年代掀起人才流失问题大讨论。1963 年,"人才流失"一词最早出现在英国大学教育方面。此后,诸多研究在科学、教育、人力资源、工业研究、住房政策、工资等方面对人才流动问题展开了热烈讨论。

受战争的影响和美国经济发展环境的吸引,20 世纪 60 年代,英国人才流失规模巨大,流动的人才不仅有学者和学生,还包括医生、护士、艺术家、运动员和掌握熟练技术的能工巧匠,几乎涵盖了所有领域的人才。如表 3-2 所示,据美国移民局统计,1959—1970 年,英国移民到美国的人数为 24.46 万,平均每年保持在 2 万人左右的高位。

表 3-2　1959—1970 年英国移民美国的人数统计

年份	人数（人）
1959	18 325
1960	19 967
1961	18 719
1962	18 066
1963	22 708
1964	25 758
1965	24 135
1966	18 777
1967	23 004
1968	26 025
1969	15 072
1970	14 089

具体来看,如表 3-3 所示,1958—1969 年,根据英国"有工程与技术资格"的移民流入与流失数据,仅 1961 年和 1962 年的流入人数高于流失人数,其他年份均处于人才净流失的状态。尤其在 1966—1968 年,英国的人才损失特别严重。以自然科学家为例,图 3-2 是 1966—1985 年英国的自然科学家永久移民美国人数的统计,可以看出,20 世纪 60 年代末英国自然科学家移民美国的人数达到了峰值,远高于七八十年代的科学家移民规模。

表 3-3　1958—1969 年英国"有工程与技术资格"的移民流入与流失　　　　单位:人

年份	流入	流失	抵消
1958	1 785	2 725	-940
1959	2 025	2 525	-500
1960	2 110	2 530	-420
1961	3 215	2 430	+785
1962	3 025	2 735	+290
1963	2 240	3 065	-825
1964	2 355	3 750	-1 395
1965	3 125	4 050	-925
1966	2 760	5 255	-2 495
1967	2 440	6 180	-3 740
1968	2 865	4 945	-2 080
1969	2 930	4 685	-1 755

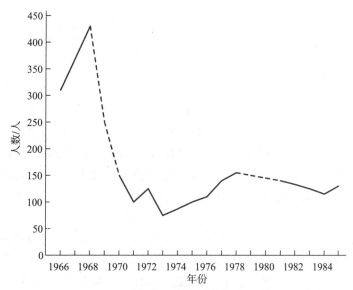

图 3-2　1966—1985 年英国自然科学家永久移民美国人数

大批英国高级人才外流被认为"经济后果严重",至少是损失了每位科学家的两万英镑的培养费,对英国的科技领先地位和创造贡献能力造成了严重影响。实际上,人才流失不仅仅是损失了国家高级专家,更是一种复杂的社会现象,势必波及社会经济、政治、文化等其他领域。

资料来源:张瑾.第二次世界大战后英国科技人才流失到美国的历史考察[M].北京:中国社会科学出版社,2013:35-48.有删节和修改。

四、其他因素与国家经济安全

除以上分析的因素外,国家经济安全不仅会受到一国内部经济制度、产业结构等经济因素的影响,还会受到国家地理环境、国家文化属性的影响。具体分析如下:

（一）国内经济环境

第一,经济制度体系的建设是否具有超前性、是否可以随时进行调整,以及经济制度对一国经济发展是否适应都会对国家经济安全产生影响。一般来说,制度的调整需要特别谨慎,但是考虑到经济转型期的剧烈变化以及制度惯性的因素,制度调整有可能慢于经济发展的实际过程。不赋予经济制度体系建设超前性,制度就会永远落后于经济实践,将使制度供给不足问题不断出现,经济发展就始终处于无序状态,各种经济矛盾就有可能激化,进而危害国家经济安全。另外,经济制度的适应性对维护国家经济稳定发展也很重要,通常情况下,根据国情建立与之相匹配的经济制度最有利于国家经济发展,而完全照搬他国的制度建设可能会与本国经济情况不符,最终对本国经济安全造成不利影响。

第二,产业结构与国家经济安全密不可分。任何一个产业发展都受其他产业发展的影响,并反过来影响其他产业的发展,最终会使产业结构保持在一个合理的框架之内。如果合理的产业结构遭到破坏,那么就会牵一发而动全身,不同产业之间的经济联系便会受到影响,并最终波及整个国民经济系统,从而威胁国家经济安全。从国家经济安全的角度来讲,合理的产业结构不仅能提供一个有助于经济稳定发展的国内产业基础,而且有助于形成一个有利的对外开放格局,从内外两方面共同保障国家经济安全。

(二) 国家地理环境

地理因素对经济活动发挥着重要作用:第一,国际贸易的规模随地理距离的增加而快速消减;第二,产品因销售的地理位置不同存在显著的价格差异,距离越远的地区价格差异越大。世界上不同的国家曾长期受益于或受制于它们所处的不同的地理环境。随着科学技术的飞速发展,特别是交通和通信手段的日新月异,加上经济全球化大潮的冲击,一国对地理环境的依赖程度已经降低,对地理环境的超越和重塑已不再是神话。但是,就目前的情况来看,要彻底改变这一点仍然十分困难,地理环境在很大程度上依然是影响国家经济安全的重要因素。

地理环境包括两个方面:一方面是地理位置、空间结构、自然条件和资源等自然地理要素,另一方面是人口、民族、宗教以及历史传统等人文地理要素。地理环境作为一国物质资源的天然载体,历来是一国综合国力的重要组成部分。一般而言,一些自然与人文地理环境相对优越的国家,如果能因势利导,采取适合本国客观条件的发展路径,往往能让自身发展在国际博弈中占据优势。实际上,现代资本主义体系之所以率先在西欧萌芽发展,就与西欧独特的自然和人文地理条件息息相关。在论述近现代西欧国家所特有的地理条件时,恩格斯曾指出,与世界其他地区不同,15世纪的西欧小国虽然规模远远比不上奥斯曼帝国和中国,但濒临海洋的特殊地理位置与重商主义人文传统使这些国家很早就拥有了较为成熟的航海技术与商品贸易规则,15世纪后更是由于人口增长迅速,率先通过加强对外贸易和海外殖民来发展自身,从而拉开了世界近代史的序幕。

(三) 国家文化属性

文化包括多个维度,涉及一个国家的文化主权、民族文化特质、政治制度和意识形态、主流价值观等。文化既是与经济、社会等要素共同构成国家安全的重要内容,如语言文字安全、政治制度安全,也是影响国家经济安全、实现国家经济安全的重要手段,如文化霸权、文化与民族凝聚力的关系,因此,良好融洽的文化氛围能够有效促进国家的经济发展,过度的文化分割不仅会产生文化上的负面影响,还将抑制经济发展。美国、日本、俄罗斯、法国、德国等主要大国都在一方面竭力维护本国文化的独特性、独立性,另一方面出台了许多文化产业扶持政策,在全球提高本国文化的影响力,将"文化外交"作为对外政策的重要手段。共同的文化联系在维持双边经贸关系上能发挥重要作用,有利于国家经济安全。

文化具有鲜明的民族性、政治性和时代性,这些特点决定了其与国家经济安全密切相关。一个民族总会具有区别于其他民族的文化特质,这反映为文化的民族性。文化的民族性与经济发展的相关性很大。1968年瑞典学者冈纳·缪尔达尔(Gunnar Myrdal)耗时十年完成的《亚洲的戏剧:对一些国家贫困问题的研究》一书出版,其结论之一就是"受宗教深刻影响的文化因素是南亚现代化面临的主要障碍"。拉丁美洲、撒哈拉以南非洲地区的经济社会发展很多时候也归因于文化因素。文化同时具有强烈的意识形态特征,关系国家政治制度存亡,从而会对经济安全产生冲击。文化还是特定时代的产物,需要适应时代的发展,因此,能够充分适应时代发展的文化才能充分保证国家经济安全。

本章小结

（1）国家经济安全状态的划分与界定。一国国内经济领域和国际经济领域的安全状态均可分为"安全、不安全、危机"三种状态，而一国经济整体上抵御风险的能力可以划分为"强、弱、差"三种状态。

（2）国际环境与国家经济安全。国际环境具体包括国际安全环境、国际政治环境以及国际经济环境。①从国际安全环境来看，和平的国际环境、本国强大的军事力量是经济稳定发展的重要保障。②从国际政治环境来看，在国际政治格局中拥有较大话语权的国家，更能保障本国的经济安全。③从国际经济环境来看，公平的世界经济运行规则、积极谋求全方位的国际经济合作有助于维护一国经济安全。

（3）经济全球化与国家经济安全。经济全球化对国家经济安全的影响有利有弊，具体如下：从积极影响来看，全球化有利于各国充分发挥其比较优势，促进世界经济快速增长；从消极影响来看，经济全球化将冲击发展中国家的国内市场，削弱各国的经济独立性。

（4）国内战略资源与国家经济安全。国内战略资源包括能源资源、矿产资源、水资源、粮食资源等自然资源以及人才资源、科技资源等非自然资源。国内战略资源具有供给的稀缺性、开发以及获得的高成本性、用途的广泛性、影响的普遍性以及深远性等重要特征，因此当其面临安全风险时，会对国家经济安全构成威胁。

（5）其他因素与国家经济安全。国内经济环境、国家地理环境以及国家文化属性等因素也会影响国家经济安全，其中，国内经济环境包括经济制度体系、产业结构等方面。

复习思考题

1. 简述国家经济安全状态的划分与界定。
2. 经济全球化给发展中国家的经济安全带来了哪些影响？
3. 国内战略资源指的是什么？国内战略资源具有哪些特征？
4. 国家文化属性将如何影响国家经济安全？
5. 目前中国的经济安全主要面临着哪些挑战？

参考文献

陈斌,程永林.中国国家经济安全研究的现状与展望[J].中国人民大学学报,2020,34(1):50-59.

樊莹.经济全球化与国家经济安全[J].世界经济与政治,1998(5):11-15.

高翔,龙小宁.省级行政区划造成的文化分割会影响区域经济吗[J].经济学（季刊）,2016,15(2):647-674.

江涌.经济全球化背景下的国家经济安全[J].求是,2007(6):60-62.

雷家骕.国家经济安全:理论与分析方法[M].北京:清华大学出版社,2011.

李大光.国家安全[M].北京:中国言实出版社,2016:205.

聂富强.中国国家经济安全预警系统研究[M].北京:中国统计出版社,2005.

夏立平.中国国家安全与地缘政治[M].北京:中国社会科学出版社,2013.

徐桂华.中国经济安全的国家战略选择[M].上海:复旦大学出版社,2005.
姚枝仲.坚定不移推动经济全球化[N/OL].经济日报,2022-02-07[2022-07-23].http://views.ce.cn/view/ent/202202/07/t20220207_37309017.shtml?spm=zm5087-001.0.0.2.PL1uZp&file=t20220207_37309017.shtml.
张帅,顾海兵.中国经济安全研究:误区再反思[J].学术研究,2020(3):80-87.
张文木.世界地缘政治中的中国国家安全利益分析[M].北京:中国社会科学出版社,2012.
张旭.经济安全的制度因素探析[J].理论学刊,2004(12):65-68.
中国现代国际关系研究院.地理与国家安全[M].北京:时事出版社,2021.
中国现代国际关系研究院.大国兴衰与国家安全[M].北京:时事出版社,2021.
中国现代国际关系研究院.文化与国家安全[M].北京:时事出版社,2021.
中国现代国际关系研究院经济安全研究中心.国家经济安全[M].北京:时事出版社,2005.
周肇光.谁来捍卫国家经济安全:开放型国家经济安全新论[M].安徽:安徽大学出版社,2005.
DISTEFANO T, KELLY S. Are we in deep water? water scarcity and its limits to economic growth[J]. Ecological economics, 2017, 142: 130-147.
EATON J, KORTUM S. Technology, geography, and trade[J]. Econometrica, 2002, 70(5): 1741-1779.

第四章
国家经济安全的监测与预警

> **学习目标**
> 1. 理解国家经济安全监测预警的内容。
> 2. 掌握国家经济安全监测预警的各种方法。
> 3. 了解国家经济安全监测预警体系的构建。

导入案例

四大信号预警:全球经济衰退风险加剧

2022年是糟糕的一年,全球经济所面临的危机可能才刚刚开始。越来越多的经济衰退信号开始浮现,2022年以来,美联储多次加息,进一步引起市场崩盘。

作为经济衰退的信号之一,美债收益的曲线已经接近于倒挂,即短期收益率高于长期收益率。欧洲则由于对俄制裁引火烧身,油气价格飙升,引发全球大宗商品危机,再加上欧洲央行对高企的通货膨胀采取鹰派立场,业内人士担心,四大信号可能预示着全球经济即将陷入衰退:美联储货币收紧冲击、大宗商品价格飙升、美债收益率倒挂和资金加速逃离欧洲,而且这四大情况正同时发生。此外,粮食危机还有可能加剧经济衰退。

1. 美联储货币收紧冲击

2022年3月,美国通货膨胀率达8.5%,创下40年来新高。为了应对通货膨胀,美联储箭在弦上,不得不发。市场普遍预期,2022年3月第三周将加息至少25个基点(1个基点相当于0.01%)。高通货膨胀压力下,市场预期美联储将采取更加激进的加息幅度。美联储主席杰尔姆·鲍威尔(Jerome Powell)也表示,如果通货膨胀率居高不下,美联储准备在未来几个月持续加息。

目前动荡的局势已经影响了经济增长前景,市场开始担心美联储的加息举动可能会像20世纪70年代的沃尔克时刻。保罗·沃尔克(Paul Volcker)曾于1979年起担任美联储主席,彼时美国接连遭遇两次石油危机冲击,全国陷入高通货膨胀、高失业、低增长的滞胀危机,美元与金融体系摇摇欲坠。

高盛集团经济学家指出,2023年美国经济衰退的可能性高达35%,出于对飙升的油价和俄乌局势的担忧,高盛已经下调了美国经济的增长预期。美国银行也指出,尽管目前经济低迷的风险不大,但2023年会非常大。

2. 大宗商品价格持续飙升

西方世界对俄制裁引火烧身,油气价格飙升,引发全球大宗商品危机,并有可能引发经济衰退风险。2022年3月,随着俄乌冲突持续及西方对俄罗斯的制裁,油价升至近14年来高位,天然气价格接近历史最高水平,小麦价和铜价接近历史高位,镍价上涨一倍,迫使伦敦金属交易所暂停交易,大宗商品市场的疯狂波动已成为常态。

一些投资者认为,在可预见的未来,大宗商品的价格仍将居高不下,这将严重影响经济增长。相关从业人士表示,目前所处的经济环境非常独特,因为需求冲击和供给冲击正同时存在,即使地缘政治紧张局势有所缓和,大宗商品的需求仍可能保持强劲,如电动汽车电池生产需要铜和镍等金属。通货膨胀预期正在上升,而增长预期正在下降。加拿大皇家银行资本市场首席美国经济学家汤姆·波切利(Tom Porcelli)表示,能源价格上涨对经济增长的影响正变得越来越大,住房、食物和汽油等基本支出正在越来越多地消耗居民的可支配收入。

另一个不容忽视的危机则来自全球粮食供应。俄罗斯和乌克兰的小麦供应量占全球小麦贸易总量的近30%,小麦价格一度飙升至历史新高,化肥也出现了供应短缺,玉米、大豆和植物油的价格也在快速上涨。联合国世界粮食计划署表示,处于饥荒边缘的人数已从2019年的2 700万跃升至2022年的4 400万。

3. 美债收益率曲线接近倒挂

长期以来,债券市场近期和远期收益率的差值预示着经济衰退是否到来,而美国的债券收益率曲线即将倒挂。作为经济衰退的信号之一,美债收益率曲线倒挂是经济衰退的有效先行指标,因为这意味着市场对当前经济信心不足,转而购买远期国债。

最新数据显示,美债10年期收益率与2年期收益率的差值为25个基点,已较2022年初的89个基点大幅缩窄,与2021年3月经济增长乐观时期的162个基点相比更是天差地别。历史上看,收益率曲线发生倒挂后一年左右就会出现经济衰退,仍在持续的俄乌局势正加速经济衰退的趋势。

4. 资金加速逃离欧洲

欧洲大陆可能更早发生经济衰退,因其地理位置相近,且能源依赖于俄罗斯,更易受战争风险影响,而现实也正是如此,资金正大量从欧洲股市中撤出。全球新兴市场投资基金研究公司(EPFR Global)数据显示,截至2022年3月9日,欧洲股票基金流出135亿美元,创下此前一周新纪录的两倍。瑞银(UBS.US)全球财富开始调低欧元区的股票评级,东方汇理银行认为,欧洲可能会出现暂时的经济衰退和企业利润下滑。

资料来源:姚波.四大信号预警!全球经济衰退风险加剧[EB/OL].(2022-03-14)[2022-10-21].https://www.chnfund.com/article/AR20220313060044726.

第一节　国家经济安全监测预警的内容

一、国家经济安全监测与预警的定义

监测是指对于某一系统目前的运行状态进行实时评价,以发现该系统在运行过程中的各种不正常之处,并探寻其发生的原因,为制定相关决策和措施提供时效性较高的支撑和依据。也就是说,监测的作用是为未来状态的变化提供决策支撑,监测的目的是发现系统的非正常之处,监测的方法是进行实时性系统评价。

国家经济安全监测是指国家政府机构对于国家经济运行状态进行实时评价,及时发现国家经济运行过程中的各种异常之处,并解释异常发生的原因,为具体经济政策的制定和执行提供相关依据。从方法论的角度来看,经济监测是与国民经济活动同时进行的过程性测度,旨在对国民经济作出综合性观测、分析和评价。

预警是指对于某一系统未来的演化趋势进行预期性评价,以提前发现特定系统未来运行的潜在问题及其成因,为进行相关决策、实施防范和化解措施提供依据,更多是面对系统未来状态的。预警最早出现在军事领域,然后才逐步转入社会经济生活以及自然生活领域。经济领域的预警从20世纪初开始发展,但进展较为缓慢,直到60年代才趋于成熟。冷战结束后,和平与发展成为时代主题,人们越来越关注经济的发展及安全状况,预警也更多地应用到经济领域。

国家经济安全预警是指国家政府机构对未来国家经济运行的趋势进行预期性评价,对未来经济发展状况、发展趋势特别是是否存在重大风险进行预测和警告。从方法论的角度来看,经济预警是在对宏观经济预测的基础上,根据事先确定的预警区间,对将来可能发生的经济风险和危机进行预报。

虽然监测和预警在概念上存在区别,但是就国家经济安全监测和国家经济安全预警而言,二者研究的对象是统一的,即为了维护国家经济安全,对所有能够影响国家经济安全的因素既进行即时的分析评价,又进行远期的预判。

二、基于根本性国家经济利益视角的国家经济安全监测预警[①]

国家经济安全是指国家经济利益不受内外部因素破坏和威胁的状态,尤其是重大和根本的国家经济利益没有受到破坏和威胁的状态。"重大和根本的国家经济利益"主要是指那些事关一个国家的经济前途和命运的战略利益,而能够对它们构成严重威胁的莫过于基本经济制度变化、经济主权受损和发生经济危机这三个主要方面。这三个方面对国家经济安全至关重要,因此,国家经济安全的监测预警也应该考虑这三个因素。

(一)基本经济制度

经济制度是占统治地位的生产关系的总和,而经济体制是一定经济制度所采取的组织结构和表现形式,反映的是经济发展过程中的资源配置方式。国家经济发展属于生产力领

---

① 叶卫平.国家经济安全定义与评价指标体系再研究[J].中国人民大学学报,2010,24(4):93-98.

域,它涉及经济体制而不涉及经济制度。基本经济制度是把国家经济安全与国家经济发展区分开来的重要因素。由于国家基本经济制度属于上层建筑,因此,国家经济风险不仅来自生产力领域,也来自生产关系领域,生产关系的变化也会影响国家经济安全。

(二) 经济主权

经济主权是国家主权在经济领域的反映,对内主要表现为经济发展方针政策的自主制定权、经济活动的管辖权、重要资源和战略产业的控制权等,对外主要表现为国际经济秩序的平等制定权、国际市场的自由利用权等。一国经济主权受损时,国家经济发展不一定会受到影响,但国家经济安全会出现重大隐患。20世纪80年代,拉丁美洲国家实行依附型经济发展模式,由于盲目引进外资发展经济,虽然一度取得了高速经济增长,但却付出了经济主权受到较大损害的代价。这种情况表明,经济发展不等于经济安全,如果一国在经济发展中经济主权受到严重损害,迟早会影响经济安全。

(三) 经济危机

经济危机意味着经济发展的暂时中断,经济危机风险状况还把国家经济安全与国家经济稳定区别开来。国家经济出现不稳定并不等于经济出现危机。从两者产生的原因来看,导致经济不稳定的因素相对要多一些,但影响程度较小;导致经济危机的因素相对要少,但影响程度却要大很多。在两者的应对手段上,治理经济不稳定主要靠宏观调控中的经济、法律等措施,而治理经济危机则主要靠宏观调控中的计划、行政措施等。在实现机构上,国家经济稳定主要靠宏观经济部门,而国家经济危机治理除宏观经济部门外,还需要有政治、外交乃至国防部门的参与。由于经济稳定是把经济发展状态与经济危机状态隔离开来的中间区域,因此,不能把一般的经济发展问题笼统地归于经济安全。

三、基于经济不同层面视角的国家经济安全监测预警[①]

(一) 宏观层面:国家经济安全

宏观层面的国家经济安全是指主权国家的经济发展和经济利益不受内部和外部的威胁,并保持稳定、均衡和持续发展的一种经济状态。它包括两个方面:一是指国内经济安全,即一国能够化解各种潜在风险,保持经济稳定、均衡、持续发展的状态和能力。二是指在国际关系中的经济安全,即一国经济主权不受侵犯,经济发展所依赖的资源供给不受外部势力控制,国家经济发展能够抵御国际市场动荡和风险的冲击。宏观层面国家经济安全的本质是在经济全球化过程中,一国经济适应外部环境的变化并能保持持续稳定发展的能力。

(二) 中观层面:产业安全

产业安全主要是在外资进入国内市场和本国对外投资过程中出现的一个重要问题。所谓产业安全,主要是指主权国家的产业发展及市场经济利益不受外部威胁和内部失衡影响而保持稳定、均衡和持续提升的一种产业景气状态。产业安全问题包括两个方面:一是因引进外资而被外资优势所利用,进而发展到外资控制甚至垄断国内某些产业的倾向,从而对国家经济安全构成威胁而出现的产业风险。其涉及的范围包括金融安全、信息安全、

---

① 曾繁华,曹诗雄.国家经济安全的维度、实质及对策研究[J].财贸经济,2007(11):118-122.

人才安全、幼稚产业保护等。二是随着本国对外投资的深入,进出口相关产业受到国际市场挑战与冲击而出现的产业利益受损风险。其涉及的范围包括能源安全、资源安全、贸易安全等。产业安全的本质是在参与经济全球化、市场让渡与分享的过程中,一国产业适应内外部环境变化并能保持持续稳定发展与提升的能力,即产业竞争力的强与弱。

(三) 微观层面:企业技术安全

技术创新与技术安全是政府和学术界共同关注的热点与焦点问题。企业技术能力是企业赖以生存和做大做强的根基,更是国家产业提升的关键。技术安全是指企业在经营发展过程中不受外部技术控制、垄断的影响而保持稳定、持续发展并不断壮大的一种技术提升状态。企业技术安全的本质是企业技术自主创新能力的强弱及拥有的核心技术的多寡,因此,技术安全的监测预警目标主要包括两个:一是防止因企业自主创新能力较弱而出现自主技术供给不足的现象;二是防止因来自外部的技术控制、封锁与垄断及企业被并购而出现外部技术供给失效和民族工业技术(包括品牌、人才等)流失等情况。

四、基于一国经济不同子系统视角的国家经济安全监测预警[①]

(一) 对国内经济领域安全的监测预警

对国内经济领域安全的监测预警主要指对影响国家经济安全的国内经济关键领域和重要相关领域安全态势进行的监测预警。就关键领域而言,需要重点关注的主要是战略资源安全、关键产业安全、财政安全和金融安全方面;就重要相关领域而言,需要重点关注的主要是人口与就业、科技发展、信息安全以及生态环境等方面。关键领域对国家经济安全的影响较大,重要相关领域会不同程度地影响一国经济安全态势。因此,对这两个方面的现状、趋势以及存在的问题进行监测预警是十分必要和重要的。具体内容如表4-1所示。

表4-1 国内经济关键领域和重要相关领域安全的监测预警内容

领域		监测预警内容
关键领域	战略资源安全	关键前沿技术;高级专门人才;有效耕地;粮食储备;石油资源、水资源与供求管理;国家外汇储备
	关键产业安全	高关联性制造业,如汽车制造业等;基础制造业,如新材料、机床、微电子器件制造等;装备制造业,如电气机械及器材、石化及其他工业专用设备制造业等;支柱性制造业,现阶段如机械、电子等行业
	财政安全	影响税收稳定增长的问题;影响财政量入为出的问题;影响财政资金安全运行的问题;国家债务的增长及国民经济承载能力的现状、趋势与问题
	金融安全	影响银行信用的问题;影响交易支付和结算流畅性的问题;影响资金从供应者向需求者转移的问题;影响资本市场稳定性的问题;影响金融国际竞争力的问题;金融安全现状、趋势与问题

---

① 刘斌.国家经济安全保障与风险应对[M].北京:中国经济出版社,2010:237-238.

（续表）

领域		监测预警内容
重要相关领域	人口与就业	人口增长的规模、结构与质量；就业与失业的比例关系
	科技发展	科技基础及科技资源占有和保护状况；科技发展的国际差距
	信息安全	经济科技信息私密性的保障情况；经济科技信息可靠性的保障情况；前两者对于国家竞争力的保障情况
	生态环境	环境污染情况；生态恶化情况；环境污染、生态恶化对于经济稳健增长、持续发展的影响

（二）对国际经济领域安全的监测预警

对国际经济领域安全的监测预警主要是对影响一国经济安全的国际经济因素的现状、趋势、问题及影响的监测预警，主要涉及国际经济关系、国际市场参与程度、国际资本影响、国际负债影响等方面。具体内容如表4-2所示。

表4-2 国际经济领域安全的监测预警内容

领域	监测预警内容
国际经济关系	本国与其他国家之间的经济利益矛盾，特别是贸易纠纷、贸易制裁等；个别强国对本国施加的经济霸权主义；与强国、大国、区域经济组织及国际经济组织的关系，特别是与美国、世界银行、WTO、欧盟等的关系
国际市场参与程度	整个经济特别是关键部门的对外依存度；本国重要资源和产品在国际分工中的地位
国际资本影响	国外在本国的投资规模、结构、产权形式及其对本国经济稳健增长、持续发展可能产生的影响；是否面临国际游资的冲击；国外资本返流对于本国经济的影响
国际负债影响	对外负债规模及结构；何时会面临国际偿债高峰；本国经济对于国际负债的承载能力

（三）对一国经济整体抗风险能力的监测预警

对一国经济整体抗风险能力的监测预警主要是对反映在经济发展所在阶段、市场体系完善程度及政府宏观调控能力等方面的经济整体抗风险能力进行监测和预警。具体内容如表4-3所示。

表4-3 对一国经济整体抗风险能力的监测预警内容

领域	监测预警内容
经济发展所在阶段	反映经济总量的GDP和人均GDP；产业结构；企业竞争能力，特别是技术创新能力；金融业的发达程度
市场体系完善程度	企业产权制度的现代化程度；资本市场的现代化程度；整个社会的法治化程度
政府宏观调控能力	政府组织效率及行为方式；政府决策、政策对于经济的调节效率及实际效果

(四) 对国家经济安全受重大冲突影响的监测预警

对国家经济安全受重大冲突影响的监测预警重点对发生事关国家经济安全的重大冲突的可能性,以及发生重大冲突可能对本国经济安全态势产生的负面影响进行监测预警,必要时也可以附带监测第三方国家发生重大冲突的可能性以及为本国经济带来的机遇、挑战和风险。具体内容如表4-4所示。

表4-4 对本国经济安全受重大冲突影响的监测预警内容

领域	监测预警内容
本国国内	发生以经济要求为目的或以非经济要求为目的的社会动荡、剧烈政策变动的可能性;发生冲突可能对本国经济安全造成的影响,哪些影响是直接的,哪些影响是间接的
国家之间	国家或区域之间发生战争、经济制裁、敌意经济行为的可能性;关联经济体发生经济突变的可能性;发生冲突可能对本国经济安全造成的影响,哪些影响是直接的,哪些影响是间接的
其他国家	市场或资本相关的其他国家是否会发生某些重大冲突;发生冲突可能对本国经济形成的机遇、挑战和风险

需要强调的是,国家经济安全态势的监测预警除需要重视前述四个方面外,还需要准确分析和把握这四个方面的相互联系和作用机理,从而实现对一国经济安全的整体监测和预警。这就需要研究各个领域的风险因素是如何相互作用的,深入理解风险与抗风险能力的矛盾运动,从而准确分析和把握影响一国经济发展基础稳固性的问题、经济健康运行的问题、经济增长稳健性的问题、经济发展可持续的问题,以及影响一国在国际经济中的自主性、自卫力和竞争力的问题。

第二节 国家经济安全监测预警的方法

一、综合评价法[①]

(一) 基本设想

常用的经济安全状态评价方法是综合评价法。所谓综合评价法,是指根据预先给定的各个指标的预警界限,将评价指标体系中各个指标的观测值转化为各个指标的安全状态评价值,再将各个指标的安全状态评价值按选定的数据处理方法综合,即可得出一国整体经济安全状态的评价值。

一般来说,可以将一国整体经济安全状态划分为"安全、潜在非安全、显在非安全、危机"四种状态。将四种安全状态皆量化为分值,如"安全"分值设为0—20分、"潜在非安全"设为20—50分、"显在非安全"设为50—80分、"危机"设为80—100分。为使监测预警的结果更加形象,也可以运用类似于交通信号灯的标志来代表不同的经济安全状态,如可

[①] 雷家骕.国家经济安全:理论与分析方法[M].北京:清华大学出版社,2011:302-303.

以用"绿灯区、浅黄灯区、深黄灯区、红灯区"来形象地表示一国整体经济"安全、潜在非安全、显在非安全、危机"的状态。另外,也可以使用不同显示符号来形象地描述一国经济的安全状态,还可以将不同时期一国整体经济安全状态的评价结果依照时间顺序在坐标图中连续地描述出来,以此直观反映一国整体经济安全的变动情况。

(二)指标结构

鉴于国民经济系统的复杂性,按照系统递阶分解原则,国内外学者使用的经济安全状态监测预警指标体系均为分层的树状结构,即每层指标既是上一层指标的子类指标,又是下一层指标的父类指标。最上层的指标即为衡量国家整体经济安全状态的指标。

(三)实施步骤

首先,根据最下层指标的观测值确定各指标的预警界限,并将各指标的观测值转化为该指标的安全状态评价值。该评价值可以采用百分制,也可以采取其他形式。其次,通过综合最下层指标评价值,获得次下层指标的安全状态评价值。再次,对次下层指标评价值进行综合,即可得到倒数第三层的安全状态评价值。依此类推,自下而上,最后即可得到一国整体经济安全状态的评价值。

需要说明的是,一国整体经济的"安全、潜在非安全、显在非安全、危机"四种状态对应评价值的不同取值区间。对每一子系统,设该子系统的直接子层有 n 个指标,每个指标均可得出具体的安全状态评价分值 $g_i, i=1,2,\cdots,n$,该子系统的分值为各指标分值的函数 $G=f(g_i,i=1,2,\cdots,n)$。在实际评价中,一般是采用加权求和的形式,即 $G=\sum_{i=1}^{n}\omega_i g_i$,$\sum_{i=1}^{n}\omega_i=1, 0\leq\omega_i\leq 1, i=1,2,\cdots,n$。

(四)权值的确定

在实际应用中,中间指标的安全状态评价值一般为其直接子层中 n 个指标安全状态评价值的加权求和,因此,如何合理确定求和指标的权值,也是综合评价法需要解决的问题。

目前,确定权重的方法主要有以下几种:

1. 层次分析法

确定权值的常用方法是层次分析法(Analytic Hierarchy Process,AHP)。AHP 法是由美国著名运筹学家、匹兹堡大学教授托马斯·萨蒂(Thomas Saaty)于 20 世纪 70 年代中期提出的一种定量和定性相结合的多目标评价方法。该方法将复杂问题中的各因素划分为互相联系的有序层,并将每一层次的重要性定量化。AHP 法自被提出以来,由于其数学原理扎实,应用简洁,符合人们常规的思维方式,在经济社会问题研究中获得了极为广泛的应用。

使用 AHP 法计算权值的基本步骤是:

(1)确定目标和评价因素。

(2)构建判断矩阵。设有 n 个指标,通过两两比较指标之间的重要性,可以得出有关指标重要性的矩阵 $A=(a_{ij})_{n\times n}, a_{ij}>0, a_{ij}a_{ji}=1$。其中 a_{ij} 表示指标 i 与指标 j 重要程度的比较值。如果指标 i 比指标 j 重要,则取 $a_{ij}>1$;反之,则取 $a_{ij}<1$;如果两者的重要性相同,则取

$a_{ij}=1$。指标 i 的重要性与指标 j 的重要性相比越大,a_{ij} 值越大。简单情况下,a_{ij} 的取值从集合 $\{1/9,1/8,1/7,\cdots,7,8,9\}$ 中选取。

(3)计算判断矩阵。由矩阵 A,计算 A 的最大特征根 λ 和对应的特征向量 σ,$A\sigma=\lambda\sigma$,其中 $\sigma=(\sigma_1,\sigma_2,\sigma_3,\cdots,\sigma_n)^T$,$\sigma_i>0$。

(4)得出权系数。将向量 σ 归一化,即可得到 n 个指标的权值 $\omega=(\omega_1,\omega_2,\omega_3,\cdots,\omega_n)^T$,其中 $\omega_i=\dfrac{\sigma_i}{\sum_{i=1}^{n}\sigma_i}$。

2. 主成分分析法①

主成分分析法成功地实现了数据的最佳综合和简化。在经济安全波动分析中,会搜集到大量按时间顺序排列的平面数据表序列,这样一组按时间顺序排列的数据表序列就像一个数据匣,被称为时序立体数据表,例如,中国内地 31 个省、自治区、直辖市近十年的经济安全指标体系观测值就是一个典型的面板数据。利用时序立体数据表对经济安全活动进行动态分析,是将各个时期的社会经济活动指标数据有机地结合起来进行分析,更能反映经济安全波动情况。

对一个按时间顺序排列的数据表序列进行主成分分析,既可以分年度进行主成分分析,也可以直接对立体数据表进行主成分分析。立体数据表的主成分分析可以做如下的研究:首先,直接对立体数据表进行主成分分析,可以动态描绘某个时期国家经济安全波动的规律,为国家经济安全预警提供有关的信息支撑,可以保证系统分析的统一性、整体性和可比性。其次,国家经济总体安全与否应该直接受各个地区经济安全的影响,对立体数据表进行主成分分析还可以动态描绘不同地区经济安全波动的规律,为国家经济安全预警提供截面上的有关信息。最后,如果对单张数据表(截面数据)分别进行主成分分析,则不同的数据表会有完全不同的主成分,这有利于分析国家经济安全波动在某个时期的演变过程。

3. 聚类分析法

通常的聚类分析法有系统聚类、动态聚类、变量聚类和有序聚类等,这些聚类方法各有其特点。

在经济安全波动分析中,为了避免某些重要因素被遗漏,人们往往在一开始选取指标时,尽可能多地考虑所有的相关因素,而这样做的结果往往是变量过多、变量间的相关度高,给系统分析带来很大的不便。因此,人们按照变量的相关关系把它们聚合为若干类,从而观察和解释影响系统的主要原因。变量聚类试图把一组变量分为不重叠的一些类,所以它可以用来压缩变量,用信息损失很少的类分量来代替含有很多变量的变量集。

当考察某个社会经济现象的数量随时间推移而出现的动态变化规律时,需要在不打乱样本顺序的前提下对其进行分类研究,即按秩序将样本分为若干段,从而讨论不同发展阶段的特征。这种不打乱样本顺序的分类叫作有序样本的分类,即有序聚类分类。经济安全波动状况的分析也具有这种特点。

在进行经济安全波动分析时,经济安全预警的指标众多,需要从定量的角度对这些从

---

① 聂富强.中国国家经济安全预警系统研究[M].北京:中国统计出版社,2005:57.

不同方面反映经济安全波动的指标分类,为了简化指标体系,则需要使用变量聚类的方法。如果在一段时间里,经济安全状况表现为安全、不安全或者出现危机,那么每一种状况应该是有连续性的,所以用聚类分析中的有序聚类分析来区别不同的经济安全状况。

4. 因子分析法

因子分析法是利用降维的思想,由研究原始变量相关矩阵内部的依赖关系出发,把一些具有错综复杂关系的变量归结为少数几个综合因子的多变量统计分析方法。因子分析法的基本思想是根据相关性大小把原始变量分组,使得同组内变量之间相关性较高,而不同组的变量间相关性较低。每组变量代表一个基本结构,并用一个不可观测的综合变量表示,这个基本结构被称为公共因子。利用因子分析法可以对多变量指标进行赋权。

5. 主观赋权法

主观赋权法是指通过匿名方式征询有关专家的意见,对专家意见进行统计、处理、分析和归纳,客观地综合多数专家的经验与主观判断,对大量难以采用技术方法进行定量分析的因素作出合理估算,经过多轮意见征询、反馈和调整后,对指标进行赋权的方法。但该方法结果往往具有较强的主观性。

(五) 预警界限的确定

从前述介绍可以看出,特定指标预警界限的作用是将指标观测值转换为安全状态评价值。由此可见,适当确定各个指标的预警界限是保证经济安全状态评价准确的基础。能否给出各个指标合理的预警界限,是综合评价法能否得到正确运用的重要条件。指标体系包含定性指标和定量指标。定性指标可根据其值所在的安全状态及程度直接给出分数值,而不需要确定预警界限。定量指标可分为三类:第一类是取值在某一区间时安全性最好,偏离这一区间越远则安全性越差;第二类是数值越大,安全性越好;第三类是数值越小,安全性越好。

为了合理地确定有关指标的预警界限,一般是根据过去经济安全的实际状况以及各个时期的经验和经济政策,并参考未来经济发展的目标等进行综合考虑。在这一过程中,专家的经验往往起着十分重要的作用。

综合评价法的优点在于评估过程简单易行,评估结果的意义较为明确;缺点在于需要合理设定各个指标的预警界限,合理设置能够反映各个指标重要性的权值,而这在实际中恰恰十分困难。

二、计量模型方法

在国家经济安全的研究中,使用较多的监测预警计量模型主要有 ARMA 模型、ARCH 模型、TAR 模型、VAR 模型等。其中,ARMA 模型为线性时间序列模型,其余三类模型都是非线性时间序列模型。监测预警的不同计量模型的建模方法不同,但是有相似之处,即依据样本集 $(x_1, x_2, \cdots, x_i)$ 构建出函数 f,以使该函数下的预测值 y_f 更加准确。因此,计量模型预警方法更加重视依据数据本身的变化来解释其变化因素和趋势。ARMA 模型和 ARCH 模型是被广泛使用的两种计量模型,因此下文着重对这两种模型进行详细说明。

1. ARMA 模型[①]

ARMA 模型即自回归移动平均模型(Auto-Regressive and Moving Average Model),由美国统计学家乔治·博克斯(George Box)和英国统计学家格威利姆·詹金斯(Gwilym Jenkins)提出,其思想为:除个别情况外,几乎所有的时间序列中按时间顺序排列的观察值之间都有依存关系或自相关性。这种自相关性表明了变量发展的延续性,该自相关性一旦被定量地描述出来,就可用序列的过去值来预测其将来值:

$$y_i(t) = \Phi_1 y_{t-1} + \Phi_2 y_{t-2} + \cdots + \Phi_p y_{t-p} + e_t - \theta_1 e_{t-1} - \theta_2 e_{t-2} - \cdots - \theta_q e_{t-q} \quad (4-1)$$

式中,$y_i(t)$ 为第 i 个指标 t 时期的预测值,p 为自回归模型的阶数,$\Phi_1(i=1,2,\cdots,p)$ 为模型的待定系数,e_t 为误差项,q 为移动平均模型的阶数,$\theta_i(i=1,2,\cdots,q)$ 为模型的待定系数。

ARMA 模型既考察预测变量的过去值,又将模型的过去值拟合产生的误差引入模型中;无须事先确定模型的发展状态,可先假设一种可能的模型样式,模型本身会按规定的程序进行识别和修改,向最佳的拟合方程逼近并最终得到一个满意的模型样式;同时对剩余项不断分解并使其满足回归法的假定,因此,可用数理统计方法对预测值进行置信区间估计。大多数经济时间数据都有一个明显的特点,即具有惯性,主要表现为时间序列数据在不同时间的前后关联。但一旦发生某种突发事件(如重大自然灾害、影响经济活动的国家政策突变等)对经济活动产生重大的影响时,变量的自相关关系就可能会消失,导致该模型预测效果也会失真或失效。

2. ARCH 模型[②]

ARCH 模型即自回归条件异方差模型(Auto-Regressive Conditional Heteroskedasticity Model),它从统计上提供了用过去误差解释未来预测误差的一种方法。ARCH 预警方法即应用 ARCH 建立预测模型,根据 ARCH 模型条件异方差的特性,确定具有 ARCH 特征的警限,从而使预警结果比较真实地反映实际经济运行状况。

假定 $\{y_t\}$ 为观测序列,J_t 是至 t 时刻的有限信息集合,一般线性 ARCH(q)模型为:

$$Y_t = b X_t + \varepsilon_t \quad (4-2)$$

$$\varepsilon_t / \Psi_{t-1} \sim N(0, \sigma_t^2) \quad (4-3)$$

$$\sigma_t^2 = \alpha_0 + \alpha_1 \varepsilon_{t-1}^2 + \alpha_2 \varepsilon_{t-2}^2 + \cdots + \alpha_q \varepsilon_{t-q}^2 \quad (4-4)$$

式中,Ψ_{t-1} 可以包括外生变量,也可以包括 Y_t 的各阶滞后。式(4-3)还可以写成 $\varepsilon_t = e_t \sigma_t$,$e_t$ 是服从标准正态的独立同分布扰动。采用极大似然估计求得参数 b 及异方差 σ_t^2 的一致估计。

将各预警指标值的时间序列 $\{y_t\}$($t=1,2,\cdots,N$)在适度区间(正常区间)、热区间(预警指标值偏高区间)、冷区间(预警指标值偏低区间)的数据分别生成新序列 $\{y_{n1}\}$,$\{y_{n2}\}$,$\{y_{n3}\}$($n_1+n_2+n_3=N$),则适度上下限分别为:

$$sk_1 = \sum_{n=1}^{N_1} y_{n1} / N_1 + \frac{\sigma_{n1}}{\sigma_{n1} + \sigma_{n2}} (y_{n2} - y_{n1}) \quad (4-5)$$

---

① 万正晓,吴孔磊.构建我国宏观经济预警模型的几点建议[J].统计与决策,2009(6):74-75.
② 黄继鸿,雷战波,凌超.经济预警方法研究综述[J].系统工程,2003(2):64-70.

$$sk_2 = \sum_{n=1}^{N_1} y_{n1}/N_1 - \frac{\sigma_{n1}}{\sigma_{n1}+\sigma_{n2}}(y_{n2}-y_{n1}) \tag{4-6}$$

式中,参数均为各新序列的均值和标准差。应用式(4-5)和式(4-6)可以计算合成指数的警限区间值。

这种预警方法能准确度量经济循环波动的误差,即预期误差,可以提供更合理的警限;该方法引入时变条件方差使预报的置信区间能够与经济时间序列的波动程度相适应,反映不同时期所作预测误差的大小,从而使确定的警限能比较准确地反映实际经济状况;可以改进通常的预测模型;还可以处理非线性的经济系统的预警问题。

三、先行指标法[①]

在经济周期演变过程中,各种经济现象或经济指标之间在时间序列上通常具有先后关系,某种经济指标的变动可能落后于其他经济指标的变动,从而这种指标的变动可由其先行指标的变动预见,进而推断其经济安全状态,此即先行指标法的基本思路。

先行指标法首先应区分以下三种类型经济指标:①与一般经济周期相比,走在前面的指标被称为先行指标。②与经济周期几乎一致的指标被称为同步指标。③比经济周期落后的指标被称为滞后指标。

一般不同的经济安全指标对应着不同的先行指标。在经济安全指标发生异常变化并导致安全状态恶化之前,通常存在某种先兆,这种先兆与导致国家经济安全变异的指标(风险指标)有直接或间接关系,有明显关系或隐蔽的未知关系。

确定先行指标及其安全状态之后,需要进一步分析先行指标与经济安全指标的数量关系,以此估计经济安全状态。具体操作时可分为以下三种方式:

(1)指数量化预警系统。这种方式是利用先行指标的某种反映安全状态程度的指数来进行量化预警。由于往往有若干个先行指标对应某一经济安全指标,因此有必要对先行指标的安全状态进行综合。综合形式有两种:全扩散指数与合成指数。全扩散指数表示全部先行指标个数中安全状态处于好转的先行指标个数所占的比重。当这一指数大于 0.5 时,表示有半数以上先行指标的安全状态在改善,预兆经济安全指标的安全状态也将好转;当这一指标小于 0.5 时,表示有半数以上先行指标的安全状态在恶化,预兆经济安全指标的安全状态将恶化。合成指数方法则是对所有先行指标安全状态的变动值进行标准化加权综合处理,以该合成指数的情况来判断经济安全指标安全状态。

(2)统计量化预警系统。这种量化预警方式先对先行指标与经济安全指标之间的相关关系进行统计处理,然后根据先行指标安全状态程度预估经济安全指标的安全状态。具体过程是:首先对先行指标与经济安全指标进行时差相关分析,确定其先行长度和先行程度,然后依据先行指标的变异范围确定各先行指标的安全状态程度,结合先行指标的重要性加权综合,预报经济安全指标的安全状态程度。

(3)模型量化预警系统。这种方法是在统计量化预警方式的基础上对量化预警的进一步分析,是对统计量化预警的一种补充。其实质是通过经济安全指标关于先行指标滞后

---

① 赵英.超越危机:国家经济安全的监测预警[M].福州:福建人民出版社,1999:53-54.

时期的模型,利用先行指标的现期值预估经济安全指标的未来值,直接判断其安全状态程度。

先行指标法的步骤可大致归纳如下:

(1) 针对所考虑的经济安全指标,根据经济理论和统计分析选择先行指标。

(2) 确定先行指标的安全状态级别或程度。

(3) 选定前述三方式之一,确定先行指标与经济安全指标之间的数量关系,推测经济安全指标的安全状态。

先行指标法的优点在于可以使用时间序列短的先行指标进行量化预警,预估经济安全指标的安全状态,这克服了时间序列方法的不足。

四、系统动力学方法[①]

国家经济安全研究所涉及的是复杂的大系统,其涉及因素多,相互关联复杂,且外部环境复杂多变,实际分析中缺乏足够的可靠数据。当进行长期预测与分析评价时,许多方法对此无能为力,有效性也非常有限。系统动力学方法是美国麻省理工学院教授杰伊·福雷斯特(Jay Forrester)于1950年创立的一种研究社会、经济系统动态行为的计算机仿真方法,从黑箱模型出发,联系系统内部各子系统的相互作用,建立系统的构造模型,利用计算机对一个宏观、复杂的国家经济安全系统的结构和行为进行动态仿真,根据事前对国家经济安全系统各子系统的可能状态、国际国内对有关风险因素的可能行为和反应作出的预测与评价,以安全和经济的方法获得系统的数量反应结果,借此分析国家经济安全状态等级,是一种十分实用的方法。

(一) 基本模型

系统动力学模型包括流图和构造方程式两部分。流图的基本元素包括流、积累、流速、辅助变量和函数等。[②]

建立流图的主要步骤如下:

(1) 确定系统边界。包括弄清研究系统目的,划清系统与环境;弄清系统的主要问题,描出必要的积累;确定主要变量间的逻辑关系。

(2) 弄清系统的反馈环。包括确定各因素间的因果关系;确定正负反馈环;分析各反馈环对系统行为的贡献及相互作用。

(3) 确定各反馈环的积累和流速的变量。重点区分积累和流速。

(4) 确定各积累和流速的子构造。包括确定各策略的内容,确定辅助变量、时间常数、表函数、延迟种类等。

(二) 基本步骤

(1) 确定系统的目标。通过系统分析确定系统的目标,系统的边界与环境,系统的现在状态、期望状态及由此产生的问题和解决问题的思路。

---

① 赵英.超越危机:国家经济安全的监测预警[M].福州:福建人民出版社,1999:58-59.

② 工程动力学中,积累是存量,提供信息基础;流反映存量的时间变化,流入流出的差异随时间的积累而产生存量(积累);流速即变化的速率,辅助变量是流和积累之间信息传递和转化过程的中间变量。

（2）系统动力学分析。对系统的行为进行观察；收集与系统构造有关的数据资料；确定构造系统的主要元素；确定元素中的主要积累和流速；确定系统的主要反馈环，并分析各环的功能与相互之间的关系；明确主要决策环节，规定主要策略内容。

（3）模型设计。包括流图设计、构造方程式、实行计算机仿真。

（4）模拟实验与预估。

（5）经济安全等级评价。

上述步骤可采用动态模拟方法来实现，其效果与方程式的构造形式直接关联。

系统动力学方法的主要优点是：①可容纳极多的变量，可以适应国家经济安全系统系统规模庞大和指标因素繁多的特点；②适合做长期预测，为远期国家经济安全评估及相应战略决策、规划提供支撑；③使用反馈环描述国家经济安全系统的机理，并可根据系统特点区分正反馈或负反馈，通过正负环、多重环、高阶环描绘出极为复杂的系统构造；④系统动力学模型便于进行模拟与报警实验，一方面，可实行风险指标影响的报警实验，在计算机上输入单个或多个风险指标的若干年数据，即可输出报警结果，另一方面，还可通过各种宏观政策、国际经济运行、国家体制变革等方案的仿真运行比较优劣。

五、KLR 信号分析法[①]

该法是由 Kaminsky 等（1998）提出的一种预警理论，其后 Kaminsky 和 Reinhart（1999）又将此模型加以完善，该模型现已基本成为经济预警的标准模型。其基本思想是：选择一系列指标并根据历史数据来确定阈值，当某个指标在某个时点或某段时间偏离均值的程度超过其阈值时，就意味着该指标发出了一个危机信号，危机信号发出越多，就表示某一个国家在未来 24 个月内爆发危机的可能性越大。一个信号显示后，在 24 个月内出现危机的信号被称为一个好信号，在 24 个月内未出现危机的信号则被称为一个坏信号或噪声。实际发出的坏信号或噪声的份额除以实际发出的好信号的份额即为噪声-信号比率，而阈值则被定义为最小的噪声-信号比率。该模型的基本信号公式为：

$$S_{it} = \begin{cases} 0, & p(x_{it}) \leq \bar{p}(x_{it}) \\ 1, & p(x_{it}) > \bar{p}(x_{it}) \end{cases} \quad (4-7)$$

式中，S_{it} 为第 i 个指标在 t 时期的取值，$p(x_{it})$ 为预测指标的取值，$\bar{p}(x_{it})$ 为相应指标的临界值，也即最小的噪声-信号比率。当一个指标的取值超过了其临界值时，该指标也就发出了一个预警，则有 S_{it} 取值为 1；否则，其取值为 0。

KLR 信号分析法的优点在于选取的是一种先导指标体系，是一种真正的预警机制，而直接观察信号是否突破阈值并收集突破信号的多寡就能判断危机是否发生使得模型简便实用，易于实际应用。但在使用 KLR 信号分析法时，为了使预测结果更准确，还需考虑以下几个问题：最小的噪声-信号比率要小到何种程度才算是最为合理的？危机信号发出多少才最为可信？信号误发和虚发的概率又是多少？

[①] 万正晓,吴孔磊.构建我国宏观经济预警模型的几点建议[J].统计与决策,2009(6):74-75.

六、人工神经网络方法[①]

人工神经网络（Artificial Neural Network，ANN）是一种模仿人脑的结构和功能的智能化处理模型。简单而言，人工神经网络是一种带有学习功能的函数。基于这些优点，人工神经网络的应用场景十分广泛。人工神经网络有很多种，其中反向传播神经网络最常被使用，不同的网络模型有不同的结构和不同的学习算法，它们都拥有强大的自适应能力，同时在模式识别、线性逼近的过程中，人工神经网络的效果也较为明显。

人工神经网络作为一种平行分散处理模式，除具有较好的模式识别能力外，还可以克服统计预警等方法的限制，因为它具有容错能力，对数据的分布要求不严格，具备处理资料遗漏或错误的能力。最可贵的是它具有学习能力，可随时依据新准备的数据资料进行自我学习、训练，调整其内部的储存权重参数以应对多变的经济环境。由于人工神经网络具备上述良好的性质与能力，它可作为进行经济预警的一个重要工具。

人工神经网络方法的实质是利用神经网络的预测功能实现经济预警。人工神经网络按拓扑结构和神经元特征可以分为反馈网络、单层前向网络、多层前向网络等四十余种。其中，三层前向神经网络通常由输入层、隐含层和输出层组成，被认为是最适用于模拟输入、输出的近似关系，因此它在人工神经网络预警中被广泛应用。人工神经网络方法有两种方式：一种是通过人工神经网络方法预测，再和事先由专家根据一定标准确定的参考值进行比较确定警度；另一种是增加一个报警模块，经过一定处理之后直接给出预警结果。

七、基于概率模式分类法[②]

基于概率模式分类法是从模式识别的角度对宏观经济进行预警。所有具有相同警度的预警样本组成一个预警模式集，一个预警样本就称作一个预警模式。预警指标选择子系统相当于模式识别系统中的模式特征选择，预警方法子系统相当于模式识别系统中的模式分类过程，报警子系统相当于模式识别系统中的识别错误检查过程。预警就是把未知警度的新预警样本与已知警度的预警标准样本进行比较辨别，从而确定新预警样本归属的预警模式类别。

贝叶斯最小风险预警判别规则[③]基本公式为：

$$\frac{p(X/w_i)}{p(X/w_j)} > \frac{p(w_j)}{p(w_i)} \frac{L_{ji} - L_{jj}}{L_{ij} - L_{ii}}, 则 X \in w_i \tag{4-8}$$

式中，(X/w_i) 为 w_i 类的条件概率；$p(X/w_j)$ 为 w_j 类的条件概率；$p(w_i)$ 为 w_i 类的先验概率；$p(w_j)$ 为 w_j 类的先验概率；L_{ij} 是将本应属于 w_i 类的模式错判成属于 w_j 类的损失代价，L_{ii}，L_{ji}，L_{jj} 类似于 L_{ij}。取 $l_{ij} = \frac{p(X/w_i)}{p(X/w_j)}$，称为似然比；取 $\theta_{ij} = \frac{p(w_j)}{p(w_i)} \frac{L_{ji} - L_{jj}}{L_{ij} - L_{ii}}$，称为阈值。

[①] 黄继鸿，雷战波，凌超.经济预警方法研究综述[J].系统工程，2003(2):64-70.
[②] 同上。
[③] 贝叶斯判别规则是把某特征矢量（X）落入某类集群的条件概率当成分类判别函数（概率判别函数），X 落入某集群的条件概率最大的类为 X 的类别，这种判别规则就是贝叶斯判别规则。贝叶斯判别规则是以错分概率或风险最小为准则的判别规则。

贝叶斯最小风险预警判别规则可以表示为：
① 若 $l_{ij} > \theta_{ij}$，则 $X \in w_i$；
② 若 $l_{ij} < \theta_{ij}$，则 $X \in w_j$；
③ 若 $l_{ij} = \theta_{ij}$，则待判。

尽管这种预警方法需要先验概率、条件概率，但模式识别和多元统计分析可以解决预警实际应用中的许多困难，可以实现最小的误警概率和最小的预警风险，又适合研究预警的可靠性，而且不再从简单的统计规律出发来探求发展趋势，而是应用模式分类和比较来获得对未来状况的把握。因此，概率模式分类在预警系统的设计和应用中前景较广阔。

八、社会环境分析方法[①]

社会环境分析方法是一种定性分析方法，主要是对影响国家经济安全状态变动的有利因素与不利因素进行全面分析，然后进行不同时期的对比研究，最后结合分析者个人的经验、知识、直觉、国家经济安全风险因素的信息及有关专家学者的估计，来对经济安全指标的安全状态等级作出判断或推测。

显然，该方法不受风险指标信息规范程度的限制，可充分利用所有与国家经济安全有关的风险指标信息，并且可以随着新信息的使用逐步修正以前的判断结果，十分灵活。

以上八种国家经济安全监测预警的方法中，综合评价法、计量模型方法以及人工神经网络方法是使用较多的三种方法。

第三节 国家经济安全监测预警体系的构建

一、构建国家经济安全监测预警体系的原则和要求[②]

（一）构建国家经济安全监测预警体系的原则

构建国家经济安全监测预警体系，理论上需遵循以下原则：

（1）预知性。即监测预警系统能够通过对有关信息及数据的分析、跟踪、预测，发现现存的和潜在的问题，发出预警信号，防患于未然。

（2）及时性。即监测预警系统能及时发现问题并作出预警，避免因错失控制危机的时机而遭受更大的损失。

（3）准确性。即监测预警系统必须反映经济运行过程中的各种规律，确切提出存在的现实问题，避免由于使用失真的材料或错误的方法而得出错误的结论。

（4）完备性。即监测预警系统应能全面收集与经济安全相关的各类信息，基于不同角度、不同层面系统分析经济安全的发展态势。

（5）连贯性。即为保证危机预警分析不会因孤立、片面而得出错误结论，当期的分析应以上一期的分析为基础，紧密衔接，确保危机预警分析的连贯和准确。

---

① 赵英.超越危机：国家经济安全的监测预警[M].福州：福建人民出版社，1999：61.
② 刘斌.国家经济安全保障与风险应对[M].北京：中国经济出版社，2010：235-236.

(二)构建国家经济安全监测预警体系的要求

(1)国家经济安全监测预警体系应具备极高的权威性与极强的综合能力。只有国家经济安全监测预警体系具有极高的权威性,才能保证及时、全面地收集到真实的、第一手的信息,才能及时了解真实的情况,才能及时并且有力度地对各类利益要求予以协调、平衡、综合,作出符合国家最大利益的决策,并使决策能有效地贯彻执行,才能调动各类国家安全手段,为国家经济安全战略服务。极强的综合能力不仅指能够及时综合各方面信息和意见,对国家经济安全状况作出综合分析、判断,还意味着在分析、判断经济安全状况并作出决策时,应当尽可能做到客观、中立,不带部门、行业、集团、阶层的色彩,站在整个国家的角度去思考和决策。

(2)国家经济安全监测预警体系应以国家的法律为依据。离开了法律的框架,将难以保证得出的分析结论被用于实践。

(3)国家经济安全监测预警体系需具备实用性和操作性。实用性要求尽力搜集以往的经验数据,力求多层次、多视角选择评价指标,确认与经济风险具有显著联系的变量,指标方便实用,对各种经济类型和经济模式均有普遍的指导意义;操作性要求尽量从广泛的经济信息及产业的具体运行过程中获取相关的可靠信息,操作简单方便。

(4)国家经济安全监测预警体系的建设既要包括硬系统的建设,也要包括软系统的建设。硬系统是指信息处理中心、信息资料库和专家库等,软系统是指风险的识别和测度指标体系、预测模型以及对策系统等。

二、构建国家经济安全监测预警指标体系的原则和框架

(一)构建国家经济安全监测预警指标体系的原则[①]

为了监测经济安全的运行状态,必须通过建立指标体系来衡量和评价其运行情况,指标体系的构建需要遵循以下原则:

(1)科学性原则。即指标体系的设置要符合经济体系运行的特点、性质和内在关系,以科学理论为依据设定监测预警指标体系,指标体系的层次划分应符合监测预警管理的目标,能够全面真实地反映经济运行的效果及存在的问题。

(2)可比性原则。即指标体系的设置在计算口径、计算范围和计算方法等方面满足一致性要求,各项指标能够有效反映风险的相关度,指标之间可以进行相互比较和有机综合,从而反映不同层次的经济安全状况。

(3)全面性原则。即指标体系要充分考虑国家经济安全的各个层次,建立一个完整、全面、结构有序、层次分明的指标系统,系统中的各项指标能够相互补充、相互配合,从而比较全面地反映复杂的国家经济安全的全貌。

(4)可行性原则。即指标体系的设置要具备可操作性,尽量选取可以量化的指标群,保证数据来源准确可靠,并且数据质量能够满足监测预警所需的精度要求,以保证评价工作的顺利开展以及监测预警的准确识别。

---

① 刘斌.国家经济安全保障与风险应对[M].北京:中国经济出版社,2010:240.

(5) 开放性原则。即指标体系在保持基本稳定的前提下,应具有一定的开放性,可以根据不同的要求对指标体系进行修改和增减,在指标数量和指标内容上进行适当调节。

(6) 关联性和独立性的统一性原则。关联性要求每一项指标都能从某一个角度正确地反映经济安全的内容及状态,独立性要求尽量减少各指标之间的重叠区域。指标间的这种既关联又独立的关系是辩证统一的,独立性使得相互关联的指标各具特色,关联性使得相互独立的指标联结为一个整体,服务于监测预警系统。

(7) 超前性原则。超前性是指在发生重大损失之前就能成功预测出经济中的安全隐患,并且具有足够的提前性。

(二) 构建国家经济安全监测预警指标体系的框架[①]

基于一国经济系统的不同子系统视角,国家经济安全态势监测预警的内容主要从国内经济领域、国际经济领域、一国经济整体抗风险能力和发生重大冲突的可能性四个方面进行研究。因此,国家经济安全监测预警指标体系的建立可以从这四个方面出发,将国内经济安全、国际经济安全、经济抗风险能力和重大冲突及其影响作为一级指标,并向下构建二级指标、三级指标,形成完整的国家经济安全监测预警指标体系。

为了更好地理解国家经济安全监测预警指标体系,我们构建如下指标体系:将国内经济安全(A)、国际经济安全(B)、经济抗风险能力(C)和重大冲突及其影响(D)作为 4 个一级指标,并向下构建 27 个二级指标、58 个三级指标。各子系统包含的具体监测预警指标如表 4-5 至表 4-8 所示。下面将从 4 个一级指标分别进行介绍。

1. 国内经济安全监测预警指标

国内经济安全(A)是国家经济安全监测预警指标体系中的第一个一级指标,在此基础上,国内经济安全监测预警指标体系共包含 9 个二级指标,22 个三级指标,具体如表 4-5 所示。

表 4-5 国内经济安全监测预警指标体系

一级指标	二级指标	三级指标
国内经济安全(A)	A1 产业安全系数	A11 重点产业安全 A12 外资企业市场占有率 A13 重点产业(外资企业)市场占有率 A14 高新技术产业(外资企业)市场占有率
	A2 物价指数	A21 消费物价指数 A22 生产物价指数
	A3 财政赤字率和国债负担率	A31 财政赤字率 A32 国债负担率
	A4 货币供应量	

[①] 刘斌.国家经济安全保障与风险应对[M].北京:中国经济出版社,2010:241-245.

(续表)

一级指标	二级指标	三级指标
国内经济安全(A)	A5 金融系统指数	A51 商业银行不良贷款比重 A52 银行资本充足率 A53 银行业开放度
	A6 资源安全系数	A61 粮食总量增长率 A62 人均粮食占有量 A63 石油储备量 A64 缺水率
	A7 失业率	
	A8 收入分配	A81 基尼系数 A82 贫困人口比 A83 城乡居民收入差距(倍) A84 城镇居民最高组与最低组的收入之比
	A9 信息安全指数	A91 网络覆盖率 A92 信息系统安全建设投资比率 A93 信息设备国产化率

2. 国际经济安全监测预警指标

国际经济安全(B)是国家经济安全监测预警指标体系中的第二个一级指标,在此基础上,国际经济安全监测预警指标体系共包含 7 个二级指标、21 个三级指标,具体如表 4-6 所示。

表 4-6 国际经济安全监测预警指标体系

一级指标	二级指标	三级指标
国际经济安全(B)	B1 金融风险应对能力指标	B11 外汇储备/短期外债 B12 外汇储备支撑进口时间 B13 外债偿债率 B14 外债负债率 B15 短期外债占外债总额的比重
	B2 汇率	B21 本国汇率变动幅度 B22 美元汇率波动幅度
	B3 产业对外依存度	B31 出口贸易对外商直接投资企业的依存度 B32 利用外商直接投资占 GDP 的比重
	B4 资源对外依存度	B41 主要生产资料对外依存度 B42 石油进口依存度 B43 有色金属矿业的外贸依存度

(续表)

一级指标	二级指标	三级指标
国际经济安全(B)	B5 重点品牌对外依赖度	B51 重点品牌外资控制率 B52 外资畅销品牌的市场份额 B53 对国外高新技术产品的依赖度
	B6 外贸外资指标体系	B61 对外贸易综合依存度 B62 出口综合集中度 B63 进口综合集中度 B64 外资的综合依赖程度 B65 外资综合集中度
	B7 贸易摩擦	B71 本国遭受反倾销新立案件数占全球反倾销新立案件总数的比重

3. 经济抗风险能力监测预警指标

经济抗风险能力(C)是国家经济安全监测预警指标体系中的第三个一级指标,在此基础上,经济抗风险能力监测预警指标体系共包含7个二级指标、9个三级指标,具体如表4-7所示。

表4-7 经济抗风险能力监测预警指标体系

一级指标	二级指标	三级指标
经济抗风险能力(C)	C1 国家经济保障能力	C11 GDP占世界GDP总量的比重 C12 GDP实际增长率 C13 能源综合保证系数
	C2 社会保障支出比重	C21 社会保障支出占当年GDP的比重
	C3 国防规模综合实力	C31 每年国防费用增长的幅度
	C4 政府效能	C41 IMD(瑞士洛桑国际管理发展学院)的政府效能排名
	C5 企业竞争力	C51 IMD的企业竞争力排名
	C6 环境可持续性指数	C61 世界经济论坛环境承受能力排名
	C7 技术保障能力	C71 专利申请量占全球PCT(专利合作协定)专利申请量的比重

4. 重大冲突及其影响监测预警指标

重大冲突及其影响(D)是国家经济安全监测预警指标体系中的第四个一级指标,在此基础上,重大冲突及其影响监测预警指标体系共包含4个二级指标、6个三级指标,具体如表4-8所示。

表 4-8 重大冲突及其影响监测预警指标体系

一级指标	二级指标	三级指标
重大冲突及其影响（D）	D1 战争领域	D11 参与战争（局部/全面） D12 周边爆发大规模战争
	D2 政治领域	D21 国际社会（包括联合国）对一国进行经济和政治制裁
	D3 社会领域	D31 发生群体性事件
	D4 环境领域	D41 发生严重自然灾害 D42 发生严重环境污染事故

三、构建国家经济安全监测预警体系应该注意的问题

（一）不断修正国家经济安全监测预警指标

不同国家对经济安全含义的界定往往受不同的国情、不同的国家战略目标制约，即使是同一个国家，也会因不同时期、不同环境、不同发展阶段的影响而改变对经济安全的看法。也就是说，国家经济安全监测预警指标体系需要根据一国的现实国情，个人、社会和国家的实际需要，国家经济面临的国内外经济发展环境变化，以及经济安全侧重点的变化而不断地加以调整。

（二）正确识别国家经济安全面临的普遍性问题与特殊性问题①

尽管世界各国都面临着国家经济安全问题，但是各国面临的经济安全、不安全甚至是危机问题既有普遍性问题，也有特殊性问题。

普遍性问题主要是：经济全球化是世界各国经济安全、不安全甚至发生危机的共同的大背景；世界各国都将维护本国根本的经济利益作为国家经济安全的基本内涵；各国都需要研究自己国家的经济安全问题，研究诸多因素交互作用导致一国经济由安全区进入非安全区、由非安全区进入危机区的机理模型，设计旨在维护国家经济安全的风险防范和化解体系。

与此同时，在发展阶段、经济总量、经济体制、运行机制、政府收支结构、对外经济依存度等方面，各国之间都存在较大差异。例如，对甲国经济安全不构成威胁的问题，在乙国则可能危害该国的经济安全。因此，在不同国家，各种风险因素导致不安全以及危机的形成机理也不尽相同。

因此，研究国家经济安全问题，构建一国的经济安全监测预警体系，既需要注意不同国家经济安全构成上的普遍性问题，又需要特别注意特定国家经济安全构成上的特殊性问题，据此建立符合本国自身情况的经济安全监测预警体系。

（三）增强监测预警结果定量分析过程中的客观性②

很多国家都高度重视国家经济安全，但是国内外学者对国家经济安全问题的研究尚不

---

① 雷家骕.国家经济安全：理论与分析方法[M].北京：清华大学出版社，2011：297.
② 姜茸，梁双陆，李春宏.国家经济安全风险预警研究综述[J].生态经济，2015，31(5)：34-38.

够深入,还没有形成较为完善和完整的理论体系。任何风险都有一个逐步显现和不断恶化的过程,度量、评估和预警国家经济安全风险,有助于政府及时测度国家经济安全风险状态,及早发现问题,防患于未然。但是,就国家经济安全监测预警而言,对风险值、风险因素发生概率、风险影响、指标权重等的确定过于主观是目前研究普遍存在的问题。因此,客观地定量度量和评估国家经济安全风险,最大限度降低人为的主观影响,是需要深入研究的问题。

(四)重视对国家经济安全长期趋势的监测与预警①

社会经济系统具有非线性、长时滞和对政策的较强抵御性等特点,这往往导致一国经济的"不安全隐患"要经过较长时间才会显露;而"不安全隐患"一旦爆发,其影响和后果又是迅速和剧烈的,若等到险情暴露再采取各种手段,可能为时已晚。因此,进行国家经济安全态势的监测预警,应重视对经济安全长期趋势的监测与预警,尽可能早地预测出可能出现的影响以及危害经济安全的风险因素,从而及时采取相应措施,避免和减缓未来经济可能出现的波动及损失。而要做到这一点,显然要求研究者和政府更多地关注远期经济安全趋势的预警问题。

相关案例 4-1

中国国家经济安全指标体系:探索与发展

针对中国国家经济安全指标体系的构建,国内学者自20世纪90年代后期就开始了持续的跟踪研究,早在1997年就研发了"市场安全、产业安全、金融安全、信息安全"四大类23项指标体系。随着学术界对国家经济安全认识的不断深化,又相继开发出"国家经济安全监测评估指标体系"和"中国经济安全预警指标系统"。"十二五"期间,学术界综合研究成果并简化提炼指标体系,以经济安全条件和经济安全能力为主线,构建了以"财政金融、实体产业、战略资源和宏观稳定"为关键领域的三级18项指标体系。"十三五"以来,基于研究的需要和经济形势的变化,学术界又对指标体系进行了修正,形成了目前由三级19项指标组成的指标体系,具体见表4-9。

表4-9 中国经济安全研究指标体系(2016年修订)

	关键领域	权重(%)	指标	权重(%)	下警限	上警限
经济安全条件	财政金融	30	外债负债率	18	5%	20%
			短期外债占外债的比重	12	10%	80%
	实体产业	50	七大关键产业外资加权市场占有率	10	10%	30%
			品牌外产比	10	5%	20%
			贸易依存度	20	10%	50%
			出口集中度	10	—	40%
	战略资源	20	石油对外依存度	14	—	40%
			粮食对外依存度	6	—	5%

---

① 雷家骕.国家经济安全:理论与分析方法[M].北京:清华大学出版社,2011:319.

（续表）

	关键领域	权重(%)	指标	权重(%)	下警限	上警限
经济安全能力	财政金融	25	商业银行不良贷款率	11	—	4%
			商业银行资本充足率	7	12%	20%
			国债负担率	7	20%	60%
	实体产业	43	中国500强企业研发投入比	20	1.5%	—
			中国PCT专利申请量全球占比	10	15%	—
			制造业国际竞争力指数	13	103.2	
	战略资源	15	战略石油储备满足消费天数	10	7天	60天
			人均粮食产量	5	350公斤	—
	宏观稳定	17	GDP增长率	8	5%	8%
			CPI增长率	5	3%	5%
			城乡收入比	4	—	2.5

本章小结

（1）国家经济安全监测预警的含义。国家经济安全监测的含义可以概括为国家政府机构对于国家经济运行状态进行实时评价，及时发现其运行过程中的各种异常之处，并解释异常发生的原因，为具体经济政策的制定与执行提供相关依据。国家经济安全预警的含义可以概括为国家政府机构对未来国家经济运行的趋势进行预期性评价，预测未来经济发展状况及判断是否存在重大风险。

（2）国家经济安全监测预警的主要内容。基于一国经济不同子系统视角，可以将国家经济安全监测预警的内容分为以下四个部分：①对国内经济领域安全的监测预警，包括关键领域（战略资源安全、关键产业安全、财政安全、金融安全）和重要相关领域（人口与就业、科技发展、信息安全、生态环境）；②对国际经济领域安全的监测预警，包括国际经济关系、国际市场参与程度、国际资本影响、国际负债影响；③对一国经济整体抗风险能力的监测预警，包括经济发展所在阶段、市场体系完善程度、政府宏观调控能力；④对国家经济安全受重大冲突影响的监测预警，包括本国国内、国家之间、其他国家冲突的影响。

（3）国家经济安全监测预警的主要方法。国家经济安全监测预警的方法主要包括：①综合评价法；②计量模型方法；③先行指标法；④系统动力学方法；⑤KLR信号分析法；⑥人工神经网络方法；⑦基于概率模式分类法；⑧社会环境分析方法。其中，综合评价法、计量模型方法以及人工神经网络方法是使用较多的三种方法。

（4）构建国家经济安全监测预警指标体系。基于一国经济系统的不同子系统视角，将国内经济安全（A）、国际经济安全（B）、经济抗风险能力（C）和重大冲突及其影响（D）作为4个一级指标，并向下构建27个二级指标、58个三级指标，形成完整的国家经济安全监测预警体系。

复习思考题

1. 试述国家经济安全监测与国家经济安全预警的区别。
2. 简述国家经济安全监测和预警的主要内容。
3. 对国家经济安全进行监测预警的重要性体现在哪些方面?
4. 通过查阅相关书籍文献,比较分析发达国家与发展中国家对本国经济安全监测预警侧重点的不同。
5. 中国国家经济安全监测预警的内容在近20年发生了哪些变化?

参考文献

顾海兵.当前中国经济的安全度估计[J].浙江社会科学,1997(3):16-18.
顾海兵,李长治.中国经济安全年度报告:监测预警(2018)[M].北京:中国人民大学出版社,2019.
顾海兵,李宏梅,周智高.我国国家经济安全监测评估系统的设计[J].湖北经济学院学报,2006(5):5-15.
顾海兵,刘玮,周智高,等.中国经济安全预警的指标系统[J].国家行政学院学报,2007(1):49-52.
何晓群.多元统计分析[M].北京:中国人民大学出版社,2004.
黄继鸿,雷战波,凌超.经济预警方法研究综述[J].系统工程,2003(2):64-70.
姜茸,梁双陆,李春宏.国家经济安全风险预警研究综述[J].生态经济,2015,31(5):34-38.
雷家骕.国家经济安全:理论与分析方法[M].北京:清华大学出版社,2011.
刘斌.国家经济安全保障与风险应对[M].北京:中国经济出版社,2010.
聂富强.中国国家经济安全预警系统研究[M].北京:中国统计出版社,2005.
万正晓,吴孔磊.构建我国宏观经济预警模型的几点建议[J].统计与决策,2009(6):74-75.
叶卫平.国家经济安全定义与评价指标体系再研究[J].中国人民大学学报,2010,24(4):93-98.
曾繁华,曹诗雄.国家经济安全的维度、实质及对策研究[J].财贸经济,2007(11):118-122.
赵英.超越危机:国家经济安全的监测预警[M].福州:福建人民出版社,1999.
赵春标.工业经济监测预测模型的研究与应用[D].合肥:合肥工业大学,2012.
《中国国家经济安全监测预警及管理体系研究》课题组.国家经济安全状况的监测评价方法研究:第十二次全国统计科学讨论会文集[C].北京:中国统计出版社,2004.
BOX G E P, JENKINS G M. Time series analysis forecasting and control[J]. Econometrica, 1972, 40(5): 970-971.
KAMINSKY G, LIZONDO S, REINHART C M. Leading indicators of currency crises[J]. Staff papers(International Monetary Fund), 1998, 45(1): 1-48.
KAMINSKY G L, REINHART C M. The twin crises: the causes of banking and balance-of-payments problems[J]. The American economic review, 1999, 89(3): 473-500.

第五章
国家经济安全的保障措施

> **学习目标**
> 1. 掌握国家经济安全保障体系的特征和分类。
> 2. 了解维护国家经济安全的组织机构。
> 3. 了解维护国家经济安全的法律制度。
> 4. 学习维护国家经济安全的政策措施。

导入案例

俄罗斯积极应对西方国家的经济制裁

俄乌冲突发生后,美欧迅速对俄罗斯施加了金融、能源、科技等方面的一系列制裁措施,其出台速度之迅猛,覆盖面之广泛,实施力度之强劲,对俄罗斯经济造成了强烈的负面冲击。

在金融方面,美欧多国联合宣布将俄罗斯外贸银行(VTB,俄罗斯第二大银行)等七家金融机构排除在环球同业银行金融电信协会(SWIFT)报文系统之外;美国将俄罗斯联邦储蓄银行(Sberbank,俄罗斯第一大银行)加入往来账户或通汇账户制裁清单(CAPTA List),这一制裁措施禁止美国任何金融机构为俄罗斯联邦储蓄银行开设账户或执行交易,实质上将俄罗斯联邦储蓄银行排除在了美元清算体系之外;美国将俄罗斯外贸银行和其他三家俄罗斯银行加入特别指定国民名单(SDN List),这一制裁措施将冻结这些银行的在美资产,并且禁止任何人或机构未经许可与这些银行进行交易;此外,美国还冻结了俄罗斯持有的美元外汇储备。金融制裁对俄罗斯经济施加了很大的压力,截至2022年3月25日,俄罗斯拥有6 044亿美元的外汇储备,其中约三分之二被冻结,无法用来对冲卢布贬值。

在能源领域,美国商务部限制对俄罗斯炼油行业的投资和"技术出口",欧盟也明令禁止对俄罗斯能源部门的新投资。在科技方面,美国商务部限制对俄罗斯和白俄罗斯的技术转让。2022年3月31日,美国财政部宣布对俄罗斯科技公司和航空航天、海洋和电子行业三个经济部门实施新的制裁措施,涉及俄罗斯最大的芯片制造商、微电子产品制造和出口商米克朗控股(Joint Stock Company Mikron)。

此轮美欧对俄经济制裁措施中,对俄罗斯杀伤力最大的是金融制裁:一方面阻断俄罗斯金融机构参与国际金融活动,严重削弱了国际投资者对俄罗斯卢布的信心,导致卢布贬值;另一方面冻结俄罗斯美元外汇储备,限制了俄央行在外汇市场投放美元购入卢布、对冲卢布贬值的能力。货币贬值意味着购买力下降,国家可能面临输入性通货膨胀风险。

那么,在这场没有硝烟的激烈经济战争中,俄罗斯到底是如何打这场"经济保卫战"的?取得了什么样的效果?

为应对西方史无前例的制裁,2022年2月份以来,俄罗斯政府共采取了二百多项支持经济措施,并正在制定二十余项新的反危机措施,具体如下:

针对金融制裁,俄罗斯积极推动使用2019年11月建立的卢布结算支付系统(МИР)和金融信息交换系统(SPFS)。2022年2月28日起,莫斯科证券交易所连续休市,以此减少投资者去杠杆造成的损失;同时俄罗斯政府从国家福利基金中划拨1万亿卢布用于购买遭受制裁的俄罗斯公司的股票,并免除三年公司所得税。

针对能源制裁,俄罗斯总统普京签署法令,宣布2022年4月1日起与"不友好"国家进行的天然气交易将使用卢布结算,如果对手方拒绝以卢布结算,购买合同效力将被终止。该法令涉及48个国家和地区,包括美国、欧盟全部27个成员方。为了稳定外汇市场,2022年2月28日,俄罗斯央行上调基准利率至20%,试图减少资本外流,提振卢布汇率。

2022年4月7日,俄罗斯总理米舒斯京表示,俄罗斯金融系统顶住了西方制裁的攻击,卢布汇率逐渐走强回稳,金融风险的上升态势已得到有效遏制。

资料来源:王永钦,韩瑜.卢布不再是瓦砾 俄罗斯应对金融战的组合拳与效果[J].中国经济周刊,2022(7):54-59.有删节和修改。

第一节 国家经济安全保障体系的特征和分类

国家经济安全是一个国家生存与发展的重大问题,世界各国都致力于建立完善的国家经济安全保障体系,保障自身经济安全。所谓国家经济安全保障体系,是指一国为了维护自身的经济安全所建立的一系列组织体系、法律制度体系和政策体系。

一、国家经济安全保障体系的特征

一般来说,国家经济安全保障体系具有以下三个特征:

第一,动态性。由于国家经济运行处于不断变化的动态过程中,既有周期性波动,也有趋势性改变,因此,国家经济安全保障体系也需不断动态调整优化。影响一国经济安全的外部冲击因素是多元的,既有来自经济领域的,也有来自政治、军事、科技、自然界等非经济领域的。对一个国家或地区而言,外部冲击的来源、发生的时间及其造成的危害程度事先往往很难被精准预判。因此,保障国家经济安全不存在一劳永逸的应对之策,一国的国家经济安全保障体系必须具备随外部环境变化而变化的动态调整能力。

第二,系统性。在对外开放的条件下,一国经济本身就是一个覆盖贸易、投资、金融活动及各类产业发展的复杂系统。由于开放型经济风险具有系统性,对外开放在促进一国经济发展的同时,也会放大本国经济的"风险敞口"(Risk Exposure),任何外部干扰都有可能打破国内经济系统的平衡。因此,国家经济安全保障体系应覆盖与国家经济安全密切相关的各个领域,包括产业安全、就业安全、科技安全、金融安全、对外贸易安全、资源安全和粮食安全等,同时,还需要关注可能威胁国家经济安全的各种经济因素与非经济因素,以及国内国际相互作用的机制与影响。总的来看,构建国家经济安全保障体系需有系统性思维,不能"头痛医头,脚痛医脚"。

第三,协调性。一国的经济安全与否,关键在于能否将保障经济安全的措施融合进内外政策的各个方面。面对复杂多变的外部环境,制定政策措施时,必须注重保障体系的协调性与系统性。如果不加以协调,一些即使从局部看是正确的决策,由于结构性等无法观测因素的存在,也可能引起经济系统的不稳定,甚至可能引发新的经济风险。目前,虽然大多数国家都还未制定专门的国家经济安全战略,但是这并不妨碍各国在本国经济发展政策和战略中实施经济安全措施,维护经济安全利益。从各个国家的实践来看,只有将经济安全政策与其他政策有机地结合,协调好维护经济安全的各个部门和行业,才能有效地保障国家经济安全。

二、国家经济安全保障体系的分类

(一)按照保障手段的分类

根据保障手段的不同,可以将国家经济安全保障体系分为政治保障体系、法律保障体系和其他保障体系。

政治保障体系或政治手段指的是与经济相关的政治活动,而非政治本身的全部含义。一方面,经济是政治的基础,任何社会的政治,就其性质而言,都是由该社会的经济关系和经济制度决定的;另一方面,政治是经济的集中表现,强力而有效的政治权力可以维护经济市场的稳定性和公平性,保证经济市场各行为主体公平、公开、有序地进行活动。在现代社会,部分国家职能和活动既有政治性,又有经济性,如财政税收、社会保障、市场监管、科技创新、环境保护、直接投资、基础设施建设等。国家这部分职能和活动越多,经济和政治重合的部分就越多。因此,国家通常需要构建政治保障体系来保障国家经济安全。

法律保障体系是指在制定、实施和监督法律过程中形成的结构完整、机制健全、资源充分、富有成效的保障系统。法律保障体系的经济安全保障功能主要表现为以下两个方面:一方面,法律保障体系巩固经济安全,即预防一切可能危及经济安全的行为;另一方面,在经济安全遭到破坏时,法律保障体系对经济安全进行救济。也就是说,法律保障体系通过预防和救济来维护一定的社会经济关系和经济秩序,进而达到保障国家经济安全的目的。由此可见,法律保障体系主要从确认经济关系、规范经济行为以及维护经济秩序等方面,来实现保障国家经济安全的功能。

其他保障体系包括外交保障体系、军事保障体系等。其中,外交保障体系是保障国家政府以和平的方式对外行使主权及处理其国际关系的保障系统。国家通过运用外交手段大力发展对外经济关系,从而更好地发展本国经济、保障国家经济安全。另外,军事手段也是维护国家经济利益、保障国家经济安全的手段之一。

（二）按照保障范围的分类

根据保障范围的不同，可以将国家经济安全保障体系划分为国内保障体系和国际保障体系。

国内保障体系是一国国家经济安全保障体系的基本层次，一国需要从本国实际出发构建维护国家经济安全的保障体系。与国际保障体系相比，国内保障体系可以动用的手段更多，并且受到的各种限制更少，因此，国家经济安全国内保障体系更容易产生直接效果。由于各国国情不同，不同国家的国内保障体系之间存在差异性。

国际保障体系分为区域保障体系和全球保障体系。在经济全球化背景下，各国经济已成为全球经济的重要组成部分，区域和全球层次的相关保障安排也成为与国内保障体系一并维护国家自身经济安全的保障体系。与国内保障体系相比，区域保障体系和全球保障体系都超出了一国国界，其保障手段必然会因各国的需求差异而一定程度上受到权力限制和手段制约。作为地缘政治的一种产物，区域化一方面反映出越来越浓厚的政治色彩，另一方面也有着将全球化割裂成为地区经济一体化的趋势。国家是区域经济一体化的主要参与者，一国加入某个区域性组织，既要得到其所需要的利益，同时也要利用该组织实现对其经济安全的保障。因此，国家经济安全的区域保障体系便在这种地缘政治的基础上，基于国家既获得利益又获得保障条件的双重愿望得到建立和巩固。具有代表性的区域性组织主要有欧洲联盟、北美自由贸易区和东南亚国家联盟。全球保障体系是指用于保障国家经济安全的全球性组织体系。目前，全球保障组织体系主要包括世界贸易组织、国际货币基金组织和世界银行等国际性组织。

（三）按照保障功能的分类

根据保障功能的不同，还可以将国家经济安全保障体系分为预防性保障体系、救济性保障体系和预防兼救济性保障体系。

预防性保障体系是指一国用于预测、监控、防范经济风险的保障体系。在对外开放的过程中，各国特别是发展中国家，一方面能从对外贸易和外商投资的"外溢效应"中学习先进的生产技术和管理经验，促进国家经济发展，但另一方面，与封闭经济相比，开放型经济更容易遭受国际市场的冲击，增加经济风险。其中，需要特别注意经济全球化下的金融风险、电子商务风险、能源风险、产业风险和投资风险等。因此，预防性保障体系旨在确保国家能随时预测、监控和防范各种来自国内市场和国际市场的风险，从而保障国家经济安全。

救济性保障体系是指一国借助国家宏观调控手段，通过确立市场主体准入及其运营的规则来保障国家经济安全的体系，是关于国家之间、国家与企业或个人之间各种经济关系的保障体系。在参与经济全球化的过程中，一国为了追求自身最大利益，必然会让渡部分经济主权，从而在根本上改变了国家经济主权的原有格局，并在一定程度上增加了经济主权遭受风险的可能性。因此，各国在构建国家经济安全保障体系时，非常注重救济体系的建立、健全和完善。例如，确立设定有关国家宏观调控的权限、条件、方式和内容的法律规范；确立调整国内外市场主体准入及其运作的经济规则；制定对各种经济违规乃至经济犯罪行为的打击措施；等等。通过建立一系列救济性保障体系来保障国家经济主权的有效行使,从而保障国家经济安全运行。

预防兼救济性保障体系是指兼具预防功能和救济功能的保障体系。经济全球化扩大了经济市场范围,提升了其复杂程度,导致国家运用各种手段保障国家经济安全的难度也大幅提高。为了更好地保障国家经济安全,除了界限分明的预防性保障体系和救济性保障体系,一种既具有预防功能又具有救济功能的保障体系产生了——预防兼救济性保障体系。作为对经济全球化的有力回应,预防兼救济性保障体系同时具有预防和救济两种作用:一方面,对影响和威胁国家经济安全的因素进行有力防范,将任何安全隐患消灭在萌芽状态,为国家经济发展创造一个良好的环境;另一方面,对已经受到影响或损害的经济主体进行救济,力争把影响或损害的程度降至最低,为国家经济构建一个健康的有机体。

第二节 维护国家经济安全的组织机构

一、维护国家经济安全的主体

在讨论维护国家经济安全的组织机构之前,必须先明确维护国家经济安全的主体。客观地说,除企业事业组织、其他社会组织团体和公民等要参与维护国家经济安全外,维护国家经济安全的主体应当是政府,特别是中央政府(联邦制国家的中央政府称作联邦政府)。

首先,作为维护国家安全职能的重要组成部分,维护国家经济安全是政府必须履行的基本职责之一。政府将国家经济安全作为一种经济类的公共物品提供给本国范围内的企业和居民,在市场经济下,整个社会的经济利益较为分散,居民利益、企业利益、政府利益与国家利益并非总是完全一致的。居民追求个人福利最大化,企业追求企业利润最大化,政府追求政府形象最佳化,但同时也必须保证国家利益最大化。因此,这种利益关系就决定了政府必须真正关心国家经济安全问题,维护国家经济安全的终极职能也只能由政府来承担,政府有义务将国家经济安全作为一种公共物品提供给居民和企业。

其次,中央政府对于维护国家经济安全负有主要责任。在市场经济条件下,地方政府利益与中央政府利益通常也不是完全一致的。地方政府的利益目标是地方利益最大化和地方政府形象最佳化。为维护地方利益和形象,地方政府往往容易忽视国家整体利益,甚至有时还可能损害国家整体利益。中央政府的利益目标是国家利益最大化与中央政府形象最佳化,并且中央政府的良好形象与国家利益最大化是紧密相关的。因此,中央政府必须担当起维护国家经济安全的终极职能,成为维护国家经济安全的终极力量。

最后,中央政府拥有强制集中与分配资源的权力和能力,能够动员国家力量来维护国家经济安全。维护国家经济安全是一件需要动员国家力量来协调地方、企业和个人行为的系统工程。中央政府既拥有以税收方式强制集中资源的权力,也拥有协调地区、企业以及个人行为需要的投资、税收、财政、信贷、外汇、支付等方面的能力,并且这些权力和能力是任何非政府组织不可能拥有的。在市场经济条件下,只有中央政府具备这种动员和协调的能力,因而也只有中央政府才承担得起维护国家经济安全的主要责任。

二、维护国家经济安全的组织机构构成

在保障国家经济安全的组织机构上,很多国家都没有设立独立的负责经济安全事务的

权力部门,而是利用现有的国家安全机构即国家安全委员会,来保障国家经济安全。该机构名称在不同国家略有差异,如美国国家安全委员会、俄罗斯联邦安全会议、日本安全保障会议等,这些都是讨论和解决有关国家经济安全问题的主要机构和专门场合。

(一) 国家安全委员会

国家安全委员会是当前世界大多数国家制定国家安全战略、拟定国家安全工作方针政策、整合国家安全相关机构和资源以及统筹研究解决重大国家安全事务的机构。国家安全委员会这种组织制度的形成和发展,是当前主权国家面对国内外安全议题、安全威胁发生根本变化后,对国家政权管理国家安全事务的理念、制度、机构、手段进行改革的结果,其中国家安全事务包括经济安全、政治安全、军事安全等。在保障国家经济安全方面,国家安全委员会具有经济决策、经济咨询和经济协调三大核心职能。

各国国家安全委员会的职权功能、运作方式以及在整个国家权力体系中的地位和作用是与各国的根本政治制度相适应的,体现着国家的权力结构、基本制度安排和治国理念。在总统制、半总统制的国家中,如美国、法国和俄罗斯,国家安全委员会不属于政府的组成部分,只是作为总统的咨询机构和协调机构,并由总统担任国家安全委员会主席。由于国家安全委员会囊括该国最重要的政治领导和政府部长,因此,这类国家的各项经济安全决策和建议通常就在国家安全委员会的会议上形成,并经总统批准后发布和施行。在议会内阁制的国家中,如英国、德国和新加坡,国家安全委员会是进行部际协调的内阁委员会。议会内阁制国家的决策权属于内阁全体会议,但在实际政治决策过程中,决策程序通常被转移到某个具体的内阁委员会当中,因此,这类国家安全委员会成为经济安全决策的主要平台。

可以看出,各国国家安全委员会在国家经济安全事务决策、咨询或协调中都发挥着重要作用。值得注意的是,尽管日本、美国等国家一直将国家经济安全摆在非常重要的位置,但因为缺少相应的法律基础,目前还没有国家设置与国家安全委员会平级的国家经济安全委员会。

(二) 相关职能机构

在制定和执行涉及保障经济安全的具体政策措施时,各国主要由国家安全委员会及相关政府职能部门共同参与。目前,各国负责维护国家经济安全的相关职能机构如下:

(1) 财政部门。财政部门主要利用财政政策来促进国民经济平稳发展,进而为国家经济安全提供保障。财政部门的主要职能包括拟定财税发展战略、规划、政策和改革方案并组织实施;参与制定宏观经济政策,运用财税政策实施宏观调控;负责管理各项财政收支;等等。

(2) 中央银行。中央银行主要利用货币政策来保障国民经济平稳运行,进而保障国家经济安全。中央银行的主要职能包括宏观调控、保障金融安全与稳定和提供金融服务。

(3) 农业部门。农业部门通过保障国家农业安全进而保障国家经济安全。农业部门负责制定农业和农村经济发展战略、农业发展政策,以及农业贸易、农业情报收集和对外农业技术援助与培训等。

(4) 商务部门。商务部门通过保障国家对外贸易安全进而保障国家经济安全。商务部门的主要职责包括实施对外贸易法律和法规,执行促进对外贸易和投资的政策,监督多双边贸易协定的实施,为本国企业提供商务咨询和培训等。

(5) 能源部门。能源部门通过保障国家能源安全进而保障国家经济安全。能源部门的主要职能包括研究拟定国家能源发展战略,审议能源安全和能源发展中的重大问题等。

(6) 外交部门。外交部门通过保障国家外交安全进而保障国家经济安全。外交部门的主要职能包括代表国家维护国家主权、安全和利益,代表国家和政府办理经济领域的外交事务,研究分析政治、经济、文化、安全等领域外交工作的重大问题,为制定外交战略和方针政策提出建议等。

(7) 劳动部门。劳动部门通过保障就业和社会安全,进而保障国家经济安全。劳动部门的主要职能是负责全国就业、工资、福利、劳工条件保障和就业培训等。

另外,除由上述现有的部门处理经济安全问题外,各国还根据需要成立了高效率的临时小组来解决经济领域出现的新情况和新问题,包括提供经济政策分析和建议。例如,日本采用"特别工作小组"来起草完成国家经济安全战略报告。在决策过程中,有些国家还特别重视广泛吸收社会各界的意见,充分发挥民间的研究力量。例如,俄罗斯重要科研机构的专家、学者参与了国家经济安全战略的制定工作,有的知名学者还在公开报刊上发表对国家经济安全问题的见解。

三、国家经济安全的决策体制

国家经济安全的决策是一个动态过程,有效的决策体制运行依赖于科学合理的运作方式和协调关系。通常情况下,维护国家经济安全的决策体制由决策机构、智库机构和情报机构构成。在决策体制中,决策机构处于核心地位,智库机构和情报机构处于从属地位,并为决策机构提供经济方面的情报信息。借助智库机构和情报机构提供的相关信息,决策机构能够从国家整体利益、长远利益出发作出决策,并协调平衡好决策机构内部、外部各个部门和机构的观点、利益和资源。

(一) 决策机构[①]

国家经济安全决策机构既能够统筹制定国家经济安全战略,又能灵活、高效地应对各类危机,并迅速作出反应和处理,在保障国家经济安全方面发挥着至关重要的作用。尽管各国的国体、政体和行政管理体制不同,国家经济安全决策机构的组织形式、职权分工和称谓也不尽一致,但其基本构成和任务职能却大致相同。

国家经济安全决策机构具有如下两个特征:

一是国家经济安全决策由国家最高领导人负责,通常在相关决策机构的辅助下作出。这类决策机构是国家经济安全决策的轴心,国家最高领导人处于该机构的核心地位,是决策活动中的关键角色。例如,俄罗斯总统通过联邦安全会议、总统国家安全助理和有关部门对经济安全工作进行直接领导和监督。美国总统通过国家安全委员会、总统经济政策委

[①] 陈凤英.国家经济安全[M].北京:时事出版社,2005:20-22.

员会处理和协调有关经济安全事务。在美俄两国,经济安全战略以及阐述经济安全问题的重要文件都由总统亲笔签发。

二是各国根据不同的国家经济安全需求,通常设有国家经济安全联席会议制度,共同讨论和制定经济安全决策。例如,美国成立了总统经济政策委员会,作为总统统领内外经济政策的咨询机构。日本设立了综合安全保障阁僚会议,该会议由总理以及相关部门主要负责人参加,旨在从安全保障的角度将经济、外交等政策统一起来,协调各有关行政机构的工作。俄罗斯则在联邦安全会议下设立了经济安全跨部门委员会,专门用于讨论和制定各项经济安全政策。

(二) 智库机构

智库机构是一种相对稳定且独立的政策研究机构,其研究人员运用科学的研究方法对广泛的政策问题进行跨学科的研究,在与政府、企业和公众密切相关的政策问题上建言献策,现已成为国家安全战略决策链条上不可或缺的辅助环节。

智库机构通常由专家学者、前军政要员、资深媒体人和商界精英等组成,是国家安全战略决策的"外脑"和参谋,主要为政府和社会提供咨询服务。作为政府高层决策的外脑,智库机构以政策和战略研究为核心,同时还具有搜集情报、解读政策、传播思想、公共外交、培养精英、影响舆论等功能。

智库机构在国家经济安全战略决策中的主要职能是:为政府决策机构提供经济领域的信息资料、思想观点和政策建议,参与经济安全方面的决策咨询、方案设计和规划评估,并对经济政策进行解读和宣传。

(三) 情报机构

情报机构是一个国家设置的专门负责搜集别国情报信息,并为本国决策提供必要的情报支持的机构。情报机构由国家情报机构、部门情报机构和军队情报机构三部分组成。以美国为例,其在国家层面有总统直接领导的国家情报局、中央情报局,在部门情报系统有国务院和各行政部门管理的国务院情报与研究局、司法部联邦调查局、财政部情报分析处,在军队情报系统有隶属于国防部的国防情报局、国家安全局、国家侦查局、国家地理空间情报局及各军种管理的情报局。国家安全战略决策离不开高效、及时的情报保障,而情报保障的作用很大程度上取决于情报机构的功能发挥。

情报机构的经济职能主要有:广泛搜集各种情报信息,特别是涉及国家安全全局的政治、经济、军事、科技等方面的关键性、动态性战略情报;对收集到的信息进行筛选、甄别、汇总,便于后续分析和统计;对情报进行分析解读,针对当前国内外经济形势、危机态势和战略走向进行研判,必要时参与国家经济安全战略决策并提供有关国家经济安全情报活动的对策建议。

智库机构与情报机构之间的关系如下:一方面,智库机构对情报机构的情报活动进行评估,能有效提高情报机构的信息处理效率,并为其提供相关服务;另一方面,情报机构通过给智库机构提供多样化的信息资源和专业化的信息分析为智库建设提供支撑,成为智囊团与社会实体组织之间的桥梁。总的来看,智库机构与情报机构功能互补,相互促进,共同为政府决策机构提供有关国家经济安全方面的咨询服务。

四、国家经济安全的执行机制

国家经济安全与各行各业都息息相关,一般来说,在国家最高领导人和国家经济安全联席会议的指导下,中央政府所属各部门、直属机构、特设机构都担当起了自身职权范围内的经济安全事务,与此同时,各部门也建立了相应的经济安全联席会议制度,统一负责国家经济安全战略的贯彻执行。例如,农业部门负责保障国家农业贸易安全和粮食安全,并做好国外农业情报的收集等工作;商务部门则负责保障国家进出口贸易安全,并对国际经贸条约的执行进行监督等。

为了提高效率,保证各项政策措施及时落实,各国都特别倚重综合性职能部门,特别是商务部门和财政部门。作为涉及对外经济和对内经济的两个主要机构,商务部和财政部通过控制管理与预算制度来牵制及影响各职能部门的活动。例如,俄罗斯由经济部牵头,会同有关部门制定防范外部威胁的政策措施,再由商务部、国家统计委员会、财政部会同中央银行和安全会议机关,提出符合经济安全要求的经济状况标准,并责成有关部门根据标准制定出有关参数,最后形成报告,由经济部和国家统计委员会报送联邦政府。

相关案例 5-1

针对中国的"神秘杀手":美国外国投资委员会

美国外国投资委员会(The Committee on Foreign Investment in the United States, CFIUS)是一个美国联邦政府委员会。CFIUS 是依据美国《1950 年国防生产法》第 721 条的规定并于 1975 年由时任总统杰拉尔德·福特(Gerald Ford)颁发 11858 号行政命令而成立的。目前,CFIUS 已发展为涉及美国十多个政府部门的跨部委机构,成员包括财政部、司法部、国土安全部、商务部、国防部、国务院、能源部、美国贸易代表办公室以及科技政策办公室的负责人。

根据美国《1950 年国防生产法》和《2007 年外商投资与国家安全法》,CFIUS 的主要责任是监管外国投资对美国的影响,为外国政府投资提供引导,同时对可能影响美国国家利益的投资进行安全审查。

从近些年的案例看,CFIUS 主要限制的是中国和某些中东国家的对美投资,这些国家的特点是社会制度与美国差异比较大,并有足够的经济实力对美国开展大规模投资。2010—2019 年,CFIUS 共收到了 1 574 份审查通知,并对其中的 810 起交易展开了调查,其中中国公司为收购方的审查报备共有 140 起,约占总数的 17%,居各国之首。

CFIUS 限制中国投资最早的案例发生于 1990 年,当时的总统乔治·布什(George Bush)根据 CFIUS 建议,签署总统令阻止中国航空技术进出口公司购买美国西雅图飞机零部件制造商曼可(MAMCO)公司。2011 年,华为曾计划收购美国三叶(3Leaf)公司的专利技术,但 CFIUS 认为此举会"威胁美国安全",最终导致该交易撤销。2012 年,奥巴马政府要求三一集团在美国的关联公司罗尔斯公司(Ralls Corporation)将其在俄勒冈州收购的四个风电项目转手。2016 年,贝拉克·奥巴马(Barack Obama)政府叫停福建宏芯基金收购德国半导体设备厂爱思强在美国的分公司的计划。2017 年,特朗普政府叫停中资企业凯桥对美国芯片制造商莱迪思半导体13亿美元的收购计划,同年,CFIUS叫停字节跳动收购妈妈咪呀(Musical.ly)视频应用的交易。继特朗普政府曾以国家安全为由禁止海外版抖音(Tik Tok)和微信在美国的更新和使用后,2021年12月31日,约瑟夫·拜登(Joseph Biden)政府以国家安全为由,强制叫停了Zoom以147亿美元收购智能云联络中心提供商Five9的交易。

总的来看,美国法律赋予CFIUS对于国家安全相关事务极大的自由裁量权和极广的管辖范围,现已成为中国投资人赴美投资并购路上的"拦路虎"。

资料来源:针对中国的"神秘杀手":美国外国投资委员会[EB/OL].(2020-08-14)[2022-08-23]. https://baijiahao.baidu.com/s?id=1674940281731242593.有删节和修改。

第三节 维护国家经济安全的法律制度

一、国内法律保障制度

目前,各国形成了以宪法为基础、以法律为核心,包括国家经济安全法律、行政法规、地方性法规等规范类别的法律保障体系。

(一)宪法层面

宪法规定了国家的基本制度和根本任务,确认与保障了公民的基本权利和义务,是国内其他法律的立法依据,具有最高的法律效力。从经济方面来看,作为上层建筑的有机组成部分,宪法由国家的经济基础决定,与此同时,宪法对经济基础又起着积极的保护作用和建设作用。作为国家的根本大法,宪法通过自身所具有的根本法的法律特征来保障经济制度和经济原则的存在与发展,保障方式主要有以下四种:

一是通过宪法规定国家经济关系的基本性质。经济体制是社会关系的重要内容,对于经济的可持续发展具有重要意义。有的国家直接在宪法中明确规定采用何种经济体制发展经济;有的国家则以宪法精神指导一般法律规范,通过规定经济发展的基本规则,在实际上确立特定的经济体制。资本主义国家的宪法把生产资料的资产阶级私人所有制转化为宪法中的私人财产所有权,通过规定"私有财产神圣不可侵犯"最终承认和保护了生产资料的资本家个人所有制,巩固了资本主义的经济基础。社会主义国家的宪法则公开确认生产资料公有制是社会主义经济制度的基础,并且宣布社会主义公共财产神圣不可侵犯,同时明确规定了各种所有制形式的法律地位以及国家发展经济的基本政策,从而有力地促进了社会主义经济基础的巩固和发展。

二是通过宪法规定国家的基本经济政策,从而影响国家经济的发展。例如,规定经济发展的战略任务和步骤,实施对优先发展的产业的优惠政策等。这些政策在优化社会经济结构、促进经济发展方面发挥了重要作用。

三是通过确立经济原则由部门法予以具体化,间接地保障经济制度的存在和发展。除直接在宪法条文中确立一个国家现行的经济制度的合宪性和合法性外,宪法还规定各个具体的部门法应当按照宪法所确立的基本原则,分别采取不同的法律手段来进一步保障及落实宪法关于经济制度和保障公民权利的规定的实现。

四是通过宪法监督手段来不断调整社会经济制度的结构,实行社会生产方式与生产力的最佳结合。所谓宪法监督,就是由有权监督宪法实施的机构对依照宪法履行自身职权和职责的国家政权机关进行监督,重点监督其职权活动是否合宪,并对违宪行为进行纠正。宪法监督最主要的形式是违宪审查制度。

(二)法律层面

法律通常是指由最高国家权力机关制定的行为规范,包括基本法律和一般法律两类。基本法律是调整国家和社会生活中具有普遍性的社会关系的规范性法律文件的总称,一般法律是调整国家和社会生活中某些具体社会关系的规范性法律文件的总称。

法律具有以下三种特征:第一,法律调整的是一国范围内的社会关系,具有全局性和广泛性。第二,法律效力仅次于宪法,具有权威性和稳定性。第三,法律调整社会关系也具有一定的滞后性。与国家经济安全相关的法律应当是全国适用的、稳定性较强的、较有原则性的、重要的制度规则。具体而言,应当包括关于经济的原则法律、关于重要经济指标的监测和预警制度的法律、关于国家经济安全运行和经济安全监督制度的法律。

目前,除日本制定的《经济安全保障推进法案》外,世界其他各国都还没有出台专门用于保障国家经济安全的法律,而是将保障国家经济安全的相关法律纳入综合保障国家安全的法律之中。为了便于表述,我们将各国用于保障国家安全的综合性法律统称为国家安全法。国家安全法是攸关国家生存和发展的重要法律,世界主要大国大都完成了国家安全立法,这已经成为世界通行做法。美国早在1947年就制定了国家安全法,日本、俄罗斯、英国、法国、德国和中国也都相继构建了保障国家安全的综合性法律。

国家安全法是维护国家安全的综合性、全局性、基础性的法律,在国家安全法律制度体系中起统领、支撑作用。国家安全法针对国家安全领导体制机制,基于国家安全工作应当遵循的原则,为维护国家安全的任务、职权划分、保障措施建立了完整的框架,并预留了接口。在这部法律的统领下,国家安全领域的法律制度、规范体系和保障体系等各项建设都得到了进一步发展和完善。

国家安全法从政治安全、国土安全、军事安全、经济安全、文化安全、社会安全、科技安全、信息安全、生态安全、资源安全、核安全以及新型领域安全等诸多方面规定了国家安全的主要任务。在保障国家经济安全方面,国家安全法规定了维护国家基本经济制度和市场经济秩序的主体,健全了预防和化解经济安全风险的制度机制,保障了关系国民经济命脉的重要行业、关键领域、重大基础设施、重大建设项目以及其他重大经济利益安全等内容。

经济法是国家为了克服市场调节的盲目性和局限性,对社会商品经济关系进行整体、系统、全面、综合调整的法律规范的总称。按照经济法律关系可以将经济法分为以下四类:第一类为国家规范经济主体的法律,包括公司法、外商投资企业法、合伙企业法、个人投资法等。第二类为国家调整经济主体行为的法律,包括证券法、票据法、破产法、金融法、保险法、房地产法等。第三类为国家管理、规范经济秩序的法律,包括反垄断法、反不正当竞争法、消费者权益保障法和产品质量法等。第四类为国家调控经济的法律,包括财政法、税法、计划法、产业政策法、价格法、会计法和审计法等。通过化解国民经济总体运行中的风险,经济法既保证了国家权力对社会经济的宏观调控,又保障了经济主体在市场竞争中的权利,进而对国家经济运行安全提供有效保障。

经济法在保障国家经济安全方面主要有以下四个方面的作用:

一是保障政府对经济的宏观调控,实现政府监督经济。在市场经济条件下,政府一般不进入微观经济领域直接干预企业的经济活动。政府只是通过税收、价格、预算、利率等经济手段对国民经济进行宏观调控,同时对经济生活进行监测,在必要时进行适当干预。

二是规范市场主体行为。国家通过经济法对市场经济各类主体的内部和外部权利义务关系作出规定,保证市场主体行为的规范化,从而保障经济活动的有序运行。

三是制定市场活动规划,维护市场健康运行。市场经济需要公平、公正、公开的"游戏规则",经济法的重要功能之一就是将这些市场规则法律化,让市场主体根据市场规则作出合理有效的选择。经济法将合理的市场规则合法化,使得市场能够有效运行,从而建立良好的经济环境,促进国民经济发展。

四是防范政府失灵。经济法还对政府行为进行一定的限制和约束,保证政府不会滥用经济权力对国民经济进行过度干预而阻碍国民经济持续健康发展。

(三)法规层面

行政法规是由最高国家行政机关制定的规范性法律文件的总称,是以宪法和法律为依据,按照相关规定而制定的政治、经济、教育、科技、文化、外事等方面的各类法规。由于法律关于行政权力的规定常常比较抽象,因而还需要由行政机关进一步具体化,行政法规就是对法律内容具体化的一种主要形式。行政法规的法律效力低于宪法和法律,并与宪法和法律相协调。

行政法规及部门规章虽然法律效力低于宪法和法律,但也具有一定的优势,具体体现在以下两个方面:一是行政法规及部门规章制定程序较为简便,因此能够及时解决现实中迫切需要解决的问题。二是行政法规及部门规章修改程序较为灵活,在一些需要视具体情况变动的制度安排中能够快速调整,适应性更强。除一些原则和基本制度外,国家经济安全制度运行更多是以政策法规的形式体现。因此,在国家经济安全法律体系中,行政法规在数量上占绝对优势。

地方性法规是地方国家权力机关依照法定权限,在不同宪法、法律和行政法规相抵触的前提下,制定的规范性法律文件的总称。地方性法规的法律地位低于宪法和法律,且必须与行政法规相协调。地方性法规主要是根据地方特色制定本地区适用的国家经济安全法律法规,通过将地区经济安全融入国家经济安全的大环境中,有效保障各地区的经济安全。

由于宪法和法律对行政权力的规定通常比较抽象,因此,不同国家通常根据该国的宪法和法律,结合自身经济发展需要,分别制定对应的行政法规和地方性法规,从而将保障国家经济安全的法律法规落到实处。

一般来说,各国制定保障国家经济安全的法律法规主要包括保障金融领域安全的法律法规、保障能源领域安全的法律法规、保障科技领域安全的法律法规、保障信息领域安全的法律法规和保障农业领域安全的法律法规,具体如下:

(1) 保障金融领域安全的法律法规。金融是现代经济的核心之一，金融安全是保障国家经济安全的核心。保障金融领域安全的法律法规旨在保护各类金融市场主体权益，维护金融市场稳定和有序竞争，保障金融机构的审慎和稳健经营，并以此促进资本融通，实现金融安全和金融发展。

(2) 保障能源领域安全的法律法规。能源是一个国家社会经济发展的重要物质基础，能源安全是保障国家经济安全的重要后盾。保障国家能源领域安全的法律法规旨在调整能源开发利用及其规制，以保证国家能源安全、高效和可持续供给，从而保障国家经济安全稳定发展。

(3) 保障科技领域安全的法律法规。在现代社会中，科学技术不仅是第一生产力，也是国家经济安全的重要保障。保障国家科技领域安全的法律法规旨在加强科学技术研究、强化国家战略科技力量、优化和完善国家创新体系、加强创新人才教育培养、扩大科学技术开放与合作、营造良好创新环境，从而有效地保障国家科技安全。

(4) 保障信息领域安全的法律法规。在信息时代，国家经济安全与信息安全息息相关。数据已成为一种新型生产要素，与信息技术相关的产业也已发展为信息时代国家经济发展的重要支柱和主要动力。因此，信息安全是保障国家经济活动安全的关键。

(5) 保障农业领域安全的法律法规。作为国民经济的基础，农业承担着保证国家稳定、人民温饱的重要责任。通过出台保障农业领域安全的法律法规，各国为保障国内粮食安全、农业安全乃至经济安全提供切实的法律依据，从而促进国家经济安全法治化进程的发展，对国家经济安全和社会稳定具有重要意义。

除上述列举的五个领域外，各国还在人才、贸易、就业和投资等与经济相关的多个领域出台了各项法律法规，共同保障国家经济安全。

二、国际法律保障制度

(一) 世界贸易组织对成员经济安全的法律保障制度

世界贸易组织（World Trade Organization，WTO）的各项规则和法律制度安排具有维护成员经济安全的功能，各成员通过对 WTO 规则和法律制度安排的合理利用，能够有效保障经济安全。

1. 贸易救济制度与经济安全[①]

WTO 贸易安全救济体系包括"两反一保"措施。"两反"是反倾销和反补贴制度的统称，"一保"指的是保障措施。

WTO 反倾销法律制度体现在《1994 年关税与贸易总协定》（GATT1994）第 6 条以及 WTO《反倾销协定》中。WTO 反倾销法律制度通过抑制和消除国际贸易中的低价倾销行为推动国际贸易健康发展，从而保障各成员经济安全。

WTO 反补贴法律制度体现在 WTO《补贴与反补贴措施协定》中，通过约束 WTO 成员的补贴适用范围，减少其他 WTO 成员承受不公平待遇的可能性。

[①] 何海燕,任杰,乔小勇.贸易安全政策与实践研究:补贴与反补贴新论[M].北京:首都经济贸易大学出版社,2011:33-45.

WTO 的保障措施制度体现在 GATT1994 第 19 条和 WTO《保障措施协定》中。保障措施的目的在于使成员在特殊情况下免除其承诺的义务或协定所规定的行为规则,从而对因履行协定所产生的严重损害进行补救或避免严重损害威胁可能产生的后果。

2. 政策审议制度与经济安全

贸易政策审议机制(Trade Policy Review Mechanism, TPRM)是指 WTO 对各成员的贸易政策、做法及其对多边贸易体制的影响定期进行全面评价和评估的制度。TPRM 体现了 WTO 倡导的共同安全的经济安全理念,通过对成员贸易政策的审查增加成员政策的透明度及与 WTO 规则的一致性,促成维护国际经济秩序的法制环境的良性健康发展,保证所有成员少受歧视性贸易政策的阻碍。

3. 争端解决制度与经济安全

WTO 的争端解决机制是以《关于争端解决规则与程序的谅解》(Understanding on Rules and Procedures Governing the Settlement of Disputes, DSU)为基础形成的关于 WTO 成员之间的国际经济争端的解决程序。WTO 将成员之间的争端纳入统一的程序规则下,通过居中裁决等统一、公正的程序规则保证最终裁决实体的公正,提高裁决结果的可接受度和执行度,实现 WTO 成员的共同经济安全。

(二) 国际货币基金组织对成员经济安全的法律保障制度[①]

国际货币基金组织(International Monetary Fund, IMF)的目标是促进世界经济的稳定和增长。《国际货币基金组织协定》是关于 IMF 的管理制度及各成员执行货币金融政策所应遵守的国际准则的法律文件,并为各成员经济安全提供法律保障。主要的法律保障制度包括以下几个方面:

一是货币政策协调制度。IMF 的货币政策协调制度体现在《国际货币基金组织协定》第四条第 3 款中。IMF 监督各成员货币制度以保证其有效实施,从而保障各成员之间的汇率稳定。

二是暂时性贷款援助制度。IMF 的贷款援助制度体现在《国际货币基金组织协定》第五条第 12 款中。IMF 通过向面临实际或潜在国际收支困难的成员提供贷款,帮助其重新建立国际储备和保持本国货币稳定,从而为该国经济安全提供保障。

三是技术援助与培训制度。IMF 的技术援助与培训制度体现在《国际货币基金组织协定》第五条第 2 款中。IMF 的技术援助和培训旨在帮助成员更有效地设计和实施能够保持稳定及促进增长的经济政策,增强各方分析经济形势以及制定和实施有效政策的能力。

四是平价保障制度。IMF 的平价保障制度体现在《国际货币基金组织协定》第四条第 4 款中。IMF 通过建立更灵活的全球性外部调节制度,并采取货币政策与汇率政策相结合的方式来保障各成员的经济安全。例如,当一国遇到突发性国际收支短期赤字、储备不足时,IMF 向其提供短期外币贷款,为该国的国内经济政策的调整提供帮助,以减轻紧缩性政策调节对国内目标造成的冲击。

五是特别提款权制度。IMF 的特别提款权制度体现在《国际货币基金组织协定》第十

[①] 弗里茨-克罗科,拉姆劳干.国际货币基金组织手册:职能,政策与运营[M].葛华勇,译.北京:中国金融出版社,2013:2-3.

五条第 1 款中。IMF 通过控制特别提款权的发行和分配,力求达到稳定货币币值和汇率、协调顺差和逆差国关系的目的,从而为各成员的经济安全提供保障。

（三）联合国对成员国经济安全的法律保障制度

联合国是在第二次世界大战后成立的一个由主权国家组成的政府间国际组织,主要通过促进各成员国之间的经济合作来保障各成员国的经济安全。例如,《联合国宪章》第九章规定,联合国应促进:(子)较高之生活程度,全民就业,及经济与社会进展。(丑)国际经济、社会、卫生及有关问题之解决;国际文化及教育合作。《联合国宪章》还规定联合国及其成员国应遵循所有成员国主权平等,各成员国应以和平方式解决其国际争端,各成员国在它们的国际关系中不得对其他国家进行武力威胁或使用武力,以及不得干涉各国内政等原则。

（四）世界银行对成员经济安全的法律保障制度

国际复兴开发银行(International Bank for Reconstruction and Development)简称世界银行(The World Bank),是专门负责为成员提供长期贷款的国际金融机构。世界银行通过向发展中成员提供长期贷款,向成员政府或经政府担保的私人企业提供贷款和技术援助,资助成员兴建经济和社会发展所必需的建设项目,为成员的经济安全提供保障。

相关案例 5-2

窝火的中美"双反案":美国滥用"双反措施"

2007 年 7 月至 2008 年 9 月,美国先后对圆形焊接碳钢管件、薄壁矩形钢管、复合编织袋、新型非公路用充气轮胎等四种中国产品实施反倾销、反补贴措施("双反措施"),加征高额反倾销税和反补贴税,给中国相关产业造成严重损失。对此,中国将上述四个案子合并,对美国提起一揽子诉讼。

2008 年 9 月 19 日,中国正式在 WTO 对美国提起诉讼,首先进入必经的磋商程序,但无果而终。同年 12 月 9 日,中国要求 WTO 成立专家组,但中美双方对专家组的人选无法达成一致。最后,WTO 总干事挑选了三名专家组成专家组在 2009 年 3 月 4 日开始对此案进行调查。

在这起案件中,中国与美国展开激辩,而辩论的核心就是美国对付中国产品的撒手锏——非市场经济国家待遇。美国一直不承认中国是完全市场经济国家。根据 WTO《反倾销协定》和《中国入世议定书》,对中国产品进行反倾销调查时,美国如果认为中国的数据不能反映市场经济竞争关系,可以不采用这些数据,而采用第三国(替代国)的数据来计算中国产品成本。至于选择哪一个国家作为替代国,美国有很大的自由裁量权。

通常,美国选择生产成本高于中国的国家作为替代国,用这个"替代成本"与中国的出口价格进行对比,往往会得出比较高的倾销幅度。尽管计算出的结果是人为"创造"出来的,但它却是美国对中国产品征收反倾销税的核心依据。

在"非市场经济国家待遇"下,中国的国有企业、国有银行和土地使用权也成了"非法"补贴的"帮凶"。美国认为,这些国有企业和国有银行不是独立的商业实体,而是公共实体,受政府委托为下游企业提供补贴性原料或者提供补贴性贷款;这些生产商在政府申请土地使用权时,支付的对价低于市场平均价格,获得了变相补贴。从而,美国根据自己的评定标准认定中国产品存在补贴,开征高额反补贴税。

2010年10月22日,WTO专家组就中国起诉美国非法反倾销、反补贴案("双反案")作出一审裁决。专家组把中国的诉讼请求细化为21项,支持中国4项,对13项不予支持,其他4项不在审理范围不予裁决。

专家组认定中国没有成功证明如下几点:美国把国有企业和国有银行视为公共实体是错误的;美国计算补贴的折抵方法有误;美国把国有银行贷款视为补贴是错误的;国有企业与其下游企业之间不存在补贴转移;"双反措施"是错误的;美国没有给予中国足够的调查问卷回复期限。

同时,专家组也认定中国已经成功证明如下几点:美国把土地使用权视为补贴是错误的;美国在计算非公路用轮胎的补贴数额时方法有误;美国用美元的银行利息来衡量中国的利息补贴是错误的;美国的"可获证据方法"有误。

尽管做了充分准备,但就诉讼技巧而言,中国不乏失误之处。根据WTO争端解决规则,磋商阶段是必经阶段,起诉方必须在磋商阶段详细列明诉讼请求和法律依据,凡是没有经过磋商的事项,专家组不予审理(除非这些事项与专家组的审理范围有必然联系)。遗憾的是,中国在磋商阶段没有明确地把"双反措施"提出来,而美国紧紧抓住此点不放,称既然中国在磋商时没有提出此项,专家组就不能审理"双反措施"的合法性,导致该项申述被驳回。

根据反倾销和反补贴规则,救济措施不能超过必要的限度;又根据"谁主张,谁举证"的诉讼原则,美国对中国产品实施"双反措施",就有义务证明同时采用反倾销和反补贴措施不可能超过必要限度。只要中国提出这种"双反措施"有超过必要限度的可能,举证责任就在美方。客观地讲,美国很难举证。

然而,中国提出的论点是"在美国以非市场经济待遇对中国产品征收反倾销税的条件下,补贴的效果已经被抵消,不能再征收反补贴税"。倾销和补贴有非常复杂的关系,美国称中方的论点不成立,从而将举证责任推到了中方。最终,专家组认为中国的论证不充分,驳回诉求。

中国虽然在本次双反案件中没能获胜,但从中积累了宝贵的经验教训,在中国产品日后遇到在运用非市场经济方法计算的情况下的双反措施时,可以避免对相关产品不利的情形,积极维护我国企业的合法利益。

资料来源:罗汉伟.WTO经典案例(15)窝火的中美"双反案"[J].中国经济周刊,2010(43):55-57.

第四节 维护国家经济安全的政策措施

一、国内经济政策

国内经济政策的正确与否决定着经济运行的状况,进而决定着该国经济安全的状况。因此,各国的国内经济政策往往有着确保经济安全的深层含义。

（一）维持宏观经济稳定增长

宏观经济稳定增长有利于国家经济总量和人均 GDP 稳步增长，防止宏观经济出现剧烈波动，保障国民经济平稳发展，确保国家经济安全。一般来说，宏观经济政策主要包括以下四个目标：

第一个目标就是经济增长，这是一个国家宏观经济政策的首要目标，也是国家实施经济政策的出发点。促进经济增长的政策主要有三类。一是增加劳动供给，例如，通过放开生育政策、放宽移民政策和增加教育扶持政策增加劳动力的供给数量和提高供给质量；二是增加资本积累，例如，通过减少税收、提高利率等途径来鼓励人们储蓄，从而促进资本积累；三是促进技术进步，例如，通过出台各种技术扶持政策鼓励创新，促进国民经济稳定增长。

第二个目标是促进充分就业。就业是关系到国计民生的重大问题，也是维持经济稳定增长的一个重要方面。各国通常根据就业形势和就业工作重点的变化，制定促进就业的财政、税收和金融扶持政策，重点扶持发展服务业等吸纳就业能力强的产业来提高就业率。

第三个目标是维持物价稳定，避免国内通货膨胀和通货紧缩的幅度过大，从而影响国家经济的稳定和增长。货币政策、财政政策和产业政策是维持物价稳定的主要政策手段。其中，财政政策和货币政策主要通过利用各自的政策工具，从需求角度影响经济发展，进而影响国内价格水平。而产业政策主要通过确定不同产业的发展导向，从供给角度推动经济发展，进而影响国内价格水平。

第四个目标是保持国际收支平衡，避免国际收支的过度顺差或逆差给国家经济带来损害。以国际贸易为例，一方面，国际收支顺差过大将增加本币升值压力，给本国出口贸易带来负面影响，同时还将滋生套汇套利和外汇投机活动，破坏国内和国际金融市场的稳定。长期的贸易顺差还会加剧该国与贸易国家间的贸易摩擦，恶化双方的政治经济关系，甚至引发贸易战。另一方面，国际收支逆差过大通常会导致本币贬值，本国的外汇储备减少，降低该国抵抗各种经济风险的能力。长期处于国际收支逆差的状态将会导致本国大量的资本流出，经济状况下行，增加国家经济波动。

（二）提高企业竞争力

一个国家经济发展的微观主体是企业。随着经济全球化进程的不断推进，各国企业都已完全置身于全球经济一体化的大背景中。经济全球化为国内企业提供了更多获取技术、市场及金融服务的机会，但同时，跨国公司以其雄厚的资本和先进的技术优势快速抢占国内市场，使本土企业不得不面对来自低价格进口产品以及跨国公司的竞争，生存环境日益艰难。因此，为了更好地让本国企业生存发展，迎接经济全球化进程中日趋严峻的挑战，各国都制定了鼓励企业竞争、提高企业竞争力的政策措施。

例如，美国政府制定了提高美国企业和产品竞争力的战略，通过增加教育投入，深化应用科学的研究，加强对知识产权的保护，改革现行规章制度，灵活运用竞争政策，放松或取消各种管制政策来提高国内企业的竞争力。法国在大量增加政府科研经费的同时，还鼓励私人企业加大科研投入，通过发展先进技术来提高企业的经济效益和价格优势。英国废除了限制企业特别是中小企业和高新技术企业发展的不利制度，为它们提供公平、自由的竞争环境。俄罗斯通过调整产业结构有效提升了国内企业生产效率。

(三) 支持重要产业发展

产业政策比其他经济政策能够更有针对性地干预社会再生产过程。作为政府调控经济的重要手段,产业政策不仅能发挥弥补市场失灵、熨平经济周期等方面的作用,而且能有效促进科技创新和产业结构升级,推动经济朝着更高质量、更有效率、更可持续的方向发展,从而维护国家经济安全。

政府扶持产业发展的政策措施主要有以下四种:①直接干预,即政府通过直接投资、调配物资、强制性行政管制等手段,直接推动相关产业及产业部门的发展;②间接干预,即政府通过采取优惠的财政税收政策、金融政策、价格政策和工资政策等,为扶持行业发展创造良好的环境,从而促进该行业的发展;③组织协调,即政府利用劝导、指引、协商和合作等形式来协调企业的行为,使之符合产业扶持政策目标的要求;④立法措施,即通过一定的法律程序支持和保护相关产业发展。

各国通常会根据自身经济发展情况,有选择地对部分产业进行扶持。扶持的产业既可以是有一定产业技术发展基础和竞争力的产业,也可以是关系国家经济安全、面临严重挑战的产业,还可以是市场需求潜力大、成长性好的高新技术产业,或者是在国际范围内具有动态比较优势的产业,以及对现有传统产业技术具有高渗透性、有益于优化产业结构的产业等。

目前,各国采取扶持政策的产业主要有以下四类:①主导产业。主导产业是整个国家经济增长的核心,它主导着国家产业结构的发展方向,通过连锁反应拉动国家其他产业的发展,对国家发展的贡献度很高。②支柱产业。支柱产业是指产值和就业人数分别占国民经济总产值和总就业人数比重很大的产业,在国家经济发展中起支撑作用。③国防产业。国防产业作为国家战略性产业,是保障国家安全的脊梁。国防产业良好健康的发展不仅能够为国家安全提供可靠的保障,还能带动国内经济发展。④高新技术产业。高新技术产业主要指某一科学技术领域内出现重大突破后孕育出的新产业部门。高新技术产业是当今世界的战略产业,代表未来产业发展的方向,是国家技术实力和产品优势的重要体现,对一国经济社会发展和综合国力提升具有不可估量的作用。例如,日本在20世纪70年代大力推行产业升级政策,将产业结构从重化工业型转向技术密集型,曾一度在半导体、集成电路等高科技领域赶超欧美,大大提升了自身的经济实力。

(四) 构建国内统一大市场

国内统一大市场指的是在全国范围内,在充分竞争以及由此形成的社会分工基础上,各地区市场间、各专业市场间形成了相互依存、相互补充、相互开放、相互协调的有机的市场体系。在这种市场体系下,商品和要素能够在各行业、各地区间自由、无障碍地流通或流动,市场封锁、地方保护等现象基本消除,从而实现资源在全国范围内顺畅流动和优化配置。

扩大市场规模、构建国内统一大市场对促进国家经济发展、保障国家经济安全有重要作用:首先,构建国内统一大市场通过破除阻碍要素和商品流动的体制机制提高要素资源配置效率,能有效推动国家经济发展变革,促进国内经济发展。其次,构建国内统一大市场通过高水平"引进来"和大规模"走出去",能有效促进企业创新和带动国内就业,为国家经济安全发展提供保障。最后,构建国内统一大市场既可以利用庞大的市场能力支撑精细化的社会分工,又可以在分工基础上利用规模经济来降低成本,从而进一步扩大和强化专业化分工并提高生产率。

国内市场空间是经济安全的重要内容,因此,世界各国都非常重视全国统一市场的建设。纵观全球经济发展史,建立全国统一大市场需要政府的推动和制度的完善。例如,美国在建国初期就高度重视统一大市场的建立,其1787年制定的宪法中就明确规定大力推进各州之间的自由贸易、构建国内统一大市场等政策措施。西欧国家在20世纪50年代就开始了统一市场的步伐,通过联合来扩大经济规模和提高市场力量,从而更好地维护国家利益。日本于1986年发表了著名的《前川报告》,重点强调了从出口主导向内需主导转变的经济发展思路,此后又接连出台了《推进经济结构调整纲要》等一系列政策文件,通过构建国内统一大市场来应对复杂的国际环境,从而保障国内经济安全。就中国而言,中国于2022年发布《中共中央 国务院关于加快建设全国统一大市场的意见》,阐明加快建设全国统一大市场的重大部署,为构建新发展格局提供坚强支撑。

二、对外经济政策

对外经济政策作为一种潜在的战略工具,被决策者用来服务于国家外交总体利益,进而实现国家安全战略目标,并维护本国经济利益。

（一）积极参与全球化和国际竞争

经济全球化给世界各国经济带来了发展机遇。一方面,经济全球化促进了世界市场的不断扩大和区域统一,通过发挥自身的比较优势,世界各国都可以参与到国际贸易中来,从而帮助国内企业扩大生产规模、实现规模效益;另一方面,经济全球化还加速了资本、技术等生产要素的流动,使世界各国特别是发展中国家迅速实现产业升级和制度创新、改进管理体制、提高劳动生产率,从而提高自身的国际竞争力。

近年来,美国、日本、欧洲等发达国家和地区通过推动区域经济一体化和全球贸易自由化,巩固了其在世界市场上的地位。俄罗斯也认识到加入世界经济主流的重要性,提出直接与世界经济中心接轨的目标,如成为"七国集团"的正式成员,加入巴黎俱乐部和亚太经合组织等。为适应竞争日益激烈的国际环境,各国政府纷纷出台鼓励和支持企业出口的政策,以期为本国企业特别是大企业创造更多市场机会。韩国政府重点扶持三星、大宇等大型企业集团成为韩国拓展海外市场的主力军。美国更是将跨国公司作为其推行经济安全政策的重要工具,支持它们打入外国市场,控制国际初级产品的生产与销售,维护美国在世界市场中所占份额,并保证供应的安全可靠以及供应匮乏时美国获得供应的优先权。

（二）创造良好的国际安全环境

在当今投资与贸易全球化、科技国际化、信息网络化、气候变化全球化的背景下,国家间各种利益关系相互交错,一国必须将自己置于全球政治、经济、科技、生态环境框架之中,善于借助国际组织机构和第三方伙伴国的力量来保障本国的政治安全、军事安全、经济安全和生态环境安全,从而为本国的经济安全创造良好的外部环境。

例如，1973年第一次石油危机后，西方发达国家成立了国际能源机构，协调各国的能源安全政策，并建立了危机合作机制。它们还在更大范围内采取一致行动，以减少国际原料贸易中的不稳定性。1994年墨西哥金融危机爆发后，西方各国在国际金融政策方面进行了深入合作，对金融领域加强集体管理，建立合作监管网。近年来，为更好地应对各类国际经济不稳定因素，美国、日本、欧洲等发达国家和地区之间也进一步加强了国际经济政策协调，力求借助彼此力量来共同维护国家经济安全。

（三）参与国际规则制定

国际规则必须依靠各国积极努力地参与及表达才能达到均衡和公正。任何国家如果缺少国际话语权，就只能被动接受服务于他国利益的国际规则，甚至还有可能受到政治、经济等领域的国际威胁。因此，为了更好地保障国家经济安全，各国都积极参与到国际规则的制定中来，通过提升国际话语权来加强自身在国际社会中的认同度和影响力，从而保障本国的经济发展。

例如，美国在WTO、IMF和世界银行等全球性经济组织中起主导作用，并在一些双边和多边经济机构中起着支配作用，通过制定和影响国际经济规则，建立了符合美国国家利益的"开放的国际贸易和经济体系"，在最大程度上减少了在双边和多边合作中面临的各类风险，从而有效保障了国家经济安全。

三、军事政策

军事力量是一个国家硬实力的体现，对保障国家安全和经济持续发展起到至关重要的作用。军事安全与经济安全之间相互依存、相互促进。经济安全为军事安全提供物质基础，一国的军事发展需要大量的经济投入作为保障，与此同时，军事安全为经济安全提供坚强支撑，强大的军事能力为和平稳定的经济发展环境提供保障。

（一）利用军事力量维护国家经济利益

军事力量是国家安全的重要支柱，国家只有自身安全得到保障，才能安心发展经济和政治。军事力量是一国综合实力的重要体现，一方面能够维护国家主权安全和领土完整，另一方面也能够保护国家战略通道的安全，如领海、领空的安全通畅，从而为国家经济发展提供保障。例如，美国借助自身强大的军事实力，试图通过控制全球16个最具战略意义的海上通道来保障自身利益。

（二）保障国家军事经济安全

军事经济是指把经济力量转化为军事力量的活动，既具有社会经济的军事因素，又具有军事的经济因素，体现着军事和经济的双重属性。军事经济是国民经济的一个特殊部分，平时用以保障军事需要或做战争准备，战时用以保障战争的实施。作为国家安全的基础，军事经济安全主体是国家的军事经济体系，维护和保障军事经济安全就是维护国家安全。一旦军事经济安全遭到破坏，国防力量必将被削弱，以至于不能在外敌入侵时真正担起防御的重任，致使国家安全遭到威胁和破坏。在国家经济安全体系中，军事经济安全与金融安全、产业安全、战略资源安全、科技安全等共同发挥作用，为国家经济平稳发展提供保障。

（三）促进国防建设与经济建设协同发展

维护国家主权及领土完整、抵御外来侵略、制止武装颠覆、保持社会和经济发展的稳定需要经济建设与国防建设协调发展。具体来看有以下几点：

一是通过国防建设与经济建设的同步提升增强国家综合国力、维护国家主权安全。作为综合国力的重要组成部分，强大的国防实力和经济实力是一个国家具有较强综合国力的基础，国家的综合实力越强，其国际地位越高，越能有效保障经济安全。可以说，"富国"和"强兵"是一个国家具有较强综合国力不可或缺的两翼。因此，在提升经济实力的同时，持续加强国防和军队建设将有利于提高国家安全保障能力，从而为经济建设的顺利进行提供坚强可靠的安全保障。

二是通过国防建设促进经济发展、提高经济安全度。国防建设通常拥有最先进的技术，通过全面推进经济、科技、教育、人才等各个领域的军民融合，在更广范围、更高层次、更深程度上把国防和军队现代化建设与经济社会发展结合起来，进而带动整个国民经济发展。例如，通过把军事武器"激光"应用于民营生产，可极大程度推进建筑、工业生产和医疗等领域的发展。

四、经济外交政策

经济外交是指国家通过大力发展本国经济及对外经济关系，运用经济贸易手段来实现其对外战略的外交实践。按照经济外交的手段方式，经济外交主要包括经济合作、对外援助、出口管制和经济制裁四种形式。

（一）经济合作

经济全球化使得世界各国的相互依赖不断加深，无论是发展中国家还是发达国家，都难以凭一己之力摆脱参与经济全球化所带来的安全困境，因此，世界各国愈发重视国际合作，力图从外部寻求支持，以期共同抵御各类风险和挑战，保障国家经济安全。

世界各国主要从全球和区域两个层面来建立合作关系。在全球层面，通过建立促进全球经济合作、应对国际经济危机的组织机构，能有效利用现有的国际制度来加强对自身经济安全的保障能力。目前，常见的国际经济合作组织有 WTO、IMF、亚太经合组织以及世界银行等。在区域层面，通过与周边国家在经济领域展开积极合作，加强区域经济的塑造能力，着眼于构建区域经济合作制度，共同保障区域经济安全。按商品以及服务贸易自由化程度，区域经济合作可以分为部门一体化、优惠贸易安排、自由贸易区、关税同盟、共同市场、经济同盟和完全经济一体化七种形式。

在合作方式上，经济合作分为两类：一类是宏观经济政策协调，各国之间就经济领域存在的一些问题进行协调，如财政政策、利率政策以及经济监管政策等，以求共同解决和调整。另一类是经济合作协议谈判，两国或多国政府通过经济谈判达成国家间经济合作管理协议，共同保障合作国家间的经济安全。例如，中国与欧亚经济联盟为了更好地开展经济合作，共同签署了《关于实质性结束中国与欧亚经济联盟经贸合作协议谈判的联合声明》，在保障中国与欧亚地区经济安全方面具有重要意义。

(二) 对外援助

对外援助是指援助国或国际组织团体以无偿或优惠的方式向受援国提供资金、物资、设备、技术等,帮助其发展经济、提高社会福利和应对突发危机的活动。作为一项常规的外交政策,对外援助是一国用以维护国家利益、推行对外政策、增进国家间友好往来的重要手段。

需要注意的是,在国际经济关系政治化的背景下,对外援助已经不是一种纯粹利他的经济行为,西方发达国家早已将其作为推行自身经济安全政策的重要手段。例如,美国在第二次世界大战后通过对欧洲、亚洲及其他国家和地区进行大规模的经济援助与军事援助,快速扩大了资本主义市场经济阵营,从而使美国的投资及经济和贸易利益得到了安全保障。日本将对外经济和技术援助作为与国际社会建立协作关系、加速经济扩张、争夺国际话语权的重要工具,甚至将对外援助视为解决日本安全问题的重要手段。

(三) 出口管制

出口管制是指一国政府通过建立一系列审查、限制和控制机制,以直接或间接的方式防止本国限定的商品或技术通过各种途径流通或扩散至目标国家,从而保障国家安全和经济利益。

实行出口管制主要有以下目的:一是保护国内制造业的原料供应,防止过度出口导致国内自然资源的枯竭,从而影响本国经济发展。二是保护国内市场价格平稳,避免国外的过度需求引发国内通货膨胀。三是保护技术和高技术产业,国家或国家集团通过对其出口的产品或技术进行核查、审批、限制来阻止目标国家获取某些先进的技术和产品。四是出于政治目的对某些国家实行打压,限制某些商品或全部商品对敌对国的出口,从而达到遏制这些国家的生存和发展的目的。例如,美国为了达到遏制中国崛起的政治目的,限制向中国出口部分高科技产品。五是在战争时期,以封锁和商品禁运作为在政治、经济上打击对手的一种手段。发达国家用"出口管制"这种经济手段迫使他国改变对内对外政策,干涉他国内政。

(四) 经济制裁

经济制裁是指一国或数国对破坏国际义务、条约和协定的国家在经济上采取的惩罚性措施。由于经济制裁政策采取的是某种或多种限制性的经济行为,并在实行时具有强制性,因此经济制裁一般被视为外交政策的一种。经济制裁旨在对违背经济法规的国家或组织团体实施惩罚,从而达到维护国家经济安全的目的。然而,该项政策常常被经济实力强大的西方资本主义国家用作打击、削弱其他国家政治、经济和军事实力,进而保障自身经济安全的非军事手段。

经济制裁的手段一般包括:通过提高出口或者进口关税的方式限制特定商品如武器、技术或者服务的进出口;各种贸易封锁、禁运;阻碍在被制裁国的金融投资;禁止两国公民商业交往;暂停、限制和禁止对制裁目标国或实体间接或直接的投资、援助等。例如,以美国和英国为首的西方阵营国家在俄乌冲突时期对俄罗斯发起了单边经济制裁,企图通过遏制其经济发展来达到震慑和惩罚俄罗斯的目的。

本章小结

（1）国家经济安全保障体系的特征与分类。国家经济安全保障体系是指一国为了维护自身的经济安全所建立的一系列组织体系、法律制度体系和政策体系。国家经济安全保障体系具有动态性、系统性和协调性三种特征。根据保障手段的不同，国家经济安全保障体系分为政治保障体系、法律保障体系和其他保障体系；根据保障范围的不同，国家经济安全保障体系分为国内保障体系和国际保障体系；根据保障功能的不同，国家经济安全保障体系分为预防性保障体系、救济性保障体系和预防兼救济性保障体系。

（2）维护国家经济安全的组织机构。首先，一国中央政府应是维护国家经济安全的主体，企业事业组织、其他社会组织团体和公民等则是维护国家经济安全的重要参与者。其次，维护国家经济安全的组织机构包括国家安全委员会以及财政、农业、商务、能源、外交、劳动部门和中央银行等多个政府职能部门。再次，维护国家经济安全的决策体制由决策机构、智库机构和情报机构构成。其中，决策机构处于核心地位，智库机构和情报机构处于从属地位，并为决策机构提供经济方面的情报信息。最后，中央政府所属各部门、直属机构、特设机构共同贯彻执行国家经济安全战略。

（3）维护国家经济安全的法律制度。维护国家经济安全的法律制度分为国内法律保障制度和国际法律保障制度。国内法律保障制度主要从宪法、法律和法规三个层面来保障国家经济安全。国际法律保障制度主要通过WTO、IMF、联合国和世界银行等世界性组织的法律规范来保障各成员的经济安全。

（4）维护国家经济安全的政策措施。各国主要从国内经济政策、对外经济政策、军事政策和经济外交政策四个方面来制定保障国家经济安全的政策措施。其中，国内经济政策包括维持宏观经济稳定增长、提高企业竞争力、支持重要产业发展和构建国内统一大市场四个方面；对外经济政策包括积极参与全球化和国际竞争、创造良好的国际安全环境和参与国际规则制定三个方面；军事政策包括利用军事力量维护国家经济利益、保障国家军事经济安全和促进国防建设与经济建设协同发展三个方面；经济外交政策包括经济合作、对外援助、出口管制和经济制裁四个方面。

复习思考题

1. 国家通常从哪几个层次来构建国内经济安全法律保障体系？它们之间关系如何？
2. 国家经济安全决策体制由哪些部门构成？它们是如何运作的？
3. WTO的"两反一保"措施有何联系与区别？
4. 如何利用国内经济政策保障国家经济安全？
5. 对外经济政策和经济外交政策有何联系与区别？

参考文献

陈凤英.国家经济安全[M].北京:时事出版社,2005.
陈美华,陈峰.美国竞争情报系统构建的信息生态解析[J].情报理论与实践,2018,41(1):9-15.

陈彦斌,刘哲希,陈小亮.稳增长与防风险权衡下的宏观政策:宏观政策评价报告2022[J].经济学动态,2022(1):40-57.

达巍.美国在全球的主要军事基地及军事设施[J].国际资料信息,2002(6):6-10.

范维澄.国家安全科学导论[M].北京:科学出版社,2021.

弗里茨-克罗科,拉姆劳干.国际货币基金组织手册:职能,政策与运营[M].葛华勇,译.北京:中国金融出版社,2013.

付子堂.形成有力的法治保障体系[J].求是,2015(8):51-53.

顾海兵,沈继楼.保障国家经济安全的对策研究:政府机构视角[J].国家行政学院学报,2009(2):73-76.

郭小东.政府维护经济安全职能的必要性与合理性分析[J].财政研究,2008(2):43-46.

国际货币基金组织.国际货币基金组织协定[EB/OL].[2022-08-23].https://www.imf.org/external/chinese/pubs/ft/aa/index.pdf.

何海燕,任杰,乔小勇.贸易安全政策与实践研究:补贴与反补贴新论[M].北京:首都经济贸易大学出版社,2011.

黄晓斌,王尧.国外图书情报机构服务智库的做法及其启示[J].现代情报,2018,38(3):159-163.

科科申.战略领导论[M].杨晖,译.北京:军事科学出版社,2005.

雷家骕.国家经济安全:理论与分析方法[M].北京:清华大学出版社,2011.

李建国.全面实施国家安全法 共同维护国家安全:在贯彻实施国家安全法座谈会上的讲话[J].中国人大,2016(8):14-17.

李小明.论宪法对经济制度的保障作用[J].法学,2000(10):8-11.

李因才.国家安全委员会的国际比较:地位、职能与运作[J].当代世界与社会主义,2014(6):25-30.

李竹,肖君拥.国家安全法学[M].北京:法律出版社,2019.

刘兴华.制定香港维护国家安全法是健全国家安全体系的必要举措[N].天津日报,2020-05-24(4).

刘志彪.建设国内统一大市场的重要意义与实现路径[J].人民论坛,2021(2):20-23.

鲁茨欧.德国政府与政治[M].熊炜,王健,译.北京:北京大学出版社,2010.

祁怀高.中国崛起背景下的周边安全与周边外交[M].北京:中华书局,2014.

曲延英,唐海燕.WTO贸易政策审议机制对成员贸易政策的效应[J].国际经贸探索,2008(9):38-43.

唐珏岚.构筑与更高水平开放相匹配的安全保障体系[J].人民论坛·学术前沿,2022(6):81-90.

王德迅,熊爱宗.国际货币基金组织[M].2版.北京:社会科学文献出版社,2018.

王军红.俄罗斯国家经济安全研究[M].辽宁:辽宁大学出版社,2018.

王全兴.经济法基础理论专题研究[M].北京:中国检察出版社,2002.

王新奎.世界贸易组织与我国国家经济安全[M].上海:上海人民出版社,2003.

沃尔特斯.美苏援助对比分析[M].陈源,范坝,译.北京:商务印书馆,1974.

肖晞.外交与安全的中国思路[M].北京:世界知识出版社,2020.

谢德.多角度深化军事经济研究[N].中国社会科学报,2012-10-17(A4).

薛澜.智库热的冷思考:破解中国特色智库发展之道[J].中国行政管理,2014(5):6-10.

张骥.世界主要国家国家安全委员会[M].北京:时事出版社,2014.

张猛.为什么需要产业政策[J].开放导报,2017(1):77-79.

张帅,顾海兵.中国经济安全研究:误区再反思[J].学术研究,2020(3):80-87.

张晓君.国家经济安全法律保障制度研究[M].重庆:重庆出版社,2007.

张玉荣.世界贸易组织:规则与运用[M].北京:清华大学出版社,2020.

中华人民共和国外交部.联合国概况[EB/OL].[2022-08-23].https://www.fmprc.gov.cn/web/gjhdq_

676201/gjhdqzz_681964/lhg_681966/jbqk_681968/.

钟开斌.国家安全委员会运作的国际经验、职能定位与中国策略[J].改革,2014(3):5-15.

卓泽渊.法学导论[M].北京:法律出版社,2002.

联合国宪章[EB/OL].(2015-09-10)[2022-08-23].https://world.huanqiu.com/article/9CaKrn JPiEs.

ALLISON R. Protective integration and security policy coordination: comparing the SCO and CSTO[J]. Chinese journal of international politics, 2018(11): 1-42.

BECK M D, CUPITT R T, JONES S A, et al. To supply or to deny: comparing nonproliferation export controls in five key countries[M]. The Hauge: Kluwer Law International, 2010.

DOYLE R B. The U.S. national security strategy: policy, process, problems[J]. Public administration review, 2007, 67(4): 624-629.

HIRSCHMAN A O. National power and the structure of foreign trade[M]. Berkeley: University of California Press, 1945.

JORDAN A A, TAYLOR W J, JR, MEESE M J, et al. American national security[M]. Baltimore: The Johns Hopkins University Press, 2009.

The World Bank. International bank for reconstruction and development[EB/OL].(2022-06-03)[2022-08-23]. https://www.worldbank.org/en/who-we-are/ibrd.

Office of the director of national intelligence[EB/OL].(2008-03-28)[2022-08-23]. https://www.odni.gov/index.php.

United States innovation and competition act of 2021[EB/OL].(2021-11-03)[2022-08-23]. https://www.congress.gov/bill/117th-congress/senate-bill/1260.

第六章
国家产业安全

> **学习目标**
> 1. 了解国家产业安全的内涵与分类。
> 2. 了解国家产业安全的影响因素。
> 3. 掌握产业保护理论、产业损害理论、产业竞争力理论和产业控制理论。
> 4. 了解国家产业安全的评价体系与相关指标的测算。

导入案例

日本产业空心化现象及其成因

经过战后二十多年的快速工业化和经济增长之后,日本第三产业在国民经济中的比重在20世纪70年代末已经超过50%,日本由此开始进入了后工业化阶段。此后,日本通过海外直接投资和技术转移,不断把国内丧失竞争力的产业和生产环节移向海外,这在拉开大规模海外直接投资和生产序幕的同时,也为日本产业空心化的出现埋下了隐患。随着日本经济的泡沫化程度日益提高,产业空心化成为困扰日本经济的主要问题之一。1992年经济泡沫破裂之后,伴随着产业空心化问题日益严重,日本经济进入了难以避免的下降通道。对于产业空心化的出现和深化,日本学术界进行了多次比较集中的研究,并将其归为经济停滞和产业竞争力弱化的主要原因之一。

日本的产业空心化进程在产业结构方面突出表现为以制造业为代表的第二产业在国民经济中的比重长期迅速下降,而第三产业的比重长期大幅上升,随之而来的是日本长期以来经济增长乏力的局面。特别是在"失去的二十年"中,日本产业结构中第二产业比重下降的幅度高达10%,而第三产业的发展并未有效弥补第二产业的下降,这种变化带来的是经济增长速度的长期低迷。从就业的产业分布看,随着制造业等第二产业比重的下降,日本第二产业就业的比例也从1991年的33%下降到了2011年的25%,并呈现出持续下降的趋势。但第二产业就业机会的流失并未在第三产业的发展中得到补偿,从而使整个国民经济出现了失业率长期上升的趋势。

作为一个长期困扰日本经济的问题,产业空心化受到日本政府的高度重视。野田佳彦曾提出避免产业空心化是当前日本政府的首要任务,而防止国内企业将其业务转移至海外是政府面临的最重要的挑战,并提出要大力增加对国内企业的补贴以刺激它们继续留在国内。实际上,日本政府自20世纪80年代开始就提出了产业空心化的治理措施,其中包括向国内企业特别是中小企业提供补贴和融资支持,试图通过央行干预汇率以减缓日元升值,对中小企业实施减税计划等。但从实施效果看,至今尚无明显迹象表明日本正在从产业空心化的陷阱中走出。

日本产业空心化治理乏力的原因主要包括:一是日本产业环境在要素供给等方面的天然约束性。作为一个资源十分有限的岛国,工业化期间的经济增长已经大量消耗了国内的资源存量。这决定了后工业化阶段物质要素密集型产业的发展缺乏可持续性,在后工业化阶段产业结构"软化"规律的作用下,产业资本的离本土化和产业空心化就不可避免。二是日本国内长期混乱的政治局面导致其经济政策的短期化和缺乏连续性,对于产业空心化这样的长期性经济问题难以实现持续的系统性治理。三是从日本在全球政治经济格局中的地位看,当今的日本并不具备在全球范围内协调和配置资源的强大能力,也就难以有效阻止日元升值等导致产业空心化的外部诱因。在内外交困的产业环境约束下,产业空心化不可避免,且可能是导致日本经济继续低迷的重要原因。

资料来源:胡立君,薛福根,王宇.后工业化阶段的产业空心化机理及治理:以日本和美国为例[J].中国工业经济,2013(8):122-134.

第一节 国家产业安全的内涵、分类和影响因素

一、国家产业安全的内涵

(一)产业[①]

产业是社会分工的产物,是社会生产力发展的必然结果,是具有某种同类属性的经济活动的集合。"产业"一词在不同历史时期和不同理论研究领域有不尽相同的含义,如"产业""工业""行业"和"实业"等。

在传统经济学理论中,产业主要指经济社会的物质生产部门,是具有某种共同功能和经济活动特点的企业集合。一般而言,每个部门都专门生产某种独立的产品,某种意义上每个部门也就成为一个相对独立的产业部门,如"农业""工业""交通运输业"等。提供劳动服务、金融服务等的行业也被看作独立的产业,称为第三产业。由此可见,"产业"作为经济学概念,具有深刻的内涵与宽广的外延。

(二)产业安全

产业安全是国家经济安全的重要组成部分,与经济安全概念相比,产业安全是属于中观层次的。产业安全是指特定主体自主产业的生存和发展不受威胁的状态。具体来看,产

---

① 张小梅,王进.产业经济学[M].成都:电子科技大学出版社,2017:1.

业安全包含三层含义:第一,安全的主体是特定行为体的自主产业,这里的行为体既可以是国家行为体,也可以是非国家行为体,大到欧盟等区域性组织,小到一国内部的省、市甚至县,只要拥有自主产业,就涉及产业安全问题;第二,产业安全包含生存安全和发展安全两个方面,即产业的生存和发展不受威胁的状态;第三,产业安全度可以通过评价产业受威胁的程度加以反推,产业受威胁的程度越深,产业越不安全,即该产业的安全度越低。

二、国家产业安全的分类

关于国家产业安全的分类,主要有以下几种:

(一) 产业生存安全和产业发展安全

根据内容,产业安全可以分为产业生存安全和产业发展安全两个方面。产业生存安全是指产业的生存不受威胁,即产业的市场或市场份额、利润率水平以及产业资本不受威胁的状态。产业发展安全是指产业价值或市场份额的提高、产业技术创新以及产业的赶超不受威胁的状态,发展是最高层次的安全。

(二) 静态产业安全和动态产业安全

根据发展态势,产业安全可以分为静态产业安全和动态产业安全。静态产业安全是指在特定时点或时期内一国产业安全的总体态势,它主要反映一定时期内影响一国产业安全各种因素系统作用的结果。动态产业安全则是从综合观点、前瞻观点来看产业安全问题,是指在经济运行变化中的产业安全变化态势。

(三) 封闭产业安全和开放产业安全

根据市场条件,产业安全可以分为封闭产业安全和开放产业安全。封闭产业安全是指封闭市场条件下的产业安全,而开放产业安全则是指开放市场条件下的产业安全。产业开放与否并不能成为决定产业安全与否的全部因素,封闭市场条件下同样存在威胁产业安全的因素,例如,产业过度竞争会导致产业衰退、地区经济不景气乃至国家经济危机。但是,相对而言,国内市场的开放的确放大了国内产业安全隐患。

三、国家产业安全的影响因素

(一) 外部影响因素

国家产业安全外部影响因素指的是一国国境之外对本国国家产业安全造成影响的因素,主要包括以下几个方面:

1. 国际局势

国际局势对一国产业安全的影响表现在两个方面:一方面是国际政治局势对一国产业安全的影响。和平稳定的国际政治局势无疑是产业安全最基本的保障,动荡混乱的国际政治局势则会使一国的产业安全受到极大的威胁。另一方面是国际经济形势对一国产业安全的影响。随着经济全球化和经济区域化的趋势不断加强,一国产业安全的影响因素不再仅仅局限于一国之内,而是与所属的经济区域的发展息息相关,尤其是在经济全球化的今天,产业安全更要从全球的角度来考虑。

2. 国际债务

一国通过举借外债，可以购买本国短缺的原材料和设备，引进国外先进技术，进而促进本国生产效率提高和经济发展。但是，外债毕竟是一种债务，利用外债是要付出代价的。当一国国际债务负担超过本国经济发展所能承受的负荷时，该国经济发展就会受到债权国支配，进而引发产业不安全。此外，如果外债持有广泛发生在某些幼稚产业，且这些产业持有外债期限极不合理，也就是说，短期外债过多，偿债时间比较集中，产业使用外债的增值效益又不足以偿还外债，在这种情况下，外债会直接对产业安全造成一定程度的影响。

3. 国际投机资本

国际投机资本是指基于国际金融市场中外汇汇率、货币利率、商品价格等的市场波动和其在不同国家或不同市场之间的不平衡，为了短期高额盈利，利用套利机会特别是无风险套利机会，在不同投资领域迅速移动的短期资本，通常也被称为游资或热钱。国际投机资本具有"四高"特征——高投机性与隐蔽性、高信息化与敏感性、高流动性与短期性、高收益性与风险性。由于国际投机资本规模大，移动速度快，并且以套利、套汇为主要目的，因此，其对国家经济安全和产业安全的危害性是非常大的。

国际投机资本对产业安全的影响可以归纳为以下几个方面：

首先，国际投机资本作为外资的构成要素，主要通过在资本市场上的投机行为对产业安全产生直接影响。投机者往往根据汇率变动、利率变动、证券价格变动、金价变动对资产进行组合，并通过影响其他资产持有人的信心，使得供求不平衡的市场价格面临更大的变动压力或导致市场价格的更大不稳定性，以创造获取短期高额利润的机会，同时突发性地冲击金融市场。

其次，国际投机资本由于受短期趋利影响，冲击领域一般都在获利高、金融管制少、资本容量大和资产流动性强的产业和部门。因此，属于此类范畴的房地产、贵金属类等产业的产业安全必然会受到国际投机资本的直接影响。

再次，国际投机资本通过对期货市场上某些特定商品的冲击来影响其他相关产业的安全。例如，2004年，国际资本对中国大豆采购团在大豆、原油等品种上形成逼仓，中国大豆采购团在芝加哥期货交易所（Chicago Board of Trade，CBOT）期价位于1 000—1 050美分时进行大量订购，在中国购买了大量的美国天价大豆之后，国际投机资本逼迫中国采购高价大豆的目的达到，CBOT大豆期价应声而落，一路下行，很长一段时间内以拦腰斩的方式在500—550美分低迷震荡，严重冲击了中国豆制品产业和大豆压榨产业的产业安全。

最后，国际投机资本通过对流入国证券市场的干预来影响东道国相关产业的安全。一方面，国际投机资本的出现增大了国内股票市场的波动性；另一方面，国际投机资本流入股票市场也使得股市投资的不确定性大大增加。国际投机资本通过引起股票市场价格的大幅波动赚取短期高额利润，同时打击了股民的投资热情，使得上市公司的资产净值因此上涨或大幅缩水，导致一国经济实力被削弱。上市公司往往是其所在产业的领袖企业，其资产的缩水和实力的下降必然会降低其所在产业的核心竞争力，进而影响其所在产业的产业决策和产业发展,从而对产业安全构成实质威胁。

4. 外商直接投资

外商直接投资对东道国产业安全的影响是通过产业控制来实现的,这主要表现在外商直接投资对东道国产业的市场控制、股权控制、技术控制、品牌控制、经营决策权控制、营销渠道控制等方面。一般来说,外资企业的控制率越高,对国内产业安全的影响程度越大。

5. 外来技术

技术进口是一国技术进步的重要渠道,任何国家仅仅依靠自身的发明远远无法满足经济发展对技术进步的需要,这使得许多国家不得不大量引进国外的现成技术,尤其是基础性技术和原创性技术。但是,外来技术也会对一国产业安全产生影响,具体表现为:①外商直接投资的技术控制。广大的发展中国家积极引进和利用外资,在让出庞大的国内市场空间的同时,都希望能够获得相应的核心技术的提升。然而,随着外资的大量增加,利用外资"以市场换技术"的战略初衷并不能够达到预期,反而会出现核心技术缺失的隐忧。这一局面的产生,除源于国内企业对外来技术难以消化吸收、缺乏创新热情和能力外,也与跨国公司对技术的封堵战略密切相关。外商直接投资通过实施详细具体的"研发分工"战略,将基础性和原创性的研究放在其母国进行,而只将辅助性的技术研发放在东道国,人为设定东道国研发机构在跨国公司整体"研发链"上的位置,实现对核心技术的垄断和控制,造成东道国核心技术缺失的隐忧。②来自国外的技术封锁。长期以来,来自日本、美国等发达国家的技术封锁严重影响了发展中国家的产业发展和产业进步,在一定程度上冲击了技术引进国的产业安全。

6. 外国产品

外国产品对一国产业安全的影响主要表现在以下两个方面:

第一,外国倾销商品危及产业安全。外国倾销产品往往以低于正常价值的价格进入另一国市场,会损害进口国的经济或生产者利益,甚至会危及进口国新兴产业的创立和发展。例如,外国倾销产品会使发展中国家相关新兴产业根本无法获取基本的发展资金以支持这些新兴产业的技术开发,最终使整个新兴产业的建立受到严重阻碍。

第二,外国垄断原料及资源性产品使其价格提升危及进口国产业安全。原料及资源性产品出口国凭借垄断地位大幅抬高出口价格。一方面增加进口国生产成本,削弱其产业竞争力;另一方面增加进口国消费者的经济负担,削弱消费者的购买力和购买热情,从而使进口国下游产品的市场销售不畅、库存增加、市场份额减少、产能相对过剩、工人失业,对产业的发展安全构成威胁和冲击。

7. 国际贸易壁垒

国际贸易壁垒是指一国采取、实施或者支持的,对国际贸易设置障碍的立法、政策、行政决定等,其范围极广,一般来说,包括关税壁垒和非关税壁垒。非关税壁垒种类繁多、层出不穷,如配额制度、进出口许可制度、政府采购、自愿出口限制、卫生与动植物检疫措施、技术性贸易壁垒和绿色贸易壁垒等,这些壁垒对国际贸易的正常运行构成了威胁。无论贸易壁垒的形式如何变化,其实质都是限制产品进口,对出口国的产业发展造成不利影响,甚至对产业安全构成威胁。尤其是非关税壁垒,由于其具有技术性强、隐蔽性好、涉及面广、效果明显的特点,一般都会有社会、法律、经济等各方面的支持,因此管制的难度很大,更容易对出口国相关产业造成负面影响。

相关案例 6-1

美式"公平竞争"不公平

美国情报官员日前公开警告美国企业不要在人工智能、半导体等领域和中国企业开展合作,希望以此确保美国在这些领域的优势地位。这种为维护美国科技霸权赤裸裸针对特定国家实施技术封锁的做法,与美方一直挂在嘴边的公平竞争精神背道而驰。

这一案例再次体现美方长期以来真正信奉的"公平竞争"标准:有利于巩固美国霸权地位、保证美国无法被超越的,才是"公平竞争";有利于美国利益最大化、他国利益最小化的,才是"公平竞争"。

由此可见,美式"公平竞争"讲的哪里是公平,讲的分明是美国优先、唯我独尊,是零和博弈、单边霸凌。用美国世界政治评论网站主编朱达·格伦斯坦(Judah Grunstein)的话来说,这叫作"透过竞争棱镜看待一切",这种视角的危险之处在于"它把世界各个地区简化为竞技场,把各个地区的国家简化为奖品,而不是把它们当作拥有自身利益和需求的行为者来对待"。

历史如镜,清晰映照出美方长期以来如何打着"公平竞争"的幌子维护一己之私。20世纪80年代,日本半导体产业崛起,美国为巩固自己在半导体产业的领先地位,采取空前严厉的贸易保护措施:对日企实施倾销调查,要求日本自愿限制出口、对美放开半导体市场,对日方征收高额报复性关税。21世纪初,美国面对本国钢铁产业竞争力下滑的考验时,不切实设法提高产业竞争力,而是以"反不公平竞争"之名,率先宣布实施加征关税、进口限额等保障措施,不惜损害欧盟等贸易伙伴利益来谋求本国利益最大化。

如今,历史押着相似的韵脚重演。近年来,为打压中国发展,美方屡屡嘴上说着"创造公平竞争环境"的漂亮言辞,行动上却沿着不公平、不公正、不合理的道路狂奔。从蓄意挑起对华贸易摩擦,到颁布禁令对中国企业正常投资设置障碍,从泛化国家安全概念无理制裁中国企业,到纠集盟友挤压中国企业海外市场,处处不讲公平、只讲霸凌。一段时间来,美方还肆意编造"强迫劳动""种族灭绝"等谣言。美国在个别非洲国家的使馆甚至通过采取"写1条稿给1 000美元"的伎俩收买私营媒体记者,诱导其发表负面报道抹黑中国企业。

如此美式"公平竞争",毫无"公平"的高尚,只有"不公"的卑劣;毫无"竞争"的风范,只有"使绊"的卑鄙。"当美国无法用正当竞争手段取胜时,就会采取'下三烂'的手段",这是一些海外网友对于美式"公平竞争"的评论,可谓一针见血。

资料来源:韩冰.新华国际时评:美式"公平竞争"不公平[EB/OL].(2021-10-27)[2022-10-27]. http://world.people.com.cn/n1/2021/1027/c1002-32266046.html.

(二) 内部影响因素

影响国家产业安全的内部因素是指一国国内对本国产业生存和发展造成影响的因素。一国产业安全的内部影响因素主要包括以下几个方面：

1. 竞争因素

在产业经济学理论中,过度竞争和垄断都不是理想的市场结构,二者是对资源最优配置的偏离。随着一国市场对外开放程度的提高,垄断的市场结构将逐步随着外国企业的进入而被打破,而过度竞争问题则可能由于外国企业的大量进入愈演愈烈。如果一个国家的企业失去了对合理竞争格局的控制力和影响力,那么过度竞争必然会影响到产业结构的合理调整,进而影响到产业安全。

2. 产业政策

国内产业政策是一国政府为了实现某种经济社会目标,从供给角度对产业活动实施经济干预的政策和措施的总和。很明显,产业政策是影响产业安全最直接的因素,产业政策具有弥补市场缺陷、优化产业结构、优化资源配置、增强产业国际竞争力、实现产业超常规发展、在经济全球化过程中趋利避害等作用。适当的、符合实际的产业政策能够很好地发挥这些作用,使产业健康有序地发展;如果产业政策制定不当或者脱离了实际,就会抑制这些作用的发挥,甚至还可能产生相反的作用,给产业安全带来威胁。

3. 贸易政策

如果贸易政策对一些产业的进口产品征收比较高的关税,那么这种贸易政策有利于本国该类产业的安全,对进口产品征收高关税是对本国产业的一种保护,也有利于促进幼稚产业的生存与发展。如果贸易政策对一些产业的进口产品征收的关税较低,进口产品征收关税后的价格和本国同类产品的售价相当,且国外产品质量具有比较优势,那么这种贸易政策就会对本国的产业造成冲击,进而对本国的产业安全产生不利的影响。

4. 财政政策

财政政策主要是从产品的市场需求角度来影响产业安全的。如果一国实行的是积极的扩张性财政政策,则会促进消费需求的增长,进而带动产业的发展,有利于产业安全的维护和加强;而如果一国采取消极的紧缩性财政政策,则会抑制消费需求,不利于产业安全的建设。

5. 货币政策

货币政策主要是从产业资金来源与运转角度来影响产业安全的。如果一国实行的是扩张性的货币政策,则有利于产业资金链的运转,是有利于产业安全的;如果一国实行的是紧缩性的货币政策,则不利于产业资金的筹集和运转,对产业安全是不利的。

6. 产业空心化

产业空心化是指以制造业为中心的物质生产和资本被大量而迅速地转移到国外,从而使得物质生产在国民经济中的地位明显下降,造成国内物质生产与非物质生产之间的比例严重失衡。产业空心化现象在一些发达国家和城市比较普遍。产业空心化的最大弊端是会削弱社会经济基础,阻碍技术进步,导致产业在某种要素或产品方面过度依赖外部市场,使得一国产业暂时或永远失去市场势力和控制力,产业安全度大大降低。

第二节　国家产业安全的相关理论

一、产业保护理论

产业保护理论是有关产业安全较早、较成熟的理论之一,该理论从产业保护的对象、手段、程度、效果等方面阐述产业安全。

(一) 重商主义的保护民族工业思想①

从经济学说史来看,重商主义学说源于15世纪,该理论是资本原始积累时期代表资产阶级利益的政策体系与经济思想,也是国家干预主义的前驱。随着商业资本的发展以及国家对其支持政策的实施,系统的重商主义理论逐渐形成。按照发展阶段来看,重商主义经历了早期重商主义和晚期重商主义两个阶段。

早期重商主义又被称为"货币平衡论"。早期重商主义者把金银看作是财富的唯一形式,主张采取行政手段反对货物输入、禁止货币输出,以此贮藏更多贵金属。一些国家为避免金属货币外流,甚至要求国外出口商将在本国销售货物获得的全部款项用于购买本国产品。

晚期重商主义又被称为"贸易平衡论"。晚期重商主义者认为货币只有在运动中才能够增值和成为资本,因此主张取消禁止货币输出的法令,要求发展对外贸易,并且认为要获取更多的金银货币,只有通过出超的对外贸易才能实现。

重商主义是一种旨在获得国内经济增长的有关经济保护的意识形态。重商主义强调民族工业是民族经济与利益的重要来源,必须将国内市场的主要份额保留给本国产业,避免其与国外产品的恶性竞争。这不仅有助于保护本国工业的生产能力、培育新兴产业,而且有利于为本国居民提供就业岗位、降低失业率。除此之外,重商主义者认为,关税制度以及国际贸易的垄断管理制度是一国保护本国市场的主要手段。在这种思想指导下,贸易保护政策处于主导地位。并且重商主义所强调的对本国市场进行保护,实质上是早期经济思想的"民族工业主义"。正因为如此,李斯特认为"重工主义"或"工业主义"比"重商主义"的说法更为合适。但不管怎么说,重商主义是产业保护理论的渊源。

(二) 汉密尔顿的保护关税理论②

1776年,美国宣告独立,面临两条道路的选择:一是实行保护关税政策,减少对外国工业品的依赖,独立自主地发展自己的工业,这代表了工业资产阶级的要求;二是实行自由贸易政策,继续向英、法等国出口小麦、棉花、烟草、木材等农林产品,换回其工业品以满足国内市场对工业品的需求,建设符合美国南方种植园主意愿的贸易格局。在当时美国产业革命进行较晚、工业基础薄弱、产品难以与英国竞争的现实背景下,新兴的工业资产阶级要求实行保护贸易政策。汉密尔顿代表工业资产阶级的利益,于1791年向美国国会提交了《关于制造业的报告》,在报告中明确表达了保护贸易的理论观点。

---

① 欧阳彪.开放经济下中国服务业产业安全的理论与实证研究[M].长沙:湖南大学出版社,2018:11.
② 刘丁有.国际贸易[M].北京:对外经济贸易大学出版社,2013:62.

汉密尔顿认为，自由贸易不适用于美国，因为美国工业基础薄弱、技术落后、生产成本高，无法在平等的基础上与英国等国家进行贸易竞争。若实行自由贸易政策，只会使美国的产业被限制在农业范畴，制造业难以发展，国民经济陷入困境。因此，在一国工业化的早期阶段，应当排除外来竞争，保护国内市场，从而保护与促进本国幼稚工业的成长。

汉密尔顿在递交给国会的报告中，极力主张实行保护关税政策来鼓励幼稚工业发展，提出了以加强国家干预为主要内容的一系列措施，主要有：向私营工业发放政府贷款，为其提供发展资金；实行保护关税制度，保护国内新兴工业免遭外国企业的冲击；对重要原料出口加以限制，对国内必需的原料进口实行免税；给各类工业发放津贴和奖励金；限制革新机器的出口；建立联邦检查制度，保证和提高产品质量；吸收国外资金，满足国内工业发展需要；鼓励生产要素，特别是国外的熟练劳动者和外国资本流入等。他认为保护和发展制造业有许多作用：促进机器的使用和社会分工的发展，提高整个国家的机械化水平；增加社会就业，吸引外国移民，加速美国国土开发；提供更多开创各种事业的机会，使个人才能得到充分发挥；保证农产品销路和价格稳定，从而刺激农业发展。

汉密尔顿阐述了保护与发展制造业的必要性和有利条件，但他并不主张对一切进口商品征收高关税或禁止其进口，而只是对本国能生产但竞争力较弱的进口商品实施严格的限制进口政策。如果能有一段时间用关税壁垒进行保护，把效率提高到可以在免税的基础上与国外竞争的水平，那么等幼稚产业成长壮大后，保护壁垒就可以移除了。

汉密尔顿的保护关税理论后来成了美国对外经济贸易政策的重要组成部分，对发展美国工业、增强美国经济实力起到了很大的积极作用，对丰富和完善产业保护理论作出了重要的理论贡献。

（三）李斯特的幼稚产业保护理论[①]

李斯特的幼稚产业保护理论受启发于汉密尔顿，但较之更加系统和深刻。他于1841年出版的《政治经济学的国民体系》一书是幼稚产业保护理论的代表作，书中系统地阐述了这一学说。

李斯特重视生产力的发展，指出财富的生产力不但可以使已有的和已经增加的财富获得保障，而且可以使已经消失的财富获得补偿。李斯特主张重视培养创造财富的生产能力，对于一国的经济利益，他更看重经济成长的长远利益。他认为进口廉价商品短期内是很合适的，但本国的产业就会长期处于落后的依附地位，而采取保护贸易的措施限制进口，开始国内厂商提供的商品价格要高一些，短期内消费者的利益会受到损害，但当本国的产业发展起来后，价格会降低，从长远看是有利于公众福利的。

李斯特还提出了经济阶段论，阐明了经济发展与贸易政策的相互关系，以此作为保护贸易政策的基本依据。李斯特指出，从经济方面看来，每个国家都必须经过如下几个发展阶段：原始未开化时期、畜牧时期、农业时期、农工业时期、农工商时期，不同的时期应该实行不同的对外贸易政策。前三个时期要求农业得到发展，应实行自由贸易政策；农工业时期追求工业的发展，必须采取保护贸易政策，确保本国工业的发展；农工商时期追求商业的

[①] 彭红斌,董瑾.国际贸易理论与实务[M].6版.北京:北京理工大学出版社,2020:88-89.

扩张,应实行自由贸易政策。李斯特认为德国正处于农工业时期,必须实行保护贸易政策,借助国家的力量来促进德国生产力的发展。

李斯特认为,实行保护贸易政策是为了促进生产力的发展,为了最终不用保护。因此,保护并不是全面保护,而是有选择的。国家应该选择那些目前处于幼稚阶段、受到竞争的强大压力,但经过一段时间的保护和发展能够被扶植起来并达到自立程度的产业。因此,如果幼稚产业没有强有力的竞争者,或经过一段时期的保护和发展不能自立,就不应保护。李斯特认为,这里"一段时期"的最高限为30年,也就是说,保护是有期限的。

李斯特认为,保护贸易政策的主要手段是关税和禁止输入,应根据不同类型的产品制定不同的关税税率,对在国内生产比较方便又是被普遍消费的产品,可以征收较高的关税,对在国内生产比较困难、价值昂贵又容易走私的产品,税率应按程度逐级降低。为了促进本国产业的发展,在本国的专门技术和机器制造业还未获得高度发展时,应对国外输入的一切复杂机器设备免税或征收较低的税率。

李斯特的幼稚产业保护理论对德国资本主义的发展起到了积极的作用,有利于资产阶级反对封建主义的斗争。他的理论对经济不发达国家制定对外贸易政策有积极的参考价值。他的"保护对象是有条件的,保护是有时间限制的,保护本身不是目的,以自由贸易为最终目的"等主张具有积极意义。总之,李斯特的幼稚产业保护理论的提出确立了保护贸易论在国际贸易理论体系中的地位,标志着自由贸易学派与保护贸易学派的理论对峙局面完全形成。

(四)约翰·穆勒的新生产业保护理论①

尽管约翰·穆勒(John Mill)与亚当·斯密、阿尔弗雷德·马歇尔(Alfred Marshall)、大卫·李嘉图等同为自由贸易理论的先驱,但是,他首先接受的是李斯特所提出的幼稚产业保护理论,并且认为只有这个理论才能解释贸易保护主义。他提出的新生产业保护理论要点在于强调外部性。新生产业外部性表现之一在于它比现存产业的资本和技术密集度更高,或具有可共享的技术信息及市场优势,对社会技术进步贡献更大,其他产业由于新生产业的发展壮大也可以从中获得效率提高、成本降低的收益。外部性的另一个表现在于新生产业的动态规模经济,因为新生产业产品的单位成本是积累产量的递减幂函数。尽管短期而言,保护会导致静态资源配置损失,但是,只要新生产业在成熟后带来的利益大于其在成长过程中保护贸易所导致的福利损失,那么,就长期而言,在新生产业成熟之前,政府就应加强对其的保护。

总的来说,产业保护理论经历了一系列发展过程,汉密尔顿首先提出了保护关税理论,李斯特随后对其进行了系统化发展,再受到穆勒的肯定,最后到产业保护的基本理论成型。经过实践,产业保护理论已经成为发展中国家经济发展的重要依据,同时也为世界各国保护本国产业提供了理论支撑。

二、产业损害理论

产业损害理论是研究倾销和反倾销对产业安全影响的理论。该理论认为,出于某些特

---

① 欧阳彪.开放经济下中国服务业产业安全的理论与实证研究[M].长沙:湖南大学出版社,2018:13.

殊目的,国外竞争者可能采取低于成本的价格在本国市场上进行销售,以达到打击本国企业的目的。因此,本国应该采取特定策略,如征收反倾销税,以平衡倾销造成的产业损害。该理论主要涉及产业损害的界定、产业损害的成因、产业损害幅度的测算和产业损害的维护。

(一) 产业损害的界定

产业损害是指被指控的进口产品对在进口国市场生产同类产品的产业造成实质性损害,即威胁或严重阻碍了进口国这类产业的建立。这里所谓的同类产品,是指与被调查进口产品相同的产品;没有相同产品的,以与被调查进口产品的特性最相似的产品为同类产品。

(二) 产业损害的成因[①]

倾销是产业损害的原因之一,深入分析和掌握倾销对相关产业的损害,对于产业损害调查、产业损害幅度评估和产业损害的维护具有一定的基础作用。以下从倾销对进口国相关产业的直接损害、间接损害进行分析。

倾销对进口国相关产业的直接损害,体现在倾销产品可以直接冲击,甚至挤垮进口国生产与倾销产品相似或直接竞争的产品的企业。倾销产品在进口国的廉价销售会改变进口国消费者的消费计划和开支投向。在这种情况下,进口国的同类产品就可能失去销路和市场,造成进口国相关企业产量下降、规模缩小、利润下降、工人失业甚至部分企业倒闭,对进口国产业的损害程度通常取决于倾销产品的倾销幅度和倾销数量。另外,倾销对进口国消费倾销产品产业的直接损害,体现在以倾销产品作为原材料或零部件的进口国产业因受低价信息错误诱导而扩大了生产规模,但是在出口国停止倾销后,消费倾销产品的进口国产业可能无法继续以扩大后的规模进行生产,从而对产业造成损害。

倾销对进口国相关产业的间接损害,体现在倾销产品对进口国与倾销产品无直接竞争关系产业的损害上。尽管进口国的产品不与倾销产品直接竞争,但因倾销产品价格低廉,消费者的注意力会转向倾销产品,使国内其他相关产业蒙受损失。

(三) 产业损害幅度的测算

产业损害幅度是指国内相关产业所受损害的程度。产业损害幅度测算是在产业损害调查过程中,将被控倾销进口产品的价格与设定的国内产业不受损害的产品价格进行比较,从而度量产业损害程度。

产业损害幅度的测算方法可以归纳为两种模式:阶段法和假设法。阶段法包括简单推论法和趋势分析法,假设法包括差额分析法和比较分析法。下面将对差额分析法和比较分析法进行简单介绍。

差额分析法的重点是通过计算倾销产品价格与公平标准价格的差值,从而确定对国内产业的损害幅度。确定产业损害幅度的计算公式为:产业损害幅度=(国内生产相似产品的生产商的售价-涉案出口国出口商的调整后价格)/涉案出口国出口商 CIF[②] 价格。

[①] 李孟刚.产业安全理论研究[M].3 版.北京:经济科学出版社,2012:259—260.
[②] CIF:全称 Cost insurance and freight,成本加保险费加运费。

比较分析法以经济理论为依据。首先,建立一个无倾销进口产品威胁时国内经济应有的"虚拟框架";其次,比较这个虚拟框架与现行国内经济的差异,以决定倾销进口产品的威胁对国内产业造成的价格与数量变化的幅度;最后,确定这种影响的严重程度,作为最后裁定的标准。

比较分析法的步骤如下:首先,利用倾销幅度或其他相关因素计算倾销进口威胁对进口产品价格的影响;其次,利用上述进口产品的价格变化估计其对国内产品需求的冲击;最后,据此估测这项需求的改变对国内产品产生的价格与数量效果,来判定倾销对国内产业的损害程度。

(四) 产业损害的维护①

进口国为了进行产业损害维护,依法对给本国产业造成损害的倾销行为实施征收反倾销税等措施以抵消损害后果的法律行为就是反倾销。根据相关规定,确立反倾销的前提条件主要有三个:一是倾销行为的存在;二是损害的构成;三是倾销与损害之间存在因果关系。

1. 倾销行为存在的确认

倾销包括四层意思:第一,出口价格低于出口国相同产品的国内价格。第二,出口价格低于出口国相同产品国内价格的差额应达到一定的幅度。第三,相同产品在出口国市场有足够的销售量,应占进口国同产品销售量的5%以上。第四,出口国国内价格是正常贸易形成的价格。正常贸易是指买卖双方都是独立的交易商,而不是关联商;相同产品在国内销售的连续期限正常是1年,但最短不少于6个月。

2. 损害构成的确认

WTO规定,在反倾销调查中,进口国不仅要证明倾销存在,还必须认定进口国相关产业因此受到严重损害,才能对出口国企业提起反倾销诉讼。损害程度包括四层含义:第一层含义指实质性损害,即使进口国国内产业的产销量、市场份额、利润、投资收益等有实际和潜在的下降,进口国国内价格下跌等;第二层含义指实质性损害威胁,实质性损害威胁虽不构成实质性损害的事实,但表明损害是可以预期的、迫近的;第三层含义指实质性阻碍国内产业的建立;第四层含义指累积确定实质性损害和实质性损害威胁,即来自一个国家的进口产品可能对进口国产业不构成损害或损害威胁,但是,把几个国家的进口产品加总起来考虑,就可能对进口国产业构成损害或损害威胁。在损害确定或损害威胁确定的情况下,可以判定这几个国家均对进口国产业造成损害或损害威胁,从而对每一个国家的进口产品实施反倾销制裁。

3. 倾销与损害的因果关系

WTO《反倾销协定》明确规定,在征收反倾销税时,进口国有关当局必须有充分证据证明倾销产品与进口国同类产业受损害之间存在客观的因果关系。只要进口倾销是造成损害的原因之一,不论它是不是主要原因,都可构成因果关系,进口方可据此进行反倾销。若不能证明倾销与损害之间具有因果关系,则不能对该进口产品进行反倾销。

---

① 李孟刚.产业安全理论研究[M].3版.北京:经济科学出版社,2012:268-269.

三、产业竞争力理论

产业保护虽然能使本国产业暂时免受外来竞争的冲击,但是从长远来看,产业保护会造成本国经济与世界经济的脱节。产业保护只是一种权宜之计,在开放的经济体系中,只有不断提高产业国际竞争力,才能保证一国的产业安全,也就是说,产业竞争力是产业安全的核心。提升产业国际竞争力才是维护产业安全的治本之策。

（一）比较优势理论

古典经济学家亚当·斯密在1776年首次提出绝对优势理论。此后,古典经济学家李嘉图又提出了比较优势理论。根据李嘉图的理论,商品相对价格的差异即比较优势是国家相互之间进行贸易的基础。一个国家应当专门生产本国具有较高生产率优势的商品,而去交换那些本国具有较低生产率的商品。其后,李嘉图理论中的一些严格假定对于当时国际贸易中的新变化不再适合,进而产生了一个新的比较优势理论,即赫克歇尔-俄林理论。赫克歇尔-俄林理论的基础是：所有国家可以具有等同的技术,但是,各国的要素禀赋不同,如土地、劳动力、资本和自然资源方面存在差异,而国家间要素禀赋的差异决定着贸易的流动。

很多学者认为,研究国家间产业竞争力应遵守比较优势的原理。由于存在历史的局限,古典比较优势理论描述的仅仅是静态比较,考虑到规模经济、技术进步、国际资本流动等因素,这种理论明显有些过时,所以,从20世纪50年代开始,经济学家如雷蒙德·弗农（Raymond Vernon）、保罗·克鲁格曼（Paul Krugman）等提出了动态比较优势理论,该理论认为,与其说是要素优势本身决定着国际竞争力,还不如说是要素的部署决定着国际竞争力。

（二）国家竞争优势理论

国家竞争优势理论是美国哈佛大学商学院教授迈克尔·波特（Michael Porter）在《国家竞争优势》一书中提出的。波特认为,现有的国际贸易理论只能对国际贸易模式作出部分解释,但不能说明为什么一个国家能在某一行业建立和保持竞争优势。

波特认为,一国兴衰的根本在于能否在国际市场中赢得优势,而取得优势的关键因素是：①生产要素；②需求条件；③相关与支持性产业；④企业战略、企业结构和同业竞争。此外,机会和政府也是两个不可或缺的因素。"生产要素"是指一个国家在特定产业竞争中有关生产方面的表现,如人工素质或基础设施的质量。"需求条件"是指本国市场对该项产业所提供的产品或服务的需求如何。"相关与支持性产业"是指这些产业的相关产业和上游产业是否具有国际竞争力。"企业战略、企业结构和同业竞争"是指企业在一个国家的基础、组织和管理形态,以及国内市场竞争对手的表现。"机会"是指一些突发性因素,包括基础科技的发明创新、外国政府的重大决策、战争等。"政府"角色是指政府对其他要素的干预。企业控制之外的偶然事件会造成产业结构的调整和竞争优势的变化,很可能把偶然事件转变成竞争优势。在国家竞争优势中,政府的实际作用是能够正面或负面地影响每个关键要素。

这六种因素形成了一个"钻石体系",又称"钻石模型"。钻石体系是一个相互强化的系统,在这个系统里,这六种因素相互作用产生强化的效果。完整的钻石体系如图6-1所示。钻石体系是一个双向强化的系统,其中任何一项因素的效果必然影响到另一项因素的状态。以需求条件为例,除非竞争情形十分激烈,可以刺激企业有些反应,否则再有利的需求条件也并不必然形成企业的竞争优势。当产业获得钻石体系中任何一项要素的优势时,也会创造或提升其他因素上的优势。

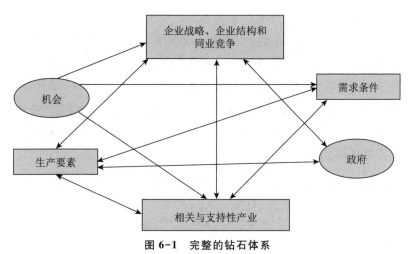

图6-1 完整的钻石体系

人物专栏

迈克尔·波特:"竞争战略之父"

迈克尔·波特,哈佛大学商学院著名教授,被誉为"竞争战略之父",是当今世界上竞争战略理论领域公认的权威。1983年他被美国总统罗纳德·里根(Ronald Reagan)任命为产业竞争委员会主席,将竞争战略理论引入国家层面的竞争力研究,引发了美国及至世界范围内的竞争力讨论。波特的三部经典著作《竞争战略》《竞争优势》《国家竞争优势》被称为竞争三部曲,被译成十几种文字,并重印几十次。在2005年世界管理思想家50强排行榜上,他位居第一。

波特的竞争战略理论涉及企业、产业、国家三个层面。在企业和产业层面,波特提出了著名的五力分析法和三大经典竞争战略。波特认为,"竞争"是企业成败的核心,而决定企业获利能力的第一要素是"产业吸引力"。波特提出用五力分析法来分析一个企业的产业吸引力。这五力包括新加入者的威胁、客户的议价能力、替代品或服务的威胁、供货商的议价能力及既有竞争者。这五种竞争力会影响企业产品的价格、成本、投资,也最终决定了企业所处的产业结构。企业如果想获得长期的竞争优势,就必须塑造对企业有利的产业结构。

在里根政府的产业竞争委员会任职后,波特对竞争战略的研究开始从微观的企业层面延伸至国家、区域层面,并在1990年出版了《国家竞争优势》一书。波特和由来自世界各国的三十多位专家组成的团队花了五年时间,调查了丹麦、德国、意大利、日本、韩国、新加坡、瑞典、英国和美国等发达国家和地区,对基于产业集群的国家竞争优势进行了广泛而深入的研究。这一研究试图回答三个问题:为什么有的国家可以在某一个产业领域的国际竞争中取得持续胜利?为什么有的国家能在长期的国际竞争中取胜,而另外的国家失败了?应该怎样帮助政府选择更好的竞争战略,更合理地配置和使用自然资源?

波特第一次对这些问题给出了全面的理论解释,也就是他提出的国家竞争战略理论,又称"国家竞争优势钻石理论"。钻石理论既是基于国家的理论,也是基于公司的理论。该理论为理解国家或地区全球竞争地位提供了全新视角。

波特指出,国家竞争优势的获得关键在于产业竞争。而产业的发展又取决于国内若干区域内所形成的具有竞争力的产业集群。产业集群是在某一特定领域内互相联系、在地理位置上相对集中的公司和机构的集合。国家竞争优势都以产业集群的面貌出现,它是产业发达国家的核心特征。国家只是企业的外部环境,产业是否有竞争力关键要看产业是否有一个适宜的环境。因而,评价一个国家产业竞争力主要看该国能否有效地形成竞争性环境和创新体系。在此基础上,他构建了国家竞争优势的"钻石模型"。

资料来源:迈克尔·波特:"竞争战略之父"[EB/OL].(2014-10-09)[2023-05-29].http://www.360doc.com/content/14/1009/00/8125237_415591390.shtml.

(三) 波特-邓宁模型①

20世纪90年代以后,由于经济全球化、国际资本流动和跨国公司的行为对各国经济发展的影响日益突出,1993年英国学者约翰·邓宁(John Dunning)对波特的钻石模型进行了批评与补充。他认为,波特没有充分讨论跨国公司与"国家钻石"之间的关系。在跨国公司的技术和组织资产受到"国家钻石"配置影响的同时,跨国公司会对国家来自资源和生产力方面的竞争力给予冲击。因此,他将"跨国公司商务活动"作为另一个外生变量引入波特的钻石模型中,这一理论后来被学术界称为波特-邓宁模型(见图6-2)。

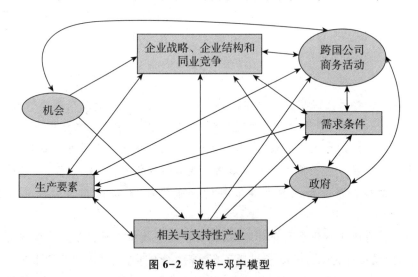

图6-2 波特-邓宁模型

---

① 李孟刚.产业安全理论研究[M].3版.北京:经济科学出版社,2012:280.

四、产业控制理论

产业控制理论是研究外资产业控制力和东道国产业控制力的产业安全理论,其核心就是强调本国资本对本国产业的控制能力,从而反映东道国产业安全度的变化,但是本国资本对产业控制力的升降是通过外资对产业控制力的强弱来反映的。从产业安全角度来讲,外资产业控制力和东道国产业控制力是一种"零和博弈"关系,因此,产业控制理论的实质是外资产业控制力和东道国产业控制力两种力量的对决。从理论上来讲,当外资产业控制力超过东道国产业控制力时,本国产业应该已经处于不安全状态。外资对产业安全的影响是通过其对东道国产业在资本、技术、品牌、股权、经营决策权等方面的控制力增加来实现的。

第二次世界大战以后,外商直接投资得到了前所未有的发展,在世界经济中的地位不断上升,成为各国参与国际经济竞争的重要形式。外商直接投资实践的发展引起了西方学者的广泛关注,经过大量的研究形成了多个理论学派。处于主流地位的现代外商直接投资理论大致沿着两条主线发展:一条发展路线以产业组织理论为基础,此类理论研究的基本问题是跨国公司对外直接投资的决定因素和条件,将对外直接投资视为企业发展到一定阶段和具有某种垄断优势时的必然选择,海默-金德尔伯格的垄断优势论、巴克莱-卡森的内部化理论为此类理论的代表;另一条发展路线是以国际贸易理论为基础,此类理论强调投资产生与发展的决定因素,以弗农的产品周期理论等为代表。20 世纪 70 年代后期,两类理论出现融合趋势,形成了"综合性学说",产生了邓宁的生产折中理论。另外,还有以阿里·科高(Ari Kokko)为代表的技术溢出理论。这些学术观点对产业安全的研究有着直接或间接的影响。

在这里,我们仅就海默-金德尔伯格的垄断优势理论、弗农的产品生命周期理论、邓宁的国际生产折中理论进行简单的介绍。

(一)垄断优势理论[①]

1. 海默的开创性研究

美国学者斯蒂芬·海默(Stephen Hymer)在美国麻省理工学院完成的博士论文中,首次以垄断优势来解释美国企业对外直接投资行为。海默认为,国际资本流动理论中提出的"国际资本流动主要是由利率差异所导致"的说法并不能很好地解释国际直接投资现象。他指出,国际直接投资是伴随着企业的跨国经营活动而产生的,因此,国际资本流动的决定因素是企业跨国经营的程度。

所谓企业跨国经营,是指一国企业的所有权和控制权被另一国公司所占有。海默在文中给出了企业进行跨国经营的两个主要原因:一方面,在不完全竞争条件下,跨国公司通过直接投资控制东道国企业以淘汰掉同业竞争者;另一方面,公司跨国经营的最终目的是尽其所能获取全部收益。

---

① 李孟刚.产业安全理论研究[M].3 版.北京:经济科学出版社,2012:303.

海默的核心思想是：美国企业对外直接投资的决定因素是垄断优势，跨国公司凭借其垄断优势，有效地与当地企业竞争，抵消诸多不利因素，进而获取利润。居于垄断或寡占地位的公司在某种产品的生产过程中具有垄断优势，应充分利用这一优势获取垄断利润。垄断优势可具体划分为资本优势、技术优势、管理体制优势、销售技能优势以及规模经济优势等。海默通过研究还指出，进口国的关税壁垒会增加出口国的出口难度，但是，出口国可以通过国际直接投资有效地避开进口国的关税壁垒，利用自身的垄断优势在进口国进行生产、销售，从而达到利润最大化。

外资企业会利用其在资本、规模、技术、管理等方面的相对优势占领和控制东道国市场，并且在某些行业形成垄断，阻止东道国企业进入，甚至将东道国企业最终挤出市场。因此，外商直接投资对市场的控制将削弱东道国政府对本国产业的控制力，影响东道国产业的自主发展及完整产业链的形成，从而影响产业安全。

2. 海默-金德尔伯格学说

查尔斯·金德尔伯格（Charles Kindleberger）是海默的老师，他对学生海默的垄断优势理论进行了进一步的补充和完善，形成"海默-金德尔伯格学说"，也称"所有权优势理论"。

金德尔伯格于1969年指出，国际直接投资行为产生的条件就是美国企业能够在东道国获得高于当地企业的利润，这是跨国公司开展国际直接投资的动力。尽管当地企业在熟知消费者偏好、拥有一定的市场、了解当地法律法规和获取信息便捷等方面存在优势，并且美国企业要承担远距离经营的额外成本和更多的不确定性风险，但是市场不完全竞争使美国企业拥有和保持一定的垄断优势，这种垄断优势所带来的收益超过了跨国经营增加的额外成本和风险，并获得了超过当地企业的利润。

金德尔伯格将市场不完全竞争所产生的垄断优势分为以下三类：①来自产品市场不完全的优势，包括产品商标、价格、性能、销售渠道等；②来自生产要素市场不完全的优势，包括低成本的借贷资金、管理技能、技术专利与生产工艺等；③来自规模经济的优势，通过扩大再生产、降低企业固定成本支出获得经济规模收益。

（二）产品生命周期理论[①]

美国经济学家弗农是产品生命周期理论的奠基人。第二次世界大战后，美国企业的对外直接投资增长迅猛，弗农继而认为，垄断优势理论并没有彻底说明跨国公司需要通过建立海外子公司去占领市场，而不是通过产品出口和转让技术获利的根本原因，对此弗农对美国企业的对外直接投资进行了进一步研究。1966年，弗农发表《产品周期中的国际投资与国际贸易》一文，提出了著名的产品生命周期理论，该理论将产品生命周期划分为三个不同阶段，即产品创新阶段、产品成熟阶段和产品标准化阶段，然后用产品生命周期的变化规律来解释美国与其他国家之间国际贸易格局和国际投资格局之间的变化规律。该理论如图6-3所示。

---

① 阎敏.国际投资学[M].武汉：武汉大学出版社，2010：34-36.

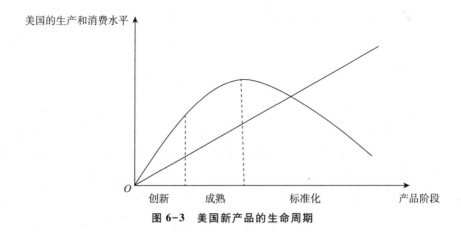

图 6-3 美国新产品的生命周期

1. 产品创新阶段

弗农认为,对新产品的研究与开发最有可能在最发达国家(美国)进行,原因有两个:首先,产品的创新是受市场需求引导的,而最发达国家的居民收入水平高,购买力强,对产品的要求也高,从而促使厂商不断开发新产品。其次,最发达国家企业具备雄厚的技术力量和资金实力,能完成产品创新。在创新阶段,新产品尚未完全定型,需要根据市场反应不断改进设计,这就要求企业与原材料供应商、销售市场保持密切的联系和迅速的交流,因此这个阶段最有力、最安全的做法是在国内市场生产,并且大部分产品供应国内市场,对经济水平、消费结构与本国类似的较发达国家(如西欧诸国)的市场需求则通过出口予以满足。此时,产品具有较强的独立性,其需求的价格弹性较低,因此厂商可以制定垄断价格获取高额利润。

2. 产品成熟阶段

弗农认为,在产品成熟阶段,产品需求增加,产品逐渐标准化,企业的技术垄断地位和寡占市场结构被削弱,价格因素在竞争中的作用增强。生产技术趋于成熟,产品基本定型,产品出口量急剧增加,导致生产技术扩散到国外竞争者手中,仿制品增加,加上西欧国家市场扩大,劳动力成本低于美国,以及关税和运输成本的不利影响,促使美国对西欧国家直接投资设厂,以降低生产成本,维护其已占有的市场份额。

3. 产品标准化阶段

弗农认为,在产品标准化阶段,产品本身和生产技术已经完全标准化,这时美国在技术上的垄断优势也完全消失,企业的垄断优势不复存在,创新能力、市场知识和信息已退居次要地位,产品的成本与价格因素在竞争中起到决定性作用。在产品标准化阶段,优先考虑的生产基地落到成本最低的国家。投资国开始在一些发展中国家投资生产,并将生产的产品返销到母国或第三国市场,此时,产品创新国成为该产品的进口国。

弗农认为,在产品成熟阶段,最先开发出新产品的企业必须到生产成本较低的国外某些地方投资,使自己的技术优势与当地的原材料优势、劳动力优势相结合,以扩大自己的优势,保证原来通过出口已经占有的市场份额,并有效地排斥当地的仿制者,限制当地潜在的竞争对手的发展,维护技术企业的垄断优势。同时,该企业通过利用国外低成本生产要素的优势,还可以获得对国内其他企业的比较优势。随着产品生命周期从产品创新阶段过渡到产品标准化阶段,投资流向呈现出发达国家→次发达国家→发展中国家的梯度式的演变。

产品生命周期理论反映了美国制造业在20世纪50年代对外直接投资的情况,较好地解释了美国对西欧和发展中国家的直接投资。作为一种直接投资理论,弗农从企业垄断优势和特定区位优势相结合的角度深刻地揭示了企业从出口转向直接投资的动因、条件和转换的过程,是对垄断优势理论的发展。但是,它的局限性也很大,主要体现在:①该理论没有很好地解释发达国家之间的双向直接投资;②该理论主要涉及最终产品市场,而资源开发型投资和技术开发型投资与产品的生命周期无关;③该理论对于初次进行跨国投资的解释较为适用,对于已经建立国际生产和销售体系的跨国公司投资行为则解释乏力;④该理论不能很好地解释发展中国家的对外直接投资;⑤该理论认为母国垄断优势的丧失导致了对外直接投资,实际上,许多跨国公司在保持垄断优势的同时,还进行了大量对外直接投资。

1974年,弗农在其发表的《经济活动的区位》一文中,引入了国际寡占行为来修正其产品生命周期理论,将产品生命周期重新划分为创新的寡占阶段、成熟的寡占阶段和老化的寡占阶段。在创新的寡占阶段,跨国公司根据本国的要素禀赋特征进行产品开发,对新产品具有垄断技术优势并借此获得垄断利润;在成熟的寡占阶段,由技术扩散引起厂商垄断削弱,企业通过对外投资实现有控制权的技术转移以及着力造就规模经济来维持其利润;在老化的寡占阶段,技术垄断优势、规模经济障碍已完全消失,企业只能获得正常利润,此时,成本差异成为生产区位选择的决定因素。

(三) 国际生产折中理论[①]

国际生产折中理论又称国际生产综合理论,是由英国经济学家邓宁于20世纪70年代提出来的。20世纪80年代初,他又对自己的理论进行了系统的整理和补充,形成了在国际直接投资理论中影响最大的理论框架。国际生产折中理论认为,对外直接投资主要是由所有权优势、内部化优势和区位优势这三个基本因素决定的。

1. 所有权优势

所有权优势又称厂商优势,是指一国企业拥有或能够获得的,而其他企业没有或无法获得的资产及其所有权。邓宁认为,跨国公司拥有的所有权优势主要包括两类:第一类是通过出口贸易、技术转让和对外直接投资等方式均能给企业带来收益的所有权优势。这类优势几乎包括企业拥有的各种优势,如产品、技术、商标、组织管理技能等方面的优势。第二类是只有通过对外直接投资才能获得的所有权优势。这种所有权优势无法通过出口贸易、技术转让的方式给企业带来收益,只有将其在企业内部使用,才能给企业带来收益,如交易和运输成本的降低、产品和市场的多样化、产品生产加工的统一调配、对销售市场和原料来源的垄断等。

---

① 孔淑红.国际投资学[M].5版.北京:对外经济贸易大学出版社,2019:58-59.

2. 内部化优势

内部化优势是指跨国公司将其所拥有的资产加以内部使用而带来的优势。企业将所有权优势内部化的动机在于避免外部市场的不完全对其产生的不利影响,要实现资源的最优配置,继续保持和充分利用其所有权优势的垄断地位。内部化优势的主要表现形式有免除寻找合作伙伴并与其谈判的成本、控制投入(包括技术)的供应和销售条件、控制市场渠道、避免国家经济贸易壁垒(如关税、配额限制)等。

3. 区位优势

区位优势是指跨国公司在投资区位上具有的选择优势。区位优势也是跨国公司对外直接投资时必须要考虑的一个重要因素。跨国公司在拥有了所有权优势和内部化优势后,还要进行区位选择。如果在国外生产能使企业获得比在国内生产更多的利润,那么企业就会产生对外直接投资;如果在国外的甲地投资能使跨国公司比在国外的乙地投资获得更大的利润,那么企业就会选择在甲地进行直接投资。所以,对外直接投资的流向取决于区位禀赋的吸引力。区位优势属东道国所有,企业只能利用这种优势。

邓宁认为,决定对外直接投资的三项因素之间是相互关联、紧密联系的,可以用公式表示为:

$$国际直接投资 = 所有权优势 + 内部化优势 + 区位优势$$

一个企业所拥有的所有权优势越大,将其资产内部化使用的可能性也越大,从而在国外利用其资产比在国内可能更为有利,就越有可能发展对外直接投资。上述公式还可以说明一国企业对参与国际经济方式的选择是将对外贸易、技术转让、对外直接投资三者有机地结合起来。企业对外直接投资必须具备所有权优势、内部化优势和区位优势三种;而出口只需要具备所有权优势和内部化优势,不一定需要区位优势;如果企业只具备所有权优势,既没有能力使之内部化,也不能利用国外的区位优势,则最好采用许可证贸易方式进行技术转让。

相关案例 6-2

美国是如何控制产业链的?

美国领先的背后有其复杂的历史动因以及特定的发展规律,对产业的持续控制是其保持领先的关键法则,这种控制力不仅仅表现在对原创和核心技术的控制上,更体现在对技术链、价值链乃至产业链的控制上。

美国对产业链的控制,既有大企业的竞争战略,也有美国政府的意志。企业层面,始终保持着对产业链设计、研发、服务高附加值环节以及高端制造领域的控制;政府层面,则保持着对产业链精准且持续的控制。

"高端、精准、持续"是美国控制产业链的三大特征。其中,"高端控制"是指美国对机器人、增材制造、医疗设备等高端前沿领域全产业链的强大控制;"精准控制"表明美国对产业链关键环节的控制力就像医生手中的手术刀,每一次刀落都直中要害;"精准控制"的背后是美国对长期"持续控制"的追求,即美国一直在有意识、有意图地增强其在开放环境下的产业链控制力。

为了构建和长期保持产业链控制能力，美国采取了五种方式。具体如下：

一是标准规则先行，即专利和标准先行的"源头锁定"。美国企业在研发、知识产权、标准、战略方面一直走在世界前列，而且，四者通过联动机制成为行业规则，形成技术壁垒。企业在其中扮演了"引链者"的角色，通过标准规则从源头主导与控制技术进步的方向和节奏，进而控制产业链的发展，也就是我们所看到的"美国企业先行、他国企业跟随"的现象。

二是基础能力控制，即针对关键工艺和环节的"基础控制"。虽然美国实施了多年的外包战略，服装、电子、家电、机械、军工等产业价值链上的生产和装配等环节都实现了全球布局，但是，美国企业在关键零部件、关键材料、关键工艺、关键软件等工业基础能力方面仍然是世界一流。企业在此充当了"布链者"的角色，即以基础制造能力布局产业链关键单点。

三是价值单元链控，即全价值单元的"链式布防"。美国企业不仅基于这些基础制造能力生长出了许多价值单元，还将其串联起来，形成"价值单元链控"。很明显，企业是布控环节的"串链者"。同时，通过联盟构建产业生态圈的组织形式，将产业链上关键价值单元的主体企业吸纳和整合在一起，形成创新闭环，互通有无，在经营上进行良性竞争，共同推动和控制整个产业链的发展。

四是平台软件支撑，即软件和平台的"数据支撑"。美国企业在工业软件领域具有非常强的控制力，比如，产品全生命周期管理，软件定义生产、定义服务、定义产品等新生产理念的发展都聚焦在美国。而美国企业成熟的软件环境带有天然的数据优势，可以依靠其先进的检测能力，不断积累关键数据库。这是一个正向迭代的过程，越早开发，越有优势。企业通过软件深深嵌入制造业设计、生产、装配和服务等各个环节，以数据贯穿实现产业链的控制。此外，美国企业通过工业互联，推动制造业产业链从制造和服务环节分离向制造服务一体化转变，通过网络平台掌控和主导产业链，从而衍生出一批系统解决方案集成商。此时，企业扮演了"延链者"的角色。

五是创新生态驱动，即持续创新和精益生产的"生态驱动"。软件和网络平台的背后，是美国政府和企业所构建的强大创新生态，核心是其持续的创新能力和精益生产能力。美国的创新系统非常完善，主要由国家创新网络（基础研究）和地方先进集群（应用研究）组成。其中，不同的集群内部以及集群之间相互协作与联系，不仅形成了先进的创新网络，而且具有非常强的精益生产能力，形成了一个"市场化、产业化、过程化"的完整创新链条，直接带动新产品新服务、新业态新模式的出现和发展，而美国政府和企业均是"强链者"。

这五种模式层次递进并互为基础，支撑着美国在高端领域保持精准且持续的产业链控制力。在新的发展时期，美国已经抢先开始优化自身的资源配置，通过政策引导社会与企业的研发资源，抢占制造业技术创新的制高点，以保障其产业安全。

资料来源：夏小禾.美国是如何控制产业链的[N].机电商报,2020-06-15(A2).

第三节 国家产业安全评价指标体系

国家产业安全评价指标体系是根据一定原则建立起来并能反映一个国家产业安全的指标集合。其基本出发点是,能够客观、准确地反映影响产业安全的主要因素,尽可能利用现有统计资料提供的数据,科学、全面、准确地构建产业安全评价体系。本节主要从产业生存环境、产业国际竞争力、产业对外依存度、产业控制力、产业发展能力五方面构建国家产业安全评价指标体系。其中,产业生存环境是产业安全的基础,产业国际竞争力是产业安全的核心,产业对外依存度反映国际贸易因素对产业安全的影响,产业控制力反映外资因素对东道国产业安全的影响,产业发展能力反映产业安全发展的潜力与空间。

一、产业生存环境评价指标[①]

产业生存环境是产业发展的基础,其受产业所面临的市场环境和所投入的生产要素的影响。评价产业生存环境可以从产业融资环境、产业劳动力要素环境、产业市场需求环境、产业技术要素环境等方面入手。

（一）产业融资环境

1. 资本获得效率

资本获得效率是指产业内企业获得资本的难易程度,衡量的是资本的隐性成本。产业的资本获得效率低下不利于产业的生存。它可以根据企业获得银行信贷的难易程度、进入股票市场的难易程度及企业获得风险资本的难易程度来衡量。评价资本获得效率也可以先从货币供应量、货币供应量的增长速度,以及贷款发放数量、贷款发放增长速度来推演和判断产业发展所处金融大环境下的市场资金宽松状态。

2. 资本获得成本

资本获得成本是指产业内企业筹集和使用资本需要付出的代价。企业的生存和发展需要资本的支持,无论企业是依靠内部积累,还是从外部获得资本,无论是通过银行贷款,还是通过资本市场发行股票或债券,都存在一个资本获得成本的问题。如果资本获得成本太高,就会使原本有竞争力的企业背上沉重的负担,从而影响产业的生存。资本获得成本可以用短期实际利率来衡量。

3. 出口商品换汇成本

出口商品换汇成本是指商品出口净收入一单位外币所需要的人民币总成本,即用多少人民币换回一单位外币。换汇成本反映了出口商品的盈亏情况,是考察出口企业有无经济效益的重要指标,其衡量的标准是人民币对美元的汇价。如果换汇成本高于人民币对美元的汇价,则该商品的出口为亏损,虽然有创汇,但出口本身无经济效益,换汇成本越高,亏损越大。

[①] 李孟刚.产业安全评价[M].北京:北京交通大学出版社,2015:23-34.

(二) 产业劳动力要素环境

1. 劳动力素质

劳动力素质是指劳动力的综合素质,不仅包括生产技能、文化专业知识,还包括政治思想、职业道德等。它可以根据产业劳动生产率的变化幅度来衡量。产业劳动生产率是指根据产品的价值量指标计算的平均每一个从业人员在单位时间内的产品生产量,是考核企业经济活动的重要指标,是企业生产技术水平、经营管理水平、职工技术熟练程度和劳动积极性的综合表现。

具体公式如下:

$$产业劳动生产率 = \frac{产业工业增加值}{产业全部从业人员平均人数} \times 100\%$$

劳动力素质有时也可用劳动生产率增速指标来衡量,具体公式如下:

$$劳动生产率的增长率 = \left(\frac{当年劳动生产率}{上一年的劳动生产率} - 1\right) \times 100\%$$

如果劳动生产率呈增长态势,且保持较高水平,则说明该产业的劳动力素质较高,有利于产业安全。

2. 劳动力成本

劳动力成本是指企业为雇用工人而发生的所有支出。劳动力成本包括职工工资总额、社会保险费用、职工福利费用、职工教育经费、劳动保护费用、职工住房费用、其他劳动力的成本支出等。劳动力成本指标可以根据产业间工资相对水平的比较来衡量。单位劳动力成本是劳动力成本与产业全部从业人员平均人数的比值。总的来说,较高的工资水平和员工福利更有利于吸引优秀人才,但是也会增加产业的成本负担。

单位劳动力成本计算公式如下:

$$单位劳动力成本 = \frac{劳动力总成本}{产业全部从业人员平均人数} \times 100\%$$

(三) 产业市场需求环境[①]

1. 国内市场需求规模

国内市场需求是一国提高产业国际竞争力的原动力。较大的市场需求量有利于产业内厂商追求规模化生产并实现成本降低,这对于具有研发设备昂贵、技术差距大以及不确定性高等特征的产业的生存来说至关重要。国内市场需求规模指标可以用一国需求量占同类产品的世界需求量的比重来表示。

具体公式为:

$$M_k = \frac{D_k}{D_k^w} \times 100\%$$

式中,M_k 表示商品 k 的国内市场需求规模占比,D_k 表示商品 k 的国内需求量,D_k^w 表示商品

---

① 朱钟棣.入世后中国的产业安全[M].上海:上海财经大学出版社,2006:78.

k 的世界需求量。①

2. 国内市场需求增长速度

需求增长速度快,也会刺激厂商追加投资和采用新技术,而且该增长率可以进行国际比较,以分析国别的需求拉动差异。需求增长速度指标可以用不同时期(一般以年度为周期)某种产品的市场销售额的增长率来体现。

具体公式为:

$$G_k = \frac{S_k - S_{k-1}}{S_{k-1}} \times 100\%$$

式中,G_k 表示产品 k 的市场需求增长速度,S_{k-1} 表示上年度产品 k 的国内市场销售额,S_k 表示当年产品 k 的国内市场销售额。

(四)产业技术要素环境②

1. 研发投入占比

由于技术进步和创新在国际竞争中发挥着日益重要的作用,因此,产业的研发投入、支出的多少在一定程度上预示着产业未来国际竞争力的强弱。它可以用产业研发投入的绝对值或产业研发投入比例来衡量。

产业研发投入比例的计算公式是:

$$产业研发投入比例 = \frac{研发投入总额}{销售收入总额} \times 100\%$$

研发投入占比越高,产业水平与国际先进水平越接近,技术竞争力越强。研发投入的不断增加和保持适度规模,有助于提高产业的国际竞争力和产业安全度。

2. 专业技术人员占比

专业技术人员是指从事专业技术工作的人员及从事专业技术管理工作的人员,具体包括设备工程师、工程技术人员、农业技术人员、科研人员等。专业技术人员占比可以用产业的科技开发人员数与产业从业人员总数的比值来计算。

计算公式如下:

$$专业技术人员占比 = \frac{产业科技开发人员数量}{产业从业人员数量} \times 100\%$$

专业技术人员占比越高,表明产业的技术竞争力越强,产业发展越安全。

3. 新产品产值占比

任何发明专利和高新技术,只有转化成生产力才能被充分利用,才能为产业发展和社会经济增长服务。一个产业,只有加快技术向生产力转化的速度,才能不被市场淘汰。新产品是指采用新技术原理、新设计构思研制、生产的全新产品,或在结构、材质、工艺等某一方面比原有产品有明显改进,从而显著提高产品性能或扩大使用功能的产品。新产品产值占比是新产品产值和产业总产值的比值,其计算公式如下:

---

① 此处的需求量,既可以从数量上衡量,也可以从金额上衡量。
② 李孟刚.产业安全评价[M].北京:北京交通大学出版社,2015:36-37.

$$新产品产值占比 = \frac{新产品产值}{产业总产值} \times 100\%$$

一般来说,新产品产值占比越高,表明产业的技术竞争力越强,产业发展越有活力、越安全。

二、产业国际竞争力评价指标

产业国际竞争力是产业安全的核心,只有不断提升产业国际竞争力,才能从根本上维护产业的安全生存和发展。本节主要从市场竞争力、绩效竞争力、结构竞争力等方面对产业的国际竞争力进行分析和评价。

(一) 市场竞争力[①]

产业市场竞争力可以用贸易竞争力指数衡量。贸易竞争力指数是分析国际竞争力时常用的测度指标之一,它表示一国进出口贸易的差额占进出口贸易总额的比重。无论进出口的绝对量是多少,该指标均介于 -1 和 1 之间。该指数越接近 0,表示该产业的竞争力越接近平均水平;该指数为 -1 时,表示该产业只进口不出口;该指数越接近 -1,表示竞争力越弱;该指数为 1 时,表示该产业只出口不进口;该指数越接近 1,表示竞争力越大。

具体计算公式是:

$$C_i = \frac{X_i - M_i}{X_i + M_i}$$

式中,C_i 为产业 i 的贸易竞争力指数,X_i 为产业 i 的出口值,M_i 为产业 i 的进口值。

(二) 绩效竞争力

1. 产能利用率

产能利用率又称生产能力利用率,是指产业实际产出和产业生产能力的比率。产能利用率是判断产能是否过剩的重要指标之一,直接反映了产业生产能力利用水平、产能过剩程度、经济景气程度和运行效率。当产能利用率超过 95% 时,表示设备使用率接近全部,通货膨胀的压力将随产能不足而急速升高;如果产能利用率在 90% 以下且持续下降,表示设备闲置过多。一般而言,如果一个产业的产能过剩,国内竞争加剧,企业就倾向于向国际市场销售产品,容易出现量增价跌现象,一方面不利于出口创汇,另一方面也容易引发国际贸易争端。

2. 产销率

产销率是一定时期内已经销售的产品总量与可供销售的产业产品总量之比,从行业业绩的角度反映产业供求情况。计算公式如下:

$$产销率 = \frac{已经销售的产品总量}{可供销售的产业产品总量} \times 100\%$$

一般情况下,产销率小于或等于 1。但是,在特殊情况下,如上期生产过剩,本期销量

[①] 姜辉,查伟华.国际贸易理论与政策[M].北京:中国质检出版社,2011:115.

大幅上升,不仅将本期生产的产品全部销售出去了,而且将上期留存的产品部分或全部售出,存在产销率大于1的情况。理论上,产销率无上限,但最低为0,即本期无销售。产销率越高,表明该产业产品在国际市场上的竞争力越强;对于以内销为主的产业而言,产销率越高,表明该产业产品在国内市场上同外国同类产品的竞争力越强。

(三) 结构竞争力

通常以产业集中度指标评价结构竞争力。产业集中度是从产业的内部组织来反映产业的国际竞争力状况。如果产业集中度大大提高,即使总体上产业的世界或国内市场份额都没有变或略有下降,产业的国际竞争力也可能得到提高。因为产业内单个企业的市场份额提高了,其创新和发展的能力也会得到相应的提高。常见的产业集中度指标有绝对集中度和相对集中度(赫芬达尔−赫希曼指数)。

1. 绝对集中度[①]

最基本的产业集中度指标是绝对集中度,通常用在规模上处于前几位企业的生产、销售、资产或职工的累计数量(或数额)占整个产业的生产、销售、资产、职工总量的比重来表示,又被称为领先企业累计份额。计算公式是:

$$CR_n = \frac{\sum_{i=1}^{n} X_i}{\sum_{i=1}^{N} X_i}$$

式中,CR_n 表示市场上规模最大的前 n 位企业构成的市场集中度,一般来说,n 在4和8之间,最常见的是 CR_4,即测量市场或产业中规模最大的四个企业的资源份额;X_i 为按照资源份额大小排列的第 i 位企业的生产额(销售额)、资产额或职工人数;N 为市场上企业的数目;$\sum_{i=1}^{n} X_i$ 表示前 n 位企业的生产额(销售额)、资产额或职工人数之和。

CR_n 接近0,意味着最大的 n 个企业仅供应了市场很小的部分,即产业集中度极低;相反地,CR_n 接近1,意味着产业集中度非常高。

2. 赫芬达尔−赫希曼指数

赫芬达尔−赫希曼指数也称 HHI 指数,计算公式如下:

$$\text{HHI} = \sum_{i=1}^{n} \left(\frac{X_i}{X}\right)^2 = \sum_{i=1}^{n} S_i^2$$

式中,X 代表市场总规模,X_i 代表 i 企业的规模,$S_i = X_i/X$,表示第 i 个企业的市场占有率,n 为该产业内的企业个数。

当市场由一家企业独占,即 $X_i = X$ 时,HHI = 1。当所有的企业规模相同,即 $X_1 = X_2 = \cdots = X_n = X/n$ 时,HHI = $1/n$。产业内企业的规模越是接近,且企业数越多,HHI 指数就越接近0,产业集中度越低;反之,产业集中度越高。

[①] 王俊豪.产业经济学[M].3版.北京:高等教育出版社,2016:39.

三、产业对外依存度评价指标[①]

产业对外依存度指标主要包括产业进口依存度与产业出口依存度。

(一)产业进口依存度

产业进口依存度指标反映国内产业的生存对进口的原材料、零部件等的依赖程度。产业进口依存度可以用国内产业当年进口的原材料、零部件等的金额与产业当年的总产值或总销售额之比来衡量。计算公式如下:

$$产业进口依存度 = \frac{产业进口额}{产业销售额} \times 100\%$$

产业进口依存度越高,产业安全受跨国因素的影响越大,尤其在经济过热时,将进一步增加国内宏观经济调控的难度。

(二)产业出口依存度

产业出口依存度指标反映国内产业的生存对产品出口的依赖程度。产业出口依存度可以用国内产业当年出口的金额与产业当年的总产值或总销售额之比来衡量。计算公式如下:

$$产业出口依存度 = \frac{产业出口额}{产业销售额} \times 100\%$$

一般来说,产业出口依存度越高,受跨国因素影响就越大,产业的发展受国外因素的影响就越大。

四、产业控制力评价指标

产业控制力是指外资对东道国产业的控制程度以及由此给产业的生存和发展安全造成的影响。这类指标是用外资控制率来衡量的,主要反映外资对市场、品牌、股权、技术、经营决策权等方面的控制程度。

(一)外资市场控制率[②]

外资市场控制率反映外资对该产业国内市场的控制程度,可以用外资控制企业的市场份额与国内该产业总的市场份额之比衡量。计算公式如下:

$$外资市场控制率 = \frac{外资控制企业销售额}{产业销售额} \times 100\%$$

外资市场控制率越高,表明本国企业对产业的控制程度越低,对产业安全的潜在威胁程度越大。

(二)外资股权控制率[③]

外资股权控制率从股权角度反映外资对国内产业的控制程度,可以用产业内外资股权

[①] 李孟刚.产业安全评价[M].北京:北京交通大学出版社,2015:36.
[②] 陈学民.文化产业安全评价[M].北京:北京交通大学出版社,2018:25.
[③] 白永秀,惠宁.产业经济学基本问题研究[M].北京:中国经济出版社,2008:188.

控制企业的增加值与国内产业总增加值之比来衡量。计算公式如下：

$$外资股权控制率 = \frac{外资股权控制企业增加值}{产业总增加值} \times 100\%$$

一般来说，单个企业外资股权份额超过20%即达到对企业的相对控制，超过50%即达到对企业的绝对控制。外资股权控制率越高，表明该产业总资产中外资所占的比重越大，该产业的资产受外资的控制程度也就越大，产业安全受影响程度就越高。一般产业外资股权控制率应在30%以内。

（三）外资投资控制率

外资投资控制率从投资角度反映外资对国内产业的控制程度，可以用产业外资固定资产净值与产业固定资产净值之比来衡量。计算公式如下：

$$外资投资控制率 = \frac{外资固定资产净值总额}{产业固定资产净值总额} \times 100\%$$

外资投资控制率越高，表明外资在该产业的经营情况相对越好，产业安全受外资影响的程度越大。

（四）外资技术控制率[①]

外资技术控制率从技术角度反映外资对国内产业的控制程度，具体可以细分为外资技术专利控制率、外资研发投入控制率、外资新产品产值控制率等指标。

外资技术专利控制率是外资拥有的专利发明数量占产业拥有的专利发明数量的百分比。计算公式如下：

$$外资技术专利控制率 = \frac{外资拥有的专利发明数}{产业拥有的专利发明数} \times 100\%$$

外资研发投入控制率是外资研发投入占产业研发投入的百分比，计算公式如下：

$$外资研发投入控制率 = \frac{外资研发投入总额}{产业研发投入总额} \times 100\%$$

外资新产品产值控制率是外资新产品产值占产业新产品产值的百分比，计算公式如下：

$$外资新产品产值控制率 = \frac{外资新产品产值总额}{产业新产品产值总额} \times 100\%$$

五、产业发展能力评价指标[②]

产业发展能力主要包括产业在资本积累、吸收就业、市场开拓、盈利等方面的内在素质与能力。一个产业是否安全，归根结底还是取决于这个产业的内在素质与能力能否应对各种威胁而使产业自主发展。

（一）资本积累能力

资本积累能力可以用固定资产净值增长率反映，其值越高，表明产业资本积累能力越

[①] 李孟刚.产业安全评价[M].北京:北京交通大学出版社,2015:37-38.
[②] 陈学民.文化产业安全评价[M].北京:北京交通大学出版社,2018:89-90.

强。计算公式如下：

$$固定资产净值增长率 = \frac{期末固定资产净值 - 期初固定资产净值}{期初固定资产净值} \times 100\%$$

（二）吸收就业能力

可以用就业人数增长率反映就业人数的增长情况，其值越高，表明产业吸收就业的能力越强。计算公式如下：

$$就业人数增长率 = \frac{当年就业人数 - 上一年就业人数}{上一年就业人数} \times 100\%$$

（三）市场开拓能力

市场开拓能力可以用产品销售收入增长率反映，较高的产品销售收入增长率可以促使行业采取新技术，采用大型、高效的设备提高技术水平和产量，有利于产业安全和产业发展。计算公式如下：

$$产品销售收入增长率 = \frac{当年产品销售收入总额 - 上一年产品销售收入总额}{上一年产品销售收入总额} \times 100\%$$

（四）盈利能力

盈利能力指标主要包括总资产收益率、产值利润率、产业亏损面三个指标，反映产业盈利能力。产业盈利能力越强，表明产业的发展越好，产业越安全。

总资产收益率可以用产业利润总额占产业总资产的百分比来衡量。计算公式如下：

$$总资产收益率 = \frac{产业利润总额}{产业总资产} \times 100\%$$

产值利润率可以用产业利润总额占产业总产值的百分比来衡量。计算公式如下：

$$产值利润率 = \frac{产业利润总额}{产业总产值} \times 100\%$$

产业亏损面可以用产业内亏损企业个数占当年产业内企业总数量的百分比来衡量。计算公式如下：

$$产业亏损面 = \frac{产业亏损企业个数}{产业企业总数量} \times 100\%$$

本章小结

（1）国家产业安全是指一国自主产业的生存和发展不受威胁的状态。国家产业安全可分为产业生存安全和产业发展安全、静态产业安全和动态产业安全、封闭产业安全和开放产业安全。

（2）影响国家产业安全的因素有外部因素和内部因素两大类。其中，外部因素主要包括国际局势、国际债务、国际投机资本、外商直接投资、外来技术、外国产品、国际贸易壁垒；内部因素主要包括竞争因素、产业政策、贸易政策、财政政策、货币政策、产业空心化。

（3）国家产业安全理论包含产业保护理论、产业损害理论、产业竞争力理论、产业控制理论。

（4）产业损害理论即研究倾销和反倾销对产业安全影响的理论。该理论认为，出于某些特殊目的，国外竞争者可能采取低于成本的价格在本国市场上进行销售，以达到打击本国企业的目的。因此，本国应该采取特定策略，如征收反倾销税，以平衡倾销造成的产业损害。

（5）产业控制理论是研究外资产业控制力和东道国产业控制力的产业安全理论，其核心就是强调本国资本对本国产业的控制能力，从而反映东道国产业安全度的变化，但是本国资本对产业控制力的升降是通过外资对产业控制力的强弱来反映的。

（6）国家产业安全评价指标体系包含产业生存环境、产业国际竞争力、产业对外依存度、产业控制力、产业发展能力五个方面。

复习思考题

1. 简述国家产业安全的内涵及分类。
2. 简述影响国家产业安全的因素有哪些。
3. 论述产业损害的成因。
4. 请查找相关数据，计算美国、日本、韩国、中国的产业国际竞争力，并进行比较分析。
5. 请结合实际情况分析，中国应如何维护国家产业安全。

参考文献

白永秀,惠宁.产业经济学基本问题研究[M].北京:中国经济出版社,2008.

产业损害程度理论与计算方法课题组.中国反倾销:产业损害幅度测算方法[M].北京:清华大学出版社,2003.

陈学民.文化产业安全评价[M].北京:北京交通大学出版社,2018.

冯宗宪,张文科.国际贸易理论、政策与实务[M].2版.西安:西安交通大学出版社,2012.

傅连康.货币均衡、汇率和金融危机:我国金融市场外部均衡研究[M].上海:上海财经大学出版社,2011.

高琼华,王庆春.经济指标解读[M].重庆:重庆大学出版社,2015.

何海燕,张剑,陈玲.反倾销政策与产业损害数据库规划[M].北京:首都经济贸易大学出版社,2012.

何维达.我国衰退产业安全评价及政策研究[M].北京:知识产权出版社,2011.

姜辉,查伟华.国际贸易理论与政策[M].北京:中国质检出版社,2011.

孔淑红.国际投资学[M].5版.北京:对外经济贸易大学出版社,2019.

李孟刚.产业安全理论研究[M].3版.北京:经济科学出版社,2012.

李孟刚.产业安全评价[M].北京:北京交通大学出版社,2015.

李善民.外资并购与我国产业安全研究[M].北京:经济科学出版社,2017.

刘斌.国家经济安全保障与风险应对[M].北京:中国经济出版社,2010.

刘丁有.国际贸易[M].北京:对外经济贸易大学出版社,2013.

刘志伟.国际投资学[M].北京:对外经济贸易大学出版社,2017.

欧阳彪.开放经济下中国服务业产业安全的理论与实证研究[M].长沙:湖南大学出版社,2018.

彭红斌,董瑾.国际贸易理论与实务[M].6版.北京:北京理工大学出版社,2020.
王俊豪.产业经济学[M].3版.北京:高等教育出版社,2016.
王泽华.工业产能利用率的应用研究与改进:以上海为例[J].统计科学与实践,2017(4):47-51.
徐奇渊,东艳.全球产业链重塑:中国的选择[M].北京:中国人民大学出版社,2022.
阎敏.国际投资学[M].武汉:武汉大学出版社,2010.
杨大楷.国民经济学[M].上海:复旦大学出版社,2009.
湛育红.外商直接投资对中国种业影响研究[M].上海:复旦大学出版社,2017.
张小梅,王进.产业经济学[M].成都:电子科技大学出版社,2017.
张燕生,杨长湧,蒋钦云,等.转型:要素成本上升与中国外贸方略[M].北京:中国经济出版社,2012.
赵玉林,汪芳.产业经济学:原理及案例[M].5版.北京:中国人民大学出版社,2020.
朱涛.现代产业经济学[M].郑州:河南大学出版社,2016.
朱钟棣.入世后中国的产业安全[M].上海:上海财经大学出版社,2006.
邹宏仪,邹彦.新词流行词辞典[M].南京:河海大学出版社,2005.

第七章
国家金融安全

> **学习目标**
> 1. 了解国家金融安全的界定、性质和分类。
> 2. 掌握金融脆弱性理论与信息不对称理论。
> 3. 了解货币危机理论及其发展。
> 4. 了解国家金融安全预警指标和预警体系。
> 5. 了解国家金融安全监管。

导入案例

国家动荡的幕后推手:金融

你能相信一朵花也能威胁国家金融安全吗?

400多年前的荷兰,99朵郁金香的价格被炒到9万荷兰盾,相当于当时一个普通家庭200年的收入。这种全民为之疯狂的"特殊奢侈品"造成了巨大的经济泡沫,极大影响了荷兰的金融产业,导致以金融、贸易立国的荷兰国力严重受损。最终,荷兰政府不得不下令中止所有的郁金香合同,郁金香投机的故事便在人们的恐惧和哀号声中戛然而止了。

同样不可思议的事情也发生在了津巴布韦。你能想象坐公交需要3万亿津巴布韦币,100万亿津巴布韦币只够买3个鸡蛋吗?可是,这件事情确实就发生在了2007年的津巴布韦街头。虽然在世界历史上,曾经有多个国家发生过极其恶性的通货膨胀,比如第二次世界大战前的德国、抗日战争之后的中国。但是,其他国家恶性通货膨胀发生后终究会有一个尽头,不会一直持续下去,经济秩序早晚有恢复的一天。可历史上还从来没有一个国家像津巴布韦这样通货膨胀时间如此之久,货币贬值程度如此之大,最后甚至让政府完全放弃了采取措施。

相比于前两个国家金融安全问题引起的动荡而言,冰岛的情况更是令人唏嘘。一说到冰岛,大家肯定会联想到梦幻、美好和浪漫。可是你知道吗,它也是世界上第一个"破产"的国家。2008年,因冰岛政府欠下巨额外债没有能力偿还,加之美国次贷危机对冰岛国内的金融支柱——银行业造成了巨大的冲击,冰岛的国家金融陷入了瘫痪,最终导致国内经济危机越来越严重,最后,冰岛政府被迫宣告破产。

无论是投机者引发的金融泡沫、恶性的通货膨胀,还是政府无力偿还外债,无疑都对一国金融安全构成了巨大的威胁,最终引起国内经济动荡甚至国家宣告破产。因此,维护国家金融安全、防范金融风险,对一国经济安全至关重要。

资料来源:作者根据网络资料编写。

第一节 国家金融安全的界定、分类和影响因素

一、国家金融安全的界定

20世纪90年代以来,接连发生的金融危机表明,世界各国尤其是发展中国家面临的国家金融风险威胁增大,国家金融安全已成为国家安全的重要内容。要想了解什么是国家金融安全,首先要了解金融的含义,其次要区分国家金融与一般金融的不同,最后才能对国家金融安全有较为深入的理解。

(一) 金融

简单地说,金融就是资金的融通,或称融资。由于收入增加、延迟消费或者预防性准备等,社会体系中总是存在一些人,他们手中拥有暂时没有明确使用意愿的盈余货币,这些拥有盈余货币的人可以被称为盈余单位。与之相对应,因收入减少、提前消费或者意外发生,还有一些存在消费意愿但手中没有他们需要的货币的人,这些人可以被称为短缺单位。

盈余单位和短缺单位同时存在,使社会体系中的货币出现了一种流动倾向。但是,要想让货币真正流动起来并不是一件简单的事情。人们与生俱来的流动性偏好会使他们即使在货币没有明确使用目的的情况下仍然愿意持有货币,也就是说,人们更愿意持有而不是借出货币,除非有利可图。而且,当盈余单位将货币借出后,还将面临一种不确定性,即无法收回货币的风险。于是,聪明人开始以在归还本金的同时支付利息作为利诱,使货币在盈余单位与短缺单位之间流动,这就形成了最早的融资活动。这种能够带来收益的货币被称为资本,而资本的融通活动就是金融。

(二) 国家金融[①]

与一般的"金融"业务不同,"国家金融"从一国金融发展最核心而又最迫切需要解决的问题着手,即在国家金融的顶层布局与监管模式选择之后,纵向涉及国家与地方的金融发展难题,横向涉及离岸与在岸的金融发展难题。面对世界各国的金融崛起,一国金融如何超越?面对世界"人工智能+区块链"高科技的突飞猛进,一国金融如何应对?金融的永恒主题是安全、流动和获利,如何防范和处置一国系统性或区域性的金融风险?一国在面对国际金融群雄时,如何构建并推动国际金融新体系和国际金融新秩序?这些才是国家金融最高层面必须面对的问题。概括来讲,国家金融所站的角度更为宏观。

[①] 陈云贤.国家金融学[M].北京:北京大学出版社,2018:1.

(三) 国家金融安全

国家金融安全是指一国金融业包括金融机构、金融市场以及外汇市场在其发展过程中,对来自国内外不利因素的干扰和冲击具有足够的抵御和抗衡能力,能够成功化解各种金融风险,并保持正常运行和发展的一种状态。具体包括金融机构的安全、证券市场的安全以及外汇市场的安全。

1. 国内外对金融安全界定的差异

关于金融安全的界定,国内外存在明显的差别。国外的相关界定更多是从金融安全的反面,即金融不安全的极端状态"金融危机"切入的,而且对于危机的界定也主要依据危机状态的外在表现。国内的研究大多直接对金融安全进行定义,不同的定义所考虑的角度存在较大的差别,但大都集中于两个方面:一是国家的整体金融竞争力;二是国家金融体系的正常运转、发展不受外部不利因素的严重干扰和破坏,国家的重大经济利益不受损害。

2. 国家金融安全与国际金融安全的区别

保证国家金融安全的意义在于维护国家利益,这是国家在国际环境中运用合理合法的手段保证自身利益的一个体现。而国际金融安全则更多关注国际经济金融体系的整体稳定性和安全性,以及国家在特定国际体系下能否保证自身利益最大化。

二、国家金融安全的性质

(一) 动态性

国家金融安全的动态性是指面对不断变化的国际国内金融环境所具备的应对能力的状态,其伴随时间变化而不断变化。在经济、政治、文化等环境变化时,金融系统可以从不安全状态发展到安全状态,也可以从安全状态发展到不安全状态,不会在一个状态下相对静止。在金融全球化的发展过程中,与其相伴的蔓延效应使一国的金融不安全迅速扩散,产生巨大的波及效应和放大效应,国际金融环境动荡已成为一种常态,因此,国家金融安全也会随之产生波动。

(二) 外部性

国家金融安全是一国经济安全的重要组成部分,通过资金的运作影响到经济结构的方方面面,作用于不同的经济领域。从金融安全与产业安全来看,金融行业为各行各业提供着直接的现金流动,通过信贷政策和其他资金运行的方式,可以有效淘汰落后产能,支持新型产能。从金融安全与国家安全来看,无论是外部的贸易战争、外汇冲击,还是内部的科技创新、经济发展,都离不开金融的支持。

三、国家金融安全的分类[①]

国家金融安全的表现形式多种多样,一般将其从四个维度进行划分,如图 7-1 所示,具体如下:

[①] 张安军.中国金融安全监测预警研究[M].北京:中国社会科学院出版社,2015:38-40.

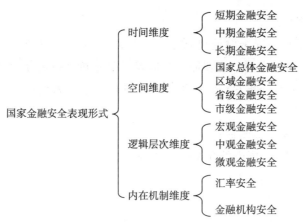

图 7-1 不同维度的国家金融安全表现形式

（一）基于时间维度的划分

从时间推移与金融发展形势变化的角度，不同的时期，国家金融安全的影响因素必然会有所变化。因此，从理论上可以以时间为划分标准，将国家金融安全划分为短期金融安全、中期金融安全与长期金融安全。

（二）基于空间维度的划分

随着空间的辐射推移与各地区金融发展形势的变化，不同的空间地域范围内，金融安全面临的主次影响因素亦会呈现不同的变化。因此，从理论上可以按空间划分，将国家金融安全划分为国家总体金融安全、区域金融安全、省级金融安全、市级金融安全等。

（三）基于逻辑层次维度的划分

根据内在的逻辑关联层次不同，国家金融安全可以分为宏观金融安全、中观金融安全与微观金融安全。宏观金融安全主要指金融风险的影响范围波及整个国家金融市场或金融体系，金融风险程度影响到国家金融主权的独立性与金融系统健康的稳定性，从而威胁国家金融的安全性。中观金融安全主要包括区域金融安全与产业金融安全，是分别从国民经济的区域视角与产业视角来划分的。

（四）基于内在机制维度的划分

从国家金融体系的内部主要问题考察，可以将国家金融安全划分为汇率安全、金融机构安全。汇率安全是指国际收支变动、国际游资冲击、内外利差变化、通货膨胀等经济因素以及国内外政局变动等非经济因素所导致的本国汇率在短期内发生较大幅度波动（主要是贬值）所带来的金融安全问题。金融机构安全是指金融机构因资产流动性、营利性、不良贷款、资本充足率等面临风险而遭受损失甚至破产倒闭带来的金融安全问题。

四、国家金融安全的影响因素

影响国家金融安全的因素可以分为外源性风险和内源性风险。其中，外源性风险是指国家金融系统由于外部环境的不确定性而面临的风险，而内源性风险主要是国家金融系统内部运作不当所产生的风险。

(一) 外源性风险

1. 主权债务危机

由一国中央政府统一对外筹措或担保的外债被称为主权债务。主权债务危机是指一国所欠短期外债过多,外汇储备不足,导致外汇市场剧烈波动,如本币大幅贬值,从而影响国内金融安全。

2. 外资银行等金融机构大举进入

外资银行进入有利有弊。一方面,外资银行进入可以使本土机构学习其先进的管理经验与风险控制技术,改善本土银行内部治理结构,提高银行业经营效益,提升本土银行业的整体竞争实力;另一方面,外资银行大举进入本国境内的主要目的是盈利,其对本土银行业形成的威胁是多方面的,首先,外资银行进入会抢占国内银行业市场份额,其次,外资银行能够通过各种方式对本土银行进行参股从而达到股权控制的目的。

3. 国际游资的冲击①

国际游资流入可能给一国带来通货膨胀压力增加、实际汇率升值、竞争程度降低、国际收支不平衡、国内金融市场不稳定等后果,进而会给国家金融安全造成极大危害。具体而言,如果一国在短期资本大量外逃时动用外汇储备来维持汇率稳定,将导致外汇储备短期内大量减少,同时会引发短期债务偿还问题,如果一国外汇储备不足以支撑本币汇率稳定,外汇储备出现衰竭,汇率将在短期内大幅下降,金融市场剧烈动荡。如果一国采取提高国内利率方式吸引外资注入,将抑制国内投资,导致国内经济形势进一步恶化,本国经济陷入恶性循环。

相关案例 7—1

泰铢瞬间暴跌:是国际游资"空袭"还是泰国央行出手

泰国时间 2020 年 1 月 2 日,泰铢兑美元在亚洲早盘交易中一度下跌 1.8% 至 30.226 泰铢兑 1 美元,系 2007 年以来泰铢兑美元最大跌幅。然而,就在 2019 年 12 月 30 日,泰铢的汇率曾一度升至 29.92 泰铢兑 1 美元,创下自 2013 年来的新高。

此次泰铢突然间暴跌,让外界联想到 1997 年国际游资"空袭"泰铢的场面。1997 年,国际游资看中了泰国"一篮子货币"的固定汇率制度所产生的缺陷。当时美元是篮子中的主要货币,其权重占 80%—82%,换句话说,泰铢当时主要是钉住美元汇率,泰铢对美元的汇率长期维持在 25∶1。

1997 年 2 月,国际游资开始行动,与泰国央行签订远期合约,利用抵押当地资产的方式,借入大量泰铢后在外汇市场抛售泰铢换成美元;1997 年 5 月底,国际游资开始大量做空泰铢,泰铢对美元汇率从 25∶1 下跌到 26.6∶1;1997 年 6 月底,泰铢对美元汇率已经跌破 28∶1;1997 年 7 月 2 日,泰国政府被迫宣布放弃固定汇率制度,当天泰铢对美元汇率直接崩盘,跳水 30%。随后 25 天内,泰铢汇率继续疯狂跳水 60%。

事实上,在 2019 年,泰铢升值了近 9%,成为亚洲表现最好的货币之一,不少投资者甚

---

① 吴腾华.国际金融学[M].上海:上海财经大学出版社,2008:303.

至将泰铢作为避险资产来投资。泰国的外汇储备和经常账户盈余是吸引投资者投资泰铢的关键因素。2019年,泰国央行的外汇储备为2 220亿美元,2019年11月的经常项目盈余为33.8亿美元。然而,泰铢的上涨已经对泰国经济产生了不小的影响。从泰国旅游委员会2019年10月公布的数据来看,2019年到泰国旅游的人数已下降到不足4 000万人。

泰国央行也一直想要控制泰铢的涨幅,采取了包括降息和放宽资金流出规则等措施以解决问题。因此,市场上也预估,此次泰铢突然跳水可能系泰国央行所为。从泰国时间2020年1月2日公布的泰国央行最新利率会议纪要来看,该央行明确表示对泰铢升值感到担忧,并准备考虑采取其他措施。

2019年,泰国当局就已采取措施遏制短期资本流入,包括削减国债销售等手段。2019年7月,泰国政府将非居民银行账户上限从3亿泰铢下调至2亿泰铢(约合660万美元),并表示,为加强监管,必须报告地方债务证券的实际所有人。2019年8月,泰国央行将基准利率下调25个基点至1.5%。

2019年10月,泰国央行表示将放松资本管制,以方便当地人将资金转移到海外。泰国央行行长也呼吁增加国内投资,以缩小经常账户盈余。

但截至2020年1月3日,除了1月2日泰铢出现的波动,泰铢兑美元依旧处于高位。泰国央行货币政策委员会的一位成员曾表示,央行进一步降低利率对抑制泰铢上涨并没有多大的帮助。曼谷AxiTrader首席亚洲市场策略师斯蒂芬·英尼斯(Stephen Innes)则认为,泰国如果想要摆脱泰铢居高不下的问题,政策制定者需要鼓励本地投资者进行海外投资,以减少经常账户盈余。

资料来源:张者昂.泰铢瞬间暴跌,系国际游资"空袭",还是央行出手[N/OL].国际金融报,2020-01-03[2022-10-30].https://mp.weixin.qq.com/s/F38QqGx7OIOIKzsC1S1ckQ.

4. 国际信用评级对国内市场的渗透

信用评级是指通过对企业和政府的债务偿还风险进行评判,引导金融资本投资和决策的行为。信用评级直接关系金融产品的定价权,并直接影响一国信贷市场利益和汇率形成,与国家金融和经济安全密切相关。如果一国主权信用遭受危机(如被国际三大评级机构下调信用等级),将直接影响国内外投资者或债权人的市场信心,从而造成国际资本特别是短期国际游资大规模跨境流出,引发国内证券市场与外汇市场等剧烈动荡,金融资产价格大幅下跌,直接威胁国内金融市场的安全与稳定。

(二) 内源性风险

1. 国家整体经济实力与经济运行态势

经济决定金融,实体经济决定虚拟经济。国民经济保持平稳较快增长,全社会物价水平保持合理稳定,国家净财富不断累积增加,不仅能为国内金融市场的发展与稳定提供强有力的实体经济支持,也能为各层次的货币发行提供现实经济需求,更能为稳定微观主体的市场信心提供根本保证。

2. 国内金融机构自身风险防范能力

金融机构是金融市场的主体,是国际金融市场激烈竞争中的直接参与者。金融机构能否有效应对国内外金融市场的各种冲击,是影响国家金融安全的重要因素。通常来讲,一国内部的金融机构的稳定性和安全性越高,其抵抗风险能力就越强,国家金融安全就越有保障。

3. 金融体制建设程度

资本账户的开放要坚持稳步有序,如果短时期内开放过度,而忽略了保持汇率稳定和国际收支平衡,就可能导致货币危机和债务危机。例如,韩国1995年为加入经济合作与发展组织(Organization for Economic Cooperation and Development,OECD)急于进行自由化而给自身带来开放过度危机;1997年亚洲金融危机前夕,泰国、马来西亚、菲律宾等为急于取代中国香港的地区金融中心地位而过早开放资本项目等。

4. 金融资产价格泡沫的形成

金融资产价格泡沫是金融资产的价格严重偏离金融资产实际内在价值,造成经济虚拟化而严重偏离实体经济的脱实向虚过程。金融资产价格泡沫形成多是由于金融市场上的投机盛行。由于缺乏实体经济支撑,一旦发生泡沫破灭的情况,将给金融与实体经济带来巨大破坏。主要表现为受市场风气与非理性"羊群效应"驱使,在股票市场上股票价格虚高,严重偏离上市公司内在价值。

5. 国家内债规模与偿债能力

适当举债有利于一国经济更快、更好地发展。但是,举借外债的关键是要利用好债务,把债务风险控制在一国政府可承受的范围内。欧盟《马斯特里赫特条约》规定,欧盟成员国的政府公债不能超过该国GDP的60%。

第二节 国家金融安全的相关理论

国家金融安全与金融风险、金融危机密不可分。金融风险集聚到一定程度会触发金融危机,危害国家金融安全。金融危机的爆发不仅会使一个国家的金融领域发生严重的混乱和动荡,还会对该国银行体系、货币金融市场、对外贸易、国际收支乃至整个国民经济造成重大的影响。本节将从金融风险理论、货币危机理论、银行危机理论和外债危机理论四个方面对国家金融安全相关理论进行介绍。

一、金融风险理论

(一) 金融脆弱性理论[①]

由于金融行业是高风险行业,因此金融体系不可避免地存在脆弱性。海曼·明斯基(Hyman Minsky)最早对金融体系内在脆弱性进行研究,并提出"金融脆弱性理论"。该理论包括两个方面:一是信用创造机构(以商业银行为代表)和借款人的相关特性使金融体系具有天然的内在不稳定性;二是现实经济存在三种融资行为使得金融体系存在不稳定性,这三种融资行为分别是套期保值融资、投机性融资和庞氏融资。

套期保值融资是指通过债务融资后,行为主体预期在未来的每一个时期现金流入远大于现金流出,因而他们可以通过现金流入偿还债务。

---

① 张志英.金融风险传导机理研究[M].北京:中国市场出版社,2009:17.

投机性融资是指行为主体预期在某些时期尤其是在较近的时期,现金流入无法保证满足其现金支出,因而必须借助于负债,通过借新债还旧债的方式使债务延期,维持正常运转。

庞氏融资是指正常的现金流出(如债务利息部分)大于现金流入的融资行为。由于现金流入尚不足以满足正常性支出,因而为了维持生存,就必须通过继续增加债务融资来应付那些到期债务合同。

明斯基的理论强调,企业经营的高负债以及由此引发的高风险是由商业周期诱发的。在经济的周期性过程中,即从一个周期到另一个周期的过程中,绝大多数企业都会随着经济周期的变化从套期保值融资企业逐步发展为庞氏融资企业,且融资比例越来越大。在这一变化中,信贷资金的正常运转尤为重要,任何影响信贷资金在不同实体之间流转的事件都可能会引发企业的危机甚至破产,继而引发金融危机。

(二)信息不对称理论[①]

信息不对称理论是由美国经济学家约瑟夫·斯蒂格利茨(Joseph Stiglitz)、乔治·阿克尔洛夫(George Akerlof)和迈克尔·斯宾塞(Michael Spence)提出的,是指在市场经济条件下,市场的买卖主体不可能完全占有对方的信息,这种信息不对称必定导致信息拥有方为谋取自身更大的利益使另一方的利益受到损害。信息不对称可以发生在当事人签约之前或者签约之后,其中,发生在事前的信息不对称表现为逆向选择,发生在事后则表现为道德风险。

在金融机构的运行中,信息不对称主要存在于两个方面:一是负债业务。由于金融机构的信息不对称,存款人通常难以了解金融机构的真实经营情况、风险状态,也难以识别有问题银行和健康银行,一旦金融机构经营不善导致自身亏损甚至倒闭,就会影响到不知情的公众投资者的利益。二是资产业务。金融机构也无法精确判断贷款人违约概率的高低,一旦贷款人资信条件不好,金融机构就有可能产生呆账。信息不对称的存在使得金融机构在处理业务的时候存在很多风险,进而威胁整个金融体系的安全。

二、货币危机理论

货币危机理论迄今经历了四代发展。第一代货币危机理论由克鲁格曼于1979年提出,该理论强调了扩张型财政政策、货币政策与固定汇率之间的内在矛盾;第二代货币危机理论以莫里斯·奥布斯特菲尔德(Maurice Obstfeld)为代表,强调预期在危机中的关键作用;第三代货币危机理论在20世纪90年代末期得到发展,强调金融系统道德风险问题与资产泡沫之间的关系;进入21世纪,克鲁格曼等经济学家又在前三代货币危机理论的基础上,提出了第四代货币危机理论,但是相关模型尚不成熟,有待进一步完善。

(一)第一代货币危机理论[②]

第一代货币危机理论是克鲁格曼于1979年提出来的,所以又被称为克鲁格曼危机理论。该理论认为,货币危机产生的根源在于政府的宏观经济政策(主要是过度扩张的货币政策与财政赤字货币化)与稳定汇率政策(固定汇率)之间的不协调,财政扩张造成大量财

---

① 宫汝凯.信息不对称、过度自信与股价变动[J].金融研究,2021(6):152-169.
② 丁志国,赵晶.金融学[M].北京:机械工业出版社,2019:433.

政赤字,为弥补赤字,中央银行不顾外汇储备的限制扩大货币供给。但是,在固定汇率制度下,政府能够增发的货币受公众私产选择的制约,超出公众实际货币需求的那部分货币将会被用于购买政府外汇储备,因此,随着赤字的货币化,中央银行的外汇储备将不断减少。当外汇储备耗尽时,固定汇率崩溃,货币危机发生。

然而,当存在对货币的投机冲击时,危机不会等到央行的外汇储备减少到零时才发生。这意味着当外汇储备下降到一定程度时,投机者预期本币会贬值,为避免损失或获取利益,会大量买入外汇并抛售本币。当一国的外汇储备下降到某一关键水平时,尽管外汇储备量仍能支付国际收支逆差,但突然性的投机冲击会在极短时间内耗尽央行的外汇储备,迫使当局放弃固定汇率制,使货币危机提前爆发。

但是,第一代货币危机理论忽视了引发货币危机的外部因素,把危机的成因完全归结为一国的宏观政策,这无疑是片面的。同时,它对政府行为的假设过于简单,不仅忽视了当局可用的政策选择,而且忽视了当局在决策过程中的成本收益权衡。因此,虽然第一代货币危机理论开创了货币危机理论的先河,但由于上述不足,其使用受到了一定的限制,随后发展起来的第二代和第三代货币危机理论在一定程度上弥补了这些问题。

(二) 第二代货币危机理论[①]

第二代货币危机理论是由奥布斯特菲尔德提出的。他认为,投机者之所以对货币发起攻击,并不是由于经济基础的恶化,而是由于贬值预期的自我实现,因此,这种货币危机又被称为"预期自我实现型货币危机"。换句话说,即便宏观经济基础并没有进一步恶化,但是由于市场预期的突然改变,人们普遍形成贬值的预期,也会引起货币危机。该理论强调危机的自促成性质,即投机者的信念和预期最终可能导致政府捍卫或放弃固定汇率。

与第一代货币危机理论相比,第二代货币危机理论在前提上有了巨大的改进。首先,假定市场投资者并不能准确预见到固定汇率在何时被放弃,但投资者估计到如果发生危机,汇率将改变;其次,政府的财政政策和货币政策是健全的,外汇储备处于高水平。在政府坚持正确的宏观政策的情况下,第一代货币危机理论断言,危机不会发生,但是在第二代货币危机理论中,在市场缺乏准确预期的情况下,货币危机仍会发生。

(三) 第三代货币危机理论[②]

第一、二代货币危机理论较好地解释了大量的货币危机现象,但是,1997年的亚洲金融危机却无法用上述两个理论的框架进行解释。这意味着,亚洲金融危机的背后还有其他因素在起作用,因此,许多学者从不同的角度提出了新的理论,形成了所谓的第三代货币危机理论。

1. 道德风险理论

道德风险理论指出发展中国家的企业或金融机构存在高杠杆借债和过度投资的倾向。外国的银行由于相信政府的信用权威和国际组织的救助机制而放低了贷款的限制,过于轻率地迎合贷款愿望,从而引发很多无效投资和不良贷款及其导致的严重资产泡沫。在资产

---

① 宋玮.金融学[M].北京:对外经济贸易大学出版社,2010:323.
② 邵诗卉.基于第三代货币危机理论对中国经济的简要研究[J].现代经济信息,2016(4):1;魏文静,牛淑珍.金融学[M].3版.上海:上海财经大学出版社,2015:266.

价格出现下降的情况下,企业没有办法偿还债务而出现偿还危机,引起金融市场动荡、投资崩溃而导致货币危机爆发。

2. 金融恐慌理论

金融恐慌(Financial Panic)理论最初是由道格拉斯·戴蒙德(Douglas Diamond)和菲利普·迪布维格(Philip Dybvig)在分析银行挤兑现象时提出的,因此又被称为 D-D 模型。该理论认为,市场上"恐慌性"的投机冲击是货币危机产生的原因,并提出冲击的产生与国家的金融体系密切相关,特别是与银行流动性不足相关。恐慌性资本大量流出,长期投资项目被迫中途变现,从而使企业陷入资不抵债的境地,在汇率固定但中央银行承担最后贷款人的角色的情况下,最终将转化为中央银行的挤兑,即货币危机爆发。

3. 羊群效应理论

羊群效应是指投资者在交易过程中存在学习与模仿现象,从而导致他们在某段时期内做出相同的投资行为。该理论认为金融市场上容易发生羊群效应,是因为大部分的投资是由资本代理人来完成的。投资于新兴市场的基金管理人在明知实际经济形势并没有投资者预期得那样乐观的情况下,也倾向于跟进投资。因为如果其他基金管理人从中获利而自己没有投资的话,他就会被投资者指责判断失误,错过好的投资机会;反之,如果投资失败,那么众多的投资者都遭受损失,不会显得自己无能。与此同时,基金管理人的投资也会吸引更多的其他投资者盲目跟风进行投资。

羊群效应的另一面是,如果某个传言或是某项突发事件引起一些基金管理人抽走资金,就有可能产生恐慌性的羊群行为,从而发生银行挤兑,股市、汇市狂跌,进而爆发货币危机。

(四)第四代货币危机理论[①]

经济学家对货币危机问题的广泛讨论,并没有让危机与 20 世纪一起离我们远去。21 世纪伊始,土耳其金融危机和阿根廷金融危机的相继爆发在学术界与各国政府间引起高度关注。这两个国家都曾经有货币和经济动荡的历史,它们在经济重建安排中都接受了"华盛顿共识"并被视为成功案例,一度得到普遍赞许。两国都致力于平衡财政收支,推动私有化进程,采取稳定汇率政策,实现贸易和金融自由化。其中,为了平抑国内的恶性通货膨胀,阿根廷采取了以美元为基础的货币委员会制度,土耳其选择了爬行钉住[②]包括美元和德国马克在内的货币篮子。尽管两个国家都经历了稳定后的短暂繁荣,但宏观经济的脆弱性还是非常显著,二者分别于 2001 年和 2002 年放弃稳定的汇率制度。21 世纪初的这两次危机无疑对货币危机理论提出了更多的挑战,并促使人们重新思考一直以来关于新兴市场经济发展的指导思想是否恰当。

在货币危机理论发展方面,克鲁格曼等人在第三代理论的基础上提出了"资产负债表效应假说",从企业和金融机构资产负债表的期限不匹配与币种不匹配等问题入手,强调在开放经济条件下银行或企业的流动性危机很容易转化为货币危机。也有人基于信息不对称的分析,强调银行体系的脆弱性最终将导致银行和货币的双重危机。尽管第四代货币危

---

① 丁志国,赵晶.金融学[M].北京:机械工业出版社,2019:436.
② 爬行钉住汇率制是根据通货膨胀情况,允许货币逐渐升值或贬值的一种汇率制度。在此制度下,平时汇率是固定不变的,但根据通货膨胀的程度,必要时可每隔一段时间作微小的调整。

机理论还没有被正式提出,但是学术界已经形成了这样的共识:如果一国宏观经济已经出现了某种程度的内外不均衡,那么,国际短期资本流动所形成的巨大冲击很容易成为最终引起银行危机、货币危机和金融危机全面爆发的导火索。这也是金融全球化背景下新兴市场国家发生金融危机的一个共性特征。

三、银行危机理论

银行危机一般是指系统性的银行挤兑导致大范围的储蓄存款难以兑换成现金,引起大批银行破产倒闭。银行体系的重要特征之一就是银行负债主要由存款组成,如果储户选择同一时间要求银行兑付,银行体系将难以满足要求。正因为如此,当储户相信银行资不抵债将会破产时,或者仅仅因为储户相信其他储户也要提存,挤兑现象就会出现。当挤兑使整个银行体系的流动性下降时,恐慌与危机就发生了。银行危机是金融危机的主要表现。银行危机理论主要包括以下几个方面:

(一)货币政策失误论①

货币政策失误导致银行危机的理论是由美国著名的货币主义者米尔顿·弗里德曼(Milton Friedman)提出来的。弗里德曼认为,金融动荡发生的根本原因是货币政策失误。由于货币乘数是相对稳定的,因此货币需求是一个稳定的函数,而货币数量决定了物价和产出量。货币供给变动的原因在于货币政策,也就是说,金融动荡的根源在于货币政策,货币政策的失误可以使一些小规模的、局部的金融问题发展为剧烈的、全面的金融动荡。

货币政策失误导致 2008 年美国金融危机发生的机制可以用图 7-2 来表示。

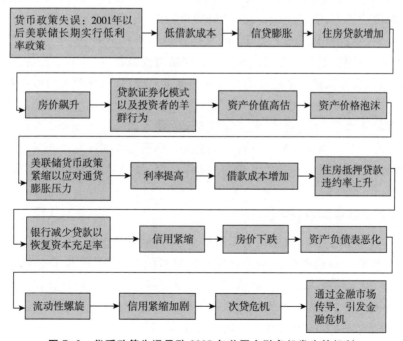

图 7-2 货币政策失误导致 2008 年美国金融危机发生的机制

---

① 丁述军,沈丽.金融学[M].济南:山东人民出版社,2017:376.

(二)银行体系关键论

詹姆斯·托宾(James Tobin)于1981年提出银行体系关键论,其核心思想是银行体系在金融危机中起着关键作用。托宾认为,在过度负债状态下,如果银行能够提供贷款,就可以避免债务—通货紧缩过程。但在过度负债的经济状态下,经济、金融扩张中积累起来的风险增大并显露出来,银行可能遭受贷款损失,甚至破产。因此,银行为了控制风险,必然不愿提供贷款,甚至会提高利率。银行的这种行为会使企业投资减少,甚至引起企业破产,从而直接影响经济发展,或者使企业被迫出售资产以清偿债务,从而造成资产价格急剧下跌。同时这种状况会引起极大的连锁反应,震动也极强烈,使本来已经脆弱的金融体系崩溃得更快。

四、外债危机理论

外债危机是指一国处于不能支付其外债利息的情形,无论这些外债的债权是属于外国政府还是非居民个人。实际上,外债危机本质仍然是货币危机,如20世纪80年代和90年代拉丁美洲部分国家的金融危机就是起源于债务引发的货币危机。

(一)债务通货紧缩理论[1]

债务通货紧缩理论是欧文·费雪(Irving Fisher)在1933年提出的,是指经济主体的过度负债和通货紧缩这两个因素会相互作用、相互增强,从而导致经济衰退,甚至引起严重的萧条。

该理论的核心思想是,企业在经济上升时期为追逐利润过度负债,当经济陷入衰退时,企业逐渐丧失清偿能力,引起连锁反应,导致货币紧缩,并引发金融危机。其传导机制是:在经济繁荣时期,物价和利润水平上升,激发企业进行更多的投资,企业借贷活动规模扩大;到了经济衰退时期,企业为清偿债务需要将商品廉价销售,债务的清偿使企业的货币存款减少,廉价销售商品又使整个社会的货币流通速度降低,从而导致物价水平的下降;企业的债务负担进一步上升,企业净值进一步下降,从而引起企业利润水平下降甚至破产,进一步造成产出和就业水平下降;破产、失业等现象又会使人们变得悲观和丧失信心,从而进一步降低货币流通速度。以上过程会造成一国名义利率下降和实际利率上升,这又会加剧上述过程,于是就形成了"债务—通货紧缩"的循环过程,最终导致"债务越还越多",金融危机就此爆发。

(二)资产价格下降理论[2]

资产价格下降理论指出,企业在负债累累、难以为继的状况下,必然降价出售资产。降价出售资产导致资产负债率提高和企业拥有的财富减少,因而削弱了企业的偿债能力。其核心思想是,由于债务人的过度负债,在银行不愿提供贷款或减少贷款的情况下,债务人被迫降价出售资产,造成资产价格的急剧下降,由此产生两方面的效应:一是资产负债率提高,二是债务人拥有的财富减少。两者都削弱了债务人的负债承受能力,增加了其

---

[1] 宋玮.金融学[M].北京:对外经济贸易大学出版社,2010:326.
[2] 刘革,李姝瑾.金融学[M].北京:北京理工大学出版社,2015:366.

债务负担。债务欠得越多,资产被降价出售得就越多,资产就越贬值,债务负担就越重,依此恶性循环,导致外债危机的爆发。

(三) 综合性国际债务理论

综合性国际债务理论是根据发展中国家经济增长过度依赖国际资本的基本事实,从经济周期角度提出的。该理论认为国际经济秩序中的"外围"国家(发展中国家)经济发展依赖国际资本,属于国际信贷需求方;而"中心"国家(发达国家)属于国际信贷供给方。当世界经济处于上升周期时,发展中国家大量举借外债用于国内经济发展,发达国家的剩余资本为追求更高收益而流向发展中国家;当世界经济处于下降周期时,发展中国家用于偿还债务的初级产品出口收入下降,致使其债务清偿能力急剧降低并引发债务危机。综合性国际债务理论能够从世界经济周期角度解释发展中国家爆发主权债务危机的原因。

第三节　国家金融安全预警

国家金融安全预警是指对金融领域未来可能出现的、威胁国家金融安全的危险或危机提前发出警报的监测活动,其目的在于减少或避免经济损失,维护国家金融主权、金融财产的安全。国家金融安全预警体系是运用某种统计方法,预测在一定时间范围内发生货币危机、银行危机以及股市崩溃可能性的监测系统。

一、金融安全预警指标

金融安全预警指标主要包括能够在国家金融安全形势恶化之前发出预警信号的先导性指标和从抵御国家外源性金融风险能力视角考虑的免疫性指标。

(一) 先导性指标[①]

1. 货币供应量(M2)增长率

货币供应量增长速度过快有可能造成金融资产泡沫,金融资产泡沫的破裂会使银行出现呆账,容易带来金融风险,不仅容易引发通货膨胀,还会导致货币政策的低效率。如果货币供应量的增长速度大大超过货币需求量的增长速度,就会增加国外投资者对通货膨胀的预期,引发资本外逃。

2. 通货膨胀率

通货膨胀率上升对一国金融安全有危害,会影响该国在国际金融中的地位。一般来说,一国通货膨胀率上升,说明该国货币购买力下降,汇率水平长期看跌。严重的通货膨胀容易引发经济衰退和投机盛行,导致金融混乱。另外,财政赤字与通货膨胀关系密切,如果财政赤字是通过中央银行增发货币加以弥补的,则不可避免地会造成通货膨胀,形成本币贬值压力。如表 7-1 所示,根据通货膨胀率的大小,通货膨胀可以分为四种类型,分别是爬行的通货膨胀、温和的通货膨胀、飞奔的通货膨胀和恶性通货膨胀。

---

① 李成.金融监管学[M].2 版.北京:高等教育出版社,2016:240;刘志强.金融危机预警指标体系研究[J].世界经济,1999(4):17-23;张安军.国家金融安全动态预警比较分析(1992～2011 年)[J].世界经济研究,2015(4):3-12.

表 7-1 通货膨胀的类型

通货膨胀类型	通货膨胀率(π)
爬行的通货膨胀	$\pi < 3\%$
温和的通货膨胀	$3\% \leq \pi \leq 10\%$
飞奔的通货膨胀	$10\% < \pi \leq 100\%$
恶性通货膨胀	$\pi > 100\%$

3. 外汇储备占比

外汇储备占比是指外汇储备在 GDP 中的占比。外汇储备是一个国家抵御金融风险能力的重要指标。从正面来说，外汇储备既可以用于偿还外债，又可以用于稳定本国货币的币值。相反，若该比例大幅下降，即外汇储备不足，则会导致本币贬值或出现外债支付危机，还会影响正常的进出口贸易。一般认为，外汇储备占比小于 1.5% 则存在风险。

4. 国内外利率差

国内外利率差是指一国在某个期限（如一年）的存款利率与国际同期存款利率（通常取美国的或钉住国的同期存款利率）之差。当资本项目下货币可完全兑换时，该指标及其变化可被用来估计该国短期资本的流向。

5. 偿债能力指标

偿债能力指标是以短期外债规模占外汇储备的比重来衡量的。该比重被认为是最重要的信号，能够反映一国的偿债能力。投资者十分关注一国的偿债能力，如果对国家的偿债能力有怀疑，他们就不愿意让该国延期即将到期的贷款。一国偿还对外债务的能力，不仅与其外汇储备有关，而且与整个国家的经济实力有关。国际上经常使用负债率（外债余额/当年 GDP）来衡量一国资本项目对外支付的潜在能力。一般来说，外债规模必须与外汇储备水平相适应。

（二）免疫性指标

1. 资本充足率

所谓资本充足率，也称资本风险资产率，是指银行资产与其加权风险资产总额的比率。资本充足率是保证银行等金融机构正常运营和发展的最低资本比率，主要指标包括资本对存款的比率、资本对负债的比率、资本对总资产的比率、资本对风险资产的比率等。它反映的是商业银行能够以自有资本承担多大程度的损失。根据《巴塞尔协议Ⅲ》，全球各商业银行的核心一级资本充足率下限都要在 2015 年 1 月提高到 6%，目的就是保护各国金融体系的整体稳定。

2. 不良债权率

不良债权率是指不良债权占总资产的比重，即国内金融结构的不良债权（坏账、呆账）与其总资产之比，它反映了金融机构的资产质量。如果银行不良债权率太高，货币不断贬值，城乡居民就会对国内货币失去信任，从而抛售国内货币，换成其他金融资产或实物资产保值，从而引起储蓄存款下降，进而造成金融货币危机。

3. 管理质量指标①

管理质量指标重点反映内部控制制度是否健全有效。尽管管理质量很难量化,但是,支出结构、支出与收入的比率、人均盈利、金融机构准入和退出数量等量化指标可作为参考。例如,金融机构准入过少可能反映竞争不充分,过多则可能反映监管过松;而金融机构退出过少可能意味着监管和市场约束不力,过多则可能预示发生金融恐慌的风险。此外,金融机构是否具备合理的激励机制、其违规违法案件数量及金额多少也可作为参考指标。

相关案例 7-2

"黑色星期一"恐慌

20世纪80年代初,虽然美国经济告别了20世纪50—60年代的黄金时期,处于新旧经济模式转换的低速增长期,但基本面还算健康,并未出现如1929—1933年大萧条那样的情况,在时任美联储主席保罗·沃尔克(Paul Volcker)的努力下,美国通货膨胀得到控制,利率下行。同时在美国政府的"新经济政策"刺激下,财政支出扩大,税收降低,大力吸引外资流入,加之股票投资免税,全球资本进入美国股票市场,美国股票市场走牛。截至1987年9月底,标普500指数相较1982年的最低点已经上涨215%,当年累计涨幅也高达36.2%。

然而,因为布雷顿森林体系瓦解,美元预期贬值,为维持汇率稳定,继《广场协议》后,1987年2月,G7国家达成《卢浮宫协议》,日本、德国等国相继降低利率,美国则提高利率,以抑制美元继续走低。但随着日本、德国等国国内通货膨胀率上升,这一协议难以维系,德国在1987年10月14日和15日接连提高短期利率,美元再次被看跌。1987年10月18日,美国财政部长宣布美元或主动贬值,加上上市公司并购税收优惠取消、海湾战争升级等坏消息的冲击,叠加当年3—9月份联邦基金利率上调的影响,美股开始调整,1987年10月14—16日连续三个交易日标普500指数接连下跌,累计下跌10.1%。1987年10月19日,先于美股开盘的欧洲等地股市接连暴跌,美股开盘后更是暴跌20.5%(标普500指数),史称"黑色星期一"。

1987年10月19日,在纽约证券交易所挂牌的1 600只股票中,只有52只股票价格上升,其余全部下跌。其中,1 192只股票跌到52个星期以来的最低水平,而且许多具有代表性的蓝筹股也在劫难逃。几乎所有大公司的股票均狂跌30%左右,如通用电气公司下跌33.1%,美国电报电话公司下跌29.5%,可口可乐公司下跌36.5%,西屋电气公司下跌45.8%,运通公司下跌38.8%,波音公司下跌29.9%。

"一切都失去了控制",《纽约时报》这样报道。这一天损失惨重的投资者不计其数,世界首富萨姆·沃尔顿(Sam Walton)一天之内股票价值损失21亿美元,世界上最年轻的亿万富翁比尔·盖茨(Bill Gates)损失39.45亿美元,电脑大王王安仅在19日下午就损失了3 100万美元。许多百万富翁一夜之间沦为贫民,最苦的是那些将自己多年积存的血

---

① 姜洪,焦津强.国家金融安全指标体系研究[J].世界经济,1999(7):9-16.

汗钱投资于股票的投资者。受股价暴跌震动,股民的心理变得极为脆弱。因股市暴跌而不堪债务重压的许多人精神彻底崩溃,自杀的消息不绝于耳。银行破产,工厂关门,企业大量裁员,人心惶惶。

资料来源:[1]历次股灾原因及救市、效果和启示[EB/OL].(2015-07-03)[2022-08-23].https://mp.weixin.qq.com/s/iWycuJsqwFNghUezWyWx7Q;[2]美国"87股灾"逃生记[EB/OL].(2015-05-05)[2022-10-31].https://www.ifnews.com/news.html? aid = 8746.

二、金融安全预警体系[①]

(一) BOPEC 评级体系

BOPEC 评级体系是美联储用来衡量银行持股公司综合级别的评价体系。其所考察的五项指标分别是子银行(Bank)、非银行子公司(Other)、母公司(Parent)、总收益(Earnings)、总体资本适宜度(Capital)。BOPEC 综合评级从 A(最好)到 E(最差)共分为五个等级。其中,A 级表示银行经营活动的每个方面都健全;B 级表示经营基本健全,但在某些方面有少量弱点;C 级表示经营不太健全,在财务上、经营上或遵守法规方面存在缺陷,需加强监管;D 级表示不满意,经营上存在严重问题,财务上的缺陷会危及该银行或银行持股公司未来的生存,破产的可能性较大;E 级表示不合格,有致命的财务缺陷,财务状况极度恶化,极易倒闭。

(二) UBSS 系统

20 世纪 70 年代末,美国监管当局开始引入非现场电脑监测系统,按季度分析监管核心报告的有关数据。80 年代中期,美联储对以前的金融监测系统进行了改进,开发出了"统一银行监测屏幕系统"(Uniform Bank Surveillance Screen, UBSS)。UBSS 系统的评级原理是运用同类组分析法,按资产规模将银行分成九个组别。每组都计算出组内所有银行各自的金融比率及同类银行各项金融比率的平均值,然后将两者进行比较,以便发现银行的经营是否有恶化的迹象。

(三) FIMS 系统

由于早期模型存在一定的局限性,美联储于 1993 年开发了一种更为完善的新模型——金融机构监督系统(Financial Institution Monitor System, FIMS)。它包括 30 个参数以及一些根据地区经济条件设立的附加参数。FIMS 系统是由 FIMS 评级和 FIMS 风险排列两套不同的经济计量模型组成。FIMS 评级是基于复合的骆驼评级[②],取整数值按 1—5 级排列。FIMS 风险排列可以预测银行未来状况的长期趋势,用前两年相同季度的核心报表中的财务比率数据来测量银行财务状况,估计银行在以后两年内倒闭的可能性。用该系统

---

① 胡敬新.农村信用社深化改革与金融制度管理创新[M].北京:经济日报出版社,2014:1239;李成.金融监管学[M].2 版.北京:高等教育出版社,2016:240.

② "骆驼评级体系"(CAMEL,由评级体系中五项考评指标的英文单词的首字母组合而得名)中的五项考评指标分别是资本适宜度(Capital Adequacy)、资产质量(Asset Quality)、管理水平(Management)、盈利水平(Earnings)和流动性(Liquidity)。检查中,要分别对这五个指标评出一个级别,其中第 1 级最高,第 5 级最差;然后,对这五个指标的级别进行综合,再给出一个综合级别。

分析有问题的银行,准确率非常高。实证结果表明,被 FIMS 系统评为第 5 级的机构最后有 97.7% 会倒闭。

第四节　国家金融安全监管

国家金融安全监管是指政府通过建立金融法律法规制度,完善金融监管体系和金融监管手段,使整个金融体系在有序竞争的前提下,保持金融市场的长期稳定和金融体系的有序发展。

一、国家金融安全监管的体制

国家金融安全监管体制是指金融监管体系和基本制度的总称。设立国家金融安全监管体制实质上就是在解决由谁来监管、由什么机构来监管和按照什么样的组织结构进行监管,相应地由谁来对监管效果负责和如何负责的问题。只有明确和完善国家金融安全监管体制,才能为维护国家金融安全提供坚实的基础。

（一）双线多头的金融监管模式

中央和地方两级都对金融机构有监管权,即所谓的"双线";同时,每一级又有若干机构共同行使监管职能,即所谓的"多头"。

双线多头的金融监管模式适用于地域辽阔、金融机构多而且情况差别大,或政治经济结构比较分散的国家,如美国和加拿大。这种监管模式的优点是:能较好地提高金融监管的效率,防止金融权力过分集中;能因地制宜地选择监管部门,有利于金融监管专业化,提高对金融业务服务的能力。这种监管模式的缺点是:管理机构交叉重叠容易造成重复检查和监管真空,影响金融机构业务活动的开展;金融法规不统一,容易使不法金融机构钻监管的空子,加剧金融领域的矛盾和混乱,降低货币政策与金融监管的效率。

（二）单线多头的金融监管模式

全国的金融监管权集中在中央,地方没有独立的权力,即所谓的"单线";在中央一级由两家或两家以上机构共同负责监管,即所谓的"多头"。德国、法国均属这种模式。这种模式反映了这些国家权力集中的特性和权力制衡的需要。

单线多头的金融监管模式的优点是:有利于金融体系的集中统一和监管效率的提高,但需要各金融管理部门之间的相互协作和配合。从德国、日本和法国的实践来看,人们习惯并赞成各权力机构相互制约和平衡,金融管理部门之间的配合是默契的和富有成效的。然而,在一个不善于合作并且法制不健全的国家里,这种模式难以有效运行,也容易存在机构重叠、重复监管等问题。

（三）集中单一的金融监管模式

这是由一家金融机构集中进行监管的模式。在历史上,这种监管模式较为普遍,其监管机构通常是各国的中央银行。这种监管模式在发达国家和发展中国家都很普遍。英国的金融服务监管局、荷兰的中央银行都是对金融业进行全面监管的监管机构。大多数发展中国家的银行监管体系都是高度集中的单一模式,如埃及、坦桑尼亚、巴西、菲律宾、泰国和印度等国都由中央银行负责监管银行体系。

这种监管模式的优点是:金融管理集中,金融法规统一,金融机构不容易钻监管的空子,克服了其他模式下存在的相互扯皮、推卸责任等弊端;能为金融机构提供良好的社会服务。但是,这种模式容易使金融管理部门养成官僚化作风,滋生腐败现象。

二、国家金融安全监管的法律体系①

法律监管受行政机构委托颁布相应的监管法律规范,为行政监管提供一般性的规范指引,将行政监管行为合法化,通过法律运行确保金融公平、稳定金融秩序。狭义的金融安全监管法律主要包括中央银行法、商业银行法、票据法、证券交易法、外汇管理法等金融类法律;广义的金融安全监管法律还包括公司法、破产法、合同法、税法等与商业活动有关的法律。健全的法律体系是对金融机构进行有效监管的基础,各国金融安全监管的法律体系总体上由民法、商法、经济法、行政法和刑法五部分组成。

（一）民法

民法是调整平等主体之间的经济关系和人身关系的法律规范总称,包括法人制度、代理、物权、债权等法律规范,主要是确认市场主体资格、规定市场主体的权利义务和行为规则。例如,我国《借款合同条例》对商业银行贷款行为进行规范,保护商业银行的债权和借款人的合法权益。

（二）商法

商法是规范商事行为的法律规范总称,包括公司法、商业银行法、票据法、证券交易法等。商法主要是规范商事活动的组织,确认活动的行为规则,规定商事活动的融资手段,减少经营风险等。

（三）经济法

经济法是国家金融安全监管依据的重要法律,是国家为了克服市场盲目性和局限性而制定的全局性经济关系法律规范的总称。经济法的主要作用在于创造竞争环境,维护市场秩序规则,规范和保护金融机构活动的经济法规,包括反不正当竞争法、消费者权益保护法、经济合同法、担保法、贷款通则、信贷法规等。

（四）行政法

行政法的作用是保证行政权力的行使,保护公民、组织和法人的合法权益,防止权力的滥用。

（五）刑法

刑法是以国家名义颁布的,规定犯罪、刑事责任和刑罚的法律,也就是统治阶级为了维护本阶级在政治上的统治和经济上的利益,根据自己的意志,规定哪些行为是犯罪、是否应负刑事责任,以及应给予犯罪人何种刑罚处罚的法律。在金融法律中,如果当事人有严重违法行为,构成犯罪,就要运用刑法进行处罚。因此,刑法规范也是监管金融机构的法律体

---

① 李成.金融监管学[M].2版.北京:高等教育出版社,2016:238-240.

系中的重要组成部分。例如,《德意志帝国刑法典》的金融安全立法散见于分则第八章"伪造货币和有价证券"、第二十一章"包庇和窝赃"以及第二十二章"诈骗和背信"。《日本刑法典》在"对公共信用的犯罪"一章中规定了伪造货币的犯罪和伪造有价证券的犯罪。

三、国家金融安全监管的政策工具[①]

宏观审慎监管将金融体系视为一个整体,而非只聚焦于单个机构,它更加关注由于机构之间的联系而在金融体系内部产生的风险及其蔓延。它的作用是发现并管理整个金融体系的风险。总的来说,宏观审慎监管被定义为用于防范和管理金融系统性风险的自上而下的金融监管政策框架。

宏观审慎政策工具的目标是减少系统性风险,增强金融体系的弹性和韧性。宏观审慎政策工具可以分为"时间维度"的政策工具和"跨行业维度"的政策工具两大类。

(一)"时间维度"的政策工具

"时间维度"的政策工具主要通过在经济的繁荣时期建立足够的资本缓冲来实现其政策功能:一方面,在经济繁荣时期,资本积累的过程相对容易且成本不高,能起到抑制金融市场主体的过度承担风险行为的作用,充当经济繁荣的"制动器";另一方面,在经济萧条时期,通过释放已积累的资本缓冲可以吸收损失,缓解金融体系的内生性危机放大趋势。

(二)"跨行业维度"的政策工具

"跨行业维度"的政策工具采用自上而下的方式,根据个体机构对系统性风险的贡献度进行调整:首先,需要测定系统范围内的尾部风险(通俗来讲就是罕见事件发生的风险),计算单个机构对风险的影响;其次,相应地调整政策工具(资本金要求、保险费等)。这意味着对于影响大、贡献度高的机构,需要制定更高的监管标准。

本章小结

(1)国家金融安全是指一国金融业包括金融机构、金融市场以及外汇市场在其发展过程中,对来自国内外不利因素的干扰和冲击具有足够的抵御和抗衡能力,能够成功化解各种金融风险,并保持正常运行和发展的一种状态。

(2)国家金融安全的表现形式多种多样,具体可从四个维度进行划分。以时间为划分标准,可划分为短期金融安全、中期金融安全与长期金融安全;以空间为划分标准,可划分为国家总体金融安全、区域金融安全、省级金融安全、市级金融安全等;以逻辑层次为划分标准,可划分为宏观金融安全、中观金融安全与微观金融安全;以内在机制为划分标准,可划分为汇率安全、金融机构安全等。

(3)国家金融安全相关理论主要包含金融风险理论、货币危机理论、银行危机理论、外债危机理论。金融风险理论包括金融脆弱性理论和信息不对称理论。货币危机理论经历

[①] 廖岷,孙涛,丛阳.宏观审慎监管研究与实践[M].北京:中国经济出版社,2014:50;宋科.宏观审慎政策研究[M].北京:中国商务出版社,2018:57.

了四个时期的发展与演变。银行危机理论包括货币政策失误论和银行体系关键论。外债危机理论包括债务通货紧缩理论、资产价格下降理论和综合性国际债务理论。

（4）国家金融安全预警指标包括先导性指标和免疫性指标两大类。其中，先导性指标包含货币供应量（M2）增长率、通货膨胀率、外汇储备占比、国内外利率差、偿债能力指标等；免疫性指标包含资本充足率、不良债权率、管理质量指标等。

（5）国家金融安全监管是指政府通过建立金融法律法规制度，完善金融监管体系和金融监管手段，使整个金融体系在有序竞争的前提下，保持金融市场的长期稳定和金融体系的有序发展。主要表现为国家金融安全监管法律体系和国家金融安全的宏观审慎监管。

复习思考题

1. 简要分析国家金融安全与国际金融安全有何差别。
2. 影响国家金融安全的因素有哪些？
3. 国家金融风险识别预警的指标有哪些？
4. 国外维护国家金融安全的实践中有哪些是值得我国借鉴的？
5. 试分析我国应该如何维护国家金融安全。

参考文献

昌忠泽.流动性冲击、货币政策失误与金融危机：对美国金融危机的反思[J].金融研究,2010(7):18-34.
陈云贤.国家金融学[M].北京:北京大学出版社,2018.
丁述军,沈丽.金融学[M].济南:山东人民出版社.2017.
丁志国,赵晶.金融学[M].北京:机械工业出版社,2019.
宫汝凯.信息不对称、过度自信与股价变动[J].金融研究,2021(6):152-169.
胡敬新.农村信用社深化改革与金融制度管理创新[M].北京:经济日报出版社,2014.
姜洪,焦津强.国家金融安全指标体系研究[J].世界经济,1999(7):9-16.
蒋冠,张萌.货币国际化视角下的系统性风险传导机制与监管策略研究[M].昆明:云南大学出版社,2015.
李成.金融监管学[M].2版.北京:高等教育出版社,2016.
李翀.论国家金融风险与国家金融安全[J].中国经济问题,2000(1):10-15.
李娜.论金融安全的刑法保护[M].武汉:武汉大学出版社,2009.
李晓安,翟啸林.金融监管"两系统"功能互补分析[J].中国行政管理,2020(3):106-111.
廖岷,孙涛,丛阳.宏观审慎监管研究与实践[M].北京:中国经济出版社,2014.
刘革,李姝瑾.金融学[M].北京:北京理工大学出版社,2015.
刘海虹.商业银行资产配置问题研究[M].北京:中国经济出版社,2000.
刘立峰.宏观金融风险:理论·历史与现实[M].北京:中国发展出版社,2000.
刘源.刑法专论[M].2版.上海:华东理工大学出版社,2021.
刘志强.金融危机预警指标体系研究[J].世界经济,1999(4):17-23.
陆阳,庄新田.金融企业激励与风险管理[M].北京:中国经济出版社,2012.
祁敬宇.金融监管学[M].2版.西安:西安交通大学出版社,2013.

邵诗卉.基于第三代货币危机理论对中国经济的简要研究[J].现代经济信息,2016(4):1.
宋科.宏观审慎政策研究[M].北京:中国商务出版社,2018.
宋玮.金融学[M].北京:对外经济贸易大学出版社,2010.
魏文静,牛淑珍.金融学概论[M].上海:上海财经大学出版社,2010.
魏文静,牛淑珍.金融学[M].3版.上海:上海财经大学出版社,2015.
吴腾华.国际金融学[M].上海:上海财经大学出版社,2008.
严行方.看懂财经新闻[M].厦门:厦门大学出版社,2013.
余湄,张堃,汪寿阳.我国外汇储备与金融安全[M].北京:对外经济贸易大学出版社,2019.
张安军.国家金融安全动态预警比较分析(1992~2011年)[J].世界经济研究,2015(4):3-12.
张安军.中国金融安全监测预警研究[M].北京:中国社会科学院出版社,2015.
张志英.金融风险传导机理研究[M].北京:中国市场出版社,2009.
郑长德,杨海燕.现代西方金融理论[M].北京:中国经济出版社,2011.

第八章
战略资源与国家经济安全

> **学习目标**
> 1. 掌握国家科技安全的相关理论以及监测预警机制。
> 2. 掌握国家人才安全的相关理论以及识别、预警与保障。
> 3. 掌握国家粮食安全的相关理论以及监测、预警与保障。
> 4. 掌握国家能源安全的相关理论以及测度指标。

导入案例

历史上三次经典的石油危机

石油被称为"工业血液",足以说明石油的重要性,没有石油,一切都会瘫痪。据不完全统计,以目前掌握的技术,人类可以从石油中提炼出 8 000 多种产品,包括作为燃料和动力的各种油料,以及广泛使用的化工原料等。可以说,石油是一种战略资源,是关系到一个国家经济安全和经济发展的资源。现在一些国家发动的战争就是为了石油。回顾历史,世界上曾发生过三次典型的石油危机,对世界各国都造成了一定的影响,具体来看:

第一次石油危机(1973—1975 年):经济和政治因素是导致第一次石油危机的重要因素。

从经济因素来看,产油国与西方石油垄断公司的利益冲突是第一次石油危机爆发的主要原因。由于国际石油垄断公司对油价的控制,油价在危机发生前长期维持在 1—3 美元/升的低位,产油国对国际石油长期低价的不满以及西方国际石油公司的坚决态度,使得双方的矛盾日益尖锐。

从政治因素来看,这次石油危机的根本原因是阿拉伯国家想利用石油武器,要求美国等放弃对以色列的支持立场,迫使以色列退出占领的阿拉伯国家领土。1973 年 10 月,第四次中东战争爆发后,美国公开向以色列空运武器、提供军事援助,此后阿拉伯国家开始实施一系列削减石油产量、石油禁运等措施,将石油危机推向高潮。

第二次石油危机(1979—1980 年):在此次石油危机中,战争因素与心理预期因素都扮演了重要角色。一方面,从战争因素看,战争导致石油供应量减少,使得国际油价飙升。1978年年底,伊朗爆发伊斯兰革命,导致石油供给严重不足,油价从13美元/桶一路攀升到34美元/桶。1980年9月22日,伊拉克向伊朗发动全面进攻,两伊战争爆发,产油设施遭到破坏,市场每天有560万桶的石油缺口,国际油价一度攀升到41美元/桶。

另一方面,市场的心理预期也扮演了重要的推动者角色。1978年,洛克菲勒基金会在报告中称"世界将逐渐经历石油供给的长期紧张,甚至是严重的不足",使得市场对油价上涨的预期不断升温。受报告影响,各大石油公司开始囤油,个体消费者开始抢油,促使原油供给每天减少约300万桶,原油需求每天增加约300万桶。这种市场心理预期助推油价加剧上涨。

第三次石油危机(1990—1992年):战争因素在本轮石油危机中扮演了主要角色。1990年,伊拉克对科威特发动海湾战争,两国石油设施遭到严重破坏,石油产量骤降。1990年8月初,伊拉克占领科威特之后受到国际经济制裁,石油供应中断。仅仅3个月的时间里,国际油价从14美元/桶急剧攀升至42美元/桶,石油危机爆发。随后美国经济在1990年第三季度陷入衰退,拖累了全球经济增长。

不过相比于前两次石油危机,第三次石油危机的影响并没有那么大。一方面,战争持续时间较短,主要作战时间在一个月左右,同时,世界其他国家的产油水平也在不断提升;另一方面,国际能源署充分的紧急预案也发挥了关键作用。

资料来源:王眉.历史上的三次石油危机是如何影响产业链的[EB/OL].(2022-03-06)[2022-08-23].http://finance.sina.com.cn/money/future/fmnews/2022-03-07/doc-imcwipih6930518.shtml.

第一节 国家科技安全

一、国家科技安全的定义、分类与特征

(一)国家科技安全的定义

科技安全是国家经济安全的重要组成部分,是支撑和保障其他领域安全的力量源泉与逻辑起点。科技安全的首要目标是保证国家整体的安全,与此同时,科技安全对国家经济、政治、军事等各领域有着重要影响,是维护其他领域安全的物质技术基础。

长期以来,科学技术与国家安全的关系受到世界各国的高度重视。早在1945年,美国科学研究与发展局局长万尼瓦尔·布什(Vannevar Bush)就在其著作《科学:没有止境的前沿》(Science: The Endless Frontier)中指出了科技在国家安全中的重要地位。但是,目前为止,关于国家科技安全的界定还没有得到统一。有学者认为,国家科技安全表示由科学技术因素以及科学技术与国家安全因素的相关性所构成的国家安全的一种状态,这种状态描述了国家利益免受国外科技优势威胁的能力、国家发展科学技术和依靠科学技术提高整体竞争力的能力、国家以科学技术手段维护国家综合安全的能力,以及拥有健全高效的科技安全预警与防范系统的能力。有学者基于国家安全状态提出了"国家科技安全"的定义,认为国家科技安全就是关系到国家利益和安全的科学技术的存在与发展不受侵害与威胁的状态。

其实,国家科技安全不应被限定为国家科技的一种状态,而应从多个方面、多个视角出发,综合体现一国的科技情况。基于科技安全的实质,国家科技安全是指科技体系完整有效,国家重点领域核心技术安全可控,国家核心利益和安全不受外部科技优势威胁,以及保障持续安全状态的能力。

(二)国家科技安全的分类

根据科技从研究到应用的各个阶段,可以将国家科技安全分为以下四类:科技人才安全、科技活动安全、科技成果安全和科技成果应用安全。

1. 科技人才安全

科技人才是指实际从事或有潜力从事系统性科学和技术知识的产生、促进、传播和应用活动的人力资源。科技人才是国家经济社会发展的第一资源,人才竞争现已成为世界各国综合国力竞争的核心。科技人才安全是保障国家科技安全的首要关注问题。科技人才安全的主要内容有三个方面:一是对科技人员的人身保护,二是科技人才培养与对科技人员流失问题的预防,三是防止科技人员泄密。

首先,保障科技人员的人身安全是各国应当重视的问题。科技人员尤其是国家尖端科技人才的人身安全直接影响前沿科技发展进程。例如,2020年11月27日,被西方誉为"伊朗核弹之父"的高级核物理学家穆赫辛·法克里扎德(Mohsen Fakhrizadeh)在伊朗首都德黑兰附近遇袭身亡。法克里扎德是伊朗国防部核计划负责人,是伊朗科研和国防创新领域的带头人,该事件对伊朗核技术发展造成了重大影响。

其次,对科技人员保护不力将会对国家核心产业安全造成威胁,而国家科技人员的流失以及对科技人员培养的缺失,则会从根本上阻碍一国的科技自主创新能力发展。当前,各国政府对高层次的科研人员,一方面,应让其积极参与国际的科技合作与交流,另一方面,在这种合作与交流中,又应加强对防止掌握关键技术的科技人才流失的重视。在经济发展水平极度不均衡的当下,造成一国科技人才流失的主要原因是物质利益的诱惑。如何防止本国重要科技人才大量流向发达国家而影响本国科技发展,是科技相对落后的发展中国家应予以高度重视的问题。对科技人才的培养是保护国家科技安全的根本之道。但由于规模经济效应,科技人才更多地聚集于发达的科技强国。尽管发展中国家了解科技人才培养的重要性,但受限于教育水平、技术和资金有限等因素,仍然很难实现高水平科技人才培养的快速突破。

最后,科技人员泄密也是国家科技安全遭受威胁的重要原因。例如,我国某军工研究所工作人员张某在赴国外访学的过程中遭到间谍策反。该间谍多次为其解决生活问题,不仅用豪华轿车带他出去旅游,去高档餐厅用餐,为他提供高薪兼职工作,还允诺要为其女儿赴外国留学和取得居住权提供帮助。得知对方间谍身份后,张某在巨大的利益面前仍然选择出卖国家机密,在回国后立即开始搜集军工情报,导致我国多种武器装备还没有投入现役、列装就被泄露出去。最终,张某因犯间谍罪被法院判处有期徒刑15年。[①]

2. 科技活动安全

科技活动安全包括科研行为、设施、场所、基地等的安全。科学技术发展到今天,科研

---

① 资料来源:《国家科技安全知识百问》编写组.国家科技安全知识百问[M].北京:人民出版社,2021.

活动早已不是作坊时代的个体行为,而是成了大规模的团体行为甚至国家行为。科研活动的集团化和国家化使得科技投入大大增加。人们经常注意到科技成果给企业、社会和国家带来的巨大利润和利益,但却很少知道这些科研成果背后在财力上的巨大投入和在时间上长期经营的艰辛。保护科研场所、科研设施等的安全,是科研活动顺利进行的前提条件之一,是科研活动安全的具体内容。科研操作行为、研究场所和设施的安全得不到保障,科研活动不能安全顺利地进行,就不可能产生预期的科研成果,而不恰当的研究操作和不安全的科研场所甚至可能引发严重的社会安全问题。

3. 科技成果安全

科技成果是指人们在科学技术活动中通过复杂的智力劳动所得出的具有某种被公认的学术或经济价值的知识产品。科技成果按其研究性质分为基础研究成果、应用研究成果和发展工作成果。因此,科技成果安全可以被定义为与科技有关知识产成品的安全状态。科技成果是科技活动的最终结晶,代表了科技的最终水平,是国家科技实力的表现,正因为如此,科技成果也成为各国重点保护的对象之一。

科技成果安全是保障国家科技优势的重要条件,而科技成果不安全则会对经济发展乃至国家的安全造成威胁。科技成果不安全主要表现在以下两个方面:第一,科技成果保密性不强,容易被竞争对手模仿或抄袭。在当今社会,科技成果安全主要是指科技成果的保密性以及不能被外国所窃取的状态。由于国家综合国力依赖于科技实力,而科技成果又是科技实力的体现,所以,部分国家常常通过间谍以非法手段窃取他国科技成果,以保持自身科技实力的发展甚至实现赶超。第二,科技成果的安全稳定状态无法保障。随着科学技术的飞速发展,科技成果能否稳定地存在于自然界也是人们比较关心的问题。例如,核武器的存放与保养是否安全、科学,生物技术、基因编辑的成果是否稳定等,都是具有代表性的科技成果安全问题。科技成果的稳定性无法保障,科技的应用就会受到限制。

相关案例 8-1

切尔诺贝利核电站事故

1986 年 4 月 26 日当地时间 1 点 23 分,苏联切尔诺贝利核电站发生严重泄漏及爆炸事故。这是有史以来最严重的核事故,有数百万人受到核辐射的影响而患病,约有 50 吨核燃料化作烟尘进入大气层,另有 70 吨核燃料和 900 吨石墨迸溅到反应堆周围,引起 30 余场火灾。

事后调查发现,切尔诺贝利核电站事故是一次典型的由科技活动安全问题引发的灾难,工作人员的违规操作和研究设施故障是本次事故的导火索。一方面,在研究设备各项指标超出安全章程所规定的数值条件下,工作人员仍然对其进行违规操作。另一方面,压力管式石墨慢化沸水反应堆(RBMK)的设计具有缺陷,并且核反应堆的不稳定状态并没有在控制板上显示出来,导致工程师们对反应堆的安全状态作出误判。也正是这些极其不稳定的危险操作和设施故障,最终导致了灾难的发生。

意外发生后,有 203 人立即被送往医院治疗,31 人死亡,其中 28 人死于过量的辐射。为了控制核电辐射尘的扩散,约 135 000 人被迫离开家园。此外,有上万人由于放射性物质远期影响而丧命或患重病,一直有被放射线影响而畸形的胎儿出生。外泄的辐射尘随着大气飘散到苏联的西部地区、东欧地区、北欧的斯堪的纳维亚半岛。现在的乌克兰、白俄罗斯、俄罗斯土地受污染最为严重,由于风向的关系,据估计约有60%的放射性物质落在白俄罗斯的土地。根据联合国国际原子能机构的数据,大约有9 000余名受害者死于辐射尘地区。核辐射还对乌克兰数万平方千米的肥沃土地造成了污染,更有250多万人因辐射患上各种疾病,其中包括47.3万名儿童。

切尔诺贝利核电站事故引起了当时大众对于苏联核电厂安全性的关注。苏联解体后独立的国家(包括俄罗斯、白俄罗斯及乌克兰等)每年仍然投入经费与人力致力于灾难的善后以及居民健康保障。因事故而直接或间接死亡的人数难以估算,且事故后的长期影响仍是个未知数。

资料来源:切尔诺贝利核泄漏事故影响深远[EB/OL].(2002-10-25)[2022-08-23].http://www.mofcom.gov.cn/article/bi/200210/20021000045185.shtml.

4. 科技成果应用安全

科技成果应用安全是社会中最普遍、最广泛的科技安全类别。科技成果应用是科技成果实现自身社会或经济价值的过程。基于此,科技成果应用安全是指科技成果在发挥其价值的过程中具备安全性的一种状态。

科技成果应用安全主要体现在两个方面:第一,科技成果在应用时的安全及稳定状态。例如,智能锁(指纹锁、面部锁、眼纹锁等)在识别过程中是否安全可靠;无人机在飞行时能否保证其飞行速度和高度、避免失速等。第二,科技成果的应用对基础设施或社会人员是否存在威胁。例如,自动驾驶汽车在行驶时,能否有效避免与其他车辆的碰撞和规避突然出现的障碍物,并保证车内人员的安全;智能手机是否存在爆炸风险而伤及使用者等。

总而言之,科技成果应用安全涉及科技应用于社会活动时带来的一系列安全问题。由于科技成果在现代社会中的广泛应用,科技与人们的生活逐渐紧密联系在一起,因此,科技成果应用安全也成为人类社会生活最关注的科技安全问题类型。科技成果应用安全得不到保障,人们的生活水平便无法得到有效保障。

相关案例 8-2

华为芯片断供事件

2019年5月16日,美国商务部以国家安全为由,将中国华为及其70家附属公司列入管制"实体名单",禁止美国企业向华为出售相关技术和产品。封杀令一出,世界哗然。时隔一年,2020年5月15日,美国商务部发布公告,严格限制华为使用美国技术和软件在美国境外设计与制造半导体。而就在3个月后,8月17日,美国政府再次发布新禁令,对华为的打压继续升级。此次禁令的核心在于,任何使用美国软件或美国制造设备为华为生产产品的行为都是被禁止的,都需要获得许可证。新禁令切断了华为寻求与非美企供应商合作的道路,进一步封锁了华为获得芯片的可能性。"自家设计的不给造,别人生产的不给买",直接把华为逼入了"无芯可用"的困境。

美国缘何要不惜一切代价"围堵"华为?重要原因之一是,华为的5G技术是中美科技博弈的关键领域技术之一。华为在 5G 领域的领先地位使得美国的危机感尤为强烈。美国要掌控技术和品牌,不希望华为成为新兴产业领导者,所以为了维护科技霸权选择对华为进行打压。"如果 5G 技术的主动权没有掌握在美国手中,这是历史上第一次美国没有引领下一个科技时代。"

我国很早就意识到了半导体产业的巨大潜力,投入资源建立了初级的半导体产业。然而,由于芯片制造相关的基础科研能力不足,制程从微米深入纳米后,中国无法跟上世界顶尖企业的发展步伐,缺少足够的市场竞争力,差距逐渐拉大。对于目前中国的芯片困境,中国工程院院士邬贺铨表示,"我国芯片受制于人,其中最大的原因是我们的工业基础——包括精密制造、精细化工、精密材料等方面的落后。"

在"芯片断供"之后,华为手机业务遭受了重大损失。华为 2021 年年报显示,公司实现销售收入人民币 6 368 亿元,同比下滑 28.6%。全球前五大手机出货商已经没有了华为的身影,而在 2020 年,华为还名列全球前三,拿到了 14.6% 的份额。从芯片自主生产视角看,尽管中国中芯国际公司宣布 14nm 工艺制程芯片已经实现量产,但与国外 5nm 芯片工艺仍存在较大差距。可以预期,在短期内,实现尖端芯片的自主生产仍然将是一段艰辛而漫长的路途。

华为芯片断供事件对依赖外国科学技术的国家起到了警示作用:如果自身不掌握高端科技,国家的科技安全便得不到保障,国家的经济发展将毫无安全可言。

资料来源:李云舒.华为芯片断供"卡脖子"倒逼攻坚[EB/OL].(2020-09-16)[2022-08-23].https://news.sina.com.cn/c/2020-09-16/doc-iivhuipp4563975.shtml.编者有增删。

(三)国家科技安全的特征[①]

1. 保密性

国家科技安全最重要的特征是保密性。国家科技安全的保密性意味着对科技安全的各个过程都要有严格的保密措施。科技安全的保密性主要体现在以下四个方面:

第一,关键科技领域人才的工作和个人信息的保密性。科技人员的工作事关国家科技前沿进展,科技工作保密不严谨会存在科技成果泄露的风险,从而导致国家高端科技优势的丧失。科技人员的个人信息保密性能够保障人员的生命安全不受威胁,从而保障国家高精尖科技的安全。

第二,科技活动的保密性。根据科技活动的范畴,科技活动的保密性应该包括科技研发过程的保密性和科技研发场所的保密性两个方面。科技研发过程的保密性是指科技研发步骤以及使用仪器的保密性。由于科技活动具有系统性和组织性的特点,科技研发步骤和仪器的保密性能够保障科技活动不易被模仿或窃取。

第三,科技成果的保密性。科技成果保密是科技安全最重要的构成部分,科技成果的保密性得不到保障,国家就不可能保持科技优势领域的领先地位。科技成果的保密性要求对科技成果相关信息的保密,具体而言,意味着科技成果贮存保密、科技成果的内部构造保

---

① 梅亮,陈劲.责任式创新:源起、归因解析与理论框架[J].管理世界,2015(8):39-57.

密、科技成果的核心运作机理保密等。

第四,科技成果应用的保密性。科技成果应用的保密性主要体现在军事领域。对于可能造成较大影响的军事科技,其应用的时间、地点和范围也应当遵守保密原则。

2. 广泛渗透性

国家科技安全广泛渗透于国家经济安全的各种领域、各个要素之中。国家经济安全体系及其任何部分都有科技安全问题存在。此外,科技也与社会、政治、军事等领域深度融合发展并逐步渗透至各领域的各要素和各环节之中,表现出很强的渗透性特质。

人们社会生活中所使用的各类工具和设施都离不开科技发展,小到纸笔,大到海陆空各类交通运输工具,都是科技进步的结果。科技不安全会对人民的财产生命安全造成威胁,甚至可能产生社会动荡。经济发展依赖生产力的提升,而生产力的大小又取决于生产技术的先进程度。只有在保障科技安全的条件下,掌握先进的生产技术,才能打破全球化背景下科学技术的"低端锁定",在经济上实现赶超。例如,拥有现代化农业技术的工业国家,其农业生产率可能会高于农产品生产大国,从而提升其农产品的国际竞争力。改革开放以来的很长一段时间里,中国都处于全球价值链(Global Value Chain, GVC)的低端位置,但随着国内科技水平以及自主创新能力的提升,中国逐渐由低端加工地位转向中高端研发设计地位,在全球价值链中的位置逐渐向上攀升。在军事领域,国防科技发展是一国军事力量的核心竞争力,国防科技安全则是军事力量的重要保障。国防科技进步和科技安全能改变一国军事实力,甚至会改变现代战争格局。

3. 脆弱性

国家科技安全的丧失对国家经济安全是毁灭性打击,这无疑增加了国家对科技和科技安全的重视程度。科技安全往往具有脆弱性,使得科技安全工作在崎岖坎坷的道路上艰难前行。科技安全的脆弱性体现在科技安全的各个领域。首先,科技研发工作过程中的失误、科技仪器的不当使用等均可能造成巨大的人力和财力损失。科技成果应用不当也可能对人身、财产安全造成威胁。其次,由于现代间谍工作的兴起,国家科技安全的各个方面都受到很大威胁,策反科技人员、监控科技活动和科技场所、窃取科技成果等不法行为在当今社会中越来越常见。最后,随着现代科技发展的突飞猛进,人类控制科技发展方向的能力也逐渐减弱,新兴科技的不可控因素也催生了各类国家安全风险。例如,金融科技的滥用导致国家资本市场不稳定性的增加,信息科技的快速发展增加了国家和个人信息被窃取的风险等。

4. 复杂性

科学技术的发展正以前所未有的速度和力度改造着所有的社会单元,深刻影响着国家经济社会的发展和政治经济格局,改变着国家之间的竞争态势。但是,科技的发展也为社会带来了多方面的、复杂的影响。一方面,当前新一轮科技革命和产业变革加速演进,多学科、多领域交叉融合不断加深,信息技术、生物技术等新兴技术快速发展并广泛应用,科技创新的渗透性、扩散性、颠覆性特征正在深刻改变人类社会的生产生活方式,重塑经济发展方式,使社会生活更加便捷和灵活。但是,另一方面,颠覆性科学技术也对科技安全构成了新的威胁。人工智能、合成生物学、基因编辑等技术对社会伦理产生极大冲击,区块链、大数据、云计算等给信息安全、网络安全、金融安全带来极大挑战,技术误用和滥用对社会公共利益和国家安全构成潜在威胁,政府、社会治理面临新的挑战。与此同时,科技发展拓展了国家安全的时空领域,外部安全与内部安全、传统安全与非传统安全交织存在。

随着科技的迅猛发展,智能、生化、量子、纳米等前沿领域所蕴藏的破坏力可能将远超现有治理体系的抵御范围,如果依旧用亡羊补牢的方式应对核泄漏、非法基因编辑、不明原因疫病等导致的风险与失控,科技失控引发的公共安全事件迟早会给人类社会带来无法承受的灾难。

二、国家科技安全的相关理论

(一) 技术生命周期理论[①]

国家科技安全很大程度上依赖于科学技术的前沿性,过多使用落后以及被淘汰的技术会危及国家经济、军事等方面的安全。准确判断当前国家技术水平所处的阶段,对于掌握国家科技实力、保障国家科技安全具有重大意义。技术生命周期理论是长期发展演化形成的一套较为成熟的技术理论,它为识别国家技术水平所处阶段和技术安全状态提供了理论依据。

1. 技术生命周期理论的由来

技术生命周期是反映技术发展状态与未来发展趋势的重要理论。对技术生命周期科学性、有效性、准确性的判断不仅有助于国家确定重点技术研究领域、扶持新兴技术、完善成熟技术、淘汰落后技术,而且有助于企业定位技术发展状态、调整技术战略、抢占技术先机、降低投资风险、避免投资雷区误区等。因此,准确判断技术生命周期对于企业乃至国家进行技术战略部署而言,都起着至关重要的作用。

生命周期的概念起源于自然生态系统,泛指事物从萌芽、成长、成熟至消亡的一个周期过程。生命周期因在诸多领域(经济、技术、社会等)均有涉及而得到了广泛的应用。技术生命周期理论源于1966年哈佛大学教授弗农首次提出的产品生命周期理论。技术生命周期与产品生命周期既有共同点又有区别,两者均以"生命周期变化"为特征,经历类似出生、成长、发展、成熟再到衰退的过程,但技术生命周期一般是指特定技术的整个发展历程,而产品生命周期则因国家技术水平不同而存在较大的过程差异。另外,从周期理论侧重的视角来看,技术生命周期理论主要集中在产品的技术方面,而产品生命周期理论则侧重于产品市场。对于技术型企业而言,产品的生命周期大多数受制于产品技术的发展水平;对于研发型企业来说,除要对产品生命周期有所了解外,仍需掌握该技术当前所处发展阶段,以便制定出科学、有效、准确的技术研发战略。

技术在不同的生命周期阶段呈现出多样性的发展特征,从而展现出不同的技术生命周期。技术生命周期阶段的划分并没有严格、统一、明确的标准,学者们根据不同的衡量指标、分析依据与研究需求将技术生命周期分割为不同的阶段。当前,大多数学者认同技术

---

① 王山,谭宗颖.技术生命周期判断方法研究综述[J].现代情报,2020,40(11):144-153.

生命周期的四阶段论,即技术生命周期由导入期、成长期、成熟期与衰退期组成,如图 8-1 所示。在技术导入期,只有少量的技术或专利出现,并且很少有人知晓该技术如何应用于市场。在此阶段,技术效率一般较低,可靠性较差,因此技术应用风险较大。在成长期,技术的可靠性、实用性以及效率均得到了大幅提升,其价值开始被广泛认可,发展潜力逐步显现,大量的人力、资金被投入该技术领域中,进一步推动技术的高速发展。在此阶段,技术的性能急速提升,专利申请的级别开始下降,但专利数量出现上升,经济收益快速上升。在成熟期,技术性能和可靠性达到最高,大量的专利产生,但相应专利的级别会降低。在此阶段,技术使用的边际收益逐渐下降,技术使用者将依靠扩大规模来获得更高的收益。在衰退期,技术的各项参数下降,相应专利的申请数量和级别不断下滑。在此阶段,技术带来的收益降至低点,技术使用者将被迫寻求技术改进和技术创新。

也有研究将技术生命周期进一步划分为五阶段或六阶段,例如,1995 年,加特纳(Gartner)公司将技术生命周期分为科技诞生的促动期、过高期望的峰值期、泡沫化的低谷期、稳步爬升的光明期以及实质生产的高峰期五个阶段。又如,有学者依据不同指标将技术生命周期划分为技术发展期、技术应用期、应用萌芽期、应用成长期、技术成熟期与技术衰退期六个阶段。但总的来讲,无论是五阶段还是六阶段的技术生命周期理论,均没有提出更有说服力的理论基础,仍是对四阶段技术生命周期理论的一种拓展。

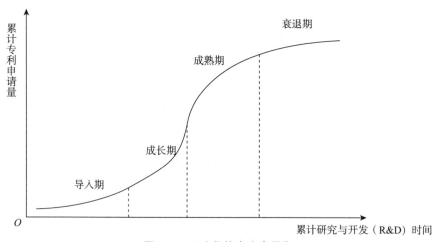

图 8-1 四阶段技术生命周期

2. 模型化的技术生命周期理论

(1) S 型曲线。Foster(1986)提出的 S 型曲线(也称 S 型演化路径)是识别技术生命周期阶段的常用经典模型。将其称为 S 型曲线的原因是技术生命周期不同发展阶段的趋势呈现出一个横向的 S 型。具体表现为:在导入期,技术进步比较缓慢,一旦进入成长期就会呈现指数型增长,但是技术进入成熟期就走向曲线顶端,会出现增长率放缓、动力缺乏的问题。这个时候,会有新的技术在舆论推动下从下方蓬勃发展,形成新的"S 型曲线",最终超越传统技术。新旧技术转换更迭,共同推动技术不断进步。①

---

① S 型曲线包括对称型 Logistic 曲线与非对称型 Gompertz 曲线两种,其中,Logistic 曲线应用较为广泛,适合快速、明显增长的技术生命周期预测,而 Gompertz 曲线则适用于技术成熟老化模式的预测。

识别技术所处的技术生命周期阶段的经典方法是观察相关专利技术申请与授权的定量增长率。虽然现有专利数据库数据完整度较高,收录较齐全,但获取目标技术研究领域所有相关专利数据仍然面临着一些困难和挑战。即便 S 型曲线在识别技术生命周期阶段时是可行的,但仅仅采用单一 S 型曲线对技术生命周期进行判别可能带有一定的片面性。

(2) TRIZ 理论。TRIZ 是俄语"发明问题的解决理论"的缩写,苏联根里奇·阿奇舒勒(Genrikh Altshuller)教授通过对世界超过 250 万件专利进行分析总结,发现专利申请数量、专利级别、利润及性能四条特性曲线(见图 8-2)与表征技术生命周期阶段的 S 型曲线具有较强的对应关系。目前,基于 TRIZ 理论的技术生命周期判断方法已较为成熟。大多数研究学者基于专利分析数据拟合目标技术领域四个尺度变量数据变化曲线(专利申请数量、专利级别、利润与性能曲线),将其与标准特性曲线(见图 8-2)进行比对从而确定该技术所处技术生命周期阶段。TRIZ 理论虽可通过绘制技术成熟度预测曲线来判定技术成熟度,为目标领域发展提供技术支持与帮助,但也存在一定的弊端,具体表现为专利级别与性能数据较难度量,利润数据较难获取。

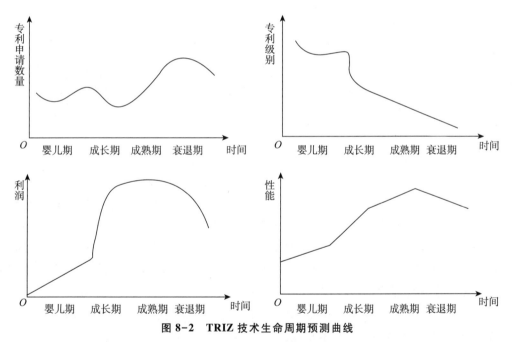

图 8-2 TRIZ 技术生命周期预测曲线

(3) 专利指标分析法。专利指标分析法是一种通过计算与分析数据来测定技术生命周期阶段的方法。专利指标分析法主要计算不同阶段四个指标的数值,分别是技术生长系数、技术成熟系数、技术衰老系数与新技术特征系数,并依据以上指标数值的变化趋势综合评估技术所处的生命周期阶段。四个指标的定义与详细计算方法见表 8-1。其中,技术生长系数(V)用来判断某领域技术的前沿性,该系数越大,说明该领域技术生长优势越明显;技术成熟系数(α)用来判断某领域技术的成熟度,该系数越大,说明该领域技术成熟度越高;技术衰老系数(β)用来判断某领域的技术是否逐渐落后,该系数越小,说明技术越衰老;新技术特征系数(N)用来判断技术进步质量,该系数越大,说明技术进步质量越高。可以发现,专利指标分析法需要获取发明专利、实用新型专利以及外观设计专利的申请量或授权量数据。但由于各国专利制度不同,该方法仅适用于同时包含以上三种专利类型数据的国家,如中国、日本、德国,因而专利指标分析法在普适性方面容易受到专利类型数据获取的制约。

表 8-1　专利指标计算公式及含义

专利指标	公式	变量含义
技术生长系数(V)	$V = a/A$	a 代表当年某技术领域发明专利申请或授权数量 A 代表过去五年中某技术领域总的专利申请或授权数量
技术成熟系数(α)	$\alpha = a/(a+b)$	b 代表当年某技术领域实用新型专利申请或授权数量
技术衰老系数(β)	$\beta = (a+b)/(a+b+c)$	c 代表当年某技术领域外观设计专利申请或授权数量
新技术特征系数(N)	$N = (V^2 + \alpha^2)^{1/2}$	N 由技术生长系数与技术成熟系数计算得出

(二) 技术追赶理论

对于科技水平相对落后的国家而言,由于自身科技创新水平的有限性,自主创新很难在短时间内发挥较大作用,如何提高科技水平以保障国家科技安全等成为一系列亟待解决的问题。技术追赶理论则为这一类问题提出了解决方案。技术追赶理论认为,技术相对落后的国家能够通过学习、吸收和转化外国相对领先的技术,实现技术追赶以及赶超,从而起到保障国家科技安全的作用。

技术追赶理论最早可追溯到 Gerschenkron(1952)的后发优势学说,他认为落后经济体可以利用技术差距来追赶先进经济体。此后,涌现出了许多追赶文献,大大丰富了该领域的研究。Abramovitz(1986)提出了著名的"追赶假说",指出后进经济体的快速追赶离不开一些特定的条件,利用发达国家的先进技术需要积累一定的社会能力。Cohen 和 Levinthal (1990)则从企业的层面首次提出了吸收能力概念,他们发现吸收能力更强的主体能够更快、更好地进行科技模仿,从而实现技术进步。总而言之,技术追赶理论主要围绕两个假说展开:一是后发优势假说,即技术落后的国家可以通过学习发达国家的先进技术来获得更快增长的生产率;二是吸收能力假说,即成功的追赶需要后进国家具备一定的技术吸收能力,吸收能力越强,越容易实现技术追赶。

1. 后发优势假说

1993 年,爱丽丝·伯利兹(Elise Brezis)、克鲁格曼等在总结发展中国家成功发展经验的基础上,提出基于后发优势的技术发展"蛙跳"(Leap-frogging)模型。该模型指出,在技术发展到一定程度、本国已有一定的技术创新能力的前提下,后进国家可以直接选择和采用某些处于技术生命周期成熟阶段之前的技术,以高新技术为起点,在某些领域、某些产业实现技术赶超。

技术性后发优势表现为后发经济体从先发经济体引进各种先进技术,并经模仿、消化、吸收和创新后获得的利益和好处。具体来看：首先，从技术研发环节来看，模仿创新能冷静观察率先创新者的创新活动，研究不同率先者的技术动向，向技术领先者学习，选择成功的技术进行模仿改进，避免大量技术探索中的失误，大大降低其技术开发活动的不确定性；其次，从产品的生产环节来看，模仿创新能通过直接从率先创新者处获得生产操作培训、聘请熟练工人来企业传授经验等方式，迅速提高自身的生产技能，从而使单位产出成本的下降速度有可能高于率先创新者；最后，从市场环节来看，模仿创新节约了大量新技术开发的相关投资资金，并且经过模仿创新的产品由于进入市场较晚，还有效回避了新产品市场成长初期的不确定性和风险。

后发优势假说常用于解释发展中国家技术的快速发展。对于发展中国家，无论是在技术研发环节，还是在生产环节、市场环节，都与发达国家存在较大的差距，因此，发展中国家将先发经济体已被应用于生产的新技术、科研新成果引入自身的生产领域，通过技术模仿创新形成复制效应，从而可以迅速促进发展中国家的技术进步，大大缩短技术研发的时间，并节约相应资源的投入。后发地区（发展中国家）也可以缩短甚至跳跃式地缩短与先发地区（发达国家）的技术差距，在更高点上发动和推进工业化。后发地区不仅可以较快地掌握先发地区的先进技术，而且可以在消化、吸收先进技术的过程中有所创新，迅速赶上甚至超过技术先进的竞争对手。

2. 吸收能力假说

Cohen 和 Levinthal(1990)提出企业吸收能力的概念，并将其定义为认识、吸收新信息价值并将其用于商业目的的能力。该假说认为，吸收新知识可使组织变得更具创新性和灵活性，且与不吸收新知识的组织相比，吸收新知识的组织有着更高的绩效水平。该假说还认为，与吸收知识能力弱的企业相比，吸收知识能力强的企业更具竞争优势。其后，Abramovitz(1986)提出，广义的吸收能力概念即社会能力是指所有促进新技术模仿或利用的因素，包括教育、基础设施、完善的金融体系和劳动力市场关系等。该假说认为，拥有更多技术模仿能力的经济体更容易追赶发达经济体。总的来看，继 Cohen 和 Levinthal(1990)的研究之后，各种吸收能力概念层出不穷，如动态吸收能力、相对吸收能力、绝对吸收能力、潜在的吸收能力和现实的吸收能力等。吸收能力的引入将技术追赶理论研究向前推进了一大步，更加突出吸收能力对于成功追赶的作用。

根据 Cohen 和 Levinthal(1990)的研究，吸收能力包含三个关键能力：辨识适宜模仿和学习对象的能力、强大的技术模仿和消化能力、将消化的技术运用于商业化的生产能力。基于此论述，有关研究分别使用研发投入强度、科研人员数量、科研机构数量等衡量企业或地区的技术吸收能力。近些年，关于吸收能力指标选取的研究大量涌现，并逐渐将与研发直接相关的吸收能力指标拓展到更广的范畴，如地区的经济发展水平、基础设施建设水平、融资约束情况、开放程度、营商环境和制度质量等，这些指标均属于国家吸收能力的范畴，都会显著影响国家的科技创新能力。

三、国家科技安全的测度、预警与保障

(一) 国家科技安全的测度

1. 技术创新与技术安全指标[①]

技术创新与技术安全是国家科技安全的重要参考。技术创新与技术安全系列指标包括技术创新频率指标、技术对外依存度指标和技术引进消化吸收再创新能力指标。

(1) 技术创新频率指标。技术创新频率是新技术创新的持久性指标,持久性取决于国家连续不断地进行研发投资的能力和在改进性、替代性和开拓性等方面的研究能力与水平。如果国家在某行业(或产品)的技术创新频率很高,创新成果很多,就可以创造出新的技术垄断优势,从而形成一种技术垄断优势成长的良性循环,进而提升自身的技术水平与垄断竞争力。一国的技术创新频率可以用行业(或产品)的专利申请次数和专利申请数量来衡量,专利申请的次数和数量越多,说明技术创新频率越高。

(2) 技术对外依存度指标。衡量一个国家的技术创新对国外技术依赖程度的指标被称为技术对外依存度,它是衡量一个国家对国外技术依赖程度的重要指标,也一定程度上代表了国家科技安全程度。一般而言,一个国家的技术对外依存度越高,表明该国技术创新对技术引进的依赖程度越强;技术对外依存度越低,则表明该国技术创新中的自主创新成分越大。目前,国际上普遍采用的是从科学技术经费支出结构的角度来计算技术对外依存度。一般而言,技术对外依存度可以用国外技术总量占全国技术总量的比重来衡量,而技术总量又有不同的衡量方式。例如,OECD 使用研发经费与国际技术转让支出费用(即技术引进经费)的比例作为测度各成员国技术对外依赖程度的指标,认为该指标大于 1 则说明该国的技术以自主研发为主,比例越高技术自主创新率越高,技术的对外依存度越低。

(3) 技术引进消化吸收再创新能力指标。一般而言,国家科技创新能力的获取有两个基本途径:直接引进国外先进技术和自主创新。其中,自主创新可以分为三种模式:原始创新、系统集成和引进消化吸收再创新。近年来,发展中国家的企业提高自主创新能力的主要途径就是技术引进消化吸收再创新。技术引进消化吸收再创新是在引进国外先进技术的基础上,通过学习、分析、借鉴进行再创新,形成具有自主知识产权的新技术。发展中国家对国外先进技术的消化吸收再创新,不仅大大缩短了创新时间,而且降低了创新风险。技术引进消化吸收再创新能力可以用模仿创新投入、模仿创新的科研人员数量以及科研院所数量衡量。另外,东道国与技术母国之间的技术差距也是影响东道国技术消化吸收能力的重要因素,技术距离越远,东道国越难吸收和学习国外技术。

2. 专利指标

除技术创新能力外,国家科技安全也体现在已有技术的存量和质量上。现有文献大多通过测度国家或企业的专利数量和质量来衡量技术的存量与质量。专利指标包括专利申请量指标和专利标准化能力指标,其中,专利申请量用以衡量现有技术的存量,专利标准化能力用以衡量一国已有技术的质量。

[①] 陈曦,曾繁华.国家经济安全的维度、实质及对策研究:基于外资并购视角的案例分析[M].北京:中国经济出版社,2010:124-125.

（1）专利申请量指标。一般来说，一个国家申请的专利数量越多，占世界专利申请总量的比重越高，说明该国的知识技术创新能力越强，国家科技实力越强。表8-2展示了中国与美国、日本、韩国等发达经济体2012—2020年的专利申请量对比。

表8-2　2012—2020年美国、日本、韩国等发达经济体与中国的专利申请量　　单位：万件

年份	中国	美国	日本	韩国
2012	65	54	34	19
2013	83	57	33	20
2014	93	58	33	21
2015	110	59	32	21
2016	134	61	32	21
2017	138	61	32	20
2018	154	60	31	21
2019	140	62	31	22
2020	150	60	29	23

资料来源：世界银行的世界发展指标（WDI）数据库。

（2）专利标准化能力指标。某项技术能否成为国际标准是衡量专利标准化能力的一类标准。技术标准可以分为企业标准、地方标准、行业标准、国家标准和国际标准。由于技术发展往往有多条路径，所以在一个产业内部往往有多种技术标准，一项技术标准能否真正上升为国际标准，要经历选择和竞争过程，这在一定程度上反映了一个国家技术创新的竞争力。一项或多项专利的组合能否成为事实上的国际技术标准，除取决于其技术是否拥有在理论上的创新性、先进性优势外，还取决于其市场运作能力。在技术创新和经济全球化构成当代经济两大主题的情况下，技术创新的经济利益将更多地取决于国家将自身专利技术上升为技术标准的能力。

3. 研发投入指标

研发投入指标包括研发投入规模、研发投入强度、研发人员规模、研发科技机构等四类指标。具体分析如下：

（1）研发投入规模指标。研发投入规模指标包括绝对投入指标和相对投入指标，分别用国家研发费用投入规模和研发投入占国民收入的比重进行衡量。研发费用投入规模的扩大有利于知识生产产出率的提升，有利于增强国家科技实力，降低技术对外依存度，保障国家科技安全。知识生产是指从事研发活动的科学家、工程师以及其他辅助研发人员进行的知识技术创新，其结果包括科学发现、技术发明和知识技术的创造，其形式是科学论文、发明专利、技术诀窍等。虽然知识生产的产出难以计算，但其"投入"可以用知识技术生产的经费投入来估算。研发费用投入的规模越大、占国民收入的比重越高，表明该国越重视研发活动，越重视国家科技安全。2012—2020年欧盟、美国、日本、韩国等发达经济体与中国的研发支出占GDP的比重如表8-3所示。

表 8-3　2012—2020 年欧盟、美国、日本、韩国等发达经济体与中国的研发支出占 GDP 的比重　单位:%

年份	中国	欧盟	美国	日本	韩国
2012	1.91	2.08	2.68	3.17	3.85
2013	2.00	2.10	2.71	3.28	3.95
2014	2.02	2.12	2.72	3.37	4.08
2015	2.06	2.12	2.78	3.24	3.98
2016	2.10	2.12	2.85	3.11	3.99
2017	2.12	2.15	2.90	3.17	4.29
2018	2.14	2.19	3.00	3.22	4.52
2019	2.24	2.22	3.17	3.20	4.63
2020	2.40	2.32	3.45	3.26	4.81

资料来源:世界银行的世界发展指标(WDI)数据库。

(2)研发投入强度指标。研发投入强度是技术潜在竞争力的表征,一国研发投入的强度或集中度是指国家对某一行业或产品的研发总体投资额占世界该行业或产品研发投资总额的百分比。一般来说,百分比越高,说明其研发投入的集中度、垄断程度越高,其技术潜在竞争力就越大。

(3)研发人员规模指标。研发人员规模指标包括绝对指标和相对指标,分别用一国知识技术生产者的总人数和相对人数进行衡量。其中,相对人数是指研发人员数量在总人口数量中的占比。20 世纪 80 年代以后,西方发达国家在增加知识技术创新经费的同时,也提高了从事知识技术生产及研发活动的科学家、工程师、博士研究生、有关辅助和管理人员等知识员工的人数和比重。研发人员总量越多、相对占比越高,说明国家的知识化程度越高,研发队伍越庞大,研发竞争能力越强,越有能力保障国家科技安全。2012—2020 年欧盟、美国、日本、韩国等发达经济体与中国的研发人员数量情况如表 8-4 所示。

表 8-4　2012—2020 年欧盟、美国、日本、韩国等发达经济体与中国的每百万人中研发人员数量

单位:人

年份	中国	欧盟	美国	日本	韩国
2012	1 014	3 252	3 990	5 033	6 304
2013	1 066	3 346	4 091	5 147	6 393
2014	1 089	3 404	4 206	5 328	6 826
2015	1 151	3 546	4 270	5 173	7 013
2016	1 197	3 653	4 251	5 209	7 086
2017	1 225	3 858	4 412	5 304	7 498
2018	1 307	4 024	4 749	5 331	7 980
2019	1 471	4 171	4 821	5 375	8 408
2020	1 014	3 252	3 990	5 033	6 304

资料来源:世界银行的世界发展指标(WDI)数据库。

(4) 研发科技机构指标。研发科技机构指标衡量一国所拥有研发科技机构的数量以及机构水平在世界上的领先程度。研发科技机构是企业研发能力的重要载体,也是国家核心科技的重要研发场所。研发科技机构数量越多,代表国家的创新载体越多;研发科技机构在世界上的领先程度越高,代表国家的研发项目越多,研发能力越强,国家科技安全越有保障。

(二) 国家科技安全的预警[①]

国家科技安全预警是从促进科技发展和保护国家安全的角度出发,以维持国家科技发展优势、防止对手技术突袭与封锁为宗旨,对国内外科技安全态势进行实时跟踪监测,及时对国内外可能出现的科技风险发出警报信号,并预测其对国家各方面可能产生的相关影响,通常采取预防性和抵消性措施,是保障国家科技安全的基础性环节。

科技安全预警信息为决策部门制定相关决策提供信息支撑。具体来说,从科技安全的本质内涵出发,国家科技安全预警包括两个方面:第一,对科技发展系统是否安全进行预警,预警部门通过预警手段对科技发展系统进行全面实时监控,将可能发生或即将发生的安全威胁及时上报有关部门予以应对;第二,对科技发展态势是否安全进行预警,预警部门需联合政府各相关部门对国际科技发展趋势、潜在威胁以及国家科技发展方向、重点、可持续性能力等指标进行全面监测,以保证国家科技安全利益及相关利益免受侵害。具体而言,科技安全预警体系的构建主要分为五个步骤,分别是目标确定、信息搜集、分析识别、评价反馈以及绩效评估。

1. 目标确定

确保科技安全、维护国家利益,是构建科技安全预警体系的最终目标。国家科技安全目标的确定具体可以分为两个方面:第一,对科技活动进行实时跟踪预测,对存在或潜在的风险发出警报或启动科技风险应急机制;第二,对科技安全中存在或潜在的风险进行有效应对和科学管理。科技安全预警系统是"未雨绸缪"的产物,致力于从根本上将科技风险扼杀在"萌芽"状态,尽可能降低科技风险的突发性、意外性。

2. 信息搜集

在确定目标的基础上,第一步就是要建立一张系统、科学的科技安全风险信息搜集网络,该网络的任务主要包括:第一,实时跟踪科技革命发展趋势,对现有或未来可能影响科技发展趋势、改变人类生活方式、辐射经济发展模式的信息技术、生物技术、新材料技术、新能源技术、核技术等高新技术进行跟踪监测;第二,紧密关注潜在竞争对手科技动态,确定科技竞争对手,在可能禁运、封锁的技术领域加大科技投入、增强科技力量;第三,统计梳理现有科技知识产权状况,制定和维护与科技安全相适应的知识产权保护政策与法规等。

3. 分析识别

在信息搜集的基础上,采用定性分析和定量分析相结合的方法,对已获取的科技安全风险信息进行目标识别、分类筛选、动态分析等。其中,定量分析主要采用数据挖掘、数理统计、信息处理等方法工具对信息数据进行统计、去冗、分类、汇总,并建立数学模型进行识

[①] 蔡劲松,马琪,谭爽.科技安全风险评估及监测预警系统构建研究[J].科技进步与对策,2022,39(24):100-108;李林,廖晋平,张炬工.科技安全预警机制的建立及完善[J].科技导报,2019,37(19):26-32.

别分析。各国科技投资金额、科技人才数量、国际科技获奖人次、基础设施设备建设情况等定量数据可以客观反映一个国家的科技实力与科技安全基础。定性分析针对无法量化的风险信息,主要是邀请各技术领域专家进行风险评分,在大国科技博弈背景下针对当前国际科技态势进行经验分析,如国家科技战略思维的确定、未来科技安全风险点预测、科技安全风险影响评估等,从战略全局的角度分析、识别科技安全风险信息。

4. 评价反馈

对已经获取的科技安全风险信息进行科学评价并及时反馈。一方面,将评价结果大致分为三类,即安全、警戒及危机。如果评价结果为安全状态,则继续进行跟踪监测;如果为警戒状态,则需要相关预警机构及时发出风险警报;如果为危机状态,则需要国家有关部门立即启动应急机制,力争将科技安全风险控制在最小范围内。另一方面,将科技安全风险评价的结果及时反馈给有关部门,要确保在第一时间发挥政府、科研院所、科技企业处理科技安全风险的能力,因此构建一套畅通有效的信息反馈机制显得尤为重要。特别地,对涉密信息要做好"防间保密"工作。

5. 绩效评估

成立以政府为主、科研机构为辅、技术领域专家为核心的绩效评估小组,对科技安全预警系统进行绩效评估,评估科技安全预警的目标是否实现、科技安全风险信息的搜集是否充分、科技安全信息的分析识别是否科学、科技安全预警指标的建立是否恰当、对科技安全风险的评价是否准确、科技安全风险的反馈是否及时、应对科技安全风险的措施是否有效等。总结经验方法,直面问题不足,提出整改措施,确保落实到位,从而增强对科技安全风险的防范与应对能力。

(三) 国家科技安全的保障措施

1. 健全保障科技安全的法治体系[①]

从历史发展来看,科技法学的诞生以 1623 年英国议会通过《垄断法》为标志。英国 1623 年《垄断法》是专门为激励技术创造和活跃技术市场而颁布的法律,并且为人类社会的工业革命奠定了必要的制度基础,推动了专利等知识产权制度的产生和发展。20 世纪 80 年代,随着科学研究规模化和高新技术产业化的发展,科技研发和产业化的高投入、高门槛和高风险特性愈加明显,科技的法治体系在科技发展中开始扮演越来越重要的角色。除保障科技进步外,科技成果不被窃取、科技过程不被泄露,也需要法律保障。例如,美国 1996 年《经济间谍法》将窃取商业机密或知识产权等无形资产认定为刑事犯罪;中国于 2007 年修订的《中华人民共和国科学技术进步法》规定国家实行科学技术保密制度等。

2. 提高自主研发创新能力

作为科技创新的主体和科技创新的推动者,企业和国家权力机关都可以采取相应措施提高自主研发创新能力。对于企业而言,主要是通过增加创新投入、增加科研人员招募数量、设立研究机构等方式提升自身科技研发创新水平。对于国家而言,一方面,通过提高研发投入、增加和提升科研院所的数量和质量、提高科技人员福利待遇水平等,直接形成研发

[①] 刘银良,吴柯苇.创新型国家导向的中国科技立法与政策:理念与体系[J].科技导报,2021,39(21):45-51.

创新的驱动力;另一方面,通过出台一系列科技促进政策提高企业和科研院所的科技创新潜力,例如,提高基础学科在教育中的比例和重要程度,增加政府采购以提高科技成果转化率,加强知识产权保护以保障科技创新主体利益,构建"产学研一体化"的创新机制,推动企业、科研院所和高校的合作,为科技创新型企业提供专项贷款等。

3. 制定技术进出口管制清单

通过制定技术出口管制清单,一国可以有效避免国家尖端科技向外泄露,以保障自身科技安全。世界绝大多数国家在军事领域、高精尖制造业领域等都具有不同程度的出口管制。而通过制定技术进口管制清单,一国可以降低国内企业面临的外来市场竞争程度,保护国内重要幼稚产业的发展、成长以及自主创新。例如,汽车产业处于国际劣势地位的国家为了保护该产业的发展,通常会通过征收较高的进口关税的方式保护国内汽车生产商的发展。

4. 完善国家科技安全治理体系

从短期来看,科技安全治理还将面临更严峻的挑战。在生产力稳步发展、激励政策逐渐加力、教育水平快速提升、科技服务越发完善、知识融合共享持续深化、人机结合和智能技术加速发展等因素的综合推动下,创新主体和人员的规模与能力将不断增长,甚至会向全民参与发展,而科学技术之间的融合互促会不断加速它们从理论雏形发展到实际应用的进程。在这样的背景下,如果跟不上时代发展的节奏,科技安全治理将面临决策滞后、监管范围不全、风险评估不到位、应急响应不及时等一系列问题,因此,应该完善国家科技安全治理体系,有效应对面临的新挑战,确保国家科技安全。

第二节 国家人才安全

一百多年前,英国学者亨利·巴克尔(Henry Buckle)认为,以前最富足的国家是自然资源供给最丰饶的国家,现在最富足的国家则是人力资本最活跃的国家。随着知识经济时代的到来,人类社会从物质主宰时代进入信息知识时代,掌握前沿技术的人才及人才群体日益成为各国竞争的核心,人才的地位被提升到了前所未有的高度,人才安全问题也逐渐引起各国的重视。国家人才安全贯穿国家人才活动的各个环节,在人才流动、培养、选拔、任用、管理过程中无不渗透着人才安全的相关问题,面对国际新形势、新挑战,各国对人才安全问题的认识应具有发展眼光、国际视野和开放思维,准确看待当前国家人才安全问题。

一、国家人才安全的定义与特征

(一)国家人才安全的定义[①]

人才安全是一个相对的概念范畴,人才安全是相对于一切非安全状态的状态总和。安全状态是指人才发展呈现出一种没有危险、不受威胁、不出事故的综合状态,它既包括排解

---

① 刘霞,孙彦玲.国家人才安全问题研究[M].北京:中国社会科学出版社,2018:25-30.

外在干扰,也包括化解内部矛盾冲突和调整秩序。也就是说,人才安全是一种客观状态,没有危险是人才安全最本质的属性。

国家人才安全是指国家人才系统自身运行健康、稳定,且持续有效地支撑了国家经济社会的发展,使国家重大利益如主权利益、政治利益、经济利益、社会公共利益等免受人才问题带来的外部威胁的一种状态。国家人才安全的外在表现是人才系统具有一种健康、稳定的状态,其内在要求是具有维护和保持安全的能力。国家人才安全并非指人才自然个体的身体或健康安全,而是从国家和社会层面探讨,避免人才风险和隐患使国家重大利益受损。因此,国家人才安全与否是由国家重大利益是否受损来确定的,国家人才安全对应的结果是一种国家利益处于安全的状态,即国家利益是国家制定和实施人才安全战略的出发点,也是估计和判断国家人才安全状态的主要标准。

综合上述,国家人才安全的内涵包括以下两个方面:

第一,系统内生性安全问题。例如,人才的数量、质量、结构、效用等能否有效支撑经济社会的长期稳定运行。这是当前各国人才工作和人才队伍建设关注的重要内容,要从理论和实践层面,围绕人才集聚、人才培养开发、人才评价发现、人才激励使用等积极开展探索,努力推进人才管理体制机制改革,让人才更有效地发挥作用,推动国家经济发展。

第二,由外部因素直接或间接导致的安全问题。例如,人才流失、核心人才信息泄露、信息技术泄密等都是可能导致国家利益受到威胁的安全问题。国家人才系统是开放的系统,在不同区域、行业、组织之间人才交流互动的过程中,又会产生一些新的问题和挑战,进而影响到国家人才安全状态。

(二) 国家人才安全的特征

第一,系统性,即国家人才安全建立在国家人才系统自身良性运作,以及国家其他子系统间相互有效耦合的基础上,如经济安全系统、网络安全系统、科技安全系统等。国家人才安全系统自身内部由若干相互联系、相互作用的子系统构成,与其他相互联系的系统共同运作,构成国家安全大系统。从系统角度看,国家人才安全影响人才发展,并为人才发展营造良好的环境,人才发展让更多优秀的人才实现个人理想与价值,进而促进国家人才安全的实现。

第二,战略性,即国家人才安全的实现并非一朝一夕之功,也非个体之力可以达成,国家人才安全需要立足长远、整体布局,纳入国家安全战略体系中统筹规划。国家兴盛、人才为本、人才安全是人才强国的前提和基础,国家人才安全为国家发展战略目标的实现提供人才保证和智力支持。

第三,动态性,即国家人才安全的概念、内涵和外延在不同的时代背景下会有所变化,需要不断突破已有的认识。例如,在工业化和全球化初期,国家人才安全更加关注国家内部人才培养的数量和质量、人才结构及人才资源配置等问题。在信息化和网络化快速发展阶段,国家人才安全问题变得更加隐性,涉及国家各行各业。国家人才安全问题不仅包括由人才培养、组织、管理与配置问题引起的国家产业结构失衡、就业市场不稳定等问题,而且涵盖人才流失对国家经济、政治利益等造成的风险问题。

相关案例 8-3

日本加强留学生审查"防技术泄露"

为吸引更多留学生、推动本地高校国际化,日本在进入 21 世纪以来不断放宽留学生的录取条件。然而,2020 年,日本政府却突然推出一项新政策草案,拟加强对留学生的个人审查,强化对高端技术的保护,防止技术泄露。

据日本时事通讯社报道,日本政府推出 2020 年《统合创新战略》草案,计划正式对来日的留学生进行严格审查,接收留学生的日本高校必须向日本政府提交关于留学生的详细资料,甚至包括"学生回国后是否计划在军工企业工作"。日本政府若判定留学生存在可疑情况,将不予发放签证。而以往接收留学生的日本高校只需向出入国在留管理厅提供接收留学生的承诺书、记录学生最终学历的履历书等材料即可。加强审查的举措可能导致国际学生赴日本留学的手续更加烦琐,对现有的留学生政策造成影响,甚至让日本失去吸引优秀人才的机会。

该草案认为,目前世界各国谍报活动都十分寻常,经常发生技术情报泄露、技术人才流失等事件。日本政府将与有关地方政府联合起来,重新研究留学签证的发放条件,除加强留学签证审查外,还要促进和推动日本高校、研究机构、企业等部门强化技术信息管理体制,防止外人违法接触技术信息。此外,日本本国的研究人员在向政府等申请公共研究资金时,必须公开所接受的外国资金信息,如有虚假申报,一旦判明就会取消其所有政府资金援助。

日本在这次制定的国家改革战略中,对于如何防止先进技术泄露、保证国家安全有比较具体详细的规定。日本政府强调,国际上技术信息的管理愈发重要,大学、研究机构、企业等部门须遵照法律采取措施防止技术泄露,在接收留学生、外国研究人员时,进一步完善各部门技术信息的管理体制。

资料来源:孙秀萍.日本加强留学生审查"防技术泄露"[EB/OL].(2020-07-06)[2022-08-23].https://lx.huanqiu.com/article/3ywJj14TsqH.有删节和修改。

二、国家人才安全的相关理论

当前,理论界还少有直接针对国家人才安全问题的研究成果,作为一个研究领域,国家人才安全相关理论的研究基础目前还比较薄弱。但是,如果将研究的视野扩展开来,人才安全理论是建立在人力资本理论、劳动力流动理论和人力资本安全保障理论等相关理论的基础之上的,这些理论的发展就可以成为国家人才安全的理论基础。

(一)人力资本理论[1]

人力资本是一种能增加劳动者价值的资本,是体现在劳动者身上的、以劳动者的数量和质量表示的资本,是劳动者掌握的知识、技能和其他一些对经济社会发展有用的才能。

1. 人力资本理论的起源

人力资本思想起源于对人的经济价值的研究。最早的人力资本思想可以追溯到古希

---

[1] 赵光辉.人才发展学[M].北京:知识产权出版社,2016:169-174.

腊思想家柏拉图,他在《理想国》中论述了教育的经济价值。亚当·斯密则首先较为系统地论述了人力资本思想,他认为人力资本是一种固定资本,人一旦掌握了某种知识或技能,将终身受益,获得人力资本的主要途径是接受正规教育和非正规的经验传授,并且论述了人力资本的私有性和社会性。他的这些思想成为后来人力资本理论形成的直接源泉。随后,马歇尔明确指出,对人本身的投资所形成的资本是所有资本中最有价值的。

法国经济学家萨伊、德国经济学家李斯特和英国经济学家穆勒在各自的著作中都阐述过有关人力资本的重要思想。萨伊认为,既然劳动者的技能是通过付出一定成本获得的,并能够提高劳动者的生产率,就应该被视作一种资本,并创造了"劳动、土地、资本"三位一体公式。萨伊还认为,增加公共教育费用有助于财富的增长和社会幸福的增进,因此,国家应该大力发展建设学术机构和高等学府,以提高全社会劳动者的知识水平。李斯特在他的《政治经济学的国民体系》一书中将资本分为物质资本和精神资本两类,其中精神资本指的是个人所有的或个人从社会环境和政治环境中得来的精神力量和体力,这个概念非常类似于人力资本概念。其他对人力资本理论作出过贡献的经济学家还有美国近代经济学家费雪和边际效用学派创始人之一的法国经济学家里昂·瓦尔拉斯(Léon Walras)。费雪在其1906年出版的《资本和收入的性质》一书中率先明确提出人力资本概念。

在这些研究中,马歇尔对人力资本的论述较为经典,并为现代人力资本理论的形成提供了有力的理论依据,他认为人是生产的主要要素和唯一目标,一切资本中最有价值的莫过于投在人身上的资本。此外,他还对人力资本的基本特征及企业家人力资本等问题进行了论述。可惜的是,马歇尔虽然已经清楚地认识到人力资本的重要性,但是在实际分析中并未将人当作资本,而是认为这与市场的实际情况不一致。因此,马歇尔最终并没有将人力资本概念引入经济学分析。

早期的人力资本思想都是建立在资本导向的基础上的,认为人及其能力和获得的技能都应被包含在资本的范围之内,虽然承认对人力资本投资的重要性,但是至多是在比喻意义上认为劳动也是一种资本,从来没有真正地把它当作资本。尽管如此,早期经济学家通过对人力资本思想的研究奠定了人力资本理论研究的基础,开创了人力资本学派,他们在人力资本理论发展进程中的影响是不可忽视的,为早期人们关注人力资本尤其是人才安全问题奠定了一定的思想基础。

2. 人力资本理论的形成阶段

1960年,美国经济学家西奥多·舒尔茨(Theodore Schultz)在就任美国经济学会主席时发表题为《人力资本投资》的演说,人力资本概念才被正式纳入主流经济学,这标志着人力资本理论的正式形成。舒尔茨指出,人们获得了有用的技能和知识,这些技能和知识是一种资本状态,这种资本在很大程度上是慎重投资的结果,在西方社会,这种资本的增长远比传统资本(物质资本)要快得多。舒尔茨系统地研究了人力资本形成的方式和途径,并对教育投资的收益率以及教育对经济增长的贡献进行了定量研究。由于他的杰出贡献,他荣获1979年诺贝尔经济学奖,并被誉为"人力资本之父"。

美国经济学家雅各布·明瑟(Jacob Mincer)则重点关注收入分配领域,他在著作《个人收入分配研究》中指出美国个人收入差别缩小的变化趋势,认为这一变化趋势是人们受教育水平普遍提高即对人力资本投资的结果。之后,明瑟陆续发表了一系列文章,系统论述人力资本、人力资本投资与个人收入及其变化之间的关系,提出人力资本投资收益模型。1962年,美国经济学家肯尼斯·阿罗(Kenneth Arrow)提出"干中学"模型,把从事生产的人获得知识的过程内生于模型。他从普通的柯布-道格拉斯生产函数推导出一个规模收益递增的生产函数,并把其归结为学习过程和知识的外部效应。1964年,美国经济学家加里·贝克尔(Gary Becker)在著作《人力资本》中较为明确地阐述了人力资本概念,他认为对于人力的投资是多方面的,其中主要是教育支出、卫生保健支出、劳动力国内流动的支出或用于移民入境的支出等形成的人力资本。贝克尔从家庭生产和个人资源教育,特别是家庭时间分配角度系统论述了人力资本和人力资本投资问题。贝克尔的研究为人力资本理论提供了微观研究基础,从而使人力资本研究更具科学性和可行性。

从总体上看,人力资本理论的产生及发展使人在物质生产中的决定性作用得到复归。人力资本理论重新证明了人特别是具有专业知识和技术的高层次的人是推动经济增长和经济发展的真正动力。这一时期的人力资本理论全面分析了人力资本的含义、人力资本的形成途径及人力资本的"知识效应"。虽然人力资本在国家经济中的安全问题仍未受到足够关注,但是人力资本在经济增长中的作用得到了重视,一定程度上在国家人力资本,尤其是人才安全的管理与人才资源的配置方面形成了理论前提。

3. 人力资本理论的发展阶段

在舒尔茨、明瑟和贝克尔等人完成现代人力资本理论的创建工作以后,人力资本理论转入进一步深化发展阶段。1986年,保罗·罗默(Paul Romer)建立了一个基本与实际情况相符的经济增长理论框架——知识推进模型,除考虑资本和劳动因素外,还加进了第三大因素——知识,该模型对经济增长的解释更加合理。罗默于1990年构造了第二个经济模型,假设有四种投入:资本、劳动、人力资本和技术。他认为,特殊的知识和专业化的人力资本不仅自身能产生递增收益,而且能使资本和劳动等投入要素也产生递增收益,从而使整个经济规模收益是递增的,并保持经济的长期增长。

用人力资本解释持续经济增长的另一个著名尝试者是卢卡斯。1988年,他在《论经济发展的机制》一文中将人力资本作为独立的因素纳入经济增长模型,运用更加微观的分析技术将人力资本和技术进步的概念结合起来,形成一个新的概念——专业化的人力资本,并且认为这是经济增长的原动力。

进入20世纪90年代,理论界对人力资本在宏观经济中的作用已经有了较为充分的认识。由于人力资本是通过与企业物质资本的结合而发挥作用的,人们开始转向研究人力资本如何在企业中发挥作用的问题。人力资本是一种主动性的资本,调动人力资本的积极性对企业价值的创造至关重要,因此,对人力资本进行激励成为人力资本理论的一个主要方向。对人力资本进行激励,除了短期的现金报酬激励,长期的股权激励显得越来越重要。约翰·加尔布雷思(John Galbraith)、利夫·埃德文森(Leif Edvinsson)、托马斯·斯图尔特(Thomas Stewart)等学者认为,如果人力资本产权[①]遭到破坏,则人力资本产权将立即贬值或荡然无存。随着人力资本理论以及产权理论的发展,重视企业人力资本产权是大势所

[①] 人力资本产权是在市场交易过程中,人力资本所有权及其派生的使用权、支配权和收益权等一系列权利的总称,本质上是人们社会经济关系的反映。

趋。其中,企业家人力资本是企业中最具能动性的人力资本,在企业经营活动中发挥着最关键的作用。

总的来看,人力资本理论将对一般的技术进步和人力资源的强调变成对特殊的知识即生产所需要的"专业化的人力资本"的强调,从而使人力资本的研究更加具体化和量化,极大地发展了人力资本理论,也使人们在实践中正确认识了人力资本在经济增长中的作用。人力资本理论的发展极大地促进了国家对人力资本安全问题的关注,各国从加强教育、制定引进人才策略、建立人才安全保障体系等方面,逐渐将人才群体在国家经济中的安全问题置于重要地位。

(二) 劳动力流动理论

劳动力流动理论系统分析了人口迁移行为的动机,为国家了解与掌握人才流动机制、制定人才引进和防止人才流失等保障国家人才安全的策略提供了理论基础。

1. 推拉理论

推拉理论认为,从运动学的观点来看,劳动力流动与否取决于流出地的推力和流入地的拉力两种力量的共同作用。推力是指流出地不利于生存和发展的排斥力,如政治不稳定、生态环境恶化、经济环境不景气等;拉力是指流入地对个体的吸引力,如良好的教育、新的工作机会、包容多元的文化等。推拉理论包含着两个假设:第一,人的迁移行为是经过理性思考的选择;第二,迁移者对原住地及目的地信息有某种程度的了解。人们出于对客观环境的认识,加上主观的感觉和判断,最后才决定是否迁移。

推拉理论源于19世纪末英国学者厄恩斯特·莱温斯坦(Ernst Ravenstein)的迁移定律,迁移定律总结了人口迁移的结构、空间与机制,提出人们是为了改善自身的经济状况而进行迁移。而后美国学者埃弗里特·李(Everett Lee)又系统总结了推拉理论,他将人口迁移因素分为四种,分别是迁出地因素、迁入地因素、中间阻碍因素和个人因素。推拉理论学说的理论形态并不深刻,本质上属于归纳而并非以抽象的理论层次演绎,只是借用力学的概念而没有提出具体的数学模型进行量化。虽然推拉理论在解释人口迁移的动因方面比较形象,但就各国的具体情况而言,其并不能完全解释各国的人口迁移实际情况。主要原因包括:一是忽视个体的主观能动性,将个体空间迁移行为视为被动接受的"推"和"拉";二是难以解释原来的推拉因素发生变化后,个体流动行为却没有停止的现象;三是难以回答在相同的推拉因素作用下,为什么同一群体中的个体有不同的行为选择。随着研究的深入,之后的理论研究开始细化,更为关注个体的因素、推力与拉力的作用条件等方面。

2. 成本收益理论[①]

成本收益理论源于发展经济学家威廉·刘易斯(William Lewis)的研究模型,从经济学的角度分析了劳动力迁移的动因。成本收益理论认为,理性的个体会权衡跨区域流动的成本与收益情况,当迁移收益显著高于迁移成本时,个体就会向收益更高的地区流动。迁移成本是指为了进行迁移而支出的各种直接成本和机会成本,迁移收益则是指迁移到新的工

---

① 马彩凤.区域人才流动的经济效应研究[M].北京:人民交通出版社,2019:19.

作环境、得到新的工作机会而增加的收入。总之,个人的迁移行为决策取决于迁移的(预期)净收益:

$$PV = \frac{M_j - M_i}{R_{di}} - G_{ij} \tag{8-1}$$

式中,PV 为迁移者的净收益,M_j、M_i 分别代表迁移者在迁入地和迁出地的实际收益,R_{di} 为迁移收益的贴现率,G_{ij} 为从迁出地到迁入地所支出的费用。

从公式可以看出,只有当 $PV>0$ 时,个体才会选择迁移;如果 $PV\leq 0$,个体就会觉得迁移不划算,便不会选择迁移。因此,在这种框架下,可以把迁移视为回报高并且能够促进经济增长的投资。从这个角度看,个体流动也可以被视为一种人力资本投资的行为。

在成本收益理论模型中,除劳动力市场外,其他要素市场均被假设为无缺陷和运行良好状态,而且被假设为对个体迁移决定不起任何作用。该理论主要从经济角度解释劳动力的流动,毫无疑问,经济因素是劳动力流动的重要影响因素,但是并非唯一因素,甚至对很多个体而言,并非主要原因。在现实世界中,政治、文化、社会、心理等多种因素都会影响劳动力的决策,甚至比经济因素的影响更大,因此,该理论也存在显著的局限性。

3. 人才集聚相关理论[①]

在劳动力流动过程中,部分地区吸引大量优秀人才流入,成为流动人才的汇聚地。20世纪70年代,美国经济学家理查德·塞勒(Richard Thaler)的人才集聚动因理论认为,人才集聚存在五大动因:①创造性工作的丰富性,即高质量、创新性工作机会的多少;②企业家对才能的集聚能力,由企业家精神决定;③重视知识的消费市场,由地方消费者观念、新产品接受程度以及本地市场规模和潜力决定;④重视知识的供给商,由市场供给、经纪人或中介机构的水平、数量以及雇主的识才用才能力决定;⑤职业发展空间,由区域发展前景及职业发展前景决定。

传统观点认为,区域对人才的吸引力主要来自当地能够提供的工作、薪酬和发展的机会,即重视经济收益因素与人才需求的匹配度。而美国学者丹尼尔·奥尔特曼(Daniel Altman)的舒适理论则认为,生活舒适度是促进人才集聚效应的重要因素。生活舒适度理论可以很好地解释一些高层次人才选择工作目的地的基本动机,高层次人才对高品质生活和工作家庭平衡有更高的追求。因此,区域的教育水平、社会管理水平、医疗卫生体系、气候环境、社会文化等因素对人才的流入与集聚有更大的影响。

4. 新迁移经济学理论

新迁移经济学理论诞生于20世纪80年代,该理论是在新古典经济学理论的基础上发展而来的,与新古典经济学理论认为"除劳动力市场外的其他要素市场对迁移行为不起任何作用"的假设不同,新迁移经济学理论认为,正是由于其他要素市场的失效威胁到家庭物质生活水平的提高,才产生了许多阻碍人们在经济上获取更多发展的因素,从而导致人们希望通过国际迁移来改变。

新迁移经济学理论进而指出,事实上,在大多数国家,尤其是在发展中国家,家庭为了

[①] 刘霞,孙彦玲.国家人才安全问题研究[M].北京:中国社会科学出版社,2018:20-21.

规避在生产、收入方面的风险,或为了获得资本等稀缺资源,会将家庭中的一个或多个成员送到国外的劳动力市场。这种观点认为,人们的集体行动会使预期收入最大化和风险最小化。新迁移经济学派的这一理论日益被许多发展中国家的现状所证实。在发展中国家,许多贫困家庭常常有意识地使用国际迁移来合理规划家庭劳动力的分布。例如,在多米尼加、波多黎各、菲律宾和墨西哥等发展中国家和地区,一些家庭中同时有在国外工作的家庭成员、在国内工作的家庭成员,以及存在家庭成员从事不同经济活动的现象。

5. 社会网络理论

社会网络理论研究既定的社会行动者(包括社会中的个体、群体和组织)所形成的一系列关系和纽带,将社会网络系统作为一个整体来解释社会迁移行为。社会网络理论认为,以地缘、血缘、亲缘等关系为基础构建的社会网络会影响劳动力的流动。社会网络可以通过直接和间接的方式为个体提供丰富的物质资源、情感支持、信息资源等,因此社会网络可以降低个体流动的风险和成本。流出人员可以与非流出人员在一个责任与义务互惠的网络中联系,从而成为一个来往于流出地与流入地之间的有形资源与无形资源的搬运者。社会网络理论跳出了经济性因素的限制,充分考虑了社会关联、情感关系等因素的影响,更加充分地阐述了个体流动的动力机制。

(三)人力资本安全保障理论[①]

针对人力资本国际流动给流出国尤其是发展中国家流出国带来的种种安全问题,许多专家学者提出了减少人才流失不良影响的政策主张,具有代表性的是英国学者达林顿·芒顿德(Darlington Mundende)的四个措施和美国学者贾格迪什·巴格瓦蒂(Jagdish Bhagwati)等人的补偿理论。

1. 芒顿德的四个措施

芒顿德提出四种不同的应对措施,分别是预防性措施、限制性措施、恢复性措施和补偿性措施。

预防性措施是指发展中国家采取积极的人力资源开发和利用政策,通过大力发展本国经济、改善社会人文环境等措施吸引、留住本国人才。例如,大力发展国民经济,为专业人才提供更多就业机会,创造出一个宽松的政治和社会环境,让人们心情舒畅地工作;为专业人才提供必需的环境和设备,并给予必要的物质和精神刺激等。

限制性措施是指发展中国家为了留住人才而对人才及其家属的流出设置种种障碍。例如,制定苛刻的出国条件,限制家属随行外流,制定滞留不归的惩罚措施等,并尽量阻止外流信息的进入和传播,以加大人才外流的难度和成本。

恢复性措施是指人才流出的发展中国家与人才流入的发达国家进行国际合作,使从发展中国家流出的人才在国外度过一定的学习和工作时间后,返回母国。

补偿性措施是指人才流出的发展中国家与人才流入的发达国家进行国际合作,让凝聚了母国大量投资的外流人才通过缴纳特种税等方式对母国进行补偿,受益的发达国家通过

[①] 赵莉.全球化条件下的人力资本安全[J].新视野,2003(6):56-57.

经济技术援助等方式补偿发展中国家。

实践证明,上述各项措施的推行均有很大难度,有的甚至无法实施。预防性措施是可行的,是发展中国家依靠自身就可以实施的,但它需要以本国经济的良性发展为基础,需要从管理制度、运行机制、社会观念等多方面综合治理,是一个系统工程,效果的显现需要一定时间。限制性措施是发展中国家消极被动的应对方法,这种方法一方面与当前世界经济全球化发展的大趋势不吻合,另一方面实施效果并不理想,虽然在一定程度上缩减了外流人才的规模,但并不能完全扭转这一不良局面,甚至还会产生一部分外流人才因付出过高的外流成本而选择不返回的现象,进一步降低了外流人才回流的可能,也降低了他们在海外与国内进行有益交流的意愿。正因为如此,巴格瓦蒂指出,限制性措施带来的问题比它解决的问题还要多。恢复性措施要求发达国家与发展中国家合作,敦促、监督外流人才在流入国滞留一定时间后必须返回母国。这一措施必然加大发达国家利用国外人才的成本,并且具体操作方法也较为复杂,显然很难实施。补偿性措施要求外流人才和受益国对发展中国家因人才外流所受的损失予以补偿,这一建议较为合理,也可以推行,所以受到发展中国家的广泛认同。

2. 巴格瓦蒂等人的补偿理论

巴格瓦蒂针对发展中国家人才流失至发达国家的现象,曾提出由发达国家向所获人才征收所得附加税,然后将所收税款转交给母国的措施。也有一些学者认为,由有关的发达国家和发展中国家缔结双边补偿协议,据此一次或分期支付经粗略估算的款项更为简便易行。发达国家还可以提供若干间接的或非货币的补偿,包括向相关发展中国家派遣所需专家、给予较优惠的贸易待遇和投资待遇、提供或增加援助等,以适当弥补发展中国家的损失。不过,在旧的国际经济秩序尚未打破、发达国家一心谋求本国利益最大化的时代背景下,这一建议仍然很难推行。总之,减少人才流失的损失还要依靠发展中国家自己。因此,只有预防性措施才是最现实可行的。

相关案例 8-4

《2022 年世界移民报告》:国际移民总体情况

经济在朝着全球化发展,世界越来越小,世界各国的联结也越来越密切,国际移民影响着世界经济、社会、安全等多个方面。随着全球化的日益深入,移民对国家和居民的影响比过去的任何时候都要深刻。

从世界总体移民流动情况来看,1970—2020 年间,国际移民人数不断增加。如图 8-3 所示,2020 年,近 2.81 亿人居住在出生国以外的国家。国际移民占全球总人口的比重也有所增加,由 1970 年的 2.3% 增长至 2020 年的 3.6%。国际劳工组织的统计数据表明,2019 年,全球约有 1.69 亿出国就业的移民工人,占当时全球 2.72 亿国际移民总数的近 2/3 (62%),大量跨国流动的劳动力人口给出生地和流入地的劳动力市场安全管理带来挑战。

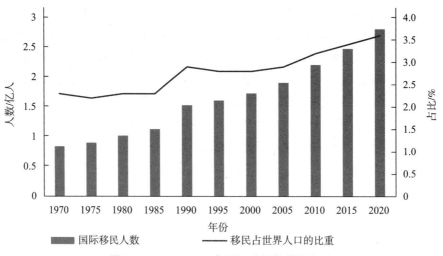

图 8-3　1970—2020 年国际移民数量及比重

从国际移民流入地的分布看,由表 8-5 可知,1995 年,前五大国际移民流入地分别是美国、俄罗斯、德国、印度和法国,2020 年,前五大国际移民流入地分别是美国、德国、沙特阿拉伯、俄罗斯和英国,其中,俄罗斯、印度和法国排名降低,沙特阿拉伯和英国跻身移民流入地前列。数据显示,2020 年美国吸引的国际移民量达 4 343 万人,远超第二名德国的 1 422 万人,是名副其实的国际移民流入第一大国。值得注意的是,1995—2020 年,德国、沙特阿拉伯、英国等地移民流入量占比大幅上升,大规模的移民流入对当地的劳动力市场就业管理、工资和福利制度等形成一定挑战。

从国际移民流出地的分布来看,由表 8-6 可知,1995 年前五大国际移民流出地分别是俄罗斯、印度、墨西哥、乌克兰、孟加拉国,2020 年,前五大国际移民流出地分别是印度、墨西哥、俄罗斯、中国、孟加拉国,其中,俄罗斯、乌克兰排名降低,中国跻身移民流出地的前列。数据表明,2020 年,印度移民流出量为 1 779 万人,是人口流失第一大国,俄罗斯的人口流失情况有所改善。1995—2020 年,波兰、乌克兰、菲律宾等地移民流出量和移民流出量占本地人口的比重均大幅上升,大规模劳动力流失加剧了信息和技术外流对国家安全造成的威胁。

表 8-5　1995 年和 2020 年前 20 名国际移民流入地流入数量及占本地人口比重

1995 年			2020 年		
国家(地区)	移民流入量(百万人)	占比(%)	国家(地区)	移民流入量(百万人)	占比(%)
美国	24.60	9.3	美国	43.43	13.1
俄罗斯	11.91	8.0	德国	14.22	17.0
德国	7.28	9.0	沙特阿拉伯	13.00	37.3
印度	6.69	0.7	俄罗斯	11.58	7.9
法国	5.96	10.3	英国	8.92	13.1

（续表）

1995 年			2020 年		
国家（地区）	移民流入量（百万人）	占比（%）	国家（地区）	移民流入量（百万人）	占比（%）
乌克兰	5.77	11.3	阿拉伯联合酋长国	8.43	85.3
沙特阿拉伯	4.94	26.5	法国	8.09	12.4
加拿大	4.69	16.1	加拿大	7.81	20.7
澳大利亚	4.11	22.9	澳大利亚	7.41	29.1
英国	3.99	6.9	西班牙	6.63	14.2
哈萨克斯坦	2.89	18.3	意大利	6.13	10.1
巴基斯坦	2.46	2.0	乌克兰	4.57	10.4
中国香港	2.09	34.4	印度	4.48	0.3
科特迪瓦共和国	2.02	14.2	泰国	3.53	5.1
阿拉伯联合酋长国	1.78	73.6	哈萨克斯坦	3.39	18.1
意大利	1.70	3.0	马来西亚	3.08	9.5
以色列	1.55	29.5	科威特	2.98	69.8
约旦	1.53	33.4	中国香港	2.85	38.1
阿根廷	1.51	4.3	约旦	2.69	26.4
乌兹别克斯坦	1.43	6.3	日本	2.49	2.0

表 8-6　1995 年和 2020 年前 20 名国际移民流出地流出数量及占本地人口比重

1995 年			2020 年		
国家（地区）	移民流出量（百万人）	占比（%）	国家（地区）	移民流出量（百万人）	占比（%）
俄罗斯	11.38	7.1	印度	17.79	1.3
印度	7.15	0.7	墨西哥	11.07	7.9
墨西哥	6.95	7.0	俄罗斯	10.65	6.8
乌克兰	5.60	9.9	中国	9.80	0.7
孟加拉国	5.37	4.5	孟加拉国	7.34	4.3
中国	4.70	0.4	巴基斯坦	6.14	2.7
英国	3.61	5.9	乌克兰	6.05	12.2
巴基斯坦	3.33	2.6	菲律宾	6.01	5.2
哈萨克斯坦	3.30	17.2	波兰	4.82	11.3
意大利	3.20	5.3	英国	4.62	6.4
德国	3.04	3.6	印度尼西亚	4.58	1.6
土耳其	2.73	4.5	委内瑞拉	4.49	13.6

(续表)

1995 年			2020 年		
国家(地区)	移民流出量(百万人)	占比(%)	国家(地区)	移民流出量(百万人)	占比(%)
菲律宾	2.43	3.4	哈萨克斯坦	4.20	18.3
印度尼西亚	1.93	1.0	罗马尼亚	3.98	17.1
葡萄牙	1.91	15.9	德国	3.85	4.4
摩洛哥	1.88	6.5	埃及	3.57	3.4
波兰	1.76	4.4	土耳其	3.28	3.7
白俄罗斯	1.74	14.7	摩洛哥	3.25	8.1
韩国	1.68	3.6	意大利	3.25	5.1
阿富汗	1.67	8.5	越南	3.07	3.1

资料来源：International Organization for Migration. World Migration Report 2022[R]. Geneva：IOM，2022.

三、国家人才安全的识别、预警与保障

(一) 国家人才安全的识别与预警

1. 国家人才安全的识别

国家人才安全识别是指在人才安全问题发生之前，综合运用各种方法系统、连续地认识国家所面临的各种人才风险问题，以及分析人才风险事故发生的过程或步骤。

国家人才安全识别是国家人才安全管理的基础与前提，国家人才安全识别的根本任务是识别人才安全问题的类型和风险源，即导致人才安全问题的根源和驱动因素，进而采取可靠的预警和保障措施。

国家人才安全识别的内容具体如下：

(1) 人才流失状况。一般来说，分析国家整体和细分领域的人才流入、流出水平是否基本保持一致，是判断人才流失状况的关键。例如，若国家某一行业的人才流出量远高于人才流入量，则说明国家人才安全系统出现了问题，可能会对未来国家经济安全产生不利影响。

(2) 人才数量、质量和结构。一方面，通过分析与对比国内与其他国家的人才数量、质量和结构状况，识别一国人才数量、质量和结构是否存在安全问题，如对比分析人才储备量、不同类型的人才考核评判标准、人才资源在不同行业及不同地区之间的配置状况等；另一方面，通过人才市场供求状况来识别人才数量、质量和结构是否存在安全问题，若人才数量无法满足市场需求，人才质量无法满足经济高质量发展需求，人才结构无法推动与促进产业结构优化等，则说明当前人才培养模式、人才资源配置过程中存在潜在安全问题。

(3) 人才管理。人才管理是指对影响人才发挥作用的内在因素和外在因素进行计划、组织、协调和控制的一系列活动，具体包括人才的预测、规划、选拔、任用、考核、奖惩等。一般来说，以是否充分调动人才积极性、是否充分开发人才的潜在能力为人才管理安全问题

的识别依据,力求"人尽其才,才尽其用"。

2. 国家人才安全的预警

国家人才安全预警是指通过分析国家人才安全状态,利用现代化的信息手段建立国家人才安全的预警指标体系,以提前发现、分析和判断人才流动、培养、组织与管理中存在的问题,并及时作出警示和调控的管理活动。

人才队伍建设及人才政策的确立必须具有前瞻性,国家人才安全预警可以对人才队伍的需求和流动等动态变化精准预见、作出预测、发起预警,为人才的使用、吸纳和培养提供更科学的参照系。一般认为,国家人才安全预警是在国家人才安全问题识别的基础上,利用先行指标和发展趋势预测人才未来的发展状况、度量未来的人才风险强弱程度,一旦发现指标偏离正常安全范围,系统会及时发出预警信号,并通知决策人员及时采取应对措施以规避人才风险,减少损失。

国家人才安全预警由人才信息采集系统、人才信息处理系统、人才预警决策系统三个子系统组成。人才信息采集系统主要采集人才数量、人才培养质量、人才年龄结构、人才专业结构、人才整体需求状况等人才信息和数据;人才信息处理系统对采集到的人才信息进行筛选、整理、录入、分析;最后由人才预警决策系统给出处理意见。

(二) 国家人才安全的保障机制

随着经济全球化进程的加速,人才争夺成为一场没有硝烟的战争。当今和未来世界的竞争,从根本上说是人才的竞争。能否从制度机制上吸引和凝聚各方面的人才特别是高素质的人才,以人为本,营造人才辈出、人尽其才的良好环境,把丰富的人力资源转化为人才资源优势,在很大程度上决定着国家未来发展的前途。而在一切应对措施中,构建国家人才安全保障机制是国家人才安全结构性变革的重要手段。

人才安全保障机制,就是在遵从动态性、开放性、系统性原则的基础上,构建一种使人才个体或人才集体的素质、创造力和影响力得以发展和提高的科学合理机制。人才安全保障机制强调的是在符合人才发展规律的基础上,通过人才选拔、使用、培养、流动、管理等各个环节上所形成的结构性、层次性的系统规则安排,达到人才作用发挥的稳定和持久。人才安全保障机制的重要性在于,它是一个由结构性规则组成的体系,以保证人才的吸引、选拔、激励、流动、管理、评价、成长等方面的健康、稳定和良性发展。国家人才安全保障机制就是要保障国家内部整体的人才素质、创造力和影响力的不断发展和增强。

构建国家人才安全保障机制要遵循两个原则:第一,动态和开放的视角。要以动态和开放的视角看待国家人才安全问题,当国家内部拥有的人才素质、能力和创造力不能满足国家发展的需求时,国家就要培养与引进新知识、新技术,不断更新人才,组建新的人才团队。人才培养、管理、配置和更新都是国家人才安全保障机制所要遵循的内在要求。第二,多维度视角。构建国家人才安全保障机制要从国家安全、国家战略实施、经济发展、产业结构优化和劳动力市场稳定等多方面、多维度把握,不能只关注单一维度的问题。例如,不能由于在国家机密岗位工作、掌握国家核心技术的人才流失导致了相关人才安全问题,就单纯地认为存在国家人才安全问题。

国家人才安全保障机制主要包括人才流动机制、人才吸引机制、人才培养机制和人才管理机制。其中,人才流动机制起着保证人才系统不断更新和发展的作用;人才吸引机制为人才系统提供新鲜血液供给,起着为系统供血的作用;人才培养和管理机制用以保证人才系统功能的发挥,是国家人才安全保障机制的核心。

1. 人才流动机制

建立科学的人才流动机制需要从多方面考虑人才流动的动因。根据劳动力流动理论,人才流动的原因可以从时间和空间两个方面来考虑。从空间的角度来看,人才流动有其社会因素和个人因素,社会因素主要表现为经济环境、行业发展前景、市场竞争形势等因素,个人因素主要表现为家庭、性格、职业适应性、个人成就感等。从时间的角度来看,人才流动的因素在社会不同发展阶段有所不同,具体表现为国家对人才的要求和需求不同、不同发展时期个体的生存与发展需求存在变化等。

从安全视角出发的人才流动机制的构建需要从两个层面进行,即兼顾个人发展的需求和国家集体发展的需求。一方面,充分尊重人才自身流动的需求,满足个体人才发展需求,即尊重人才流动的自主权、促进人才资源的合理配置和开发使用等;另一方面,满足人才合理流动需求的同时,需兼顾国家、社会和集团的发展需求。要保证人才流动的安全,国家、社会和集团就需要在制度上制定既符合个体人才发展需求又满足一定社会团体发展需求的人才流动机制。

2. 人才吸引机制

吸纳人才在于环境,留住人才也在于环境。人才吸引机制是一项系统性工作,吸引人才的关键在于培育引才环境。不论什么样的环境,都要造就一个吸引人才的时空,以时空优势换得人才,一个国家要吸引人才就需要在一定区域内形成吸引人才的相对优势或集中优势。在全球人才流动的格局中,处于较低发展阶段的国家面对发达国家采取的招收留学生、研究机构招聘人才、企业大量引进人才、跨国公司到其他国家办企业或设立研究机构等人才争夺手段,可能在一定时期内会处于人才吸引的相对劣势地位。但是,人才流动并不完全是由经济因素主导的,政治、文化、民族心理等因素也是至关重要的。

吸引人才与留住人才要遵循两种方式:第一,计划的方式,即人为地创造一定的时空环境,如较好的物质待遇、事业环境等,计划的方式是针对自身不具有相对优势的领域和行业而采取的措施。第二,市场的方式,即人才到此地才能够更好地满足需求。发达国家不可能在所有方面都胜人一筹,也具有相对的弱势。发展中国家不可能自然而然地形成吸引人才的优势环境,就需要更多人为的计划造势,造就一个相对有吸引力的环境。但一旦形成吸引人才的"气候",发展中国家就可以以市场为主、以计划为辅实施其人才吸引计划。

3. 人才培养机制

人才问题归根结底是围绕"人才怎样产生"这一问题展开的。人才培养机制是培养人才应遵循的一种相应规律,即通过探索内部组织和运行变化的规律、遵循相应的规律和采用相关的手段,推动人才培养系统平稳运行,以实现人才安全的目标。人才培养问题的核心是教育,国家利用各种力量提高对教育的重视程度,提升教育的质量,加大教育改革的力度,改善教育中存在的应试过多、创新不足等问题,才可以造就较好的人才队伍。人才培养得好,对国家、集体、个人都有利,对国家来说就是最大的安全;学非所用,用非所长,对国家、集体和个人都是损失,也可能产生许多不必要的浪费和社会矛盾。相比人才的流动与吸引方面的安全,人才培养是直接涉及人才安全的关键问题。

能否培养出有更高素质、创造力和影响力的人才,关键在于人才培养机制是否科学合理。人才培养机制要对不利于知识经济时代创新人才的培养模式予以革除,创建新的人才培养机制,将以培养掌握和运用知识能力为主的传统人才培养方式转变为以培养自学能力、思维能力和创造能力为主的人才培养方式。人才培养机制是科学的人才安全机制最为重要的部分。在这一思想下,人才的创造力、影响力得以发挥,能形成一定的、可立即投入使用的人才队伍后备力量,在人才培养过程中形成和更新人才队伍,这同时也构成了人才队伍新陈代谢的动态更替机制。

4. 人才管理机制

人才管理的水平和方法对能否凝聚人才、发挥人才的积极性具有重要影响。建立现代人才管理机制,不仅需要进行国家内部人才资源的整合,而且必须将管理延伸至外部人才资源的整合,以便更大限度地挖掘和利用各种潜在的人才资源。

现代人才管理机制重点围绕以下两大关系找准平衡点,处理不同利益主体之间的关系:

第一,国家利益与个人利益的关系。从国家利益角度看,人才安全管理工作意味着对影响国家安全和公共安全的特定领域内的关键岗位或特殊岗位上人才的流动加以监控,避免和减少在人才流动与使用中出现隐患。而从个人利益角度看,个体希望人才可以在人力资源市场充分、自由地流动,以实现个人利益和价值最大化。因此,协调国家利益和个人利益的关系是人才管理机制要落实的重点之一。

第二,扩大开放与限制保护的关系。从扩大开放角度看,人力资源市场扩大开放、增进区域间人才流动是大势所趋,符合经济社会发展规律的趋势,但是,扩大开放同时也可能导致核心技术人才外流、本土人才就业机会降低等人才安全问题。从限制保护角度看,人力资源市场尤其是人才市场的限制保护措施,仍是许多国家在特定时期基于特定目的进行自我保护的管理举措。因此,根据国家社会内外部发展情况,适时调整扩大开放与限制保护的关系是人才管理机制的另一重点。

机制作为一定社会系统的制度、规则、习惯、办法等的总和,其运动变化取决于社会系统的变化。人们的生活方式、行为方式一直在变化之中,因此,人才管理机制也应该不断调整与完善。任何一种机制都不是十分科学、十分完美的,都是在社会生活和人才管理的实践中逐步形成与完善的,都是作为主体的人才管理者在人才管理的实践中不断发现弊端并随时调整、完善的结果。

第三节 国家粮食安全

一、国家粮食安全的提出与重要性

(一) 国家粮食安全提出的背景

1. 早期粮食安全问题的出现

粮食安全问题在人类历史上一直存在,但直至20世纪才引起了国际上的广泛关注。

早在第二次世界大战时期,鉴于保障粮食供应对战争局势的巨大影响,粮食问题已经引起部分国家关注。1943年,在美国总统富兰克林·罗斯福(Franklin Roosevelt)的提议下,45个国家的代表于美国举行了同盟国粮食和农业会议。会议决定成立一个粮食及农业方面的永久性国际组织,并起草了《粮食及农业组织章程》。1945年,粮食及农业组织正式成立,该组织与联合国签署协定,联合国粮食及农业组织(Food and Agriculture Organization of the United Nations, FAO)成为联合国的一个专门机构,简称"粮农组织"。

20世纪后半叶,经济、科技都呈现出惊人的发展和进步。但是,伴随着经济的发展和人口的增长,世界粮食需求不断增加。根据联合国预测,2050年全世界总人口将增至93亿,随着人口的不断增长,预期粮食需求将继续大幅增长,而粮食生产则可能由于耕地的减少、气候的变化、城镇化的进一步推进等新旧因素的影响而充满诸多不确定性,粮食安全成为国际社会的普遍议题。

2. 粮食安全定义的提出

20世纪70年代初,连续几年的恶劣气候和自然灾害导致世界范围内的粮食歉收,主要粮食生产国或出口国的粮食产量大幅下降。世界范围内粮食供求关系出现异常紧张状态,从而引发了第二次世界大战后最为严重的粮食危机。1972年世界谷物库存1.75亿吨,而人口占世界人口约3/4的发展中国家只有5 400万吨,仅占31%,1973年和1974年世界谷物库存量分别占消费量的15%和14%,世界粮食形势十分严峻。国际上通用的"粮食安全(Food Security)"一词,就是在这样的背景下首次提出的。1974年11月,粮农组织在罗马召开第一次粮食首脑会议,在会上通过了《世界粮食安全国际约定》,并第一次提出粮食安全的定义,即"保证任何人在任何时候都能够得到为了生存和健康所必需的足够的食品"。

20世纪70年代的粮食危机使国际认识到粮食安全问题的重要性。粮食安全问题受到持续关注,其概念也在持续更新和丰富。1983年4月,粮农组织粮食安全委员会通过了粮食安全的新定义,其内容为"粮食安全的最终目标应该是,确保所有人在任何时候既能买得到又能买得起他们所需要的基本食品"。这个新定义包含三个具体目标:一是确保能够生产出足够的粮食;二是最大限度地稳定粮食的供给;三是确保所有需要粮食的人都能获得粮食。这一定义目前得到了国际社会的普遍认可。

3. 粮食安全概念的完善

1996年11月,在第二次世界粮食峰会上,粮农组织对粮食安全内涵进行了新的表述,"只有当所有人在任何时候都能在物质上和经济上获得足够、安全和富有营养的粮食,来满足其积极和健康生活的膳食需求及食物爱好时,才实现了粮食安全"。这一概念在之前的基础上又加入了营养需求,体现了人们不仅要求粮食在数量上满足基本生存的需要,而且对食物的质量提出了更高的标准和要求。这意味着保障国家粮食安全,不仅强调粮食供给的充足性,还需要满足多层面的要求。

进一步来看,国家粮食安全即国家层面的粮食安全,是以一个国家为主体考虑粮食安全问题,即如何保障国家粮食安全。具体而言,从宏观角度看,国家粮食安全考虑的是国家粮食生产、储备和贸易的安全问题,即通过国内生产以及进口等策略是否能确保国家有足够数量的粮食供给;从微观角度看,国家粮食安全考虑是否能确保国内所有人民都能获得所需要的粮食。

粮食安全包括世界、国家和个人粮食的安全,这是一个纵向的概念。世界粮食安全指的是全世界粮食总供给是充足的,能够提供足够的粮食以持续养活世界人口。国家粮食安全指的是国家有充分的粮食供给,使国内人口平均保持一个合理的消费水平。家庭和个人层面的粮食安全,指的是确保家庭以及个人能够获得足够的食物以及足够有营养的膳食。随着粮食安全内涵的丰富,微观层面上的粮食合理利用、营养搭配和食物偏好等问题也逐渐被纳入粮食安全范围。

需注意"粮食"一词在不同语境下的含义有区别。将谷物、豆类和薯类的集合称为"粮食"的说法仅存在于中国。世界上的"粮食",狭义上是烹饪食品中各种植物种子的总称,即谷物,广义上指食物,即能满足人的正常生理活动需要并能够使人的寿命得以延长的物质。国际上的"粮食安全"本质上对应的是"食物安全"。为表述方便,本章采用"粮食"一词来叙述相关问题。

(二)国家粮食安全的重要性

1. 粮食安全是国家安全的基石

粮食安全是国家安全的基石,是促进经济发展、社会稳定的重要基础。维护国家粮食安全是涉及国家主权的大事,是近代国际政治博弈的热点,也是国际政治斗争的武器。粮食是关系国计民生和国家经济安全的重要战略物资,倘若粮食受制于人,必然会被其他国家牵制。大国发展规律也证明,真正强大的国家一定有能力解决自己的吃饭问题。掌握粮食安全主动权,才能在世界上稳定立足。

2007年世界粮食危机爆发的根本原因就是许多国家粮食主权的丧失。在危机发生之前的很长一段时间,国际粮价一度保持低位运行,一些国家便认为,随着国际农产品贸易壁垒不断降低以及运输成本下降,国际粮食供应将长期保持充足。因此,不少发展中国家专注于本国工业和服务业的发展,习惯性地从国际市场采购廉价粮食以满足需求,依赖便宜的进口粮食来替代国内生产。在进口的廉价粮食面前,本国农业受到廉价农产品的冲击,农民纷纷离开农村进入城市,农业产业逐渐萎缩和凋敝,从而使国家丧失粮食自给能力和在国际市场上的竞争力。

由于全球经济的不稳定性、不确定性,国际市场粮食格局随时可能发生改变。同时,粮食等农产品是人类生产与发展的必需品,消费需求弹性极小,供求两端任何微小的变化都可能会产生剧烈的价格反应。一旦世界粮食供求关系发生改变,粮价急剧升高,本国财政购买力可能就无法从国际粮食市场获得足够的粮食,维持自身粮食保障。此时,由于本国已经失去基本的粮食供给能力,国内极有可能产生粮食危机,造成人民饥饿和社会动荡。政府负债大幅度增加,人民忍饥挨饿,通货膨胀基本失控,经济社会动荡不安。因此,不能掌握自身国家粮食安全,在国际格局突变时,一国就容易产生动荡,国家经济安全就会受到威胁。

2. 粮食安全是世界和平与发展的重要保障

如今的世界已成为一个整体,牵一发而动全身。只有实现各个国家的粮食安全,才能最终达成全世界的粮食安全。2007—2008年,粮食出口限制等因素引起粮食价格危机,世界上不少国家都被卷入其中。各国主要粮食价格都出现不同程度的上涨,社会民众生活水平有所下降。在传统的粮食匮乏的国家和地区,如撒哈拉沙漠以南的非洲国家,粮食危机的影响最为严重。即使是那些可以自给自足,甚至可以提供粮食出口的主要粮食生产国,也出现了粮食价格暴涨和供给不足的情况,从而迫使政府采取措施限制粮食出口。此外,受粮食危机的波及,一些粮食生产和出口大国也曾出现局部粮食抢购的现象。

对于缺乏粮食的国家,粮食危机威胁着人们的生存,关乎国家乃至国际的社会稳定。对于粮食出口国,粮食危机导致政府被迫采取限制政策,不利于国际贸易和全球经济交流的发展。如果不能尽早应对世界性粮食危机,世界极有可能坠入贸易限制、主要食品价格上涨和饥饿的下行螺旋,严重危害世界和平与发展。

3. 粮食安全是实现人类基本权利的基础

人的基本权利涵盖丰富的内容,包括生存权、发展权、健康权等。生存权指人与生俱来就有维持基本生存的权利,是其他人权实现的基本前提,而粮食提供了人们生存所必需的能量和营养,是人类生存最基本的需求品,生存权的实现以粮食安全保证为基础。因此,所有这些基本权利的实现都离不开粮食安全。

"粮食权"的概念最早在《世界人权宣言》中出现。《经济、社会和文化权利国际公约》中详细规定,缔约各国应当视情况采取必要的措施或者经由国际合作采取必要的措施,以确保人人享有免于饥饿的基本权利。据此,粮食权在国际社会并不只被认为是一种施予或帮助,而是被视为一项基本人权。目前世界上已有近二十个国家把公民的粮食权列入国家宪法,从根本上承认公民有免受饥饿的权利。

粮食权与粮食安全在概念上存在区别,但关系密切。粮食安全的目标就是保障人人有饭吃,即保证每个人的粮食权。维护每一个社会成员的生存权,首先要从维护粮食安全做起。在个人食物方面获得最低的满足,不仅是维持一个人生命的必需,更是基于人性尊严的考量。每个国家都有义务确保本国公民获得最低标准的、足够的、安全的、营养的食物,以确保其免于饥饿。

相关案例 8-5

2007年爆发的世界性粮食危机

2007—2008年,全球经历了粮食危机,主要表现是全球范围内农产品价格发生普遍性上涨。

2010年国际食物政策研究所(International Food Policy Research Institute)发布的反思全球粮食危机的报告中,对2007—2008年粮食价格危机的根源作出了解释。报告指出,全球粮食危机是由多项因素导致的,包括能源成本增加、生物燃料需求增长、美元贬值、出口限制导致的贸易冲击、惶恐抢购以及不利天气等。

原因之一是极端天气影响了粮食产量。2005—2008年,极端天气频发。美国受到卡特里娜飓风的袭击和中部南部热浪的影响,小麦、玉米、大豆产量频繁出现下降;欧盟受到洪涝灾害和温带风暴影响,2006年和2007年粮食产量连年下降;印度2005年、2006年和

2008年均遭到特大洪水的袭击,粮食产量受到影响。

原因之二是能源价格上涨和生物燃料的发展拉动粮价上涨。以原油为例,能源价格上涨会通过两种途径拉动粮价上涨:第一种途径是替代效应。原油价格上涨,对其替代品如生物柴油、燃料乙醇和合成橡胶的需求上升,从而导致对替代品的原料菜籽油、豆油、棕榈油、玉米、甘蔗、棉花、橡胶等的需求随之上升,拉动经济作物价格上涨,挤占粮食作物耕地,进而拉动粮价上涨。第二种途径是成本效应。原油价格上涨促使以原油为原料的柴油、化肥、塑料薄膜、农药等生产资料价格上涨,进而推动粮食作物价格上涨。

原因之三是各国农业贸易政策变化和市场投机拉高粮价。一些国家为应对预期农产品价格上涨,维护本国粮食安全,出台贸易政策限制农产品出口,鼓励农产品进口。出口限制以及人们的惶恐抢购,促使本就严峻的粮食形势转变成粮食危机的全面爆发。

粮农组织统计数据显示,2006年全球粮食价格上涨12%,2007年全球粮食价格上涨24%,2008年涨幅超过50%。2007年1月至2008年7月,大米价格由最低价288美元/吨上涨到873美元/吨,涨幅约为200%;小麦由最低价172美元/吨上涨到465美元/吨,涨幅约为171%;玉米由最低价128美元/吨上涨到411美元/吨,涨幅约为221%。

粮食危机成为困扰世界的难题,对世界经济和全球安全产生了严重的影响,其中发展中国家受到的影响最大。在撒哈拉沙漠以南的非洲地区,有3亿人生活在日均消费1美元的贫困线以下,其中许多国家的粮食需求严重依赖进口。伴随着粮价上升,喀麦隆、布基纳法索、塞内加尔、科特迪瓦等多个非洲国家相继发生"粮食骚乱",造成人员伤亡。2008年2月5日,在非洲莫桑比克首都马普托,大批群众涌上街头抗议汽车运费、粮食价格在内的多种价格上涨;2月27日,喀麦隆首都雅温得发生大规模示威游行,反对食品等基本生活物资涨价;3月中旬,布基纳法索发生了抗议食品和汽油涨价的示威活动,随后4月又爆发了全国大罢工和示威活动。继非洲之后,亚洲和拉丁美洲也相继爆发了由粮食引起的骚动。全球多数国家被波及,大量人口死于饥饿,多个国家发生动乱。

资料来源:朱雪莹.世界历次"粮食危机",发生了什么[EB/OL].(2022-05-29)[2022-08-23].https://wallstreetcn.com/articles/3660597.

(三) 国家粮食安全问题产生的原因及影响

1. 国家粮食安全问题产生的原因

(1) 粮食生产视角。粮食的生产受到自然资源的制约。自然资源尤其是水土和生物资源,是农业和粮食安全的基础。就资源供给而言,目前全球资源整体退化、土壤质量下降、土地沙化、水资源减少和质量下降、水体污染等问题日益严重。资源承载力不足,制约着当地农业生产,同时,水土资源承受巨大压力,对生态环境有着负面影响,生物多样性被破坏,威胁农业可持续发展和世界粮食安全。在有限的资源供给背景下,粮食安全所需资源还存在与其他行业竞争的现象,城市化和工业化水平的提高挤占了大量农业耕地和水资源。农业内部也存在对资源的竞争。例如,随着畜牧业的规模扩大,用于生产饲料的农作物的生产需求增加;在政府生物能源扶持政策的激励下,近年来,生物能源需求增加,而常规生物燃料技术主要以农作物为原料。这些非粮食作物的生产,也与粮食生产在所需的资源上存在竞争关系。

粮食生产的波动也是粮食不安全的主要原因之一。随着全球气候变暖、极端气候增多,气候对农业的影响加大,世界农业面临着自然灾害多发的严峻考验,粮食产量不稳定性上升。国内粮食生产的波动将会严重增加国家粮食消费的不稳定性。粮食供给波动意味着粮食供给并不是在每个时段都是平稳的,有的时期粮食供给充足甚至过剩,而有的时期粮食供给不足。这种供给不稳定性导致粮食不安全的潜在风险存在。

(2) 国际贸易视角。石油等能源价格上升是带动多种农业生产资料价格上涨的主要原因之一,它会造成粮食生产和贸易成本增加,拉动粮食价格上涨。虽然粮食价格和粮食生产资料价格同步上涨,但粮食生产者主要呈分散经营,存在生产规模化、组织化程度较低的特点。跨国公司和掌握农业生产资料供应链的农资巨头企业在其中攫取利润,导致粮食生产者并没有从粮价上涨中获得更多的收益,反而因为生产成本增加、粮食生产效益下降,削减了粮食种植面积和产量。

在一个开放的经济中,粮食供给增加了一个新的渠道——进口。进口在一定意义上具有和储备相似的功能,可以被看作是一种保存于国外的储备,粮食进口政策与国内粮食储备状况紧密相关。但是,由于国际环境更加复杂多变,粮食进口具有很大的不稳定性。一般而言,粮食进口受到本国进口能力(主要是外汇储备)、世界粮食市场供求状况以及各种政治、军事因素的影响,而这些因素的变化无常会导致粮食进口的不稳定性增加。粮食的外贸体制合理与否也会影响到一国的粮食安全。

长期以来,发达国家的巨额农业补贴严重扭曲了国际粮食贸易。尽管发达国家农业同样面临自然和市场的风险,但是,发达国家的巨额农业补贴使其农业能承受较低的边际利润,并可以在国际市场上以远低于成本的价格进行农产品倾销。同时,发达国家掌握先进技术,占据生产优势,在一定程度上压低了农产品价格,极大冲击了发展中国家农产品市场,影响农民生产积极性,对粮食农产品供给造成持续负面影响。这些发展中国家的粮食小生产者无利可图,不得不放弃粮食生产,转而生产其他经济作物或干脆放弃农业,导致部分国家粮食自给能力愈发不足。

2. 国家粮食安全问题带来的影响

(1) 威胁国家内部安全。民以食为天,粮食是人类赖以生存的最基本必需品。当人们生存的权利无法被保障时,就极容易产生社会动乱。一旦粮食出现问题,国家根本就会动摇。因此,粮食生产、供应的多少直接关系到一个国家的稳定。历史上,多次动乱起源于由自然灾害等造成的饥荒,严重者导致政权倾覆。例如,19世纪爱尔兰大饥荒几乎导致整个民族灭绝;20世纪30年代乌克兰大饥荒导致250万到400万人死亡,严重威胁了当时的苏维埃政权;2007—2008年粮食危机引发了30多个国家的暴乱,导致海地等数国政府被迫下台,包括美国和意大利在内的数个发达国家,也由于高昂的粮价发生了罢工和游行示威。

(2) 制约国家外交地位。在进口模式下,粮食安全的实现取决于两个因素:第一,进口国具有很强的购买能力,拥有足够的外汇储备;第二,粮食贸易市场是自由的、充分竞争的,能够保证进口国随时通过市场竞价购买方式获得粮食满足其国内需求。也就是说,国际粮食市场不能受人操控,一旦国际粮食市场被某些集团或某些国家掌控,粮食进口国的粮食安全就会受到实质性威胁。

基于粮食资源的战略主导地位,在粮食进口国面前,特别是在世界粮食减产对粮食需求紧迫的情况下,粮食出口国自然有更多讨价还价能力,所以,西方大国将粮食视为战略武器和外交筹码,力图在粮食贸易中施加政治影响。在西方战略实施规划中,粮食被认为是具有与石油一样重要地位的战略物资。主导全球粮食贸易也一直是美国对外政策的核心,在与政治对手发生激烈的冲突时,美国甚至不惜终止双方的粮食贸易,实行粮食禁运。冷战时期,美国等西方大国就曾通过粮食禁运、粮食援助实现对抗苏联、拉拢第三世界国家的政治与外交战略。

相关案例 8-6

美国的粮食外交战略

美国粮食生产过剩,粮食是其对外政策中的战略武器,粮食援助政策是美国常用的外交手段,这加强了美国在国际上的政治与经济权力。

1946—1947 年,逐渐从第二次世界大战中走出阴霾的西欧各国遭受了特大自然灾害,粮食减产使得民众的基本生活需求都无法得到满足,社会上充满不安的气息。1948 年,美国通过了"马歇尔计划"来援助西欧。据统计,该援助计划内容的三分之一是以农产品形式提供的。美国的粮食援助使西欧国家得以保持经济上的稳定,也使美国的政治力量渗透到西欧各国内部,西欧成了美国防止苏联扩张和阻碍西方国家内共产党人获取政治利益的壁垒。同时,借助朝鲜战争,美国开始对日本、韩国等战略对象进行扶植,粮食被作为战略物资向这些国家出口,在缓解本国农产品生产过剩的同时,也开拓了这些国家的农产品市场,加强了这些国家防止共产主义渗透的壁垒,非常符合美国的政治和经济利益追求。

与农产品早就商品化的美国相比,苏联在农业生产发展的道路上一直走得很艰难,粮食危机一直伴随着苏联。为了工业发展的内部积累,苏联实行农业集体化运动,农业发展受阻,粮食出现缺口,苏联逐渐由粮食出口国变为粮食进口国。1962 年,苏联小麦歉收,政府决定从美国进口小麦。对此,美国提出了诸多苛刻条件,如苏联必须保证在三年内至少购买 7.5 亿美元的美国粮食,苏联必须减少对石油输出国的控制并以低于石油输出国组织的价格对美国出口石油。此后,美国在 20 世纪 70 年代美苏关系缓和时放松出口限制,同时缓解了国内农产品过剩的压力;在 20 世纪 80 年代苏联入侵阿富汗时,美国对苏联实行粮食禁运,以达到报复目的;1990 年美苏首脑会议上,乔治·赫伯特·沃克·布什(George Herbert Walker Bush)将新的五年谷物交易协定当作送给米哈伊尔·戈尔巴乔夫(Mikhail Gorbachev)的两份礼物之一,粮食成为促使苏联和平演变的重要工具,对苏联的体制改革和走向自由市场道路产生了一定影响。

由此可见,粮食问题不只是经济问题,更是政治问题。美国对苏联的援助同外交政策密切相关,西方国家一直以经济援助为诱饵,促使苏联政策朝着它们所期望的方向变化。

资料来源:李文明.粮食安全预警机制与调控方略:基于系统层级和全产业链视角[M].北京:中国农业出版社,2013:241-245.

二、国家粮食安全的相关理论

(一) 公共产品理论

1. 公共产品理论的由来

公共产品理论由经济学家保罗·萨缪尔森(Paul Samuelson)提出,又称公共物品理论,是相对于私人产品而言的。私人产品是指通过市场选择而被个人消费的产品,而且只有为之付费的人才有权对其进行支配,具有排他性消费和竞争性消费的特征。公共产品是指能被所有人得到的产品或服务,具有非竞争性、非排他性、效用的不可分割性、消费的强制性等特征。

公共产品消费的非竞争性是指在给定的生产水平下,向一个额外消费者提供商品或服务的边际成本为零,非排他性是指每一个人对这种产品的消费并不会减少任何其他人对这种产品的消费。公共产品还具有效用的不可分割性,即公共产品是向整个社会供应的,整个社会的成员共同享有它的效用,而不能将其分割为若干部分,分别归属于某些个人、家庭或企业。同时,公共产品具有消费的强制性,即公共产品一经生产出来提供给社会,社会成员一般没有选择的余地,只能被动地接受,这意味着公共产品具有高度的垄断性。

公共产品又可以分为纯公共产品和准公共产品。纯公共产品是具有完全的非排他性和非竞争性的公共产品,准公共产品是具有有限的非竞争性和局部的非排他性的公共产品。

2. 国家粮食安全是公共产品

粮食是一种特殊商品,同时具有一般商品属性和公共产品属性。市场上发售的粮食是私人产品,具有私人产品排他性消费和竞争性消费的特征;而政府收购的用于备战、备荒、平抑粮价等方面的粮食,具有公共产品的属性。

国家粮食安全完全符合公共产品非排他性、非竞争性、效用的不可分割性等特点。非排他性表现为,如果一个国家实现了粮食安全的状态,则排斥部分人享受粮食安全保障是不可能的。非竞争性表现为,从长远来看,国家的粮食安全政策及相关财政政策具有长期稳定的特征,不会在短期内出现较大变动,更不会因为增加了一个公民而改变,因此,在增加一个消费者时,其边际成本为零。效用的不可分割性表现为国家的每一个公民在面临饥荒威胁时,都能受到国家的粮食安全保障。

3. 国家通过宏观调控保障粮食安全

作为满足人类基本生存的最基本物质,粮食的受益对象是全体社会成员,其社会效益高,经济效益低。由于私人的趋利性,以价格为核心的市场机制无法实现帕累托最优,使得私人无法有效供给,出现了市场"失灵"。在现实中,如果完全依靠市场这只"看不见的手"来对粮食进行调节的话,即使在完全竞争的经济条件下,粮食产量和价格也会存在明显波动,因为粮食作为基础的生存性消费品,可替代性很小,而且还存在一个明显的需求临界点。当供应不能达到这个临界点时,将出现供不应求的现象,需求增加;而一旦达到这个临界点,需求会迅速下降。这种弹性状态可能会造成粮食波动趋势越来越大,出现粮食供大于求与供小于求相互交替的局面,二者均是不安全的,因此,市场调节无法从根本上稳定粮食价格。

然而,不同于其他商品,粮食是生存必需品,哪怕是暂时的短缺或价格暴涨,都可能在民众中引发抢购风潮甚至骚乱。粮食价格还是价格体系的"稳定器",是国民经济发展的基础。粮食安全具有公共产品的特点,基于公共产品理论,粮食市场不能依靠自由调节,需要政府来矫正和调整。国家必须承担粮食宏观调控的责任,像提供教育、卫生等公共服务一样,保障消费者获得需要的粮食。

此外,粮食生产受耕地、淡水等自然条件约束,极易产生大起大落的情况,相关的水利、交通、储运等基础设施建设只有国家才能承担,国家也必须承担起来;粮食生产与消费在空间上存在错配,确保产区有种粮积极性、销区粮食供应充足且价格稳定,是国家必须承担的宏观调控责任;粮食生产与消费在结构上存在紧密的对接,构建一个信息反映灵敏、供给渠道顺畅的粮食供求保障体系,亦是国家不可推卸的责任。

(二)粮食安全层次理论

粮食安全层次理论是指粮食安全包括从宏观到微观的多个层次,是一个从宏观向微观渐次发展的概念,宏观层次的粮食安全在某种程度上决定着微观层次的粮食安全。

1. 从宏观到微观的粮食安全层次理论

从粮食安全的定义来看,粮食安全包含两个方面的内容:必须有充足的粮食来生产基本食品,即粮食的有效供给;所有需要粮食的人都必须有能力获得粮食,即粮食的有效需求。宏观层次的粮食安全解决粮食的有效供给问题,微观层次的粮食安全解决粮食的有效需求问题。

宏观层次的粮食安全实质上是一个粮食生产和消费的总量平衡问题,具有全局性、长期性、基础性的特点。全局性是指宏观层次的粮食安全涉及整个国家乃至全世界的粮食安全问题;长期性是指基于目前的粮食生产和需求状况以及未来变化趋势,短期内难以从根本上改变粮食安全的局面;基础性是指它在一定程度上决定着中观层次的区域粮食安全和微观层次的居民粮食安全,保证宏观层次的粮食安全,是完全实现粮食安全的基础。实现宏观层次的国家粮食安全,要求各国政府高度重视世界粮食安全问题,采取相应的国家政策措施,消除粮食危机的隐患,确保国家粮食安全。全球的粮食安全依靠所有国家确保各自国家粮食安全共同实现。

从宏观层次的粮食安全到微观层次的粮食安全,中间还有一个过渡环节,即中观层次的粮食安全。中观层次的粮食安全是国家内部区域粮食安全问题,实质上是一个涉及局部地区的结构性问题,也是一个涉及粮食品种的结构性问题,在一定程度上受制于宏观层次粮食安全的实现程度。如果一个地区粮食供给和需求总量不平衡,或者粮食品种供应结构和消费需求结构不相适应,那么粮食可能无法及时有效供给。地区发生局部性自然灾害、突发事件,导致本地区粮食供应出现问题,在国家宏观粮食供给有余,粮食储备、粮食物流体系未出现问题的情况下,国家可及时调拨粮食平抑短缺,保证区域粮食安全。中观层次的粮食安全是保障总体粮食安全的重要环节,在一定程度上直接决定微观层次粮食安全的实现。

微观层次的粮食安全是涉及局部人群的即期性问题,其实质是一个收入问题,即有钱就能买到粮食。长期以来的经济高速发展使得收入分配差距趋于扩大,粮食市场化不断推进,短时间内粮食价格的剧烈波动可能使得低收入弱势群体的粮食安全得不到保障。微观层次的粮食安全在一定程度上受制于宏观层次的粮食安全和中观层次的粮食安全,如果粮食供给总量不足,就会导致价格大幅上涨,使得贫困人口有效粮食消费不足。在实现宏观和中观层次粮食安全的前提下,只有消除贫困,才能解决微观层次的粮食安全问题,这也是粮食安全的根本所在。

在概念方面,粮食安全的不同层次递次发展又紧密联系。宏观层次的国家粮食安全是最基础、最重要的概念,是其他层次安全的保证。世界粮食安全的实现离不开每一个国家的粮食安全。提高整个国家的粮食获取能力是实现粮食安全的基础。中观层次的粮食安全是中间环节,优化不同区域的粮食结构和不同品种的粮食结构,对于实现粮食安全具有重要意义。微观层次的粮食安全是最终目标,只有消除贫困,解决微观层次的粮食安全问题,才意味着全局的国家粮食安全真正得以实现。

在粮食安全的实现方面,每一层次的粮食安全是其下一层次的前提。宏观层次的粮食安全在某种程度上决定着中观层次的粮食安全,中观层次的粮食安全在某种程度上又决定着微观层次的粮食安全,只有一个国家粮食供应充足时,通过科学合理的配置,局部地区和部分品种的粮食消费才能得到相应满足,该时期的家庭和个体才有可能实现粮食安全。

2. 其他粮食安全层次理论

除上面所说的一种粮食安全层次理论外,另外一种粮食安全层次理论将国家粮食安全分为"国家粮食安全""家庭粮食安全"和"个人粮食安全"三个层次。粮食安全的全部层次还包含"世界粮食安全",但是,由于世界的范围大于国家,这一层次通常不纳入国家粮食安全层次考虑范围。

这种分层方法与从宏观到微观的粮食安全层次划分方法有一定的共性。世界层面和国家层面的粮食安全主要侧重于粮食总量的供给,是宏观层次的粮食安全。家庭层面和个人层面的粮食安全则反映在粮食获取能力和营养安全方面,是微观层次的粮食安全。

3. 粮食安全层次理论的意义

粮食安全层次理论的意义在于,传统的粮食安全主要是集中在对粮食生产安全的考量,即通过增强粮食生产能力促进粮食安全。但是,粮食安全不仅关系粮食生产能力,更重要的是还涉及粮食获得能力。在现实中,粮食安全不仅包括粮食生产安全,还包括粮食流通和消费安全,交通、运输、仓储、分销体制、收入分配平等状况等也是影响一个国家或地区粮食安全的重要因素。因此,粮食分销能力、家庭间收入差距及粮食获取能力差距也是衡量粮食安全的重要方面。粮农组织对粮食安全的界定强调,实现粮食安全的关键在于"买得到和买得起"。在粮食的供给和人们的购买力都充足的条件下才能实现粮食安全。也就是说,既要在国际市场上保证充足的粮食供应,又要强调各国粮食生产力的自力更生;既要强调粮食生产、提高粮食自给率,又要增加收入、提高粮食购买力。粮食安全层次理论纳入了对除粮食整体生产和消费均衡外更多层次的考量,是更全面的粮食安全理论。

(三)粮食结构安全理论

粮食结构安全理论是指一国的粮食结构在一定程度上影响国家粮食安全。维护国家粮食安全,不仅要保证总量的平衡,也要维持粮食生产的区域和品种等结构的合理性。

1. 粮食区域结构安全

粮食区域结构安全考虑不同粮食产区的粮食产量情况。区域内的粮食产量与该区域的自然资源情况不匹配不利于对资源的充分利用,既增加了粮食生产成本,又影响了当地生态,造成资源环境压力,严重影响粮食安全。

2. 粮食产能结构安全

粮食产能结构安全考虑国内各个地区生产和消费的实际,即区域自给率和地区间资源调度情况。粮食生产对个别地区依存度上升,使得对自然灾害的抵御能力降低,会加大粮食安全的自然风险;粮食主产区对全国粮食贡献率急剧下降,粮食主销区自给率持续降低,都会增加粮食流通难度和粮食安全区域风险。这些产能结构不合理的状况均会增加粮食安全风险。

3. 粮食品种结构安全

粮食品种结构安全考虑稻谷、小麦、玉米、豆类等不同粮食作物大类品种。从粮食品种结构上看,由高单产作物(玉米)大面积替代低单产作物(小麦)的粮食生产品种结构,会导致粮食总产量增加,一定程度上掩盖了粮食播种面积减少对粮食安全的负面影响,会影响国家对粮食安全形势的判断。从不同品种粮食的供求关系上看,即使在整体上实现了粮食自给,部分粮食品种需求量的增加和自给率的降低也会导致相应产品国内供给不足,进口依存度增加,不利于该产品可持续发展,对粮食安全产生较大影响。

(四)非传统安全威胁理论

非传统安全威胁理论是相对于传统安全威胁因素而言的。除军事、政治和外交冲突等传统安全威胁外,粮食安全问题是对主权国家及人类整体生存与发展构成威胁的因素之一,是一类非传统安全威胁。

1. 非传统安全威胁的内容与特点

长期以来,以确保领土完整、主权不受侵犯为主要目标的传统安全曾经是国家安全的主要内容。非传统安全威胁是指除军事、政治和外交冲突外的其他对主权国家及人类整体生存与发展构成威胁的因素。非传统安全威胁一直存在,但是仅在最近二三十年才作为现代国际政治范畴内的概念被广泛使用。因此,非传统安全威胁也被一些学者称为"新的安全威胁因素",主要包括经济安全问题、金融安全问题、生态环境安全问题、信息安全问题、资源安全问题、恐怖主义、武器扩散、疾病蔓延、跨国犯罪、走私贩毒、非法移民、海盗、洗钱等。非传统安全问题既是政治、经济、民族、宗教等方面各种矛盾的综合产物,又有历史、文化等方面的深刻背景。发展鸿沟和各种不公正、不合理的社会现象也刺激着非传统安全问题的产生。

非传统安全问题具有国际性、不确定性、突发性和主权性等特点。具体来看:①国际性。非传统安全威胁不仅是某个国家存在的个别问题,而且是关系到其他国家或整个人类利益的问题;不仅会对某个国家构成安全威胁,而且也会对别国的国家安全有不同程度的危害。②不确定性。非传统安全威胁不一定来自某个主权国家,而往往来自非国家行为体如个人、组织或集团等。同时,传统安全的核心是军事安全,其威胁主要表现为战争及与之相关的军事活动和政治、外交斗争,非传统安全威胁则远远超出了军事领域的范畴,来源多样,更为复杂。③突发性。许多非传统安全威胁经常会以突如其来的形式迅速爆发,不具有传统安全威胁矛盾不断积累,性质逐渐转变,表现一定征兆,直至最终爆发的过程。④主权性。国家是非传统安全的主体,主权国家在解决非传统安全问题上拥有自主决定权。

2. 粮食安全问题是非传统安全问题

粮食安全问题是一种完全不同于传统安全的新型安全问题。传统安全关注集体安全领域,关注战争与恐怖主义问题,涉及问题范围相对较小。而粮食安全问题不仅涉及农业问题,还涉及技术、贸易、竞争、气候变化、生物能源、期货等多层级问题。显然,粮食安全涉及的问题范围远远超过传统安全领域,渗透到社会生活的方方面面。粮食安全涉及多方面内容,因此,粮食不安全所引发的问题也是多面性的。粮食危机可能引发健康危机,给公民的健康造成损害;同时,粮食危机还可能引发社会动荡,继而造成大规模的人道主义灾难。从这种层面看,粮食安全问题不再是单纯的粮食不足问题,其可能涉及复杂的社会治理与变革问题,对国家构成非传统安全威胁。

三、国家粮食安全监测、预警与保障

(一) 国家粮食安全监测

准确衡量与评估粮食安全状况、对粮食安全进行监测分析并提前对粮食不安全程度作出警示预报的做法,对制定及时有效的粮食安全政策、防范粮食不安全风险具有重要意义。为此,需确定和设置科学合理的指标体系。

1. 粮食总供求平衡指标

粮食总供求平衡指标是指一定时期内一国粮食总供给与总需求的差额,它衡量了一国宏观粮食安全状况。一般认为,该差额越大,粮食安全程度越低;反之,粮食安全程度越高。具体来看,一定时期内的粮食总供给包括期初粮食库存、本期粮食生产、粮食净进口(包括粮食国际援助)等。粮食总需求包括口粮需求、饲料需求、工业原料需求、种子用粮以及收获后损失等。粮食供给和粮食需求情况均可以反映在国家的粮食供求平衡表里。该平衡表不仅可以反映一个国家所有粮食的整体状况,还可以分门别类地反映各种不同种类粮食的供求状况。表8-7反映了2020—2021年部分地区大豆的供求情况。

表8-7 2020—2021年部分地区大豆供求平衡表   单位:百万吨

地区	期初库存	生产量	进口量	国内压榨	国内总使用量	出口量	期末库存
美国	14.28	114.75	0.54	58.26	61.05	61.52	6.99
阿根廷	26.65	46.20	4.82	40.16	47.41	5.20	25.06
巴西	20.42	139.50	1.02	46.68	49.88	81.65	29.40
巴拉圭	0.33	9.90	0.02	3.30	3.47	6.33	0.45
中国	24.61	19.60	99.76	93.00	112.74	0.07	31.16
东南亚	0.97	0.59	9.68	4.74	10.05	0.01	1.18
墨西哥	0.37	0.25	6.10	6.20	6.25	0.00	0.46

（续表）

地区	期初库存	生产量	进口量	国内压榨	国内总使用量	出口量	期末库存
欧盟	1.66	2.60	14.79	15.80	17.46	0.19	1.40
全球	94.65	368.13	165.47	315.14	363.90	164.52	99.83

资料来源：中国粮油信息网。

2. 人均粮食供求平衡指标

人均粮食供求平衡指标是通过一个国家的人均每天膳食能量供给（Dietary Energy Supply，DES）与人均每天膳食能量需求（Dietary Energy Requirement，DER）的比较，考察该国居民是膳食能量过剩还是膳食能量短缺，进而从总体上衡量粮食安全与否的指标。

DES 利用国家粮食供求平衡表计算。首先，用库存（储备）、本期生产、可能净进口之和减去损耗、必要期末库存及种子用粮等，估算出各种可供人们食用的商品数量。其次，根据不同可供食用的商品的能量折算系数将其折算为等价能量单位。最后，将所有可供食用的商品的等价能量加总，并除以人口总数，得到 DES 指标。DER 根据健康、有活力的正常人的平均能量需求估计确定。膳食热能供求平衡状况可以用供求差额（DES-DER）和供求比率（DES/DER）两种形式来表示。差额大于 0 或比率大于 1 都说明膳食能力充足，实现了宏观粮食安全；否则就说明膳食能力不足，面临粮食不安全的风险。表 8-8 展示了部分国家几个时段平均膳食能量供应充足率情况。

表 8-8 部分国家平均膳食能量供应充足率 单位：%

国家	2001—2003 年	2010—2012 年	2019—2021 年
阿根廷	128	131	137
澳大利亚	125	137	138
巴西	125	134	132
加拿大	140	139	141
中国	116	126	136
埃及	141	148	143
法国	146	141	141
德国	137	141	140
希腊	141	139	135
印度	102	106	112
伊朗	129	125	130
意大利	145	145	139
日本	116	111	109
墨西哥	140	132	133
挪威	135	138	136
巴基斯坦	106	107	110

单位:%(续表)

国家	2001—2003 年	2010—2012 年	2019—2021 年
菲律宾	110	114	127
波兰	135	137	140
葡萄牙	142	139	139
韩国	123	135	138
俄罗斯	120	133	137
西班牙	130	126	134
泰国	108	113	116
英国	137	134	134
美国	150	146	152

资料来源:联合国粮食及农业组织官网。

注:表中的数据是取三年平均值。

部分国家几个时段的平均膳食能量需求量如表 8-9 所示。

表 8-9　部分国家平均膳食能量需求量　　　单位:千卡/天

国家	2001—2003 年	2010—2012 年	2019—2021 年
阿根廷	3 060	3 162	3 314
澳大利亚	3 126	3 411	3 424
巴西	2 960	3 265	3 235
加拿大	3 516	3 472	3 524
中国	2 805	3 115	3 336
埃及	3 255	3 464	3 306
法国	3 642	3 507	3 515
德国	3 482	3 601	3 549
希腊	3 584	3 513	3 412
印度	2 264	2 414	2 594
伊朗	3 051	2 994	3 075
意大利	3 671	3 644	3 509
日本	2 824	2 687	2 640
墨西哥	3 252	3 116	3 185
挪威	3 431	3 494	3 465
巴基斯坦	2 294	2 387	2 467
菲律宾	2 373	2 521	2 861
波兰	3 405	3 453	3 511

单位：千卡/天（续表）

国家	2001—2003 年	2010—2012 年	2019—2021 年
葡萄牙	3 535	3 458	3 465
韩国	2 971	3 306	3 387
俄罗斯	3 020	3 325	3 365
西班牙	3 283	3 141	3 347
泰国	2 605	2 762	2 830
英国	3 424	3 348	3 345
美国	3 795	3 701	3 864

资料来源：联合国粮食及农业组织官网。
注：表中的数据是取三年平均值。

3. 粮食自给率

粮食自给率是指一国粮食生产量占其总消费量的比重，是衡量国家内部供给能否保证粮食安全的重要预警指标。一般来说，粮食自给率与粮食安全水平的高低成正比。粮食自给率越高，粮食贸易依存度越低，风险程度也就越低，粮食安全水平也就越高。大多数经济学家认为：自给率大于95%，表明该国家已经基本上实现了粮食自给，或者说达到了较高安全水平；自给率达到90%，表明达到了可以接受的安全水平。在全球经济一体化的大趋势下，粮食贸易在各国经济交往中日趋频繁，但是，由于国际粮食贸易大多受多种因素的影响具有不稳定性，因此，确保一定的粮食自给率是保证粮食安全的前提。2019年世界主要国家与其他部分国家的粮食自给率情况如表 8-10 和表 8-11 所示。

表 8-10　2019 年世界主要国家的粮食自给率情况

国家	出口量（吨）	进口量（吨）	生产量（吨）	粮食自给率（%）
澳大利亚	14 398	1 249	29 272	182
加拿大	31 369	4 752	61 158	177
法国	34 459	4 441	70 379	174
俄罗斯	40 688	1 218	118 036	150
巴西	45 124	11 681	121 240	138
美国	78 983	11 444	421 810	119
印度	16 208	739	324 331	105
德国	12 776	3 859	44 302	98
中国	7 154	27 492	614 914	97
英国	4 145	6 474	25 531	92
南非	2 245	4 385	13 431	86
墨西哥	2 699	23 812	36 164	63
意大利	5 499	15 906	16 394	61

（续表）

国家	出口量(吨)	进口量(吨)	生产量(吨)	粮食自给率(%)
西班牙	3 106	18 665	20 656	57
新西兰	65	871	1 019	56
瑞士	86	1 131	933	47
哥伦比亚	216	8 753	4 434	34
日本	338	25 029	11 832	32
韩国	285	16 132	5 260	25
葡萄牙	715	4 623	1 106	22

资料来源：联合国粮食及农业组织官网。

表 8-11 2019 年其他部分国家的粮食自给率情况

国家	出口量(吨)	进口量(吨)	生产量(吨)	粮食自给率(%)
乌克兰	57 467	465	74 482	426
拉脱维亚	3 223	861	3 163	395
保加利亚	8 262	313	11 246	341
立陶宛	4 298	796	5 252	300
爱沙尼亚	1 162	165	1 630	258
阿根廷	51 689	78	85 059	254
泰国	10 954	4 180	33 206	126
巴基斯坦	7 904	75	43 349	122
波兰	5 552	2 370	28 451	113
丹麦	1 822	1 348	9 518	105
印度尼西亚	562	13 959	85 364	86
菲律宾	167	13 121	26 794	67
希腊	690	2 316	3 095	66
伊朗	417	13 103	23 832	65
挪威	41	885	1 324	61
埃及	1 256	19 270	21 929	55
爱尔兰	581	2 887	2 268	50
智利	535	4 205	3 295	47
比利时	4 385	10 381	2 914	33
以色列	52	3 560	178	5

资料来源：联合国粮食及农业组织官网。

4. 粮食储备率

粮食储备率是粮食储备量占当年粮食消费量的比重。所谓粮食储备量,是指在新作物年度开始,可以从上一年度供给(包括进口)的作物中得到的粮食,也称转结储存量。

粮食储备制度通常是一项国家政策。由于粮食市场不稳定后果严重,在充分发挥市场作用的基础上,国家运用经济手段将企业行为和国家的宏观调控有机结合起来,对粮食高抛低吸,可以在发生自然灾害等情况导致粮食供求不平衡时平抑粮价,满足粮食供给。此外,还有用于国防和军事的战略储备粮。

从粮食储备主体来看,粮食储备包括政府粮食储备、企业粮食储备与农户粮食储备。政府粮食储备是反映国际应对粮食供应失衡、抵御可能出现的各种不可预测事件的能力指标;企业粮食储备是指企业自身抵御粮食供应中出现各种不可预测事件的能力的指标;农户粮食储备是农村人口粮食消费的主要来源。就保证粮食平衡角度来说,政府粮食储备对维持粮食市场平衡具有至关重要的作用。因此,粮食储备率主要考虑的是政府粮食储备,即粮食储备率为政府粮食储备量占当年粮食消费量的比重。一般来说,国家政府粮食储备率越高,粮食安全水平越高。粮农组织曾提出一个确保全世界粮食安全的最低储备水平,即世界谷物的储备量至少要达到全世界谷物需求量的17%—18%。

5. 粮食对外依存度

粮食对外依存度是指一国为了满足对粮食的总需求,从国际市场净进口的粮食占国内粮食总需求量的百分比。粮食对外依存度是从另一个方面反映粮食自给率、衡量国家粮食安全状况的指标。

在经济全球化背景下,新的粮食安全观认为,不需要通过完全粮食自给实现粮食安全,而可以按照比较优势的原则从事粮食生产和贸易,将世界粮食市场视为国家粮食的外部储备,利用国际市场维护国家粮食安全。国内粮食生产、库存及国内需求缺口问题可通过国际粮食贸易解决。国内供求出现正缺口则需要用净进口弥补,国内粮食过剩可以向国际市场净出口。净进口反映了一个国家对国际粮食市场的依赖,净进口与国内总需求的比率即粮食对外依存度系数,是衡量一个国家的粮食安全对国际粮食市场依存程度的指标。粮食对外依存度系数的绝对值越大,表明该国粮食安全受国际粮食市场风险影响越大。其影响来自全球粮食生产与供给波动、主要贸易伙伴的生产供应或需求波动、国际粮食市场价格波动等因素。2019年部分国家粮食对外依存度相关数据如表8-12所示。

表8-12 2019年部分国家粮食对外依存度

国家	进口量(吨)	出口量(吨)	生产量(吨)	粮食对外依存度(%)
阿根廷	51 689	78	85 059	154.30
澳大利亚	14 398	1 249	29 272	81.55
巴西	45 124	11 681	121 240	38.09
加拿大	31 369	4 752	61 158	77.06
中国	7 154	27 492	614 914	3.20

（续表）

国家	进口量（吨）	出口量（吨）	生产量（吨）	粮食对外依存度（%）
丹麦	1 822	1 348	9 518	5.24
埃及	1 256	19 270	21 929	45.10
法国	34 459	4 441	70 379	74.37
德国	12 776	13 859	44 302	2.39
希腊	690	2 316	3 095	34.44
印度	16 208	739	324 331	5.01
印度尼西亚	562	13 959	85 364	13.57
伊朗	417	13 103	23 832	34.74
意大利	5 499	15 906	16 394	38.83
日本	338	25 029	11 832	67.60
墨西哥	2 699	23 812	36 164	36.86
新西兰	65	871	1 019	44.16
挪威	41	885	1 324	38.93
巴基斯坦	7 904	75	43 349	22.04
菲律宾	167	13 121	26 794	32.59
波兰	5 552	2 370	28 451	12.59
葡萄牙	715	4 623	1 106	77.94
韩国	285	16 132	5 260	75.08
俄罗斯	40 688	1 218	118036	50.24
南非	2 245	4 385	13 431	13.74
西班牙	3 106	18 665	20 656	42.96
泰国	10 954	4 180	33 206	25.63
英国	4 145	6 474	25 531	8.36
美国	78 983	11 444	421 810	19.06

资料来源：联合国粮食及农业组织官网。

中国2011—2019年粮食对外依存度变化如表8-13所示。

表8-13 中国2011—2019年粮食对外依存度变化

年份	进口量（吨）	出口量（万吨）	生产量（万吨）	粮食对外依存度（%）
2010	3 127	1.38	49.81	2.11
2011	2 793	1.30	52.13	1.93

（续表）

年份	进口量（吨）	出口量（万吨）	生产量（万吨）	粮食对外依存度（%）
2012	2 456	2.26	54.13	3.59
2013	2 414	2.29	55.46	3.57
2014	2 029	2.81	55.94	4.47
2015	1 770	4.18	62.00	6.08
2016	2 323	3.13	61.64	4.50
2017	3 686	3.54	61.61	4.91
2018	5 683	2.94	61.12	3.75
2019	7 154	2.75	61.49	3.20

资料来源：联合国粮食及农业组织官网。

（二）国家粮食安全预警

粮食需求的刚性很强，但是，粮食供给量受自然风险和市场风险等诸多因素影响总是在波动，而且这种波动呈逐年扩大趋势。耕地面积逐年减小，人口逐年增加，加大了粮食供求总量平衡的不可预见性。因此，需要建立粮食安全预警系统，及时、准确地从整体上把握粮食供求基本态势，并根据相关动态因素的变化对粮食供求未来趋势作出超前判断，从而适时、适度地采取措施进行调节、控制，确保国家粮食安全。

目前，具有代表性的粮食安全预警系统有两个，分别是粮农组织的全球粮食和农业信息及预警系统（Global Information and Early Warning System on Food and Agriculture, GIEWS）和世界粮食计划署粮食安全分析的脆弱性分析和制图系统（Vulnerability Analysis and Mapping, VAM）。GIEWS 的工作重点是危机出现之前的监测预警，VAM 是为出现危机之后的紧急需求评估和灾难后的脆弱性分析提供信息支持，这两个系统有很强的互补性。

1. 全球粮食和农业信息及预警系统

GIEWS 建立于 1975 年，其主要目的是针对国家、区域和全球的粮食安全状况进行持续监测和评估，定期发布信息分析产品，向个别有潜在粮食危机的国家提供预警，为各国政府和国际社会应对粮食安全问题和粮食危机提供决策参考。该系统的运行方式为建立全球信息网络，收集粮食安全的信息，并进行信息分析，出具报告和给出指导。其信息来源主要为粮农组织的有关部门、专门组成的快速评估团、各国政府机构及非政府组织等。信息分析范围涉及各地方、国家、区域乃至全球的农作物监测和展望，粮食的市场与贸易、价格与政策、供求平衡、脆弱性与风险等。

粮农组织对这些信息定期出具报告，与此同时，系统在发现值得关注的安全形势时，会发出特别警报。对面临严重粮食紧急情况、需要粮食援助的国家，GIEWS 与 VAM 会前往该国执行"作物与粮食安全评估任务"，出具特别报告，目的是提供及时、可靠的信息以便政府、国际社会及其他机构能够采取适当行动。

2. 脆弱性分析和制图系统

世界粮食计划署粮食安全分析的 VAM 系统建立于 1994 年，经过近 20 年的运行，形成了一个全球网络。它是一套系统的方法,用于评估和描述粮食安全。其运行方式与 GIEWS 相似,但只针对粮食不安全的国家进行分析和测评。建设目的是为世界粮食计划署各种紧急援助行动和项目提供基本信息,如哪个国家出现粮食不安全、该国家脆弱人口有多少、他们生活在哪里、不安全的原因是什么、最适合的援助手段是什么等,帮助确定最合适的救助类型、救助规模和最需要救助的人群。

3. 其他粮食安全预警系统

农产品市场信息系统(Agricultural Market Information System, AMIS)和地球观测组织全球农业监测行动(Group on Earth Observations Global Agricultural Monitoring Initiative, GEOGLAM)是粮食安全信息系统的新秀,是在粮食危机使全球粮食安全问题恶化、全球对粮食安全的关注度进一步提高的背景下成立的。其工作内容和预警方式与已有的 GIEWS 和 VAM 系统相似,但提高了监测技术水平和响应速度。

为维护粮食安全,部分国家和地区也建设运行了粮食安全预警系统,如美国国际开发署饥饿预警系统网络、欧盟委员会联合研究中心水星项目、东盟粮食安全信息系统、索马里粮食安全与营养分析组等。

(三) 国家粮食安全保障

粮食安全有着复杂的内涵,它不仅要求国家能生产出足够的粮食,还要保证广大民众随时都能买得起也买得到粮食。因此,粮食安全保障贯穿于生产、储备、流通等各个环节,这些环节相互联系,形成一个复杂的系统,即粮食安全保障体系。粮食的生产保障、储备保障、流通保障构成了粮食安全保障体系的基本内容。

1. 粮食生产保障

粮食生产是保障粮食安全的基础环节。粮食生产是指在一定时期的一定地区,基于一定的经济技术条件,由各生产要素综合投入所形成的粮食产出。粮食生产保障的核心内容是粮食综合生产能力,由耕地、农田基础设施、生产技术、生产者素质、农业技术装备水平等要素构成。

保障粮食生产安全的基础在于耕地,要在数量和质量上保障稳定的土地来源,同时,加强农业基础设施建设,加大中低产量田地的改造力度,加快先进生产技术的推广,能有效提高粮食综合生产能力。

保障粮食生产安全还需保护农民种植粮食的积极性。随着城市化的发展,非农产业为农民提供的就业机会日益增多,农业从业者有逐渐减少的趋势。农业从业者的专业性降低,是粮食生产的隐患之一。吸引农民种植粮食,需要从粮食价格着手,维持稳定且合理的粮价。

随着人们对粮食质量要求的提高,保证粮食质量安全逐渐引起国家重视。生产作为粮食供应链的源头,是保证粮食质量安全的基础环节。粮食生产质量安全是在生产环节能够产出满足人体营养需要、不会对人体健康造成损害的粮食的一种状态。从微观层面来讲,耕地和灌溉水污染、化肥和农药的过度使用、工业污染导致的耕地污染等都是粮食生产质量安全问题出现的直接原因。从宏观层面来讲,法律制度不健全、政府调控能力不足、地方主义等也都是粮食生产质量安全问题出现的主要原因。解决粮食生产者与消费者、粮食生产者与政府、粮食生产者与农资经销商之间的信息不对称问题,完善粮食生产质量安全的法律体系,合理设置粮食生产质量监管机构,可以有效保障粮食生产质量安全。

2. 粮食储备保障①

充足的粮食储备是保持市场供求平衡的基本条件。粮食政府储备制度是保障粮食市场价格和供求日常稳定的手段之一,也是应对粮食安全突发事件的制度前提,而粮食应急管理制度则是发挥粮食政府储备制度在突发事件下保障粮食安全功能的必要条件。从历史经验来看,粮食政府储备和粮食应急管理不仅事关社会公共利益,还关系国家安全和社会稳定。作为应对粮食安全突发事件的有力工具,粮食政府储备制度在保障粮食安全中发挥重要作用。建立多层次的粮食储备体系、保持合理的粮食储备格局,是粮食安全保障的一项基本内容。

粮食政府储备制度对粮食安全的重要性体现在其功能之中。具体来看:

第一,粮食政府储备制度能提供市场供给,平抑粮食价格波动。由于粮食生产和消费具有时间、空间上的差距,粮食生产的稳定性和持续性难以保证,因此,粮食供给和价格也将面临不确定性。而粮食是人们必需的,如果粮食难以有效供给或者价格过高就会危及人们的生存。粮食政府储备制度能调节粮食供给和平抑粮食价格波动,确保消费者能够获得粮食,同时避免粮食价格过低对粮食生产者造成损害。

第二,粮食政府储备制度是应对突发事件和粮食公共危机的有力手段。自然灾害、事故灾难以及公共卫生事件都有可能造成粮食供应短缺、粮食价格上涨以及民众哄抢等现象,如果不能有效解决,这些现象将演变为粮食公共危机并直接影响社会的长治久安。因此,一定规模的粮食政府储备能够保证在突发事件下人们获得必需的粮食,保障他们的生存,消除突发事件向粮食公共危机转化的可能性,维护社会稳定。

第三,粮食政府储备制度是一国实力的体现,是应对战争等危机的必要保证。为应对战争、贸易摩擦等突发事件,国家需要储备粮食以备不时之需,有足够的粮食政府储备作为支撑才能提高获胜的可能性。

3. 粮食流通保障

粮食流通作为连接粮食生产和消费的中间环节,对粮食安全至关重要。流通保障是指对粮食的运输、销售网络及相配套的原粮加工环节的保障,这是粮食供给保障体系的终端环节。随着粮食生产和粮食消费的集中,粮食流通的成本会越来越高。从粮食安全的角度来说,安全且高效的粮食流通是必不可少的。安全意味着风险可控,高效则意味着流通成本与收益比例合适。粮食安全在流通环节中具体表现为减少流通中的粮食损耗和保障粮食质量安全。此外,粮食流通还要保障粮食供需总体的平衡,实现粮食的分配安全。

从粮食的收购、加工、运输,最后到粮食消费,环节繁多,涉及的主体也很多,为了保障粮食消费者的利益,对整个粮食流通环节进行市场监管是必要的,其目的在于保障粮食质量的总体安全。粮食流通的市场监管从微观层面保障粮食质量安全和粮食交易安全,防止损害消费者权益和破坏市场秩序的经营行为与消极竞争行为发生,而对粮食流通的宏观调控则保证粮食流通中供需总量的相对平衡。

---

① 李蕊.民之天:粮食安全法制保障体系研究[M].北京:法律出版社,2020:161-164.

流通环节的质量安全直接关系消费者对粮食的有效获得和消费者的切身利益,粮食流通环节众多,质量安全问题尤为重要,一旦出现严重的粮食质量安全事故,其往往会演化为重大的公共事件。粮食流通的市场监管包括对粮食的收购、销售、运输、加工和进出口的监管。法律针对不同的流通环节设置相应的规制措施,能够保障粮食的质量安全。粮食交易链是由粮食收购、销售、运输、加工和进出口等经营活动有机结合而成的完整链条,从而能够实现粮食的使用价值从粮食生产者向粮食消费者的转化。针对粮食运输,法律设置了相应的粮食运输技术规范,包括对运输条件和运输工具的要求。针对粮食销售,相关的经营者要取得相应的资质。

第四节 国家能源安全

一、国家能源安全的定义和影响因素

(一) 国家能源安全的定义

从狭义上来说,能源安全大多是指石油安全,但从广义上来说,能源安全还包括煤炭、电力等能源品种的安全,石油和煤炭资源安全属于矿物能源安全的范畴。能源安全问题历史上由来已久,自19世纪末以电力、化学工业和内燃机为特征的产业革命发生以来,能源消费不断增加,供需矛盾日益凸显,由此引起了人们对于能源安全问题的关注。在经济全球化、科技进步日新月异的今天,能源安全进一步成为世界各国普遍关心并致力解决的重大问题。

能源安全概念的明确提出源于20世纪发生的石油危机。由于西方发达国家对石油的高度依赖,20世纪70年代的两次石油危机使得发达国家的经济遭受重创,如在1973年爆发的中东战争使部分国家对石油采取禁运政策,导致西方发达国家经济增速大幅下降。经济合作与发展组织(OECD)和国际能源署(IEA)对能源安全的定义是"以支付得起的价格不中断地获得能源资源的能力"。能源安全有不同的尺度,其中,长期能源安全主要关注能源的持续投资以保障经济发展的问题,短期能源安全关注能源系统快速应对供给需求突然变化的能力。美国国家能源政策把国家能源安全定义为"可靠的、支付得起的、环境友好的能源供给"。具体来看,国家能源安全的概念由两部分组成:一部分是源供给的稳定性,也即经济安全性,指能够保障国民经济发展及人民生活所需的各类能源,并且能够对于影响能源供给的突发事件进行有效的防御,还要从长远角度满足未来社会及经济发展的需求;另一部分是能源使用的安全性,也即生态环境的安全性,指能源的消费和使用不会对人类自身生存发展及环境造成任何破坏和威胁。

(二) 国家能源安全的影响因素①

影响国家能源安全的因素有很多,归纳起来主要有以下六个方面:禀赋因素、政治因素、运输因素、经济因素、军事因素以及可持续发展因素。

---

① 迟春洁,黎永亮.能源安全影响因素及测度指标体系的初步研究[J].哈尔滨工业大学学报(社会科学版),2004(4):80-84.

1. 禀赋因素

禀赋因素是影响国家能源安全的一个最重要、最直接的因素。一般情况下,一国的自身能源越丰富,对经济及社会发展的保障程度也就越高,能源供应的安全性也越高。当然,这并不意味着能源匮乏的国家就一定面临着严重的能源安全问题。以日本为例,日本在经历了第一次石油危机之后,通过建立完善的战略石油储备系统等措施有效降低了其能源供应的风险。

2. 政治因素

政治因素主要通过两个途径对国家能源安全产生影响。一是能源的进出口国之间的政治关系变化使能源供应安全受到威胁。例如,第一次石油危机就是源自阿拉伯国家和西方国家的政治局势动荡。二是能源生产国国内的政治因素对能源安全供应造成影响。例如,第二次石油危机是由伊朗国内政治和宗教因素造成的。

3. 运输因素

运输因素主要是指影响能源的供应链安全的因素。供应链安全和资源控制以及储备的建立具有同等重要的地位,供应链安全是一国整体能源安全的前提条件。

4. 经济因素

经济因素会对能源安全产生间接影响。对于能源进口国,其主要影响表现为经济能否支撑进口能源所需的外汇储备。价格上涨将会对一国的进口能力以及进出口平衡产生一定程度的影响。在非战争时期,价格的大幅波动是能源安全问题出现的主要原因之一。

5. 军事因素

军事因素也会对能源安全产生多方面的影响。一国若拥有强大的、反应迅速的海上军事力量,将会对其能源的海上运输线路起到良好的保护效果,对关键海峡的有效控制也是保证能源运输安全的重要一环。此外,军事因素的影响还表现在对主要能源生产地的军事干预能力方面。例如,海湾战争中美国等军事干预能力强大的国家,通过避免本国石油供应受制于伊拉克,有效保障了自身及其同盟国的石油安全供应。

6. 可持续发展因素

能源安全重视能源的利用效率及能源的可持续利用。能源可持续利用的实质便是在能源可持续利用的前提下,经济和社会能够得到发展。通过加快清洁能源开发替代、加速可再生能源技术进步、减少污染性能源消费等措施,可以有效改变各国的能源安全态势。

二、国家能源安全的相关理论

(一)能源地缘政治思想

地缘政治学是在自然地理和政治地理相结合的基础上对国际政治空间现象所进行的系统研究。就其延伸影响来说,地缘政治学涉及国际关系的政治地理因素和国家对外政策(包括军事战略)的地理因素。

能源地缘政治的影响因素包括"地理"和"能源"两个方面。其中,自然地理因素(如区位、地形、地貌和水域等)和能源资源蕴藏量因素是固有的、不可改变的。但是,人文地理(区域经济、产业发展、交通通道和基础设施等)和能源资源勘探开发程度等是与人类活动关联的、可控的,所以,能源地缘政治的优劣在一定程度上是可控的。

严格地说,能源地缘政治还不能被视为理论或学说,而是一种影响各国能源政策与外交策略的思维方式。例如,由于美国对日本的石油禁运政策,日本将法西斯扩张主义的视线转向盛产石油的东南亚国家;英国通过其海上力量控制着产量有限的中东石油的进出阀门;罗马尼亚的石油根本不足以满足德国摩托化步兵师和坦克集群的能源需求,导致希特勒在向苏联进攻时把夺取高加索石油当作南方集团军群的一项重要任务。

能源的地缘政治属性是确凿无疑的。一方面,能源的生产、运输和分配活动都受制于复杂的地理结构;另一方面,能源是地缘政治权力的重要来源,能源政治受到地理因素的支配。以金属资源安全为例,地缘政治对国家金属资源安全的影响主要是指少数金属资源充裕国家通过对金属资源市场供应或金属资源国际贸易规则的干预,造成金属资源供应受限以及价格动荡,从而影响国家金属资源安全。Habib 等(2016)测算了全球范围内 52 种金属的赫芬达尔-赫希曼指数(Herfindahl-Hirschman Index,HHI),用以判断其地缘政治供应风险,认为未来的能源地缘政治风险更多取决于现有的以及将被勘探出的金属资源的储量分布,而不是现有金属产量的全球分布。Gemechu 等(2015)通过对 14 种矿产资源的地缘政治风险评估,发现未来稀土、锑、铍等金属将会面临更大的地缘政治供应风险。

(二)环境库兹涅茨曲线①

库兹涅茨曲线原本用来表述经济增长与收入分配的关系,即在经济增长的初期,收入分配差距会扩大,但随着经济的发展,收入分配差距将逐渐缩小。借用库兹涅茨曲线,可以从理论上解释经济增长与能源消耗、环境恶化的关系。随着一国经济的增长,特别是在工业化的初中期,能源消耗数量和环境污染程度将快速升高。当这个国家的经济发展到了一个较高水平,特别是进入工业化后期,能源消耗数量和环境污染程度将会迅速降低,这就是所谓的"环境库兹涅茨曲线"。事实证明,有的国家发展轨迹确实符合这一曲线,但这一曲线并不具有普遍规律性。例如,美国是世界上工业最发达的国家,已进入"后工业社会",但美国却是消耗能源最多的国家,也是二氧化碳排放最严重的国家。中国的人均能源使用量大大低于美国等发达国家,但中国并没有坐等"工业化后期"到来后能源和环境问题的自动解决,相反,在工业化全过程中,中国始终注重节约能源和保护环境,不走发达国家"先污染,后治理"的工业化老路,而是依靠科技进步和新兴工业化道路来化解能源供求矛盾,但在新兴工业化道路中同样出现了不可忽视的能源安全问题。

(三)石油峰值论

从能源生产国和出口国的角度来看,能源价格居于较高价位有利于保护国内资源、维护本国利益、促进经济社会发展。例如,由于"石油美元"增加,俄罗斯得以提前 14 年偿还向西方发达国家欠下的债务。但对能源消费国而言,石油价格的上涨再一次把"资源枯竭问题"摆在它们面前,产生了所谓的"石油峰值论"。这一理论认为,全球石油产量将在不久的将来到达一个顶峰。但对于到达顶峰的时间,学者们的看法却不尽相同。有人预测在 2030 年左右,由于替代能源届时仍无法完全替代石油,石油产量下降,石油价格就会升高,

---

① 迟春洁.中国能源安全监测与预警研究[M].上海:上海交通大学出版社,2011:9.

使全球陷入能源危机。由于石油供给容易处于垄断状态,将使石油价格不断升高,容易被政治因素利用和左右,因此,石油产量越接近其峰值,世界各国对石油的争夺就会越激烈。然而,国内外多数能源专家认为,全球能源资源是多样的、丰富的,仅已探明的石油资源尚可使用40—50年甚至更长时间,而且具有商业开发价值的大油气田正不断被发现。虽然一次能源总有枯竭的一天,但相信人类有能力、有技术开发新能源和替代能源。新能源将是21世纪科技发展的突出重点,只有不断开发利用优质能源,人类文明才能得以延续与发展。

(四)资源依赖理论[①]

资源依赖理论假设没有组织是完全自给自足的,一切组织都在与环境进行交换,并由此获得生存与发展。正是在组织与环境的交换中,环境给组织提供关键性资源(稀缺资源),组织对资源的需求便构成了组织对环境的依赖。在环境中,与组织交换资源的是另一些组织,组织与环境的关系实质是拥有不同资源的组织之间的关系,组织间在资源上的依赖关系是资源依赖理论探讨的对象。所谓资源依赖理论,是指一个组织最重要的存活目标就是要想办法降低对外部关键资源供应组织的依赖程度,并且寻求一个可以影响这些供应组织以使关键资源能够被稳定掌握的方法。国家可以通过降低对外部关键资源供应组织的依赖程度保障本国资源安全。

在该理论中,讨论组织间依赖关系的一个重要框架是"资源依赖—权力不平等"模式。该模式站在弱势组织的立场,关注组织间因资源依赖而产生的权力不平等,关注如何通过改变资源依赖关系等方式来降低对环境的依赖程度,以增强自身权力。

资源依赖理论的主要观点认为,一个组织对另一个组织的依赖程度取决于三个决定性因素:①资源对组织生存的重要性;②组织在多大程度上能够对资源的分配和使用作自主裁决;③替代性资源的可获得程度。简单地说,即资源的重要性、使用资源的自主性、替代性资源的获得性。

就国家能源安全来说,不同国家之间容易因资源依赖而产生能源依赖,进而产生权力不平等问题,通常情况下,一个国家对其他国家的资源依赖程度越高,受到其他国家约束的程度就越高。国家需要科学调整资源依赖关系,增强自身权力,维护国家资源安全,避免出现对某个国家资源依赖程度过高的情况。

(五)资源永续利用理论[②]

资源永续利用理论的认识论基础是:人类社会能否可持续发展,取决于人类社会赖以生存发展的资源是否可以被永远地使用下去。基于这一认识,该理论学派致力于从资源角度来探讨资源得以永续利用的理论和方法。一国国家能源安全的持续保障与资源的可持续发展息息相关,因此资源永续利用理论也是国家能源安全的重要理论基石。

资源永续利用理论认为,不可再生资源可持续利用是指其利用消耗速率要低到在其存量枯竭之前能发现新的替代品,也就是说,可持续利用的速率必须低于或至多只能相当于

[①] 邱泽奇,由入文.差异化需求、信息传递结构与资源依赖中的组织间合作[J].开放时代,2020(2):180-192.
[②] 余敬,张京,武剑,等.重要矿产资源可持续供给评价与战略研究[M].北京:经济日报出版社,2015:27.

替代品出现的速率。不可再生资源可持续利用的经济学原理是著名的霍特林法则（Hotelling Theorem），即开采的不可再生资源的价格增长率必须等于贴现率。然而，该法则关心的是资源开发的收益是否最大，而不是资源存量本身的变化或枯竭与否。因此，可持续利用是针对资源拥有者而言的。

为了实现资源永续利用，世界各国纷纷从能源开发及能源消费两方面入手。在能源开发方面，实施"清洁替代"策略，即以太阳能、水能、风能等清洁能源替代化石能源，实现以清洁能源为主导的能源使用方式，从根本上解决人类能源供应正在面临的资源约束及环境约束问题。在能源消费方面，实施"电能替代"策略，即以电能替代石油、煤炭等较高污染性的化石能源，提升电能在终端能源中的占比，大力倡导"以电代煤，以电代油"的能源发展战略。

相关案例 8-7

阿联酋积极探索可持续发展

漫步在茂密森林的交织根系之中、徜徉于海洋深处，当人们正享受自然界的美妙时，迎面却看见成堆的塑料瓶、飘动的垃圾袋、废弃的电子设备……这是近日向公众开放的2020年迪拜世界博览会（延期至2021年举行）首个主题场馆"Terra可持续发展馆"中的场景。Terra在拉丁语中是"地球"的意思，展馆用沉浸式体验向游览者诠释人与自然和谐相处之道，警示人们积极探索可持续发展。

"Terra可持续发展馆"顶部宽130米，由1 055个光伏面板组成，馆内则利用循环水和替代水源实现自给供电、供水。从主题设计到技术支撑，体现了阿联酋希望通过该展馆激发人们对可持续发展的思考的努力。近年来，随着城市化和人口增加，减排压力不断增大，阿联酋将能源转型和节能减排列入国家发展规划，努力实现经济可持续增长。

在"2021愿景战略"中，阿联酋政府提出了能源多样化、减少化石燃料使用的目标。"2050能源战略"进一步指出，到2050年，清洁能源在阿联酋能源结构中占比要从目前的25%提高至50%，发电过程中碳排放减少70%，能源使用效率提升40%，能为阿联酋节省开支约7 000亿迪拉姆（约1.25万亿元人民币）。

为实现这一目标，阿联酋政府持续布局相关产业和项目。日前，阿联酋国家核监管机构宣布向巴拉卡核电站2号机组颁发运行许可证，核电站整体运营后，将为该国提供约25%的电力，每年碳排放量减少多达2 100万吨；阿布扎比正在建设扎夫拉光伏电站项目，这是当前阿联酋4个主要清洁能源项目中最大的一个，该光伏电站总装机容量为2吉瓦，2022年下半年投入使用后将满足约16万户家庭的用电需求，每年减少碳排放超过360万吨；沙迦正在建设中东地区首座垃圾发电站，计划改造一座占地面积47公顷的垃圾填埋场并安装太阳能光伏板，投入使用后，每年可处理30万吨城市固体垃圾，生产电力超42兆瓦，减少二氧化碳排放45万吨。

在不久前举办的阿布扎比可持续发展周活动上，阿联酋还宣布了两大氢能合作计划：一是阿布扎比国家石油公司与两大主权基金组建氢能联盟，助推氢气在阿联酋交通运输和工业领域的应用；二是阿布扎比可再生能源开发商马斯达尔与西门子等公司携手推进"绿氢"示范应用。"随着全球人口增长,实现可持续发展的使命变得越来越迫切。"阿联酋国务部长表示,阿联酋希望积极实践并搭建可持续发展对话的桥梁,为本地区可再生能源的发展注入信心。

资料来源:周辆.阿联酋积极探索可持续发展[N].人民日报,2021-04-02(16).

三、国家能源安全的测度指标

（一）国家能源储备规模

国家能源储备规模是衡量某个国家能源安全状况的重要指标,是一个国家中可用于经济和社会发展的能源的数量,即各类可用于生产的能源储备量。一般情况下,一个国家的能源储备规模与其能源安全状况成正比。国家能源储备规模越大,该国的能源安全状况越好。表8-14展示了2000年、2010年、2020年规模前十大国家的石油、天然气储备量情况。

表8-14　2000年、2010年、2020年规模前十大国家石油、天然气探明储量

国家	石油(十亿桶)			国家	天然气(万亿立方米)		
	2000年	2010年	2020年		2000年	2010年	2020年
委内瑞拉	76.8	296.5	303.8	俄罗斯	33.2	34.1	37.4
沙特阿拉伯	262.8	264.5	297.5	伊朗	25.4	32.3	32.1
加拿大	181.5	174.8	168.1	卡塔尔	14.9	25.9	24.7
伊朗	99.5	151.2	157.8	土库曼斯坦	1.8	13.6	13.6
伊拉克	112.5	115.0	145.0	美国	4.8	8.3	12.6
俄罗斯	112.1	105.8	107.8	中国	1.4	2.7	8.4
科威特	96.5	101.5	101.5	委内瑞拉	4.6	6.1	6.3
阿联酋	97.8	97.8	97.8	沙特阿拉伯	6.0	7.5	6.0
美国	30.4	35.0	68.8	阿联酋	5.8	5.9	5.9
利比亚	36.0	47.1	48.4	尼日利亚	3.9	4.9	5.5

资料来源:British Petroleum (BP)数据库。

（二）国家能源自给率

国家能源自给率是评估一国能源自给程度的指标,通常用当年能源产量占当年能源消费量的比重来计算,反映一个国家的能源安全水平。国家能源自给率取决于该国的能源总体储备量、能源资源开采能力以及经济发展程度等。能源储备量越高、能源资源开采能力越强的国家,通常其能源自给率也越高。一个国家经济越发达,其能源消耗量也越大,一般来说其能源自给率水平也越低。表8-15列示了2000年、2010年、2020年、2021年主要石油生产国的石油资源自给率。

表 8-15　2000 年、2010 年、2020 年、2021 年主要石油生产国的石油资源自给率　　单位:%

国家	2000 年	2010 年	2020 年	2021 年
美国	39.58	40.96	96.25	88.49
俄罗斯	265.18	384.03	361.66	349.67
沙特阿拉伯	608.18	350.72	342.97	337.93
加拿大	135.54	151.65	265.54	278.23
伊拉克	541.18	481.27	671.10	582.03
中国	73.54	46.05	28.83	27.68
伊朗	296.75	273.90	195.36	226.93
阿联酋	626.29	434.73	449.06	395.19
巴西	78.11	104.89	163.55	153.42
科威特	1 077.45	584.83	693.09	686.39

资料来源:根据 British Petroleum（BP）数据库计算所得。

(三) 国家能源对外依存度[①]

国家能源对外依存度是一国的能源资源需求依赖于对外进口的程度,是指一个国家某一年净进口的所有能源资源总量占能源资源消费总量的比重。该指标反映的是该国所消费的全部能源的总体对外依存状况,是综合评判一个国家能源安全状况的重要指标。

具体计算公式如下:

$$R = \frac{N_i}{C} \times 100\% \qquad (8-2)$$

$$N_i = I - E \qquad (8-3)$$

$$C = P + N_i + \Delta S \qquad (8-4)$$

式中,R 表示某种能源的对外依存度,N_i 表示能源净进口量,C 表示能源总消费量,I 表示进口量,E 表示出口量,P 表示该种能源的国内产量,ΔS 表示该种能源存量的变化量。由于 ΔS 的数据难以统计,在计算中一般可以忽略,因此,对公式(8-2)作如下调整:

$$R = \frac{N_i}{P + N_i} \times 100\% \qquad (8-5)$$

国家能源对外依存度不仅表明一国能源依赖于对外进口的程度,还可以在一定程度上反映一国的能源开发能力、经济发展水平以及参与国际经济的程度。一般而言,在开放经济条件下,发展中国家的能源对外依存度大于发达国家,主要原因是发展中国家本身的可用能源资源和开采能力都有限,为满足国民经济发展及社会需求,能源在很大程度上必须依靠进口。相比之下,发达国家由于本身能源资源丰富、国内市场广阔、开采能力及效率更具优势等因素,对外部能源依赖程度不大,能源对外依存度相对较低。表 8-16 是 2010 年、2020 年、2021 年部分国家天然气资源对外依存度情况。

---

① 王东方,陈伟强.中国铝土矿贸易与供应安全研究[J].资源科学,2018,40(3):498-506.

表 8-16　2010 年、2020 年、2021 年部分国家天然气资源对外依存度　　　　　单位:%

国家	2010 年	2020 年	2021 年
美国	11.05	−8.50	−12.43
巴西	43.84	30.25	42.33
俄罗斯	−41.07	−53.96	−47.66
中国	15.06	41.33	42.96
印度	19.49	60.66	54.02

资料来源:根据 British Petroleum(BP)数据库计算所得。

（四）国家能源进口市场集中度①

国家能源进口市场集中度可用于判断一国是否集中从某一个或某几个国家进口能源。能源进口市场的多元性越强,国家能源安全受到地缘政治等不确定性风险威胁的可能性越低。赫芬达尔-赫希曼指数(HHI)是反映市场集中度的指数,该指数能够全面准确地反映能源出口国(进口来源国)对能源进口国进口市场的影响程度,较好地反映了进口来源国市场规模分布变化情况。

其计算公式如下:

$$HHI = \sum_{i=1}^{N}(X_i/X)^2 = \sum_{i=1}^{N}S_i^2 \qquad (8-6)$$

式中,X_i 表示排在第 i 位(按进口规模排序)的从进口来源国进口该种能源的进口规模;X 表示能源进口国进口该种能源的进口总规模;S_i 表示排在第 i 位(按进口规模排序)的该种能源进口来源国的市场占有率;N 表示向这一能源进口国出口该种能源的国家总数。

当进口来源国独家垄断时,该指数等于 1;当从所有国家进口的规模相同时,该指数等于 $1/N$。故该指标在 $1/N$ 和 1 之间变动,数值越小,表明进口来源国的规模分布越均匀。表 8-17 是 2020 年部分国家(地区)石油进口来源国的市场占有率情况,可以看出,加拿大石油的进口市场集中度最大,中国石油的进口市场集中度最小。

表 8-17　2020 年部分国家(地区)石油进口来源国的市场占有率　　　　　单位:%

石油进口来源国(地区)	石油进口国				
	加拿大	美国	中国	印度	日本
加拿大	0.00	61.18	0.57	0.49	0.00
墨西哥	0.00	11.17	0.07	3.92	0.08
美国	76.34	0.00	3.55	5.25	1.62
中南美洲	1.43	10.32	12.92	7.85	1.78
欧洲	3.23	0.72	3.37	0.78	0.00
俄罗斯	0.00	1.26	14.97	1.28	4.13

① 王东方,陈伟强.中国铝土矿贸易与供应安全研究[J].资源科学,2018,40(3):498-506.

单位:%(续表)

石油进口来源国(地区)	石油进口国				
	加拿大	美国	中国	印度	日本
其他独联体国家	0.00	0.31	1.13	1.77	0.73
伊拉克	0.00	3.03	10.79	23.20	0.40
科威特	0.00	0.34	4.94	4.86	9.15
沙特阿拉伯	13.26	8.48	15.24	18.44	40.16
阿联酋	0.00	0.10	5.60	10.89	31.01
其他中东国家	0.00	0.00	9.53	6.33	9.31
北非	0.00	0.31	0.61	2.21	0.40
西非	5.73	2.42	12.89	10.50	0.16
东南非洲	0.00	0.14	0.38	0.29	0.08
大洋洲	0.00	0.00	0.25	0.05	0.24
中国	0.00	0.00	0.00	0.05	0.08
HII 指数	0.60	0.41	0.11	0.13	0.28

资料来源:根据 British Petroleum(BP)数据库计算所得。

本章小结

(1) 国家科技安全是指科技体系完整有效,国家重点领域核心技术安全可控,国家核心利益和安全不受外部科技优势的威胁,以及保障持续安全状态的能力。国家科技安全主要分为四类,即科技人才安全、科技活动安全、科技成果安全和科技成果应用安全,其中,科技成果应用安全是社会中最普遍、最广泛的科技安全类别。国家科技安全具有保密性、广泛渗透性、脆弱性、复杂性等特点,并且会受到国际政治局势、自主创新水平、知识产权保护和颠覆性技术等的影响。国家科技安全的主要理论为技术生命周期理论和技术追赶理论。技术生命周期理论识别国家技术所处阶段,从而识别国家技术安全状态。技术追赶理论主要包括后发优势假说和吸收能力假说。

(2) 国家人才安全的核心内容。国家人才安全是指国家人才系统自身运行健康、稳定,且持续有效地支撑了国家经济社会的发展,使国家重大利益如主权利益、政治利益、经济利益、社会公共利益等免受人才问题带来的外部威胁的一种状态。国家人才安全的相关理论包括人力资本理论、劳动力流动理论和人力资本安全保障理论三方面。其中,劳动力流动理论包括推拉理论、成本收益理论、人才集聚相关理论、新迁移经济学理论和社会网络理论。人力资本安全保障理论包括芒顿德的四个措施和巴格瓦蒂等人的补偿理论。人才安全保障机制是一个由结构性规则组成的体系,以保证人才的吸引、选拔、激励、流动、管理、评价、成长等方面的健康、稳定和良性发展。人才安全保障机制强调在符合人才发展规律的基础上,通过人才选拔、使用、培养、流动、管理等各个环节上所形成的结构性、层次性的系统规则安排,以达到人才作用发挥的稳定和持久。

（3）粮食安全指"确保所有人在任何时候既能买得到又能买得起他们所需要的基本食品"，具体包含粮食生产、供给和获取的安全。由于人口增长等原因，粮食不足问题日渐凸显，伴随几次粮食危机，粮食安全议题逐步被提出和完善。国家粮食安全的相关理论有公共产品理论、粮食安全层次理论、粮食结构安全理论和非传统安全威胁理论等。基于以上理论，国家应注重维护粮食安全，由政府参与调控粮食市场。同时，不仅要保证整体粮食安全，还要实现多层次粮食安全和粮食结构安全。国家粮食安全的监测指标有粮食总供求平衡指标、人均粮食供求平衡指标、粮食自给率、粮食储备率和粮食对外依存度等。国家粮食安全预警系统有全球粮食和农业信息及预警系统、脆弱性分析和制图系统等。国家粮食安全的保障需要建立涵盖粮食生产、储备、流通等环节的保障体系。

（4）国家能源安全的概念由两部分组成：一部分是能源供给的稳定性，也即经济安全性，指能够保障国民经济发展及人民生活所需的各类能源，并且能够对于影响能源供给的突发事件进行有效的防御，还要从长远角度满足未来社会及经济发展的需求。另一部分是能源使用的安全性，也即生态环境的安全性，指能源的消费和使用不会对人类自身生存发展及环境造成任何破坏和威胁。国家能源安全的相关理论包括能源地缘政治思想、环境库兹涅茨曲线、石油峰值论、资源依赖理论、资源永续利用理论等。国家资源安全测度指标包括国家能源储备规模、国家能源自给率、国家能源对外依存度及国家能源进口市场集中度。

复习思考题

1. 简述国家科技安全的相关理论。
2. 简述国家科技安全的测度指标。
3. 简述国家人才安全的内涵和相关理论。
4. 论述国家粮食安全及其保障措施。
5. 简述国家能源安全的相关理论。

参考文献

蔡劲松,马琪,谭爽.科技安全风险评估及监测预警系统构建研究[J].科技进步与对策,2022,39(24)：100-108.

曹宝明,李光泗,徐建玲,等.中国粮食安全的现状、挑战与对策研究[M].北京：中国农业出版社,2011.

曹阳.国际法视野下的粮食安全问题研究：可持续性国际粮食安全体系的构建[M].北京：中国政法大学出版社,2016.

陈劲,朱子钦,季与点,等.底线式科技安全治理体系构建研究[J].科学学研究,2020,38(8)：1345-1357.

陈文义,范军.人才安全论[M].北京：蓝天出版社,2005.

陈曦,曾繁华.国家经济安全的维度、实质及对策研究：基于外资并购视角的案例分析[M].北京：中国经济出版社,2010.

迟春洁.中国能源安全监测与预警研究[M].上海：上海交通大学出版社,2011.

迟春洁,黎永亮.能源安全影响因素及测度指标体系的初步研究[J].哈尔滨工业大学学报（社会科学版）,

2004(4):80-84.

公茂刚.发展中国家粮食安全问题研究[M].北京:中国经济出版社,2013.

《国家科技安全知识百问》编写组.国家科技安全知识百问[M].北京:人民出版社,2021.

何昌垂.粮食安全:世纪挑战与应对[M].北京:社会科学文献出版社,2013.

胡小平.论构建我国粮食安全保障体系[N].光明日报,2008-11-18(10).

黄涛,邵文武.经济区域间人才流动机制研究[J].企业经济,2007(9):108-110.

黄晓勇.中国的能源安全[M].北京:社会科学文献出版社,2014.

鞠峰.伊朗顶级核物理学家突遭暗杀身亡[EB/OL].(2020-11-28)[2022-08-23].https://www.guancha.cn/internation/2020_11_28_572836.shtml.

郎一环,王礼茂,李红强.中国能源地缘政治的战略定位与对策[J].中国能源,2012,34(8):24-30.

雷有才.人才危机管理应对人才流失的非常措施[J].中国人力资源开发,2004(12):19-22.

李林,廖晋平,张烜工.科技安全预警机制的建立及完善[J].科技导报,2019,37(19):26-32.

李蕊.民之天:粮食安全法制保障体系研究[M].北京:法律出版社,2020.

李文明.粮食安全预警机制与调控方略:基于系统层级和全产业链视角[M].北京:中国农业出版社,2013.

李义虎.地缘政治学:二分论及其超越·兼论地缘整合中的中国选择[M].北京:北京大学出版社,2007.

刘霞,孙彦玲.国家人才安全问题研究[M].北京:中国社会科学出版社,2018.

刘晓梅.关于我国粮食安全评价指标体系的探讨[J].财贸经济,2004(9):56-61.

刘银良,吴柯苇.创新型国家导向的中国科技立法与政策:理念与体系[J].科技导报,2021,39(21):45-51.

刘跃进.国家科学技术安全浅议[J].国家安全通讯,2000(3):45-46.

马彩凤.区域人才流动的经济效应研究[M].北京:人民交通出版社,2019.

马九杰,张象枢,顾海兵.粮食安全衡量及预警指标体系研究[J].管理世界,2001(1):154-162.

梅亮,陈劲.责任式创新:源起、归因解析与理论框架[J].管理世界,2015(8):39-57.

邱泽奇,由人文.差异化需求、信息传递结构与资源依赖中的组织间合作[J].开放时代,2020(2):180-192.

孙彦玲,刘霞.人才安全管理需处理好四大关系[J].中国人才,2016(19):42-43.

王昶,宋慧玲,左绿水,等.国家金属资源安全研究回顾与展望[J].资源科学,2017,39(5):805-817.

王东方,陈伟强.中国铝土矿贸易与供应安全研究[J].资源科学,2018,40(3):498-506.

王明杰,郑一山.西方人力资本理论研究综述[J].中国行政管理,2006(8):92-95.

王山,谭宗颖.技术生命周期判断方法研究综述[J].现代情报,2020,40(11):144-153.

王兆华,褚庆全,王宏广.粮食安全视域下的我国粮食生产结构再认识[J].农业现代化研究,2011,32(3):257-260.

王志刚.加强自主创新 强化科技安全 为维护和塑造国家安全提供强大科技支撑[N].人民日报,2020-04-15(11).

魏浩,王宸,毛日昇.国际间人才流动及其影响因素的实证分析[J].管理世界,2012(1):33-45.

魏后凯.中国农业发展的结构性矛盾及其政策转型[J].中国农村经济,2017(5):2-17.

吴帅.海外人才引进机制与政策研究[M].北京:中国社会科学出版社,2014.

肖国安,王文涛.中国粮食安全报告:预警与风险化解[M].北京:红旗出版社,2009.

肖利平.追赶理论研究的最新进展[J].经济学动态,2011(11):113-118.

邢源源,牛晓晨,李钊.科恩与利文索尔关于吸收能力理论研究的贡献:科睿唯安"引文桂冠"经济学奖得主学术贡献评介[J].经济学动态,2020(6):148-160.

徐振伟.世界粮食危机与中国粮食安全[J].东北亚论坛,2012,21(3):28-35.

杨屏,孙昌增.紧缺人才的管理创新与保障机制[J].法制与社会,2007(10):538-539.

尹成杰.粮安天下:全球粮食危机与中国粮食安全[M].北京:中国经济出版社,2009.
游光荣,张斌,张守明,等.国家科技安全:概念、特征、形成机理与评估框架初探[J].军事运筹与系统工程,2019,33(2):5-10.
余敬,张京,武剑,等.重要矿产资源可持续供给评价与战略研究[M].北京:经济日报出版社,2015.
余莹.西方粮食战略与我国粮食安全保障机制研究[M].北京:中国社会科学出版社,2014.
曾晓娟,刘元芳.创新之忧:中国科技人才流失严重[J].科学管理研究,2008(3):91-94.
曾志华.粮食安全监管制度研究[M].北京:中国社会科学出版社,2015.
张建新.能源与当代国际关系[M].上海:上海人民出版社,2014.
赵光辉.人才发展学[M].北京:知识产权出版社,2016.
赵莉.全球化条件下的人力资本安全[J].新视野,2003(6):56-57.
赵敏.国际人口迁移理论评述[J].上海社会科学院学术季刊,1997(4):127-135.
赵世军,董晓辉.新时代我国科技安全风险的成因分析及应对策略[J].科学管理研究,2021,39(3):27-32.
钟文峰.粮食安全[M].北京:国际文化出版公司,2014.
周新芳.人力资本理论文献综述[J].现代经济信息,2008(1):59-61.
科技安全是国家安全战略的重要内容[EB/OL].(2014-11-16)[2022-08-23].http://scitech.people.com.cn/n/2014/1116/c1057-26032522.html.
ABRAMOVITZ M. Catching up, forging ahead, and falling behind[J]. The journal of economic history, 1986, 46(2): 385-406.
BREZIS E S, KRUGMAN P R, TSIDDON D. Leapfrogging in international competition: a theory of cycles in national technological leadership[J]. The American economic review, 1993, 83(5): 1211-1219.
COHEN W M, LEVINTHAL D A. Absorptive capacity: a new perspective on learning and innovation[J]. Administrative science quarterly, 1990, 35(1): 128-152.
FOSTER R N. Working the S-curve: assessing technological threats[J]. Research management, 1986, 29(4): 17-20.
GEMECHU E D, HELBIG C, SONNEMANN G, et al. Import-based indicator for the geopolitical supply risk of raw materials in life cycle sustainability assessments[J]. Journal of industrial ecology, 2015, 20(1): 154-165.
GERSCHENKRON A. Book review: economic survey, 1919-1939 W. Arthur Lewis[J]. Journal of political economy, 1952, 60(1): 82-83.
HABIB K, HAMELIN L, WENZEL H. A dynamic perspective of the geopolitical supply risk of metals[J]. Journal of cleaner production, 2016, 133: 850-858.
KIM K, COHEN J E. Determinants of international migration flows to and from industrialized countries: a panel data approach beyond gravity[J]. International migration review, 2010, 44(4): 899-932.
VERNON R. International investment and international trade in the product cycle[J]. The quarterly journal of economics, 1966, 80(2): 190-207.

第九章
对外开放与国家经济安全

> **学习目标**
> 1. 掌握国家对外贸易安全的相关理论以及识别、预警和保障。
> 2. 掌握国家对外投资安全的相关理论以及国家对外投资风险管理。
> 3. 掌握国家利用外资安全的相关理论以及识别、预警和保障。

导入案例

统筹好开放发展和经济安全

统筹好开放发展和经济安全是经济全球化背景下构建新发展格局、实现高质量发展的必由之路。习近平总书记指出:"越是开放越要重视安全,统筹好发展和安全两件大事,增强自身竞争能力、开放监管能力、风险防控能力。"对外开放是我国的基本国策,以开放促改革、促发展是我国现代化建设不断取得新成就的重要法宝。对外开放推动我国现代化建设不断取得新成就,也使我国与外部世界的联系互动更加频繁紧密,我国经济发展也更容易受到外部市场的冲击。

当前,新冠疫情严重冲击了各国经济的稳定,经济全球化遭遇逆流,保护主义、单边主义上升,暴露出全球产业链的高度脆弱性和经济全球化蕴藏的风险,国际经济、科技、文化、安全、政治等格局都在发生深刻调整。在这种形势下,我们必须用好辩证思维,深刻认识我国社会主要矛盾变化带来的新特征新要求,深刻认识错综复杂的国际环境带来的新矛盾新挑战,贯彻总体国家安全观,在全面深化改革、高水平对外开放的过程中确保经济安全。

习近平总书记指出,安全是发展的前提,发展是安全的保障。一方面,开放与发展是经济安全的物质基础和重要保障,开放不仅有利于经济发展,根本上也有利于国家安全。可以说,开放是最持久的安全,发展是最稳固的安全。另一方面,开放发展又必须在经济安全的前提下才能实现、才可持续。当前和今后一个时期是我国各类矛盾和风险易发期,各种可以预见和难以预见的风险因素明显增多,我们既要善于运用开放发展来夯实国家安全的基础,又要善于塑造有利于高质量发展的开放环境。

统筹好开放发展和经济安全,必须提升开放发展的广度和深度。构建以国内大循环为主体、国内国际双循环相互促进的新发展格局,客观要求我国发挥巨大内需潜力,实现国内市场与国际市场相互联通、国内资源与国际资源互接互补。持续推动高水平开放是构建新发展格局的基本要求。提升开放发展的广度和深度,要以共建"一带一路"高质量发展为抓手,推动更大范围开放;要以自贸区和自贸港的先行先试为探索,稳步拓展规则、管理、标准等制度型开放,推动更深层次的开放。实践表明,与世界经济深度融合,"你中有我、我中有你"的经济格局更为安全。我们必须在更大范围、更广领域和更高层次上开展国际经济合作,充分发挥我国超大规模市场优势,充分利用国内国际两个市场两种资源,集聚全球优质资源,在国内国际双循环相互促进中实现高质量发展。

统筹好开放发展和经济安全,必须解决经济安全的痛点和难点。在开放发展中维护经济安全,必须切实增强忧患意识,坚持底线思维,着力防范化解各类重大风险,确保不发生系统性风险。要从整体上构建经济体系的安全保障体制,建立和完善经济安全防控机制,提高应对风险、迎接挑战、化险为夷的能力,更好防范全球经济系统中隐藏的"灰犀牛"和"黑天鹅"对经济稳定带来的冲击。为此,我们应当围绕核心基础技术、关键基础材料等薄弱环节,多渠道加大支持力度,加快补齐产业链供应链创新链短板,构建自主可控、安全可靠的国内生产供应体系,破解经济发展的"卡脖子"问题;通过构筑与更高水平开放相匹配的监管和风险防控体系,健全金融监管和市场监管,健全开放安全保障体系,加强跨周期政策设计和逆周期调节,丰富风险应对政策工具,防止资本无序扩张,防范跨境资本异常流动风险,防范世界经济波动和国际经济政策外溢效应带来的风险冲击;要坚持以公平正义为理念引领全球治理体系变革,加强宏观政策协调,维护世界贸易组织和国际经济金融机构的多边合作体制,树立共同体意识,强化系统观念,增强政策协同,防范系统性风险。

总之,当今世界正经历百年未有之大变局,世界进入动荡变革期,我们将面对更多逆风逆水的外部环境,必须增强忧患意识,始终居安思危,统筹发展和安全,在继续扩大高水平对外开放的同时,保持高质量发展和高水平安全的良性互动。要看到,实现开放发展和经济安全的动态平衡,关键在统筹,我们要在深入把握发展和安全辩证关系的基础上做好统筹工作,加强国内循环与国际循环的统筹,注重宏观措施与微观措施的协调,兼顾短期政策与长期政策的配套,突出重点,把握着力点,确保我国经济安全和国家安全。

资料来源:王静.统筹好开放发展和经济安全[N].经济日报,2022-02-07(11).

第一节　国家对外贸易安全

一、国家对外贸易安全的定义与特点[①]

(一)国家对外贸易安全的定义

国家对外贸易安全概念的提出最早可以追溯到第一次世界大战以后。欧洲国家联合成立了欧洲煤钢共同体,目的在于以贸易联盟形式限制煤钢等战略物资的自由贸易,减少

---

① 匡增杰,孙浩.贸易安全的理论框架:内涵、特点与影响因素分析[J].海关与经贸研究,2016,37(4):105-112.

这些战略物资用于战争的可能性。第二次世界大战以后，美国依托其强大的经济实力，毫无争议地成为世界第一贸易大国。为实现自身的贸易利益，美国开始寻求建立全球开放性经济体系促进自由贸易发展。1944 年，由世界银行、国际货币基金组织和《关税与贸易总协定》为基础组成的布雷顿森林体系正式成立，推动了国际贸易的大发展。1979 年，为控制军民两用物项的出口行为，美国制定了《1979 年出口管理法》（Export Administration Act of 1979, EAA）。尽管现在此法本身已失效，但其中与军民两用产品和技术出口管制相关的规定事实上仍然有效。为执行该法，美国商务部颁布了《出口管理条例》（Export Administration Regulations, EAR），具体规定原产于美国的产品、软件和技术的出口和再出口管制制度。

随着冷战结束后国际安全环境的变化，1993 年克林顿政府将贸易安全提升到国家安全战略的高度，将经济贸易利益确立为国家核心利益。2001 年"9·11"事件以后，美国将贸易的重心从推动贸易开放转向确保贸易安全。其后，小布什政府积极推动全球贸易安全体系建设，在世界海关组织（World Customs Organization, WCO）和亚洲太平洋经济合作组织（Asia-Pacific Economic Cooperation, APEC）等国际组织层面以各种方法为维护国际贸易安全制定规则。为应对发展中国家在国际贸易中的崛起，奥巴马政府抛开多边贸易体系协商途径，以《跨太平洋伙伴关系协定》（Trans-Pacific Partnership Agreement, TPP）、《跨大西洋贸易与投资伙伴关系协定》（Transatlantic Trade and Investment Partnership, TTIP）、《国际服务贸易协定》（Trade in Service Agreement, TISA）等区域性贸易投资协定谈判为切入口，提出了重构全球贸易投资规则战略，以确保美国在全球贸易中的核心地位。唐纳德·特朗普（Donald Trump）在执政期间坚持"美国优先"思想，采用多种贸易保护手段维护美国贸易安全。可以看出，贸易安全思想及其重要性在贸易发展历程中不断得到完善和提升。

关于对外贸易安全的定义有两类观点。具体如下：

一类观点认为，对外贸易安全体现为一种能力，即在对外贸易发展面临风险或受到冲击时，一国的对外贸易抗击风险、实现自身健康发展的能力，是指一个国家在面临来自国内外有关对外贸易的不利因素的冲击时，通过参与国际竞争和加强国际合作控制或占有国内外市场，使本国的对外贸易拥有较强的抗风险能力。

另一类观点认为，对外贸易安全表现为一种状态，即在贸易自由化的条件下，当面临各种各样的国内外环境时，一国对外贸易保持稳定和持续发展的状态，也即一国的贸易利益不受侵犯，比较优势能充分体现，有能力抵抗其他国家对本国对外贸易的侵犯和打击，本国在世界市场上占有份额不断增加，对外贸易体系正常运转、不受破坏和威胁的状态。

其实，对外贸易安全应该涵盖"对外""对内"两个方面。"对外"强调生存安全，即一国对外贸易不受内外部不利因素的威胁和侵害，保持持续稳定的态势；"对内"强调发展属性，一国应在国际分工中不断提升自己的竞争能力，在国际交换中获得和提高国家贸易利益，实现对外贸易的可持续发展，即发展是最高层次的安全。

国家对外贸易安全与国家经济安全互相依赖、密切相关。两者之间的关系既是一种从属关系，又是一种互动关系，国家对外贸易安全是国家经济安全的重要组成部分，国家对外贸易安全必须服从国家经济安全的整体利益，同时，一旦国家对外贸易安全受到影响，国家经济安全必然受到冲击。

在全球经济一体化时代,资金、知识、商品、服务、人力资源、信息等均可通过国际市场完成交易,贸易将各个经济体紧密联系在一起。经济全球化既推动了各个国家的经济开放,促进了世界经济发展,同时也增加了经济运行的风险,国家的经济安全更易受到世界经济波动的影响。因此,如何在激烈的国际市场竞争中防范各类风险、维护贸易利益,是当前世界各国维持对外贸易安全面临的重要任务。

(二)国家对外贸易安全的特点

国家对外贸易安全的特点包含五个方面,分别是突发性、紧迫性、关联性、复杂性与战略性。具体如下:

1. 突发性

在经济全球化不断深入的开放时代背景下,贸易安全具有显著的突发性。突发性是由于全球化使得各国之间的联系显著增强,国家经济安全不仅取决于国内经济发展态势,还通过全球贸易、金融往来与世界经济安全密切相关。2008年以来的欧洲债务危机、美国金融危机,以及2022年年初爆发的俄乌冲突都以极强的突发性对全球贸易安全产生了影响。

2. 紧迫性

国家对外贸易安全也具有极强的紧迫性,主要是因为国际社会至今对国家对外贸易安全问题尚未形成可靠的危机防范机制,而且,全球范围内没有任何一个机构或组织能够独立解决全球贸易安全问题。因此,一旦危机爆发,其所涉及的经济波动、贸易波动所带来的问题就亟待解决。

3. 关联性

国家对外贸易安全不是孤立的,而是与其他诸多方面的安全息息相关,具有极强的关联性。在经济全球化时代,一个国家的对外贸易安全与产业安全、粮食安全、能源安全、金融安全等密切相关,因此,对外贸易安全是国家总体经济安全的重要组成部分。国家对外贸易安全在服从于经济安全总体利益的同时,也是国家经济安全的基础。

4. 复杂性

国家对外贸易安全的影响因素错综复杂,不仅涉及贸易生存和发展的诸多问题,而且事关内部和外部的诸多因素,如经济因素、政治因素、金融因素、社会因素等,各种因素之间相互作用。解决国家对外贸易安全问题,不仅要从贸易角度切入,更需要密切关注各种因素之间的广泛相关性。

5. 战略性

维护国家对外贸易安全具有极强的战略意义。国家对外贸易安全是国家经济安全的重要组成部分,关乎国家的经济发展和长远发展,是维护国家经济利益和政治地位的重要保证。因此,国家需要赋予对外贸易安全战略性地位,以长远的眼光看问题,将对外贸易安全纳入国家发展战略,建设完备的国家对外贸易安全体系。

二、国家对外贸易安全的相关理论

(一)国家对外贸易安全理论的总体情况

国家对外贸易安全相关理论涉及多方面的内容,从国家对外贸易安全定义中的两个重要方面来看:一是对外强调生存安全,即一国对外贸易不受内外部不利因素的威胁和侵害,获得良好的国内、国际环境,同时确保贸易不会对国内经济发展产生负面影响,相关的理论包括重商主义理论、幼稚产业保护理论、战略贸易政策理论等;二是对内强调发展属性,提升一国的竞争力,充分发挥本国比较优势,提升在世界市场中的地位,相关的理论包括绝对优势理论、比较优势理论、国家竞争优势理论等。其中,要特别重视的是,就整体而言,贸易结构也会对国家对外贸易安全产生重要影响,因此,本节将详细论述一国外贸结构与国家对外贸易安全之间的关系和国际经验。

(二) 外贸结构与国家对外贸易安全

随着经济全球化的快速发展和国际分工的日益细化,跨国公司逐渐成为国际经济的主体,跨国公司实施全球战略以在世界范围内寻求最优的配置资源,这样,在被动和主动中,越来越多的国家特别是发展中国家开始打开国门参与全球化,并力争在国际分工中占据一席之地。全球化是一把双刃剑,一部分国家受益于全球化,发展机会确实有所增加,但不可否认的是,在参与全球化、对外开放的过程中,新开放国家的经济安全特别是对外贸易安全问题也变得比以往更为复杂,面临十分严峻的新挑战。

1. 外贸结构与对外贸易安全、国内经济发展的关系

经济学家西蒙·库兹涅茨(Simon Kuznets)认为,在任何时代,经济增长都不仅仅是整体上的变动,还应该包括结构的转变。它必须考虑经济增长的内部方式,即当每个单元经历与时代有关的增长时,要分析它内部经济活动的数量和结构及其持续变化的序列。因此,在经济全球化条件下研究外贸安全问题时,也要特别重视结构问题,从外贸结构视角考察对外贸易安全问题就显得十分重要。

其实,这个问题早就引起了很多经济学家的关注。安德烈·弗兰克(Andre Frank)在其著作《依附性积累与不发达》中指出:与正统的国际贸易和国家发展理论相反,世界资本主义的不均衡发展并非伴随着平衡贸易(或增长),事实上是依靠发达的宗主国与不发达的殖民地国家之间国际贸易的基本不平衡。他认为发达国家与不发达国家之间的贸易商品结构差异是不发达国家经济落后的关键原因,出口盈余(顺差)只是一种假象或表象,并不一定会真正带动不发达国家的经济发展。

库兹涅茨也指出:①很显然,如果小国认识到专业化和规模经济的优越性,那么小国就必定比大国更严重地依赖于对外贸易,因为,对于大国来说,国内市场及资源条件可以使其发展专业化和形成规模经济。倘若一个国家对外贸易集中于几个主要经济部门,而不是平均分散在各个部门,那么这种依赖性似乎会更大。②随着世界经济的不断发展,特别是在经济全球化纵深发展的今天,各个国家不是孤立生存而是互相联系的,所以一个国家的贸易增长会影响其他国家,反过来也受这些国家的影响。也就是说,出口产品结构集中度的大小影响国家对国际贸易的依赖性,如果出口产品结构比较集中,那么国内经济对国际贸易的依赖性就比较大,再加上其他国家对本国的关联性影响,就会使国家面临较大的外贸风险。

萨米尔·阿明(Samir Amin)在其著作《不平等的发展》中指出:①不发达国家的对外贸易集中在一些易于为发达国家所使用的矿产资源外,它们在交通运输、外贸组织以及技术

知识方面固有的落后情况,一般说来都将使得大量的对外贸易成为不可能。许多不发达国家对外贸易比例很高,是因为相对于比它们发达的贸易伙伴国来说,它们的规模很小,而且贸易经常集中在一个或者几个发达大国出口的一种或几种商品。②就商业交换而言,中心国家的统治地位确立并不是由于外围国家的出口都是基础产品,而是由于外围经济只是基础产品的生产者,换言之,这种生产并没有结合一种自主中心的工业结构。总的来说,外围国家的大部分贸易是和中心国家进行的,而中心国家则在它们自身间进行大部分贸易活动。③在出口部门已经达到某种增长水平以后,的确会出现一个国内市场,但是,国内市场是有限的和畸形的。可见,阿明认为,一般情况下,发展中国家获得的贸易利益较少,处于被支配的地位,对国内经济发展的带动作用不大;而且整体来看,外贸风险较大,并影响国内的经济发展。另外,阿明的一个进步之处在于他指出了出口地区集中(或结构)问题。

阿瑟·刘易斯(Arthur Lewis)认为,对外贸易特别是出口会带动国家的经济发展,原因之一就是贸易会促进专业化的发展,使各国发挥自己的比较优势和绝对优势。然而,不断提高专业化程度也有一定的代价,主要表现为:①贸易中断。专业化程度越高,越需要职业上的机动性,这是防备需求变化的最佳保证,如果贸易因此中断而无法得到重要的供应,专业化也许会给社会造成困难。②经济失衡。专业化的生产会造成经济结构失调、人才失调。虽然扩大出口是开始发展经济的最容易的手段,是一种有利条件,但是过分集中于出口业就像过分集中于任何其他部门一样是不利的。教训并不在于扩大出口不对,而在于完全集中在这个经济部门是不对的。很明显,刘易斯已经认识到外贸结构对对外贸易安全、国内经济发展的影响,并明确指出专业化生产和出口过度集中的严重后果。

上述经济学家从不同的角度指出了外贸结构与对外贸易安全、国内经济发展的关系和影响。但是,他们的分析十分有限,主要与他们所处的年代和环境有关。进入21世纪以来,国际经济关系、国际分工、经济全球化的深度和广度已经有了很大的发展,世界经济一体化程度大大提高,国际贸易量逐年提高。在这种情况下,依靠对外贸易带动国家经济发展的国家特别是发展中国家,外贸结构与对外贸易安全问题就变得突出了。

2. 外贸结构与对外贸易安全之间关系的主要表现

一般来说,外贸结构主要包括商品结构和地区结构。整体而言,外贸结构与对外贸易安全的关系表现为:

(1)如果一国出口商品技术结构日益高级化,表明这个国家在国际分工中的地位日益上升,同时,由于高端商品的替代性比较弱、专业性比较强,因而这个国家防范风险的能力也就比较强。相反,如果出口商品结构集中于劳动密集型等低端产业商品,由于替代性比较强,潜在的外贸风险就比较大,不利于出口国企业的长远发展和相关产业的培育,进而影响国内经济的正常发展。

(2)如果一国进口商品结构比较高级化或者进口商品结构比较集中,则该国在贸易中的主动权一般比较小,往往处于被动的局面,容易遭到国外企业的联合提价,甚至面临贸易中断的可能,不利于国内经济的稳健发展。相反,如果一国进口商品结构比较低级化或者进口商品结构比较分散,该国就会在贸易中居于主导地位,外贸风险较小,有利于国内经济的发展。

(3)如果一国出口地区结构日益分散,表明这个国家的出口辐射范围变大,不仅能提高该国在国际经济中的地位,而且能避免对某些地区的过度依赖,外贸风险会日益下降,有利于出口的可持续发展。相反,如果一国出口地区结构日益集中,就会导致该国对某些地区的过度依赖,容易引起贸易摩擦等一系列贸易冲突和矛盾,外贸风险就会日益加剧,影响正常的国内经济发展。一些国家实施的市场多元化战略就是为了应对这种外贸风险。

(4)如果一国进口地区结构比较分散且进口量比较大,则该国的经济发展就会带动其他国家的经济共同发展,无形中该国就在国际贸易中居于主导地位,面临的外贸风险较小,其他国家面临的风险就较大。相反,如果一国进口地区结构比较集中且进口量比较大,就会导致该国对个别国家的过度依赖,此时,国际关系是影响贸易关系的关键因素,而国家局部关系具有多变性,进而导致进口国的进口也具有多变性和不稳定性。

一般来说,国家对外贸易安全的本质体现在"发展"和"稳定"两个概念关系之中。外贸商品结构升级是外贸发展的目标,外贸地区结构优化是外贸发展长期稳定的必要条件。商品技术结构升级和地区结构优化都是外贸体系内部各系统结构升级和优化的外在表现。

要特别指出的是,适度的外贸结构是保证国家对外贸易安全的基础,商品技术结构过于低级化或者过于高级化、地区结构过于集中或者过于分散都会影响一个国家的对外贸易安全。商品技术结构过于低级化(主要指劳动密集型的工业制成品)条件下,国家在国际分工中没有地位,所获贸易利益较少,并面临随时被其他国家取代的风险;商品技术结构过于高级化条件下,在技术迅速发展的今天,由于技术开始进入跨越式创新阶段且高新技术产品的国际竞争日趋激烈,一个国家的对外贸易如果过于依赖高新技术产品的话,就有可能出现突然崩溃的局面。地区结构过于集中容易引起国际贸易摩擦,使国际经济环境恶化;地区结构过于分散,经营环境复杂,经营成本提高,外贸风险反而会增加。

三、国家对外贸易安全的识别、预警与保障

(一)国家对外贸易风险识别

国家对外贸易风险识别建立在一套兼具科学性、系统性、可操作性、可比性的对外贸易安全评价指标体系之上。国家对外贸易安全是一个内涵丰富、层次多样、类型多元的概念,其核心是国家整体竞争力,其最基本的要求是国家的贸易发展与贸易利益不受外部和内部的威胁和侵害,避免国家利益因贸易要素而受到影响。

一般来说,国家对外贸易风险识别指标体系包括几组指标。贸易依存度评价指标:①贸易依存度;②进口依存度;③出口依存度。贸易稳定性评价指标:①贸易波动;②贸易产品集中度;③贸易市场集中度。贸易效益评价指标:①贸易差额;②贸易条件指数。贸易竞争力评价指标:①贸易竞争力指数;②全球价值链地位。贸易环境评价指标:与贸易伙伴的关系。

1. 贸易依存度评价指标

贸易依存度是一国的经济依赖对外贸易的程度。其定量表现是一国进出口贸易总额与该国 GDP 之比。贸易依存度可以进一步分为进口依存度与出口依存度,其中,进口依存度是一国进口总额与 GDP 之比,出口依存度是一国出口总额与 GDP 之比。

贸易依存度不仅表明一国经济依赖对外贸易的程度,还在一定程度上反映一国的经济发展参与国际经济的程度。贸易依存度较大的国家,参与全球分工与世界市场的程度更

深,所面临的外部冲击和风险也相对更大,因此,贸易依存度是评价贸易风险的重要指标。贸易依存度过高,意味着一国经济面临的风险较大;而贸易依存度过低,可能意味着该国的产品竞争力相对低下,或者该国产品面临一定的国际贸易制裁而导致该国贸易份额较低。

就世界整体贸易依存度来看,如图9-1所示,1985年世界各国整体的贸易依存度为37%,在2005年上升至57%,并在之后保持较为稳定的趋势。与中低收入国家相比,高收入国家的贸易依存度较高,在2015年后基本稳定在60%左右,而中低收入国家贸易依存度低于50%。世界整体贸易依存度提升意味着世界各国更容易受到世界经济波动的影响,从而使国家对外贸易安全问题更加严重。表9-1展示了世界部分国家的贸易依存度变化。

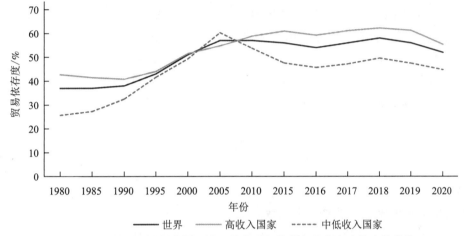

图9-1 1980—2020年世界以及不同类型经济体贸易依存度的变化趋势

资料来源:世界银行数据库。

表9-1 世界部分国家贸易依存度变化　　　　单位:%

国家	1980年	1985年	1990年	1995年	2000年	2005年	2010年	2015年	2016年	2017年	2018年	2019年	2020年
美国	17	13	15	18	20	20	22	21	20	20	21	20	18
加拿大	48	47	42	60	70	58	49	54	53	52	53	52	49
法国	36	38	36	37	49	44	43	44	43	44	45	45	41
德国	40	47	44	38	54	61	68	71	69	71	72	70	66
中国	20	22	32	38	39	62	49	36	33	33	33	32	32
印度	13	11	13	18	20	30	34	31	27	28	31	29	24
墨西哥	20	23	32	43	49	50	58	67	72	73	76	73	75

资料来源:世界银行数据库。

2.贸易稳定性评价指标

(1)贸易波动。贸易波动是指一国对外贸易发展过程中出现的波动。随着对外开放程度和市场化水平的提高,国内外事件对一国贸易波动产生的影响越来越大。

衡量贸易波动的方法有很多种,比较常见和典型的测度方法是从贸易额增长率的波动性来考察。本章借鉴鲁晓东和李林峰(2018)的做法,通过计算贸易额增长率的方差来刻画

贸易的波动水平,其计算公式如下:

$$\text{vol}_i = \sum_t (g_{it} - \overline{g_{it}})^2 \tag{9-1}$$

式中,vol_i 表示国家 i 的贸易波动水平,g_{it} 表示国家 i 在 t 年的贸易中点增长率,$\overline{g_{it}}$ 表示国家 i 在 t 年贸易中点增长率的均值,其计算方法为:

$$g_{it} = \frac{q_{it} - q_{it-1}}{1/2(q_{it} + q_{it-1})} \tag{9-2}$$

式中,q_{it} 表示国家 i 在 t 年的出口额。与普通增长率相比,中点增长率具有有界性和对称性的优点(Vannoorenberghe et al., 2016)。

(2)贸易产品集中度。贸易产品集中度是指一国对某一类进出口产品的依赖程度。一般用两种方法进行测度:一是使用某类进出口产品在该国总进出口额中的占比,二是使用 HHI 指数进行测算。HHI 指数本来是一种测量产业集中度的综合指数,具体指一个产业中各市场竞争主体所占产业总收入或总资产百分比的平方和,后来这种方法被引入各个研究领域。贸易产品集中度的计算过程是先计算出一国某类进出口产品贸易额占该国总贸易额的比重 S_i,再计算各产品贸易额占总贸易额的比重的平方和。具体计算公式如下:

$$\text{HHI} = \sum_{i=1}^{n} \left(\frac{X_i}{X}\right)^2 = \sum_{i=1}^{n} S_i^2 \tag{9-3}$$

式中,X 代表一国总贸易额,X_i 代表一个国家中某类产品的贸易额,S_i 表示第 i 个产品的贸易额占总贸易额的比重,n 为产品种类数。

一般认为,出口产品的占比越高,当面临其他国家的进口管制或其他贸易保护手段时,出口贸易安全受到的影响就越大,出口产品的占比越低,贸易越安全。

表9-2 是 2020 年我国部分出口产品占比情况。以 HS4 位码计算,2020 年我国出口占比超过 1% 的产品共有 14 种,其中,占比最高的四种产品分别为电话机(包括蜂窝网络或其他无线网络的电话),自动数据处理机及其装置、磁性或光学读取器,电子集成电路和纺织品,占比分别为 8.62%、6.57%、4.52% 和 2.13%。

表9-2 2020年中国部分出口产品占比情况(HS4位码)

排名	HS4位码	商品名称	贸易额(亿美元)	占总出口额比重(%)
1	8517	电话机(包括蜂窝网络或其他无线网络的电话)	2 232.17	8.62
2	8471	自动数据处理机及其装置、磁性或光学读取器	1 701.76	6.57
3	8542	电子集成电路	1 171.00	4.52
4	6307	纺织品	552.26	2.13
5	9405	灯具、灯具配件	376.15	1.45
6	8541	二极管、晶体管、类似的半导体器件	356.85	1.38
7	9503	三轮车、踏板车、脚踏车等	334.86	1.29
8	8708	机动车辆	329.42	1.27

(续表)

排名	HS4 位码	商品名称	贸易额（亿美元）	占总出口额比重(%)
9	8528	显示器和投影仪及电视接收设备	319.01	1.23
10	8473	机械零件和附件	315.36	1.22

资料来源：作者根据 UN Comtrade 计算所得。

（3）贸易市场集中度。贸易市场集中度主要测度该国的出口市场集中于少数几个国家或者地区的程度。与贸易伙伴政治关系的变化以及地缘政治危机的爆发都可能会在一定程度影响某一国家的对外贸易。一般通过两种方法进行识别：一是使用贸易伙伴占该国总进出口额的比重，二是使用 HHI 指数进行测算，即各贸易伙伴占该国总进出口额的比重的平方和。一般来说，进出口市场越分散，贸易越安全。

表 9-3 是 2020 年中国内地主要贸易伙伴及其贸易额在中国内地贸易总额中的占比情况。可以看出，美国占中国内地贸易总额的比重超过 10%。

表 9-3 2020 年中国内地主要贸易伙伴及其贸易额占中国内地贸易总额比重

排名	国家或地区	贸易额（亿美元）	占中国内地贸易总额比重(%)
1	美国	5 885.73	12.67
2	日本	3 175.09	6.83
3	韩国	2 852.60	6.14
4	中国香港	2 796.35	6.02
5	越南	1 922.88	4.14
6	德国	1 920.85	4.13
7	澳大利亚	1 683.18	3.62
8	马来西亚	1 311.61	2.82
9	巴西	1 190.40	2.56
10	俄罗斯	1 077.65	2.32

资料来源：作者根据 UN Comtrade 计算所得。

3. 贸易效益评价指标

（1）贸易差额。贸易差额是指一定时期内一国出口总额与进口总额之间的差额，用以表明一国对外贸易的收支状况。贸易差额又称净出口、贸易余额。为了方便，经济学上贸易差额常用 NX(Net Exports)符号表示。

当出口总额与进口总额相等时，称该状态为"贸易平衡"。当出口总额大于进口总额时，出现贸易盈余，称为"贸易顺差"或"出超"；当进口总额大于出口总额时，出现贸易赤字，称为"贸易逆差"或"入超"。通常，贸易顺差以正数表示，贸易逆差以负数表示。一般认为，贸易顺差是一国贸易效益的重要体现。

（2）贸易条件指数。贸易条件指数是指一国对外贸易中出口商品价格指数与进口商品价格指数之比。一般认为,如果当期的贸易条件指数高于100,则贸易条件优化;反之,如果当期的贸易条件指数低于100,则贸易条件恶化。贸易条件是一个相对概念,在一定程度上反映了一国出口价格优势和竞争能力的变化趋势。

表9-4是以2000年为基期,2000—2020年间世界范围内的贸易条件指数情况。具体来看,主要制成品出口国的贸易条件指数较低,一直低于100,主要石油出口国、主要农产品出口国的贸易条件指数较高。

表9-4 2000—2020年世界范围内的贸易条件指数(2000年=100)

主体	2000年	2010年	2015年	2016年	2017年	2018年	2019年	2020年
世界	100	104	105	104	105	105	105	106
发达国家	100	101	101	101	102	102	102	103
发展中国家	100	107	110	108	109	109	109	110
转型国家	100	145	—	—	—	—	—	—
主要石油出口国	100	175	137	118	143	167	157	117
主要制成品出口国	100	84	89	88	86	84	84	87
主要农产品出口国	100	148	146	147	148	153	151	151

资料来源:联合国贸易与发展会议数据库。

4. 贸易竞争力评价指标

贸易竞争力是指一国保持对外贸易持续增长并获取利润的能力。贸易竞争力越强,一国在国际分工中的竞争能力越强,越有能力在国际交换中获得和提高国家贸易利益、实现对外贸易的可持续发展,对外贸易状态越安全。

(1)贸易竞争力指数。贸易竞争力指数包括TC指数、RCA指数、RC指数等。

TC指数(Trade Competitiveness Index)是指一国进出口贸易的差额占其进出口贸易总额的比重。TC指数=(出口-进口)/(出口+进口)。指数等于1时,表明该产品只出口不进口;指数越接近1,表明产品的竞争力越大;指数越接近-1,表明竞争力越小;指数等于-1时,表明该产品只进口不出口。

RCA指数(Revealed Comparative Advantage Index),即显性比较优势指数,该指标是测度产品比较优势时被普遍使用的指标。该指标的核心内容是一国某种产品的出口比重与世界范围(区域或另一国)内的该产品出口比重之比。具体公式是:

$$\mathrm{RCA}_{ij} = \frac{x_{ij} / \sum_{j=1}^{m} x_{ij}}{\sum_{i=1}^{n} x_{ij} / \sum_{i=1}^{n} \sum_{j=1}^{m} x_{ij}} \tag{9-4}$$

式中,RCA_{ij}表示i国(地区)j产品的显性比较优势指数;x_{ij}表示i国(地区)j产品的出口额;$\sum_{j=1}^{m} x_{ij}$表示i国(地区)m种产品的总出口额;$\sum_{i=1}^{n} x_{ij}$表示n个国家(地区)j产品的总出口额；$\sum_{i=1}^{n}\sum_{j=1}^{m} x_{ij}$ 表示 n 个国家（地区）m 种产品的总出口额，即世界总出口额。

RC 指数（Revealed Comparative Index）是在 RCA 指数的基础上发展而来的。具体公式是：

$$RC = \ln(RXA) - \ln(RMA) \qquad (9-5)$$

$$RXA = \frac{x_{ij}/\sum_{i} x_{ij}}{\sum_{j} x_{ij}/\sum_{i}\sum_{j} x_{ij}} \qquad (9-6)$$

$$RMA = \frac{m_{ij}/\sum_{i} m_{ij}}{\sum_{j} m_{ij}/\sum_{i}\sum_{j} m_{ij}} \qquad (9-7)$$

式中，RXA 表示显性出口比较优势指数，RMA 表示显性进口比较优势指数，x 和 m 分别表示一国与 j 国关于 i 产品的出口额和进口额。

为了克服 RXA 和 RMA 在计算过程中的不对称性，分别对两个指数取对数，再相减得到 RC 指数。RC 指数的优点在于，它同时考虑了出口和进口的因素，能够比较全面地反映一国贸易竞争力。当 RC 指数大于 0 时，表示一国对 j 国 i 产品的贸易具有竞争力；反之，则不具有竞争力。显然，RC 指数越大，表示一国对于 j 国 i 产品的贸易竞争力水平越高。

（2）全球价值链地位。衡量全球价值链地位的指数包括垂直专业化指数和全球价值链地位指数。

垂直专业化指数：随着经济全球化的发展，在生产过程中，国家之间的内在联系日益紧密，中间品贸易不断增加，形成了跨越许多国家的垂直性贸易链，一种商品的生产过程延伸为多个连续的生产阶段，每一个国家只在某个连续的特殊阶段进行专业化生产。这种现象被称为"垂直专业化"（Vertical Specializing），其主要特点是一国从他国进口中间品作为本国产品的投入品，并利用进口的中间品生产加工后出口至第三国，第三国再将进口品当作中间品投入，这样的过程一直持续到最终产品出口至最终目的地为止。

Audet（1996）、Campa 和 Goldberg（1997）以及 Hummels 等（2001）的经验研究表明，垂直专业化分工使全球中间品贸易在国际贸易中的比重大大上升，对各国的生产效率以及出口绩效产生了重大影响。Hummels 等（2001）提出的垂直专业化指数（Vertical Specialization Share，VSS）可以较好地衡量垂直专业化分工在一国各产业的发展水平。其计算公式是：

$$VSS = \frac{VS}{X_k} \qquad (9-8)$$

式中，VSS 代表一国的垂直专业化指数，VS 代表一国的垂直专业化贸易额，X_k 代表一国的总出口额。垂直专业化指数实际上度量了每一单位出口中垂直专业化贸易的份额。Hummels 等（2001）将垂直专业化贸易界定为一国总出口中由进口的中间品所创造的贸易额。

全球价值链地位指数：全球价值链始于价值链理论。哈佛大学商学院教授波特于 1985 年提出价值链的概念。他认为，价值链是一种商品或服务在创造过程中所经历的从原材料到最终产品的各个阶段，或者是一些群体共同工作、不断地创造价值、为顾客服务的一系列工艺过程。价值链理论为全球价值链概念的出现奠定了坚实的基础。全球价值链（Global

Value Chain,GVC)是建立在国际产品分工和贸易基础上的,将产品生产阶段划分为不同的价值环节,各个国家和地区为实现不同环节的价值而进行生产、销售和贸易,表现为在每个生产环节中价值增值的链条。

Koopman 等(2010)最早提出全球价值链地位指数,用以衡量一国在特定部门中的全球价值链地位,认为即使两国参与国际分工的程度相同,价值链反映出的分工地位也有差异,因此基于投入产出法提出反映一国全球价值链地位的宏观测度方法。该指数是用一国某产业中间品出口额(用于他国生产和出口最终产品)与该国该产业中间品进口额(用于本国生产和出口最终产品)进行比较,即一国某产业向其他国家出口中间品贸易额的对数值与本国该产业出口品中使用的进口中间品贸易额的对数值之差。具体公式是:

$$\text{GVC Position}_{ir} = \ln\left(1 + \frac{IV_{ir}}{E_{ir}}\right) - \ln\left(1 + \frac{FV_{ir}}{E_{ir}}\right) \tag{9-9}$$

式中,GVC Position_{ir}代表 r 国 i 产业在全球价值链国际分工中的地位,IV_{ir}、FV_{ir}与 E_{ir} 分别表示 r 国 i 产业的间接附加值出口、出口中所包含的国外价值增值与总出口额。$\frac{IV_{ir}}{E_{ir}}$ 与 $\frac{FV_{ir}}{E_{ir}}$ 分别是全球价值链前向参与率指数和全球价值链后向参与率指数,前者表示 r 国 i 产业出口的中间产品被进口国用于生产最终产品并出口到第三国的程度,后者为出口中的国外附加值率;前者数值越大,则一国该产业越处于全球价值链上游,后者数值越大则越处于下游。

一国在全球价值链分工地位中同时扮演着中间投入品的供给方(以出口所包含的国外价值增值衡量)和需求方(以出口所包含的间接价值增值衡量)两种角色,若更多扮演着供给方的角色,则意味着该国处于全球价值链分工的上游。全球价值链地位指数越大,表示该国越靠近全球价值链上游,国际分工地位越高;反之,指数越小,表示该国越靠近全球价值链下游,国际分工地位越低。

5. 贸易环境评价指标

与贸易伙伴之间的关系是影响国家对外贸易安全的重要因素。国际贸易与国际政治之间存在复杂的互动关系。双边国家的关系是由国家之间的事件表现出来的,因此,事件数据分析就成为定量衡量双边关系的基本方法。例如,设定双边关系变化的分值范围为-9到9,其中,-9代表两国关系最恶劣的情形,9代表两国关系最友好的情形,这是两种极限情形。两者的中值为0,它表示两国关系处于绝对的非敌非友状态,或是双边关系中的合作与冲突是严格各占50%的情形。

(二)国家对外贸易安全预警

1. 国家对外贸易安全预警的基本内涵[①]

国家对外贸易安全预警是指对一国对外贸易所受到的来自国内外不利于本国贸易发展的不公平竞争、实质性损害或潜在威胁进行相关数据资料的搜集、整理与分析,评估这类事件可能对本国对外贸易造成的影响,并及时发布评估预报,以做应变的准备及预警。其目的和作用是识警防患、超前预控,保障本国对外贸易安全,促进本国经济发展和提高本国

[①] 王自立.中国贸易安全报告:预警与风险化解[M].北京:红旗出版社,2009:291.

人民生活水平。

2. 国家对外贸易安全预警的基本体系

目前,国家对外贸易安全预警的主要内容是监测国际贸易摩擦事件,国际贸易摩擦预警是指对不利于本国对外贸易发展的意外事件进行合理评估,了解这类事件引发的危机和产生的影响,以便做应变的准备及预案,更进一步则是了解、描述该类事件的发生发展规律,从而控制或利用该类事件以利于本国对外贸易的健康发展。其实质是对国际贸易安全、经济安全运行的稳定性程度的评判。

国家对外贸易安全预警具体内容如下:

(1) 明确监测预警的对象。一般来说,国家对外贸易安全预警的对象应包括宏观国家层面,中观地方政府、行业协会等中介组织以及微观具体企业。

(2) 建立预警基本指标体系和构建基本预警模型。目前,常使用的预警方法分为三类:第一类是指标预警法,基本思想就是挑选能够反映贸易安全的指标。第二类是统计预警法,经常使用的统计方法主要有判别分析法、因子分析法等。第三类是模型预警法,在理论上找出影响贸易安全的指标变量,并对变量之间的相关性进行分析,找到系数较高的事前决定的因素,剔除不相关和有时滞性的因素,然后将所有变量纳入一个系统进行综合,得到最有效的模型,最后通过自回归条件异方差模型(Autoregressive Conditional Heteroscedasticity Model,ARCH 模型)来制定预警的警戒线。其中,ARCH 模型是用来刻画误差如何随时间变化的一个异方差模型,是根据过去数据的拟合误差来揭示未来预测误差的一种方法,从而测算出未来贸易安全状态偏离警戒的程度,发出预警信号。

(3) 发现警兆和分析警情。发现警兆的关键是定义警度,从最早的贸易安全预警研究开始,一般把警度分为五个警限,用一组类似大家熟悉的道路交通管制中的红、黄、绿信号灯为标识,向企业发出反映当前贸易安全状况的不同信号。

分析警情是预警过程中的关键环节。发生警情一般有三种原因:第一种是国际政治经济关系发生较大的动荡,如地缘政治冲突、国外贸易保护主义对出口的限制、国际价格的动荡、国与国外交关系的突变等;第二种是国内经济原因,即国内经济发展发生重大变化;第三种来自企业这一微观主体,如某一或部分企业遭受大国的贸易制裁。

(4) 及时传递贸易预警。当对外贸易安全面临挑战时,微观主体对贸易风险的感知对于企业作出正确的判断具有非常重要的意义,因此,只有将那些潜在的警情快速及时地传递到对应主体企业,各主体企业才会有时间去准备和应对。在传递过程中,需要保证情报推送的准确、及时、到位,以帮助企业应对贸易壁垒和贸易预警。

(三) 国家对外贸易安全保障

1. WTO 框架下的国家安全例外条款[①]

从 1948 年《关税与贸易总协定》(General Agreement on Tariffs and Trade,GATT)正式生效,到 1995 年 WTO 成立至今,各国贸易政策的基本出发点就是如何在促进贸易开放、实现国家经济利益的同时,保障基本国家安全利益。国际贸易规则中"国家安全例外"的讨

---

① 张丽娟,郭若楠.国际贸易规则中的"国家安全例外"条款探析[J].国际论坛,2020(3):66-79.

论聚焦于 GATT 第 21 条。区域贸易协定制度则更注重贸易政策新议题中的国家安全,如数字贸易和网络安全等规则的谈判。

WTO 下的协定允许成员方以保护国家安全为由实施贸易限制。《关税与贸易总协定》《服务贸易总协定》(General Agreement on Trade in Services,GATS)和《与贸易有关的知识产权协定》(Agreement on Trade-Related Aspects of Intellectual Property Rights,TRIPs)等都包含"国家安全例外"条款,具体包括 GATT 第 21 条,GATS 第 14 条第二款和 TRIPs 第 73 条。GATT 第 21 条规定,"本协定的任何规定不得解释为:(a)要求任何缔约方提供其认为如披露则会违背其基本安全利益的任何信息;或(b)阻止任何缔约方采取其认为对保护其基本国家安全利益所必需的任何行动。"该条款最早由美国倡导起草,最终 GATT 将其采纳并以独立的条款呈现,并一直保留至今。但是在多边贸易的司法实践中,却少有案例涉及"国家安全例外"条款。

WTO《技术性贸易壁垒协定》(Agreement on Technical Barriers to Trade,TBT)也包含"国家安全例外"条款。TBT 第 2 条第 2 项规定,"成员方应保证技术法规的制定、采用或实施在目的或效果上均不对国际贸易造成不必要的障碍。为此目的,技术法规对贸易的限制不得超过为实现合法目标所必需的限度,同时考虑合法目标未能实现可能造成的风险。此类合法目标特别包括:国家安全需要;防止欺诈行为;保护人类健康或安全、保护动植物生命或健康及保护环境。"该条款规定了贸易限制的程度,强调不应实施超过实现合法目标所必需的程度的贸易限制,认定以国家安全为由实施特定程度的贸易限制是合法的。

WTO《政府采购协议》(2012 年版)第 3 条规定了国家安全例外,"本协议不得解释为阻止任何参加方,在涉及武器、弹药或战争物资采购,或者为国家安全或国防目的所需的采购方面,在其认为保护根本安全利益的必要情形下,采取任何行动或者不披露任何信息。"同时,协议规定了国家安全例外适用的情形,包括为保护公共道德、秩序或安全所必需的措施,为保护人类、动植物生命或健康所必需的措施以及为保护知识产权所必需的措施。

WTO 的国家安全例外是本着国家安全优先准则确立的,其实质是对国家主权及成员方自我保护权利的尊重,允许成员方在需要维护国家安全的情况下采取必要行动,免于履行 WTO 所规定的义务。但多边贸易规则体系对关键性概念的解释较为宽泛,缺乏适用的具体约束,导致成员方在援引时具有一定的随意性,对于援引安全例外条款采用的贸易限制是否具有合规性,是否出于"所必需的"合理需要,WTO 争端解决机构的专家小组往往难以作出科学判断。因此,如何准确定义国家安全的内容、明晰援引安全例外条款的具体条件、防止安全例外被滥用,也是 WTO 改革面临的挑战之一。

国家安全例外容易成为贸易保护主义工具。在贸易实践中,国家安全例外的适用具有政治性,贸易强国更有条件借用国家安全的名义,将那些需要保护的特殊利益与国家安全例外挂起钩来,使贸易限制具有合法性。在国际贸易治理机制缺乏的前提下,启用国家安全例外实施贸易限制具有较大的灵活性,其成为贸易保护主义的工具也就具有必然性。

相关案例 9-1

中美贸易摩擦与国家对外贸易安全的审视

2018年3月，美国总统特朗普认定进口钢铁和铝产品威胁到美国国家安全，宣布对钢铁和铝产品分别加征25%和10%的关税。3月22日，特朗普政府宣布因知识产权侵权问题对中国商品征收500亿美元的关税。3月23日，中国商务部发布了针对美国进口钢铁和铝产品232措施的中止减让产品清单，拟对自美国进口的部分产品加征关税，以平衡美国对进口钢铁和铝产品加征关税给中方造成的损失。

2018年4月2日，中国对原产于美国的7类128项进口商品中止关税减让义务，在现行适用关税税率的基础上加征关税。4月4日，美国贸易代表基于301报告结论，决定于7月6日对1 333种、价值500亿美元的中国商品加征25%的关税；同日，中国宣布对原产于美国的大豆等农产品、汽车、化工品、飞机等进口商品对等采取加征关税措施，税率为25%。7月6日，中国开始实施对美部分进口商品加征关税措施，第一次正式对美国实施了关税反制，中美关税摩擦全面开启。

中美贸易摩擦背后潜藏着美国对国家对外贸易安全的审视。早在2018年1月11日和17日，美国商务部就分别发布了《进口钢铁国家安全影响报告》以及《进口铝国家安全影响报告》。两份报告的调查结论均认为，目前钢铁和铝产品的进口数量和情形正在"弱化美国国内经济"，已对美国国家安全造成威胁。本轮贸易调查的法律依据为美国《1962年贸易扩张法》第232条的"保障国家安全"条款。尽管征收范围涵盖欧盟、中国、日本、印度、巴西等经济体，但其主要目的却是防止中国钢铁等产业产能过剩对其造成不利影响。美国政府认为，尽管2017年进口中国钢铁的比例只有2.4%，但中国钢铁产能占全球近50%，且有证据表明许多来自第三国的钢铁进口实际也是源自中国。

美国《1962年贸易扩张法》产生于冷战时期，其中第四章为"国家安全"，具体涵盖第231条（共产主义国家和区域的产品）以及第232条（保障国家安全）。该条款主要涵盖以下内容：①防止税收或其他进口限制措施的减少或消除，当此类减少或消除会威胁到国家安全时；②商务部部长发起调查并决定进口产品对国家安全的影响，与国防部部长以及其他政府人员协商，并向总统报告；③总统作出决定，向国会报告；④国内产品的国家防御以及外国竞争对国内产业经济福利的影响等。从上述内容看，该条款主要是就特定产品的进口是否影响美国国家安全进行调查与认定。如果最终认定进口产品对美国国家安全造成威胁，总统就具有对进口产品采取调整措施的决定权，包括措施的形式、额度、产品范围、受影响的国家，以及通过谈判方式决定最后的措施（如自愿限制协议）等。

资料来源：张丽娟，郭若楠.国际贸易规则中的"国家安全例外"条款探析[J].国际论坛，2020(3)：66-79.有删节和修改。

2. 贸易救济制度

为维护公平贸易和正常的竞争秩序，WTO允许成员方在进口产品倾销、补贴和过激增长等对国内产业造成损害的情况下，使用反倾销、反补贴和保障措施等贸易救济措施保护国内产业不受损害。反倾销和反补贴措施针对的是价格歧视的不公平贸易行为，保障措施针对的是进口产品激增的情况。贸易救济制度是各国维持对外贸易安全的重要组成部分。

反倾销制度是为了维护正常、公平的国际贸易秩序,合理保护各国国内相关产业安全,对国际贸易中的倾销行为和各国所采用的反倾销措施进行限制和调整的,包括实体法和程序法在内的国内法规范和国际法规范的总称。WTO反倾销法律制度体现在GATT(1994)第6条以及WTO《反倾销协定》中。WTO反倾销法律制度对成员方经济安全的保障原理在于通过将倾销与反倾销纳入调整的范围的方式,影响成员方的经济管理模式和经济运行模式,通过一体化的强制性制度削弱成员方的经济管理主权,将成员方的经济纳入一个统一的制度平台,确保成员方的经济运行环境,从而达到保障其经济安全的目标。

反补贴制度是指成员方或国际社会为了保护本国经济健康发展、维护公正的竞争秩序或为了国际贸易自由发展,针对补贴行为采取必要的限制措施的法律制度的总称。反补贴措施是除反倾销措施外,被使用最为频繁的贸易救济措施。WTO《补贴与反补贴措施协议》通过约束某些成员方的补贴适用范围,降低其他成员方遭受不公平的待遇的可能性。WTO反补贴制度保障成员方的经济安全的作用原理与反倾销是一致的。

保障措施是基于进口国产业安全的考虑,在进口增加、国内产业受到严重损害或损害威胁的情况下,一国可采取提高关税或实施数量限制等手段,对国内产业进行一段时间的保护。WTO的保障措施制度体现在GATT第19条和WTO《保障措施协定》中。保障措施是WTO成员方在公平贸易情况下保护国内产业的唯一正当手段,而且是只能在公平贸易条件下才能采取的限制贸易的措施,其目的在于使成员方在特殊情况下免除其承诺的义务或协定所规定的行为规则,从而对因履行协定所受到的严重损害进行补救或避免严重损害威胁可能产生的后果。

世界各国主要以立法形式通过贸易救济对贸易安全进行监管。例如,美国与贸易救济有关的立法主要涉及以下几部:《1930年关税法》就反倾销和反补贴问题以及美国知识产权权利人的权益保护作出了规定;《1974年贸易法》就非关税壁垒、对发展中国家的普惠制待遇、保障措施及"301调查"等问题作出了规定;《1979年贸易协定法》将有关贸易救济、海关估价、政府采购、产品标准等成果纳入了美国的贸易法体系等。日本反倾销和反补贴法律的国内法渊源主要有三项:《海关和关税法》《反倾销和反补贴命令》《关于反倾销及反补贴程序的说明》。

相关案例 9-2

美国"232调查"聚焦产业竞争利益与国家安全

"232调查"是指根据美国《1962年贸易扩张法》第232条的规定,美国商务部有权以损害国家安全为由对进口产品发起调查。如果认定进口产品威胁到美国国家安全,将由总统决定是否对相关产品进口作出调整以及相关措施的具体实施方式、涉及产品类别及适用国家等。

截至2019年6月,美国政府共发起31次"232调查",其中只有少数最终被裁定为进口产品威胁国家安全并采取制裁措施,最近一次实施贸易限制措施的案例是针对进口钢铁和铝产品的调查。2017年美国商务部对进口钢铁和铝产品展开"232调查",并于2018年1月11日和17日分别发布调查报告,认定钢铁和铝产品进口"弱化了美国国内经济",对国家安全构成威胁。2018年3月,特朗普签署命令,决定对进口钢铁和铝产品分别征收25%和10%的关税,征税产品来源涵盖欧盟、中国、日本、印度、巴西等国家和地区(简称"232钢铝措施")。

通过对美国政府自1963年以来发起的"232调查"的调查内容、申请方和发起时间进行梳理可以发现,美国启动"232调查"具有三个特点:第一,调查的贸易产品主要集中在石油及其衍生品、钢铁、铬锰铁等,其中以石油及其衍生品为调查内容的案例有8个,数量最多,并且都被裁定为危害了国家安全,最终有5个案例由总统签署法令采取贸易限制或贸易制裁。第二,申请调查主体既有行业协会、企业,也有政府部门。第三,"232调查"主要集中在冷战时期,1963—1991年共发起21次,占调查总数的2/3。自1995年WTO成立到2016年年底,美国政府仅发起过2次"232调查",最终总统均未对相关产品进口政策作出调整或采取其他相关措施。

贸易规则中的"国家安全例外"规则一般具有双重性,既是国家贸易利益保护的防火墙,同时也往往具有贸易保护主义的性质,在贸易政治盛行时期尤为如此。2018年美国政府对钢铁和铝产品进口征收特别关税发布公告称,其政策目标之一是"将进口减少到商务部评估的水平,使国内钢铁(和铝产品)生产商对现有国内生产能力的利用率达到80%,通过增加产量保证产业的长期发展"。特朗普政府在《2017年贸易政策议程》(2017 Trade Policy Agenda)中也明确提出,贸易政策需服务于维护和提高国家安全所必需的经济力量和制造业基础。由此进一步表明,美国贸易政策与国家安全利益的关系比以往更为密切。

与频繁的反倾销、反补贴调查相比,美国启动"232调查"的次数相对较少,1980—2017年间仅发起过14次,其中只有2次最终采取了贸易限制措施。与以往大多数调查由企业、各行业协会提出申请不同,特朗普政府采取"自发贸易诉讼",旨在加速调查和裁决流程以保护美国企业。具体而言,就是保护钢铁业和铝业不受外来竞争影响。弗雷德·伯格斯腾(Fred Bergsten)认为,特朗普政府基于"232调查"实施的贸易制裁在WTO的合法性受到挑战,并招致了贸易伙伴国的报复。美国国会应当对总统以"国家安全"为由采取的贸易制裁加以限制,并通过完善立法对"国家安全"作出更明确的定义。对钢铁和铝产品的"232调查"与GATT规定的"国家安全例外"有较大区别,美国应该为该措施符合例外规则提供证明。"232调查"涉及措施所保护的利益是经济利益,而非国家安全例外下的"基本安全利益",其232钢铝措施不能以GATT第21条获得正当性。此次启动"232调查"表明,国家安全的内涵已经延伸到了就业安全和产业安全领域。

资料来源:张丽娟,郭若楠.国际贸易规则中的"国家安全例外"条款探析[J].国际论坛,2020(3):66-79.有删节和修改。

第二节 国家对外投资安全

一、对外投资风险

(一)对外投资风险的分类

目前,关于对外投资安全并没有一个统一的定义。2017年中央全面深化改革领导小组(现为"中央全面深化改革委员会")通过的《关于改进境外企业和对外投资安全工作的若干意见》明确提出"对外投资安全"的概念,该文件旨在指导企业防范和应对各类境外安全风险,处置各类突发事件,不断完善风险防控体系,提高服务保障能力和水平,维护境外企业和对外投资安全,促进对外投资合作平稳健康可持续发展。国家对外投资安全就是防范对外投资风险。对外投资风险是指在特定环境下和特定时间内,客观存在的导致对外投资经济损失的风险,是一般风险的更具体形态。

一般来说,对外投资风险可以按以下六种标准进行分类:

(1) 按风险发生的地理位置或国别,可以根据特定典型国家给对外投资风险命名,如墨西哥风险、英国风险、新西兰风险、印度风险等。此时,对外投资风险是作为一个地理概念而存在的。

(2) 按投资主体的性质,可以分为主权风险(政府或国家风险)、私营部门风险、企业风险和个人风险等。

(3) 按风险的触发因素,可以分为政治风险、社会风险和经济风险等。

(4) 按资金用途,可以分为贷款风险、出口融资风险、项目风险、国际收支风险和开发投资风险等。

(5) 按风险发生原因,可以分为拒付风险、否认债务风险和债务重议风险等。

(6) 按风险严重程度,可以分为高风险、低风险和一般风险。

对外投资风险分类的细化过程是随着人们对对外投资风险认识的加深而逐步加深的,学界比较公认的对外投资风险主要有两种:来自企业内部的经营风险和来自企业外部的国家风险。

(二) 对外投资风险与国内投资风险的异同[①]

对外投资风险与国内投资风险的主要特征和属性是相似的,两者都有客观存在性、不确定性、收益共生性、多因素性等基本特征,以及自然属性、社会属性、经济属性等属性。与此同时,两者的投资环境中都存在政策风险、利率风险、信用风险等,都会受到社会经济状况、社会心理等因素的影响。

对外投资风险与国内投资风险的差异也是客观存在的。一般而言,对外投资面临的风险比国内投资面临的风险更大,这主要是由于对外投资的环境更加复杂,会同时受到资本输出国和资本输入国经济环境、法律环境、政治环境、基础设施条件以及自然地理环境等物质因素与非物质因素的影响。跨国投资者面临的是自己不熟悉的环境,如果不能尽快全面了解并适应新环境,就很可能遭受损失。

此外,国内投资通常只涉及本币而不涉及外币,而对外投资涉及不同的币种。即使在允许自由兑换货币的国家,投资者在东道国投资时也必须把自己手中的可自由兑换货币换成东道国货币,因为一般情况下,一国规定只有本国货币可以在市面流通。因此,对外投资风险包括国内投资风险没有的汇率风险。

---

① 刘志伟.国际投资学[M].北京:对外经济贸易大学出版社,2017:77.

二、国家对外投资安全的相关理论

(一) 国家对外直接投资安全的相关理论

1. 外来者劣势的内涵

20世纪70年代,加拿大经济学家斯蒂芬·海默(Stephen Hymer)最早观察到外国企业在东道国市场上比当地企业更难获取信息,而且还可能受到东道国政府、消费者和供应商的歧视。20世纪90年代,思睿拉塔·匝希尔(Srilata Zaheer)在《克服外来者劣势》一文中,用"外来者劣势"(Liability of Foreignness)这一概念概括了海默的观点。匝希尔指出,外来者劣势是指相比于东道国本土企业,外国企业在东道国的生产和经营活动具有先天的竞争劣势,因此需要承担额外的成本和风险。此后,"外来者劣势"这一概念在对外直接投资等研究领域得到了广泛采纳。

2. 外来者劣势引致的风险类型[①]

外来者劣势会给一国对外直接投资带来不熟悉风险、歧视风险和关系风险三类风险。具体而言:

(1) 不熟悉风险。从信息不对称视角来看,外国企业对东道国的政治、经济、社会文化环境缺乏了解,因此要比东道国当地企业承担更多的信息搜集和分析成本。

(2) 歧视风险。东道国利益相关者如东道国政府出于政治压力,或东道国消费者出于民族情结等原因,可能会区别对待本国企业和外国企业,导致外国企业面临更高的市场进入标准和更大的资源获取障碍等。

(3) 关系风险。从社会网络视角看,外国企业要在东道国立足,必须建立和保持与不同利益相关者的关系,相对于本国企业,外国企业在当地社会网络中缺乏嵌入性,进而难以与关键的内外部利益相关者建立信任关系。

总体而言,外来者劣势带来的风险将给外国企业带来更低的利润率、更高的市场退出率和诉讼率,从而影响国家对外直接投资安全。

3. 克服外来者劣势的理论演进[②]

如何克服外来者劣势维护一国对外直接投资安全,是研究外来者劣势的根本落脚点。具体而言,资源基础观和制度理论是探讨克服外来者劣势的理论基础,但它们之间有着不同的运行机制。另外,近年来,有学者从公司战略选择的视角分析了如何克服外来者劣势。具体情况如下:

(1) 资源基础观。资源基础观强调外国企业可以凭借其特有资源以及嵌入母公司的组织实践来构筑企业可持续的竞争优势,从而克服外来者劣势。具体而言,外国企业特有资源主要体现在技术、品牌以及规模优势等方面,这比模仿当地企业更能有效地克服外来者劣势。然而,资源基础观强调的能够形成企业特有优势的资源和能力一般是企业的内部资源,对外部资源(如区位资源)重视不够。在经济全球化背景下,企业的发展不仅要依靠

[①] 任兵,郑莹.外来者劣势研究前沿探析与未来展望[J].外国经济与管理,2012,34(2):27-34;杨勃.新兴经济体跨国企业国际化双重劣势研究[J].经济管理,2019,47(1):56-70.

[②] 张宇婷,王增涛.外来者劣势的基本问题:动态演进视角[J].亚太经济,2014(1):97-103.

内部资源,还要依靠外部资源,只有充分地整合、配置企业的内外部资源才能实现企业的发展壮大。

(2)制度理论。制度理论强调外国企业可以通过模仿或"同构"东道国环境、当地需求与组织实践克服外来者劣势。该理论认为,面对复杂多变的制度环境,外国企业只有不断调整自身、积累消费者经验以及建立本土化的应对机制,才能适应当地环境并最终生存下去。但是,鉴于发展中国家或新兴市场国家的制度存在明显的国别独特性和不完善之处,制度理论诸多较强的假设在发展中国家或新兴市场国家不成立,该理论用于解释在发展中国家或新兴市场国家投资的外国企业所面临的外来者劣势问题时可能会遇到障碍。

(3)战略理论。战略理论强调外国企业可以通过进入模式选择、东道国选择等途径在一定程度上降低外来者劣势。就进入模式选择而言,为了降低外来者劣势的不利影响,来自低生产率国家的外国企业更倾向于采用资源寻求型战略,而来自高生产率国家的外国企业倾向于采取市场寻求型和控制导向型战略。就东道国选择战略而言,新兴市场的跨国公司通过选择优秀的东道国,可以获得更好的技术工人和供应商,从而形成一种超越自我的能力来克服外来者劣势。

(二)国家对外间接投资安全的相关理论

国家对外间接投资是以国际债券、股票等国际证券为投资标的进行的一种国际投资行为,主流观点认为国家对外间接投资理论就是国际证券投资理论。国际证券投资理论是将证券投资理论的应用范围从一国国内扩展到国际范畴。本节主要介绍的国家对外间接投资安全的相关理论主要包括有效市场假说、证券投资组合理论、资本资产定价模型和套利定价模型。

1.有效市场假说[①]

(1)基本内涵:有效市场假说(Efficient Markets Hypothesis)是由美国经济学家尤金·法玛(Eugene Fama)于1970年正式提出的。该假说认为,股票市场能够全面、及时、准确地反映股票的历史、当前和未来信息。有效市场假说排除了投资者通过分析、挑选和买卖证券获得超额收益的可能性,此时,被动持有市场资产组合比主动管理资产更好。

(2)有效市场类型:根据市场对信息反映强弱程度的不同,可以将有效市场划分为三种形式。①弱式有效市场。当现在的价格已充分反映历史价格中所包含的一切信息,从而使投资者不可能通过对以往的价格进行分析而获得超额利润时,市场即为弱式有效。在这种情况下,基于过去证券历史价格信息预测未来价格的技术分析将毫无用处。②半强式有效市场。当现在的价格不仅体现历史的价格信息,还反映所有与公司股票有关的公开信息时,市场即为半强式有效。在半强式有效市场中,对溢价公司的资产负债表、利润表、股息变动以及其他任何可公开获得的信息进行分析,均不可能获得超额利润。③强式有效市场。若市场价格充分反映有关公司公开或未公开的一切信息,从而使任何获得内幕消息的人都不能凭此获得超额利润,则该市场为强式有效市场。

---

① 沈悦.金融市场学[M].北京:北京师范大学出版,2012:306;李宝良,郭其友.资产定价理论实证研究的扩展与应用:2013年度诺贝尔经济学奖得主主要经济理论贡献述评[J].外国经济与管理,2013,35(11):70-81;杨朝军.证券投资分析[M].4版.上海:格致出版社,2018:298.

(3) 有效市场假说的前提:有效市场假说是新古典金融学理论的基石,证券投资组合理论和资本资产定价模型就是建立在有效市场假说基础上的。有效市场假说建立在一些假设之上。一是理性投资者假设,即投资者被认为是理性的,他们能对证券作出合理的价值评估;二是随机交易假设,即使在某种程度上某些投资者并非完全理性,由于他们之间的证券交易都是随机进行的,他们彼此之间的交易对价格产生的影响也会相互抵消;三是有效套利假设,假如某些投资者非理性且行为趋同,他们的交易行为不能相互抵消,理性的套利者也会消除他们的行为对价格的影响。显然,这些前提条件在现实生活中是很难同时实现的,这也是有效市场假说存在争议的主要原因。

2. 证券投资组合理论①

(1) 基本内涵:证券投资组合是指个人或机构投资者所持有的各种有价证券的总称,通常包括各种类型的债券、股票及存款单等。证券投资组合理论(Portfolio Theory)就是为了适应金融资产多样化、满足经济主体必须对金融资产进行选择的需要而产生的。该理论由美国经济学家哈里·马科维茨(Harry Markowitz)在1952年发表的《证券组合选择》一文提出。证券投资组合的意义在于采用适当的方法选择多种证券作为投资对象,以达到实现风险一定情况下的收益最大化或收益一定情况下的风险最小化的目标,避免投资过程的随意性。

(2) 证券投资组合的特点:①投资的分散性。证券投资组合理论认为,证券投资组合的风险随着组合包含证券数量的增加而降低,尤其是证券间关联性极低的多样化证券投资组合可以有效降低非系统风险,使证券组合的投资风险趋向于市场平均风险水平。因此,证券投资组合管理强调构成组合的证券应多元化。②风险与收益的匹配性。证券投资组合理论认为,投资收益是对承担风险的补偿。承担的风险越大,收益就越高;承担的风险越小,收益就越低。因此,证券投资组合管理强调收益目标应与风险的承受能力相适应。

(3) 证券投资组合管理的基本步骤:证券投资组合管理的目标是实现投资收益的最大化,也就是使组合的风险和收益特征能够给投资者带来最大满足。具体而言,就是使投资者在获得一定收益的同时承担最低的风险,或者在投资者可接受的风险水平之内使其获得最大的收益。实现这种目标有赖于有效、科学的组合管理内部控制。

从控制过程来看,证券投资组合管理通常包括以下几个步骤:

① 确定证券投资组合策略。证券投资政策是指投资者为实现投资目标应遵循的基本方针和基本准则,包括确定投资目标、投资规模和投资对象以及应采取的投资策略和措施等。投资目标是指投资者在承担一定风险的前提下,期望获得的收益率。投资规模是指用于证券投资的资金数量。投资对象是指证券投资组合管理者准备投资的证券品种。确定证券投资政策是证券投资组合管理的第一步,它反映了证券投资组合管理者的投资风格,并最终反映在证券投资组合所包含的金融资产类型特征中。

② 进行证券投资分析。证券投资分析是指对第一步所确定的金融资产类型中个别证券或证券投资组合的具体特征进行的考察分析。这种考察分析的一个目的是明确这些证券的价格形成机制和影响证券价格波动的因素及其作用机制,另一个目的是发现那些价格

---

① 王伟.现代证券投资实务[M].北京:北京理工大学出版社,2017:226-229.

偏离价值的证券。

③ 构建证券投资组合。构建证券投资组合主要是确定具体的证券投资品种和各证券的投资比例。在构建证券投资组合时,投资者需要注意个别证券选择、投资时机选择和多元化三个问题。个别证券选择主要是预测个别证券的价格走势与波动情况;投资时机选择涉及预测和比较各种不同类型证券的价格走势与波动情况;多元化则是指在一定的现实条件下,组建一个在一定收益条件下风险最小的投资组合。

④ 证券投资组合的修正。证券投资组合的修正实际上是定期重温前三步过程。随着时间的推移,过去构建的证券投资组合可能不再是最优组合了。投资者需要对现有的组合进行必要的调整,以确定一个新的最佳组合。然而,进行任何调整都将支付交易成本,因此,投资者应该对证券投资组合在某种范围内进行个别调整,使得在剔除交易成本后,总体上能够最大限度地改善现有证券投资组合的风险回报特性。

⑤ 证券投资组合的业绩评估。业绩评估不仅是证券投资组合管理的最后一个阶段,也可以被看作一个连续操作过程的组成部分。由于投资者在获得收益的同时还将承担相应的风险,获得较高收益可能是建立在承担较高风险的基础之上的,因此,在对证券投资组合业绩进行评估时,不能仅仅比较投资活动所获得的收益,还应该综合衡量投资收益和所承担的风险情况。

3. 资本资产定价模型[①]

(1) 基本内涵:资本资产定价模型(Capital Asset Pricing Model,CAPM)是在马科维茨证券投资组合理论的基础上建立的,由威廉·夏普(William Sharpe)、约翰·林特纳(John Lintner)和杰克·特雷诺(Jack Treynor)等经济学家于1964年提出的。资本资产定价模型在证券投资组合理论的基础上,提出了一个更具现实意义的问题,即如果资本市场上的投资者都根据证券投资组合理论进行投资决策,那么资本这种资产的价格将由什么决定以及如何决定。资本资产定价模型最终用资本市场线和证券市场线对上述问题进行了分析和解释。

(2) 模型基本思路:在假设市场完全有效和存在一种"无风险证券"的前提下,首先推导出表示证券投资组合的预期收益和总体风险之间关系的资本市场线,其次推导出反映某种证券的预期收益与系统性风险之间关系的证券市场线,最后根据这种关系推导出证券的均衡市场价格。

根据证券市场线,证券的风险程度决定了其预期收益率,而预期收益率又与购买证券时的市场价格相关,即预期收益率=预期收益额/证券市场价格。因此,证券的风险、预期收益状况将影响其市场价格的形成。例如,当某种证券的预期收益额上升时,若证券的系统风险并未发生变化,则预期收益率不应变化,因此,证券市场价格将会上升。

资本资产定价模型深刻剖析了均衡市场中各项资产的定价原理,并能用最简单实用的方式得到最符合现实情况的结论,因而被认为是资本市场价格理论的脊梁。这也是夏普在1990年获得诺贝尔经济学奖的主要原因。

[①] 沈悦.金融市场学[M].北京:北京师范大学出版社,2012:306;杨大楷.证券投资学[M].3版.上海:上海财经大学出版社,2011:19-21.

4. 套利定价模型①

（1）基本内涵：套利是一个经济学术语，是指利用完全相同的一个实物资产或证券的不同价格赚取无风险利润的行为。套利定价模型是在证券投资组合理论和资本资产定价模型的基础上，由美国经济学家斯蒂芬·罗斯（Stephen Ross）于1976年提出的，是现代资产定价理论的又一个发展。套利定价模型主要是从套利驱动机制来探讨资产的均衡价格是如何形成的。

（2）模型基本思路：套利定价模型的基本思路是给出在一定风险下满足无套利条件的资产收益率（即定价），在这一收益率下，投资者仅能得到无风险利率决定的收益，而不能得到额外收益。当具有某种风险的证券投资组合的期望收益率与定价不符时，便产生了套利机会。

（3）证券均衡市场价格的决定：在完全竞争的资本市场中，如果套利机会存在，那么两种不同的利率水平（即资产收益）是无法长期维持下去的，因为套利行为的存在会使这两种利率水平趋于一致。在证券投资组合理论中，套利的存在与最优资产组合是相矛盾的，因为单个投资者的理性行为会导致无套利行为的出现，而无套利行为的结果就是一价定律，即如果某种完全相同的资产在两个市场上的价格不一致，或者两种风险资产的收益率不相同，那么理性的投资者就会在市场上卖出收益率低的资产，同时利用所得的资金买入收益率高的资产，从而获得无风险利润，这时，资本市场就会达到均衡，套利机会就会随之消失。根据上述套利原则，证券均衡市场价格应该是市场竞争的无套利价格，而这种无套利价格是由市场上的外生变量决定的。

（4）资本资产定价模型与套利定价模型的比较：与资本资产定价模型一样，套利定价模型以完全竞争和有效资本市场为前提，但是，该模型主要在几个方面对资本资产定价模型进行了完善。首先，资本资产定价模型对投资者的风险偏好作出了较强假设，而套利定价模型对投资者的风险偏好无明确的前提要求；其次，资本资产定价模型可能会遗漏来自市场外的宏观经济环境对证券收益的影响，而套利定价模型同时考虑了市场内风险和市场外风险；最后，资本资产定价模型所依赖的市场资产组合往往难以预测，而套利定价模型中要求的基准资产组合则具有较强的灵活性。

总之，套利定价模型比资本资产定价模型在实用性上更具广泛意义，但是，在理论的严密性上却相对不足。正是基于这一原因，尽管套利定价模型在应用方面有很大的吸引力，但它仍不能取代资本资产定价模型。

三、对外投资风险管理

对外投资涉及资金、设备、关键材料、人员、技术、管理方法乃至商标专利等要素的跨国流动，具有距离远、周期长、涉及金额大、影响因素多等特征，因而其风险往往大于国内投资。对外投资风险管理的目的是尽可能地减少国际投资环境中的各种潜在风险给投资带来的不确定性，确保投资预期收益的实现。本节将详细介绍对外投资风险及其管理问题。

---

① 沈悦.金融市场学[M].北京：北京师范大学出版，2012：306；汪来喜，吴成浩，郭力.证券投资学[M].郑州：河南人民出版社，2016：192-194.

就对外直接投资而言,从企业视角来看,对外直接投资风险主要表现为企业自身的经营风险;从国家视角来看,对外直接投资风险主要源于东道国政治、经济、文化等因素变动引起的国家风险。因此,本节主要介绍对外直接投资的经营风险和国家风险两类。

（一）对外直接投资经营风险及其管理

1. 经营风险界定[①]

经营风险是指企业在进行跨国经营时,市场环境和生产技术等条件的变化给企业带来的不确定性。经营风险一般由以下风险组成:①价格风险,是指国际市场行情变动引起价格波动而给企业带来的不确定性;②销售风险,是指产品销售发生困难给企业带来的不确定性;③财务风险,是指整个企业经营中遇到入不敷出、现金周转不灵、债台高筑等情况而不能按期偿还的风险;④人事风险,是指企业在员工招聘、经理任命过程中存在的风险;⑤技术风险,是指开发新技术的高昂费用、新技术与企业原有技术的相容程度以及新技术的实用程度等因素给企业带来的潜在风险。

经营风险产生的主要原因是跨国公司在管理和运营方面缺乏国际化经验和能力,具体表现在以下三个方面:一是一国设立的境外企业分散化经营现象严重,使得企业不能在资本、技术、市场和信息等方面实现资源共享与互补;二是由于国家之间各种制度及文化背景不同,消费者对产品的需求不尽相同,东道国政府可能会为了自身利益采取设定含量标准、环保标准以及价格控制等限制措施,从而造成营销风险;三是品牌认同与接受程度不同会带来品牌风险。

2. 经营风险识别[②]

风险识别是风险管理的前提,风险识别的内容是:第一,有哪些风险应当考虑;第二,引起这些风险的主要因素是什么;第三,这些风险造成的后果程度如何。对外直接投资经营风险的识别主要采用德尔菲法、头脑风暴法和幕景分析法三种方法。

（1）德尔菲法。德尔菲法也称专家调查法,是获取专家群体的观点,从而预测未来可能发生的事件和事件发生时机的一种方法。德尔菲法适用于没有精确研究资料的问题研究,需要根据专家集体的专业知识和经验来进行直观判断。德尔菲法具备以下四个特点:

① 专家的匿名性。德尔菲法研究需要严格选择一定数量的相关专业的专家参与,专家的人数由研究问题的具体情况而定,一般为10—50人,大型问题需要的专家数量较多,专家匿名参与问卷调查。

② 问卷的重复性。德尔菲法的研究过程是一个重复的过程,要经过两轮以上的专家意见征询,直至专家达成一定程度的共识,才可以结束意见征询。

③ 有控制的反馈。德尔菲法的研究过程要经过数次反馈。在每一轮意见征询以后,

[①] 吴晓东.国际投资学[M].2版.成都:西南财经大学出版社,2015:132-133;陈立泰.我国企业海外直接投资的风险管理策略研究[J].中国流通经济,2008(7):48-51.

[②] 孔淑红.国际投资学[M].4版.北京:对外经济贸易大学出版社,2012:285-286;綦建红.国际投资学教程[M].5版.北京:清华大学出版社,2021:235-237.

要将征得的专家意见进行统计处理,并将处理所得的集体意见反馈给每位专家,作为下一轮意见征询的参考。这种反馈是有控制的反馈,即控制应答者围绕既定目标进行意见回复。

④ 结论的量化统计处理。德尔菲法研究采用统计的方法,对专家的集体意见进行定量评价和处理。德尔菲法的实施步骤为确立研究课题—选择专家—设计专家问题调查表—几轮专家意见征询与有控制的反馈—汇总、统计、分析调查结果。

(2) 头脑风暴法。头脑风暴法是以专家的创造性思维来索取未来信息的一种直观预测和识别方法。此方法由美国人亚历克斯·奥斯本(Alex Osborn)于 1939 年首创,首先用于设计广告的新花样,随后逐渐推广运用到其他领域。头脑风暴法用于国际风险识别时,一般要提出这样一些关键性问题:进行对外投资活动会遇到哪些风险? 这些风险的危害程度如何? 组织者为避免重复、提高效率,应当首先将已经取得的分析结果进行会议说明,使与会者不必在重复性问题上花时间,从而促使他们打开思路去寻找新的风险形态及其危害。

一般来说,头脑风暴法在实施中要遵循如下规则:第一,禁止对他人发表的意见提出任何非难,避免言辞上的武断或上纲上线;第二,尽可能要求提出新思路,新思路数量越多,出现有价值设想的概率就越大;第三,要重视那些不寻常的、有远见的、貌似不太符合实际的思路,思路越宽越好;第四,将大家的思路或思想进行组合和分类。

头脑风暴专家小组一般应由以下几类技术人员组成:风险分析或预测专家、国际投资领域中的技术或财务专家、了解或把握国际投资运动规律知识的高级专家以及具有高级逻辑思维能力的专家。组织者对头脑风暴法的结果要进行详细分析,既不能轻视,也不可盲目接受。

(3) 幕景分析法。由于影响对外直接投资经营风险的因素很多,实践中需要有一种能够识别关键因素及其影响的方法。幕景分析法就是为了适应这种需要而产生的、以识别风险关键因素及影响程度为特点的方法。一个幕景就是一项国际投资活动未来某种状态的描绘或者按年代概况进行的描绘。这种描绘可以在计算机上进行计算和显示,也可以用图表、曲线等进行描述。

幕景分析法的关注重点是当某种因素变化时,整个情况会是怎样的、会有什么风险、对投资者的资产价值会带来何种程度的损害。幕景分析法的结果是以易懂的方式表示出来的。一种方式是对未来某种状态的描述;另一种方式是描述一个发展过程,即未来若干年某种情况的变化链。幕景分析法要经过一个筛选、监测和评判的过程,即先要用某种程序将具有潜在风险的对象进行分类选择,再对某种风险情况及其后果进行观测、记录和分析,最后要根据症状或后果与可能原因的关系进行评价和判断,找出可疑的风险因素并进行仔细检查。

但是,幕景分析法有其局限性。因为所有的幕景分析都是围绕着分析者目前的考虑、价值观和信息水平进行的,很可能产生偏差。因此,在进行风险识别时,需与其他方法结合使用。

3. 经营风险管理①

规避与化解经营风险就是通过各种有效的经济技术手段,将经营风险减小或分散,主要策略有经营风险规避、经营风险抑制、经营风险自留和经营风险转移。

(1) 经营风险规避是指事先预估经营风险产生的可能性程度,判断导致其产生的条件和因素,以及对这些因素进行控制的可能性,在对外投资活动中尽可能地避免或设法以其他因素抵消其造成的损失,必要时需改变投资的流向。

经营风险规避是控制经营风险最彻底的方法,采用有效的风险规避措施可以降低风险发生概率和损失程度,以削减风险的潜在影响力。但是,由于经营风险规避涉及放弃某种投资机会,从而相应失去与该投资相关联的利益,因此该方法的实际运用受到一定的限制。

常见的经营风险规避的手段包括:①改变生产流程和产品,如开发某项新产品时,若花费的成本很高但成功的把握较小,就可以通过放弃新产品的研制而购买该产品技术专利来规避风险;②改变企业生产经营地点,如将企业由一国转移到另一国,或由一国内某一地区转移到另一地区,以避免地理位置缺陷的风险;③放弃对经营风险较大的项目的投资等。

(2) 经营风险抑制是指采取各种措施降低经营风险出现的概率以及经济损失的程度。风险抑制不同于风险规避,它是国际投资者在分析风险的基础上,力图维持原有决策、减少风险所造成的损失而采取的积极措施;而风险规避虽然可以消除风险,但企业要终止拟定的投资活动,放弃可能获得的潜在高收益。

经营风险抑制的措施很多。例如,在进行投资决策时,作好灵敏度分析;开发新产品系列前,进行充分的市场调查和预测;通过设备预防检修制度,减少设备事故所造成的生产中断;搞好安全教育,遵守操作规程和提供各种安全设施以减少安全事故。

(3) 经营风险自留是指投资者对一些无法避免和转移的经营风险采取现实的态度,在不影响投资根本利益的前提下自行承担下来。风险自留是一种积极的风险控制手段,它使投资者为承担风险损失而事先做好种种准备工作,修正自己的行为方式,努力将风险损失降到最低程度。投资者在承担风险损失的同时可以设法获得其他的额外补偿,因为高风险往往是与高收益相伴的。

在国际经济活动中,所有国家和企业事实上都承担着不同程度的风险,有意识地加以控制,可以增强自身安全性。投资者自身承受风险的能力取决于其经济实力。经济实力雄厚的大企业可以承担几十万美元甚至上百万美元的意外损失,但是经济实力薄弱的小企业则只能承担相对小的风险损失。一般来说,企业进行风险自留的具体做法是定期提取一笔资金作为风险专项资金,以供意外发生时作为风险补偿。这种做法实际上是一种自我保险的方式。

(4) 经营风险转移。经营风险转移是指投资者通过各种经济技术手段把经营风险转移给他人承担,一般有保险转移与非保险转移两类。保险转移是向专业保险公司投保,通过缴纳保险费把风险转移给保险公司承担,而一旦风险发生,损失即由保险公司补偿。非

---

① 綦建红.国际投资学教程[M].5 版.北京:清华大学出版社,2021:237-238.

保险转移是指不通过保险公司而以其他途径实施风险转移。例如,某承包商担心承包工程中基建项目所需的劳动力和原材料成本可能提高,他可以通过招标分包商承包基建项目,以转移这部分的经营风险。又如,在进行经营风险较大的国家投资时,投资者应要求当地信誉度较高的银行、公司或政府为之担保,一旦发生损失,可以从担保者那里获得一定的补偿。

(二) 对外直接投资国家风险及其管理

1. 国家风险界定[①]

国家风险是指未预期的东道国经营环境变化的风险,涉及政治、经济、社会、文化、自然以及国际关系等复杂因素。根据OECD的观点,国家风险包含五个基本要素:①由债务人的政府或政府机构发出的停止付款的命令;②由经济事件引起的贷款被制止转移或延迟转移;③法律导致的资金不能兑换成国际通用货币,或兑换后不足以达到还款日应有的金额;④任何其他来自外国政府的阻止还款措施;⑤包括战争、国有化、地震、瘟疫和洪灾等方面的不可抗拒力。

在国家风险的诸多来源中,政治风险、经济风险、社会风险和自然风险是常被提及的重要来源。政治风险是东道国政治环境或与其他国家的政治关系发生变化对企业造成不利影响的可能性。经济风险是东道国经济环境、经济结构等发生重大改变导致投资回报不确定性增加的风险。社会风险是东道国非政府组织如工会、环保组织和民族主义者等,对外国企业产生不利影响的社会行为。自然风险是指可能对投资产生负面影响的自然现象,如地震、洪灾等。

2. 国家风险评估

为了检测和分析国家风险,国内外学者和研究机构提出了不同的评估方法,各类方法中用以衡量的分析指标也有所区别。本小节将介绍四种国家风险评估方法,分别是定性描述、评分定级、预警指标评价和国家风险指数分析。

(1) 定性描述主要采用非固定格式报告和结构化分析报告两种形式。非固定格式报告的分析内容和重点随国家情况、风险分析需要而变化;结构化分析报告具有标准格式。例如,中国商务部定期发布《对外投资合作国别(地区)指南》,涵盖全球多数国家和地区,全面、客观地反映了对外投资合作所在国别(地区)的宏观经济形势、法律法规、经贸政策和营商环境等企业对外投资关心的事项。定性描述对于风险的描述比较全面,但无法进行统一的风险比较。

相关案例9-3

2021年中资企业在东盟开展对外投资主要风险

东盟是中国的近邻,也是"一带一路"倡议合作的重点和优先地区。据中国商务部统计,2020年,中国对东盟投资流量为160.63亿美元,增长23%,超过了中国对外直接投资总额增幅(12.3%);截至2020年年底,中国在东盟国家累计投资总额达1 276.13亿美元,占

[①] 高连和.企业对外直接投资的国家风险研究述评[J].社会科学家,2020(1):43-49;綦建红.国际投资学教程[M].5版.北京:清华大学出版社,2021:233.

中国对外直接投资存量的4.9%。中国对外直接投资流量前20位目的国(地区)中,东盟占7个。东盟各国商业机会较多,但潜在的投资障碍和风险也在所难免。该地区主要的政治、经济和自然风险如下:

【政治环境】缅甸政局尚不稳定,2021年2月,缅甸政局变动,军方宣布国家进入紧急状态,为期一年。反军方势力有向暴恐方向发展趋势,局部不时有爆炸事件。近年来泰国政局斗争不断,政府高层变动频繁,政策连续性不强,执政集团施政受限。政策变动导致审批程序复杂且漫长,前期投入费用增高。

【法律法规】总体来说,东盟各国法律体系比较完整,但也有一些法律规定模糊,可操作性不强,且不同的法律之间存在矛盾。比如,马来西亚法律体系受英国影响很深,成文法与判例法在商业活动中都能起作用。中国企业首先应了解投资所在地要注意的法律环境问题。

【汇率及汇兑风险】中资企业应特别注意防范金融汇率风险。缅甸政府宏观调控能力较弱,缺乏成熟的调控机制,汇率和利率形成机制缺乏灵活性,对外商的投资收益有一定的不利影响。

【商业欺诈】部分国家存在以虚假项目信息骗取中资企业赴该国考察、开展隐性投资的现象,一旦双方企业合作期间出现问题,中资企业将面临资产无法保全的风险。

【自然灾害】东盟地处热带和亚热带地区,每年5—11月是雨季,容易发生山洪、泥石流等自然灾害。

【新冠疫情】东盟成员国病例数字不断攀升,截至2021年6月23日,东盟地区已累计报告458万例确诊和89 028例死亡,分别占全球的2.6%和2.3%。随着印度德尔塔(Delta)变异病毒向东南亚蔓延,马来西亚、泰国、印度尼西亚、菲律宾等多国宣布重启或延长封锁,疫情对东盟地区经济社会的负面影响将继续存在。

因此,在东盟各国开展投资、贸易、承包工程和劳务合作过程中,要特别注意事前调查、分析、评估相关风险,事中做好风险规避和管理工作,切实保障自身利益。

资料来源:商务部国际贸易经济合作研究院,中国驻东盟使团经济商务处,商务部对外投资和经济合作司.对外投资合作国别(地区)指南:东盟(2021年版)[EB/OL].[2022-12-06].http://www.mofcom.gov.cn/dl/gbdqzn/upload/dongmeng.pdf.

(2)评分定级是从整体上测量投资东道国的国家风险,通过一组固定的评分标准对考察国家的主要风险加以衡量,依次确定国家的风险等级。例如,AAA级表示投资风险最小及投资环境最优,D级表示投资风险最大及投资环境最差。这种方法的具体步骤如下:①确定需要考察的主要风险因素;②确定风险评分标准,一般情况下,风险越大得分越高;③将所有考察项目的分数汇总,确定各国对应的风险等级;④比较国家间的风险,确定投资对象国。表9-5列示了国际风险等级序列。

表9-5 国际风险等级序列

风险等级	分值	含义
AAA	0—0.5	基本无风险
AA	0.5—1.5	可忽略的风险

(续表)

风险等级	分值	含义
A	1.5—3.0	风险很小
BBB	3.0—7.0	低于平均风险
BB	7.0—15.0	正常风险
B	15.0—30.0	值得重视的风险
C	30.0—55.0	高风险
D	55.0—100.0	不可接受的风险

在不同类型、各具特色的评级机构中,较为出名的是经济学人信息部(Economist Intelligence Unit)和环球通视(Global Insight)。由于评级体系的构建对方法的科学性、全面性和多样性有较高的要求,且评级数据的采集和处理较为复杂,因此,目前评级市场中仍然由发达国家的评级机构占主导地位,发展中国家的评级机构大多处于起步阶段。

相关案例 9-4

2021年中国海外投资国家风险评级

中国海外投资国家风险评级体系综合考量了证券投资和直接投资的风险,这与目前中国海外投资形式的多样性紧密契合。该评级体系构建经济基础、偿债能力、社会弹性、政治风险和对华关系五大指标共42个子指标,通过提供风险警示,为中国企业降低海外投资风险、提高海外投资成功率提供了非常有价值的参考。

2021年该体系对114个国家包括31个发达国家、83个新兴国家和发展中国家进行了评级。从区域分布来看,美洲涉及19个国家,欧洲涉及34个国家,非洲涉及24个国家,亚洲和太平洋地区涉及37个国家。评级结果共分为九级,由高至低分别为 AAA、AA、A、BBB、BB、B、CCC、CC、C。其中 AAA—AA 为低风险级别,包括18个国家;A—BBB 为中风险级别,包括68个国家;BB—B 为高风险级别,包括28个国家。评级结果大体呈对数正态分布,反映出合理的风险分布区间。

从总的评级结果来看,发达国家评级结果普遍高于新兴国家和发展中国家,海外投资风险相对较低。在排名前20位的国家之中,除阿联酋和卡塔尔外都是发达国家;而83个新兴国家和发展中国家中,排名最高的阿联酋是第16位。与2020年评级结果相比,除荷兰、挪威、日本等10个国家的相对排名不变外,其余国家的相对排名均发生了变化。其中,49个国家的相对排名较2020年有所上升,而55个国家的相对排名较2020年有所下降。表9-6是2021年中国海外投资国家风险评级前20位和后20位国家名单及其评级结果。

表 9-6 2021 年中国海外投资代表性国家风险评级结果

前 20 位国家				后 20 位国家			
国家	风险评级	排名变化	上年级别	国家	风险评级	排名变化	上年级别
德国	AAA	↑	AAA	土耳其	BB	↓	BB
瑞士	AAA	↑	AA	赞比亚	BB	↑	BB
韩国	AA	↑	AA	伊朗	BB	↓	BB
新西兰	AA	↑	AA	几内亚	BB	↑	BB
丹麦	AA	↑	AA	巴拉圭	BB	↓	BBB
瑞典	AA	↓	AA	乌克兰	BB	↑	BB
荷兰	AA	—	AA	墨西哥	BB	↓	BB
挪威	AA	↓	AA	巴西	BB	↓	BB
新加坡	AA	↑	AA	哥伦比亚	BB	↓	BB
芬兰	AA	↑	A	莫桑比克	BB	↑	B
加拿大	AA	↑	AA	埃塞俄比亚	BB	↓	BB
奥地利	AA	↑	AA	喀麦隆	BB	↓	BB
马耳他	AA	↓	AA	尼加拉瓜	BB	↓	BB
澳大利亚	AA	↓	AA	纳米比亚	BB	↑	B
阿联酋	AA	↓	AA	尼日尔	B	↓	BB
法国	AA	↑	AA	阿尔及利亚	B	↓	BB
冰岛	AA	↓	AA	安哥拉	B	↓	B
日本	A	—	A	委内瑞拉	B	↑	B
卡塔尔	A	—	A	伊拉克	B	↓	B
立陶宛	A	↑	A	苏丹	B	—	B

资料来源:中国社会科学院国家全球战略智库国家风险评级项目组,中国社会科学院世界经济与政治研究所国际投资研究室.中国海外投资国家风险评级报告(2021)[M].北京:中国社会科学出版社,2021:4-5。

注:—表示与 2020 年相比,相对排名没有变化;↑表示与 2020 年相比,相对排名上升;↓表示与 2020 年相比,相对排名下降。排名第三为卢森堡,其离岸金融中心属性较强,结果不列在该表中。

(3)预警指标评价是通过运用能反映国家风险的若干重要指标,形成早期预警指标系统,观察相关指标的变动情况,从而判断国家风险的性质和程度。在不同类型的投资项目中,选取的相关指标可能有所差别。当企业是对外直接投资时,应该着重选取与东道国政治稳定性、政策连续性、法治完备性等相关的指标;当企业是对国际债券和信贷投资时,应重点关注债务国的偿债能力和国际收支状况等指标。这些指标的获得可以通过相关数据统计资料或结合长期积累的历史经验加以分析。例如,世界银行在向发展中国家进行信贷投资前,需要衡量其债务风险,常用指标包括偿债率、负债率、外汇储备水平、债务对出口比率等。

预警指标评价需要通过分析大量统计资料和数据进行计算,由于各国的统计口径可能存在差异,计算后需要结合统计口径情况对结果进行必要的调整修正,当某种指标趋近警戒值时,投资者应及时采取防范风险的有效措施。

(4) 国家风险指数分析是指进行国际投资活动的企业可以借鉴一些专门机构提供的国家风险指数进行风险评估。当前,国际投资中运用较多的涉及国家风险指数的工具主要是富兰德指数、国际国家风险指南、《欧洲货币》国家风险等级表、《机构投资者》国家风险等级表等。

① 富兰德指数。该指数是由定量评级体系、定性评级体系和环境评级体系构成的综合指数。定量评级体系用于评价一国债务偿付能力;定性评级体系重在考察一国经济管理能力、外债结构、外汇管制状态、政府官员贪污渎职程度、政府应付外债困难的措施五个方面;环境评级体系包括政治风险、商业环境和政治社会环境三个指数系列。上述三个评级体系在总指数中的比重分别为50%、25%和25%。富兰德指数的取值范围是0—100,指数值越高表示风险越低,指数值越低表示风险越高。

② 国际国家风险指南(International Country Risk Guide, ICRG)。国际国家风险指南自1980年起开始定期发布。目前,该指南的国别风险分析覆盖了全球近140多个国家和地区,并以季度为基础进行数据更新并逐月发布。该指标考虑了政治因素、经济因素和金融因素三部分。其中,政治因素分析占50%(100分),后两项分析各占25%(各为50分)。该指标取值范围为0—100,分值越高表示风险越低。表9-7展示了国际国家风险指南的具体考察方面。

表 9-7 国际国家风险指南考察指标

政治风险构成		经济风险构成		金融风险构成	
风险因素	分数	风险因素	分数	风险因素	分数
政府稳定性	12	经常账户占GDP比重	15	经常账户占货物和服务出口的比重	15
社会经济条件	12	实际GDP增长率	10	外债占GDP比重	10
投资便利程度	12	年度通货膨胀率	10	外债还本付息占货物和服务出口的比重	10
内部冲突	12	预算平衡占GDP比重	10	汇率稳定性	10
外部冲突	12	人均GDP	5	国际清偿能力净额相当于进口额的月数	5
腐败	6				
军队在政治中的影响	6				
宗教紧张情况	6				
法律和秩序传统	6				
种族紧张情况	6				
民主问责	6				

(续表)

政治风险构成		经济风险构成		金融风险构成	
风险因素	分数	风险因素	分数	风险因素	分数
官僚机构的质量	4				
合计	100	合计	50	合计	50

资料来源：The PRS Group. The ICRG Methodology [EB/OL]. [2022-04-20]. https://www.prsgroup.com/wp-content/uploads/2021/10/ICRG-Method-2021.pdf.

③《欧洲货币》国家风险等级表。国际金融界权威刊物《欧洲货币》(Euromoney)于每年9月或10月定期公布当年各国国家风险等级表，该表侧重反映一国在国际金融市场上的形象与地位，从进入国际金融市场的能力（权重为20%，包括在外国债券市场、国际债券市场、浮动债券市场、国际贷款市场及票据市场上筹借资本的能力）、进行贸易融资的能力（权重为10%）、偿付债券和贷款本息的记录（权重为15%）、债务重新安排的顺利程度（权重为5%）、政治风险状态（权重为20%）和二级市场上交易能力及转让条件（权重为30%）等方面对国家风险进行了考察。

表9-8是1999年和2019年（以第四季度为例）《欧洲货币》发布的国家风险最低的前十大国家及对应的评分情况。可以看出，2019年，发达国家的国家风险低于发展中国家，《欧洲货币》国家风险评分最高的前十位国家以发达国家为主，特别是欧洲发达国家。相比于1999年，2019年各国国家风险普遍上升，主要表现在《欧洲货币》对各国国家风险评分普遍下降。从各国排名变动情况来看，美国、德国、法国、奥地利和比利时五个国家排名较1999年下降明显，2019年已经被挤出前十位。新加坡、瑞典、芬兰、澳大利亚和新西兰五个国家的排名较1999年明显上升，2019年已经位列前十。

表9-8　1999年、2019年《欧洲货币》国家风险最低的前十大国家

排序	1999年		2019年第四季度	
	国家	国家风险	国家	国家风险
1	卢森堡	98.48	瑞士	88.16
2	瑞士	98.36	新加坡	87.86
3	挪威	95.43	挪威	87.80
4	美国	94.92	丹麦	86.90
5	荷兰	94.22	瑞典	84.72
6	德国	94.04	卢森堡	84.52
7	法国	93.68	芬兰	84.08
8	奥地利	93.30	荷兰	83.85
9	丹麦	93.24	澳大利亚	81.21
10	比利时	91.18	新西兰	80.32

资料来源：綦建红.国际投资学教程[M].5版.北京：清华大学出版社,2021:244.

④《机构投资者》国家风险等级表。此表是著名的国际金融刊物《机构投资者》(Institutional Investor)杂志向活跃在国际金融界的大型国际商业银行进行咨询、调查的综合结果。每个被咨询的银行要对所有国家的信誉地位即风险状况进行评分,分数以 0—100 分表示。0 分表示该国的国家信誉极差、风险大,100 分表示该国的国家信誉极好、风险小,该指标直接反映了银行界对国家风险的实际看法。

3. 国家风险管理[①]

在对国家风险进行评估之后,如何有效地采取措施防范国家风险,最大限度地降低损失,对企业来说更为重要。从"事前管理"和"事后管理"两个视角,国家风险管理的主要措施包括:

(1)国家风险的事前管理。步骤如下:

第一,建立有效的风险管理体系。首先,在借鉴发达国家成熟的评估方法与预警机制的基础上,建立符合企业特点的国家风险管理组织框架,由专业部门对东道国各类风险进行分类管理和实时监测,提高国家风险管理的效率。其次,针对东道国具体情况,提前设立风险应急预案和动态评定机制,以便企业在面临危机时能采取及时而适当的应对程序,将损失降至最低。最后,重视对东道国营商环境的评估,事前充分了解东道国非政府组织相关情况,以及在企业环保等社会责任履行方面的要求。

第二,办理海外保险。这是目前一种较为有效的规避国家风险的方法。企业通过为处于国家风险地区的海外资产办理保险,可以集中精力从事海外经营活动。海外保险承保的国家风险包括国有化风险、战争风险和政策风险三类。一般做法是,投资者向保险机构提出保险申请,保险机构经调查认可后接受申请并与之签订保险单。投资者有义务不断报告其投资的变更状况、损失发生情况,且每年定期支付费用。当风险发生并给投资者造成经济损失后,保险机构按合同支付保险赔偿金。

(2)国家风险的事后管理。步骤如下:

第一,有针对性地调整企业市场战略。在市场战略上,企业通过控制产品的出口市场和产品的出口运输及分销机构,使得东道国政府接管该企业后失去产品进入国际市场的渠道,生产的产品无法出口,这样做可以有效地减少被征用的风险。此外,跨国公司在建立控股或全资业务后,可通过扩大其公司内部销售的范围、提升地区多样性来应对国家风险。

第二,改善海外经营理念与行为。企业需要强化对东道国投资生态和人文等方面的考量,重视与当地社会组织的沟通,善于利用媒体等当地社会资源。首先,重视企业社会责任的履行和企业形象的建设。企业在海外经营过程中应注重当地政府和民众在环保、用工等方面的要求,积极参与社区公益活动,提高企业的社会美誉度。其次,重视与当地居民、非政府组织等的沟通,改进对外公关方式。企业可充分发挥驻外使馆、商会与其他组织的作用,更多地接触社会团体,为其海外经营创造良好的外部舆论环境。

[①] 高连和.企业对外直接投资的国家风险研究述评[J].社会科学家,2020(1):43-49;綦建红.国际投资学教程[M].5版.北京:清华大学出版社,2021:249-250;张明.中国企业"走出去"要注重国家风险的评估和防范[J].中国对外贸易,2017(5):50-51.

(三) 对外间接投资风险及其管理

1. 国际证券投资风险①

与国内证券投资风险类似,国际证券投资风险主要分为系统性风险和非系统性风险,各自又包括许多不同的种类。

系统性风险主要包括:①市场风险,是指战争、天灾等突发事件导致股票价格波动的风险;②购买力风险,是指物价水平突然上升所带来的风险;③利率风险,是指市场利率水平发生变化而使股票价格波动的风险;④产业风险,是指产业中某些因素变化产生的风险。

非系统性风险主要包括:①管理风险,是指企业因管理方面的问题所面临的风险;②财务风险,是指企业财务结构变化引起的风险;③经营风险,是指由于企业经营不善产生的风险。

2. 国际证券投资风险管理②

(1) 市场风险的管理。"不要把所有鸡蛋放到一个篮子里"概括了分散市场风险的原理,具体包括以下方法:第一,分散投资单位。如果将资金平均分散到多家任意选出的公司股票上,总的投资风险就会大大降低,一般来说,资金量越大,越需要通过分散来降低风险。第二,分散行业选择。证券投资不仅要对不同的公司分散投资,而且这些公司也不宜都是同行业或相邻行业的,因为共同的经济环境会带来相同的风险,达不到分散风险的目的。不同行业、不相关的企业才有可能此损彼益,从而使投资者有效地分散风险。但是,投资者首先要对各行业的未来发展趋势有一个基本的判断,多选择一些未来较长一段时期内发展前景较好的行业。第三,分散投资时间。一般而言,股份公司发放股息前夕,股票价格会有明显的变动。短期投资者宜在发息日之前购入股票,在获得股息和其他收益后,再将所持股票转手;而长期投资者则不宜在这期间购买该股票。证券投资者应根据投资的不同目的分散自己的投资时间,以将风险分散在不同阶段。第四,分散投资季节。股票价格在股市的淡旺季会有较大的差异。在不能预测股票淡旺季程度的情况下,应将投资或收回投资的时间拉长,不急于向股市注入资本或抽回资金,用数月或更长的时间来完成此项购入或卖出计划,以降低风险。

(2) 购买力风险的管理。在通货膨胀期内,应留意市场上价格上涨幅度高的商品,从生产该类商品的企业中挑选出获利水平高或能力强的企业。当通货膨胀率异常高时,应把保值作为首要考虑因素,如果能购买到保值产品股票(如黄金开采公司、金银器制造公司的股票),就可以避开通货膨胀带来的购买力风险。

(3) 利率风险的管理。尽量了解公司营运资金中自有资金的比例。利率升高会给借款较多的企业制造较大困难,从而殃及股票价格。利率趋高时,一般要少买或不买借款较多企业的股票,利率波动难以判断时,应优先购买自有资金较多企业的股票,这样就可以基本上避免利率风险。

(4) 企业风险(非系统性风险)的管理。在购买股票前,要认真分析投资对象,即研读目标企业的财务报告,研究它现在的经营、管理、财务等方面的情况以及在竞争中的地位和

---

① 卢汉林.国际投资学[M].2版.武汉:武汉大学出版社,2011:253.
② 王伟.现代证券投资实务[M].北京:北京理工大学出版社,2017:233-237.

以往的盈利情况趋势。如果能把收益率保持增长、发展计划切实可行的企业当作股票投资对象,就能较好地防范企业风险。

第三节　国家利用外资安全

一、国家利用外资安全的相关界定

（一）国家利用外资的主要方式

国家利用外资是重要的国际经济合作形式,主要包括借用外债和外商直接投资(Foreign Direct Investment, FDI)两种方式。

1. 借用外债

借用外债,又称对外借款,是指一国境内机构(包括各级政府、企业、团体、金融机构等)通过正式签订借款协议从该国境外的国际金融组织、外国政府、金融机构、企业或其他机构筹借资金,包括外国政府贷款、国际金融机构贷款、出口信贷、外国商业银行贷款等具体形式。经济全球化使得国际资本跨国流动速度更快、规模更大,资金获得渠道更加畅通,借用外债成为世界各国普遍的行为,不仅仅是资本短缺的发展中国家会借用外债,发达国家同样会借用外债,甚至借用规模更大。

2. 外商直接投资

外商直接投资是指一国吸引外国企业、经济组织或个人按该国有关政策法规用现汇、实务、技术等在该国进行直接投资的行为,包括合资经营企业、合作经营企业、外商独资企业、外商投资股份制企业、合作开发等具体形式。伴随着经济全球化的发展,外商直接投资成为各国利用外资的重要形式。

除上述两种方式外,利用外资的方式还包括企业在境内外股票市场公开发行以外币计价的股票,国际租赁进口设备的应付款,补偿贸易中外商提供的进口设备、技术、物料价款,加工装配贸易中外商提供的进口设备、物料价款等,统称为外商其他投资。由于与借用外债和外商直接投资相比,外商其他投资规模通常比较小,对国家经济安全的影响也不及前两种方式大,因此本章不进行重点分析。

（二）国家利用外资安全的定义

国家利用外资安全是指国家在利用外资过程中,国家利益不受侵害与威胁的状态。根据国家利用外资的不同阶段,国家利用外资安全主要可以概括为以下三个方面的内容：

第一,吸收外资的安全。适当吸收外资有助于缓解一国经济发展的资金约束压力,增强本国经济实力,维护国家经济安全。然而,吸收规模不当或者外资结构不合理可能会削弱一国经济实力,带来经济风险,不利于一国经济的安全发展。因此,国家利用外资安全首先体现为吸收外资的安全,即国家能够吸引到规模适度、结构合理的外资,既不会因缺乏外资影响本国经济的正常发展,也不会因吸收过量或结构不合理的外资而影响本国经济安全稳定发展。

第二,使用外资的安全。国家在利用外资的过程中,要保障本国主权统一和领土完整,经济利益不受威胁和侵害,能够独立自主地决定本国的经济体制、发展道路、经济结构和各项方针政策,有抵制外部经济实体冲击、保持持续安全状态的能力。同时,要尽可能确保外资得到有效利用,达到通过外资促进本国经济发展的目的。因此,国家利用外资安全也体现为使用外资的安全,在借用外债和外商直接投资中分别体现为用债安全和用资安全。

第三,外资偿还或撤离安全。在适当吸收外资和有效利用外资的基础上,还要注意归还外债或外资离开时的安全问题。在借用外债中,这体现为偿债安全,即国家在举借外债后,能确保按期偿还债务,不至于无法按期偿还债务,甚至引发债务危机,威胁本国经济安全。在外商直接投资中,这体现为撤资安全,即国家能为外资提供良好、公正的环境,制定透明的外资政策,减少外商经营的不确定性,避免外资大规模非正常撤离,影响本国经济的安全稳定发展。

(三)国家利用外资安全的具体内容

根据国家利用外资安全的三方面内容,下面将分别分析借用外债和外商直接投资中的具体安全问题。

1. 借用外债安全

借用外债安全包括借债安全、用债安全和偿债安全三方面内容。

(1)借债安全是指在借入外债时存在的安全问题,主要指借入外债的规模和结构是否合理、是否在安全范围内。

① 外债规模安全。外债规模安全主要包括两方面内容:一方面,当国内资金不足时,若无法通过合理的方式和渠道借到一定规模的外债,就可能会导致本国资金短缺,影响经济的稳定发展,不利于国家经济安全;另一方面,若不考虑本国负债能力,借入过多外债,就会加剧经济风险,不利于国家经济安全。例如,20世纪80年代,拉丁美洲国家举债的规模十分庞大,这为拉丁美洲国家发展经济提供了大量资金,但同时也加重了这些国家的还债负担,最终引发了债务危机,危害了国家经济安全。

② 外债结构安全。外债的结构可以分为外债来源的国别结构、外债币种结构、外债期限结构、外债利率结构、外债类型结构五个方面。具体情况如下:

第一,外债来源的国别结构是指一国外债的来源国构成。一国外债过于集中在少数国家,可能会导致一国经济发展过于依赖这些国家,危及一国自身的经济安全。例如,在殖民时代,许多发展中国家由于经济受制于西方大国,政治上也不得不依附于它们,陷入经济上受剥削、政治上受压迫的不利境地。

第二,外债币种结构是指一国借用外债总额中各种货币币种的构成比例。外债从借入到归还之前均存在汇率风险。一般来说,在归还国外借款时需支付借入货币,这意味着一旦借入货币汇率走强,势必会增加借贷成本,使债务国蒙受损失。如果借入币种相对分散,风险也就相应减小。因此,为了减少和避免在借用外债中因汇率变化而遭受的损失,应避免外债币种过于单一。此外,由于本币外债偿还不存在货币兑换的汇率风险,因此一国可以通过积极推进本币外债,避免外债的汇率风险。

第三,外债期限结构是指一国外债总额中,短期外债(偿还期在一年及以内)与中长期债务(偿还期在一年以上)的构成比例。一般来说,中长期外债便于债务国根据国民经济发展需要作出统筹安排,但是利率相对更高;短期外债利率更低,但是由于偿还期限较短,还债压力较大。债务国在借用外债时,应综合考虑不同期限结构外债的成本与风险,使外债期限的结构尽可能合理,否则可能会影响一国的偿债能力,不利于国家经济安全。

第四,外债利率结构是指一国外债总额中浮动利率债务与固定利率债务的构成比例。采用固定利率,可以避免利率上升风险,但是也无法获得利率下降的好处;采用浮动利率,需要根据市场变化确定偿还期的利率水平,风险不容易被控制,使得债务总额变化不定,不利于一国对外债进行宏观调控。可见,外债利率结构关系到利息支付总额和外债清偿的负担,因此在借入外债时,需要充分考虑外债利率结构的合理性。

第五,外债类型结构是指一国外债总额中各种不同类型外债的构成比例。外债类型包括外国政府贷款、国际金融机构贷款、国际商业银行贷款和其他形式借款四大类。前两类属于官方贷款,具有开发援助和贸易性质,贷款期限长、利率低,但是贷款条件较为严格。国际商业银行贷款程序相对宽松,但是期限短、利率高,且多为浮动利率,容易受到国际金融市场的影响。因此,在借用外债中,应注意采取合理的方式,尽可能选用成本较低的外债类型。

(2)用债安全是指国家在举借外债后,有效利用外债,使外债在使用过程中不威胁本国经济安全,主要包括外债投向和外债使用两个方面的安全。

在外债投向方面,如果不重视外债的规模效益,而是缺乏全局性统筹,分散重复投资,盲目投向部分产业或者部分地区,导致产能过剩或投资过热,不仅可能使外债的收益与成本不匹配,不能充分发挥外债的经济效益,还可能会加剧一国产业的发展失衡,扩大地区的发展差距,不利于一国经济的安全稳定发展。此外,如果将外债过多地投向房地产、金融等风险较大的非实体领域,还可能引发经济泡沫,加剧该国经济动荡,不利于该国经济的安全和稳定。

确定外债投向后,在外债具体使用方面,如果不按合同规定用途投入,不注重对风险的规避与控制,将无法实现使用外债的经济效益;如果短债长用,使得项目投资回收期与还款周期不匹配,出现资金周转困难,可能导致债务延期,无法发挥外债对国家经济安全的促进作用。

(3)偿债安全是指国家在举借外债后,能够确保按期偿还债务,不至于无法按期偿还债务,甚至引发债务危机,威胁本国经济安全。

需要说明的是,借债安全、用债安全和偿债安全三者之间并不是相互分离的,而是相互影响的。首先,借债安全影响着用债安全和偿债安全。合理的借债规模和借债结构有利于高效使用外债,并且有利于外债的按期偿还;反之,借入规模和结构不合理的外债可能会影响外债的使用,也会影响后期外债的偿还。其次,用债安全也影响着偿债安全。由于借用外债存在还本付息的巨大债务压力,一旦使用不当、效益不好,就可能无法按期归还贷款,引发债务危机,陷入借新债还旧债、债务割不断的恶性循环之中,使一国经济发展背上沉重的负担,危害国家经济安全。最后,偿债安全也影响着一国后续的借债安全。当一国偿债能力出现问题时,该国后续的正常借债必然也会受到一定的负面影响。因此,在分析借用外债的具体安全问题时,要进行综合考虑和全面考察。

2. 外商直接投资安全

外商直接投资安全包括引资安全、用资安全和撤资安全三个方面的内容。

(1) 引资安全。国家的引资安全问题主要包括引资规模、引资结构、引资政策三个方面的安全问题。

① 引资规模安全包括两方面内容。一是要能够吸引适度规模的外资，否则国家经济发展可能缺乏必要的资金、技术，正常发展受阻，安全失去保障；二是不能超规模引进外资，否则会对国外资本依附过多，增加本国宏观经济调控难度，国家经济安全易受到威胁。

② 引资结构安全主要是指引进的外资在行业结构、地区结构、来源国结构三方面的安全。具体来看：第一，如果东道国引进的外资在国民经济各部门间配置不当，就会引起和加剧发展中国家产业结构失衡。同时，这种状况还可能会造成市场扭曲，使得市场价格不能客观真实地反映市场价值的变动，造成资源的浪费和无效配置，不利于一国经济健康稳定发展。第二，如果东道国引进的外资在国家内部区域分布不平衡，会扩大东道国不同地区间的经济发展差距，引起地区间收入分配不公、贫富分化程度加剧等社会问题，不利于东道国经济的平稳增长。第三，如果外资来源国过于集中在少数国家，这些国家可能会对东道国资源或产业形成控制局面，一旦这些国家撤资，东道国的经济发展将面临较大风险。

③ 引资政策安全方面，东道国给予外资歧视性待遇或者超国民待遇的政策，从长远来看，都可能破坏国家利用外资安全，不利于国家经济的安全发展。歧视性待遇政策削减了东道国对外资的吸引力，不利于一国引进外资，还可能会导致已进入的外资大规模撤离。超国民待遇政策会使得东道国国内企业的税负、土地租金普遍高于外资企业，人为地弱化了东道国企业的竞争力，对东道国民族经济的正常产业发展构成威胁；并且，过度的优惠会使得国家财政收入减少，影响到国家的财政安全；此外，东道国内部各地方政府为吸引外资，还可能进行税收恶性竞争，扰乱市场经济秩序，削弱税法的严肃性和权威性，影响国家宏观调控的有效性，危害国家经济正常发展的安全。

(2) 用资安全。利用外商直接投资对经济安全具有多重影响，下面将分别从产业、金融、就业、资源环境等多个角度进行分析。

① 产业安全。第一，市场结构安全。大型跨国公司具有雄厚的资源优势，有能力在较短时间内大幅提高其在东道国的市场份额，在部分行业形成垄断，控制当地市场，产生对当地企业的压制效应，影响东道国独立工业体系的发展，威胁东道国产业安全。

第二，品牌安全。一些国际知名的跨国公司通常将品牌控制作为重要的竞争战略之一，使东道国的民族品牌逐渐消失，从而影响东道国民族经济的发展。此外，外资的品牌控制会影响东道国消费者的社会心理，消费者对外国品牌认同，可能会产生社会心理的溢出，导致消费者盲目崇拜外国品牌，这种社会心理会在潜移默化中延伸到外资对东道国产业安全的影响。

第三，股权安全。东道国国内企业引进外资后，可能会由于文化、管理方式以及经营理念等各方面的差异，与外资股东之间在发展战略上产生分歧。但是，一旦外资在较大程度上控制了企业股权，具有充分的决策权，就会使得东道国国内企业发展受制于外资，影响东道国企业的发展安全。

第四,技术安全。技术安全包括两方面内容:第一,在利用外资过程中,东道国的核心技术不会被他国窃取或揭秘仿制。第二,在利用外资过程中,东道国的技术力量能处于不断壮大、不被侵害的状态。跨国公司往往将陈旧的技术转移给东道国公司或合资公司,这会影响东道国获取先进的技术。如果东道国企业没有获得预期的技术溢出,而是只获得一些落后或淘汰的技术,并对外资技术过于依赖,将威胁东道国行业的健康发展。

相关案例 9-5

新飞冰箱缘何"停飞":外资撤资背后的故事

"新飞广告做得好,不如新飞冰箱好。"曾经辉煌一时、成为中国冰箱行业巨头的新飞冰箱,却在 2018 年 6 月 29 日正式"卖身"康佳。新飞冰箱为何会落到如此境地?

新飞的腾飞

新飞的前身是由多家企业重组设立的新乡市无线电设备厂,配套生产军用通信车,1984 年转产电冰箱等家电产品。1985 年,厂长刘炳银从国外飞利浦公司引进现代化冰箱生产线,次年,"新乡-飞利浦"品牌冰箱正式上市销售,这也是新飞品牌名的来源。此后,新飞公司进入了快速发展期。1990 年,刘炳银学习海尔张瑞敏,当众怒砸 400 台不合格冰箱,提高了新飞人的质量意识,增强了客户信心。新飞冰箱也因品质优良,成为中国家电制造业的一张国际名片。短短几年时间,新飞已成为国产冰箱第一品牌。

引入外资:决定了新飞此后一生的道路

20 世纪 90 年代初,立足多元化和涉足资本市场成为当时众多大企业的发展战略。靠家电起家的海尔已经开始了多元化探索,同时准备试水资本市场。1993 年 11 月,海尔冰箱的股票在上海证券交易所挂牌上市交易。然而,新飞却选择了一条不同的道路——引入外资,这也决定了新飞此后一生的道路。在中外合资办厂的热潮中,新飞冰箱成为河南省"引进外资嫁接和改造国有大中型企业"战略的试点。1994 年,在新乡市政府的引荐下,新飞冰箱引入丰隆亚洲。丰隆亚洲隶属于新加坡丰隆集团,成立于 1963 年,是新加坡最大的房地产和酒店业投资发展商及标杆企业。1994 年 8 月,新飞集团、丰隆集团、新加坡豫新电器合资成立河南新飞电器有限公司,三方持股比例分别为 49%、45%、6%。短期内,丰隆集团的加入给新飞的发展提供了资金支持,带动了新飞的飞速发展。1996 年,新飞推出国内首款双绿色无氟冰箱,销量名列中国冰箱品牌前三,市场份额直逼 20%。20 世纪 90 年代,新飞与海尔、容声、美菱一起成为中国冰箱产业的四朵金花。

外资控股的至暗时刻:话语权旁落,多元化受阻,管理问题凸显

新加坡的注资暂时弥补了新飞没有进入资本市场的弊端,但是,地产出身的丰隆集团在家电行业缺乏技术经验,对中国的本土化运作并不熟悉。20 世纪 90 年代后期,各大冰箱企业争相进行多元化家电布局。刘炳银察觉到危机,多次计划收购国内空调企业进而开启多元化经营。然而,受到新加坡控股方的束缚,多元化经营项目多次遭到新加坡股东否决。由于缺少决策自主权、不能适应市场快速变化、业务线过于单一,新飞危机四伏。2002 年,在中国最有价值品牌报告榜单上,海尔品牌价值 489 亿元,一举跃升至国内最有价值品牌排行第一位。然而,自 1997 年以来,新飞一直引以为豪的品牌价值才不到 32 亿元。

2005年9月,新乡市政府将新飞集团在新飞电器所持有的39%的国有股权作价5.1亿元转让给丰隆集团,丰隆集团实现对新飞电器的绝对控制,股权占比达90%,中方的经营管理权彻底丧失。此后,新飞中高层"大换血",中外员工工资相差巨大,公司决策流程烦琐,中西文化差异巨大,各种问题凸显,直接影响到了企业凝聚力。同时,丰隆管理层对新兴的电子商务持否定态度,错失国内电商发展红利。2011—2016年,新飞电器连年亏损,最终在2017年因经营不善濒临倒闭,向法院递交了破产重组申请书。

无利可图,外资撤资

2018年4月13日,丰隆亚洲发布公告明确宣布将从新飞公司撤资。2018年6月29日,康佳集团以4.55亿元人民币拍得河南新飞电器、新飞家电、新飞制冷器具有限公司100%股权,成为新飞公司的新投资人。

资料来源:[1] 新飞冰箱"停飞"背后:外资控股24年后撤资,临走称无利可图[EB/OL].(2018-06-13)[2022-11-09].https://baijiahao.baidu.com/s? id=1603119249672130480&wfr=spider&for=pc;[2] 侯隽.新飞:外资大股东撤资,股权将全部拍卖 一家省级"引进外资"战略试点国企的兴衰历程[J].中国经济周刊,2018(24):69-71.

② 金融安全。海外流入东道国的短期流动资本被称为"热钱",具有流动性大、隐蔽性高、投机性强的特点,很难规范管理,对东道国金融秩序的破坏力很大。国际资本如果自由地游走于国内各行业,可能会拓宽金融风险由国外向东道国国内传导的途径,加大东道国与国外金融风险的关联性。一旦外部市场发生金融风险,外资大规模回流压力上升,就会导致东道国金融市场秩序被扰乱,甚至遭受国际金融风险冲击。

③ 就业安全。跨国公司在并购东道国国内企业后,如果不能妥善安置原企业职工,或者对原企业职工在工资等方面进行差别对待,将导致东道国城镇失业率急剧上升,大量失业人员可能引发严重的社会问题,影响社会安定。

④ 资源环境安全。在利用外资过程中,东道国政府主要重视外资对经济和社会发展的促进作用,而对外资在资源开发、环境利用方面的监管往往较少,一些高能耗、高污染、低技术产业项目可能会加剧东道国资源和环境制约的矛盾,不利于东道国资源环境的安全。

(3)撤资安全。跨国公司大规模撤资,对东道国产业发展、就业稳定、技术升级、国际收支等都会产生不利影响,进而威胁一国经济的安全和稳定发展。东道国在对外开放初期可能凭借低廉的劳动力、丰富的土地资源和宽松的环境政策等优势吸引大量外商直接投资,但是,当劳动力红利衰减、土地价格上涨、环境成本与融资成本提高等问题开始凸显时,外资就可能选择跨国转移,寻找新的比较优势更明显的投资对象国。此外,2008年金融危机以来,受逆全球化思潮影响,全球经济进入深度调整期,多数国家和地区尤其是发达经济体,为恢复经济增长和应对本国的产业空心化,颁布了一系列鼓励境外资金回流的政策,加大了外商直接投资的撤资风险。

实际上,引资安全、用资安全与撤资安全是相互联系、相互影响的,并没有严格的分界线。具体来看,如果引资存在安全隐患,那么外资的使用就可能受到影响,也可能使撤资安全问题更加突出。例如,外资机构过于集中在个别国家,不利于东道国充分吸收不同国家外资的先进技术溢出,也就不利于用资效率的提高;并且,如果东道国对个别国家依附过多,一旦这些国家由于政治、经济等方面原因大规模从东道国撤资,就会对东道国经济造成较大冲击,不利于国家经济安全。同样,如果一国预计引入外资后在用资过程中会存在安全隐患,甚至威胁到国内产业发展和技术进步,就需要政府在引资过程中加强审查和控制,避免盲目引入;而引资和用资的不当,可能会导致大规模撤资的安全隐患。

综合上述分析可以看到,借用外债的安全情况主要取决于国际市场利率和汇率的变动情况,以及国内经济的发展是否足以偿还借款本息,而外商直接投资的安全问题主要体现为外资对国内经济的冲击和威胁。

二、国家利用外资安全的相关理论

为了便于理解,本节按照引资、用资和撤资三个方面介绍国家利用外资安全的相关理论。

（一）引资安全的相关理论

引资安全相关理论主要探究引进外资的适度规模问题。所谓外资的适度规模,是指在一国经济发展的一定时期,既能满足国内经济发展客观需要,又能被经济发展实际吸收,国家具有足够偿还能力,且不影响国际收支平衡的外资规模。外资规模过大或过小,都会对国家利用外资安全产生不利的影响。具体而言,外资规模过小,不足以填补经济发展的资本缺口,可能影响国家经济安全发展;外资规模过大,可能会影响一国偿债能力和国际收支平衡,加大对外国经济的依附,影响国家经济安全。已有理论主要从外资必要规模、外资吸收规模和外资安全规模三种思路进行分析。

1. 外资必要规模

外资必要规模主要指为填补一国一定时期内经济增长所客观需要弥补的资金缺口,所需引进外资的规模。具体来看,经济发展受制于许多社会经济因素,如生产能力、投资能力、储蓄规模与收入水平等,在这些因素的限制下,该国实现一定的经济增长目标所需要弥补的资金缺口规模,便是其引进外资的必要规模。

2. 外资吸收规模

外资吸收规模主要从一国一定时期内由人才、技术、资源配套等设施因素决定的资金消化吸收能力方面,考虑外资的引进规模。具体来看,一国利用外资来促进经济发展,需要考虑本国实际可吸收外资能力大小。根据收益-成本分析理论,外资吸收规模应是利用外资的边际收益大于或等于边际成本时的外资利用量,其中,利用外资的边际收益是指每增加一单位外资所增加的国民收入,边际成本是指每增加一单位外资所转移出来的国民收入。

3. 外资安全规模

外资安全规模是从一国一定时期内不危及国家经济安全的角度,考虑外资的引进规模。具体来看,对于借用外债而言,外资安全规模是指国家具有偿还能力且不影响国际收支平衡的外资规模;对于外商直接投资而言,外资安全规模是指不影响一国经济正常发展、不会造成一国经济对外资过度依赖的外资规模。

事实上,以上三种思路并不对立,而是相互联系的,经济发展中的外资适度规模是由这三种规模共同决定的。应将外资安全规模始终放在首位,其次是外资吸收规模,再次是外资必要规模。在经济发展中,即使外资安全规模小于相应的外资吸收规模和外资必要规模,但为使国民经济持续、稳定地发展,也应以外资安全规模为利用外资适度规模的上限。尽管这可能会抑制一些必要的投资,使国内既有资源受到限制,甚至会牺牲一定的经济增长速度,但避免了过量外资对一国经济安全发展的负面影响。

(二)用资安全的相关理论

用资安全相关理论主要探究利用外资过程中外资对经济安全的影响,这些理论主要体现为发展主义、依附理论和产业控制理论。

1. 发展主义[①]

发展主义(Developmentalism)是关于外商直接投资活动影响东道国经济的第一个比较系统的理论。该理论认为,外商直接投资活动可以为东道国增加储蓄、缓解外汇约束压力、带来新技术和管理技巧,有利于东道国经济的安全发展。其理论基础是哈罗德-多马模型和双缺口模型。

(1)哈罗德-多马模型(Harrod-Domar Model)是发展经济学中著名的经济增长模型,分别由英国经济学家罗伊·哈罗德(Roy Harrod)于1939年和美国经济学家埃弗塞·多马(Evsey Domar)于1946年提出,其基本关系式为:

$$g = \frac{i}{k} \text{ 或 } g = \frac{s}{k} \tag{9-10}$$

式中,g是国民生产总值(GNP)增长率,i、s分别是一国的投资率和储蓄率,k代表边际资本产出率。后来,发展经济学将该模型从封闭条件扩展到开放条件,即:

$$g = \frac{S_d + S_f}{k} \tag{9-11}$$

式中,S_d为国内储蓄率,S_f为外资流入所增加的储蓄率。当一国国内储蓄率较低时,可以通过引入外资使储蓄率达到S_d+S_f的水平,保障一国经济的持续发展。

(2)1966年,美国发展经济学家霍利斯·切纳里(Hollis Chenery)和艾伦·斯特劳特(Alan Strout)提出了双缺口模型(或两缺口模型),系统分析了发展中国家引进外资的必要性。其核心论点是,发展中国家实现经济发展目标所需的资源数量与其国内的有效供给之间存在缺口,利用外资可以有效地填补这些缺口,确保经济安全发展。

现介绍双缺口模型的主要内容。

从国民经济核算的基本恒等式总收入($Y = C + S + T + M$)等于总支出($Y = C + I + G + X$)中,可以得出:

$$C + S + T + M = C + I + G + X \tag{9-12}$$

化简为:

$$S + T + M = I + G + X \tag{9-13}$$

式中,Y为GNP或GDP,C为消费,S为储蓄,I为投资,T为政府收入,G为政府支出,M为进

[①] 张礼卿.适度外债规模问题[J].经济研究,1988(8):26-31.

口,X 为出口。

假设政府收入支出相抵,即预算平衡,$T = G$,则总收入等于总支出的恒等式可简化为:

$$I - S = M - X \tag{9-14}$$

在(9-14)式中,等式左边 $I - S$ 是投资与储蓄的差额,即"储蓄缺口",等式右边 $M - X$ 是进口与出口之间的差额,即"外汇缺口"。

根据经济均衡发展的要求,储蓄缺口必须等于外汇缺口,即国内投资大于储蓄时,必须用外汇缺口来平衡。但是,在双缺口模型中,由于储蓄、投资、进口和出口这四个变量都是独立变动的,即储蓄由家庭或个人决策,投资由企业决策,进口由国内的经济增长决定,出口由国外的经济增长决定,因此这四个变量的数量是各不相等的,储蓄缺口不一定恰好等于外汇缺口,这就需要对两个缺口进行恰当的调整,促成两个缺口的平衡。吸收外资在此过程中就起到促进双缺口平衡的作用。基于哈罗德-多马模型和双缺口模型,发展主义认为,外资对增加东道国储蓄、缓解外汇约束压力、促进技术进步都有重要影响,有利于促进国家经济安全稳定发展。

发展主义直接促使了 20 世纪五六十年代外商直接投资流向许多发展中国家,尤其为拉丁美洲和东亚等地区新兴工业化国家的早期利用外资和经济发展提供了理论基础。但是,发展主义过分强调外资对经济安全稳定发展的促进作用,忽视了外资对经济发展的不利影响,具有一定局限性。

2. 依附理论

(1)古典依附论。20 世纪 60 年代以来,许多政治经济学家开始从国际经济关系和国际经济结构的角度认识及反思发展中国家经济落后与不安全的根源,依附理论逐步形成,并经历了由古典依附论到依附发展论的演变。根据古典依附论的观点,依附是指受限制的发展状态,即一些国家经济的发展受制于另一些国家经济的发展和扩张。发达国家通过资本输出的方式,向发展中国家的原料和农产品部门进行投资以满足其自身的消费需要,从而使后者形成畸形的单一经济结构。这种结构具有浓厚的依附色彩,严重阻碍了本土的经济自主和发展安全。当发达国家跨国公司深入发展中国家经济体系时,它们凭借对技术的垄断不仅获得了大量垄断利润,而且使发展中国家的经济结构难以得到彻底的改进和提升,只能被迫接受发达国家的剥削和掠夺,使自身经济安全受到严重侵蚀。

古典依附论主要关注外部经济结构对国家经济安全的影响,认为由发达国家居于支配地位的国际经济机制是决定发展中国家经济安全的主要因素,这对发展中国家客观认识利用外资对经济安全的影响具有启发意义和价值。但是,各国的发展实践证明,片面强调利用外资对发展中国家经济安全的负面效应,将使发展中国家难以充分抓住发展的机遇促进本国经济的发展。

(2)依附发展论。与古典依附论不同,依附发展论认为,发展中国家可以变被动依附为主动依附,增强依附中的自主性,通过利用外资充分发挥自身后发优势,获得国家经济利益和安全。依附发展论强调了依附的内在结构,揭示了利用外资对发展中国家经济发展和经济安全的正面效应,主张充分利用外资促进技术进步和产业结构升级。依附发展论从动态、长期的角度分析了外商直接投资对东道国的经济影响,看到了发展中东道国对跨国公司及其投资活动的深刻依附关系,对认识和维护发展中国家的经济安全具有重要的理论和实践价值,有助于更全面、深入地认识利用外资对发展中国家经济安全产生影响的内在逻辑。然而,依附发展论没有进一步分析依附发展的形成机制和经济后果,没有明确指出从依附发展到独立发展的转变条件和机制,仍具有一定局限性。

3. 产业控制理论

产业控制理论主要关注外商直接投资通过对股权、技术、品牌、经营权、决策权的控制而对东道国产业产生的不利影响,以及东道国应采取的应对措施。一国的产业控制力有两层含义:一是本国资本对国内产业的控制力和对市场的占有程度;二是本国政府对国内产业的影响力和产业政策效应。产业控制力的高低主要受外资进入的影响。大量外资的进入会侵蚀本国资本的产业控制力。因此,东道国往往会制定相应的外资政策,对外资加强诱导和管理,以减少外资企业和跨国公司的影响,维护和提高本国资本对重要产业的控制力。外资控制率越高,对产业安全的影响程度也就越大。

(三)撤资安全的相关理论

外商大规模撤资会对东道国经济安全产生影响,以下理论对外商撤资的原因和影响进行分析:

1. 产品生命周期理论

1966 年,美国哈佛大学教授弗农提出了产品生命周期理论,解释了对外直接投资的动因。该理论认为,产品具有生命周期,在产品生命周期的三个不同阶段(成长阶段、成熟阶段和标准化阶段),跨国公司会按照利润最大化原则,选择在不同市场生产和销售产品。根据该理论,跨国公司的投资区位很可能是暂时的,随着行业生命周期的发展,跨国公司将改变投资区位,从原东道国撤资。可见,产品生命周期理论从企业战略管理的角度间接地解释了外商撤资的原因,这也提醒东道国政府在吸引和利用外资过程中,要注意本国产业发展的周期风险,注重产业发展的持续性。

2. 逆向国际生产折中理论

1977 年,英国瑞丁大学教授邓宁提出国际生产折中理论。该理论的核心思想是,决定对外直接投资的三个最基本要素包括所有权优势、区位特定优势和内部化特定优势,当三个优势都具备时,企业才会到国外投资。

在此基础上,1983 年,美国纽约市立大学教授让·博迪温(Jean Boddewyn)提出逆向国际生产折中理论,以解释外商撤资现象。其核心思想是,当国际生产折中理论里的三个要素有任意一个不满足时,跨国公司都可能会从东道国撤资。具体来看,包括以下情形:①厂商不再拥有比其他国家企业更强的净竞争优势(Net Competitive Advantage)时;②虽然厂商还有净竞争优势,但厂商预期自己利用这些优势不如将其出售或租赁给国外企业,或者说厂商不再预期内部化这些优势有利可图时;③厂商预期在国外进行生产不再有利可图时,或者说出口比对外直接投资更有优势时。而这一观点也得到了邓宁教授的认可。因此,东道国政府要注意提供公平、透明、可持续的外部环境,保障企业的所有权优势、区位特定优势、内部化特定优势,防止外商大规模撤资。

三、国家利用外资安全的识别、预警与保障

（一）国家利用外资的风险识别与安全预警

1. 借用外债的风险识别与安全预警

（1）借债预警指标：

① 外债负债率是一国当年外债余额与当年 GDP 之比，反映一国经济规模对外债的负担能力或经济增长对外债的依赖程度。具体计算公式是：

$$外债负债率 = \frac{当年外债余额}{当年 GDP}$$

国际上通常认为，外债负债率一般低于 15% 较好，安全线为 20%，不应超过 30%，超过 50% 则十分危险，超过 50% 说明该国经济增长对外债的依赖程度过高，警示国家要注意控制借用外债规模。

② 短期外债比率是一国外债余额中，期限在一年或一年以下的短期外债所占比重，反映一国借用外债的期限是否合理。其具体计算公式为：

$$短期外债比率 = \frac{短期外债余额}{全部外债余额}$$

一般认为，短期外债比率的安全线为 25%。如果该比率过高，当国际资本市场变化时，一国将难以迅速调整结构，就容易导致突发性债务危机。

③ 外债利率结构是指一国外债总额中浮动利率债务与固定利率债务的构成比例。该指标是否合理，关系到外债的利息支付总额与偿还能力的高低，是一国在借用外债时需要考虑的重要因素。

$$固定利率债务占比 = \frac{以固定利率计算的债务额}{外债总额}$$

$$浮动利率债务占比 = \frac{以浮动利率计算的债务额}{外债总额}$$

按照国际经济经验，固定利率债务占比为 70%—80%、浮动利率债务占比为 20%—30% 是较为合理的利率结构。此时，固定利率债务占主导地位，所需支付的外债利息整体上较为确定，有利于一国更好地对外债规模进行宏观调控，避免利率变动引起偿债风险。

④ 外债来源结构是指一国外债总额中国际商业贷款、外国政府贷款和国际金融组织贷款的构成比例。具体计算公式为：

$$国际商业贷款占比 = \frac{国际商业贷款}{外债总额}$$

一般认为，国际商业贷款占比的警戒线为 60%。由于国际商业贷款成本较高，如果其在外债总额中占比过高，可能会使外债利息负担过重，加大还债压力，不利于长期的借债安全。

（2）用债预警指标：

① 外债利用系数是外债增长速度与 GNP 增长速度之比，反映借用外债对国民经济发展的促进作用。具体计算公式为：

$$外债利用系数 = \frac{外债增长速度}{GNP\ 增长速度}$$

若外债利用系数小于1,则说明借入的外债用于改善国内基础设施或发展国内生产建设项目,推动了国民经济发展,外债利用效率较高;反之,则说明外债使用不当或外债利用效率低下,不利于后期外债的偿还。

② 出口创汇系数是外债增长速度与出口创汇①收入增长速度之比,反映借用外债对商品和劳务出口的促进程度以及外债的使用效益。具体计算公式为:

$$出口创汇系数 = \frac{外债余额增长率}{外汇收入增长率}$$

若出口创汇系数小于1,则说明外债用于出口行业的投资回报高或效益好,外债推动了借债国对外贸易的发展,有利于后期按时偿还债务;反之,则说明外债可能用于国内消费或非生产建设项目,国际收入状况没有得到改善,也预示着偿债困难。

(3) 偿债预警指标:

① 偿债率是当年外债还本付息额与出口外汇收入之比,反映一国偿付外债的能力。偿债率是衡量一个国家偿债能力大小最重要的外债指标。具体计算公式为:

$$偿债率 = \frac{当年外债还本付息额}{当年出口外汇收入总额}$$

其中,当年外债还本付息额包括中长期外债和短期外债的还本付息额之和。国际公认的偿债率安全线为20%。偿债率在10%以下,表明该国拥有较强的偿还能力;当偿债率过高时,说明该国在这一年的对外还本付息负担过重,有难以还款的可能。

② 债务率是一国当年外债余额与出口外汇收入之比,反映一国的外债负担水平和对外举债能力的大小,同时也反映一国外债清偿能力的大小。具体计算公式为:

$$债务率 = \frac{当年外债余额}{当年出口外汇收入总额}$$

国际上通常认为,债务率的安全线是100%。债务率超过100%时,表示出口外汇收入小于外债余额,即外债的清偿能力小于外债的直接负担,说明该国的外债余额过大,外债负担过重,债务国可能发生债务危机。

③ 短期外债与外汇储备比率是指剩余期限的短期外债余额与中央银行掌握的外汇储备存量的比率,反映当一国偿还外债的其他支付手段不足时,可动用外汇储备资产来偿还短期外债的能力。具体计算公式为:

$$短期外债与外汇储备比率 = \frac{短期外债余额}{外汇储备余额}$$

目前,国际上比较公认的短期外债与外汇储备比率的安全线为100%。

④ 流动外汇持有率是指流动外汇额与外汇收入之比。流动外汇由外汇储备、特别提款权和国际货币基金组织的份额三部分组成。具体计算公式为:

$$流动外汇持有率 = \frac{流动外汇额}{外汇收入}$$

---

① 出口创汇是指通过对外贸易中的出口取得外汇的活动。它是一个国家外汇供应的主要来源。

一般认为,流动外汇额应高于年进口额的 1/4,以满足弥补国际收支逆差和偿还外债的需要,流动外汇持有率也是为避免发生外债风险必须关注的指标之一。

2. 吸收外商直接投资的风险识别与安全预警[①]

(1) 引资安全预警指标:

① 外资依存度是一国外商直接投资额占 GDP 的比重,反映外资在经济上的合理性和对本国经济的控制程度。其具体公式为:

$$外资依存度 = \frac{外商直接投资额}{GDP}$$

外资依存度是评价一国经济安全的重要参考指标。外资依存度应在合理区间内,外资依存度过高,意味着一国经济发展过于依赖外资,经济安全性较低、风险较大。

② 外资国别集中度是一国对外商直接投资额排名,计算出前五名或前十名国家的外商投资额占全部外商直接投资额的比重,反映一国外资国别来源的集中度。其具体计算公式为:

$$外资国别集中度 = \frac{外商直接投资前五名(或前十名)国家实际投资额}{全部外商直接投资额}$$

外资国别集中度是衡量外资风险的一项重要指标。如果一国的外资国别集中度较低,说明外商直接投资母国国别结构较为分散,该国经济安全受到少数国家威胁的可能性也较低。

③ 外资增长率指一国外商直接投资额的增长率。其具体公式为:

$$外资增长率 = \frac{当年外商直接投资额 - 上一年外商直接投资额}{上一年外商直接投资额} \times 100\%$$

一般情况下,外资增长率的安全范围是 5%—10%,基本安全范围是 0—5% 或 10%—15%。如果该国处于经济发展的上升阶段,本国的储蓄缺口和外汇缺口比较大,国家对外资的需求比较旺盛,那么,外资增长率的合理范围可以适当提高。通常,只要外资增长持续、平稳,不出现大的波动,即可视为基本安全。

(2) 用资安全预警指标:

① 外资市场控制率反映外资企业对东道国国内市场控制的程度。外资市场控制率过高,意味着民族经济生存空间受到过多挤压,对发展中国家而言,这将对其民族经济尤其是幼稚产业成长形成阻碍,严重影响发展中国家的经济自立能力。特别是在能源、基本原材料、交通等基础产业和银行、外贸等关键产业,外资市场控制率过高将极大地威胁国家经济安全。

② 外资品牌拥有率反映外资品牌对国内产业市场的控制程度。品牌是一国经济实力的象征,以品牌为手段分割世界资源、拓展全球市场将是国际经济竞争的大趋势,外资品牌拥有率过高将直接构成国家经济安全的威胁。

③ 外资股权控制率从股权角度反映外资对国内产业的控制情况。一般来讲,外资在

[①] 何维达,何昌.当前中国三大产业安全的初步估算[J].中国工业经济,2002(2):25-31;赵蓓文.外资风险视角下的中国国家经济安全预警指标体系[J].世界经济研究,2012(1):68-74.

单个企业的股权份额超过20%即达到对企业的相对控制,超过50%即达到对企业的绝对控制。从维护国家经济安全角度出发,一般产业的外资股权控制率应约束在30%以内,关键产业(如运输、通信、能源等)则应控制在10%以内。

④ 外资技术控制率从技术角度反映外资对国内产业控制的情况。若外资对国内技术控制程度增强,则可能使得东道国的技术研发和利用受到限制,并进一步扩大东道国内企业技术与国际先进技术水平之间的差距,从而危及一国产业安全。

(3) 撤资安全预警指标:

① 外资经营状况指标具体包括外资企业的销售利润率、投资回报率、市场增长率等指标。外资企业经营状况越好,撤资风险越小;反之,撤资风险越大。

② 外资母公司特征指标包括母公司的全球化程度、多元化经营程度以及在东道国是否已成立多家合资、独资企业。如果外资母公司全球化程度、多元化经营程度高,在东道国已成立多家合资、独资企业,那么外资的撤资风险较小;反之,撤资风险可能变大。

③ 外资投资环境指标包括东道国及东道国周边国家的外资优惠政策,东道国货币升值对外商投资造成的压力,东道国劳动力成本、原材料成本、能源价格的上涨幅度等。这些指标反映出的投资环境越有利于外资在东道国发展,外资的撤资风险越小;反之,投资环境越不利于外资在东道国发展,撤资风险越大。

④ 外资行业发展状况指标包括所在行业的发展前景、行业内竞争情况、供应商的可选择情况等。外资所在行业发展前景越好,外资的撤资风险越小。

(二) 国家利用外资的安全保障措施

1. 借用外债的安全保障措施①

(1) 外债方式多样化。近年来,国际金融市场上金融创新层出不穷,各种资金的融通方式不断变化,更趋灵活。在借款方式上,一方面,应积极争取双边政府贷款和国际金融机构贷款,以降低债务的风险和成本,保证国内经济建设资金的需要;另一方面,也应适当采用国际金融市场上灵活的融资工具,使借款方式多样化,建立合理的借款组合。

(2) 外债利率结构合理。加强浮动利率债务的管理是控制债务利率结构的关键。首先,应控制浮动利率债务的总额,至多不超过50%。其次,不应仅仅以伦敦同业拆借利率②(London InterBank Offered Rate, LIBOR)为基础利率,还可以把新加坡、中国香港金融市场上的同业拆借利率以及一些长期优惠贷款利率综合起来作为浮动利率的计算基础,通过多元化基础利率的计算来源降低利率风险。最后,可以采用利率互换③等方式避免利率浮动的风险。

(3) 外债期限管理。如果外债期限不合理,可能会出现还债过于集中而导致的偿债困

---

① 卢汉林.国际投资学[M].2版.北京:高等教育出版社,2016:361-362.
② 同业拆借利率是指银行同业之间的短期资金借贷利率;伦敦同业拆借利率是指伦敦国际银行同业间从事欧洲美元资金拆借的利率,是国际金融市场中大多数浮动利率的基础利率。
③ 利率互换,也称利率掉期,是指交易双方同意在未来某一特定日期以未偿还贷款本金为基础,相互交换利息支付,以获取双方均希望获得的融资形式。简单来说,利率互换就是两笔币种相同、本金相同、期限相同的资金,进行固定利率与浮动利率的调换。

难情况。因此,需要采取安全保障措施加强借用外债期限的管理,主要措施包括:第一,建立贷款年限分布监测系统。当预测到未来某一年的还本付息金额达到较高水平时,规定借款人不能再借入短于那一年还本的外债,或者使用"停止付款期"条款,延长本金偿还期。第二,采用期限调换业务。该手段是避免出现还本付息高峰的有效措施,具体做法是使用掉期和债务重组等金融手段来实现长期短期资金的相互融通和债务长短期限的互相搭配。

(4) 外债币种管理。选择何种货币作为借款资金的计价货币,也是影响国家债务安全的重要因素。减少汇率风险应注意以下三点:一是应避免币种过于集中;二是应尽可能使借用外债的币种结构和本国出口创汇的币种保持相对一致;三是应尽可能推进外债本币化,以避免汇率风险。

(5) 外债投向管理。在利用外债时,国家应合理统筹和引导,重视外债的规模效益,避免重复投资。要注意资金投向的产业和地区应与一国国民经济的长期稳定和协调发展目标相一致,严格执行国家产业政策和区域发展规划,尽可能投向资源稀缺、宏观经济效益好的基础产业和落后地区,以有效地促进产业结构调整和区域间平衡发展。

2. 外商直接投资的安全保障措施

(1) 优化营商环境。创造良好的营商环境是东道国吸引适度规模外资、推动本国经济发展的重要保障。例如,加强知识产权保护、优化外资审批流程、简化审批材料、健全监管规则、规范各类收费行为、建立有效的政企沟通机制等措施,都有利于东道国创造良好的营商环境。

(2) 完善外资政策。适度的外资优惠政策有利于吸引外资,但是过度的外资优惠政策会导致扭曲和不公平竞争,对本国国内经济造成冲击,影响本国财政安全和产业发展安全。因此,东道国应制定适度的外资优惠政策,避免过度的"超国民待遇"外资优惠政策给国家经济安全带来的不利影响。例如,印度尼西亚1984年取消了免税期优惠,韩国在削减外商直接投资障碍的同时也减少了优惠政策,马来西亚等国降低了所有企业的标准化所得税率,从而使国际投资者享有的特殊优惠趋于国民化。事实上,一些调查研究发现,哪怕没有任何优惠,外国投资者也更青睐稳定的、严格执行的财政税收政策,而对于短期优惠政策的频繁变动并不欢迎。

此外,东道国政府还要注重在外资结构上加强政策引导。例如,通过优化外资进入的产业结构,推动产业升级;通过调整外资地区布局减小区域差距,促进国民经济平衡发展;通过多元化外资来源结构,有效抑制和降低国家风险和外商撤资风险。

(3) 健全反避税措施。为防止税基侵蚀[①]和利润转移、促进本国市场公平竞争、保障国家经济安全,东道国政府应采用有效的反国际避税的政策措施限制外资的逃税和避税行为。例如,审慎制定科学合理的反转让定价税制、避税地(港)对策税制,加强全球反避税竞争与合作。此外,各国政府还要进一步应对数字经济对税法的挑战,完善适应数字经济发展的国际反避税规则,使反避税机制适应时代新背景。

---

① 税基侵蚀是指由于设置特别的减免税项目,增加对纳税人的某些税务优待,进而带来税基的缩小。

(4) 完善人事政策。适宜的人事政策对利用外资过程中企业的股权控制、就业促进、技术进步都有重要作用。例如，在合营企业中，有的国家规定，董事长或总经理等企业最高决策人应由本国公民担任，外国合营者只能担任副职或技术经理。又如，印度尼西亚出于为本国培养和锻炼出一批短缺的高级人才的考虑，要求外国投资者尽可能多地在当地聘用高级技术人员，只有本国国民胜任不了的管理职务和专业职务才能聘请外国人担任，要求外资企业有义务逐步地用本国员工代替外国员工，同时还提出要以本国员工为对象，在国内或国外进行定期培训。

本章小结

(1) 对外贸易安全涵盖"对外""对内"两个方面。"对外"强调生存安全，即一国对外贸易不受内外部不利因素的威胁和侵害，对外贸易保持持续稳定的态势；"对内"强调发展属性，一国应在国际分工中不断提升自己的竞争能力，在国际交换中获得和提高国家贸易利益，实现对外贸易的可持续发展，发展是最高层次的安全。国家对外贸易安全的特点包含五个方面：突发性、紧迫性、关联性、复杂性与战略性。可以从贸易依存度、贸易稳定性、贸易效益、贸易竞争力、贸易环境等五个维度对一国国家对外贸易安全进行测度。国家对外贸易安全保障主要涵盖两个方面，分别是 WTO 框架下的国家安全例外条款与贸易救济制度，后者具体包含反倾销、反补贴与保障措施。

(2) 国家对外直接投资安全的理论主要在外来者劣势的理论基础上加以阐述。外来者劣势会给一国对外直接投资带来不熟悉风险、歧视风险和关系风险三类风险。国家对外间接投资是以国际债券、股票等国际证券为投资标的进行的一种国际投资行为，主流观点认为国家对外间接投资理论就是国际证券投资理论。国家对外间接投资安全主要建立在有效市场假说、证券投资组合理论、资本资产定价模型和套利定价模型等理论基础上。

(3) 国家利用外资安全的内涵。国家利用外资安全包括吸收外资、使用外资以及偿还外资或外资撤离时涉及的安全问题。具体来看，借用外债安全包括借债安全、用债安全和偿债安全；外商直接投资安全包括引资安全、用资安全和撤资安全。相关理论也包含三类：引资安全理论主要分析一国应该引进多大规模的外资以保证本国经济安全发展；用资安全理论主要论述东道国使用外资对本国经济安全的影响；撤资安全理论主要论述外资撤离的原因及其对东道国经济安全的影响。国家利用外资安全的预警指标中，借用外债指标主要包括外债负债率、偿债率等安全预警指标，外商直接投资指标主要包括外资依存度、外资市场控制率等安全预警指标。

复习思考题

1. 论述国家对外贸易安全、国家对外投资安全、国家利用外资安全的定义。
2. 简述贸易结构与国家对外贸易安全的关系。
3. 论述外来者劣势成因、主要风险及克服方法。
4. 浏览中国商务部"走出去"公共服务平台（http://fec.mofcom.gov.cn/article/gbdqzn/），

了解我国与欧盟、美国等经济体对外投资合作国别(地区)风险情况。

5. 简述发展主义与依附理论关于国家利用外资安全的内容。

参考文献

陈建青.适度外债规模区间及其确定[J].经济研究,1990(10):47-51.

陈立泰.我国企业海外直接投资的风险管理策略研究[J].中国流通经济,2008(7):48-51.

董展眉.贸易救济体系的国际比较与借鉴[J].经济问题探索,2008(9):136-139.

范爱军,路颖.引进外资与通货膨胀的关联分析及对策探讨[J].经济研究,1995(9):67-71.

高连和.企业对外直接投资的国家风险研究述评[J].社会科学家,2020(1):43-49.

何剑,徐元.贸易安全问题研究综述[J].财经问题研究,2009(11):19-23.

何维达,何昌.当前中国三大产业安全的初步估算[J].中国工业经济,2002(2):25-31.

孔淑红.国际投资学[M].4版.北京:对外经济贸易大学出版社,2012.

匡增杰,孙浩.贸易安全的理论框架:内涵、特点与影响因素分析[J].海关与经贸研究,2016,37(4):105-112.

李宝良,郭其友.资产定价理论实证研究的扩展与应用:2013年度诺贝尔经济学奖得主主要经济理论贡献述评[J].外国经济与管理,2013,35(11):70-81.

李巍.新的安全形势下WTO安全例外条款的适用问题[J].中国政法大学学报,2015(3):99-108.

李玉梅,刘雪娇,杨立卓.外商投资企业撤资:动因与影响机理:基于东部沿海10个城市问卷调查的实证分析[J].管理世界,2016(4):37-51.

刘春梅.贸易大国背景下的国际贸易摩擦及其预警机制之构建[D].成都:西南财经大学,2006.

刘志强.金融危机预警指标体系研究[J].世界经济,1999(4):17-23.

刘志伟.国际投资学[M].北京:对外经济贸易大学出版社,2017.

卢汉林.国际投资学[M].2版.武汉:武汉大学出版社,2011.

卢汉林.国际投资学[M].2版.北京:高等教育出版社,2016.

卢进勇,李小永,张航.中国国际投资发展史研究:意义、重点和突破点[J].国际经济合作,2019(5):29-35.

鲁晓东,李林峰.多样化水平与中国企业出口波动:基于产品和市场组合的研究[J].统计研究,2018,35(12):56-67.

綦建红.国际投资学教程[M].5版.北京:清华大学出版社,2021.

任兵,郑莹.外来者劣势研究前沿探析与未来展望[J].外国经济与管理,2012,34(2):27-34.

沈悦.金融市场学[M].北京:北京师范大学出版社,2012.

石良平.经济大国的贸易安全与贸易监管[M].上海:上海交通大学出版社,2015.

宋泓,柴瑜.外国直接投资对发展中东道国的经济影响:理论回顾与展望[J].世界经济与政治,1999(2):64-68.

孙敬水,项贤勇.中国外债风险的经验分析[J].世界经济,2001(8):51-56.

孙利娟,张二震,张晓磊."一带一路"倡议下对外投资合作的事中事后监管[J].宏观经济管理,2018(10):76-81.

汪来喜,吴成浩,郭力.证券投资学[M].郑州:河南人民出版社,2016.

王辉耀,苗绿.大潮澎湃:中国企业"出海"四十年[M].北京:中国社会科学出版社,2018.

王恕立,刘军.外商直接投资与服务贸易国际竞争力:来自77个国家的经验证据[J].国际贸易问题,2011(3):79-88.

王伟.现代证券投资实务[M].北京:北京理工大学出版社,2017.

王自立.中国贸易安全报告:预警与风险化解[M].北京:红旗出版社,2009.

魏浩.外贸结构、外贸安全与经济发展[J].亚太经济,2008(1):88-91.

魏浩.国际贸易学[M].北京:高等教育出版社,2017.

吴晓东.国际投资学[M].2版.成都:西南财经大学出版社,2015.

伍海华.论经济发展中的外资适度规模及对我国的借鉴意义[J].财贸研究,1994(4):1-8.

阎学通,周方银.国家双边关系的定量衡量[J].中国社会科学,2004(6):90-103.

杨勃.新兴经济体跨国企业国际化双重劣势研究[J].经济管理,2019,41(1):56-70.

杨朝军.证券投资分析[M].4版.上海:格致出版社,2018.

杨大楷.证券投资学[M].3版.上海:上海财经大学出版社,2011.

杨晔,杨大楷.国际投资学[M].5版.上海:上海财经大学出版社,2015.

曾照云,程晓康.德尔菲法应用研究中存在的问题分析:基于38种CSSCI(2014-2015)来源期刊[J].图书情报工作,2016,60(16):116-120.

张礼卿.适度外债规模问题[J].经济研究,1988(8):26-31.

张丽娟,郭若楠.国际贸易规则中的"国家安全例外"条款探析[J].国际论坛,2020,22(3):66-79.

张明.中国企业"走出去"要注重国家风险的评估和防范[J].中国对外贸易,2017(5):50-51.

张宇婷,王增涛.外来者劣势的基本问题:动态演进视角[J].亚太经济,2014(1):97-103.

赵蓓文.外资风险视角下的中国国家经济安全预警指标体系[J].世界经济研究,2012(1):68-74.

中国社会科学院国家全球战略智库国家风险评级项目组,中国社会科学院世界经济与政治研究所国际投资研究室.中国海外投资国家风险评级报告(2021)[M].北京:中国社会科学出版社,2021.

周升起,兰珍先,付华.中国制造业在全球价值链国际分工地位再考察:基于Koopman等的"GVC地位指数"[J].国际贸易问题,2014(2):3-12.

AUDET D. Globalization in the clothing industry: globalization of industry: overview and sector reports[R]. Paris: OECD, 1996.

BODDEWYN J J. Foreign direct divestment theory: is it the reverse of FDI theory[J]. Weltwirtschaftliches archiv, 1983, 119(2): 345-355.

CAMPA J M, GOLDBERG L S. The evolving external orientation of manufacturing industries: evidence from four countries[J]. Economic policy review, 1997, 3(2): 53-82.

CHENERY H B, STROUT A M. Foreign assistance and economic development[J]. The American economic review, 1966, 56(4): 679-733.

DOMAR E D. Capital expansion, rate of growth, and employment[J]. Econometrica, 1946, 14(2): 137-147.

HARROD R F. An essay in dynamic theory[J]. The economic journal, 1939, 49(193): 14-33.

HUMMELS D, ISHII J, YI K-M. The nature and growth of vertical specialization in world trade[J]. Journal of international economics, 2001, 54(1): 75-96.

KOOPMAN R, POWERS W, WANG Z, et al. Give credit where credit is due: tracing value added in global production chains[J]. NBER working papers, 2010.

The PRS Group. The ICRG Methodology [EB/OL]. [2022-08-23]. https://www.prsgroup.com/wp-content/uploads/2021/10/ICRG-Method-2021.pdf.

VANNOORENBERGHE G, WANG Z, YU Z. Volatility and diversification of exports: firm-level theory and evidence[J]. European economic review, 2016, 89: 216-247.

VERNON R. International investment and international trade in the product cycle[J]. The quarterly journal of economics, 1966, 80(2): 190-207.

第十章
美国的国家经济安全

> **学习目标**
> 1. 了解美国的国家经济安全观。
> 2. 掌握美国的国家经济安全战略。
> 3. 了解美国维护国家经济安全的组织机构。
> 4. 了解美国维护国家经济安全的立法保障。
> 5. 掌握美国维护国家经济安全的政策措施。

导入案例

乱象加剧　风险加大——2022年美国形势展望

2021年,美国国会大厦遭暴力冲击,新冠病毒感染累计确诊和死亡病例数全球第一,从阿富汗仓促撤军,恶性枪支暴力案件数量再破纪录,种族矛盾愈演愈烈……百年变局叠加世纪疫情,美国已成"超级风险大国",持续带给世界负能量。

2022年,美国政治、经济、外交等多个领域乱象可能加剧,其外溢风险值得世界警惕。

1. 经济刺激政策产生外溢风险

美国经济2021年有所复苏,但不断变异的新冠病毒仍是干扰其复苏进程的头号变量,经济学家普遍预测2022年美国经济增速将回落。

在疫情起伏反复中,美国经济的脆弱性暴露无遗。美国劳工部2022年1月12日公布的数据显示,2021年12月美国消费者价格指数同比上涨7%,创下近40年来最大同比涨幅。东西两岸港口堆积如山的集装箱表明供应链危机仍未消除,而美国股价却持续上涨,与之相伴的则是资本市场风险不断累积。

美联储主席鲍威尔警告,奥密克戎变异毒株对就业和经济活动构成下行风险,增加了通货膨胀的不确定性,"对病毒担忧加剧可能会降低人们现场办公的意愿,这会减缓劳动力市场的发展,加剧供应链中断问题"。

为刺激复苏,美国政府过去一年持续"放大招",先后推出1.9万亿美元的经济救助计划和约 1 万亿美元的基础设施投资法案,现在又在力推 1.75 万亿美元的"重建更好未来"计划。在美国大规模财政和货币刺激政策的冲击下,全球经济已开始感受到美国大"放水"的后果。持续飞涨的物价令许多发展中国家民众苦不堪言,由此可能引发一些国家的社会动荡。

从历史上看,美联储进入紧缩周期往往会对全球跨境资本流动、资产价格、汇率稳定性等产生不小影响。由于以美元计价的资产有着更好的回报前景,美联储加息会吸引投资者将资金从新兴经济体转向美国,导致新兴经济体货币贬值,也令新兴经济体资本市场承压。例如,20 世纪 90 年代,美国新兴的互联网产业泡沫膨胀,美联储因此收紧了货币政策,结果造成美元短缺,给东南亚国家带来金融动荡,从而导致亚洲金融危机爆发。而自 2008 年国际金融危机爆发以来,无论美国是降息、实施量化宽松政策,还是加息,美国的货币政策总是周期性地影响着全球其他经济体。

2. 帝国心态制造安全风险

2021 年 8 月,美国从阿富汗仓促撤军,令世界进一步看清了美国的不负责任。美国政府至今对阿富汗人民呼吁解冻阿富汗中央银行海外资产的声音置若罔闻,让这个因多年战争而千疮百孔的国家面临严重的人道主义危机。

过去一年,美国为维护自身霸权地位,在世界各地拉拢盟友,大搞"大国竞争",加剧了一些地区的紧张局势。美国还滥用国家力量,通过制裁等手段遏制他国经济、科技发展,严重阻碍正常的国际合作。2021 年 5 月,美国再次被曝出监听欧洲盟友的丑闻。美国长期在全球实施大规模网络监控和网络攻击,已经成为全球网络安全的最大威胁。2021年 12 月,拜登政府宣布太空新战略,强调所谓"太空威胁",引发人们对美国构建太空霸权的担忧。

近年来,随着新兴经济体崛起等世界局势变化,美国实力相对衰落。然而,华盛顿的一些政客长期以来习惯于"美国例外论"的帝国心态,不肯承认变化中的国际关系现实,战略焦虑不断上升,所作所为也愈发霸道。美国蔑视国际规则,奉行"丛林法则"恃强凌弱,对世界和平稳定是一个巨大的威胁。

资料来源:刘丽娜,柳丝.乱象加剧 风险加大:2022 年美国形势展望[EB/OL].(2022-01-13)[2022-08-23]. http://www.news.cn/world/2022/01/13/c_1128260553.htm.有删节和修改。

第一节 美国的国家经济安全观

纵观美国历史,美国所持的是一种以自由市场经济为基础,以"加强自身经济实力、确保国家经济霸权地位"为内核的开放式的国家经济安全观,但是,不同时期美国对国家经济安全的目标及重要性的认识不尽相同,各届政府通常会根据经济环境的变化来调整国家经济安全目标的顺序或对其进行增减,所实施的保障措施也有差别。

20 世纪 70 年代初,能源危机迫使美国政府提高对能源安全以及外部经济不确定性的重视程度,当时的尼克松政府以及随后的福特政府和詹姆斯·卡特(James Carter)政府均未明确提出"国家经济安全"的概念,而是将能源安全放在国家安全战略中加以处理。20世纪70年代后期,美国建立了一支快速部署任务联合部队(1983年改建为美国中央司令部),以保持中东地区的稳定并确保该地区的石油供应。

20世纪80年代,美国国家安全的重点仍然是军事安全。但是,世界各国经济联系日益紧密,这加重了美国对本国经济安全的担忧。例如,存在美国经济对进口产品的依赖度提高、部分发展中国家脆弱的经济体系为极端势力和其他激进主义提供发展时机、全球收入差距持续扩大迫使"穷国"向"富国"发起战争等可能性,并引发了政治家、政策分析家等对"国家经济安全"的渲染,从而使得公众对经济安全与国家安全合二为一的意识程度大大提高。一些民意调查显示,很多美国公民相信,经济增长迅速的日本、德国对美国国家安全构成的威胁比苏联更大。

到了20世纪90年代,经济安全受到美国各界前所未有的重视。正如美国对外关系委员会安全问题专家约瑟夫·罗姆(Joseph Romm)所说,"冷战结束降低了军事力量在国际事务中的作用,经济力量的作用明显上升,经济竞争成为国际事务的焦点""在这种情况下,有必要重新审视美国经济安全所面临的形势,重新界定经济安全的概念"。白宫新闻总署发表的《新世纪的国家安全战略》中,增强美国的经济安全、保障美国的经济繁荣、促进国外的民主和人权事业发展并列成为美国国家安全战略的三个核心目标。

进入21世纪,虽然经济安全仍是小布什政府的政策目标之一,但"9·11"事件无疑彻底改变了美国的国家安全观。本土安全受到威胁,迫使小布什政府将国防建设与军工发展置于首要位置。小布什在执政后的第一份国家安全战略报告中明确提出,美国将"先发制人"打击敌对国家和恐怖组织,决不允许别国挑战其军事优势。可见,国土安全、国防建设是小布什政府制定发展战略的核心因素,反恐以及与之相关的阻断恐怖组织资金来源则成为其维护经济安全的出发点。

21世纪的第二个十年中,伴随反恐战争的结束以及2008年金融危机带来的重大影响,美国的战略重心转向了经济建设方面,在全球经济低迷的大背景下,美国迫切需要与中国及其他新兴经济体合作,并且欢迎中国等国家承担更多的国际责任。例如,在2010年的国家安全战略报告中,奥巴马政府首次表达了希望中国"扮演一个负责任的领导者的角色"。因此,这一阶段的初期,美国奉行的是强调经济合作的自由主义经济安全观。

2015年之后,面对中国、俄罗斯等发展中国家和新兴经济体的崛起,美国在全球贸易体系和国际经贸规则制定中的绝对领导地位不再稳固,国家间的制度竞争和战略竞争日益激烈。在2015年的国家安全战略报告中,奥巴马政府直言,"任何确保美国人民安全和促进美国国家安全利益的成功战略都必须从'美国领导'这一不可否认的事实开始。强大而持续的美国领导对于规则导向的国际秩序至关重要,这个秩序促进全球安全和繁荣,保障所有人民的尊严和人权。问题永远不是美国是否应该领导,而是美国如何领导"。特朗普政府在发布的《2018年美国国防战略报告》中明确提出,"国家间的战略竞争,而非恐怖主义,已经成为美国国家安全最主要的忧患"。可见,维护国际领导地位和全球规则竞争主动权是当前美国国家经济安全的主要目标。

总的来看，美国各届政府将竞争力思想贯穿维护国家经济安全的全过程，都认为强大且有活力的经济是美国发挥全球领导作用的先决条件。因此，经济的独立性和经济力量的强大是经济安全的根本保障，而经济安全的本质就是经济适应变化的能力和企业的竞争力。纵观美国政府有关机构及官员的观点，美国的国家经济安全主要包括三个方面的内容：在世界经济中，美国经济必须发挥"领导作用"；保证美元的世界货币地位；保持全球领先的技术水平和经济竞争力。为了保证国家经济安全，美国必须采取以下措施：促进企业创新和经济繁荣；维护世界民主秩序，把美国经济安全的范围扩大到世界范围；对能源和核心资源加强控制；遏制现有与潜在的国际对手。

可见，美国政府将自身的经济安全建立在长期称霸世界和控制别国的基础之上，只要其他国家经济上有所发展、科技上有所进步、实力上有所增强、与美国的差距有所缩小，美国就会认为这些国家对自己的经济安全构成威胁，本质上是认为对自己的霸权地位构成威胁。威廉·克林顿（William Clinton）曾明确指出，"美利坚成功的关键因素一直在于我们在全球经济中的领导作用"。在这样一种心态下，面对当今世界多极化发展趋势及新兴市场国家崛起，美国必然会时时感受到威胁。再加上在和平时期美国愈发强调"经济安全就是国家安全"，那么对其经济安全和霸权地位的威胁就等同于对其国家安全的威胁，从而使其以之为正当理由行使"治外法权"和"长臂管辖"。

相关案例 10-1

治外法权

治外法权（Extraterritoriality）指一定的人和房舍虽然处于一国领土之内，但在法律上被认为是处于该国之外，因而不受当地法律的管辖，该原则适用于外国君主、国家元首、外交使节和其他享有外交特权的人。这些外交特权包括：住所不可侵犯，民事和刑事管辖的豁免，免除受传作证的义务，不受治安规则和条例的约束，免纳地方捐税以及自由信仰宗教等。该原则在较窄范围内也适用于在另一国领土上的访问军队以及在外国领水内的军舰和公有船舶。其产生背景是国与国之间交流日益增多，为维持国与国之间的和平关系，在绝对的属地主义行不通的情况下，按照国际法和外交惯例，在不损害本国主权的情况下，对外国人、物给予优待，以示礼让。

治外法权原指一国所派外交人员不受其所在国家管辖的特权，后演变为欧美强国对其海外国民具有的管辖权或在若干国家获得的本国国民不受所在国管辖的特权。如今该词主要表示"域外规治"，指向域外管辖和法律域外适用等含义。究其本质，是以本国法律规治域外的人和事。美国可能是目前世界上法律域外性最普遍的国家，其法律的域外性是立法者规制意志的体现，在具体案件中是否适用仍然取决于具有管辖权的法院的态度。

资料来源：[1]赵晓耕.试析治外法权与领事裁判权[J].郑州大学学报（哲学社会科学版），2005（5）：72-76；[2]屈文生.从治外法权到域外规治：以管辖理论为视角[J].中国社会科学，2021（4）：44-66.经作者整合删减。

相关案例 10-2

长臂管辖权及其三个特点

长臂管辖权（Long Arm Jurisdiction）原指"当被告人的住所不在法院地州，但和该州有某种最低限度联系，而且所提权利要求的产生已和这种联系有关时，就该项权利要求而言，该州对于该被告人具有属人管辖权，可以在州外对被告人发出传票"。后来，长臂管辖不仅适用于美国州与州之间的诉讼，适用范围也扩大到国际上，包括对外国国民的长臂管辖。

长臂管辖权最早始于美国，为了扩大自己的管辖权，美国法律规定其法院在判断能否对一个涉外民事案件行使管辖权时，可以用"最低限度联系"原则，即认为涉外民事案件中只要有任何因素与美国有关，就与美国有最低限度的联系，美国法院就可以主张管辖权。

一家企业无须在美国设立，也不必在美国有业务经营，只要企业经营行为与美国市场、美国企业、美国机构等有联系，那么"长臂"就管得着，如果法院认定企业或者企业高管存在违反出口管理、贿赂等腐败行为，即使不是发生在美国，也同样受到美国"长臂"的制约。长臂管辖权具有以下三个基本特征：

第一，本质是域外管辖权。美国司法部颁布的《反托拉斯法国际实施指南》中规定，"如果外国的交易对美国商业造成了重大的和可预见的后果，不论它发生在什么地方，均受美国法院管辖"。由于域外管辖威胁到了他国的管辖主权，一直受到国际社会的猛烈抨击。美国的长臂管辖权扩大了本国法院的管辖权，这种做法在国际法上一直都存在争议，诸多国家都持批评和否定的态度，认为美国的司法管辖范围过宽，这样会侵犯别国的司法主权。对美国而言，域外已经超越地理范畴，美国法院率先将长臂管辖权延伸至网络案件中，把网址区分为互动型网址和被动型网址，并主张对互动型网址行使长臂管辖权。

第二，"最低限度联系"。美国联邦最高法院在 1945 年国际鞋业公司诉华盛顿州一案中确立了"最低限度联系"原则，但究竟什么是最低限度联系，美国联邦最高法院从来没有下过确切的定义。《美国冲突法重述（第二次）》第 27 节将各州长臂管辖权的内容归纳为十个方面：当事人在该州出现；当事人在该州有住所；当事人居住在该州；当事人是该国国民或公民；当事人同意该州法院管辖；当事人出庭应诉；当事人在该州从事业务活动；当事人在该州曾有某项与诉因有关的行为；当事人在国（州）外做过某种导致在该州发生效果的行为；当事人在该州拥有、适用或占有与诉因有关的产业。凡是具有上述情形之一者，均可被视为该当事人与该州有"最低限度联系"，该州法院即可对其行使管辖权。

第三，不可预见性与随意选择性。尽管美国最高法院提出了认定最低限度联系的方法，但并没有对最低限度联系本身确立统一的标准。同时，美国法院为了保护本州原告利益，不断扩大解释长臂法案的范围。这就导致美国司法实践中的不可预见性与随意选择性。美国民事诉讼有"长臂管辖"原则，但同时还存在一个相对应的"不方便管辖"原则，即具体案例是否受理要考虑诉讼程序、取证和执行的方便性，这关键看是否符合美国利益，否则也不会管辖。

未来，中国以及其他国家在产业上同美国存在竞争的企业，遭到美国"长臂管辖"的概率可能会不断上升。长臂管辖权是美国法律霸权主义的重要体现，已成为美国干预其他国家内政的重要工具。这一管辖权严重违背"一个国家不应该在另一个国家的领土上行使国家权力"的国际法原则,并可能造成案件管辖冲突的泛滥,甚至引发国际争端。

如何遏制美国日益严重的"长臂管辖"？欧盟的对策是启动"阻断法案"。该法案的要义是以法律的形式保障欧盟企业和个人可以不接受美国对他国的单边制裁。中国同样可以考虑设立"阻断法案",同时通过多边主义、制度主义方式减少美国单边主义影响。

资料来源：赵磊.如何看待美国长臂管辖权[J].中国党政干部论坛,2019(5)：95-98.

第二节　美国的国家经济安全战略

美国迄今为止没有单独明确的国家经济安全战略,而是将其嵌入国家安全战略之中,并分散在多个部门的法律体系、政策措施和行政规定中具体执行。自1986年起,依据《戈德华特-尼科尔斯国防部重组法案》(Goldwater-Nichols Department of Defense Reorganization Act)第603条规定,美国总统每年向国会提供一份综合性的国家安全战略报告,目的是向美国公众公布美国政府认为对美国国家安全至关重要的全球目标,为完成这些目标所制订的政治、经济、军事等领域的长短期计划,以及对影响美国利益的风险因素的预防措施、美国执行国家安全战略的能力评估等。

通过将不同时期美国发布的国家安全战略报告进行对比,既可以从中发现美国国家经济安全战略的连续性,也可以窥见不同时期美国国家经济安全战略的变化与差异。本节所选取的美国国家安全战略报告时任总统、任期、发布时间及相应内容分别如表10-1、表10-2所示。

观察历年美国国家安全战略报告中关于经济的阐述可以发现,美国经济安全的战略目标是保持美国经济繁荣并向全球推广自由市场和自由贸易。其战略措施包括：在美国国内,保持美国企业的竞争力和技术领先地位,提高全民科学文化素质教育水平,确保战略资源储备；在国际上,扩大美国与其他国家和国际组织的合作,开展全球、区域和双边贸易合作,确保在国际金融体系中占据领导地位,制定和影响国际经济规则。

表10-1　部分美国国家安全战略报告时任总统、任期、发布时间

时任总统	任期	发布时间
罗纳德·里根（Ronald Reagan）	第一任期	1988-01
乔治·赫伯特·沃克·布什（George Herbert Walker Bush）	第一任期	1990-03
威廉·克林顿（William Clinton）	第一任期	1994-07
	第二任期	2000-12
乔治·沃克·布什（George Walker Bush）	第一任期	2002-09
巴拉克·奥巴马（Barack Obama）	第一任期	2010-05
	第二任期	2015-02
唐纳德·特朗普（Donald Trump）	第一任期	2017-12

表 10-2　部分美国国家安全战略报告中的经济安全相关描述

时任总统	发布时间		国家经济安全战略目标
罗纳德·里根 （Ronald Reagan）	1988-01	国内	① 保持强有力的研发能力，使美国始终居于技术进步前沿； ② 制造业具备同其他主要工业国家相关产业进行竞争的能力； ③ 金融业和服务业能够为经济的持续增长提供最先进的手段； ④ 加强国内能源产业建设，提高能源供给多样性和能源效率，降低对外能源依赖性； ⑤ 拥有一支富有创新能力、适应能力以及较高教育水平的劳动力队伍
		国际	① 帮助欧洲和太平洋地区重建战后经济； ② 支持市场经济体之间的经济合作与发展，如欧洲一体化建设； ③ 维护自由贸易体制，主导乌拉圭回合谈判
乔治·赫伯特·沃克·布什 （George Herbert Walker Bush）	1990-03	国内	① 减少联邦赤字，鼓励私人储蓄； ② 保障市场公平竞争； ③ 强化前沿科技研发能力，减少敏感技术外溢； ④ 保障战略石油储备，推进节能减排和油气资源多样化供给，更大力度推广替代性能源
		国际	① 敦促日本、德国等国减少贸易盈余，避免通货膨胀； ② 建议重振国际债务战略（International Debt Strategy），敦促主要债务国采取中期经济计划，如鼓励国内储蓄和外国投资； ③ 扩大自由贸易，推动乌拉圭回合谈判于1990年结束
威廉·克林顿 （William Clinton）	1994-07	国内	① 减少联邦赤字，增强美国经济竞争力； ② 进一步降低阻碍美国私人企业创造力和生产力发展的国内外壁垒； ③ 实施国家出口战略，改革出口许可制度和《出口管理法》，促进美国出口扩张； ④ 推广替代性能源，降低能源消费的外部依赖性
		国际	① 积极签订双边、区域和多边协定，探索与更多国家建立自由贸易体制，扩展国际市场； ② 推进《北美自由贸易协定》的实施； ③ 主导亚太经济合作组织（APEC），强化亚太地区经济合作； ④ 推动各国落实乌拉圭回合谈判成果，如服务贸易规则、知识产权规则等； ⑤ 敦促日本履行《美日经济伙伴关系框架》中的承诺； ⑥ 通过七国集团（G7）会议加强国际宏观协调，重点解决德国的高利率问题和日本的高盈余问题； ⑦ 在全球推广可持续发展，推进生物多样性保护、森林保护和海洋保护，并对发展中国家提供技术援助

(续表)

时任总统	发布时间		国家经济安全战略目标
威廉·克林顿（William Clinton）	2000-12	国内	① 增加研发投入和教育投资，建设世界级的交通、信息和空间基础设施； ② 促进美国的出口贸易，同时兼顾提高出口企业竞争力和管制敏感技术产品出口，必要时应对敏感技术进行加密； ③ 提高能源效率，加强对替代性能源应用技术的研究，关注并维持主要能源进口来源地区的稳定与安全
		国际	① 倡导加强国际金融体系架构，提高预防和处理金融危机的能力，包括在国际货币基金组织设立应急信贷额度、重组贷款工具、提高透明度、强化问责制等； ② 维持WTO领导地位，继续扩大多边贸易体制； ③ 倡导在贸易自由化中强化劳工权利保护和环境保护； ④ 倡导可持续发展，包括落实科隆（Cologne）债务倡议，减免最不发达国家债务，进行公共卫生、人力发展等国际援助，以及提高国际经贸活动的环境标准等
乔治·沃克·布什（George Walker Bush）	2002-09	国内	① 恢复行政-国会伙伴关系； ② 利用贸易调整援助制度救助在进口竞争中利益受损的钢铁行业工人； ③ 加强能源保障，鼓励研发更加清洁、更具能源效率的生产技术，并将相关预算支出提高至45亿美元； ④ 减少温室气体排放
		国际	① 以实际行动扩大自由贸易，具体包括：推动多哈回合谈判于2005年前结束，协助俄罗斯进行入世准备，推动美洲自由贸易区于2005年前完成建立，充分利用《非洲增长与机会法案》与非洲国家进行自由贸易，尽快完成与智利和新加坡的自由贸易协定谈判，并启动与拉丁美洲国家、非洲南部国家、摩洛哥和澳大利亚的自由贸易协定谈判； ② 维护公平贸易，基于贸易协定和相关法律打击不公平贸易行为； ③ 倡导在贸易自由化中强化劳工权利保护和环境保护； ④ 为发展中国家提供公共卫生、清洁能源及相关技术等国际援助，推进全球可持续发展

（续表）

时任总统	发布时间		国家经济安全战略目标
巴拉克·奥巴马（Barack Obama）	2010-05	国内	① 提高美国人力资本水平，增加基础研究投资[科学（Science）、技术（Technology）、工程（Engineering）和数学（Mathematics），STEM]，增加国际教育和交流项目； ② 发展太空能力，加强太空产业基础； ③ 减少对化石能源的依赖，增加替代性能源的使用和相关应用技术的研发； ④ 推进医疗保险改革，提高社会医疗保健服务水平，并降低医疗成本； ⑤ 保持前沿科技的国际领先地位； ⑥ 鼓励私人储蓄，降低预算赤字，提高联邦预算透明度； ⑦ 强化金融监管与执法，提高国际金融系统安全性与稳定性
		国际	① 抵制保护主义，促进自由贸易，进一步拓展海外市场； ② 主导《跨太平洋伙伴关系协定》（TPP）谈判； ③ 扩大科技领域的国际交流与合作； ④ 促进全球经济的包容性增长； ⑤ 支持并领导二十国集团（G20）会议成为国际经济合作的首要论坛； ⑥ 推动国际货币基金组织和世界银行进行治理体系改革
巴拉克·奥巴马（Barack Obama）	2015-02	国内	① 扩大幼儿教育和高等教育覆盖范围； ② 增加联邦对基础和应用研究的投资，加强 STEM 教育； ③ 鼓励初创企业进行前沿创新，维持美国科技优势； ④ 继续推进医疗保险改革； ⑤ 提高能源进口来源多样化，鼓励本土能源供应，加强美洲能源安全和能源独立； ⑥ 积极履行《罗马宣言》，发展低碳经济，开发更加清洁的替代性能源和应用技术； ⑦ 推进银行系统和金融监管体系改革
		国际	① 通过 G20 加强国际金融和经贸体系的核心架构； ② 推进世界银行和国际货币基金组织的治理体系改革，强化全球金融规则，提高国际金融体系透明度； ③ 增加全球尤其是发展中国家获得可靠和廉价能源的机会； ④ 基于 TPP 和《跨大西洋贸易与投资伙伴关系协定》（TTIP）制定国际劳工权利和环境保护高标准； ⑤ 促进全球经济的包容性增长； ⑥ 推进与巴西、哥伦比亚等国的经济伙伴关系，扩大美洲地区经济合作，倡导强大且有效的美洲人权和法治体系

(续表)

时任总统	发布时间		国家经济安全战略目标
唐纳德·特朗普（Donald Trump）	2017-12	国内	① 减少企业监管负担，寻求减少监管与充分保护和市场监督之间的平衡； ② 促进税法改革，包括为中等收入家庭提供税收减免、降低营业税率、调整外国子公司收益的属地制度等； ③ 完善物质基础设施和数字基础设施建设； ④ 限制联邦支出，提高行政效率，缩小国债规模； ⑤ 支持学徒制和劳动力发展计划，改善STEM教育； ⑥ 优先发展数据科学、基因编辑、纳米技术、人工智能等新兴技术，把握全球科技发展前沿和趋势，提高人才吸引力； ⑦ 保护知识产权； ⑧ 严格审查签证程序，限制STEM专业的留学生人数； ⑨ 保护网络传输数据和基础设施数据； ⑩ 维持国际能源主导国地位，简化能源基础设施的联邦监管审批流程，促进清洁能源开发，提高能源技术优势； ⑪ 实现战略石油储备的现代化
		国际	① 促进自由、公平和互惠的经济关系，签订更高标准的双边贸易和投资协定，打击不公平贸易行为； ② 打击外国腐败，建设公正透明的商业环境

资料来源：根据历年美国国家安全战略报告整理而得。

注：除克林顿政府外，美国历届政府发布的国家安全战略报告名称均为"The National Security Strategy"。克林顿政府出台的国家安全战略报告的名称通常附有描述性词汇。其中1994年、1995年和1996年的国家安全战略报告均使用"A National Security Strategy of Engagement and Enlargement"。1997年、1998年和1999年的国家安全战略报告均使用"A National Security Strategy for a New Century"。2000年的国家安全战略报告则使用的是"A National Security Strategy for a Global Age"。

相关案例 10-3

美国对外经济政策新走向

美国总统约瑟夫·拜登（Joseph Biden）上任后，在其首次对外政策演讲中指出，"外交和国内政策之间不再有明显的界限。我们迫切需要把重点放在国内经济振兴上"。由此可见，将国内外事务一体处理的原则将成为拜登政府处理对外关系与国际经济关系的指导方针，那么，拜登政府的国际经济政策会如何进行？

继续"特朗普式"对外经济政策

从克林顿政府到奥巴马政府，民主党从一个奉行贸易保护主义的政党逐渐变成一个主张自由贸易与开放投资的政党，成为推动经济全球化的重要力量。

但美国经济参与全球化的弊端逐渐显现，主要是制造业就业规模大幅萎缩，美国经济出现国际化、服务业化与金融化的特点，中下阶层的收入水平没有改善，贫富差距越来越悬殊。在此情况下，2016年特朗普抓住机遇，高举"美国优先"旗帜，不断攻击自由贸易，最终成功赢得总统大选。

为了获得2020年大选胜利，民主党接过特朗普政府民粹主义与保护主义的旗帜。民主党过去支持自由贸易，主要是支持美国大资本向全世界的扩张政策，现在迫于国内舆论环境的变化，拜登政府主张所谓的"中产阶级的对外政策"，政治现实与理念转变注定使拜登政府实施更多的贸易保护主义措施，并将推动国际经济秩序朝服务于美国现存利益目标的方向演变。

从目前情况看，拜登政府将延续类似特朗普政府的路线，公共卫生安全加上与中国战略竞争的理由将继续推动"购买美国货""雇用美国人"的"美国优先"政策。拜登政府的政策将会看起来温和一点，也可能会找到一个多边主义、国际合作的"包装"，但其政策骨子里仍是"特朗普式"的对外经济政策，至少在短期内将会如此。

或消极对待地区一体化

过去30年，经济全球化与地区一体化齐头并进，在美国推动下，地区一体化协议往往采取比WTO更高的市场开放标准，反过来对经济全球化起到促进的作用。由于受到竞选承诺的影响，拜登政府难以在短期内重回《全面与进步跨太平洋伙伴关系协定》（CPTPP）组织和其他地区贸易自由化协议组织。

拜登政府暂不参与地区自由贸易协定组织将会产生一定的地缘政治经济后果。在亚太地区，美国不能重返CPTPP，日本、加拿大、澳大利亚等国将继续发挥主要作用，CPTPP在世界贸易中的影响力将受限制；东盟、中国、日本等地区主要经济体之间的贸易进一步加强，从而推动了东亚地区贸易一体化进程；TTIP谈判如不能恢复，可能会对美欧之间的贸易产生一定的负面影响，导致欧洲等地区经济与美国经济的距离越来越远。由此，全球贸易投资格局将重新洗牌，出现更多新的地区中心，多极化时代将加速到来。

对多边经济协调机制态度不明

受新冠疫情影响，很多国家实施了大量的流动性政策，以维持经济正常运转。由于美元的特殊地位，美国几乎无限扩张流动性，拼命印钞，加之美国债务比例过高，美国经济可能出现较大的金融泡沫。世界市场以美元计价的商品价格可能飙升，从而打乱全球经济秩序。广大发展中国家将成为美元流动性泛滥的受害者，为美国的经济调整买单。

因此，如何防范国际流动性过剩特别是美元泛滥造成的金融体系风险，可能成为未来几年全球经济亟待解决的重要课题。G20是全球宏观经济政策协调的主要平台，相比特朗普政府，拜登政府可能会提高对G20机制的重视程度，但美国是否愿意受多边协调机制的制约将成为一大问题。

资料来源：王勇.美国对外经济政策新走向［EB/OL］.（2021-05-12）［2022-08-23］. http://www.banyuetan.org/gj/detail/20210512/1000200033136201620784677723629388_1.html.

第三节　美国维护国家经济安全的组织机构

美国没有独立的国家经济安全保障机构。由于美国的国家经济安全战略分散在多个部门的法律体系、政策措施和行政规定中，因此，美国国家经济安全保障机构也由多个执行部门和顾问委员会构成，各机构相互制衡又相互协调，共同履行着维护国家利益、保护经济安全的责任。

以美国的贸易管理体制为例,其主要由国会、行政部门、私营部门顾问委员会三部分组成,如图 10-1 所示。

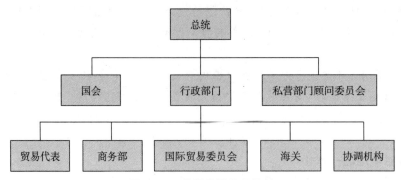

图 10-1　美国贸易管理体制

美国宪法规定国会管理对外贸易,国会在对外贸易管理方面享有广泛的权力。它根据国家经济与安全利益制定相关法律,确定对外贸易宏观政策目标,并授权总统进行谈判。国会参议院和众议院涉及对外贸易管理事务的专门委员会有十余个,其中众议院的筹款委员会和参议院的财政委员会是核心机构。国会的对外贸易管理职能主要在四个方面实现:①制定对外贸易相关法律;②事先授权或事后审批政府行政部门制定的重要贸易政策或签署的重要国际贸易协定;③制定有关行政部门的年度财政预算;④任命有关行政部门的重要官员。

行政部门主要负责对外贸易谈判、世贸组织谈判、进出口管理及服务和征收关税等,由贸易代表、商务部、国际贸易委员会、海关和协调机构等部门构成。其中,商务部作为对外贸易管理和出口促进的主要政府部门,其主要职能是:实施美国对外贸易法律和法规;执行促进美国对外贸易和投资的政策;监督多双边贸易协定的实施;为美国企业提供咨询和培训。商务部负责对外贸易管理的主要内设部门是国际贸易管理局和出口管理局。国际贸易管理局主要负责:促进美国出口贸易的发展;进行贸易统计,收集关税税率信息;监督市场准入和美国签署的国际贸易协议的履行情况,消除国外市场准入壁垒;实施反倾销、反补贴调查等。出口管理局主要负责涉及国家安全和高技术等产品的出口管制。私营部门顾问委员会则主要负责为政府的投资和贸易决策提供建议。

另外,由于美国的国家经济安全战略是内嵌于国家安全战略之中的,因此,美国国家经济安全也受美国国家安全委员会(以下简称"美国国安会")的管辖。美国国安会被称为"帝国中枢",是"美国政府外交和安全政策制定最为重要的正式制度"。但实际上,美国国安会主席是美国总统,这在实际运行中强化了总统和白宫的决策地位。美国国安会并非决策机构,而是讨论重大战略决策的核心机制和法定的安全事务的协调、咨询机构,其职能和实际作用常常取决于总统的领导风格,每个总统按自己的喜好来决定美国国安会的构成与办事程序。

美国也积极利用其在国际经济组织中的主导地位维护其国家经济安全。一方面,美国通过主导 WTO 推动贸易和投资自由化,建立符合美国利益的全球性自由贸易体系,从而保障美国经济安全。例如,乌拉圭回合谈判成果中的政策协议大多对美国经济有利,如协议将全球农产品、汽车和汽车零件的关税分别平均降低36%和33%,这使得美国这一农业、汽车生产和出口大国的产品能以更低成本出口,从而有更多机会进入国际市场。另一方面,基于美国在全球经济中的霸权主导地位,国际货币基金组织等重要国际组织成为美国全球治理的工具,现有的国际制度难以有效约束美国的"长臂管辖"行为。以国际货币基金组织为例,现有机制存在投票权分配不均、组织的表决方式非民主化、决策过程缺乏有效监督等问题。由此,基于美国对国际性重要组织的实际控制权,主要的国际机构都难以有效约束美国的"治外法权"。

第四节 美国维护国家经济安全的立法保障

美国没有专门的国家经济安全法,其关于国家经济安全的立法分散于各种联邦法、行政法规以及各州法律的大量判例之中。

一、金融安全

美国在金融安全领域的立法一直处于动态调整中。1933年之前,美国对金融安全监管信奉的是自由主义观念,金融机构的行为很少受到政府管控。1933年经济危机后,美国对金融业实行严管政策,相继修订和出台了银行法、证券法、银行合并法、国际银行法、投资公司法、证券投资者保护法等法律,构建了对金融业的严格监管体系。

从20世纪80年代开始,随着金融环境的变化,美国开始放宽对金融业的管制,出台了《1980年存款机构放松管制和货币控制法》《1982年加恩-杰尔曼存款机构法》《1996年全国性证券市场促进法》《1999年金融服务现代化法》等法案。这些法案打破了美国分业经营与管理的局面,允许外资银行进入保险、证券等行业。尽管美国顺应经济发展的需要,在整体上放宽了对金融业的管制,但是放宽并不等于放弃,美国的监管依然存在。美国在20世纪80年代颁布的银行法对金融信息透明度、存款准备金、资本充足率和资本负债均进行了明确的规定。美国《1991年联邦存款保险公司改进法》规定,将对不符合法律规定标准的保险公司进行严厉的制裁。

在次贷危机爆发后,美国进一步加强金融监管,奥巴马政府于2009年6月17日公布了名为《金融监管改革——新基础:重建金融监管》的改革方案,涉及金融业的各个领域,包括金融机构、金融市场、金融产品以及投资者和消费者等,堪称"大萧条"以来美国最有雄心的金融监管改革计划。2010年,奥巴马政府先后颁布《多德-弗兰克华尔街改革和消费者保护法案》和《综合资本压力分析与回顾法案》,分别在防范系统性风险和保证银行流动性领域作出更严格的规定。2012年,美联储推出禁止银行自营交易、投资对冲基金和私募资金等的"沃尔克法则"。美联储2014年发布《强化审慎标准法案》,加大对银行系统性风险的管理力度,要求实施更严格的资本和流动性压力测试;同年颁布《海外账户税收合规法案》,对境内外系统性重要机构进行同等监管。其中,《多德-弗兰克华尔街改革和消费者保护法案》是改革中最为重要的立法,其核心思想是强化宏观审慎监管和保护消费者权益,重点解决系统重要性金融机构"大而不倒"的问题,并建立系统的金融风险处置框架。

特朗普上台后,又再次放宽对金融业的管制。2017年6月,众议院通过了以放松监管和控制风险为核心的《为投资者、消费者和创业者创造希望和机遇法案》(Creating Hope and Opportunity for Investors, Consumers and Entrepreneurs Act, CHOICE)。该法案旨在对《多德-弗兰克华尔街改革和消费者保护法案》进行"推倒式"重建,但由于过于激进,在参议院层面未获得通过。尽管如此,CHOICE法案为接下来的于2017年11月份提出的相对温和的革新方案《经济增长、放松监管和消费者保护法案》(Economic Growth, Regulatory Relief and Consumer Protection Act,以下简称"放松监管法案")的制定奠定了基础。放松监管法案没有彻底否定《多德-弗兰克华尔街改革和消费者保护法案》的政策逻辑,而是致力于促进资本形成和经济增长,强化中小银行的服务功能,保护消费者权益,从而获取参众两院多数支持,最终于2018年5月由特朗普正式签署实施。该法案在对系统重要性金融机构、自营交易、中小银行特别是社区银行、资本市场等的监管上均有不同程度的放松。

此后,随着美国金融科技行业发展迅猛,美国着力加强对金融科技的立法与监管。2019年1月和3月,美国议会代表分别向国会提交了《金融科技保护法案》和《金融科技法案》,旨在建构针对金融科技的法律框架,在创设新的监管议事机构、厘清监管协调机制的基础上,强化对金融科技的监管。

二、科技安全[①]

美国是最早提出保障国家科技安全相关报告的国家。美国科学发展局局长万尼瓦尔·布什(Vannevar Bush)于1945年向美国总统哈里·杜鲁门(Harry Truman)提交著名报告《科学:没有止境的前沿》并指出,"科学研究对国家安全是完全必需的,这在这次战争[②]中已经十分明显,毫无疑义"。1991年,美国在冷战结束后第一份国家安全战略报告中提出非传统安全的概念,并提及了科技对于保障非传统安全的重要地位。

在保障科技安全方面,美国《1996年经济间谍法》将窃取商业机密或知识产权等无形资产认定为刑事犯罪。美国政府指控违反该法案的被告人族裔分布数据显示,华人所占比重从1996—2008年间的17%上升到2009—2015年间的52%。由此可以看出,针对华裔科技人员的调查与指控在海外高层次人才大批回归之后明显增加。在"中国学者威胁论"的影响之下,美国政府对中国科技人才的政策日益趋紧。美国还严格管控技术的出口。美国《2018年外国投资风险评估现代化法》和《2018年出口管制改革法》的颁行在扩充了"国家安全"概念范围的基础上大幅升级了出口管制,以加强美国的经济安全。此外,美国将针对光刻机发起新一轮对华技术封锁,具体措施为进一步限制荷兰向中国出口高端光刻机。

在科技促进策略方面,近年来,美国政府通过组织国家重大科技专项方式,优先发展前沿领域。例如,美国三版"创新战略"(2009年版、2011年版以及2015年版)均提出国家优先突破的重点技术领域。2017年12月,美国发布国家安全战略报告,强调优先关注"发

---

① 周文康,费艳颖.美国科技安全创新政策的新动向:兼论中国科技自立自强战略的新机遇[J].科学学研究,2023,41(3):454-463.

② 指第二次世界大战。——编者注

展"和"安全"的新兴技术领域。为维持美国在全球所谓的"科技领导力",2019—2020年,美国议会陆续通过《保持美国在人工智能方面的持续领导法案》《促进美国无线网络领域领导法案》以及《确保美国科学与技术领先地位法案》等多项与科技有关的"美国领导力"法案。在战略规划整体推进与重点突破协同配置的同时,重点突出了前瞻性与对抗性的战略底色。此外,2020年,美国国务院发布《关键与新兴技术国家战略》,列出了在未来将重点关注的20项"关键与新兴技术",以保护美国在新兴技术领域的主导地位和技术优势,维护国家经济安全。2021年4月,美国信息技术和创新基金会发布《确保美国先进技术优势的后续行动》,明确提出维持美国先进技术竞争力的3项目标和10条建议。主要目标包括:支持突破性技术的研发、生产和商业化;支持发展先进技术的美国企业;扩大先进技术创新区域。主要举措则分别从重建计划、税收抵免、资本支持、知识转移以及部门评估等10个方面进行全方位、多维度的战略部署,既为优先发展新兴技术等前沿领域提供了目标导向,也为战略实施提供了具体的实践准则。

相关案例 10-4

美国发布《关键与新兴技术国家战略》

2020年10月15日,美国白宫发布《关键与新兴技术国家战略》(National Strategy for Critical and Emerging Technology,以下简称"战略"),详细介绍了美国为保持全球领导力而强调发展"关键与新兴技术",并提出两大战略支柱,明确了20项关键与新兴技术的清单。美国商务部部长威尔伯·罗斯(Wilbur Ross)表示:"这一战略是保护美国国家安全并确保美国在军事、情报和经济事务上保持技术领先地位的关键路线图。"战略列出了包括先进计算、先进制造、区块链技术以及数据科学及存储等在内的20项关键与新兴技术,并明确指出,美国将在优先级最高的技术领域处于领先地位,确保其国家安全和经济繁荣。此外,战略还提到,美国将在构建技术同盟、实现技术风险管理方面作出努力,以推动关键和新兴技术的发展,规避、降低、接受或转移技术风险。

战略提出,美国将主要在两个方面采取行动,分别是推进国家安全创新基地建设和保护技术优势。在推进国家安全创新基地建设方面,美国将致力于培养世界上最高质量的科学技术劳动力;吸引并留住发明家和创新者;利用私人资本和专业知识进行建设与创新;迅速推动发明和创新等。在保护技术优势方面,美国将确保竞争对手不使用非法手段获取美国知识产权、研发资料或科技成果;在技术开发的早期阶段要求进行安全设计,并与盟国和合作伙伴一起采取类似行动;通过促进学术机构、实验室和行业的研究安全来保护研发活动的完整性,同时平衡外国研究人员的贡献;确保在出口法律法规以及多边出口制度下,对进出口贸易的适当方面进行充分控制等。

战略的提出意味着,美国将与中国和俄罗斯在多个科技领域展开竞争,并会通过国际合作的方式进一步打压其他国家的科技发展进程,以维护自身的科技霸权,达到稳定经济增长的目的。

资料来源:张秋菊.美国商务部发布《关键与新兴技术国家战略》[EB/OL].(2021-02-04)[2022-12-06]. http://www.casisd.cn/zkcg/ydkb/kjzcyzxkb/2020kjzc/202012/202102/t20210204_5885365.html.

三、人才安全[①]

美国是拥有高等学校和科研机构数量最多、各类高层次人才储备最丰富的国家。得益于美国政府对教育、人才培养的重视以及鼓励人才流入的政策,美国的科技成果和人才数量均处于世界领先地位。美国高度重视人才安全问题,通过加强对人才培养的重视力度、制定引才政策等措施,防止国内人才流失并吸引国外人才;通过建立和完善人才市场管理机制等措施,来防范人才资源管理不当导致的安全问题。

(一)高度重视人才培养

美国的繁荣与发展得益于对教育的重视。自建国以来,美国就视教育为国家发展的基础和人才培养的关键,明确规定普及义务教育是国家的义务,在各级政府共同努力下较早实现了普及12年义务教育的目标。20世纪50年代末以来,美国相继通过和出台了《1958年国防教育法》《美国2000年教育战略》《为21世纪而教育美国人》《美国为21世纪而准备教师》等政策和措施,极力呼吁为未来准备高素质的人才资源,充分体现了"教育优先发展"的战略目标。

在人才教育与开发上,美国投入了大量的经费。1999年,美国教育投入增加到创纪录的6 350亿美元,占GDP的7.7%,远高于世界5.1%的平均水平。进入21世纪,美国政府陆续推行《2010年医疗与教育协调法》《制定成功路线:美国STEM教育行动方略》和《2021年美国创新和竞争法》等,以加大教育投资。美国是世界上教育经费支出最高的国家,一直倡导"终身教育",截至2020年,美国在教育上的投入达到9 500亿美元,人均教育经费接近3 000美元,如此庞大的教育资金投入,直接推动了美国教育事业的繁荣。美国高度重视教育的方针政策,在一定程度上防范了国内人才的流失,吸引了世界各国优秀人才聚集,人才聚集又为其成为教育强国和人才强国奠定了雄厚的物质基础。

(二)大力引进国际人才

美国最有特点的是"高技术移民优先"的全球引才策略。灵活多样的移民政策、人才政策是美国长期吸引优秀人才、保持经济与科技大国地位的重要保障。第二次世界大战后,美国政府颁布《1952年移民法》,该法规定将全部移民限额中的50%用于美国急需的、受过高等教育的、有突出才能的各类技术人员。在《1965年移民和国籍法》中,规定每年专门留出29 000个移民名额给来自任何国家的高级专门人才。该法律还规定,凡是著名学者、高级人才和有某种专长的科技人员,不考虑国籍、资历和年龄,一律允许优先入境。20世纪90年代以来,《1990年移民法》及以后美国政府陆续出台的相关法令中,最为突出的特点就是设立了技术移民享有的限额优先权,其根本的目的就是吸引美国所需要的各类人才。据美国人口统计局统计,1990—1998年,美国共引进1 850万名合法移民,其中30%的移民拥有学士以上学位,大部分是中青年群体。

对于人才,美国更是从其学生时代就开始争取,不仅是把人才吸引过来,还要培养他们认可美国价值观。即便在特朗普上台以后绝对收缩特殊专业人员/临时工作签证(H-1B)

[①] 赵光辉.人才发展学[M].北京:知识产权出版社,2016:552-558.

发放的背景,对高新技术人才也没有很多限制,甚至2017年发布的《改革美移民强化就业方案》被解读为美国要专精于引进高新技术人才的改革。

四、农业安全[①]

美国对农业的立法从20世纪30年代开始,每间隔5年至10年就有新的立法出现,最后形成了以农业法为基础、配套100多个重要法律法规的农业法律体系,内容涵盖农业的全方面,主要包括农业补贴、粮食储备、农产品贸易等直接关系美国农业安全的重要内容。农业法律体系的完善和全面表明美国将农业安全置于国家利益的重要位置。

1932年是美国农业基本法出台的关键之年,当年民主党提议并于次年通过的农业调整法奠定了美国农业立法的基础。此后,美国先后通过了《1935年农业调整法(修正案)》《1938年农业调整法》《1948年农业法》《1949年农业法》《1954年农业法》等众多法律,2018年美国总统特朗普签署了《2018年农业提升法》。此外,还有一系列针对农业特定领域的配套法律与农业安全密切相关,这些领域包括:①农地利用和开发;②农业投入(补贴)和农业信贷;③农产品价格支持;④农产品贸易;⑤农业经济关系。

保护本国农业是美国进行农业补贴的根本目的。1929年全球经济大危机之后美国通过了农业调整法,该法案规定美国政府给农业计划内的农户提供"无追索贷款",这种贷款的特殊性在于,政府向农民提供贷款,年终的时候如果出现粮价太低导致农民无法还贷,政府不能强制其履行还贷责任。1996年克林顿总统签署了《1996年联邦农业完善和改革法》,该法案的一个重要变化就是取消了原有的"农产品计划"和相应的多种农产品补贴,但仍保留无追索贷款和农产品销售贷款。2002年小布什总统签署了《2002年农场安全及农村投资法》(生效期至2007年),补贴政策又回到了1996年之前的情况,农业补贴再次和农产品价格挂钩。该法案规定,政府将在10年内拿出1 900亿美元支持本国农业,比1996年增长近80%,补贴范畴也大大扩展。2012年美国扩大了农业保险的覆盖范围,《2014年食物、农场及就业法》进一步提出增加农业保险投入,加大农业灾害补贴力度。总的来看,美国在农业立法上表现出了较多的调整,无论在立法还是具体实践中都始终把保护本国农业乃至国家利益放在首位。

美国是粮食生产大国,因此粮食安全是农业安全中的重要部分。1916年美国国会通过的仓储法开了以粮食储备为内容的法律的先河,之后还根据该法制定了粮食仓储条例。法律和条例非常翔实,对粮食仓储许可证、粮食仓储商的责任和粮食检验分级都有明确规定。任何法人要从事粮食公共仓储,都要满足美国农业部要求的财务状况、管理能力等条件。法律还规定粮食仓储商应当缴纳保证金。

农业无疑是美国法律尤其是有关贸易的法律规定最多的领域之一,反倾销法、反补贴法等也都有在农业上的应用。以农产品配额制度为例,美国《2014年农业法》规定,如果进口农产品企图妨碍美国农产品计划,总统可以决定实施进口配额,或收取特别费用。该条款给予了美国总统广泛的自由裁决权,虽然采取措施之前必须要有国际贸易委员会的报

[①] 顾海兵,曹帆,沈继楼.美国经济安全法律体系的分析与借鉴[J].学术研究,2009(11):70-76.

告,但总统可以不根据该报告作出决定,紧急情况下可以不等待报告。在农产品出口方面,美国《2018 年农业提升法》提出,继续提供关于农产品对外贸易的市场准入、国际市场开发、特殊农作物技术援助,以及新兴市场开发的资金支持。

五、资源安全

（一）能源安全立法保障

从 20 世纪 70 年代开始,美国能源法律体系不断完善,具有极强的法律操作性。美国大规模制定能源安全立法始于石油危机之后,近几十年来主要的能源安全立法包括《1975 年能源政策和保护法》《1978 年国家能源保护政策法》《1980 年能源安全法》(2003 年修订)、《1987 年国家设备节能法》《1992 年能源政策法》(2005 年修订)、《1995 年国家能源政策计划》《1998 年国家全面能源战略》《2007 年能源独立和安全法》《2009 年美国清洁能源与安全法》《2018 年美国优先能源计划》等。

（二）矿产安全立法保障

美国是最早制定矿产出口管制法律的国家之一。《1949 年贸易管制法》奠定了美国现代出口管制体系的基础。1979 年,美国颁布出口管理法和出口管制条例,对军民两用物质、技术和相关服务的出口进行管制,规定矿产品出口量要与其自身矿产品存储量达到一定的合理比例。矿产品的出口许可证发放形式取决于商品的类别、价值和出口目的国等因素,涉及国家安全利益或直接禁止出口的特定矿产品不在出口许可范围内。

近年来,美国对出口管制法律进行了一系列修订,如《2018 年出口管制改革法》将出口管制扩展到新兴和基础技术的出口、再出口或转让层面。根据上述法规规定,美国只向特定国家出口纯金属铍,且未经美国政府同意,不能将原产于美国的金属铍卖给其他国家。

六、对外贸易安全[①]

美国涉及贸易的重要法律文件有《1930 年关税法》《1974 年贸易法》《1979 年贸易协定法》《2018 年出口管制改革法》等,与经济安全相关的法条主要侧重于知识产权、关税壁垒和反倾销与反补贴三个方面。

美国保护本国知识产权的重要法律条款主要有两个:特殊 301 条款和关税法 337 条款。特殊 301 条款要求美国贸易代表对那些"实施不公正、不合理的关税或其他进口限制,执行不公正、不合理、歧视性的规定、政策或做法"和"加重美国商业负担或限制美国商业"的国家采取适当可行的行动,消除对美国经济贸易不利的因素,以实现美国的利益保护。例如,美国就曾多次对中国进行贸易报复(分别在 1991 年、1994 年、1996 年、2010 年、2017 年),并把中国列入"重点国家"名单。

关税法 337 条款具体为《1930 年关税法》的第 337 条,与特殊 301 条款不同,它可以针对进口贸易中侵犯美国企业知识产权的情况进行调查。美国《1974 年贸易法》规定了关税

---

① 顾海兵,曹帆,沈继楼.美国经济安全法律体系的分析与借鉴[J].学术研究,2009(11):70-76.

委员会的听证程序和调查的时间限制等,并作了其他调整。《1988年综合贸易竞争法》明确把进口商品侵犯美国"有效且可执行"的专利权、商标权、版权或软件作品权看作非法行为,而且侵犯知识产权案件不再以国内产业受到损害为要件。由于关税法337条款的门槛比其他反倾销法案要低,因此"打击面"非常广泛。

美国在贸易壁垒立法方面主要有两个特征:一是关税壁垒不断减弱。具体来看,19世纪60年代至20世纪30年代,美国一直实行高关税贸易保护主义政策。《1934年互惠贸易协定法》的颁布标志着美国自由贸易时代逐渐来到。之后的几十年来,在GATT框架下进行的双边和多边贸易谈判的带动下,美国的整体关税税率大幅降低,2017年美国平均关税税率为3.4%。二是非关税壁垒不断加强。以技术性贸易壁垒为例,技术性贸易壁垒已经逐渐成为美国进行贸易保护的重要手段之一,具体表现在以下两个方面:①技术性贸易壁垒的通报数量显著上升,涉及范围持续扩大。2014—2017年,美国技术性贸易壁垒的年均通报数量为133项,而到2020年该数据已增至199项。②强制性认证标准增多,贸易壁垒标准升级。例如,2017—2021年,美国共提交了三项关于智能汽车安全标准问题的法案,其进口标准逐渐提高。

美国反倾销经历了一个较长的调整和完善过程。《1916年税收法》第800—801款对反倾销进行了最初的规定,《1930年关税法》从关税角度对反倾销进行细化界定,其后的贸易法、贸易协定法不断对反倾销法规定进行修改。目前,美国的反倾销法是基于国会针对乌拉圭回合谈判修订后通过的反倾销法修正案。与此相对应的还有反补贴。美国的反补贴法主要包括《1930年关税法》《1974年贸易法》《1988年综合贸易竞争法》和基于东京回合、乌拉圭回合谈判签署的协议等文件中关于美国反补贴法的规定,以及美国国际贸易管理署(ITA)和国际贸易委员会(ITC)对如何执行反补贴调查和作出裁决而制定的细则。2021年4月15日,美国国会起草了《2021年消除全球市场扭曲以保护美国就业法》,该草案旨在加强美国贸易救济法律对贸易欺诈的打击和对美国企业的保护。根据该草案,美国《1930年关税法》中有关反倾销及反补贴调查的法律条款将迎来重大修改。

相关案例10-5

美国的301条款

美国301条款形成于美国《1974年贸易法》的第3编第1章"外国的进口限制和出口补贴"。该章共两条,即301条和302条。301条要求美国总统对那些"实施不公正、不合理的关税或其他进口限制,执行不公正、不合理、歧视性的规定、政策或做法"和"加重美国商业负担或限制美国商业"的国家,采取"所有适当并且可行的行动",消除这些对美国经济贸易不利的因素,以实现美国的利益保护。

此后,301条款又进行过三次修改。第一次修改发生在1979年。美国的《1979年贸易协定法》对《1974年贸易法》的301条、302条作了较大修改,删除了原来的302条,新增了第302条至306条。在1974年301条款的基础上,新增写的修正案分别对总统、贸易代表和投诉人的权力和要求以及301条款实施的提起和程序作出了明确规定,形成了现在301

条款的雏形。第二次修改在1984年。美国《1984年贸易与关税法》对301条款的修改扩大了其适用范围,增加了针对服务贸易、对外直接投资和高技术贸易等方面的市场壁垒采取行动的规定,第一次将知识产权纳入301条款的保护范围。第三次修改在1988年。美国《1988年综合贸易与竞争法》对301条款作了重大修改。这次修改把总统采取行动的权力转给了贸易代表,并将301条款分成"普通301条款"(General 301)、"超级301条款"(Super 301)和"特殊301条款"(Special 301),从而形成了全面、具体、系统的"301条款"。

其中,普通301条款共有9条,是301条款体系中最基本、最重要的条款。它的中心内容是:如果美国贸易代表判定,外国的法律、政策或做法是"不公正、不合理、歧视性的",造成了美国的权利或利益被否定或限制,或加重了美国的经济负担,那么,贸易代表就可以裁定,或按总统的指示采取切实可行的行动,以便消除"不公正、不合理、歧视性的法律、政策或做法"。可以采取的行动包括:①中止贸易协定项下的减让;②采取关税或其他进口限制措施;③对服务征收费用或限制服务领域的授权;④与被调查国达成协议,以消除其违反行为或向美国提供补偿。在这些行动中,优先考虑的是"加征关税"。

超级301条款是指1974年301条款修正案的第310条。该条款又叫"确定进行贸易自由化工作的重点国家"条款。超级301条款的主要作用是使普通301条款在保护美国国内工业、开辟国际市场方面能更充分地发挥作用,在对外国的调查上获得更高的效率。因为根据普通301条款的规定,美国每次只能针对"外国的某项法律、政策或做法"进行调查,这就大大影响了普通301条款的效率。据此制定的超级301条款,要求美国贸易代表根据贸易壁垒和造成贸易扭曲的法律、政策或做法的数量和实施广度,确定进行贸易自由化工作的重点国家。通过贸易代表和重点国家磋商,要求重点国家在三年内消除其重点做法,并使美国向该国的出口逐年增加。超级301条款改变了普通301条款每次只能针对外国一项法律、政策或做法进行调查的规定,允许同时展开多项调查。

特殊301条款是1974年301条款修正案的第1303条至第1307条,是专门针对保护美国的知识产权而增写的。美国贸易代表办公室每年发布《特别301评估报告》,全面评价与美国有贸易关系国家的知识产权保护情况,并视存在问题的严重程度将其分别列入一般观察国家、重点观察国家、重点国家。美国在动用特殊301条款时,往往采取以下几个步骤:①把与之有一般知识产权纠纷的贸易伙伴列入一般观察国家名单。这时,被观察国家应尽快改善其对知识产权的保护水平,否则将被视为有重大纠纷的贸易伙伴而被列入重点观察国家名单。②被列入重点观察国家名单的国家,应在一年内对其知识产权保护情况采取重大措施,否则将被升至重点国家。③一旦被列入重点国家名单,该国应当在宣布之日起的半年内,在被指控的知识产权保护领域取得明显改善。否则,美国将按程序启动报复措施。

特殊301条款确定重点国家的标准如下:①外国的法律、政策或做法极端恶劣,拒绝充分有效的知识产权保护,或者对依赖知识产权保护的美国公民或法人不提供公平的进入市场的机会。②对美国有关产品存在极其不利的现实或潜在影响。③在双边或多边谈判中,无法进行诚实可信的谈判,或在谈判中不求重大进展。具备这些标准之一,同时贸易代表又能证实这是违反国际法或国际协定的,就可将其确定为重点国家。

资料来源:卫志民.宏观经济理论与政策[M].北京:中国经济出版社,2020:185-187.

七、利用外资安全

(一)外资审查

美国是较早设立国家安全审查制度的国家。美国《1917年与敌国贸易法》授予总统阻止敌对国家投资并购本国企业交易行为的权力。《1950年国防生产法》正式授权总统规制工业生产以满足国防要求,并开始对外国投资者在美投资进行安全审查。

1975年,美国总统福特发布了第11858号总统令,决定成立美国外国投资委员会(Committee on Foreign Investment in the United States, CFIUS),主要职责是监控外资对国家安全的影响,保障美国国家经济安全。CFIUS成立伊始,总体上是一个咨询机构,审查权力有限,对国家安全的保护效果也很有限。在20世纪80年代后期,来自日本的外国投资大量进入美国,使得美国国会议员日益担心日本公司将通过并购交易控制美国市场,获得战略性产品或技术。在此背景下,美国国会于1988年通过了《埃克森-弗洛里奥修正案》(Exon Florio Provision)①。该法案授予总统在符合特定条件时中止或禁止外资并购交易的权力;赋予CFIUS在国家安全审查程序中的必要权力,包括采取任何必要的措施来减少或消除并购案对美国国家安全的威胁。这使CFIUS从一个只有调查权与提出咨询意见权利的行政机构转变为一个对外资并购具有独立审批权的部门。该法案也是美国历史上第一部关于外资并购国家安全审查的专门立法,标志着美国对外国投资安全审查制度的初步建成。

美国《2007年外国投资与国家安全法》(Foreign Investment and National Security Act of 2007, FINSA)的出台拓展了国家安全的概念,使得国家安全审查所涉利益更加多元化,增加了外国投资者通过审查的总体难度,改进了国家安全审查的程序。新立法将"关键基础设施"和"关键技术"纳入国家安全范畴中,强化了对国家经济安全与国土安全的保护,赋予了CFIUS对已完成审查的交易重启安全审查的权力,将国会规定为安全审查的监督机构,以保障CFIUS审查结果的准确性。自此,美国外资安全审查由CFIUS执行,总统部分决策,国会监督,三者相互制约合作,共同作为外资安全审查的主体维护国家安全。2008年12月,作为FINSA实施细则的《关于外国人收购、兼并和接管的条例》生效。此后,美国各年的国家安全审查案件有大幅增长。

特朗普当选美国总统之后,外国投资者国籍成为影响美国国家安全审查结果的重要因素之一。例如,在这一时期,中国企业在美发起的并购案经常被认为带有政治动机而遭到CFIUS的拒绝。另外,为弥补美国外资安全审查制度内部允许结构的缺陷,应对国际投资环境和安全形势的新变化,同时为了维持美国长期以来开放型的外国投资政策,2018年8月,《2018年外国投资风险审查现代化法》(Foreign Investment Risk Review Modernization Act

---

① 该立法建议由参议院议员埃克森(Exon)与众议院议员弗洛里奥(Florio)共同提出。

of 2018，FIRRMA)生效,该法案是对 FINSA 进行的重大修改,进一步优化了审查程序,扩大了 CFIUS 的审查对象范围,将与国家安全相关的特定不动产交易纳入国家安全审查范围,细化了关键技术和重要基础设施的投资类型与投资方式,更加关注网络安全和对美国国家安全利益呈现明显威胁的"特别关注国家"。2020 年 2 月,FIRRMA 实施细则正式生效,加强了美国在数字经济、新材料、通信及人工智能等领域的外资安全审查。

总体上看,一方面,在实体规则上,从最初的国防产业到国土安全、基础设施安全,再到经济安全、技术安全、知识产权保护、个人数据保护等,美国外资国家安全审查的范围在不断扩大,但是,美国始终没有对"国家安全"作出明确界定,这为维护广泛的经济安全提供了自由裁量空间。另一方面,在程序规则上,CFIUS 以及总统在国家安全审查上的管辖权、执法权、司法豁免权等不断得到增强。

(二) 反垄断审查

反垄断也是美国在利用外资过程中保障本国经济安全的重要考虑因素。在反垄断上,美国对外资实行国民待遇,下面对美国反垄断的相关立法进行介绍,进一步介绍美国对外资并购的反垄断审查实践。

19 世纪末,随着美国个体自由经济向垄断经济转变,公平竞争、反对垄断、维持社会公平和福利的进步主义思潮开始涌现。在此背景下,1890 年,美国颁布了《保护贸易和商业不受非法限制与垄断之害法》(An Act to Protect Trade and Commerce against Unlawful Restraints and Monopolies),又称《舍曼法》(Sherman Act)①。该法确立了公司并购中禁止垄断、鼓励竞争的原则,规定任何以垄断或其他形式作出的契约、联合或共谋均属违法。该法是美国国会制定的第一部反垄断法。1914 年,美国成立联邦贸易委员会,与司法部反垄断局构成了美国联邦一级最主要的反垄断机构。同年,另一部反垄断的基础性法律《克莱顿法》(Clayton Act)②生效,该法第 7 条对垄断进行了具体界定,规定企业间的任何并购活动,如果其"效果可能使竞争大大削弱"或"可能导致垄断",均构成反垄断法上的违法行为,强化了反垄断部门的权力。

1968 年,美国司法部颁布美国历史上第一个横向并购指南(Horizontal Merger Guidelines),着重从并购可能产生的反竞争影响的角度进行审查。其后,美国颁布《1976 年哈特-斯科特-罗迪诺反垄断改进法》(Hart-Scott-Rodino Antitrust Improvement Act of 1976,HSR 法)③。该法案要求,对达到特定门槛的资产、股票并购,投资者应提前向主管部门申报,在规定的等待期过后才能进行并购交易。该法案是美国审查并购的程序法,是美国国内应用范围最广的反垄断法。2000 年 12 月,美国首次对 HSR 法进行修改,对并购申报必须满足的双重标准,即当事人规模和并购交易规模的标准进行了调整。

从 2018 年下半年开始,特朗普政府加强了反垄断力度。2021 年 6 月,美国众议院司法委员会审议讨论了六项与平台反垄断相关的法案,旨在控制大型科技公司不断膨胀的权力。2021 年 7 月,总统拜登签署行政命令,呼吁司法部和联邦贸易委员会大力执行反垄断

---

① 由于该法最初由参议院议员舍曼(Sherman)提出,因此又称《舍曼法》。
② 该法由时任众议院司法委员会主席克莱顿(Clayton)起草。
③ 该法由参议院议员哈特(Hart)、斯科特(Scott)、罗迪诺(Rodino)共同提出。

法,以促进科技、医疗和其他领域的公平竞争。2022年1月,美国参议院司法委员会通过了《美国在线创新与选择法案》(American Innovation and Choice Online Act)和《开放应用市场法案》(Open App Markets Act)两部反垄断法案,这两部法案是前述六项法案的综合与修订。

相关案例 10-6

海外版抖音 Tik Tok 在美遭受国家安全审查

字节跳动公司创立于2012年,是中国最早将人工智能应用于移动互联网场景的科技企业之一。2017年9月,Tik Tok正式在美国上线,并很快向全球拓展,短短半年时间已位居多国手机App下载量榜首。字节跳动官网数据显示,截至2020年6月,Tik Tok在美国的用户下载量为1.65亿次,其中,16—24岁用户占比60%以上。

Tik Tok在美国突飞猛进的发展引起了美国当局的高度关注。一方面,Tik Tok的崛起一定程度上挑战了美国在社交媒体舆论场的权威,而用户年轻化现象也令美国政府担忧Tik Tok会影响其国民价值观。另一方面,Tik Tok撼动了脸书(Facebook)、照片墙(Instagram)、瓦次普(Whats App)等美国应用程序的市场地位,这些应用程序把Tik Tok看作一个严峻的外来威胁。

2017年11月,字节跳动旗下的今日头条以10亿美元收购美国音乐短视频社交平台"妈妈咪呀"(Musical.ly),随后将其用户转移到Tik Tok,只服务中国以外的市场。Musical.ly也是一家中国公司,由两名中国人在上海创立,同名短视频社交软件于2014年在中美同时上线。

2019年11月,CFIUS对这一起两年前的收购案启动了国家安全审查。次月,美国参议院要求Tik Tok相关人员接受国家安全审查,理由是"保护美国国家和企业利益不受伤害及维护美国用户的数据隐私"。

2019年12月,Tik Tok涉嫌收集未成年用户信息、触犯《1998年儿童在线隐私保护法》被美国伊利诺伊州法院起诉,2019年12月16日,美国国防部发布"网络安全须知",警告美国用户使用Tik Tok会存在网络安全隐患,并全面禁止美国军人使用Tik Tok。虽然Tik Tok一再申辩自身不存在任何安全隐患,但美方并未停止对其打击,封禁事件愈演愈烈。

2020年7月,美国总统特朗普声明将禁止Tik Tok以及其他中国社交软件的应用,以维护国家安全。2020年8月6日,特朗普签署行政令,禁止任何美国个人及实体与中国应用程序Tik Tok的母公司字节跳动进行任何交易,禁令将在45天后(2020年9月20日)生效,迫使字节跳动尽快出售Tik Tok在美国的业务。

危机发生后,字节跳动并未屈服于美国政府而出售Tik Tok,而是积极运用法律武器维护自身权益,使得封禁事件出现转机。2020年8月24日,Tik Tok向美国某联邦地区法院递交了起诉书,控告美国政府日前发布的与该公司及其母公司字节跳动的有关行政令违法。此后,Tik Tok起诉美国政府的举措确实使封禁事件有了转圜余地。9月20日,美国商务部宣布将"禁止在美国下载Tik Tok"的禁令推迟到9月27日以后实施。9月28日,美国哥伦比亚特区联邦地区法院裁定,暂停实施美国政府关于将Tik Tok从美国移动应用商店下架的行政令,且裁定立即生效。

在字节跳动及多方利益相关者的不懈努力下,Tik Tok 既没有被封禁,也没有被出售。2021 年 2 月 25 日,字节跳动宣布同意支付 9 200 万美元用以解决美国部分 Tik Tok 用户的数据隐私索赔。字节跳动表示,"虽然并不同意诸如泄露用户隐私与威胁国家安全等说法,但与其进行漫长的诉讼,我们更愿意把精力用在为 Tik Tok 社区打造更加安全、愉快的体验上"。Tik Tok 选择以接受罚款的方式结束此事,意味着 Tik Tok 与美方"体面"和解。

2021 年 6 月 9 日,美国总统拜登签署了一项行政令,宣布撤销前总统特朗普在任期间针对中国社交软件 Tik Tok 的一系列禁令,标志着 Tik Tok 暂时摆脱了困境,在美国的业务继续合法运营。

可以看到,作为一款纯商业社交软件应用,Tik Tok 为契合美国网络规范和国家安全审查付出了巨大的努力,在受到不实安全指控之际,Tik Tok 依然遵循美国法律,配合美国司法部、州政府等的调查,最终得以继续在美国运营。

资料来源:谢佩洪,李伟光.山穷水尽到柳暗花明? 字节跳动"出海"路漫漫[J].企业管理,2021(8):72-77.

八、就业安全

(一) 加强职业培训

美国政府主要通过加强职业培训来促进国内就业率。一是将失业者再培训制度化,促进失业者更有效地适应劳动力市场需求。例如,美国颁布《1973 年全面就业与培训法》;美国《1993 年瓦格勒法》提出建立起培训和就业服务司;1994 年克林顿政府向国会提交《劳动保障法案》,对美国 20 世纪 30 年代以来的失业保险制度作出全面修订,以使被解雇的工人得到他们所需的有效培训,同时,联邦政府通过劳工部所属的就业培训局并根据有关计划向各州发放再培训资金,各州政府和企业也提供必要的资金为失业的劳动者提供培训。

二是加强职业培训教育。例如,2017 年 6 月,众议院教育和劳动力委员会批准了《帕金斯法案》,即《21 世纪加强职业和技术教育法案》(Strengthening Career and Technical Education for the 21st Century Act),用于提升美国的职业技能培训教育,打造具有竞争力的美国职业专才。2017 年 7 月,美国佐治亚州众议院教育委员会全体通过了为公立校学生扩大行业认证及职业培训的《连接法案》(Connect Act)。这项法案将通过为学生提供更多实习和技能培训机会,帮助他们获得被行业认证的从业资质证书和职业技能。

(二) 禁止就业歧视[①]

美国禁止就业歧视的法律有多个法律渊源,例如,《美国联邦宪法》第十四修正案规定,政府不得拒绝为所有公民提供平等法律保护,由此禁止某些歧视;《美国法典》第四十二章第 1981 节规定,美国的每一个人都有相同的权利"缔结并且执行合同""与所有白色人种的公民一样……全部且平等地享有法律权利"。

然而,就业领域反歧视法律最重要的渊源是专门针对这个问题的联邦法律、州法律和

---

① 何宜伦,刘超.美国就业歧视法律制度简介[J].反歧视评论,2019:3-20.

地方法律。在联邦层面,《1964年民权法》第七章规定禁止基于种族、肤色、宗教、国籍和性别的歧视,并在修订后增加了禁止以怀孕状态为由歧视妇女的规定。因为上述规定只涵盖某些特定受保护群体,联邦政府随后又颁布了几部禁止因为其他特征而进行歧视的法律,主要包括:《1967年就业年龄歧视法》,这部法律保护40岁(含)以上的人不因年龄而受到歧视,但并不保护40岁以下的人;《1990年美国残障人士法》,这部法律规定州政府、地方政府和企业均不得歧视符合录用条件的残障人士;《2008年反基因信息歧视法》,这部法律禁止在就业和健康保险领域对从业人员的基因信息有歧视。

联邦反歧视法律并不禁止州或地方政府自行制定其他更具保护性的法律。事实上,不少州和城市已经颁布了反歧视法律,主要是为了填补联邦反歧视法律的空白。例如,《1964年民权法案》第七章仅适用于雇用15名及以上员工的雇主,但是《纽约州人权法案》和《纽约市人权法案》适用于所有雇用4名以上员工的雇主。

第五节 美国维护国家经济安全的政策措施

经济安全与经济实力是国家安全的物质基础。美国的贸易、产业和金融政策与其国家安全体系的运行有着密切关联。同时,美国掌握着许多国际经济、贸易和金融组织的实际控制权,并在一些双边和多边经济机构中起支配作用,有能力达成于己有利的制度安排。美国保障国家经济安全的政策措施具体如下:

一、促进产业发展[①]

美国是市场经济最为发达的国家之一,在扶持本国产业发展、维护国家经济安全上,美国政府向来不遗余力。20世纪90年代美国经济走出衰退后,国际竞争力明显提高,这一方面与美国政府在国内采取积极的宏观调控政策有关,另一方面也与其出台的一系列配套保障政策措施有着重大关系。美国的产业安全保障措施主要表现为以下几个方面:

(一)以行业协会为主体进行标准制定

随着美国产业界认识到技术标准可以成为国际市场竞争中的无形壁垒,他们便开始了以企业协会为主体,以产业界自律、自治为特征的大规模标准制定工作。由于标准制定以自愿加入、自由竞争为运作形式,政府一般不会干预技术标准的制定,也不强制技术标准的执行,而只是对相关标准进行扶持,帮助其推广到国际市场。自20世纪90年代以来,增强企业自治、解除政府管制成为美国在制定技术标准方面的总趋势。由于美国是许多标准的制定者,其在开展国际经济活动,特别是在创造有利于自身利益的国际贸易条件方面掌握了较大主动权。这一方面为美国产品开发国外市场提供了便利,另一方面则为外国产品进入美国市场设置了重重门槛,成为当前美国维护产业安全的最有效手段之一。

(二)对重点产业实施分门别类的保护

长期以来,美国对产业安全一直采取攻守兼备的应对措施,既利用其在技术、资金方面

---

① 何维达.全球化背景下国家产业安全与经济增长[M].北京:知识产权出版社,2016:162-166.

的比较优势,对外进行产业渗透与扩张,同时又为防止全球化对相关产业的冲击,根据不同情况实施相应的保护措施。例如,农业是美国较为发达的传统产业,但其在整体经济中却处于弱势。由于"靠天吃饭"的状况没有根本性改变,旱灾和洪涝经常导致农业歉收,国际市场价格波动也不时对农民收入造成冲击,因此,美国政府长期实施保护性的农业税收政策。从农业收费方面来说,除政府按照国家统一的所得税税法及其他税法向所有纳税者普遍征收的税费外,农民基本上没有其他必须缴纳的费用,农业的税种相对较少且税收数额很低。此外,美国政府还设置了很多不同种类的税务优惠项目,为农业生产及农业投资等提供帮助。

(三)为产业发展提供各种形式的信息服务

为确保在瞬息万变的国际竞争当中处变不惊、未雨绸缪和准确决策,美国产业界拥有一个较为完善的信息服务体系。政府部门、各行业协会和相关研究机构均定期发布相关经济指标和预警情报,对产业发展提供信息指导,而在企业层面,则通过战略咨询或私人投资公司等渠道获取更为具体的企业情报,形成了融官方、中介组织、研究机构、企业各层次信息为一体的网络。

二、保障金融安全

(一)增加资本市场的稳定性

与其他经济体相比,美国的借贷较少依赖银行信贷,而更多经由各种资本市场渠道。这种以资本市场为中心的体系虽然有很多好处,但也存在可能出现的系统性风险。作为应对,美国国会和监管机构在银行体系之外进行了许多增强稳定性的改革。例如,集中清算衍生品交易,这些交易通过净额结算减少了风险敞口,并能够更好地控制交易对手风险;进行三方回购协议改革,特别是通过限制日内信贷,引导投资者选择仅限政府型资产的货币市场基金,避免出现挤兑风险。

(二)注重金融监管[①]

美国通过建立系统性金融风险处置框架,监控金融体系中复杂且快速发展的金融风险,从而保障国内金融安全。具体包括以下五个方面:

一是构建监管体系,宏观审慎监管和微观审慎监管并重。《多德-弗兰克华尔街改革和消费者保护法案》重点围绕系统性金融风险处置,统筹推进建设一个跨行业的监管协调机制,并对监管缺失进行修补。

二是填补监管空白,规范金融市场,强化银行的风险控制。改革新增了部分法规条例填补针对对冲基金、私募基金和信用评级公司的监管空白。

三是引入沃尔克规则,严格限制银行从事高风险业务。沃尔克规则禁止交易资产和负债总额在100亿美元以上的银行进行自营交易、投资对冲基金等高风险业务;交易资产和负债总额在100亿美元以下的银行虽然可以在自有账户中进行一定程度的自营交易,但是

---

① 胡滨.从强化监管到放松管制的十年轮回:美国金融监管改革及其对中国的影响与启示[J].国际经济评论,2020(5):102-122.

需要遵循合规程序;沃尔克规则建议设定高管问责制度,要求银行的首席执行官承担更多责任,从而遏制管理层的投机动机。由于沃尔克规则付诸实施后争议不断,2019年10月8日,美联储和其他四家监管机构最终批准通过沃尔克规则的修正案,放松对商业银行自营交易等的监管。该修正案的核心逻辑是按照交易的资产和负债规模来削减不必要的规制,并打破银行不能进行自营交易的禁令,给中小型金融机构监管豁免权,给大型金融机构一定程度的自营交易空间。

四是新设相关金融监管机构,加强对金融消费者和投资者的保护。美联储整合了七个具有消费者保护性质的部门成立金融消费者保护局,局长由总统直接任命,具有独立的监管权。同时,美国政府在证券交易委员会下设了投资者顾问委员会和投资者保护办公室。

五是加强跨境机构监管,重点强化跨境金融机构的资本金和业务规范。

三、支持科技创新

(一)加大科技研发投入力度

美国一向重视科技,力争占领全球知识竞争制高点,确保美国高科技产业保持世界领先地位。

以克林顿政府时期的政策为例,一方面,克林顿政府列出了许多重点攻关项目,呼吁美国各界加大研究力度,其中对信息科技尤为重视。1993年9月,美国正式颁布"国家信息基础设施"(National Information Infrastructure,NII)行动计划,以此带动社会经济的发展,重振美国国力;1995年2月,美国发表了《全球信息基础结构:合作日程》文件,提出建立"全球信息基础设施"(Global Information Infrastructure,GII)的设想和倡议,并成立了"全球信息基础设施委员会"(Global Information Infrastructure Committee,GIIC)以推进其进程。

另一方面,克林顿政府非常注重国民整体科技素质的提高,其每年用于知识生产及传播的开支约占美国GDP的20%,每年产生的新职业中约有80%来自知识密集部门。

(二)大力支持高新科技产业发展

为在新一轮的国际竞争中赢得更大优势,美国形成了以大学和科研机构等为研发基础,由政府多项推动政策、资本市场投入及有助于产业发展的法规体系共同组成的多层次科技促进体系。

该体系的第一个层次是组成专门的领导协调机构,美国白宫、国会和州政府设有专门委员会跟踪高新科技的最新发展,研究制定相应的财政预算、管理法规和税收政策。第二个层次是制定一系列旨在保护和鼓励高新科技发展的政策和法律,形成对知识产权、技术转让、技术扩散等强有力的法律保护。第三个层次是通过多种融资形式实现对高新科技产业的扶持,其中包括联邦拨款或资助、州政府拨款或资助、大公司出资、成立基金会、风险投资等。

另外,政府还拥有包括培训、设施和研究资源整合、技术开发及商品化等大量的支持项目。在对高新科技产业进行扶持的过程中,政府不断校正和调整研发投入结构,通过减免高技术产品投资税、高技术公司税、财产税、工商税等税收优惠措施间接刺激投资。许多州还成立了科学技术基金会、研究基金会、风险投资基金会等,为高技术产品开发提供资助。

在一系列优惠政策的带动下,美国企业也加大了对高新科技产品的投入力度。目前,以大公司为代表的民间高技术研发投资总额已超过政府资助,并发挥越来越大的作用。

四、重视人才培养和引进

美国采用的是市场化的人才服务与管理机制,这既有利于人才在地区之间的竞争与流动,也有利于人才结构的不断完善。美国人才市场的竞争极为激烈,除本国公民外,其他国家的留学人员、访问学者等,凡是取得美国移民局的认可,都可获得被聘用的机会。

为了保障人才市场机制有效地发挥作用,优化人才资源在市场的配置,减少人才安全问题导致的劳动力市场波动,一方面,美国政府部门提供全方位的人才信息服务,设立公共就业服务、私营就业服务机构。美国公共就业服务的主要管理机构是劳工部就业与培训管理局,其建立了多元化的、完善的公共就业服务系统,形成了由提供工作介绍服务、劳动力市场信息、失业与相关福利信息,到实施积极劳动力市场政策、就业相关的福利改革措施的庞大网络。美国私营就业服务机构在20世纪50年代后逐渐发展成为一个产业,20世纪70年代,美国私营就业服务机构开始盛行,截至2021年,在全球人力资源服务机构50强名单中,美国企业有24家,占48%,居全球第一位。此外,美国国家人才制度保护委员会每隔三年要对联邦人才运行工作进行评估,并向总统提交专题报告,分析利弊得失,提出解决问题的对策。另一方面,美国政府支持高级专业人才在企业、高校、政府、科研机构之间进行自由流动,并通过强化医疗、住房和保险等社会化服务的方式促进人才的流动,充分实现"才尽其用"。美国不断完善的人才管理机制为人才良性流动、人才结构趋于完善、人才市场良性运作提供了制度保障。

除此之外,为确保外籍人才入境便利,美国不断改革与完善"绿卡"政策,授予非美籍专业人才在美永久居留权。为了吸引世界各国优秀人才,美国以优厚的人才待遇、一流的实验室和丰富的文献资料,为有才华、有抱负的外籍青年学者进修、做访问学者以及从事研究工作等提供便利。据美国国土安全部统计,2021年,美国共引进73.82万合法移民,其中19.33万移民是拥有高级学位的专业人士、熟练就业工人等优先引进的外国人才,这类人才群体占总移民数量的26.19%。2021年,美国吸引近124万海外留学生赴美学习,其中约86.6%的海外学生为本科及以上学历。海外人才的流入对美国科学研究事业的发展起到了重要作用,是推动国家经济发展、维护国家经济安全的重要保障。

五、注重贸易保护

根据世界经济形势的变化和本国所处的具体发展阶段,美国政府会实施不同的贸易保护措施,以抵御进口产品对本国产业的冲击。美国的贸易保护主要集中于劳动密集型产业和高新技术产业,如传统工业中的钢铁、汽车和建筑业,以及电子、航空、新材料、人工智能业等高新技术产业等,通过加征进口关税、提供出口补贴等方式削弱他国产品的进口竞争优势,并鼓励本国产业扩大对外出口。

美国贸易安全的发展经历了初始萌芽、战略升级、极端安全、规则驱动与"美国至上"五个时期,与之对应,美国对外贸易安全的举措也在不断随时期进行调整。

（一）初始萌芽时期

第二次世界大战结束后,美国进入空前繁荣时期。美国将建立开放自由贸易原则视为维护对外贸易利益的重要途径。当时各国间的关税壁垒高企,汇率竞相贬值,严重阻碍了美国贸易安全利益的实现。为此,美国主导了1944年的布雷顿森林会议以及1947年的GATT谈判,确立了世界经济新体制,大大推动了国际贸易与投资的发展。在互惠贸易与国际制度的双重保障下,美国贸易安全得到了由美国主导的国际贸易规则的强有力支撑。然而好景不长,面对自身经济实力的不断下降以及西欧和日本实力的上升,美国开始出现了贸易保护主义的返潮。

为此,美国主要通过出口管制手段来维护贸易安全。出口管制即禁止出口威胁美国国家安全的战略性技术和物资。作为美国对外政策的重要工具,出口管制常通过说服、奖励或惩罚以影响国际政治和其他国家的外交行动来达到目的。

（二）战略升级时期

1990—2000年,美国经济的增长有20%归功于出口贸易的增长。由于对外贸易在经济增长中扮演着重要角色,国家贸易安全也越来越引起美国政府的重视,美国政府把减少贸易摩擦、消除贸易障碍、推行贸易自由化、扩大商品和服务贸易的对外输出、保证美国的就业和经济繁荣,作为其维护贸易安全、保障国家贸易利益的政策目标。

将贸易正式纳入国家安全战略是从克林顿政府开始的。面对冷战后国际环境发生的根本变化,克林顿一上任便开始对国家安全战略进行重大调整,1993年2月,克林顿提出"把贸易作为美国安全首要因素的时机已经到来"。克林顿政府将建立一个更加开放和自由的国际贸易体制确定为美国新外贸政策的战略目标。克林顿高度重视对外贸易在美国这样一种开放型自由市场经济中的作用,将其作为振兴美国经济的主要支柱之一。

克林顿明确而坚定地反对贸易保护主义,认为它将毁灭国际贸易及国际经济增长,从而最终扼杀美国经济的复苏和增长。1998年12月,美国白宫新闻署公布了《新世纪的国家安全战略》报告。报告在论述美国安全第二个核心目标时强调,经济利益和安全利益密不可分,经济繁荣是国家安全战略的目标之一,又是实现其他目标的基础。美国本土的经济繁荣依赖于战略物资的进出口贸易的稳定。同时,为了确保美国经济的繁荣还应该保证美国在国际发展、金融和贸易组织中的领导地位。报告将建立开放的贸易体系作为维护美国贸易安全的重要措施,并且强调21世纪美国的繁荣与否取决于美国在国际市场的竞争力高低。因此,美国必须扩大对外贸易,以支持本土经济的增长。为了获得开放市场最大的利益,美国必须有一个完整的战略来维持美国技术优先以增加出口。至此,贸易安全问题正式被纳入美国国家安全战略中。

（三）极端安全时期

2001年发生的"9·11"事件似乎在一段时间内消除了冷战后美国在大战略选择上的迷茫。美国面临的首要威胁和国家安全目标变得明朗。美国2002年的国家安全战略报告宣称,为维护美国的全球领导地位,美国将采取必要的单边主义行动,对恐怖主义组织和专制政权展开"先发制人"的打击,以"政权更迭"模式推进民主、扩展和平,并积极致力于将民主、发展、自由市场和自由贸易的希望带到世界的每一个角落。

因此,美国贸易安全被纳入反恐的整体战略中,树立了依靠所谓美国无限的国家实力,打击恐怖主义及其武器对美国对外贸易的威胁,确保对外贸易利益的极端贸易安全。这是极端化的国家安全观念在贸易安全问题上的反映。

小布什政府先从机构改革入手,2002 年 11 月 25 日,美国《2002 年国土安全法》(Homeland Security Act of 2002)生效,国土安全部正式成立,将美国海关署的职能、人员、资产和负债,以及部分原属于财政部部长的职能移交给了国土安全部。2003 年 3 月 1 日,国土安全部将这些职能分别转移到海关与边境保护局(Customs and Border Protection,CBP)以及移民与海关执法局(Immigration and Customs Enforcement,ICE)两个机构中。CBP 过去主要的任务是监管美国入境港货物流通和征收关税,此时已经转移到安全上来,其首要任务是防止恐怖分子及其武器进入美国,其次是便利合法贸易与人员的流动。

(四) 规则驱动时期[①]

金融危机以后,对于美国这样一个贸易大国和贸易强国,面对 21 世纪的首次经济衰退,寻找新的经济增长点很快演变成为一项国策,以促进出口来扩大就业成为美国政府确立的经济刺激计划的重要内容。与以往不同,美国没有在关税总体水平上采取措施,相反,美国在维护自由贸易的基础上,务实地实施了以"公平贸易"为原则的贸易保护政策,其内容大致包括以下五个方面:①制度性贸易保护更加凸显所谓"公平",即通过《汇率改革促进公平贸易法案》,旨在对低估本币汇率的贸易伙伴国征收特别关税,以寻求所谓"公平贸易",实施反倾销和反补贴的政策以及征收与此相对应的惩罚性关税。②促进出口拉动经济复苏成为美国国家战略,更积极地鼓励出口限制进口,且更积极主动地为打开贸易伙伴国市场展开贸易谈判,主要通过增加促进出口活动中的投入以及向贸易伙伴国施压使其实现承诺等措施激励出口的增长。③贸易政治更加盛行,将部分贸易保护通过立法的形式确立下来。④区域和双边自由贸易协定谈判凸显亚洲战略,亚太地区也是美国实施出口促进战略和推动自由贸易协议谈判的重点区域,并积极推动相关协议签订。⑤中国成为美国贸易保护制衡的重点目标国家,"双反"(反倾消和反补贴)案件数目激增,美国以贸易失衡为由压制人民币汇率。

(五) "美国至上"时期[②]

2017 年,特朗普开始担任美国总统,开启了美国贸易安全实践的另一时期。特朗普政府旨在通过推行以"美国优先"为原则的贸易政策改革,来增加国内制造业投资和消除长期存在的贸易逆差,帮助美国经济实现 3% 的年增长率。在进口方面,严格执行美国贸易法,防止国内市场受到外国倾销和补贴等不公平竞争行为的扭曲;在出口方面,希望打破外国市场的壁垒,扩大美国的出口;在国际贸易规则上,避免其他国家对贸易规则作出不利于美国的解释,并推动贸易规则根据美国利益需求的变化进行更新。

特朗普政府为实现上述目标确立了如下四项优先议程:

(1) 摆脱多边贸易规则的束缚。特朗普政府一改美国数十年来支持"强约束性"贸易

---

① 张丽娟.金融危机以来美国贸易政策的回顾与展望[J].国际贸易问题,2011(6):35-46.
② 郝宇彪.特朗普时期美国对外贸易政策:理念、措施及影响[J].深圳大学学报(人文社会科学版),2017,34(2):94-100.

规则的立场,转而寻求弱化多边争端解决机制。

(2)加大惩治"不公平贸易行为"的力度。上台以后,特朗普政府频繁利用"双反"调查等贸易救济措施来打击所谓"不公平"的贸易行为。

(3)以强硬方式打开国外市场。特朗普政府采取了各种举措,以强硬的方式打破关税和非关税壁垒等来推动出口。例如,通过威胁退出《美邦自由贸易协定》要求韩国取消进口汽车的非关税壁垒,就知识产权保护和技术转移问题启动对中国的"301条款"调查等。

(4)重审贸易协定,包括退出或重新谈判所谓"糟糕"的贸易协定,并通过"强硬"和"聪明"的谈判达成对美国更为有利的贸易协定等。

六、保障对外投资安全

(一)构建双边投资协定保障对外投资安全①

在美国境外投资政策中,最具代表性的是双边投资协定。双边投资协定(Bilateral Investment Treaties,BITs)是两国签订的国际法意义上的书面协定,其目的在于促进和保护签约国彼此之间的投资活动。美国贸易代表办公室于1982年1月公布了一份双边投资条约样本,并于随后的具体谈判中不断修订,逐渐形成了美国双边投资协定的范本。自此之后,美国热衷于修改和签订双边投资协定,内容覆盖投资自由化、投资便利化、竞争政策、知识产权等诸多议题,在国际法层面保障本国企业对外投资安全。

(二)利用海外投资保险制度减少东道国国家风险②

为应对国际动荡地区的政治风险,美国政府专门成立了国家投资保险公司,主要是为美国的跨国公司承保,用于减少资产被他国征收、国有化、武装冲突或战争、革命或暴乱等政治风险,以及因当地货币无法兑换而影响资金周转、利润返回等风险。美国海外投资企业向国家保险公司投保,每个投保项目最高可获得约占投资总额75%的保险额。如果对外投资遭遇风险,美国政府先补偿企业所遭受的损失,再根据投资国双方的投资保护协议,由政府代表企业要求缔约国赔偿经济损失。由此可见,海外投资保险制度与双边投资协定是相辅相成的,二者的相互配合能够有效保护其海外投资的发展利益。

(三)政府为跨国公司提供多种风险规避的政策保障③

在知识产权保护政策方面,互联网技术、电信、咨询、金融、化学、医药、高端制造等高技术行业公司占美国顶尖跨国公司的绝大多数,这类公司主要以专业知识和技术来保持较高的利润和全球的竞争优势,因此,美国特别重视知识产权保护政策,对技术输出也格外谨慎。在税收政策方面,美国政府对跨国公司采取了一系列优惠手段,如赋税抵免、纳税延期、转结亏损等。在信贷政策方面,美国提高了跨国公司贷款及资金额度,以中长期信贷方式发放国外开发项目贷款,跨国公司所需的外币贷款也被纳入管理范围。此外,美国政府还利用包括外交手段在内的多种方式为本国的跨国公司服务。

---

① 吉小雨.美国对外直接投资的利益保护:从双边协定到海外私人投资公司[J].世界经济与政治论坛,2011(2):57-68.
② 徐索菲,孙明慧.中国企业境外直接投资风险防范的国际经验借鉴[J].学术交流,2014(5):116-120.
③ 王茹.企业跨国经营的国家风险管控:国际经验与中国路径[J].国家行政学院学报,2012(3):79-83.

七、加强外资监管

美国是世界上吸收外商直接投资最多的国家之一。为了有效利用外资,同时防止外资分割本国利益,美国政府不断加强对外资的监管与审查。当前,美国主要通过三种方式对外资进行监管:

第一,实行特定行业层面的外资准入限制。根据2012年OECD发布的《OECD资本流动自由化准则》,美国对原子能、沿海及国内运输、海洋热能、水电、地热蒸汽、广播、公共承运等领域实行外资准入限制。

第二,出台特别的联邦和地方法案直接约束相关外国投资。如《1996年电信法》对外资进入电信行业的特殊资质与条件作了界定。

第三,以CFIUS为首的美国外资监管部门对特定交易进行安全审查。另外,美国法律对于外国并购项目涉及的"国家安全"并没有准确的定义,这实际上赋予美国相关监管部门极大的自由裁量权,便于其发起不公正的安全审查并给予外国投资者歧视性待遇。

美国通过制定各项外资监管政策,极大地提高了投资效率,有效地规避了外资对国内经济的冲击,也减少了逃税风险和外资撤资风险。总的来看,美国外资监管政策有四个特点:

第一,实行国民待遇。在美国,除极少数关系到国家经济安全的领域外,美国对包括外资在内的所有市场主体一视同仁,形成了一个公平公正的环境。外资企业既没有特别的优惠政策,也不受到歧视,在信贷、监管等各方面都与美国国内企业享有同等待遇。

第二,构建了完善的法律体制。在美国,不论在立法上还是在执法上,外资企业的经营都有明确的法律依据和保障。

第三,提供帮扶措施。美国政府和各级州政府对外资企业提供诸如技术培训的服务。

第四,支持科技产业、新兴产业和中小企业发展。美国各级州政府通过税收优惠、融资支持和基金赞助等举措引导外来资金促进本地研发、科技创新和新兴产业发展,并且对雇用本地员工的企业提供基金资助和税收优惠等支持性政策,支持本地中小企业发展,以促进本地就业。

八、促进国内就业

(一) 促进就业措施灵活多样[①]

美国就业政策具有针对性和多元化的特征。美国联邦政府不仅考虑到要在整体数量上减少失业人口,还考虑到不同层次就业人员的不同需求,因人而异、有的放矢地给予帮助。例如,针对作家、音乐家等群体的失业问题,美国联邦政府设立专门项目、划拨经费支持其就业,针对青年设立职业团、街区青年团等计划,针对成年人设立成人教育计划等,针对少数族裔、贫困家庭分别实施不同的资助、扶持、培训计划。联邦政府的就业政策层次分明、指向性强,不但有利于减少失业,而且能够有效开发、利用人力资源,促进就业质量的提升。

---

① 杨超.20世纪美国就业政策调整及其对中国供给侧改革的借鉴意义[J].北方论丛,2017(3):99-105.

（二）打造就业服务网络

打造就业服务网络主要是为了将就业服务覆盖到各个群体和各个地区。美国的就业服务已达到网络化水平，遍及各州，在国家层面和地方层面都形成了复杂的服务网络。按照就业服务的功能划分，美国的就业服务网络有四类，包括：①门户网站，即美国公共就业服务网，提供在线就业服务；②数据库资源，包括3个数据中心，分别为美国就业交易所、美国职业信息网和美国职业培训网，3个数据中心在运行上相互独立，主要负责收集和提供各种劳动力市场中的供求信息；③地区就业资源，即地方的公共就业服务系统，包括50个地区就业服务网和遍布全国各地的近3 000个就业服务中心；④其他网络资源，即提供其他公共就业服务的站点。

（三）构建和完善就业服务体系

美国通过构建和完善就业服务体系，为求职者提供"一站式""个性化"就业服务，从而促进国内就业。其中，"一站式"就业服务是指将各种不同工作性质的机构安排在同一个地点，并提供培训、咨询、职业指导以及领取失业津贴等服务；"个性化"就业服务是指根据不同类型的求职者和雇主提供不同类型的针对性服务。例如，美国推出就业面对面服务，此项服务针对的是失业超过半年、技能老化以及年龄较大的求职者；还有一对一服务，此项服务针对的是长期失业者、残障人士以及特困群体。

本章小结

（1）美国国家经济安全观。纵观美国历史，美国所持的是一种以自由市场经济为基础，以"加强自身经济实力、确保国家经济霸权地位"为内核的开放式的国家经济安全观，但是，不同时期美国对国家经济安全的目标不尽相同，具体看：20世纪70年代，美国国家经济安全目标是保障能源安全；20世纪90年代，美国国家经济安全目标是保障美国的经济繁荣；21世纪初期，美国注重国土安全和国防建设，奉行强调经济合作的自由主义经济安全观；2015年之后，美国国家经济安全的主要目标是维护美国的国际领导地位和全球规则竞争主动权。

（2）美国国家经济安全战略。不同时期美国国家经济安全战略既有一定的连续性，也有一定的变化和差异。总的来看，美国国家经济安全的战略目标是保持美国经济繁荣并向全球推广自由市场和自由贸易。其战略措施具体包括：在美国国内，保持美国企业的竞争力和技术领先地位，提高全民科学文化素质教育水平，确保战略资源储备；在国际上，扩大美国与其他国家和国际组织的合作，开展全球、区域和双边贸易合作，确保在国际金融体系中占据领导地位，制定和影响国际经济规则。

（3）美国维护国家经济安全的组织机构。美国国家经济安全保障机构也由多个执行部门和顾问委员会构成，各机构相互制衡又相互协调，共同履行着维护国家利益、保护经济安全的责任。以美国的贸易管理体制为例。美国的贸易管理体制主要由国会、行政部门、私营部门顾问委员会三部分组成。其中，国会具有制定对外贸易相关法律、事先授权或事后审批相关政策或协定的权力；行政部门主要负责对外贸易谈判、世贸组织谈判、进出口管理及服务和征收关税等；私营部门顾问委员会则主要负责为政府的投资和贸易决策提供建议。

(4) 美国维护国家经济安全的立法保障。美国通过立法来保障国家经济安全,具体为:①金融安全立法保障;②科技安全立法保障;③人才安全立法保障,包括高度重视人才培养和大力引进国际人才;④农业安全立法保障;⑤资源安全立法保障,包括能源安全立法保障和矿产安全立法保障;⑥对外贸易安全立法保障;⑦利用外资安全立法保障,包括外资审查和反垄断审查;⑧就业安全立法保障,包括加强职业培训和禁止就业歧视。

(5) 美国维护国家经济安全的政策措施。美国通过制定相关的政策措施来保障国家经济安全,具体包括以下方面:①促进产业发展;②保障金融安全;③支持科技创新;④重视人才培养和引进;⑤注重贸易保护;⑥保障对外投资安全;⑦加强外资监管;⑧促进国内就业。

复习思考题

1. 试述一个国家制定国家经济安全战略及相关保障措施的影响因素。
2. 查阅美国各年国家安全战略报告及相关资料,经济安全在美国国家安全战略中的地位是如何变化的?试述出现这种变化的原因。
3. 美国是如何通过外资安全审查来保障国家经济安全的?
4. 不同时期美国出台的对外贸易法律政策有何差异?其背后的原因是什么?
5. 除本章第五节提到的美国维护国家经济安全的政策措施外,美国还采取了哪些措施来保障国家经济安全?

参考文献

陈凤英.国家经济安全[M].北京:时事出版社,2005.
段敏芳,郭忠林.产业结构升级与就业[M].武汉:武汉大学出版社,2013.
顾海兵,曹帆,沈继楼.美国经济安全法律体系的分析与借鉴[J].学术研究,2009(11):70-76.
顾海兵,李彬.基于国际借鉴的中国经济安全战略纲要之研究[J].国家行政学院学报,2010(3):33-37.
郝宇彪.特朗普时期美国对外贸易政策:理念、措施及影响[J].深圳大学学报(人文社会科学版),2017,34(2):94-100.
何维达.全球化背景下的国家经济安全与发展[M].北京:机械工业出版社,2012.
何维达.全球化背景下国家产业安全与经济增长[M].北京:知识产权出版社,2016.
胡滨.从强化监管到放松管制的十年轮回:美国金融监管改革及其对中国的影响与启示[J].国际经济评论,2020(5):102-122.
吉小雨.美国对外直接投资的利益保护:从双边协定到海外私人投资公司[J].世界经济与政治论坛,2011(2):57-68.
金沙滩.美国的经济不安全感缘何而来[EB/OL].(2019-06-13)[2022-05-10].http://www.qstheory.cn/yaowen/2019-06/13/c_1124618062.htm?from=singlemessage.
黎昭权.美国国家经济安全审查制度的争议与对策[J].人民论坛·学术前沿,2019(19):104-107.
林乐,胡婷.从 FIRRMA 看美国外资安全审查的新趋势[J].国际经济合作,2018(8):12-15.
刘洋.英国人才发展战略的分析与评价及对我国的启示[J].沧州师范学院学报,2015,31(4):124-128.
屈文生.从治外法权到域外规治:以管辖理论为视角[J].中国社会科学,2021(4):44-66.
石斌.思想·制度·工具:美国国家安全体系的一种分析框架[J].国际安全研究,2021,39(2):3-27.

王茹.企业跨国经营的国家风险管控：国际经验与中国路径[J].国家行政学院学报,2012(3):79-83.

王自立.国家贸易安全提出的三个阶段[J].求索,2008(11):76-77.

徐索菲,孙明慧.中国企业境外直接投资风险防范的国际经验借鉴[J].学术交流,2014(5):116-120.

徐英倩.论我国国家经济安全立法[J].学习与探索,2017(10):65-70.

许铭.中国产业安全问题分析[M].山西:山西经济出版社,2006.

杨斌,丁建定.国外就业保障的发展及对中国的启示：以美国、英国和德国为例[J].理论月刊,2016(5):177-181.

杨超.20世纪美国就业政策调整及其对中国供给侧改革的借鉴意义[J].北方论丛,2017(3):99-105.

于文轩.美国能源安全立法及其对我国的借鉴意义[J].中国政法大学学报,2011(6):119-129.

张健.九十年代美国贸易政策趋向[J].美国研究,1993(3):32-52.

张丽娟.金融危机以来美国贸易政策的回顾与展望[J].国际贸易问题,2011(6):35-46.

赵光辉.人才发展学[M].北京:知识产权出版社,2016.

赵磊.如何看待美国长臂管辖权[J].中国党政干部论坛,2019(5):95-98.

中华人民共和国商务部.国别贸易投资环境报告2006[R/OL].(2006-04-03)[2022-08-23].http://images.mofcom.gov.cn/trb/accessory/200603/2006ch.pdf.

周文康,费艳颖.美国科技安全创新政策的新动向：兼论中国科技自立自强战略的新机遇[J].科学学研究,2023(3):454-463。

第十一章
欧盟的经济安全

> **学习目标**
> 1. 了解欧盟的经济安全观。
> 2. 掌握欧盟的经济安全战略。
> 3. 了解部分欧盟成员国的国家经济安全战略。
> 4. 了解欧盟维护经济安全的组织机构。
> 5. 了解欧盟维护经济安全的立法保障。
> 6. 掌握欧盟维护经济安全的政策措施。

导入案例

乌克兰危机使得欧洲经济复苏进程受阻

2022年,新冠疫情尚未完全消失,乌克兰危机影响又起,严重阻碍了欧洲经济的复苏进程。深陷高通货膨胀的欧洲经济正从低速行驶转向"踩刹车"阶段,衰退风险进一步加剧。

2022年7月14日,欧盟委员会发布了夏季经济预测报告,与两个月前的春季预测数据相比,仅维持了2022年欧盟经济增长2.7%的预期不变,2023年的经济增长预期则从2.3%下调至1.5%,对2022年欧盟通货膨胀率的预期从6.8%上调至8.3%,对2023年欧盟通货膨胀率的预期则从3.2%上调至4.6%。

能源危机是欧盟眼下面临的最大困境。欧盟高度依赖俄罗斯的化石燃料,乌克兰危机令欧洲整体通货膨胀率连创新高。2022年6月,欧洲主要经济体中,德国通货膨胀率为8.2%,法国为6.5%,意大利为8.5%,西班牙为10%,均处于高位。波罗的海三国通货膨胀率达20%左右。俄乌冲突发生后,俄罗斯大幅削减了对欧洲的供气量。主要输气管道"北溪-1"两条支线也暂时关闭,开启为期10天的常规维护,加剧了欧洲的担忧和不安。2022年,欧洲多国遭遇夏季高温,并竭尽全力为冬天储气,如果俄罗斯继续限制天然气供应,将导致欧洲"气荒"加剧。天然气价格的进一步飙升将令欧洲通货膨胀率再度承压,家庭购买力遭受侵蚀,部分能源密集型企业倒闭。

在通货膨胀加剧形势下,欧洲央行压力骤增。为防止通货膨胀进一步恶化,欧洲央行不得不启动10多年来的首次加息,计划于2022年7月加息25个基点,并从7月1日起停止净资产购买。然而随着欧洲央行结束购债,债务负担沉重的欧元区国家融资成本将大幅攀升,这又将带来债务危机风险。同时,欧洲央行还要尽量减少货币政策调整导致经济衰退的风险。

从基本面来看,欧洲经济延续2021年反弹势头无望。2022年,欧元区7月ZEW(欧洲经济研究中心)经济景气指数跌至-51.1,6月消费者信心指数跌至-23.6,欧元区四大经济体德法意西的采购经理指数(PMI指数)在6月进一步转弱。目前,欧洲之所以能维持今年欧盟的经济增长预期不变,主要得益于前一年积累的强劲势头,但预计本年度剩余时间内经济活动将较为低迷。

多家机构下调了对欧元区经济增长的预期,甚至预计欧洲经济将出现衰退。欧洲央行预计,在能源供应严重中断、价格进一步飙升的情况下,2022年欧元区经济将仅增长1.3%,2023年将萎缩1.7%。相关人士也承认,在全面削减进口俄罗斯天然气且短期内难以替代的情况下,欧盟经济将在2022年下半年陷入衰退,2023年的经济活动也将受到抑制。

资料来源:康逸.欧洲经济深陷通胀 复苏进程受阻[N].经济参考报,2022-7-19(2).有删节和修改。

第一节 欧盟的经济安全观

作为一个超国家组织,自成立以来,欧盟的整体安全观就面临着如何协调成员国利益与整体利益的问题。建立之初,欧盟在经济上的整合职能远大于其对各成员国的安全维护职能,各成员国的国家安全和经济安全由自身负责。但是,随着一体化程度不断提高,欧盟越来越多地作为一支单独力量活跃在国际舞台,各成员国在经济安全方面的合作也随之加深,这些都为欧盟制定统一的经济安全战略打下了坚实基础。

长期以来,欧盟的安全战略始终以军事防御为主,而在经济领域,欧盟更多扮演着协调和规范的角色,一直致力于寻求欧盟所有成员国发展的最大公约数,统一农业政策、关税政策、货币政策等,推动欧洲经济一体化不断迈上新台阶。

欧洲安全体系形成于第二次世界大战后,并于冷战结束后发生巨大变化,安全的定义也从传统的领土完整、国防等领域,发展到包括一系列非传统的非军事因素,如宏观经济稳定性、环境退化程度等。第二次世界大战给欧洲经济造成严重破坏,战后的欧洲面临着经济复苏与重建的繁重任务。美国也将维护欧洲的经济安全作为其国家安全战略的构成部分。在美国的帮助下,欧洲采取了一系列措施发展经济。朝鲜战争爆发以及美苏军事对抗格局形成之后,欧洲和美国对经济安全的重视程度有所减退。彼时,欧洲主要国家关注的问题从经济复兴转向了如何在美苏两个超级大国间维持核威慑的平衡,以及维护亚欧大陆传统势力的平衡。虽然欧洲也将注意力放在支撑军事力量的经济基础上,但总体上来说,经济问题仍然处于次要地位,被看作是更为重要和紧迫的军事安全问题的附属品。

20世纪60年代末,有关经济安全的问题逐渐凸显,并被视为各国国家安全的重要组成部分以及欧洲安全秩序的重要组成部分。20世纪60年代末和70年代初,一些西方国家将研究重点放在大西洋联盟成员国的经济联系方面,它们的观点是,经济联系是形成大西洋联盟及维护成员国安全的主要基础。20世纪七八十年代,国际形势发生显著变化,在欧洲,由于联邦德国等国家经济实力的增强,美国经济霸权受到挑战,与此同时,战争的威胁逐渐远离欧洲大陆,这一系列因素导致大西洋地区内部的经济冲突显著增加。从国际上来看,1972—1973年,布雷顿森林体系开始崩溃,1973—1979年间爆发的两次严重的石油危机引发整个世界在20世纪80年代对原油等战略资源进口安全的关注。总之,欧洲和世界形势的变化使得经济问题成为世界各国关注的重要话题。

冷战结束后,世界秩序发生重大变化,也改变了欧洲的安全结构。冷战结束前,欧洲有北大西洋公约组织(北约)、华沙条约组织(华约)、西欧联盟和欧洲安全与合作会议(欧安会)四个安全组织和论坛。但实际上,冷战时期的欧洲呈现两极对抗局面,难分伯仲的华约和北约互为死敌,平分欧洲,分别保护东西欧的安全,共同主宰欧洲的命运。北约和华约都致力于既通过军事一体化保证各自安全,又通过势均力敌的军事对抗保持欧洲整体稳定。两极对抗局面的结束大大改变了欧洲的军事战略态势和地缘政治关系,宣告了欧洲冷战安全结构和安全格局的终结。冷战结束后,欧洲各国之间也加强了军事安全和经济安全间的相互联系,二者的相对重要性也发生了转变。欧洲各国认识到,在经济领域开展合作的可能性正在增加,并且只有通过这种合作才能使欧洲的经济、政治及军事安全达到一个新的平衡。但与此同时,冷战的结束以及曾经分隔欧洲大陆政治和军事的界线的消失,并未给欧洲带来稳定与安全,欧洲国家不仅仍然处于分割状态,还时常陷入地区冲突甚至战争的困扰中。根本原因之一是欧洲各国的经济发展水平存在巨大差异,以及各国在欧洲安全体系中的地位不平等。

1992年2月,12个欧洲共同体(下称"欧共体")国家正式签订《欧洲联盟条约》(Treaty on European Union)。根据该条约,欧共体正式更替为欧洲联盟(欧盟),将欧洲一体化向经济货币联盟、共同外交及防务的方向纵深推进。在欧盟整体安全观形成之初,欧盟建立了国家组织框架下的集体安全机制,但该安全机制的内容是传统安全,主要依托北约为其提供安全保障,但欧盟本身并不具备为成员国提供安全保护的军事条件。随着经济安全对国家安全的影响不断增大,欧盟对维护成员国整体安全利益的可为空间大大增加。2003年,欧盟首份安全战略报告的出台标志着欧盟整体安全战略的形成。这份报告提出了欧盟面临的威胁和挑战,并提出了具体应对措施,意义在于从整体层面统一欧盟成员国的立场,并形成了维护自身安全的"欧洲方法"。2016年,欧盟出台了《共同愿景、共同行动:一个更强大的欧洲——欧盟外交与安全政策的全球战略》(Shared Vision, Common Action: A Stronger Europe, A Global Strategy for the European Union's Foreign and Security Policy),阐述了在当前全球发展新形势下欧洲的核心利益和共同目标。自此,欧盟形成了新的安全战略,在该战略目标下,欧盟对国家安全的理解已经不仅仅局限于传统安全观的范畴,而是更加重视经济等非传统安全因素。

第二节 欧盟的经济安全战略

欧盟并非单一国家,也不是一般意义上的国际组织,而是一个后现代组织,是一个多层治理体系。因此,欧盟统一安全战略的制定与实施成效主要取决于成员国在政治和经济等目标上的一致性。鉴于在政策协调上的困难,欧盟目前并无统一的经济安全战略,而是将其内嵌于整体安全战略之中,可见于各成员国的安全战略和各类政策文件之中。

一、欧盟整体的经济安全战略

从欧盟整体的安全战略来看,截至 2022 年,欧盟共出台了四份安全战略文件,依次是 2003 年《更好世界中的安全欧洲——欧盟安全战略》(A Secure Europe in A Better World: European Security Strategy, ESS 2003)、2008 年《欧盟安全战略执行报告》(Report on the Implementation of the European Security Strategy, ESS Report 2008)、2016 年《共同愿景、共同行动:一个更强大的欧洲——欧盟外交与安全政策的全球战略》和 2022 年的《安全与防务战略指南针》(A Strategic Compass for Security and Defence)。

2003 年的欧盟安全战略是基于当时欧盟面临的地缘政治环境、20 世纪 90 年代以来共同外交和安全目的而出台的战略文件。该安全战略虽为欧盟共同外交与安全政策建设提供了整体框架,但理想主义色彩浓厚。2003 年,欧盟政治精英普遍认为欧洲正处于从未有过的富裕、安全与自由状态中,并且欧盟已经成为"全球角色",因此,欧盟本身的安全可以不作为欧盟安全战略的考虑目标。此时,欧盟的安全战略更像是一个概念,并不能为欧盟各成员国的对外政策提供指导,也没有发挥其应有的作用。2008 年的《欧盟安全战略执行报告》是在 2003 年欧盟安全战略的总体框架下,根据五年来的实施情况对其进行的检讨,并提出相关改进措施。因此,《欧盟安全战略执行报告》只是对 2003 年欧盟安全战略的"小修小补",并没有触及根本问题。

其后几年,国际形势和欧盟内部的情况都发生了重大变化。欧洲面临内部权力分配变化、中东局势动荡、难民危机和恐怖主义等问题的困扰,欧盟需要集中精力确保自己的边界安全,阻止潜在的侵略者,消除恐怖主义的威胁,需要就前进道路进行战略思考,调整其安全战略以应对上述挑战。因此,2016 年 6 月,欧盟出台了新的安全战略文件《共同愿景、共同行动:一个更强大的欧洲——欧盟外交与安全政策的全球战略》,又称"欧盟新安全战略"。欧盟新安全战略认为,欧盟的繁荣是建立强大欧洲的基础,因此,欧盟将促进内部经济增长、积极解决就业问题、构建更加安全健康的社会经济环境作为经济安全战略。在全球范围内,面对多国要求改变全球治理体系的高涨呼声,欧盟新安全战略明确提出,欧盟将在共同利益、原则和首要任务的指引下,建立一个更为强大的联盟,发挥其在世界中的作用,并将参与全球治理作为欧盟对外行动的首要任务之一。为此,欧盟提出全球治理的"欧盟方案",主要包括:改革联合国安全理事会和国际金融机构;寻求扩大国际规范、制度和体制的范围;实施可持续发展相关措施;推动网络空间、能源等领域全球规则的制定与发展;与其他国家行为体、非国家行为体、国际和区域组织建立稳固的伙伴关系。

俄乌冲突将欧洲再次拉向战争的边缘,同时使其承受着国外难民和国外反制带来的直接经济伤害,凸显了加强欧盟安全与防务的必要性。2022年,欧盟理事会发布《安全与防务战略指南针》,明确了欧盟2030年前的安全与防务政策。这是欧盟各成员国首次就安全与防务方面的共同愿景和详细目标达成一致意见。文件指出,在全球层面,全球化减速、大国间日益增长的政治经济对抗、气候变化、资源竞争、非正常移民的工具化、多边体系的威胁等问题更为严峻,是欧洲目前面临的威胁和挑战。同时,文件围绕提高军事响应速度、保护公民免受快速变化的安全威胁、加强对所需能力技术投资和寻求合作四个方面展开,明确了欧盟在未来五年到十年需开展的具体行动。

二、部分成员国的国家经济安全战略

（一）英国①

玛格丽特·撒切尔(Margaret Thatcher)执政后,英国一直实行自由经济政策,不主张政府过多干预市场。这种新自由主义的经济安全观对冷战时期尤其是20世纪80年代出现的"英国病"有一定疗效,促进了英国经济复苏和繁荣。但是,这种繁荣是短暂的。1989年,英国经济形势恶化,通货膨胀加剧,破产企业增多,国际收支情况恶化。

冷战结束后,英国安全战略大体上仍延续着第二次世界大战以来的安全战略思路。在经济方面,时任首相约翰·梅杰(John Major)未能从根本上改变经济思维的惯性,新自由主义思想所固有的理论缺陷和弊端更加凸显。

1997年,托尼·布莱尔(Tony Blair)开始执政时,英国面临着严峻的经济形势。英国财政部在1999年发布的财政预算报告和2004年颁布的《全球化与英国——应对经济挑战的优势和机遇》(Globalization and the UK: Strength and Opportunity to Meet the Economic Challenge)中都强调,面对经济全球化背景下的竞争压力,英国需要维护自身的经济安全,积极应对安全挑战,并制定一个符合现实生产力发展需要的经济安全政策。可见,布莱尔政府将国家经济利益与安全利益紧密联系在一起,维护国家经济安全成为21世纪初英国安全战略的目标之一。

为实现这一目标,促进英国经济的长期增长,布莱尔政府提出：推进欧盟内部经济改革,促进经济增长,提高就业率与竞争力;进一步改革共同农业政策;争取结束WTO多哈回合谈判,利用2005年担任八国集团(G8)主席的身份加强国际经济发展与环保合作,加强G8首脑与重要区域经济实体的联系;帮助改善俄罗斯和其他主要转型经济体及新兴市场的经济管理;支持国际交流和合作,分享在政治、经济、教育、健康、法律等领域的有益经验;帮助英国公司拓展海外市场,说服相关国家取消国际贸易的技术与政治壁垒;改善英国投资环境,为潜在的投资商提供高质量服务。

2014年1月30日,在英国议会国家安全战略联合委员会举行的国家安全战略听证会上,英国时任首相戴维·卡梅伦(David Cameron)指出,英国国家安全战略的核心目标在于恢复英国的经济实力。他对此进一步阐述,未来的国家安全战略应当坚定支持政府的"贸易繁荣议程",通过增加与新兴市场国家之间的贸易来实现英国未来的繁荣。2015年,英

---

① 2017年3月29日,英国正式启动"脱欧"程序;2020年1月30日,欧盟正式批准英国"脱欧"。考虑到英国在欧洲发展以及欧洲一体化进程中的重要作用,此处仍将英国作为欧盟成员国之一进行阐述。

国《国家安全战略和战略防务与安全评估》报告前言指出,英国国家安全依赖于经济安全,反之亦然,国家安全战略的首要任务就是促使英国经济实力变得更加强大。为了实现英国的安全和繁荣,必须继续发挥英国国家安全委员会的协调功能,动用一切国家资源为经济的繁荣创造稳定的环境。

(二)德国[①]

受历史等多种因素的影响,第二次世界大战后德国在安全和防务政策上一直保持低调,并且强调在欧洲一体化进程中实现本国的发展。同时,鉴于国际安全环境发生的新变化,德国的安全观和安全战略也在不断调整。《2006年德国安全政策和联邦国防军的未来白皮书》提出,不能过于依靠军事方式解决国际问题,并指出贸易、外交以及发展援助与军事方式同样重要。其中,发展经济是实现德国安全战略最重要的手段。历经两次世界大战,德国认识到军事扩张并不能带来国家安全,反而会给国家和世界人民带来重大灾难。因此,德国以雄厚的经济实力、强大的科技实力、较高的生产率和丰富的管理经验为基础,与欧洲和世界各国保持和发展密切的经贸关系,以此促进德国经济的发展,保障德国的国家安全和经济安全。

近年来,德国对国内安全和国外安全都非常重视。一方面,在国内实行工业创新政策,特别是推行"工业4.0"战略,夯实世界大国的经济基础。"工业4.0"是以智能制造为主导的第四次工业革命,是德国政府《思想·创新·增长——2020高技术战略》确定的十大未来项目之一,目前已上升为国家战略,旨在支持工业领域新一代革命性技术的研发与创新,推动制造业向智能化转型。德国以"工业4.0"产生的先进生产力来保障其经济安全,作为其对外经贸和对外关系的基础,也作为其成为世界大国的经济实力保障。另一方面,德国把为国际社会贡献力量作为实现其世界大国地位的必由之路。例如,作为欧盟最大的经济体和欧盟最大的二氧化碳排放国,德国在应对气候变化上发挥了积极作用,不仅积极推动欧盟减排目标的制定,而且提出了本国应对气候变化的全面目标,即温室气体排放量在2050年要比1990年降低80%—95%,进而在21世纪中叶实现二氧化碳零排放。

第三节 欧盟维护经济安全的组织机构

一、欧盟的组织机构

经济是欧盟一体化程度最高的领域,欧盟机构在经济安全战略中拥有无可替代的位置,其中,欧盟委员会、部长理事会和欧洲议会在欧盟经济安全战略决策中都拥有一定的决定权。

欧盟委员会是欧盟的行政执行机构,负责提议欧洲立法,并监督法律的实施。在欧共体和欧盟的发展历程中,欧共体委员会和欧盟委员会一直发挥着重要作用。在欧盟经济安全方面,欧盟委员会拥有三大重要权力:第一,立法创议权(即建议立法的权力)。在涉及修改税率、制定出口政策、签订关贸总协定以及解除贸易限制时,需先由欧盟委员会提出议

[①] 夏立平.三重身份视阈下的冷战后德国安全战略研究[J].欧洲研究,2016(3):82-102.

案。第二,监督权。监督欧盟共同贸易政策在欧盟其他机构以及成员国实施状况的权力,能够对违法行为提出批评和指导意见,并向欧洲法院提出诉讼。第三,国际协定谈判权。这是欧盟委员会在欧盟经济安全领域中最突出的权力。《欧洲联盟条约》第 113 条赋予了欧盟委员会与非欧盟国家以及国际组织进行国际协定谈判的权力,《尼斯条约》第 133 条重申了欧盟委员会的这一权力。通过上述职权,欧盟委员会的经济安全政策能够得到有效贯彻。

部长理事会是欧盟的核心决策机构和立法机构。《欧洲联盟条约》第 113 条以及《尼斯条约》第 133 条等欧盟相关法令,保证了部长理事会在欧盟经济安全战略中的主导地位。理事会通过指令、条例以及决定等形式进行相关的立法和决策,现有的欧盟共同贸易领域的基本制度和规则如共同关税制度、共同进出口规则以及各种贸易保护措施等,都通过部长理事会在共同贸易方面的立法得到确定。部长理事会的管理范围在《尼斯条约》第 133 条第 7 款中被拓展到所有非文化、视听服务贸易、教育服务贸易以及社会和公众健康服务贸易领域的知识产权的国际谈判和国际协定方面。

欧洲议会在欧盟经济安全战略制定和实施过程中的权力有限。在最初的《欧洲煤钢共同体条约》中,欧洲议会没有取得任何的决定权。随着时代的发展,欧洲议会的权限逐渐得到扩展。在《欧洲经济共同体条约》中,欧洲议会首次获得立法咨询权,即部长理事会在正式批准欧盟委员会的立法提案之前应征询欧洲议会的意见,也就是说,实际上,欧盟立法由部长理事会和欧洲议会一同通过。在《单一欧洲法案》中,议会还拥有"加入协定"以及"联系协定"的批准权。《单一欧洲法案》规定,部长理事会在缔结联系协定之前需得到欧洲议会的同意,从而使欧洲议会在此项问题上拥有决定权。目前,由于纯贸易协定在欧盟国际协定中的比重大大缩小,欧盟通常把与第三国的全面贸易关系以及在经济、技术,甚至政治对话等众多领域的协定合并为缔结联系协定或合作协定,事实上强化了欧洲议会对共同贸易政策中贸易协定领域的共同决策权。

二、部分成员国的国家安全委员会

从欧盟成员国层面来看,英国、法国、德国、芬兰等国均设有国家安全委员会。

(一) 英国

对英国而言,英国国家安全的中枢指挥系统是英国国家安全委员会。2010 年 5 月卡梅伦就任英国首相后,宣布建立国家安全委员会,这是英国目前的最高安全决策机构,由首相担任主席,常任成员包括副首相、外交和联邦事务大臣、财政大臣、国际发展大臣、内政大臣、国防大臣、政府政策内阁部长、能源和气候变化大臣等,负责在国家战略层面上整合相关资源来处理英国安全问题。英国国家安全委员会的建立优化了英国政府的安全治理模式,是安全决策体制的重大调整。在其领导下,英国不断拓宽安全治理领域,2011 年发布首份国家网络安全战略,并在 2015 年发布《2016—2021 年国家网络安全战略》。并且,英国国家安全委员会将繁荣和安全目标进行整合,有助于缓解彼时英国经济增长、预算赤字和国防预算上升之间的紧张关系,对英国经济的恢复和发展起着积极的促进作用。

(二) 法国

对法国而言,第二次世界大战后法国安全决策体制和运行机制经历了三个发展阶段,分别是国防委员会阶段、国内安全委员会阶段和国防与国家安全委员会阶段。戴高乐政府出台《1959年国防组织法》规范国防委员会,1986年希拉克政府成立国内安全委员会,1997年若斯潘政府重新启用国内安全委员会,2002年希拉克政府重组国内安全委员会,2008年萨科齐政府将国防委员会与国内安全委员会统一起来,重新成立国防与国家安全委员会。可见,法国的国家安全决策体制和运行机制在不断改革和完善。

另外,法国建立了比较成熟的国家经济情报体系。法国在中央政府层面设立了专门的高级情报机构来管理经济情报事务,把公开情报置于政府战略制定过程的核心,1995年成立竞争力与经济安全委员会,2003年设立经济情报高级负责人,2006年成立经济情报协调署,2009年设立经济情报部际代表。2016年,隶属于总理办公室的经济情报部际代表与隶属于经济和财政部的部长级经济情报协调局合并,建立战略信息和经济安全局,其任务是在法国的经济情报和安全政策层面进行跨部门指导。

(三)德国

对德国而言,国家安全委员会是其国家安全的重要决策机构。德国联邦安全委员会成立于1955年,是德国的最高军事决策机构。该安全委员会由联邦总理担任主席,成员包括国防、外交、内政、经济、对外合作、司法、财政等部门部长。这个机构虽然在《德意志联邦共和国基本法》中没有被提及,但拥有很大的权力。不论在冷战时期还是当前的和平时期,德国关于国家安全的重要决策都是由联邦安全委员会作出的。例如,2011年2月,由联邦安全委员会主导制定并由德国政府授权内政部发布德国首个国家网络安全战略。作为指导德国网络安全建设的纲领性文件,该战略的总体目标是大力推动网络空间安全建设,维护德国经济与信息安全,促进德国经济与社会繁荣。

(四)芬兰

除英、法、德外,北欧五国之一的芬兰也设有专门的经济安全保障和决策机构——经济安全计划委员会。该委员会附设在芬兰政府贸易和工业部之下,所有成员均由政府任命,主要职责是对经济安全进行调查研究、制订计划,并组织落实政府提出的供给保障指标。芬兰贸易和工业部还下设供给保障中心,其最高决策机构由外交部、财政部以及各工业部的官员和专家等12人组成,主要职责是完成经济安全计划委员会交办的任务,以及具体组织落实有关供给保障的计划。

第四节 欧盟维护经济安全的立法保障

一、产业安全

欧盟委员会在1990年10月发布了第一份以产业政策为名的政策通报,确立了产业政策的三大基本原则:开放性、横向性和辅助性。1992年签署并于1993年生效的《欧洲联盟条约》巩固了该政策通报的成果,标志着产业政策第一次被纳入欧盟条约体系,为欧盟实施产业政策的立法提供了基础。随后,2007年签署并于2009年生效的《里斯本条约》再次明确了欧盟在产业政策领域有支持、协调和补充成员国行动的权责。

为了维护产业安全,欧盟还将产业政策政治化、安全化,采取更多的贸易和投资保护主义措施。在此方面,欧盟制定了较为完善的法律法规,包括反倾销法、反补贴法、保障措施法、反规避制度和反吸收制度等。

欧盟现行反倾销法基础是欧盟部长理事会于 1996 年公布的(EC)384/96 号反倾销法规,该法规是在总结以往反倾销立法和实践的基础上制定的,法规公布后,欧盟又对其进行了若干次修改和补充,如(EC)2331/96 号法规主要增加了倾销幅度计算过程中应当调整的因素,2004 年的(EC)461/2004 号法规对反倾销承诺制度作出了较大完善。

欧盟反补贴法的法源为《欧洲联盟条约》第 131 条和第 133 条有关制定欧盟共同商业政策的约定。1994 年,欧盟制定了第一部单独的反补贴条例,即 3284/94 条例。1997 年颁布的《关于保护欧盟产业免受非欧盟成员国补贴产品进口的(EC)2026/97 号理事会规则》构成欧盟反补贴税调查的法律框架,随后,欧盟又对该条例进行了若干次修改增补。

欧盟产业安全立法突出体现了欧盟维护整体利益的做法。欧盟取消了各成员国原有的反倾销法、反补贴法和保障措施法,制定了统一的对外法律,对内通过协商和仲裁制度及实施反垄断法来抑制可能发生的价格歧视问题,对外尤其是对众多的发展中国家来说,则形成了条件众多的"门槛",有效地保护了欧盟区域内的产业发展和安全。

二、金融安全

从法律角度看,欧盟金融安全立法以各种指令的颁布为基础。1999 年,欧盟委员会颁布了金融服务行动计划(Financial Services Action Plan,FSAP),旨在通过制定新的法律规范并修订现有法律形成一个单一金融市场的统一监管法律体制。2004 年,欧洲议会和欧盟理事会颁布了金融工具市场 2004/39/EC 号指令(Markets in Financial Instruments Directive,MiFID),并于 2007 年 11 月 1 日生效。MiFID 作为欧盟金融服务行动计划的一部分,旨在通过向占据市场垄断地位的主要交易所注入竞争元素,以建立欧盟证券交易的单一市场。

2008 年,全球金融危机暴露了欧盟之前信息报告制度、场外产品监管、投资者保护等方面的不足。为应对此类问题,欧盟加强了对金融市场的立法改革。2011 年,欧盟对 MiFID 进行修订,形成新的金融市场法规 MiFID II,并于 2018 年正式实施。针对监管问题,MiFID II 强调提升欧盟证券市场管理局的监管地位,旨在加强欧盟统一市场的监管、提高市场竞争力和透明度。

除统领金融服务业的法规外,欧盟还制定了针对具体行业监管的法律文件,如针对银行监管的《关于信贷机构清盘与重组》和《关于存款担保计划》,信贷投资方面的《关于金融抵押安排》和《欧洲抵押信贷绿皮书》,有关证券业监管的《证券交易所上市准入信息披露管理》《证券公开发行及获准交易所需公布的信息细则》《单一市场投资基金白皮书》和《反市场滥用条例》等。

三、能源安全

1991 年 2 月,《欧洲能源宪章》(European Energy Charter)被正式提出,并于同年 12 月形成。它是一个正式性宣言,宣称所有缔约方都应在能源领域加强合作,促进相互之间的投资和贸易。此后,各缔约方又在此宪章的基础上,就各单项条款进行了深入细致的谈判,形成了一个具有法律效力的、被各缔约方立法机构认可的多边协议《能源宪章条约》，就能源的投资、贸易、运输、能源环境、争端解决程序等方面的问题作出了规定。

为了协调欧盟统一能源市场、促进可再生能源的发展并推动能源市场自由化，同时应对可再生能源在能源结构中占比增加所带来的挑战，20世纪90年代以来，欧盟先后颁布了三代能源法案。

1996年，第一能源法案（Directive 96/92/EC）颁布，从电力领域开启市场化改革进程，随后又于1998年增加了有关天然气市场的指令（Directive 98/30/EC），为建立欧盟内部电力和天然气竞争性市场奠定了基础。

2003年，欧盟第二能源法案颁布，包括2003/54/EC号指令（关于内部电力市场的一般规则）、2003/55/EC号指令（关于天然气内部市场的一般规则）以及（EC）1228/2003号条例（关于跨境电力交流接入网络条件的条例），进一步促进改革，旨在建立统一的电力和天然气市场并开放配电市场，允许工业和居民消费者自由选择自己的天然气或电力供应商，促进市场内发售环节竞争，强化对输配电等垄断环节的监管。

2009年，欧盟通过第三能源法案，将垂直一体化能源巨头公司的垄断业务拆分出来，实行结构性"厂网分离"，并建立了基于欧洲能源监管机构合作委员会和欧洲输电运营商联盟的新制度框架。

欧盟统一能源市场为提高能源效率、提升欧盟各国经济竞争力奠定了坚实基础。2009年，欧盟还通过了一项关于全球气候问题和可再生能源的法案，包括《促进可再生能源使用的2009/28/EC号指令》，制定了"到2020年，可再生能源至少占欧盟最终能源20%"的目标。

欧盟委员会于2018—2019年间又颁布了八项指令和条例，这一集合被称为"第四代能源计划"，也称"面向所有欧洲人的清洁能源计划"，其内容包括促进可再生能源发展、建立欧盟内部能源市场、提高能源效率、发展智能电网、加强能源治理等方面。

2021年7月，欧洲提出"Fit for 55"（承诺在2030年年底，温室气体排放量较1990年至少减少55%）一揽子新法案，其中提升可再生能源占比的法案是重要的组成部分。2022年5月，欧盟委员会公布了"REPower EU"能源计划，提出2030年可再生能源占比达到45%的目标，同年7月，提升可再生能源占比的法案修正案通过，这一目标被加入到新法案中。

四、对外贸易安全

欧盟对外贸易法是调整欧盟与第三国之间的贸易关系的法律法规总称。伴随着欧盟经济一体化发展，欧盟对外贸易法不断在更大的范围取代成员国的对外贸易法。最初，欧盟对外贸易法内容仅涉及关税税率改变、关税和贸易协定缔结，且其中对进出口的规定仅包括货物贸易部分。1999年5月生效的《阿姆斯特丹条约》将进出口政策的覆盖范围扩展到大部分服务贸易，2003年2月生效的《尼斯条约》又将其扩及所有服务贸易和与贸易相关的知识产权，2009年12月生效的《里斯本条约》则重点在外商直接投资领域进一步扩大了欧盟权限。

欧盟对进出口产品贸易的管理具有双层次立法的特征：对于进口，欧盟实行统一立法，管辖权高度集中于欧盟层次；对于出口，欧盟成员国则掌握更多的自主权力。欧盟进口管理法规为 1994 年制定的《关于对进口实施共同规则的(EC)3285/94 号法规》以及《关于对某些第三国实施共同进口规则的(EC)519/94 号法规》。此外,欧盟还制定了针对纺织品和农产品的进口管理法规。

在出口上,欧盟鼓励出口,仅对少数产品实施出口管理措施。法规包括《关于实施共同出口规则的(EEC)2603/69 号法规》《关于文化产品出口的(EEC)3911/92 号法规》《关于危险化学品进出口的(EEC)2455/92 号法规》《关于出口信贷保险、信贷担保和融资信贷的咨询与信息程序的(EEC)2455/92 号决定》《关于在官方支持的出口信贷领域适用项目融资框架协议原则的(EC)77/2001 号决定》《关于设定农产品出口退税术语的(EC)3846/87 号法规》以及《关于建立两用产品及技术出口控制体系的(EC)1183/2007 号法规》等。

欧盟出口贸易限制政策属于欧盟共同外交与安全政策的一部分,此外,欧盟还对军民两用产品和技术实行出口管制。(EC)1183/2007 号法规附有一份禁止出口长单,并详细规定了欧盟出口授权体系、信息交换条例、成员国间磋商等内容,(EC)428/2009 号条例不仅针对两用产品,还将限制范围扩展到了两用软件和技术。

第五节 欧盟维护经济安全的政策措施

在经济领域,特别是在对外贸易上,欧盟一直实行共同关税和统一的对外贸易政策,在国际市场上扮演着日益重要的角色。近年来,在产业安全、金融安全、粮食安全、能源安全等方面,欧盟也在加快政策统一步伐。在保持对外政策一致的同时,欧盟内部各国也会制定保障国家经济安全的政策。

一、产业安全

欧盟以集团的力量参与国际竞争,利用地区优势和集团实力保障各自国家经济安全,当成员国的产业安全和经济安全受到外部威胁和侵害时,它们能够协调一致,共同抵制和反抗。欧盟的产业安全保障措施主要表现为以下几个方面:

(一)建立维护国家产业安全的政策体系

为保护区域内产业,欧盟在设计、生产、流通和进出口等各环节制定了一系列政策。反倾销是欧盟在进口管理中采用的最主要的产业保护手段,除此之外,以低碳、环保、节能、安全为由,欧盟利用其自身的技术和管理优势,制定了一系列的技术标准、法规和产品评定程序来限制外国产品的进口。在产业安全上,欧盟也侧重于从贸易保护的角度进行整体产业安全的考虑,根据产业安全的需要,并考虑就业问题,制定各种标准,设置各种贸易保护壁垒来进行产业安全的保护。

(二)发挥行业协会的作用

欧盟各国成立了许多强有力的行业协会组织来维护本国的产业安全。这些行业组织虽然都是以民间形式出现,但大多数都得到了政府的支持或具有政府背景,有利于转移政府干预造成的压力,也有利于反映民意,并与政府的活动相呼应。这些组织有些是以全国行业协会的形式组成,有些是以行业所在地区的有关企业为主横向组成,表现为地区性行业协会。行业协会的主要活动包括：积极采取行动，向政府提出保护某一产业的政策；制造舆论，向报界提供某些材料，使舆论偏向该产业，为本国政府对外谈判"撑腰打气"；向本地区的议员及有关政府官员施加压力，促使政府采取贸易保护的政策和措施。

（三）对外商投资分阶段、分部门开放

欧盟对外商直接投资的政策与美国相比相对严厉，通过分阶段、渐进式的方式推进产业对外开放。欧盟在选择对外开放的产业时非常慎重，通常优先选择受开放冲击较小的部门和产业，其衡量标准是该产业和部门是否具有与外资企业匹配的综合竞争力、是否具备产业控制力。欧盟对外资开放的政策充分维护了各成员国的产业安全。

（四）建立维护国家产业安全的组织机构

维护国家产业安全是发达国家政府的一项重要职责，国家一般都设有专门的机构或由有关部门负责这项工作。欧盟成立以来建立了五个组织机构，负责欧盟各国的政治、经济和安全等问题，它们分别是：

（1）欧盟理事会，由成员国国家元首或政府首脑及欧盟委员会主席组成，每半年举行一次会议，必要时可举行特别首脑会议。欧盟理事会即部长理事会，又分为外长理事会和专业部长理事会，拥有绝大部分决策权和立法权。专业部长理事会之下，还有不同级别的协调机制。

（2）欧盟委员会，作为欧盟执行机构，负责欧盟各项法律文件指令、条例、决定的具体贯彻执行，以及预算和项目的执行。

（3）欧洲议会，属于监督、咨询机构。自1979年起，欧洲议会议员由成员国直接普选产生，任期5年。欧洲议会有部分预算决定权，并可以以2/3以上的多数票弹劾欧盟委员会。《单一欧洲法案》尤其是《欧洲联盟条约》加强了欧洲议会在某些领域的立法职能。《欧洲联盟条约》为欧盟建立政治联盟、经济与货币联盟确立了目标与步骤，并进一步扩大了欧洲议会的权力，使其由原来的咨询和监督机构变成部分的权力机构。

（4）欧洲法院，属于仲裁机构，负责审理和裁决欧盟和成员国在执行各项法律法规中发生的各种争执。

（5）欧洲审计院，成立于1977年，由12人组成，现均由欧盟理事会在征得欧洲议会同意后任命。欧洲审计院负责审计欧盟及其各机构的账目，审查收支状况，并确保对欧盟财政进行正常管理。

相关案例 11-1

新欧洲工业战略

2020年3月10日，欧盟委员会公布了一项新的欧洲工业战略（EU Industrial Strategy），涵盖一系列支持欧洲工业的举措，旨在帮助欧洲工业向气候中立和数字化转型，并提高其竞争力和战略自主性。

欧盟推出的工业战略被视为面向未来的经济计划。将绿色可持续发展和数字化转型的概念嵌入欧洲工业的核心，以维护欧洲的工业领导地位为目标，这项新的工业战略有助于完成三个关键的优先任务：到2050年实现气候中和、保持欧洲工业的全球竞争力及公平

竞争环境、塑造欧洲的数字未来。

该战略列出了欧洲工业转型的关键驱动因素,提出一套全面的未来行动计划,涵盖一系列支持欧洲工业的举措,涉及大型企业、中小企业、创新型初创企业、研究中心、服务供应商和社会公共机构等。例如,制订知识产权行动计划,维护技术主权,促进全球公平竞争,更好地打击知识产权盗窃,调整法律框架以适应绿色和数字转型等。

为使欧洲企业在竞争中发挥最大潜力,欧盟将继续审查当前欧盟竞争规则、并购审查、国家补贴等政策,以使其符合当前经济发展,在数字化的快速变化发展中保持绿色和循环。除充分利用贸易保护机制的工具箱外,欧盟委员会在 2020 年年中通过一份白皮书,以解决单一市场中由外国补贴造成的市场扭曲,解决欧盟公共采购和欧盟资金准入的问题。

另外,欧盟还采取全面措施实现能源密集型产业的现代化和碳中和。支持可持续、智慧交通产业;提高能源效率,加强应对碳泄漏手段,确保以有竞争力的价格提供充足和持续的低碳能源;通过出台基于欧盟新医药战略的关键原材料和药品行动计划,加强欧洲工业和战略自主权,确保关键原材料的供应;支持战略性数字基础设施和关键技术的发展等。

中小企业是欧盟产业的重要组成部分,欧盟为此出台新的中小企业战略,旨在帮助企业实现绿色和数字化转型,并把握关键技术的安全,对中小企业的帮扶将聚焦于可持续和数字化转型、市场进入便利化、融资便利三个方面。

欧盟委员会还通过了一项针对欧盟单一市场的行动计划,通过加强单一市场规则的实施与执行,促进单一市场的融合,增强欧盟企业国际竞争力。根据行动计划,成员国与欧盟委员会之间将通过联合工作组重新建立伙伴关系,共同承担责任,加强在执行单一市场规则方面的合作,确保欧盟单一市场规则的执行和实施。

欧盟委员会主席厄休拉·冯·德莱恩(Ursula von der Leyen)表示:"欧洲的工业是欧洲增长和繁荣的动力。它的最佳状态是充分利用使其强大的东西——员工和他们的思想、才能、多样性和创业精神。随着欧洲在一个更加动荡和不可预测的世界中开始其雄心勃勃的绿色和数字化转型,这一点比以往任何时候都更加重要。欧洲工业已经具备了引领这条路所需要的一切,我们将竭尽所能坚定支持。"

资料来源:李山.新欧洲工业战略推出 聚焦三大优先任务[N].科技日报,2020-03-17(2).

二、金融安全[①]

欧盟金融体系总体上为银行所主导,但基于成员国不同的情况,各国金融结构也呈现出巨大的差异性。一些国家金融结构呈现典型的银行主导特征,另一些国家尽管银行资产规模同样庞大,但资本市场已经得到相当程度的发育。2007 年,美国次贷危机爆发,全球金融市场陷入动荡,欧盟金融市场也受到冲击,使得其银行主导的金融结构问题暴露无遗:银行主导的金融结构固然有助于企业和宏观经济更平稳运行,但是,一旦作为支柱的银行业本身陷入危机,金融体系便会陷入困境,从而对整个经济基本面产生更大冲击。

---

① 胡琨.国际金融危机背景下欧洲金融结构的转型:走向银行与资本市场并重均衡的欧洲金融体系[J].欧洲研究,2017,35(4):18-36.

金融危机爆发后,成员国各自采取了如下的应对措施:

一是向金融机构注资。如比利时、法国、卢森堡联合向德克夏银行注资64亿欧元,英国对诺森罗克银行实施国有化等。

二是为个人银行账户提供担保,以稳定存款人对市场的信心。如英国、德国、法国、爱尔兰、奥地利、瑞典、冰岛和丹麦等国家纷纷宣布对国内所有个人银行账户提供担保。

三是增加公共开支,减免税赋。如芬兰政府启动了3.3亿欧元的项目投资计划,并由此带动规模达17亿欧元的各类建设项目。与此同时,芬兰还通过加大对就业促进、企业保障、科技研发的投入,以及对个人、家庭和企业减税等方式应对金融危机和刺激经济复苏。

四是运用货币政策应对金融危机。如瑞典、芬兰两国通过调整银行利率引导和控制国内经济投资与消费,积极恢复和发展本国经济。此外,瑞典、芬兰两国均加大了对金融业的监管力度,并同时推出了保障金融业的措施,以维护国内金融市场的稳定。

五是通过加强金融业监管预防和遏制金融危机。以德国保险业为例,金融危机爆发后,德国统一金融监管机构德国联邦金融监管局设立了金融危机应急小组,并于2009年1月颁发了《保险公司最低风险管理要求监管条例》,以规范保险公司风险管理,并首次将薪酬奖励体系列入风险管理范畴,同时强化了危机处理应急机制并深化了国际机构的交流与合作。

而对于欧盟整体,鉴于银行主导的金融结构无法在短期内改变,欧盟首先致力于加强银行业监管与治理,启动了以单一监管手册为基石、以单一监管机制(Single Supervisory Mechanism,SSM)及单一清算机制(Single Resolution Mechanism,SRM)为支柱的银行业联盟建设,以确保银行体系的健康发展与稳定。

在银行业联盟初步成型后,调整金融结构、推动银行业联盟之外的另一支柱——资本市场联盟落实、促进资本市场发展,以及提高金融体系质量,便成为欧盟金融治理的重要新任务。最早在2014年让-克劳德·容克(Jean-Claude Juncker)发表的竞选纲领中,就提出了资本市场联盟倡议。随着容克胜选、容克投资计划发布和乔纳森·希尔(Jonathan Hill)被任命为新设立的欧盟金融稳定、金融服务与资本市场联盟委员,倡议逐步进入实践阶段。2015年2月,欧盟委员会发布《建设资本市场联盟绿皮书》,并在广泛征求意见的基础上,于同年9月30日正式启动建立资本市场联盟行动计划。

资本市场联盟行动计划由33个具体行动组成。首先,因为资本自由流动在资本市场联盟的建设中被赋予关键角色,所以欧盟将采取一系列相关行动识别和清除跨境投资领域各类障碍。这些行动包括减少各国在相关法律领域(如破产法、税法和证券法等)的差异、改进跨境证券交易与清算制度、加强成员国行政能力以推动各国资本市场协同发展,制定和实施资本市场监管趋同战略并致力于成员国与欧盟层面的资本市场宏观审慎监管,从而推动欧盟资本市场效率提高和发展。其次,资产管理公司、人寿保险和养老基金等是资本市场中联系投资者与投资机会的关键环节。欧盟采取一系列促进资本市场一体化的行动,有助于开展更广泛的竞争;同时采取更严格的监管,有利于更透明、安全与丰富的投资产品形成,从而有效提高投资者进入资本市场的热情。最后,资本市场联盟也将增强各类市场参与者获取资金的便利性和跨境融资能力。为支持企业初创、企业创新和中小企业融资,欧盟拟降低企业在股市和债市融资的壁垒与成本、促进风险投资和股权投资、在保障投资权益和金融稳定的基础上鼓励各种形式的金融创新,如众筹、私募和信托基金等。为保持和提高对于欧洲经济竞争力相当重要的基础设施等长期投资需求,资本市场联盟修改《第二偿付能力指令》,改善监管框架以及审查危机爆发以来的相关立法与资本市场联盟的一致性,以期通过客观反映和规避基础建设项目风险而吸引投资者。

2017年,欧盟委员会又引入了9个新的行动。这些行动聚焦于欧盟层面的市场监管、跨境金融活动的协调、不良贷款的二级市场处置以及挖掘数字金融潜力等方面。欧盟希冀借助资本市场的一体化,通过更多选择与更高收益吸引投资者进入资本市场,并为不同类型与阶段的企业提供更便利和成本更低的融资机会。

长期以来,欧盟金融体系过度依赖银行业,更容易受到国际金融危机的冲击。针对这一困境,欧洲从金融体系整体效率和质量入手,解决在危机中暴露的欧盟金融体系"靠一条腿走路"的问题,即在通过银行业联盟加强银行监管、确保银行体系稳定的同时,着手借助资本市场联盟的建设推动资本市场发展,从而为欧盟金融稳定和经济持续增长提供双重保障。

相关案例 11-2

欧盟谋求提高金融主权

2021年3月,美国总统拜登向国会提交并通过了一项1.9万亿美元的财政刺激计划,未来8年到10年美国还打算再实行约4万亿美元的财政刺激计划。如果这项政策得以推行,拜登政府将累计放水约6万亿美元,这将是1933年罗斯福新政以来美国最大的财政刺激计划。

反观欧盟,虽然出于新冠疫情后经济复苏的需要也维持了一定程度的财政刺激规模,但其节奏并未被美国打乱。欧洲央行行长克里斯蒂娜·拉加德(Christine Lagarde)表示,美国经济和欧元区经济并不同步,欧洲央行的政策也不会与美联储同步,欧洲央行将维持1.85万亿欧元的紧急抗疫购债计划规模。

有分析人士指出,欧盟不被美元放水带节奏,或许是出于增强欧元国际地位、维护欧盟金融主权的需要。近年来,美国频频挥舞"美元大棒"对全球部分国家实行金融制裁,即便是欧盟这样的盟友也不能幸免。例如,在伊朗和"北溪二号"等问题上,美国利用其掌控的SWIFT(环球银行金融电信协会)支付系统,惩罚与伊朗有业务往来的欧洲银行、公司和个人,导致欧盟企业界蒙受巨大损失。因此,欧盟内部要求提高金融主权的呼声越来越高,欧盟委员会也在采取相关措施。

2021年1月,欧盟委员会制定了旨在加强欧元国际地位的草案。草案指出,美元在全球金融体系中的主导地位不仅干扰了欧元独立性,还给全球金融市场稳定性带来了负面影响,欧盟如果想保持其国际地位,就必须要拥有与规模相称的金融实力。同时,美国对主要贸易伙伴加征关税,频繁利用SWIFT体系对域外国家实施"长臂管辖",使得贸易商开始考虑在支付和结算过程中绕开美元,改用其他流动性较好、全球范围内可自由兑换的货币,而欧元成了替代货币的首选。

在1月份的草案中,欧盟将大宗商品市场作为加强欧元在全球金融市场中定价和支付地位的主要抓手。欧盟将寻求在大宗商品期货合约中更多地使用欧元定价,并寻求找到原油的替代能源,如天然气和氢能等。原油对于美元霸权至关重要,目前原油仅能用美元定价,这是美元霸权地位的有力保障。

2021年3月25—26日的欧元视频峰会上,欧元集团主席、爱尔兰财长帕斯卡尔·多诺霍(Paschal Donohoe)已就欧元的国际作用向欧元峰会主席夏尔·米歇尔(Charles Michel)提交了一份建议供峰会讨论,这份建议在1月份草案的基础上增加了加强欧元国际作用的具体措施,包括:加速疫情后欧元区的经济复苏,发行欧盟绿色债券,健全欧元区资本市场;提升欧洲跨境支付的规模和效率,与欧洲央行协调"数字欧元"的发展策略,保障欧盟在数字化时代中的战略自主;扩大欧元的影响力,吸引更多符合条件的中东欧非欧元区国家加入欧元区等。

资料来源:焦授松.欧盟不想被美国刺激计划带节奏[N].光明日报,2021-05-24(12).有删节和修改。

三、粮食安全[①]

粮食事关国计民生,粮食安全是一个国家或地区安全的重要基础。第二次世界大战前由于依赖殖民地或者附属国的低价农产品进口,欧洲农业发展水平相对较低。第二次世界大战后殖民体系逐渐瓦解,欧洲本土农业因战争受到重创,各国不得不依赖来自美国的粮食进口。为摆脱这种不利境地,保护欧洲粮食安全,欧共体及其后的欧盟依托"共同农业政策"对成员国进行统一的农业管理。经过持续不断的努力,欧盟不仅实现了较高的粮食自给率,而且已成为世界上主要的粮食出口地,极大确保了本地区的粮食安全。这些变化很大程度上与欧盟在粮食收储、农业生态保护以及适时的粮食安全思路调整等方面所付出的努力密不可分。

(一)实施灵活动态的收储政策,稳定粮食供给能力

"仓廪实,天下安",利用粮食收储来稳定市场和保证粮食安全是世界诸多国家和地区的普遍做法。粮食收储政策内嵌于整个经济和社会体系,一个国家或地区经济社会发展形势的动态性和复杂性决定了必须灵活调整粮食收储政策。

20世纪60年代至70年代初,欧洲各国农业产能不足,粮食供应保障压力很大。1962年欧共体出台共同农业政策,开始了政府干预支持农业发展的道路,其中与收储相关的包括价格干预和非价格支持机制。价格干预依托收储政策实现,当市场价格下降到干预价格时,共同市场组织将负责以干预价格收购农产品,以防止价格继续下跌。非价格支持机制包括对农业基础设施、退耕还林、农业生产资料和农村发展等进行补贴,对农产品存储进行补贴是其中的重要内容。在强有力的政策干预支持下,欧共体粮食产量迅速提高,在20世纪60年代末和70年代初实现了自给。

随着欧共体各国粮食产量快速提高,20世纪七八十年代出现了粮食过剩问题。为应对过剩,欧共体采取了出口补贴和生产限制等市场干预措施。到了20世纪90年代,迫于财政预算和乌拉圭回合农业谈判的双重压力,欧盟开始调整农业政策,1992年开始对共同

[①] 陈秀红.欧盟如何动态应对确保粮食安全[J].理论导报,2022(8):62-63.

农业政策进行全面改革,将保障市场稳定的部分调整为公共干预和私人储备支持。

2000年以后,干预性收储政策"渐居幕后",欧盟将粮食安全责任分散到市场中,由私人存储来缓冲风险,公共储备数量明显减少,用于公共储备上的财政支出也大幅降低。从财政支出来看,2002年,欧盟储备支出高达11.63亿欧元,其中公共储备支出为9.63亿欧元,占总支出的82.8%;2017年,储备支出下降到2760万欧元,其中公共储备支出仅为960万欧元,占总支出比重下降到34.8%,私人存储占据主导地位。总的来说,适时动态调整粮食收储政策在很大程度上稳定了粮食供给能力,保障了欧盟的农业发展和粮食安全。

（二）建立完善的农业生态保护体系,确保粮食生产的可持续性

粮食生产的可持续性是粮食安全不可分割的一部分。欧盟自实施共同农业政策以来,其政策重心逐渐从支持农业生产向农业可持续与农业生态转移,尤其注重实施耕地生态保护与补偿措施。

欧盟有一半土地是耕地,除创新技术促进粮食产量可持续提高外,还建立了明确的生态保护标准。例如,为保障作物多样化,耕地面积超过10公顷的农场必须种植至少两种作物,面积超过30公顷的农场则至少需要种植三种作物,主要农作物的种植面积不得超过耕地面积的75%;为优化土地生态环境,耕地面积超过15公顷的农场必须确保至少有5%的土地为生态重点区域,以保护和改善农场的生物多样性。

为激励农户积极加入农田生态系统保护行动,欧盟还采取了大量的经济奖惩措施,其中,"绿色支付"是欧盟共同农业政策中对耕地生态保护最直接的激励和补偿方式。如果农民遵守这些农田生态保护制度,他们将获得绿色直接付款;如不遵守,不仅会扣减相应支持经费,各国政府还会在扣减绿色直接支付经费的基础上施加行政处罚。

另外,欧盟还通过"收入支持计划"鼓励农民遵守欧盟制定的关于可持续农业和土地环境的标准。这些标准包括维持土壤有机质和土壤结构、规定最低土壤覆盖率和土地管理规范,以及防范水土流失、保护生物多样性并保留景观特征、水道沿线设置缓冲带等。

2018年,欧盟有近630万个农场受益于此项计划,收入支持在农场收入中占较高比重,在过去十年甚至达到了农户收入的一半。这些专门针对耕地生态环境及可持续的资助提高了欧洲农场保护生态环境的积极性,有效改善了耕地生态系统,在很大程度上保障了粮食生产的可持续性。

（三）形成维护粮食安全新思路,提升粮食危机响应能力

自新冠疫情暴发以来,作为传统粮食生产和净出口地区的欧盟出现了严重的粮食恐慌。例如,在疫情早期,德国和号称"欧洲粮仓"的法国均出现了可长时间保存食品难以自给的局面。在疫情面前,粮食体系的脆弱成为欧盟完善自身粮食战略的契机。于是,欧盟出台了"从农场到餐桌战略"和"2030年生物多样性战略"作为2021—2027年欧盟共同农业政策的补充,以期增强其应对粮食危机的竞争力和韧性。

"从农场到餐桌战略"旨在建立更加公平、健康、可持续的粮食体系,增强欧盟应对自然灾害、气候变化和传染性疾病的韧性。其长期目标是确保本地区民众获得健康且可负担的食品、抵御气候变化、保护环境以及促进有机农业发展。此战略还确定了欧盟食品体系

变革的阶段性目标。例如,到 2030 年,将化学农药的使用和风险降低 50%,将肥料用量减少至少 20%,将用于动物和水产养殖的抗菌剂的销售量减少 50%;发展有机耕作等环境友好型农业,使有机耕作区达到欧盟耕地总面积的 25%。"从农场到餐桌战略"还围绕巩固粮食供给、消费和供应链体系,制订了具体的行动计划。另外,欧盟计划加强粮食供给体系的立法工作,提出最晚于 2023 年建构形成"可持续粮食系统"的法律框架。

另外,欧盟实施了"2030 年生物多样性战略",目标是逐步恢复海洋和陆地生态系统,有助于农业生态系统的可持续利用,最终构筑支持长期粮食安全的强大自然根基。

一言以蔽之,在疫情冲击下,欧盟形成了新的粮食安全战略和思路,以期构建一个健康、安全和公平的粮食体系,最终提升粮食安全体系的可持续发展能力和危机应对能力。

四、能源安全[①]

在能源安全方面,欧盟能源消费总量位居世界第三,一次能源消费占世界总量的 12.5%,但大部分成员国能源匮乏,整体对外依存度自 2004 年以来普遍高于 50%,部分国家甚至超过 97%,而且能源进口渠道单一,油气资源主要依赖俄罗斯和中东地区国家,供给面临较高的地缘政治风险。为了积极应对能源问题、保障欧盟和各成员国的能源安全,欧盟在可再生能源发展、能源市场体系构建、能源科技创新等方面始终走在世界前沿,是世界能源领域的重要引领者之一。

欧洲一体化进程最先开始于能源领域。20 世纪 70 年代的石油危机令刚成立不久的欧共体感受到,面对能源问题时各自为政已难以适应形势,为此,欧共体成立了欧洲能源委员会,出台多项政策、条例等加强各成员国之间的能源合作。确保成员国能源供应安全始终是欧洲能源委员会的首要任务。为了缓解对外依存度较高的能源瓶颈问题,欧洲能源委员会于 20 世纪 80 年代便提出发展替代能源,此后,水能、风能、太阳能等可再生能源快速发展,核能也进入了新的发展高潮。可持续发展更是作为欧盟政策的首要目标之一被写入《阿姆斯特丹条约》。

进入 21 世纪后,欧盟不断深化可持续发展战略,提出低碳能源转型,旨在成为低碳经济发展的全球引导者。2019 年 12 月,欧盟委员会公布了应对气候变化、推动可持续发展的《欧洲绿色协议》,希望能够在 2050 年之前实现欧洲地区的碳中和,通过利用清洁能源、发展循环经济、抑制气候变化等措施提高资源利用效率,实现经济可持续发展。2022 年,俄乌冲突爆发,同年 5 月 18 日,欧盟委员会公布了 REPowerEU 能源计划细节,目标为摆脱对俄能源依赖和快速推进能源转型。具体来看,欧盟计划"三管齐下",从节约能源、推动能源供应多样化、加速开发可再生能源三方面着手,取代家庭、工业和发电领域的化石燃料,预计 2030 年可再生能源占比将从此前的 40% 提高至 45%。

欧盟在能源安全方面的具体措施如下:

1. 提高本国能源使用效率

在打造节能欧洲方面,欧盟节能政策集中在建筑和交通领域。交通业和建筑业是欧盟

---

① 徐沈智,付凌波,闫晓卿.欧盟能源战略:能源金融(世界能源风向)[N].中国能源报,2019-04-22(7).

能源消费的最大市场(欧盟超过30%的能源被建筑业所消耗),具有很大的节能潜力。在建筑节能方面,欧盟推行建筑物能源证书制度,鼓励建筑物节能改造。在交通节能方面,欧盟重视汽车发动机的改造,推广新型燃料以及对二氧化碳排放量征税。除此之外,政策公关也是重要的一环,欧盟致力于做好政策宣传、项目咨询等服务,广泛与国际组织沟通和交流,从根本上提高能源利用率。

2. 加快能源技术创新

在开发利用可再生能源上,欧盟提出要提高可再生能源使用比例,加大低碳技术研发力度,以确保其在能源技术的领先地位。目前,欧洲能源转型已引起全球的关注。例如,欧洲必须在2050年之前完全淘汰化石能源,凭借其现有的储能技术,实现能源体系的100%可再生能源转型在技术上没有问题;做好能源效率的提高,整个欧洲的能源需求可以在2050年实现减半;数字化能够使能源转型更加民主和有效等。

3. 推进"消费者友好型"能源政策

如果能源政策可以做到更加贴近消费者,保障消费者权利,维护消费者利益,能源消费的安全性就能够得到保障,能源的安全性和可靠性也会因此提高。欧盟计划推出同时促进能源技术竞争和保障消费者能源权益的政策,对国家能源安全起到一定的积极作用。

4. 完善能源金融体系

对外,欧盟积极角逐世界能源定价权,谋求利用欧元进行能源贸易结算,保证能源供应价格稳定。对内,欧盟始终着力于加强区域内能源基础设施互联,不断完善能源市场体系,追求能源市场的贸易自由和效率。欧盟委员会于2015年提出构建欧洲能源联盟体系,计划形成单一能源市场对外进行贸易,提升欧盟内部的能源供应保障能力。

5. 实施国际化能源战略

在减少对俄能源依赖的同时,欧盟继续推进能源供应多元化的战略,计划增加里海、中东等地区的能源进口,减少对俄罗斯和中亚国家的能源依赖,保障能源供应安全。在夯实与能源伙伴合作基础的同时,欧盟还致力于构建国际能源供应网络,确保能源供应稳定性,加强国际能源对话与合作,实施统一的对外能源政策,营造有利于欧盟能源发展的市场外部空间,推动能源低碳绿色转型升级。

6. 完善石油储备体系

1968年,欧盟的石油战略储备制度出现,制度符合国际能源署对于成员国维持90天石油需求的要求,并且建立了石油战略储备和商业储备组合机制。2022年3月,欧盟的执行机构通过了一项法规草案,要求各国确保在2022年冬天来临前,天然气储量达到总储量的80%,而在接下来的几年,冬天来临前,储量要达到总储量的90%。此外,欧盟还引入了一个认证系统,以更好地控制由俄罗斯天然气工业股份公司等第三国运营商所拥有的设施。同时,欧盟委员会还呼吁各成员国联合购买天然气,以便获得更好的购买条件。这一更为严格的条例的目的是迅速补充已枯竭的天然气储备。相关法律条文中还列出了短期应急方案,以保护欧盟成员国的经济免受俄乌冲突带来的能源危机影响。

相关案例 11-3

欧盟 REPowerEU 能源计划

2022年5月18日,欧盟正式通过 REPowerEU 能源计划,旨在加速能源系统变革以应对俄乌冲突造成的全球能源市场混乱和欧洲能源安全问题。该计划认为,欧洲能源系统变革具有双重紧迫性,一方面要结束对俄罗斯化石能源的依赖,另一方面要应对气候危机。为此,欧盟将在"减碳55%"(Fit for 55)一揽子计划基础上,到2027年额外投资2 100亿欧元,从节能、能源进口多样化、加速推进可再生能源替代化石能源、智慧投资四方面减少终端部门化石燃料消费,快速推动欧洲清洁能源转型,构建更具弹性的能源系统,以实现化石能源"脱俄"。关键要点如下:

1. 节能

节能被认为是解决当前能源危机最快且成本最低的举措。降低能耗可在短期和长期内减少家庭和企业的能源成本,并减少对俄罗斯的化石能源进口。提高能效是清洁能源转型的重要组成部分,可增强欧盟经济弹性,并保护其面对高价格化石能源的竞争力。

欧盟提出了一个双管齐下的方法,即通过中长期能效措施加强结构变革,以及通过行为改变实现即时节能。中长期内,欧盟建议将"减碳55%"一揽子计划中的约束性能效目标由9%提高至13%,并快速部署包括建筑等一系列产品能效指令以实现额外的节能增效。短期内,通过行为改变快速节约能源。欧盟委员会与国际能源署合作发起了一项减少欧盟能源使用的计划,预计可在短期内减少5%的油气需求。欧盟提倡成员国采取财政措施以鼓励节能,如降低高效供暖系统和建筑隔热等产品的增值税税率、采取能源定价等,鼓励热泵等高效设备的使用。此外,欧盟计划公布最新的《国家能源和气候计划》(NECP)指南,鼓励各国加强NECP投资。各地区和城市要在制定当地节能措施、能源审计和管理等方面发挥主导作用,确保民众广泛参与。

2. 能源进口多样化

欧盟一直与国际伙伴保持密切合作,利用能源供应多样化缓解能源价格上涨造成的影响。2022年3月,欧盟新设了能源平台,通过汇集需求、优化基础设施使用、协调与供应商联系等方式,帮助各成员国联合购买天然气、液化天然气和氢气。下一步,欧盟将考虑建立一个自愿行动的"联合购买机制",代表成员国谈判和签订天然气采购合同。欧盟委员会还将考虑立法措施,要求成员国实现天然气供应的多样化。该平台还将实现联合购买可再生氢。2022年5月18日,欧盟通过了"欧盟外部能源战略",以促进能源供应多样化并与供应商建立氢能等绿色技术的长期合作伙伴关系。

3. 加速推进可再生能源替代化石能源

可再生能源在发电、工业、建筑和交通领域的大规模应用,将加速实现能源独立,推动欧洲绿色转型。欧盟建议根据"减碳55%"一揽子计划,将2030年可再生能源在能源结构中的占比目标从40%提高到45%,可再生能源装机容量从1 067吉瓦提高到1 236吉瓦。具体而言,相关举措包括发布欧盟太阳能战略,计划到2025年太阳能光伏装机容量翻一番至320吉瓦以上,到2030年接近600吉瓦;实施"屋顶太阳能计划",分阶段在新建公共和商业建筑、住宅安装太阳能电池板;进一步加强风能产业竞争力,完善供应链;将热泵的部署速度提高一倍,未来五年累计部署1000万台,并采取措施将地热、太阳能供热集成到现代公共供暖系统中;针对性地修订可再生能源指令,将可再生能源视为优先公共利益等。

4. 智慧投资

到2027年,实现REPowerEU能源计划目标还需要额外投资2100亿欧元。到2030年,"减碳55%"和REPowerEU能源计划的实施,将为欧盟每年减少近1000亿欧元的向俄罗斯进口化石燃料的支出,包括800亿欧元天然气、120亿欧元石油和17亿欧元煤炭支出。欧盟将采取如下措施:①欧洲基础设施互连。通过跨欧洲能源网络建立更具弹性的欧洲天然气基础设施,实现供应多样化。②国家改革和投资。许多措施需要欧盟成员国负责实施,因此要有针对性的改革和投资。欧盟委员会建议成员国在现有"复苏和弹性计划"中增加专门措施,以实现REPowerEU的能源供应多样化和减少化石能源依赖的目标。③融资。为支持REPowerEU能源计划,欧洲复苏基金已准备了2250亿欧元贷款,欧盟委员会建议通过拍卖当前排放交易系统配额筹集200亿欧元。

资料来源:加快结束对俄依赖!欧盟REPowerEU能源计划正式通过[EB/OL].(2022-06-21)[2022-08-23].http://www.chinapower.com.cn/tynfd/gjxw/20220622/154886.html.有删节和修改。

五、对外贸易安全

在国际贸易中,欧盟发挥地区一体化的独特优势,积极参与"管理全球化",推动全球化发展和国际体系的进步性变革,以捍卫其内部利益。

欧盟各国在对外经济活动交往中高举"自由贸易"旗帜,对具有较强国际竞争力或能够给国民经济带来较多利益的产业优先实行自由化,通过自由贸易占领和垄断国际市场,但对本国需要保护的产业则实行贸易保护政策。其保护性措施包括两个方面:一方面,极力保护本国高新技术产业和支柱产业的自主性与领先地位;另一方面,由于发达国家的劳动成本较高,一些劳动密集型产业的竞争力不如发展中国家,因此,对这些产业实行反倾销、反补贴,以及设置技术贸易壁垒、绿色贸易壁垒等贸易保护政策,同时对本国重点产业、幼稚产业的产品生产和出口提供补贴,鼓励相关企业扩大对外出口。

在反倾销和反补贴这一传统贸易防御领域,欧盟通过降低启动调查的门槛,达到增加针对相关国家贸易调查的目的。1994年乌拉圭回合谈判完成后,欧盟将批准反倾销措施的表决机制由有效多数改为简单多数。2004年欧盟再次以理事会表决规则的改变为理由,将该表决机制由"简单多数同意制"修正为"简单多数否决制",使得在存在一定弃权票的情况下,支持票达不到"简单多数"时仍有可能批准启动反倾销调查。2011年,根据欧盟立法程序改革新规则,欧盟委员会提议的反倾销调查在理事会批准阶段只有反对票达到"有效多数"时才能被推翻。2017年,欧盟通过了反倾销调查新方法的修正案,针对新兴市场国家特别是中国进行贸易防御,以保护自身市场。

欧盟近年来还试图通过创新反补贴实践或者制定新规则等单边行动应对跨国补贴可能给欧盟经贸利益带来的不利影响。补贴是一个国家或地区实现政治、经济、社会等方面目标的重要手段,但也可能扭曲国际经贸活动,对其他国家或地区的经贸利益造成不利影响。尽管 GATT 和 WTO 等多边贸易体制逐步收紧了补贴（及反补贴）纪律,其适用范围依旧相对有限,许多类型的补贴缺乏国际纪律的约束。2021 年 5 月 5 日,欧盟委员会发布了针对非欧盟补贴的条例草案《针对扭曲内部市场的外国政府补贴的条例建议稿》,以应对外国政府补贴可能对欧盟内部市场造成的扭曲。草案提出三种针对外国补贴的审查机制：一是解决市场扭曲问题的一般制度；二是经营者集中的强制申报和审查制度；三是公共采购的强制申报和审查制度。

六、利用外资安全

欧盟长期以来在整体上没有外资安全审查制度安排,而是将外资审查权限交给各成员国。2017 年,欧盟委员会主席提出《欧盟统一外资安全审查框架建议》,是在此方面的一个突破。这是欧盟委员会公布的首部在欧盟层面建立外资安全审查机制并且试图协调成员国外资安全审查机制的条例草案。欧盟外资安全审查框架立法草案由德国、法国和意大利三国政府倡导,并得到欧洲议会国际贸易委员会的支持,计划通过建立初步"中心化的"欧盟外资安全审查框架来保护欧盟。

欧盟外资安全审查条例草案形成一种双重授权机制：一方面允许欧盟成员国维持、修改或者建立外资安全审查机制,同时允许欧盟委员会和成员国对某一成员国的决策发表意见或评论；另一方面为欧盟委员会提供新的审查工具,在欧盟层面建立对可能影响所谓"欧盟利益"的外商投资项目进行安全审查的全新框架,赋予欧盟委员会发表意见的权力。

2018 年,欧盟完成了《关于建立外资审查制度的临时协定》,对欧盟内部外资监管提出了具体要求：首先,对关键领域外资进行严格审查,包括有形和无形的关键基础设施、可军民两用的关键技术、可获取或控制的敏感信息、媒体自由与多元化领域,此外,直接或间接受第三国政府控制或国家主导的项目资本也受到重点关注；其次,设立合作机制来增强欧盟内部信息交流与协调合作,并赋予欧盟委员会在外资监管上新的权力,提高其话语权；最后,提高信息披露要求,内容既包括外商投资企业需提交的供审查信息,也涵盖合作机制流程中欧盟内部共享信息及交流意见。

2019 年,欧盟颁布《关于建立欧盟外商直接投资审查框架的条例》,这是首次在欧盟层面制定的外资审查机制,标志着欧盟的外资政策发生实质性转型。从整体来看,《关于建立欧盟外商直接投资审查框架的条例》规定了两种情况：一是接受外资的成员国（以下称"东道国"）已经有安全审查机制的,应当将具体外资项目的审查监管措施通知欧盟委员会和其他成员国,欧盟委员会和其他成员国可以在收到通知后 35 天内提出意见,东道国再进行信息反馈、解释,并作出具体外资安全审查监管措施的最终决定。二是东道国尚没有安全审查机制的,也应当在每年 3 月 31 日前向欧盟委员会报告其境内外国投资情况,并且在外国投资完成后 15 个月内或在获知投资信息后 35 天内,其他成员国或欧盟委员会可以提出意见。

在以上两种情况中,欧盟委员会都有权对可能影响联盟利益的外资项目提出正式意见。在《关于建立欧盟外商直接投资审查框架的条例》颁布之前,欧盟境内的外资审查只存在于成员国层面,而在《关于建立欧盟外商直接投资审查框架的条例》颁布之后,欧盟法也会赋予欧盟委员会和其他成员国一些审查外资与联盟利益、共同利益相关事项的权力,从而使得一种多边双重机制趋于形成。

在维护外资安全的具体实践中,以欧盟中的德国为例,其采取了如下政策:

1. 外资政策

在德国的外国投资者享受国民待遇,没有专门针对外资企业制定的法规和优惠政策,也没有针对外资企业管理的特设机构。德国的引资政策具有以下特点:①政府资助是德国政府最主要的招商引资优惠政策,其他优惠政策还包括税收优惠、贷款优惠、人员培训、市场开拓、鼓励新产品研发等。②政府资助主要投向经济欠发达地区,以缩小地区经济差距,达到经济整体发展的目的。③优惠政策主要面向中小企业。

2. 行业准入制度

德国对外资市场的准入条件一直设置得比较宽松,并未严格限制外资进入和投资,在法律上,外资与内资企业享受同等市场准入条件,但也有少数行业对外资明令禁止或实施特殊审批。例如,军工、核电站和垃圾处理项目属于禁止外资进入的领域;金融、能源、通信和交通、自然资源开发等行业的跨国收购需要政府特别审批。

3. 国家安全审查

在21世纪以前,德国对于外商投资和并购的行业领域并没有明文限制,总体上对于外商投资持开放态度,仅对一些涉及国家经济安全的领域进行控制。进入21世纪之后,德国开始重视并逐步建立外资安全审查的相关立法。2004年,德国对1961年《对外经济法》进行修改,增加了关于国家安全审查的例外条款,正式建立外资安全审查机制,但仅针对个别领域。德国2009年4月实施的《对外经济法》和《对外经济条例》规定,德国联邦经济和能源部对欧盟以外的投资者收购德国企业股权比例达到25%的项目拥有审查权。

2017年之后,德国对外资审查制度又多次进行重大修改,扩大了审查范围,延长了审查期限,并实施了更严格的标准,对来自欧盟以外国家的外资审查趋向严格。2017年7月,德国联邦经济部通过了关于德国《对外经济条例》的第九次修正案,强化了对外投资并购德国企业的国家安全审查,规定对涉及一些高科技领域的并购要进行强制性审查,并将审查期限从两个月延长到四个月。2018年12月,德国将涉及敏感行业的外商直接投资国家安全审查门槛①由25%下调至10%。2020年5月,德国将医疗卫生领域纳入审查范围,同时将外国政府或军队直接或间接控制的企业列入重点审查范围。2020年12月,德国政府对通信供应商实施更为严格的审查,要求供应商主动申报建设计划。2021年4月,德国将需经政府审查的外资持股比例门槛由25%降至20%。

4. 反垄断审查

德国在规制外资企业并购行为时,主要实行与国内企业并购相同的反垄断法律。但是,出于对国家经济安全的考虑,政府对外资企业也会进行一些限制,主要包括以下两点:①将该交易是否损害市场竞争和强化市场支配地位作为主要标准,如果发现该并购投资行为会导致市场集中的后果,就会予以禁止;除非并购投资者能提供证据表明该并购能改善竞争条件,并且这种竞争条件改善的有利影响大于市场集中带来的不利影响。②凡外国投资者收购德国上市公司的股权的,必须向德国政府报告或披露。如果没有得到政府批准,

---

① 此处的安全审查门槛指非欧盟公司对德国公司发起的股份收购的比例,超过此比例须通过政府的审查。

任何企业的出售或大量股权的出售都不得生效,以防止外国投资者恶意并购或大规模并购德国企业。凡外国投资者收购德国上市公司的股票超出其总股本的 25% 以上的,必须以书面形式通知该公司。

七、就业安全

《欧洲共同体条约》第 125 条至 130 条是欧盟就业政策的法律基础。上述条款对成员国、欧盟委员会、部长理事会的功能与作用以及相互关系作了明确规定。欧盟与成员国从两个层面相互协调就业政策:一是在欧盟层面,制定欧盟共同就业政策,从整体上设定就业战略、就业目标和政策指南等;二是在成员国层面,在欧盟共同就业政策指导下制定本国就业政策。欧盟还需采取必要行动,促进欧盟和成员国以及成员国之间就业政策一致。

欧盟就业战略的主要目标包括:一是优化劳动力市场功能,提高劳动市场参与机会和工作品质,减少结构性失业;二是提高劳动者技能以适应市场需求;三是提高各层级教育和培训系统的质量和效能,促进大专或同等学历教育;四是促进社会包容和消除贫困。

具体而言,部分国家采取了如下措施:

1. 利用公共支出影响就业

利用公共支出影响就业是各国政府调控就业总量的常用方法,其决策依据是经济运行给就业所带来的正负效应,具体做法是利用政府的年度预算支出来调整劳动力供求的失衡。例如,瑞典的就业经费是由联邦政府财政拨付的,瑞典政府确定的就业经费的年度比例水平是根据经济增长、通货膨胀和失业率等情况的不断变化而变化的,如果失业率逐步下降,就业形势好转,就业经费便向下调整。

2. 平衡投资

投资水平的平衡化可以防止经济过热和经济衰退。在投资快速扩张时,经济增长通常较为高涨,但在投资萎缩时,经济增长通常也较为低迷,伴随着经济增长率的波动,用人单位对劳动力的需求也会产生波动,进而出现就业人口的剧烈波动,因此,政府可以通过平衡经济中的投资水平来实现稳定就业。

为了控制企业的投资行为给就业造成的影响,政府往往并用和变换各种政策,如税收、金融和补贴政策,甚至在必要时采用发放经营许可证[①]等直接规制的措施。北欧各国目前盛行的企业投资基金制度即根据事先设计的税率,在景气期内把企业的部分利润留存在中央银行作为专项准备金,以防止经济过热,在经济衰退而失业增加时,根据政府劳动部门的请求,便可以把这笔专项准备金用于投资,从而增加就业并推动经济复苏。

3. 刺激消费

社会消费不足会导致大量产品滞销积压,进而连带影响就业的正常秩序。各国政府在这种情况下,主要是从政策入手,即调整货币信贷政策和税收政策,通过促进企业投资提高整个经济的总需求,通过刺激消费来促进就业。例如,英国为摆脱由消费不足引起的某些部门的解雇风潮,采取了刺激消费和促进生产的新思路,既放宽信贷控制和降低银行利率,又减少个人和企业的税负以降低劳动成本,进而取得了较好的促就业效果。

---

① 经营许可证是法律规定的许可企业经营的证明。政府通过经营许可证来控制企业进入市场的数量。

4. 大力发展对外贸易

通过大力发展对外贸易特别是积极扩大出口,甚至对外倾销商品来增加就业,是西方国家实施再就业工程的重要途径。1994年,德国、法国、西班牙以及北欧一些国家通过向亚洲和拉丁美洲发展中国家大幅增加出口加速经济复兴,使欧盟的失业率在一年内降低0.1%,使得20多万名失业者找到了工作。

5. 缩短在职员工的劳动时间①

缩短劳动时间的本质是使得企业在职员工向寻找工作的劳动者分享其一部分就业机会,这也是西方国家为解决失业问题而普遍采取的措施,具体的形式有:缩短工时、非全日制工作、提前退休和提倡非正规就业(小时工、临时工、季节工、自由职业等)等。

德国主要通过劳动力市场的弹性化措施和工作分享实现就业总量的增加。劳动力市场弹性化措施包括减少员工的工作时间、设置非全日制的工作岗位以及减少企业在用工方面的限制(如最低工资限制、最低工时限制和解聘职工的限制);工作分享是指在职工人的工作时间减少20%,但其工资仅减少10%,政府再给企业适当补贴。

丹麦在全国范围内推广"替换工作计划",允许在职员工无薪休假一年,去享受家庭生活或进修学习,一年后再回到原岗位,在此期间,由长期失业者来代替其工作,以使长期失业者得到一个工作机会。因休假而失去工资收入的员工如果选择进修学习,每月可获得一定的政府补贴(该补贴水平相当于失业保险金的最高额度);而对于选择照顾家庭或去度假的员工,其只能获得上述补贴金额的70%。

瑞典实行逐步提前退休的在职养老金制度。瑞典法定退休年龄为65岁,但为了使在职员工能逐步提前退休以让出工作岗位,在60岁以后,企业会逐年减少其工作量和工资,但同时政府会让其提前享用养老金以补贴工资差额。养老金补贴额逐年增加,直到员工65岁正式退休时,政府会为其发放全额养老金。

本章小结

(1)欧盟整体安全观面临着如何协调成员国利益与整体利益的问题,在经济领域,欧盟更多扮演着协调和规范的角色。欧盟经济安全战略以对内实现欧盟的繁荣强大、对外积极参与全球经济治理体系为任务。欧盟成员国也制定了各自的战略,如英国提出推进对外贸易以发展经济,德国以发展生产力作为保障经济安全的方法。

(2)欧盟维护经济安全的组织机构有欧盟委员会、部长理事会和欧洲议会,三者在经济安全战略中拥有无可替代的位置。除此之外,欧盟成员国中的英国、法国、德国等国均设有国家安全委员会,芬兰设立了经济安全计划委员会。

(3)欧盟在产业、金融、能源和对外贸易等领域立法来保障各成员国经济安全。立法通常以条约为框架,以各指令、条例及各种规范性文件制定具体规则。

(4)欧盟在国家经济安全政策中保持对外一致,加快内部政策统一,同时各国也分别

---

① 谭军,孙月平.应用福利经济学[M].2版.北京:经济管理出版社,2016:197-198.

制定了保障国家经济安全的各项政策。对外贸易政策和产业政策在推行自由贸易的同时保护国内部分产业;金融政策通过银行业联盟加强银行监管、确保银行体系稳定的同时,着手借助资本市场联盟的建设推动资本市场发展;粮食政策重在实施灵活动态的收储政策、建立完善的农业生态保护体系和提升粮食危机响应能力等方面;能源政策采取节能、开发新能源和稳定外部能源供应相结合的方式;利用外资政策以行业准入、国家安全审查和反垄断审查等方式保证本国经济安全;就业政策采取宏观经济政策和微观具体政策相结合的方式。

复习思考题

1. 作为一个超国家组织,欧盟的安全观和一般国家组织有什么异同?
2. 欧盟整体的安全战略包含哪些方面的内容?
3. 欧盟维护经济安全的机构组织有哪些?
4. 欧盟在不同类型的经济安全上具有统一的立法,试举例说明。
5. 选择某个你感兴趣的经济安全领域,阐述欧盟或其成员国采取了哪些政策措施。

参考文献

陈凤英.国家经济安全[M].北京:时事出版社,2005.
陈秀红.欧盟如何动态应对确保粮食安全[J].理论导报,2022(8):62-63.
段敏芳,郭忠林.产业结构升级与就业[M].武汉:武汉大学出版社,2013.
郭士征.国外促进劳动就业的政策与措施[J].科技导报,1997(2):33-35.
何维达.全球化背景下的国家经济安全与发展[M].北京:机械工业出版社,2012.
胡建国,陈禹锦.欧盟《外国补贴条例(草案)》及其WTO合规性分析[J].欧洲研究,2021,39(5):84-110.
胡琨.国际金融危机背景下欧洲金融结构的转型:走向银行与资本市场并重均衡的欧洲金融体系[J].欧洲研究,2017,35(4):18-36.
蒋慧.法国国家经济情报体系的演变[J].图书情报工作,2012,56(20):6-10.
冷帅.欧盟外资监管和安全审查立法的评估与应对:基于《建立外国直接投资监管框架条例》的分析[J].现代法学,2019,41(6):194-209.
梁咏,谢鑫雨.论欧盟外资审查机制的转型与对策:以竞争力为视角[J].国际经济法学刊,2022(3):43-62.
蔺捷.论欧盟金融服务市场法律之影响[EB/OL].(2012-10-23)[2022-12-15].http://www.ems86.com/touzi/html/? 528.html
刘胜湘,高露.二战后法国安全体制机制的演变[J].法国研究,2016(3):12-24.
马永堂.瑞典的促进就业长效机制[J].中国劳动,2007(5):24-26.
穆怀中.社会保障国际比较[M].3版.北京:中国劳动社会保障出版社,2014.
盛红生.英国政治发展与对外政策[M].北京:世界知识出版社,2008.
谭军,孙月平.应用福利经济学[M].2版.北京:经济管理出版社,2016.
田昕清.外资安全审查制度比较研究及对我国的借鉴意义[D].北京:外交学院,2019.
王玉婷.布莱尔政府时期的英国安全战略(1997—2007年)[D].武汉:武汉大学,2010.

王展鹏,夏添.欧盟在全球化中的角色:"管理全球化"与欧盟贸易政策的演变[J].欧洲研究,2018,36(1):77-97.

威勒.欧洲宪政[M].程卫东,译.北京:中国社会科学出版社,2004.

夏立平.三重身份视阈下的冷战后德国安全战略研究[J].欧洲研究,2016,34(3):82-102.

谢莹.国家产业安全法理论与实践[M].北京:中国商务出版社,2006.

邢梦玥.世界主要国家能源安全战略以及对我国经验借鉴[J].现代管理科学,2019(10):9-11.

徐沈智,付凌波,闫晓卿.欧盟能源战略:能源金融(世界能源风向)[N].中国能源报,2019-04-22(7).

许超.英国国家安全委员会的建立、运作及展望[J].江南社会学院学报,2018,20(1):18-24.

闫哲.欧盟发布《安全与防务战略指南》[EB/OL].(2022-03-25)[2022-08-23].https://new.qq.com/rain/a/20220325A0B04L00.

叶斌.欧盟外资安全审查立法草案及其法律基础的适当性[J].欧洲研究,2018,36(5):25-42.

叶江.试析欧盟安全战略的新变化:基于对欧盟2003与2016安全战略报告的比较[J].学术界,2017(2):225-236.

易小明.欧盟经济和军事安全战略:以北非为例[D].北京:中国社会科学院研究生院,2010.

郑春荣,吴永德.欧盟产业政策调整及其对中欧合作的影响[J].当代世界与社会主义,2021(1):98-106.

中华人民共和国驻欧盟使团经商参处.欧盟对外贸易法规和政策[EB/OL].(2017-06-12)[2022-08-23].http://eu.mofcom.gov.cn/article/ddfg/f/201601/20160101230175.shtml.

周晓明,赵发顺.欧盟新安全战略及其影响[J].和平与发展,2017(4):96-109.

朱淦银.欧盟安全战略发展研究[M].北京:军事谊文出版社,2009.

HAINE J-Y. Idealism and power: the New EU security strategy[J]. Current history, 2004, 103(671): 107-112.

LAYTON P. The 2015 national security strategy and strategic defense and security review choices: grand strategy, risk management or opportunism[J]. Defense studies, 2015, 15(1): 28-45.

ZABOROWSKI M. Towards an EU global strategy: consulting the experts[R]. Paris: EUISS, 2016.

第十二章
日本的国家经济安全

学习目标
1. 了解日本的国家经济安全观。
2. 掌握日本的国家经济安全战略。
3. 了解日本维护国家经济安全的组织机构。
4. 了解日本维护国家经济安全的立法保障。
5. 掌握日本维护国家经济安全的政策措施。

导入案例

日元贬值创 24 年新低

在 2022 年以来日元汇率持续下跌的态势之下,2022 年 6 月 13 日,日元兑美元汇率一度跌破 135 日元兑 1 美元关口,创下近 24 年的新低。截至北京时间 13 日晚 8 时左右,日元兑美元汇率报 134.45。同日,日本股市也出现较大跌幅,日经 225 指数收跌 3.01%。2022 年俄乌冲突发生以来,日元已经成为全球主要货币中贬值幅度最大的货币之一。日元相对美元的贬值幅度也明显高于同期美元指数的上涨幅度。

2022 年 6 月 10 日,日本财务省(即财政部)、日本银行(即日本央行)、金融厅发出联合声明,提及近期日元急速贬值的现象令人担忧,并表示汇率的急速变动是不可取的,政府和日本央行将紧密合作,密切关注外汇市场的动向及其对经济、物价的影响。日本汇率政策将以 G7 等达成协议的思维方式为基础,促进各国货币当局进行紧密沟通,必要时采取适当的应对方法。

日本央行坚持超宽松的货币政策是日元连续下跌的核心原因。主要发达国家货币政策纷纷收紧,日本与其他主要经济体之间的实际和预期利差不断扩大,尤其是 3 月份美联储启动加息并释放加速紧缩的信号后,美债收益率迅速上行,日元贬值加剧。

日本和欧洲是两个实施负利率的典型经济体,欧洲央行已经确定 2022 年 7 月份开始加息,预计到 2022 年第三季度可能退出负利率,而日本央行的货币政策仍未见收紧迹象,经济学家预计到 2022 年年底日本将成为唯一仍实行零利率或负利率政策的 G10 国家。

从目前的情况来看,日本的压力来自两方面:一是美元持续升值,对日元产生了较大冲击;二是全球通货膨胀压力持续加大,这对于资源贫乏的日本来说,也会产生较大冲击。虽然日本的海外投资规模较大,但在目前这种经济环境之下,其海外投资也有可能会受到较大影响。当前,日本面临的贸易逆差、经济下行、通货膨胀走高的环境与 2014 年日元快速贬值时期类似。2021 年以来日本出口走弱、进口较强,尤其是从 2021 年下半年开始,日本开始出现持续性贸易逆差,国际收支对日元支撑走弱。2022 年 3 月,以美联储加速转鹰、日本宽松持续为导火索,日元再度快速大幅贬值。除此之外,疫情冲击叠加俄乌冲突,给本轮日元贬值增加了不确定性,日本出口供应链受到严重冲击,市场担忧日本能源、粮食供给安全,日元避险属性下降。

日本是全球第三大经济体。若日元持续贬值,日本国债持续杀跌,会产生国债违约的风险。日本若出现国债违约,将会给全球金融市场带来海啸般的冲击。

资料来源:创 24 年新低:日元兑美元汇率跌破 135 关口,为何跌跌不休[EB/OL].(2022-06-13)[2022-11-16]. https://view.inews.qq.com/a/20220613A0CXLI00? refer=wx_hot&ft=0.有删节和修改。

第一节　日本的国家经济安全观

日本是较早关注经济与安全关系、探讨经济安全保障问题并运用经济手段保障国家安全的国家之一。日本在不同时期面临的安全问题及政策思维不尽相同,其经济安全观念和经济安全保障政策是着眼于形势发展变化、基于自身状况的战略选择,随着时代变迁而不断在调整变化。

第二次世界大战后,日本作为战败国,受《日本国宪法》制约,在制定和执行安全保障政策上需要"合规合法"。由于"日本的国防军备规模远不足以凭一国之力来保卫国家安全,无法实现充分的国防力量配置。只有与利益关系相似的国家相互依存、共同合作,才能保卫国家安全"[1],因此,日本用以轻军备、重经济、外交上追随美国为特征的"吉田主义"路线指引国家发展。在战后很长一段时期内,日本实施防守型安全保障政策,其思路是以日美同盟为依托,依靠美国的核保护和援助,通过贸易立国,旨在获取海外技术、资源和市场,促进本国出口扩张,并提高国际地位,扩大生存空间,保障经济增长与安全。以贸易立战略为指引,日本政府根据国际市场的变化及时调整进出口政策,以"动态比较优势"来确定重点出口行业和进口保护行业,通过对外投资、技术合作、开发援助等手段不断拓展国际市场。这一政策和实践融入了经济安全的概念。20 世纪 60 年代中期以后,日本的产业竞争力不断提高,对外贸易由逆差基本转为顺差,日本在 1968 年跃升为资本主义世界第二经济大国,日美贸易摩擦随之逐渐增多。

以 20 世纪 70 年代初布雷顿森林体系瓦解、石油危机爆发为契机,日本经济安全问题开始受到更多关注。在国际经济体系动摇、世界经济陷入低迷的背景下,美国的通商政策

---

[1] 吉田茂.世界和日本[M].袁雅琼,译.上海:上海人民出版社,2020:117.

倾向从自由贸易转向公平贸易，要求日本等贸易对象在享受美国市场准入条件的同时，对美国也实行同样的开放措施。与此同时，日本经济增速放缓，经济高速增长时期累积的社会问题逐渐暴露，如贸易盈余严重、不良债权数额庞大、自然环境破坏严重等。"国际政治的变化令政治性考量和经济性考量、政治性行为和经济性行为的关联性复活"①，经济安全保障开始成为日本讨论国家安全战略的重要议题，内容涵盖贸易、金融、能源、环境等多方面，其中，能源安全保障成为重要的政策着力点。日本明确提出，确保重要物资稳定供应在经济安全保障方面具有生死攸关的重要性。

随着日本率先走出石油危机，其产业竞争力进一步增强，到20世纪80年代中期基本实现了赶超欧美发达国家的目标。但是，与此同时，日本对外经贸摩擦尤其是日美摩擦愈演愈烈，技术纠纷逐渐增多，经济与安全保障的关系也逐渐加深。日本在《新经济社会七年计划（1979—1985年）》中指出，"日本资源能源、粮食的海外依存度高，这些商品在世界贸易中的进口占比大，今后有必要关注经济运行安全，完善国内供给体制，确保进口的稳定性和多样化等，同时以国际化视野加强与世界的协调。经济安全已构成日本综合安全保障的基础"。1980年12月，日本内阁会议决定设置"综合安全保障会议"，并强调在国防方面进一步努力的同时，在经济方面从经济合理性与综合安全保障的角度制定能源、粮食等保障措施也十分重要。1982年4月，日本通商产业省下属机构"经济安全保障问题特别小组"正式发布《国家经济安全战略》报告，报告指出，经济安全战略是遏制和排除外部的经济或非经济威胁的方略，要以经济手段为中心维护国家安全。该报告认为，全面理解国家经济安全战略，必须树立三个基本观点：一是综合观，经济安全保障不能仅从经济方面考虑，还必须从政治、外交、文化等方面进行综合考虑；二是全球观，鉴于日本经济与国际社会密不可分，日本经济安全保障必须在世界政治、经济框架内考虑；三是全民观，保障经济安全不能单靠国家和政府，必须动员地方、企业和全体国民共同参与，建立相应的反危机体制。

20世纪90年代初，随着冷战结束，传统意义上的军事威胁减少，核武器扩散、恐怖袭击等新的军事威胁，以及环境变迁、难民移民、跨国犯罪等非军事威胁逐渐增多。与此同时，经济全球化的快速发展使外部风险增大。在这样的背景下，日本将经济安全保障作为其制定对外政策和国家战略的重要考量因素。为了提高经济安全保障能力，1994年日本政府提出"科技立国"战略，强调科技创新是维持经济强国地位、保障国家利益及在国际竞争中取胜的关键，并指出从现在开始日本应该主动改革，如果不这样做，就会阻碍日本未来的稳定发展。可见，日本希望通过改革原有制度，构建有利于发挥创造性的新机制，以确保其竞争优势、国家利益及安全稳定。

进入21世纪，一方面，美国遭受"9·11"恐怖袭击，非传统安全问题越来越成为各国和地区面临的重大威胁；另一方面，中国加入WTO，日渐融入国际经贸体系，并迅速崛起成为世界第二经济大国。为确保日本在国际经济领域的影响力与未来竞争力，2013年12月，日本"国家安全保障会议"（National Security Council，NSC）正式启动，并颁布首份"国家安全保障战略（National Security Strategy，NSS）"草案。2015年9月，安倍政府强行通过安全保障相关法案，使得第二次世界大战后日本防守型安全保障政策发生重大变化，经济外交和

---

① 高坂正尧.文明衰亡论[M].周俊宇，译.北京：北京时代华文书局，2013：211.

经济安全保障政策也显现出主动性,尤其在对外经贸领域,日本积极融入全球缔结自由贸易协定及区域经济一体化潮流,以扩展对外贸易和投资,促进经济增长,参与地区和国际经贸合作,提升本国影响力,更好地保障国家安全。

2018年开始,日本的防卫省、国家安全保障局、经济产业省以及自民党等机构和组织纷纷制定相关政策、采取相应措施或提出政策建议,日本经济安全战略思想逐渐清晰,经济安全战略和法律呼之欲出。在菅义伟政府时期,其明确表示日本要"从经济安全保障角度出发"应对国际新形势。日本《2021年外交蓝皮书》认为,在物联网、5G、人工智能、量子技术等新技术革新下,安全保障进一步扩大到经济和技术领域,有必要强化这些领域的安全政策。另外,基于"安全逻辑"加强国际经济安全合作,菅义伟政府意图与"志同道合"的国家构建可靠的供应链体系。2020年11月,日澳首脑会谈强调,要建立开放、安全、弹性和高效的关键矿物供应链。2021年2月,日英"2+2"会谈就经济安全保障合作达成一致。2021年4月,日美首脑会谈表示"将在敏感的供应链(包括半导体供应链)上结成伙伴,促进和保护对安全和繁荣至关重要的关键技术",而以往会谈中并无此类经济安全保障内容。菅义伟政府还积极寻求与东盟国家建立原油储备互通机制,以应对能源危机时石油海外供应链断裂的可能情况。

进入岸田文雄政府时期,2021年10月,在刚刚成立的岸田文雄内阁当中,日本政府特意设立了国家经济安全大臣一职。可见,日本政府对经济安全日益重视。2022年2月25日,日本内阁通过《经济安全保障推进法案》并提交国会审议。法案将赋予日本政府对事关经济安全的经济行为进行材料收集、事前审查、劝告和责罚的权力,极大地增强了政府对企业的控制能力,为日本对外实行经济保护和制裁提供法律依据。岸田文雄上台伊始就把经济安保定位为重要的国家战略,希望将经济安保作为抓手,实现经济、政治安全,以及对美、对华的多方面战略目标。2022年4月,日本众议院以多数赞成通过《经济安全保障推进法案》。该法案是岸田文雄政府成立以来积极推动的最重要法案之一,内容涵盖强化日本国内供应链构筑、强化关键基础设施的安全保障、保护敏感技术专利等。

相关案例12-1

日本将实施《经济安全保障推进法案》

2022年5月11日,由岸田文雄政府提出的《经济安全保障推进法案》当天在日本国会参议院获得通过,并将从2023年起分阶段实施。

《经济安全保障推进法案》主要由4部分构成,即强化特定重要物资供应链、对重要基础设施设备实施事前审查、尖端技术研发加深官民合作、对涉及威胁国家安全的专利非公开化。其中,所谓"特定重要物资"主要是指稀土等重要矿产以及半导体、蓄电池、医药品等,日本政府今后将根据该法对相关产业进行财政支援。此外,为确保国内重要基础设施的安全,日本政府将规定电气、金融、铁路等14个行业的相关经营者有义务提前向国家报备进口设施的详细信息等。

对于《经济安全保障推进法案》的正式通过,日本国内舆论予以广泛关注。日本时事通信社评论称,鉴于中美战略博弈加剧、俄乌冲突导致地缘政治风险提升,日本政府正在强化半导体等重要战略物资的供应链。此外,还有观点认为,近年来一国基于他国对自身能源、矿产等的依赖进行政治打压的情况在国际社会频繁出现,日本《经济安全保障推进法案》旨在强化自身的独立性,降低对外依赖。日本共同社则在文章背景中直接点出中俄因素,称考虑到在高科技领域不断崛起的中国以及对乌克兰发起军事行动的俄罗斯,日本政府推出该法。

日本通过新经济安保法案,以经济安保为借口推出一系列举措,显然会对中日经济和技术交流产生负面影响。对中国而言,这种影响主要体现在高科技领域,比如日本企业在涉及芯片领域的零部件出口方面就有可能受阻。但这种影响不是单方面的,如果今后日本政府以这个法律为依据,限制日本企业将部分高技术产品卖给中国,日本相关企业也会受损,这显然是"双输"的局面。

资料来源:马芳,李雪.日本新经济安保法通过,专家:如限制部分高技术产品卖给中国,将是"双输"[EB/OL].(2022-05-12)[2022-07-30]. https://world.huanqiu.com/article/47yEDKcXUJC.

第二节　日本的国家经济安全战略[①]

国家经济安全战略通常指将经济问题上升到国家安全层面,使用经济手段追求国家安全和外交政策目标的战略。20世纪70年代,两次石油危机对日本经济造成巨大冲击,持续多年的经济高速增长结束,经济安全问题日益受到日本政府关注。1982年,日本通商产业省发表《国家经济安全战略》报告,提出要以经济手段为中心,遏制和排除外部经济或非经济威胁。当时日本国家经济安全战略的主要任务在于保障以石油为代表的海外战略物资的稳定供应,同时以官方发展援助等经济手段提升日本的国际地位。

近年来,日本国家经济安全战略越来越丰富和具体,特别是岸田文雄上台以来,将经济安保战略摆在突出位置,明显加快经济安保战略部署,在体制机制、企业管理和对外合作等方面全面部署。通过不断完善经济安保战略架构,日本的经济安保战略加速成型。

首先,日本进一步完善经济安保战略和机制建设。一是加快构建经济安保相关的党内和政府机构。2019年年初,日本自民党规则形成战略议员联盟成立,成为推动经济安全理念、战略和战术形成的重要政治力量,由原经济财政大臣甘利明任会长。2019年6月,日本经济产业省设立经济安全保障室,主要负责对经济安全保障课题进行讨论并制定相应政策;7月,日本内阁通过的《综合创新战略2020》写入经济安全保障的概念;10月,外务省调整综合外交政策局的设置,把安全保障政策课下辖的宇宙网络政策室改组为新安全保障课题政策室,统筹负责日本外交政策中的经济、技术和网络安全等安全保障课题。二是增设专门的国家安全保障局经济班。2020年4月1日,日本政府又在负责综合协调外交和安保政策的国家安全保障局中增设经济班,仿效美国国家经济委员会统筹经济安全,负责情报搜集、政策咨询、立案等,是日本与美国国家安全委员会协调的窗口。经济班的成立标志着日本政府完成对各经济安全部门的统筹和整合,经济安全保障正式成为日本国家外交安保

[①] 颜泽洋.日本经济安全保障战略新动向[J].现代国际关系,2022(4):26-32.

战略的重要组成部分。三是加快经济安保相关立法。2021年10月,岸田文雄接任日本首相,在新内阁中增设经济安保担当大臣一职,专门负责日本的经济安全保障相关事务,首任经济安保担当大臣由主张对华强硬的小林鹰之担任。2022年2月25日,日本内阁通过《经济安全保障推进法案》并提交国会审议。

其次,日本政府加强对企业的管制和引导。一是加强对外商直接投资管制。2019年5月,日本财务省发表声明指出,近年来保护网络安全的重要性日益增强,为防止重要技术外泄,避免发生损害国防工业生产、基础技术等影响日本国家安全的事件,要拓宽限制外商直接投资的行业。11月,日本国会通过了《外汇及外贸管理法》修正案,新法案规定在涉及高科技或重要基础设施的安全保障相关行业中,如外国资本计划收购日本上市企业1%以上股份或非上市企业任何股份、任命董事或出售相关业务,都必须先向日本政府申报并接受审查,以防止先进技术流出。《经济安全保障推进法案》也指出,为防止引进可能对日本安全保障造成威胁的外国制品及系统,日本政府将采取事前审查,以排除可能对基础设施稳定运作造成影响的外国产品或设备。二是不断降低产业链对华依赖并加强对高科技的保护。日本计划与美国和澳大利亚合作,到2025年将从中国进口稀土的比重从目前的58%降至50%以下。在科技保护方面,2020年7月起,日本政府加强了对大学下设研究机构的资金限制,要求所有领取国家研究开发补助的大学机构向政府申报其接受外国企业与组织资助的情况,并计划从2022年开始要求提交外籍留学生及科研人员的详细履历,避免日本研究机构受中国资助和中国留学生偷窃技术。三是不断加大对企业高科技研发及绿色化、数字化转型支持力度。2021年,日本政府追加预算约6 000亿日元,用于设立基金支持先进半导体生产企业,另设立5 000亿日元的大学基金,用于强化高校和科研机构的研发基础,培养科研人才。未来日本政府还计划拨出2万亿日元用于设立碳中和相关项目的创新型技术研发基金,并设立专门基金营造推进6G研发环境,力争赢得相关技术及产业的国际竞争。日本政府还对投资绿色低碳转型的企业予以减税,并投入1 094亿日元引入住宅绿色积分制度,引导住宅建设向绿色化、低碳化方向转型。日本政府还设立了约1.15万亿日元的业务重组补助基金,专门用于帮助中小企业实现绿色化、数字化转型。

最后,日本以对美合作为中心,加强国际供应链建设。一方面,美国是日本经济安全合作的重中之重。2021年4月,日美首脑会谈的联合声明提出,日美要在包括半导体在内的敏感供应链方面开展合作,以及进行人工智能、量子科学、太空技术开发战略经济建设,以此对冲"一带一路"影响力;日本主动提议建立日美经济版"2+2"对话机制,欲与美在对华经济战略上进一步绑定,经济版"2+2"的讨论焦点在于充实日美半导体供应链,在尖端技术领域两国共同制定国际标准。在半导体、电池、先进医疗、重要原材料方面,日美建立起强劲的供应链机制,两国不仅希望该机制能阻止中国继续发展相关方面的技术、生产能力及产品规模,还希望通过对这些领域的控制将研发、生产和市场开拓彻底、严格地掌控在自己手中。在出口管制方面,日美共同推动"瓦森纳安排"42个成员国同意,将尖端半导体基板制造技术、芯片光刻模拟软件和军事级网络软件纳入管制范围,严控出口。在技术研发方面,日美双方成立半导体工作小组划分研发和生产等任务,意欲在半导体等领域建立脱离中国的供应链。另外,日美将共同推进"安全和开放的5G网络",并力争在6G领域实现对华完全超越,投入45亿美元用于加强两国在数字领域的竞争力。

另一方面,日本积极扩展与东盟等地区的多边合作,打造稳定供应链。2020年4月,日本与东盟经济部长会议发表倡议,表示要保持双方紧密的经济关系,减轻疫情对经济的负面影响。倡议明确了双方合作的领域与内容:一是努力保持市场开放,防止经济活动停顿,以保障食品、生活必需品、医用品及医疗设备等必备物资的顺利流通,维持地区及国际供应链的运行。二是尽力保障各种原材料、产品对世界市场的供应,支持所有人维持健康与福祉,维持市场稳定性,减轻疫情可能对地区及世界经济造成的负面影响。三是共同探索供应多元化、互补化、透明化、适当库存化、持续化的途径,在应对商业风险与维持成本竞争力之间寻找更好的平衡。2020年7月,日本与东盟经济部长会议接着出台了"日本东盟经济强韧化行动计划",该计划包含五十多项具体措施,包括由日本东盟经济产业合作委员会事务局负责的"强化海外供应链韧性计划",支持企业以降低生产集中度为目的增加对东盟的投资,针对企业购买设备、实施商业调查提供补贴。日本还着手构建应对供应链危机的合作机制,如支持东盟与东亚经济研究中心设立强化供应链韧性的持续性项目,开展调查研究,举办产学官研讨论坛等。

此外,日本还在东盟之外寻求与更多国家或地区的合作。2021年4月27日,日本、澳大利亚、印度三国的经济部长提出"供应链强韧化倡议",内容包括通过贸易手续数字化来促进贸易,通过改善商业环境、供需匹配等促进投资,支持以生产基地多元化为目的的设备投资。日本还和澳大利亚、印度、东盟共同举办了"供应链强韧化论坛",探讨如何在印太地区加强供应链韧性和提高产业竞争力。美国、日本、印度和澳大利亚于2021年9月24日举行"四方安全对话",同意采取措施构建安全半导体供应链。

第三节 日本维护国家经济安全的组织机构

就整体而言,尽管日本一直将国家经济安全摆在非常重要的位置,但因为缺少相应的法律基础,长期以来,日本维护国家经济安全的机构体系主要集中于经济安全保障问题特别小组。岸田文雄上台以来,日本推进经济安保战略的速度明显加快,维护经济安全相关的组织机构体系日渐完善。

在总体国家安全方面,20世纪80年代,日本国家经济安全事务由日本通商产业省下属的经济安全保障问题特别小组负责。1982年,经济安全保障问题特别小组主导制定并发布《国家经济安全战略》,这是日本单独出台的第一份也是迄今为止唯一一份国家经济安全战略。

2019年以来,日本推进经济安保战略不断加速,相应组织体系也日趋完善。2019年4月,日本经济产业省贸易管理部新设技术调查室,负责分析全球产业链的特征及高科技发展动向,准确把握日本在经济安全领域的脆弱节点。2019年10月,日本内阁会议决定于2020年4月起,在日本国家安全保障局新设经济组,由经济产业省牵头,财务省、外务省、总务省等多个部门的高级官员参与,统筹制定贸易、高新技术、基础设施等领域与经济安全相关的重大政策,并筹划草拟日本首部国家经济安全保障战略。

2020年4月1日,日本政府正式增设经济组,仿效美国国家经济委员会统筹经济安全,负责情报搜集、政策咨询、立案等。该机构是日本出口管制、网络安全、日美合作、外资并购、敏感人员监控的主责部门，由经济产业省官员担任审议官，审议官下属的四名参事官分别来自总务、外务、财务、警察部门。当前，经济组已经成为日本国家安全保障局的第二大部门，管辖范围扩大至粮食安全、海洋安全等议题。外务省调整综合外交政策局内设机构，成立新安全保障课题政策室，加强经济、技术、网络领域的政策制定。防卫省在防卫装备厅新设装备保全管理官，负责技术保密相关的技术管理室和合同信息保全计划室。经济班的成立标志着日本政府完成对各经济安全部门的统筹和整合，经济安全保障正式成为日本国家外交安保战略的重要组成部分。

其后，日本其他相关部门也逐渐调整组织架构：外务省将安全保障政策课下辖的宇宙网络政策室调整为新安全保障课题政策室；防卫省在防卫政策局调查科下增设经济安全保障情报企划官，专门负责搜集、分析经济安保信息。2021年10月，岸田文雄在其治下的新内阁中特设国家经济安全保障担当大臣一职。经济安全保障担当大臣的重要工作是尽快研究制定岸田文雄在竞选自民党总裁期间提出的《经济安全保障推进法案》，以及建立经济安全保障基金和制定经济安全保障战略。11月，岸田文雄政府成立由首相担任议长的经济安全保障推进会议，在内阁官房设立经济安全保障法制准备室，推进相关立法工作。

此外，岸田文雄政府积极推动地方政府、企业团体设立负责经济安保的机构，以实现央地、官民、政企间在政策对接、落实等方面的顺利运转，使经济安全相关政策能够上通下达、协调行动，同时提升民众对经济安保问题敏感性的认知和认同，构筑全社会型经济安保体制。2022年1月，日本爱知县设立"经济安全保障对策专门小组"，与当地企业共享有关产业间谍的信息，以防尖端技术和机密信息泄露。日本电气则于2022年4月设立负责经济安保的董事，并成立经济安全保障室。日立制作所也计划设立相应部门，以对经济安保相关领域的业务进行更为严格、精准的事前审查。日本警视厅则配合政府，对企业进行包括反间谍、信息泄露与保护等方面的讲座宣传活动。同时，日本政府还计划于2023年设立有关经济安全保障的专门智库，汇聚经济界与学术界的相关人才，收集分析重要尖端技术研发动向的信息，为经济安保决策提供学术支撑。

在保障国家经济安全的具体方面，日本政府将经济安全保障事项分散到多个部门具体执行。例如，日本负责国家金融安全的行政机构是金融厅、日本银行和财务省；日本的反垄断执行机构是公正交易委员会，它在日本《禁止垄断法》的执行、实施中发挥核心作用；日本负责食品安全问题的部门是食品安全局、食品安全委员会、食品安全危机管理小组等。

第四节　日本维护国家经济安全的立法保障

一、日本国家经济安全立法保障的总体情况

日本注重通过国家立法的形式来防止、排除和化解外部不利因素对国家经济安全的冲击。目前，日本仅有一部单独的、明确的关于国家经济安全的法律，即2022年5月11日获日本国会审议通过的《经济安全保障推进法案》。该法案是2021年岸田文雄政府成立以来积极推动的最重要法案之一，将于2023年开始阶段性实施。该法案主要包含强化供应链韧性、加强关键基础设施审查、敏感专利非公开化、官民协作强化尖端技术研发等

四大内容。

法案具体措施包括:设立政府援助制度,通过政府补贴吸引重要厂商到日本办厂,增强日本国内生产半导体等重要物资的能力;设立事先审查制度,在通信、能源、金融领域企业引进重要设备或系统时,政府将针对外国产品或系统加强审查;为防止可用于武器开发等的尖端技术外泄,政府将通过向专利申请人支付补偿的方式限制相关专利公开;为人工智能等尖端技术研发提供资金与信息,确保日本在关键领域的技术基础。

除《经济安全保障推进法案》外,日本涉及国家经济安全的内容大多散见于经济法的各部分中,形成了系统的法律体系。第二次世界大战后至今,日本颁布的关于经济方面的法律和法规不下数百种,内容涉及市场竞争、财政、金融、外贸、农业、工业、商业、矿业、资源能源、交通运输、通信、知识产权、环境等诸多领域。

二、日本部分领域的国家经济安全立法保障

(一)金融安全

日本的金融体制是在第二次世界大战结束后日本经济复苏和高速发展过程中逐步建立、稳定和发展的。金融体制的三大主体是中央银行、民间金融机构和政府金融机构。这一体制的稳定和有效运行依赖于日本在较长时期内实行的三大金融制度——利率管制、分业经营管制和外汇管制,这也是战后日本金融体系稳定的三大支柱。

(1)利率管制。第二次世界大战后,为了迅速恢复和快速发展经济、降低经济投入的成本,日本采取了低利率的金融政策。先是日本银行界签订存款利率协定,然后日本政府在1947年12月正式制定实施《临时利率调整法》,对所有的存款利率和短期贷款利率作出限制性规定,实行利率最高额管制。利率管制是战后日本金融制度最重要的基础性特征,以低利率政策为基础相继形成并发展日本独特的金融法律政策体系和金融结构。

(2)分业经营管制。为了保证战后金融秩序的稳定,限制各种金融机构之间的竞争,防止证券市场上的风险侵入银行系统,也为了防止银行资本对工商企业形成控制,日本在实行自由化改革以前一直保持严格的分业经营管制制度,包括银行与证券业务分离、长短期业务分离和银行业务与信托业务分离三大方面。

(3)外汇管制。在低利率的背景下,日本国内资金有外流的危险;同时,战后日本经济发展水平较低,国际经济的波动风险很容易传入日本国内引起国内经济安全问题。因此,日本先后于1949年和1950年颁布了《外汇及外贸管理法》(以下简称"外汇法")和《关于外资的法律》(以下简称"外资法"),切断同国外贸易的联系,实行国内外金融市场的分离。

利率管制、分业经营管制和外汇管制三大支柱是战后日本管制型金融体制的制度基础,在此基础上日本形成了以间接融资方式为主的融资方式和企业的主银行制度,同时使得日本的金融体制具有分工细致、专业化程度高、金融机构数量和经营稳定的特点。1947年的《临时利率调整法》、1948年的《证券交易法》、1949年和1950年的外汇法和外资法构成了战后日本金融体制的法制基础,也是日本维护国内金融秩序、保护国家金融安全的法制基础。

20世纪80年代以来,金融自由化成为世界金融业的发展趋势。国内经济结构的变化

和国际金融环境的变化迫使日本也作出相应变革,开始放松金融管制,推进金融自由化和国际化。1980—1981年间,日本政府颁布新的外汇法,并相继修订《银行法》《证券法》,逐步放松外汇管制和分业经营管制。与此同时,日本政府重视自由化和国际化可能带来的金融风险,通过构建新的金融法律安全防护网络大力保障国内金融安全。

1998年日本对《存款保险法》进行修订,强化了日本存款保险机构(Deposit Insurance Corporation of Japan,DICJ)的经济稳定职能,逐步建立起以存款保险制度为核心的破产处理机制,以此作为"事后防护"安全网的一部分。

进入20世纪90年代,日本集中修订、颁布了大量法律,旨在防范系统性经济风险,应对亚洲金融危机。这些法律主要包括:1997年5月修订的《外汇及外贸管理法》和《银行法》,1997年12月颁布施行的《金融控股公司关联2法》,1998年3月通过的《金融再生法》,以及1998年4月颁布的《金融体系改革关联4法》。

次贷危机以来,日本调整金融法律,以应对美国次贷危机导致的世界金融资本市场混乱。2009年7月,日本新设置的金融审议会召开金融领域问题恳谈会,以本次金融危机为教训,先后为金融体系的发展与未来召开了八次研究会议,12月9日会议结束后,发表了《日本金融系统基本问题恳谈会报告》。报告认为,有必要构建稳定性更强的金融系统,并形成了诸如"金融危机对实体经济波及的应对""金融危机的成因与预防""抑制危机传导的方针"等具体应对方案。2009年11月13日,日本金融厅政务三处表示,将参考恳谈会确定的基本内容,对金融监管制度进行整理。同年12月17日,金融厅发布《关于进行金融资本市场监管制度整理草案》,公开征求全社会意见,在12月底召开意见讨论会,听取市场相关人员的意见和建议。2010年1月21日,金融厅发布了《关于进行金融资本市场监管制度整理》,其中明确表示要通过对金融商品交易业者进行适当的监管,防止危机在日本传播与扩大,提升国家金融体系的稳定性、透明性,保护投资者利益。

2017年以来,在经济安全保障的名义下,日本不断修改与强化其管理贸易和投资的基本大法"外汇法"。例如,在飞机、武器装备、核相关等特定行业的基础上,追加了集成电路和半导体内存等制造业、软件开发和信息处理等服务业领域,对上述领域的外国企业在日本的投资加强监管,要求其事先向日本政府申报并接受审查;严格限制重要敏感技术、军事技术的外溢,对非法行为加大惩罚力度,罚款上限从之前的1 000万日元提高至3 000万日元。

(二)科技安全

20世纪50—80年代,日本从直接进口技术研究逐渐转向对技术引进吸收、产业转化的应用研究。第二次世界大战结束后,百废待兴的日本为了快速进行国家重建,直接引进国外技术专利和设备,同时为了进一步提升科技创新实力,也提出了相应的措施。具体措施包括:第一,颁布相关法律法规。1952年,日本颁布《企业合理化促进法》;1953年,日本推出的预扣赋税率制度规定了对引进设备和技术的企业予以减免税;1960年,日本在《国民收入倍增计划》中强调增加科技方面的投入。第二,强化技术引进和吸收。日本在20世纪50年代共引进1 029项技术,其中包含机械、电力、化工、钢铁、有色金属等重化工业技术,20世纪70年代日本的技术引进费用超过10亿美元并在其后持续增加。第三,形成企业研发主导体制。1961年前后,日本各地出现了企业自办"中央研究所"的热潮,与此同时,日本民间企业用于研发的资金逐渐超过依靠政府预算支出的研究开发资金,由此购置了更好的研究设施,吸引了更多的研究人才,到了20世纪70年代,日本民间企业的研究人员数已经达到大学科技部门研究人员数的两倍。第四,强化人才培养。1960年以后,日本政府扩大了高等学校理工科专业招生规模,尽可能培养科技相关人才。

20世纪90年代经济泡沫破灭之后,日本经济社会发展进入长期的萧条期。长期以来技术引进落后、基础研究投入不足产生了科技创新发展后劲不足的问题,导致日本与西方其他国家在科技创新领域的差距越来越大。为了扭转这一局面,日本政府开始推动科技创新体系的完善工作,并在1995年颁布《科学技术基本法》,具体措施包括:第一,进行机构改革。在2001年建立具有最高决策职责的综合科学技术会议,同时将日本科技厅和文部省合并为文部科学省,强化主体管理职责,以及由内阁府接管横跨各个省厅的科技政策。第二,加强科技规划,加大研发投入。日本每五年发布一次科学技术基本计划,对未来五年内科技发展的目标、任务和部署等作出详细规划。第三,加强产学研合作。日本主管部门明确了大学、研究机构与民营企业之间开展产学合作的必要性,并于2002年在京都举行了旨在推进产学官合作的专题会议。在此基础上,日本政府在1996年公布的"第一期科学技术基本计划"中制定了1996—2000年五年科技政策,明确了政府研究开发等资金分配制度,提高了竞争性资金的占比。

2001年日本政府制订的"第二期科学技术基本计划"中,日本政府设立的目标更为前沿与长远,除强调竞争性环境的整顿和竞争性资金的倍增计划外,还强调了产学官联合机制的改革、科学技术的伦理和社会责任等内容。2002年,日本通过了《知识产权基本法》,该基本法将知识产权视为提升日本产业的国际竞争力的重要国家方略,并被确定为重振日本经济的立国战略的重大法律制度。

2006年日本政府发布"第三期科学技术基本计划",提出"新成长战略",实现研究开发内容与研究领域重点化。在综合科学技术会议上,针对制度阻碍等问题,提出66个改革事项,提出6个大目标和12个中目标,通过提出具体目标,进一步明确国家发展方向与科技政策的关系。为了实现这些目标,会议提出应改变人才培养的范围,第一次强调了在研究中男女共同参与的重要性,积极鼓励录用女性研究者。

2011年日本政府发布"第四期科学技术基本计划"。2011年是日本面临诸多变化与考验的一年,2011年3月11日,东日本大地震发生,导致东京电力福岛第一核电站事故发生。在国内政治上,日本国内政权交替复杂多变。2009年在日本国会众议院选举中,日本民主党历史性战胜日本自民党,实现了政权更迭。"第四期科学技术基本计划"本来预定在2010年度内制定,但是,由于受到东日本大地震的影响,综合科学技术会议大幅修改计划内容,为了恢复国民对科学技术的信赖,日本出台了一系列政策,包括风险管理和危机管理在内,致力于日本灾后重建和发展。除制定相关的科技政策外,还包括相关的创新政策,作为"科技创新政策"来统筹推进。另外,作为日本重要的公共政策之一,科技政策由文部科学省领导各部门来推动实施。

日本2016年开始的"第五期科学技术基本计划"提出实现世界领先的"超智慧社会"的目标与计划,并设立综合科学技术创新会议委员会。第五期计划中,日本政府认识到,由于信息和通信技术及其他技术的进步,社会和经济结构每天都在发生巨大的变化,国内和国际问题越来越复杂,能源紧张、出生率下降、人口老龄化、地区资源枯竭、自然灾害、安全环境变化、全球变暖等问题日趋严重。日本提出的"超智慧社会"不局限于制造业领域,还包括能源、食品、医疗、区域、基础设施、防灾减灾、气候变化等社会多个领域。

在2020年的第201届国会上,日本政府时隔25年通过了《科学技术基本法》修改法案,新法案更名为《科学技术创新基本法》。新法案提出政府除应每年制定综合战略外,还首次提出了为每期的基本计划设定目标和主要指标。目标是指按照基本计划应该实现的国家整体发展情况,包括增加大学年轻教师人数、增加高质量论文发表的数量等八项内容。"第六期科学技术创新基本计划"是在日本时隔25年重修《科学技术基本法》的背景下设立的,其根本关注点在于日本在信息化社会变革中的迟缓态势。由于新冠疫情全球性蔓延,日本在进行大规模防疫管控中暴露出数字化迟缓等问题,需要配合"智能化社会"进行社会改革,因此"创新"的概念需要升华为创造新价值和改变社会系统本身。近年来,面对新形势,日本政府积极促进高新技术研发,加大资金投入。"第六期科学技术基本计划"计划投入研发经费30万亿日元,重点用于人工智能、量子技术、宇宙开发、半导体、生物技术、材料科学、5G通信等前沿技术,这些技术也适用于防灾防疫、国防、环境能源、健康医疗、粮食、农林水产等领域,均与国家经济安全保障密切相关。

相关案例12-2

日本拟设立高技术培育基金保障经济安全

据《日本经济新闻》2021年10月17日报道,日本政府将从经济安全的角度出发,创立旨在开发那些需要扶植的尖端技术的基金。该基金主要将针对人工智能(AI)和量子等领域,规模为1 000亿日元(约合8.76亿美元)。日本政府打算将设立基金事项列入年内将出台的经济政策,争取从2022年开始实施。

报道称,上述基金将归日本国家安全保障局、内阁府、经济产业省、文部科学省等管理,会划定重要领域,向大学和企业划拨资金,推动技术研发和成果转化。这是日本首次设立专门针对经济安全的基金。

据报道,估计该基金将设在新能源产业技术综合开发机构和国立研究开发法人科学技术振兴机构下。作为5G高速通信系统、大数据和自动驾驶基础的半导体技术也将成为扶植对象。基金经费将列入用于落实经济对策的2021年度补充预算案中。政府和执政党将争取在年内予以通过。

报道称,设立该基金的目的是防止技术和科研人员流失到国外。尽管日本的科研基础很先进,但也有科研人员因资金短缺而流失。

资料来源:日媒:日拟设立高技术培育基金保障经济安全[EB/OL].(2021-10-18)[2022-07-30].https://xhpfmapi.xinhuaxmt.com/vh512/app/10327345.

(三)粮食和农业安全[①]

日本地狭人稠,农业资源有限,劳动力成本较高。现实因素制约了日本的粮食生产,使

---

① 顾海兵,刘国鹏,张越.日本经济安全法律体系的分析[J].福建论坛(人文社会科学版),2009(7):4-11;韩喜平,李二柱.日本农业保护政策的演变及启示[J].现代日本经济,2005(4):55-59.

得日本在开放的市场条件下,很难维持国内粮食高水平自给。第二次世界大战后,随着经济发展,国民膳食结构改变,农产品贸易自由化程度加深,日本的粮食自给率水平总体上呈现下降趋势,粮食自给率较低。虽然粮食自给率不直接等同于粮食安全,但较低的粮食自给率使得日本政府和国民对于粮食安全一直抱有危机意识。

粮食安全对于日本国家安全至关重要。日本粮食的主要品种是稻米、小麦和大豆等,这些粮食品种的自给率是日本制定农业法律和政策的重要依据。第二次世界大战后一直到 20 世纪 50 年代,日本粮食问题突出表现为粮食供给困难,农业生产的主要目标是保障粮食稳定供给,提高粮食自给率并保持市场价格平稳。为实现该目标,日本政府于 1946 年颁布《食品紧急措施法》,强迫农民以较低的价格把粮食售给国家,政府再以低于生产成本的价格配给消费者,同时对完成交售任务的农民给予奖励,以此保证粮食的安全供给和经济的恢复振兴。

20 世纪六七十年代,为继续保障粮食的安全生产和供给,同时缩小城乡收入差距,1961 年日本制定《农业基本法》(旧基本法),旨在缩小农业与其他产业的生产力差距,提高农业生产力,逐步增加农业就业者收入,该法作为一部纲领性法律,不仅保证了这一时期农业政策的贯彻落实,而且为此后日本农业安全方面的法制建设奠定了基础,直接推动了大量农业保护和农产品进口限制的法律出台。

随后,日本于 1994 年 12 月通过了《关于主要粮食供需平衡及价格稳定的法律》,内容包括政府对粮食生产和流通进行计划指导、对粮食生产者给予扶持、对国内大米市场实行贸易保护和建立粮食储备制度等。该法从粮食的生产、流通、贸易和储备等多个方面对日本的粮食安全问题作出法律规定,以法律作为基本手段保障日本的粮食安全,粮食安全的法制化进入一个新的历史阶段。

1995 年 1 月 1 日,日本正式实施《乌拉圭回合农业协定》,开始削减农业补贴,实现农产品关税化,这导致日本农产品自给率持续下降。1999 年 7 月,为确保粮食的稳定供应、增加农民收益,日本颁布《粮食、农业、农村基本法》(新基本法),该法突破了《农业基本法》(旧基本法)只限于生产和流通领域的局限,作为新的纲领性法律,以更广阔的视角在确保粮食安全保障、发挥农业多功能性、农业可持续发展等方面提出了明确目标,为日本继续实施农业保护政策提供了新的法律依据。这部新基本法规定,考虑到粮食、农业和农村有关情况变化,并在评估政策对粮食、农业和农村影响的基础上,日本政府约每五年制订一次"粮食、农业、农村基本计划"。因此,日本政府分别于 2000 年、2005 年、2010 年、2015 年及 2020 年制订了五次计划,提出粮食、农业及农村相关施策的基本方针和为实现粮食自给率目标政府所应采取的措施。

2005 年日本制订第二次"粮食、农业、农村基本计划",明确提出推进农产品出口的战略,其内涵是日本可以凭借高质量农产品出口数量的增加来实现农业政策的"转守为攻",为日本的农业探索出一条新的道路。同年 7 月,日本政府颁布《粮食教育基本法》,并以此作为推进国民粮食教育的总方针。以 2010 年第三次"粮食、农业、农村基本计划"为例,日本政府为应对农业发展及粮食自给问题,试图通过对生产和消费两方面进行改革,使粮食自给率从 2008 年的 41% 上升到 2020 年的 50%。2020 年 3 月,日本政府发布第五次"粮食、农业、农村基本计划",并将其作为未来五年(2020—2025 年)日本粮食、农业和农村发展的纲领性指导,旨在应对日本老龄化加剧问题,保障日本的粮食和饲料自给率和国产率以及农业的可持续发展。

（四）能源安全

日本国内的资源极其匮乏,经济发展所需的石油、天然气、煤炭、铁矿石等能源和矿产资源很大程度上依赖进口,能源自给率极低。因此,能源的稳定供应对保障日本国内的经济安全具有极其重要的意义。

在石油危机时期,日本的经济安全法治理念主要着眼于石油的稳定、高效供应。在此期间,日本先后颁布《石油储备法》《天然气储备法》《石油公团法》等法律法规。随着石油危机的终结以及新能源时代的到来,日本开始强调新能源对于国家经济安全的重要意义。20世纪末,日本陆续颁布了《原子能基本法》《促进新能源利用的特别措施法》。进入21世纪后,为了应对石油供应紧张、油价高涨的局面,日本的经济安全法治理念开始重新转向石油供应问题,并继续推进新能源的开发和节能的进步。2002年日本制定了《能源政策基本法》,作为宏观上规范能源使用的基本法律,该法提出了确保稳定供应、符合环境要求和利用市场规律三大基本方针,旨在提供保证能源需求与供给的基本政策和措施,促进能源需求与供给能够满足日本长期安全的要求,并协调好与环境保护的关系。在2006年5月底发布的《新国家能源战略》中,日本开始重新强调开拓原油渠道,扩大海外油田等资源的开采权。

根据2002年颁布实施的日本《能源政策基本法》的规定,为了有计划地综合推进长期能源供需措施,政府必须制订和发布能源基本计划,并根据国内外形势变化以及相关措施的实际效果,至少每三年对基本计划进行一次评估,以作出必要的修订。

2021年10月22日,日本政府确定了涉及能源转型的一揽子政策文件,包括《第六版能源基本计划》《2030年度能源供需展望》《巴黎协定下的长期战略》等,其中每三年修订一次的能源基本计划是最大的看点。该计划首次提出"最优先"发展可再生能源的能源方针。

相关案例 12-3

日本时隔30年重启海底油气勘探

据日本《产经新闻》2022年1月18日报道,日本国内最大的石油及天然气开发公司国际石油开发公司（INPEX）17日宣布,从2022年3月起该公司将在岛根县与山口县海域实施勘探作业。这是为开发石油和天然气田进行的前期试探性开采。

报道称,这是约30年来日本国内首个海洋油气田开采项目。眼下,全球面临原油和液化天然气等能源价格高企,该项目不仅有助于提高天然气的国内自给率,而且从经济安全的角度出发,日本能够生产能源也具有重要意义。未来如果能够确认储量达到商业开采的标准,预计将从2032年开始正式投产。

据报道,目前,日本绝大多数的石油和天然气依赖进口,但也必须确保能源的稳定供给。2021年10月,日本内阁决议通过了能源基本计划。该计划提出,要在2022年将包括海外开采权益在内的"自主开发比率"提高到60%以上。

报道指出,着眼于去碳化这个大方向,也有观点认为,作为化石燃料的天然气的需求将会呈现下降趋势,未来被利用更多的将会是燃烧时不产生二氧化碳的氢气。而如果能够成功从天然气中提取氢气,那么,这一项目也将有望为氢燃料的国产化作出贡献。

资料来源:日本时隔30年重启海底油气勘探[EB/OL].(2022-01-19)[2022-07-30]. https://m.gmw.cn/2022-01-19/content_1302769994.htm.

(五)利用外资安全

1. 行业准入制度

日本有一系列的行业法规对外资进行限制,包括《水道法》《信托业法》《银行法》《广播法》《矿业法》和《运输事业法》等。日本禁止外资进入的行业包括农林水产业、皮革及其制品、石油业和矿业等;限制外资并购的行业包括电力、煤气、自来水、汽车制造、电话设备、合成纤维和医药品生产等行业。例如,对航空运输业规定,若外国法人或自然人是飞机所有人或者法人代表,或占董事成员1/3以上表决权的,不得在日注册。日本对外资并购产业的限入,除国家安全因素外,主要是基于对国家产业发展安全的保护。

2019年以来,日本进一步扩大受限制的外资行业范围。2019年5月,日本新增了20个对外资进行限制的行业,涵盖计算机制造、集成电路、半导体内存、软件开发、移动通信和互联网服务等制造业,体现了防止关键敏感技术外泄并加强网络安全的目的。2020年6月,日本进一步将"传染病的医药品"及"高度管理医疗器械"相关制造业纳入限制外国投资者出资的行业中,旨在防止先进技术泄露至海外。

2020年6月,日本新外汇法开始全面实施。该法案对外国投资者向日本国内重要行业的投资加强监管,强化了对外资流入安全保障相关行业企业的限制。外资在航空、通信、电力和网络安全等12个核心行业出资时,向日本政府申报并接受审查的基准从企业股份的10%大幅下调至1%。

2. 国家安全审查

1949年12月和1950年5月,日本分别颁布外汇法和外资法,外商投资审查工作开始。随着经济全球化的发展,日本逐渐放松了对外商直接投资的规制。1979年,日本废除外资法,把外资管理统一纳入外汇法中,并且用相对宽松的事前申请取代了以往的许可制。

20世纪80年代后期,日本与美国之间出现贸易收支不均衡问题,经过日美双方多次谈判后,日本政府发表《关于直接投资政策开放性的声明》,明确表示欢迎外商对日直接投资的立场。1991年,日本修订了外汇法,规定对外直接投资的管理,除与国家安全、公共秩序和公众安全有关的行业和四种例外行业(农林水产业、石油业、皮革和皮革品制造业、矿业)外,从事前申请制转向事后报告制,原则上对外资给予自由。1997年,日本再次修订外汇法,对矿业的投资由事先申请制改为事后报告制。

进入21世纪后,受IT革命和新技术革命影响,日本对外商直接投资的管理在电子零部件、尖端材料、机床等重要领域暴露出一些漏洞。受2001年"9·11"恐怖袭击事件影响,在全球范围内限制外资收购国内企业,特别是具有军民两用敏感技术的国内企业的呼声越来越高。与此同时,受美国、德国等其他发达国家修改外资管理政策的影响,日本于2007年开始实行修订的外汇法,第一次真正关注引进外商直接投资中的国家安全问题,将能够转用于武器的碳纤维和钛合金、光学透镜等所在制造业作为国家安全相关的新行业追加为规制对象。

2017年以来,日本政府逐步加强了对外商投资的安全审查。2017年10月,日本对外汇法作了进一步修订,从经济安全的视角加强了对引进外商直接投资的管理,把与国家安全相关的重要技术作为事前申请对象,更加强化对日本所拥有的敏感技术的控制。该法真正把从经济安全视角加强外商直接投资管理在法律层面确定下来。

2019年5月,日本又开启对外汇法的新一轮修改,主要针对网络安全,防止重要技术外泄,避免发生损害国防工业生产、基础技术等影响日本国家安全的事件。2019年11月,日本国会通过了外汇法修正案,更加突出了防止关键敏感技术外泄并加强网络安全的目的,并大幅调低了接受审查的外国投资者所持股份比例的下限,从之前的10%降至1%。同时,对风险较小的外商直接投资免除了事前申请制度,在维护经济安全和促进经济发展之间进行权衡。

3. 反垄断审查

日本的反垄断体系主要仿照美国建立。1947年,日本以美国的《舍曼法》《克莱顿法》和《联邦贸易委员会法》为蓝本制定了《关于禁止私人垄断和确保公正交易的法案》(以下简称"禁止垄断法"),规定了垄断、不正当的交易限制、不公正的交易方法以及企业结合四个方面,并根据不同企业结合类型规定了不同的申报标准。禁止垄断法规定了所有生产部门都必须遵守的共同规范,是经济法律中的原则法与一般法,在日本经济法律体系中处于核心位置,扮演着"经济宪法"的角色。该法的直接目的在于使事业者进行公平而自由的竞争。从规制内容来看,该法分三大部分,分别是对垄断的规制、对共同行为的规制和对不公正交易方法的规制。禁止垄断法的主要对象是日本国内市场上的企业,目的是"促进国内市场公平和自由的竞争,激励企业家精神,鼓励商业活动,增加就业和国民收入,保证消费者的利益,以此促进国民经济的民主和整体的发展"。

禁止垄断法既适用于日本国内贸易,也适用于国际贸易,具有"域外适用"功能。这一功能主要表现在有关国际协议或者国际契约的规定以及就禁止垄断法的域外管辖达成的双边合作协定上。

1977年,日本对禁止垄断法进行了大幅修改,对垄断作出严格限制,更加注重以市场本身作为调整竞争政策,制定法律依据。进入20世纪80年代,放松政府管制和加强禁止垄断法执行逐渐成为日本政府所奉行的一项基本政策。

2019年,日本对禁止垄断法进行了修订,主要对禁止垄断法的配套实施程序进行了细化。2020年之后,日本政府进一步加强了对数字平台、电商运营等领域透明性及公平性的管理。

整体而言,日本政府根据国内外经济形式的发展变化,参照西方发达国家的先进经验,多次对禁止垄断法进行了修改,使其在规范企业的市场行为、维护市场公平竞争和保护消费者权益等方面发挥了积极作用。

在判定外资并购是否会产生垄断时,与美国、德国相比,日本采用了更为全面的标准,除市场份额外,还考虑市场竞争者的数量以及资本额等因素,具体判定标准是:并购任一方市场份额或合计的市场份额达到25%,并购一方或全体市场份额占据前三位,前三位综合超过 50%，市场竞争者的数量较少，并购一方总资本超过 1 000 亿日元，其他企业总资本超过 100 亿日元。一旦并购符合其中的任一标准，都将接受审查机构的严格审查，并购将被限制或禁止。

第五节　日本维护国家经济安全的政策措施

一、产业安全

第二次世界大战之后，日本政府通过一系列产业政策的实施，迅速使面临崩溃的经济得到了恢复和发展。1955 年，日本加入 GATT。入关初期，日本产业国际竞争能力尚处于弱势，为了防止贸易自由化对民族经济的冲击，政府采取产业保护和扶植政策，在国内产业取得国际比较优势后，才逐步地、有选择地实行贸易自由化和资本自由化，实现封闭型经济体制向开放型经济体制转变，使日本免受先进国家不平等竞争的冲击和威胁，安全地度过成长时期，奠定经济高速发展和经济结构高级化的产业基础。日本的产业安全保障措施主要表现为以下几个方面：

1. 实行贸易保护抵御进口产品对民族工业的冲击

日本的贸易保护政策经历了从以管制措施为主到以关税措施为主，再到以非关税措施为主的三个阶段。20 世纪 50 年代，日本主要采取以外汇配额制度和进口限额制度为主要手段的进口管制措施。到 20 世纪 60 年代，日本开始采取以关税为主的抑制进口的保护政策。20 世纪 70 年代，日本进入以非关税壁垒为主要手段的贸易保护阶段，采取包括制定国内税、实行严格的技术标准和检查、强化行业组织等手段，强化对国内产业的保护。此外，日本还设立了一些必要的技术性机构来保护本国产业，如设立专项产业审议会，负责对政府提出的具有倾销倾向的有关国家产业进行专项调查等。

2. 实行资本输入限制政策排斥跨国公司控制国内企业

1950 年，日本的外资法规定了外资投入的两条认可标准和一条不认可标准。认可标准是有助于直接或间接改善国际收支者、可直接或间接对发展重要产业或公共事业作出贡献者。不认可标准是将对日本的经济复兴造成恶劣影响者。由于对外资输入限制太严，在 20 世纪 50 年代，几乎没有外资企业能获得在日投资许可。20 世纪 60 年代，在实行了"日元股票自由购买制度"后，日本政府开始有条件地放宽对外资进入的限制。但开放投资的进程仍是以保护主义为基调的，对外资由限制到逐步放宽所依据的标准主要是日本的经济实力。如同贸易自由化一样，日本政府在资本自由化方面也采取了拖延战略，在与产业结构转换密切相关的重要产业中，汽车业到 1971 年、集成电路业到 1974 年、电子计算机业到 1975 年才实现完全的资本自由化。直到 1980 年 12 月 1 日，农技水产业、矿业、石油业和皮革制品业仍然没有全部对外开放。此期间，引进外资主要以借款为主，以证券投资方式引进的外资也大部分是经由市场的股票投资，使外国出资者与日本企业实际经营保持尽可能严格的隔离。

3. 以技术创新推动产业升级

产业的兴起和发展离不开科学技术，而科技水平的不断提高可以推动产业向更高层次迈进。日本的产业政策强调技术创新的重要性，政府出台了一系列鼓励企业进行技术创新的政策。而企业在这些政策的作用下吸收和模仿国外先进技术，通过改造与创新，实现了成功的升级转型。技术创新对产业结构升级的作用有两条路径：一是通过高新技术改造传统产业，促进传统产业升级，带动产业结构升级；二是通过高新技术产业提升产业整体能力水平。高新技术产业具备传统工业部门所不具备的优势，如低耗能、高附加值、广阔的市场容量等。日本政府不仅给予企业资金及政策上的支持，还鼓励企业积极投入资源节约技术的开发，把高新技术产业培育成新的支柱产业，建立与资源、环境相协调的高效能源利用的产业体系。自第二次世界大战后，日本产业结构优化升级的最大特点是大量引进欧美先进技术并在引进的基础上进行实用型的创新，推动本国产业发展，使产业结构不断优化升级。依靠科学技术的不断发展和创新，日本推动了"资源替代路径"的运行，即通过石油替代煤炭、新能源替代传统能源和多样化能源替代单一能源，不断推动产业结构演进。例如，日本贯彻落实《京都议定书》，降低能耗的节能目标的实现就最终得益于节能技术的发展。科学技术创新提高了资源使用效率，成为日本产业结构演进的一个重要推动力量，并促进产业结构不断优化和升级。

4. 发展绿色产业应对资源约束

鉴于日本的特殊国情，其产业结构调整遵循"资源节约"的原则，并随着国际国内资源约束条件的变化和产业的不断发展逐渐形成固定路径，通过节约资源降低资源总消费量，缓解资源供给压力。在资源约束条件变化对日本产业发展影响加剧的情况下，政府运用相关政策法律促进资源节约，企业也采取各种措施节约资源，降低生产成本。而节约资源的最有效途径是不断提高资源的使用效率，这可以减少单位产品的资源消耗数量，提高产品附加价值。而资源节约也促进了某些产业部门的发展。在应对资源约束的同时，为了国民经济的可持续发展，日本没有放松加快发展低碳经济的步伐。在经济危机冲击的背景下，许多国家将未来产业转型的目标集中于开发新能源和发展低碳经济上，而日本在国际上无疑处于前列。日本政府在2009年公布了"绿色经济与社会变革"的政策草案，目的是通过减少温室气体排放等措施发展低碳经济，以实现从"耗能大国"向"新能源大国"的转变。日本低碳社会是将环境、能源以及应对气候变化政策进行整合与创新，如实现高碳产业向低碳产业的转型，着力对钢铁、水泥和电力等工业部门进行技术改造，提高其生产流程的效率，实现产业的结构性升级，并主要通过节能技术的推广减少二氧化碳排放。发展低碳产业是日本未来产业结构变动的重要方向。

5. 合并企业增强产业国际竞争力

加入GATT后，日本政府为改变产业普遍存在的企业规模过小和过度竞争两大问题，提出了产业改组论，实行大型企业合并，相伴而行的是银行间的大规模合并。通过大规模的设备投资和企业合并，日本的企业规模逐渐达到世界先进水平，且在此基础上建立了大批量生产体制，提高了劳动生产率，降低了生产成本，增强了国际竞争能力，使日本不但适应了贸易自由化和随之而来的资本自由化，还大大提高了产业安全度，进一步推进了国民经济的外向发展。

二、金融安全[①]

日本的金融监管体系是以金融厅为核心,独立的中央银行和存款保险机构共同参与,地方财务局受托参与监管的模式。其金融体系的稳定性依赖微观审慎和宏观审慎监管、支付清算系统等金融基础设施监管以及中央银行的最后贷款人等功能。

金融厅作为日本唯一的金融监管机构,全面负责银行、证券、保险和非银行金融机构的监管,承担保护存款人、投资人、保险合同人利益,保证金融系统运行顺畅的职责。金融厅负责机构监管的部门主要是检查局和监督局,其通过协作开展现场检查和非现场监测,实现对金融机构微观监管的一体化,确保金融机构的稳健运营,保证市场功能运转。

日本银行作为日本的中央银行,是日本政府特别核准设立的"认可法人"。作为特殊法人,日本银行独立于政府,直接对国会负责。其职责主要是发行货币、实施货币金融管理、保障银行及其他金融机构间资金的顺利清偿,从而维护金融体系的稳定。日本银行在法律上并不承担银行监管责任,但有权力对在该行开设账户的金融机构开展现场检查和非现场监测。

日本存款保险公司成立于1971年,作为半官方、半民间性质的机构,负责日本存款保险制度重要事项的决策和执行,在存款类金融机构出现危机时,对存款者提供事后保障以及对问题金融机构进行处置等。20世纪90年代日本经济泡沫破灭后,其还涉足向濒临倒闭的金融机构注入政府资金、回收坏账等领域。

根据新《日本银行法》第44条规定,日本银行为行使其职能,有权与有业务往来的金融机构签订检查合同,并根据合同对金融机构进行检查,从而行使其维护金融稳定的职能。日本银行负责审慎监管的部门是金融机构局,日常通过发布金融系统稳定评估报告、开展非现场监测分析以及现场检查等业务,确保金融机构稳健运营。此外,金融机构局还内设维护日常数据库和IT基础设施的金融数据部、开展国际规则制定的国际部和以深化金融研究、加强与金融机构协作为目标的高级金融技术中心。日本银行维护金融稳定的具体实践如下:

1. 每半年评估形成金融系统报告

日本银行针对经济金融中介活动、金融系统稳定性、金融机构稳健性水平和金融热点问题等四方面内容,以每年两次的频率定期撰写并发布日本金融系统报告。报告援引大量的数据、图表来反映金融业发展形势,运用预警指标、压力测试等定量方法客观评估和预测金融稳定状况,充分提示金融风险。日本2017年4月发布的金融系统报告显示,日本金融系统维持稳定,但国内低利率环境和国际金融形势变化是影响金融系统稳定性的主要风险因素。

2. 开展日常风险监测分析

日本银行对金融机构的再贷款业务开展金融机构日常风险监测,因此,被监管机构的日常信息沟通频率高、监测信息更新快。金融机构局通过审贷、依靠查阅数据库和电话约谈等方式,实现对银行、证券、信托等被监管机构每日经营数据和风险信息的搜集与监测。

[①] 张瑾.日本央行维护金融安全的实践与启示[J].福建金融,2017(10):43-46.

日常风险监测工作覆盖全国性大型金融机构、地区性金融机构、外国金融机构及大型金融机构的国际业务。日常繁重庞大的监测工作由日本银行内部各相关部门完成,各部门分工协作,从而实现对跨机构、跨行业、复杂贷款业务的穿透式风险管理。

3. 定期开展现场检查

日本银行每年年初针对全国性风险热点和重点,挑选典型金融机构制定年度现场检查工作表,并依据年度计划定期开展现场检查。现场检查除检查金融机构经营管理状况外,还针对机构的信用风险、流动性风险、市场风险、收益经营能力和操作风险的风险管理能力开展督查,督促和指导金融机构有效管理日常经营中存在的各种风险。2017 年,日本银行在制订现场检查年度计划时重点考察以下风险因素:一是低利率环境与人口减少、地方经济不景气等因素导致机构盈利能力下降的趋势增强;二是国内外不确定性因素增加使金融市场波动性加大;三是金融科技对改善机构经营效率的正面因素。

4. 开展"金融高度化中心"业务

"金融高度化中心"也是日本银行与金融机构对话的部门。其主要职责包括开展热点课题调研、定期召开与金融机构的研讨会和工作会谈、开展职员能力培训等,兼顾调研、学会和干部培养等职能。

三、科技与人才安全[①]

1. 出台科学技术根本法

日本的《科学技术基本法》颁布于 1995 年 11 月,这是日本颁布的第一部科学技术法,也是日本推进科技振兴的纲领性法律。《科学技术基本法》包括 5 个章节共 19 条政策,提出了振兴日本科学技术的五大基本方针:强调政府应为民间知识创新创造条件;注重自然科学与人文科学的渗透;通过科学技术实现人与社会、自然的和谐相处;在科学发展过程中注意基础研究、应用研究和开发研究三者的有机结合;加强国家试验研究机构、大学和民间企业研究机构之间的协作。根据《科学技术基本法》,日本指出应尽快完全摆脱技术引进模仿发展模式,加强国内自主创新能力建设,推动科研体制改革创新,建立更加完善的科技创新发展体系,明确了科学技术创造立国的思想并提出制订周期为五年的科学技术基本计划。

2. 加强产学官一体化政策

为加强日本产学研密切配合,日本"第五期科学技术基本计划"提出,2025 年企业对大学等科研机构的研发投入应达到目前的三倍,超过 OECD 成员国的平均水平。此外,日本相继发布《关于促进大学等的技术研究成果向民间事业者技术转移法》《产业技术力强化法》《加强产学研合作研究方针》等系列政策措施,促使日本产学研融合发展日臻成熟。其中,《关于促进大学等的技术研究成果向民间事业者技术转移法》鼓励学术界与产业界之间的技术交流,促进大学等科研院所的科技创新成果向产业界转移转化;《产业技术力强化法》明确大学教师可在企业任职,促进高校和企业的技术交流与转化,该法对促进科技成果转移转化、推进民间技术向实用性发展及培养产业技术人才等方面作出规定;《加强产学研

---

① 邱丹逸,袁永.日本科技创新战略与政策分析及其对我国的启示[J].科技管理研究,2018,38(12):59-66.

合作研究方针》从顶层设计、经费管理、知识产权管理和人才管理四个方面提出若干政策,着力提升产学研合作水平。

3. 鼓励企业科技创新政策

为鼓励日本企业开展科技创新、营造良好的科技创新氛围,日本相继发布《中小企业振兴资金助成法》《外汇及外贸管理法》等政策以支持企业技术引进;出台《中小企业经营力强化支援法》《小型企业投资法》等政策以鼓励企业加大科技研发投入;颁布《基础技术研究顺利进行法》以扶持企业等研发主体开展基础性研发工作;制定《产业竞争力强化法》以鼓励企业大胆开展新兴技术领域的研发,给予开展投资活动的企业优惠税制,提高日本企业竞争力。

4. 培育科技创新人才政策

日本高度重视科技创新人才资源在科技立国中的重要作用,早期出台《教育基本法》和《学校教育法》,延长义务教育年限,在高中普及普通教育及专业教育,将国内国立大学、高等学校及专科学校合并为新制国立大学。《教育基本法》修正案提出成立日本特有的短期大学,短期大学可通过灵活多样的专业及课程设置使学生在短期内掌握实用性专业技术,培养适用于各领域的专业技术人才。此外,《理科教育振兴法》《关于振兴科学技术教育的意见》及《关于技长教育应适应新时代要求的意见》等政策的出台与实施提高了日本教育质量及人才竞争力,带动了国内技术进步及产业结构完善。

5. 强调基础与高新科技研究政策

日本发布《下一代产业基础技术研究开发制度》《推进创造性科学技术制度》等文件,明确日本科技创新重点布局在新材料、生命科学、信息技术、能源利用及海洋科技等高新科技领域。日本早期依靠美国尖端技术输入提高创新能力,近年来真正转入科技自主创新阶段,研究特点从过去的侧重应用研究与技术引进、轻视基础研究与自主创新,过渡至强调基础研究与应用研究协调发展,政府与民间投入基础研究的资金逐年提升。

6. 重视科技发展可持续性政策

日本早期就意识到环保问题对国家经济科技可持续性发展的重要作用,以每年发布的环境白皮书来监督和指导国内环保工作的开展,并制定了《公害对策基本法》《大气污染防治法》《噪音规则法》《自然环境保全法》等系列政策措施控制公害的蔓延扩大。其中,《公害对策基本法》将"经济与环境协调发展"修改为"环保优先发展",明确了科技创新活动过程中应遵循环境优先的准则;《自然环境保全法》制定了废气、废水等污染源的排放标准,实行全国环境统一治理原则。日本每年用于治理环境污染的经费支出达到世界一流水平。

四、粮食安全

1. 政府管控大米价格和关税保护

大米是日本的主粮,在日本的饮食文化中地位特殊,其稳定供应对日本粮食安全具有重大意义,为维持国内大米市场稳定,其供给经历了由政府管控价格到政府和市场共同参与,再到完全市场化的过程。

1952年,日本政府修订了《粮食管理法》,决定对大米实行双重价格制度,政府以高价向生产者收购大米,并以低价向消费者出售,形成了以政府管控为主的大米流通体制。为此，政府不得不对差价进行补贴，在高补贴政策的引导下，从 1967 年开始，日本大米出现了阶段性过剩。1969 年，日本开始进行大米流通体制改革，有限度地引入市场机制，形成了"政府米"与"自主米"双轨流通体制，但"自主米"的经营主体和价格都由政府规定和指导。从 20 世纪 80 年代开始，日本粮食面临的国际化和市场化的压力逐渐加大，1994 年日本政府取消《粮食管理法》，制定《关于主要粮食供需平衡及价格稳定的法律》，"自主米"市场化定价机制进一步完善，并正式取代了"政府米"的主体地位。

在粮食的国际贸易方面，日本采取次序放开的战略，以高关税保护国内粮食市场。日本对玉米、大豆和油籽等粮食的自由贸易率先放开，对大米的对外贸易长期进行管制，实行高价支持政策。直至 1999 年《乌拉圭回合农业协定》达成，日本大米才最终实现关税化，但日本仍旧通过巨额关税保护，减轻外来大米对国内市场的冲击。

2. 积极参与东亚粮食安全区域性合作

日本粮食自给率低，大量依赖进口，外部粮食市场的稳定性对日本粮食安全有较大影响。日本积极参与东亚地区的粮食安全区域性合作，如东盟粮食安全信息系统（AFSIS）、东盟与中日韩大米紧急储备（APTERR）等。在这些粮食安全区域性合作中，粮食成为一种区域性国际公共产品。国际公共产品，即在特定时期内由若干国际行为体通过单独或者合作方式提供的国际社会广泛使用和普遍受益的一切物品。日本通过提供和利用这一区域性国际公共产品，有效增强了自身的粮食安全，间接保护了本国农业。

AFSIS 和 APTERR 是东亚粮食安全保障的重要支柱，也是日本参与乃至领导区域功能性合作的重要实践。农产品数据的覆盖范围及数据质量对于及时、有效地分析粮食安全状况具有至关重要的意义。作为全球粮食生产的核心区域，亚洲国家在粮食储备上长期缺乏即时和精确的数据，这也被认为是国际谷物市场剧烈波动的主要原因之一。鉴于此，AFSIS 是在东盟和中日韩框架下展开的一项区域合作，主要目的在于通过数据和信息的系统收集、组织、管理、分析和发布，增强东亚地区粮食安全保障的规划、执行、监督和评估。东亚各国希望这一信息统计和预测有助于相关国家有效组织粮食的储备、运输和分销，从而避免粮食短缺。

随着区域一体化加深，一国农业政策对其他国际农业生产和福利产生的外溢效应日益明显，东亚各国难以在追求粮食安全时独善其身，AFSIS 对于减少东亚地区粮食安全的负外部性起到了一定的作用。日本在 AFSIS 中的积极作用不仅帮助了东南亚国家稳定粮食供给，也强化了区域粮食安全，一定程度上提高了本国粮食安全的程度。

已有实践表明，通过调整贸易政策或以税费和补贴等方式降低国内粮食价格等短期措施，并不能从根本上降低粮食安全风险，而且这些国别政策往往容易导致相互竞争。当面临国际粮食市场价格剧烈波动时，一些国家更是难以抵制保护主义措施的诱惑。因此，有必要通过建立地区性的粮食储备等长期举措，有效应对国际粮食市场价格波动。APTERR 是这方面的有益尝试之一。

粮食安全保障一直是日本参与东亚区域合作的重点领域之一。20 世纪 70 年代世界粮食危机之后，就有日本学者提出建立"亚洲大米贸易基金"等区域合作构想，20 世纪 90 年代末又有学者提出应由日本发挥主导作用，建立某种大米储备机构，或签署某种大米的集团安全保障条约。1996 年，今村奈良臣在《朝日新闻》上较早阐述了以中日韩为核心建立东亚大米储备的构想。

而后,在几次东盟和中日韩农林部长会议上,几国就建立 APTERR 制度进行了商议,先建立实验项目,而后将其转变为一个永久性机制。2011 年 10 月,第十一次东盟与中日韩农林部长会议正式签署了《东盟与中日韩大米紧急储备协定》。2012 年 7 月,这一紧急储备协定正式启动,其中主要的实物储备包括指定储备和仓储储备、期货合约和现金捐赠等。指定储备是指各国出于自愿原则在本国的大米储备中划出一定的份额,用于在其他签约国发生紧急情况时提供援助。因此,指定储备事实上是各成员国本国粮食储备的一部分,其购买、仓储、维护等成本都需要各国自主承担。仓储储备是指各国以现金或实物的形式自愿捐赠的储备,这些储备可以存放在捐赠国、受捐赠国或第三国。

在提供粮食安全这一区域性国际公共产品的过程中,日本并不是单独的供给者,亦非完全利他,适度合理的消费为其带来了政治、经济等多方面的收益。具体体现在以下三个方面:

第一,日本通过提供和利用作为东亚区域公共产品的粮食,增强自身粮食安全。区域性粮食储备为日本原有的国内储备增加了外部支撑,大米储备等区域合作部分缓解了"自给中心主义"的难题,并在一定程度上提高了粮食安全保障的可行性和多元化。

第二,通过区域粮食安全合作间接保护本国农业。一方面,通过区域储备机制,日本得以将大量进口的大米储藏在东盟国家作为紧急情况下的对外援助,既满足了 WTO 多哈回合谈判对其开放本国市场、增加大米进口的要求,又避免了进口激增对本国农业生产者的冲击;另一方面,东亚地区的粮食安全合作使日本与主要粮食出口国建立起稳定的贸易关系,并预先准备替代性的进口来源,确保了粮食稳定供给,有助于日本推进区域贸易自由化战略。

第三,借助粮食安全合作推动大国外交。粮食安全保障领域的功能性合作有助于日本在 WTO、G8、G20 等全球舞台上塑造大国形象,区域性实践成为其国际宣传的重要样板。

五、能源安全[①]

1. 强化能源特别是石油安全供给战略

20 世纪 90 年代以来,伴随着中东地区的动荡局势,国际市场油价起伏跌宕,石油储备在能源安全中的地位更显重要。日本政府通过对进口原油和成品油征税所设立的石油专用账户解决石油储备的巨额资金,截至 2006 年 5 月,日本政府已从国家预算中支出近两万亿日元用于国家石油储备项目。为了扶持企业建立为完成石油储备而新增的石油储备设施,日本政府对企业进行了必要的财政金融支持。但由于石油储备设施的建设和维护需要大量资金,给参与的民间设备公司带来了沉重的负担,从 1993 年起,日本政府重新调整了民间储备目标值,使其维持在 70 天的使用量。截至 2004 年 4 月,日本的储备达到 8 899 万千升,可用 169 天,其中国家储备 4 844 万千升,可用 92 天,民间储备 4 055 万千升,可用 77 天。

作为一个能源匮乏、99% 以上的石油消费依靠进口能源的需求大国,日本能源安全的

---

① 尚琳.日本能源政策:演进与构成[J].经济经纬,2006(5):51-53.

另一大课题就是重视同能源出口国的关系,实现能源进口的安全,因此日本政府在进行石油储备的同时,也重视能源进口的多元化。长期以来日本严重依赖中东地区的能源进口,从沙特阿拉伯和阿联酋的原油进口量就高达日本原油进口总量的65%。但是中东地区的不稳定局势和全球石油需求的极大增长,促使日本力图实现石油进口的多元化,减少对海湾地区石油的依赖。从20世纪70年代末起,日本增加了从印度尼西亚、中国和墨西哥等国的石油进口,使日本对中东地区的石油依赖比重一度下降到67%左右。但是进入20世纪90年代,中国从石油出口国一跃成为石油进口大国,印度尼西亚、墨西哥等国家随着自身的经济发展对能源的消费量也在不断增加,因此,寻求新的能源进口源对日本的能源安全供给至关重要。为此,日本政府采取了一系列经济和外交措施,不仅在中东,还在北美、亚太地区、俄罗斯和非洲等地积极参与石油天然气的开发。

2. 政府介入能源进口战略的形式转变

20世纪五六十年代的日本经济与当时的廉价石油供应密不可分,而20世纪70年代的石油危机中,中东地区阿拉伯国家采取的"减产禁运"政策使自顾不暇的欧美石油跨国公司单方面大幅削减对日供油,进而使当时严重依赖欧美石油供应的日本受到影响。为了减少能源供应的风险,日本更重视境外石油开采权的取得。资金要求高且收益期较长的石油开发事业没有政府的资金、技术的支持是不行的。因此,日本长期以来注重对石油开发的支持,力图使日本从单纯的能源进口国、消费国变为石油开发国。早在1958年,日本就设立了石油公司负责从中东地区获取石油开发权,并通过与沙特阿拉伯建立合作获取了海夫吉海上油田的开采权益。根据日本1967年《石油公团法》建立的日本石油公团(JNOC)不仅积极实施国家石油储备战略,同时对参与国外油气勘探开发的日本石油公司进行资助。

日本政府通过日本石油公团对石油公司的资助过于包揽,即不管其是否真正发现了石油均给予资助。而这种做法被证明是低效和代价高昂的。对此,日本政府决定,国家石油储备将由国家直辖管理,废除现行的国家石油储备公司,石油储备集体的具体业务操作将由民间运营,即让民间资本去经营油气勘探开发业务,同时将石油储备转为国家事业紧抓不放,实现政企任务的明确分工。据此,我们可以看出日本政府的能源政策目标是:①相关石油开发公司资助实施开发业务;②政府实施积极能源外交;③独立行政法人进行战略性支援。

3. 能源领域的规制缓和与市场化

随着经济全球化的加深,在能源领域的成本降低对于提高本国在国际上的竞争力有极大的帮助。对此,日本政府采取措施,通过一系列的规制改革促进能源领域的市场化,以期建立一个低成本、高效率的能源供给系统。

日本政府在能源领域方面实施了一系列的规制缓和。例如,在1996年通过废除《特定石油制品进口暂停措施法》实现了石油进口的自由化;在2002年又废除了《石油产业法》实现了石油精制设备增加的自由化。在电力和天然气方面,政府于1995年实现天然气零售部门的部分自由化并在1999年将其自由化范围进一步扩大,并于2000年在电力零售部门实现了部分的自由化。

实现能源领域的市场化还要打破垄断性。作为公共基础设施的天然气管道、电力网络等设备具有一定的公共产品的性质,即成本投入大的同时,其投入成本并不随使用者的数量变化而变化,无序的竞争对这些基础设施进行重复建设会降低效率。对于这种情况,日本政府倾向于制定一定的规制有效地使这些领域实现市场化,适当引进新的竞争者,避免一家垄断的独占情况。但是在实现能源领域市场化的过程中,日本政府也注意到:由于能源问题的特殊性,能源供给设备的整合需要较长时间;能源进口受到政府特别是能源出口国政府的影响较大;单纯依靠市场来调节能源产业将会影响能源供给安全,并会出现一定的环境问题。因此,日本政府强调在能源领域运用市场原理扩大自由化的同时,也应充分考虑到能源供给安全和环境问题。

4. 进一步推进能源多样化

减少对石化能源特别是对石油进口的依赖是日本政府能源政策的重要课题,日本政府早在20世纪70年代就走上了能源多样化开发的道路。20世纪70年代石油危机以来,日本通过各种途径发展多样能源,特别是核能发电站的建立,截至2003年,日本已建立52座核反应堆,仅次于美国(104座)和法国(55座),是世界第三大核能利用国,核发电已达到日本电力供应总量的35%。天然气作为一种埋藏量丰富且环保的能源日益被日本政府重视,在第一次石油危机时期,天然气的能源供给量在日本能源供给总量中只占2%,如今天然气在日本能源供给总量中已大幅上升。同石油一样,日本天然气能源的97%靠从国外进口。对此,日本政府以1969年首次从美国的阿拉斯加进口天然气为契机,开始了从美洲、东南亚和中东地区的天然气进口。

日本政府还大力推动新能源的开发。日本于1974年制订了新能源开发计划即"阳光计划",致力于太阳能的开发利用,同时也包括地热能开发、煤炭液化和气化、风力发电和大型风电机研制、海洋能源开发和海外清洁能源输出。此后,日本分别于1978年和1989年提出节能技术开发计划即"月光计划"和环境保护技术开发计划。进入20世纪90年代,日本政府将上述三个计划合并成规模庞大的"新阳光计划"。新阳光计划的主导思想是实现经济增长与能源供应和环境保护之间的平衡。为保证新阳光计划的顺利实施,日本政府每年要为该计划拨款570多亿日元,其中约362亿日元用于新能源技术开发。日本新阳光计划的实施对于日本新能源的开发利用有着极大的促进作用。在日本政府的能源多样化战略下,日本能源供给结构已发生了变化,截至2001年,能源供给中石油比重已经从第一次石油危机时期的77%下降到49.2%,天然气比重由2%上升到13%,核能占13%,煤炭占17%,地热、太阳能等新能源达到2%。

5. 进一步推进节能化战略

石油危机以后,日本政府除争取能源多元化外,还积极采取措施在国内开展节能提效运动,推行各种节能措施并取得良好效果。首先,日本有健全的节能管理机构,日本政府部门中有专门负责节能的机构和健全的节能中介机构。其次,日本通过颁布有关法律法规来进行节能,在1979年制定《关于能源使用合理化的法律》即节能法以后,日本政府又分别在1998年和2002年对其进行了修改。日本政府通过节能法来规定各产业的节能机制和产业的能效标准。最后,日本政府还通过税收、财政、金融等手段对节能进行支持。在税收方面,实施节能投资税收减免优惠政策。在财政方面,对节能设备推广和节能技术开发进行补贴。在金融方面,企业的节能设备更新和技术开发可从政府指定银行取得贷款,享受政府规定的特别利率优惠。具体来讲,日本产业界中重点的能源消耗企业必须提交未来的中长期能源使用节能计划,并有义务定期报告能源的使用量。随着民生部门的能源消费在日本能源消费中的地位不断上升,民生部门的节能措施也日渐重要。例如,日本政府就家用电器、办公自动化(OA)设备等的能源节省基准引入了能源使用最优方式,同时鼓励开发新建筑材料,对办公楼、住宅楼等提出明确的节能要求,在交通领域积极推进节油型汽车的研发和制造,鼓励多利用公共交通工具。

六、对外贸易安全[①]

日本关于贸易安全规制的主管部门是经济产业省。这一制度就是为了保证对外贸易的正常发展,以维护日本和国际社会的和平与安全为目的,以特定的货物和特定的国家的进口等为对象,实行进出口认可制度、出口许可制度、关税配额制度等。具体而言有四个方面:

1. 基于《外汇及外贸管理法》的规制

该法简称"外汇法",是对外汇和对外贸易实行规制管理的法律依据。根据该法的规定,可以对特定货物的进出口、向特定国家或地区的出口、从特定国家或地区的原产地或装载地的进口实行经济产业大臣许可的制度。

2. 出口管理

出口管理分为根据国际出口管理体系的出口管理和以国家安全为目的的出口管理两类。前者是以国际出口管理体系中日本作出的承诺而达成的合意为基础而实行的出口许可制度,这些出口管理都以国际和平与安全为目的。日本参与的国际出口管理体系主要有以下五个:①核供应国集团(Nuclear Suppliers Group, NSG),包括中国、日本、美国等国家。②桑戈委员会(Zangger Committee, ZC),也叫核出口国委员会,共39个成员国。③澳大利亚集团(Australia Group, AG),是管理化学武器、防止化学武器扩散的国际机构,共43个成员国。④导弹及其技术控制制度(Missile Technology Control Regime, MTCR),共35个成员国。⑤瓦森纳安排(Wassenaar Arrangement, WA),也称瓦森纳安排机制,是对于常规武器和两用物品及技术出口进行控制的国际机制。在日本,这些条约、协定或国际合意都由外务省管理,但具体的出口许可和制度管理由经济产业省负责。该制度管理主要有以下四个方面:

第一,正面清单管理。以国际出口管理体系中的合意为基础,对于有可能用于大规模杀伤武器以及其他常规武器的开发的特定货物或技术,在出口或提供给对方之前,实行政府出口正面清单管理。正面清单分为货物清单和技术清单。列入清单的出口要经过经济产业大臣的许可。许可具体向经济产业省经济产业局安全保障审查课提出,可以实行电子申请。

第二,补充出口规制。要出口没有列入正面清单的货物和技术,只要是可能用来开发、制造、使用或储藏大规模杀伤武器的,出口者明知这一点,或者接到经济产业大臣要求该项贸易申请许可的通知时,必须要得到经济产业大臣的许可。它分为大规模杀伤武器补充规制和常规武器补充规制两种,分别有不同的内容和程序。前者有核武器、军用化学

---

① 何力.日本贸易安全制度的发展及其机制[J].海关与经贸研究,2015,36(1):102-113.

制剂、军用细菌制剂、军用化学制剂或细菌制剂的散布装置、300千米以上航程的无人飞机等,以及上述武器的零部件。这一类的出口目的国也列入规制。西方发达国家都列入白色清单,阿富汗、中非、刚果、科特迪瓦、厄立特里亚、伊拉克、黎巴嫩、利比里亚、利比亚、索马里、苏丹等国列入联合国武器禁运国清单。

第三,转运规制。对于暂时登陆转运的货物,凡是列入《出口贸易管理令》附录表一的第1项和第2项的货物,一般都是可能用于核武器等大规模杀伤武器开发等的货物,除目的地为白色清单国家外的,都属于本规制的管制对象,要经过许可。即使下一个目的地是白色清单国家,但最终目的地是白色清单以外的国家或地区,也要经过许可。

第四,中介贸易和技术交易规制。凡是日本的中介贸易和技术交易,只要伴随着《出口贸易管理令》附录表一的第1项和第2项的货物的外国之间的买卖、租借、赠予等,目的地是白色清单以外的国家或地区,也要经过许可。

3. 进口规制

进口规制分为进口配额制度、特定地域进口规制、全部地域进口规制、事前确认制度和通关时确认制度五种。

第一,进口配额制度。有水产品等进口配额制度和破坏臭氧层物质等进口配额制度。水产品等的进口配额对象货物有一个列举清单。破坏臭氧层物质等也有一个清单,与出口的破坏臭氧层物质清单相同,即《蒙特利尔破坏臭氧层物质管制议定书》(以下简称"蒙特利尔议定书")附件各表中列举的物质。

第二,特定地域进口规制,也叫"2号认可",是对于特定原产地或装运地相关的进口必须要经认可的制度。该规制表格中的第一部分是与水产品相关的货物,分别列举来自地域、HS税号、物品名和认可窗口。第二部分是特定国际争端区域的特定货物的认可制度,包括伊拉克的文物,科特迪瓦的钻石,朝鲜的所有货物,伊朗、厄立特里亚、利比亚的若干货物,索马里的木炭,叙利亚的若干货物(特别是化学制剂相关货物),以乌克兰和俄罗斯争端地域克里米亚共和国和塞瓦斯托波尔特别市为原产地的所有货物。后者显然反映了日本的亲西方外交政策。此外,《华盛顿公约》相关的动植物及其派生物、蒙特利尔议定书附件所规定的物资或物品、《禁止化学武器和特定物资的规制法律》规定的第一种指定物资也是"2号认可"规制的对象。

第三,全部地域进口规制,也叫"2-2号认可",是部分货物来源地只根据货物种类实行的认可制度,这些货物种类主要包括武器、炮弹和子弹及其零部件,铀及铀矿,原子能反应堆,核燃料及其原料等。

第四,事前确认制度。列入这一类规制的物品有微生物性质的疫苗、文物、第一种特定化学物资、部分金枪鱼类、鲸、《华盛顿公约》部分对象货物、破坏臭氧层物资等。

第五,通关时确认制度。列入这一类物品有罂粟果和大麻果、《华盛顿公约》部分对象货物、放射性同位素、部分金枪鱼类、钻石原石、有害化学物资(农药)、部分螃蟹类、2014年4月1日规定属于外汇法对象外的部分货物。

为了在贸易环节保障日本的安全和维护世界和平、保护环境和自然资源,日本与贸易规制相关的贸易安全制度还对企业一方提出如下要求:第一,贸易安全的企业自主管理。要求企业尽可能通过自我管理,预先避免成为违法出口的当事方。第二,推进出口商家等要遵守的基本准则。这是针对那些经常从事货物出口以及提供技术的出口商家而规定的。第三,推行出口管理内部规程。该内部规程规定了关于出口和提供技术的程序,要求严格遵守贸易安全相关法令,防止违规违法情况的出现。

七、对外投资安全

日本不仅是全球重要的发达国家之一,同时也是全球对外投资的先行者和主要投资国。据《世界投资报告 2021》统计,2020 年日本对外直接投资流量为 1 160 亿美元,仅次于中国和卢森堡,位列全球第三。就日本国内情况而言,随着老龄化进程不断加速,国内市场规模有限,向海外发展成为日本企业的必然选择,日本政府也将"投资立国"作为国家战略,出台多项政策扶持本国企业对外投资。日本保障国家对外投资安全的成功经验主要体现在以下四个方面:

1. 依托对外贷款推动对外投资

日本企业的对外直接投资主要是为了获得资源和市场,这会引起东道国相关企业的不满,进而引发不确定的风险。日本企业的对外直接投资一般都伴随着政府或者商会向东道国提供贷款,以此确保对外投资的顺利开展。最典型的代表是日本国际协力银行(Japan Bank for International Cooperation,JBIC),其从宗旨到运营都充分体现了日元贷款与日本对外直接投资的关系。首先,JBIC 的宗旨之一就是通过提供贷款和其他金融手段支持日本经济的发展,促进日本的进出口业务和日本的海外经济活动。其次,在实际运营中,JBIC 早期在负责日元贷款业务的同时,也承担着日本企业海外扩张期间的出口融资活动。虽然后期日元贷款的业务被剥离出来,但 JBIC 仍然对海外扩张的企业给予资金支持,参与日元贷款援助各环节的讨论并建言献策。

2. 建立对外投资保险体系

为应对企业对外投资面临的各类风险,日本政府于 1956 年建立了对外投资信用保险制度,成为继美国之后世界上第二个建立对外投资保险体系的国家,1957 年日本追加设立了海外投资利润保险制度,1972 年日本又进一步设立了海外矿物资源投资保险制度。日本的对外投资保险以国家财政作为理赔后盾,主要包括收益及财产所有权和使用权被剥夺险、战争险、不可抗力险等内容,日本自然人、法人在国外的投资都可申请保险。这些保险的理赔金额总体十分可观。例如,根据对外投资保险制度,若跨国公司遭受东道国战争、社会动乱等不可抗力风险,理赔金额可以达到损失的 95%,若遭遇海外信用伙伴破产,理赔金额可以达到损失的 40%,大大弥补了不可控因素对日本跨国公司造成的损失。

3. 多维度支持中小企业对外投资

相比于大型企业对外投资,中小企业"走出去"面临更大的困难和风险,为了更好地帮助中小企业"走出去",日本政府在行政审批制度改革、解决融资难问题、提供信息培训服务等方面对中小企业提供支持。在行政审批制度改革方面,为鼓励中小企业积极开展对外投资,日本逐步推进对外投资审批制度改革,由逐笔审批制调整为特许、事前申报、事后报告三类的分类管理,而多数中小企业对外投资均属事后报告类,大大简化了中小企业对外投资的行政流程。在解决融资难问题方面,日本政府对中小企业开展信用担保,并对中小企业进行政策性金融支持。为提高中小企业"走出去"的风险应对能力,日本加大力度对中小企业开展投资培训、信息咨询、法律援助等,帮助中小企业在投资初期对投资环境、投资项目进行全面客观的评估。

4. 实施本土化经营战略

日本企业在跨国经营过程中非常重视本土化。以对中国投资为例,随着中国经济实力和发展形势的变化,日本企业从最初的以寻求低廉劳动力为主,逐渐转向以寻求本地市场为目的。生产体系从简单的海外生产向复合一体化转变,与本地相关企业形成高度依存关系,在生产设备、原材料采购等方面也取得较快的发展,进一步推进了人才本土化和属地化管理。

日本在利用外资的安全实践上,对引进前的审查、引进后的管理以及利用外资的效益都十分重视,特别注意将外资利用同外国先进技术引进、产业机构调整、民族工业保护和国民经济发展相结合,以确保国家利用外资的经济安全。

八、就业安全[①]

日本政府的就业政策是在市场经济条件下,对劳动力的供求关系进行调节使之达到市场均衡的政府行为,是对劳动力市场的一种补充。日本是人口众多、劳动力相对丰富的国家。在劳动力需求远远小于劳动力供给的约束条件下,日本政府在大多情况下采取的是需求管理。日本就业政策的基本内容包括:抑制失业,维护就业的安定;对失业者的生活提供保障,并帮助其再就业;为失业者提供就业指导、职业培训和职业介绍;推动老年人就业以面对人口老龄化问题等。具体如下:

(1)抑制失业、保障失业者生活和尽快促成其再就业。在这方面的法律依据是日本《就业保险法》。它是日本政府就业政策中最主要的制度。日本 1974 年颁行的《就业保险法》是在原《失业保险法》的基础上修改扩充而成的。这次修改和扩充是日本就业政策上的一大转折,标志着就业政策的重心开始由消极性的失业保险向积极性的抑制失业和促进再就业的对策转换。该法的主旨即在对失业者的生活给予补助的同时,还要改善就业结构,提高就业者职业技能,抑制失业。该法规定:凡雇主,不论其企业规模和行业,都必须加入就业保险。险种分为正式工的普通就业保险、短工和季节工的临时就业保险等。失业保险基金由政府、雇主和劳动者三方共同出资形成,政府承担其 1/4,雇主按被保险人平均工资的 0.9%交纳,劳动者按平均工资的 0.55%交纳。日本政府对企业解雇职工严加限制,有关法律规定,企业辞退职工时须经过一定程序,随意使用解雇权在法律上将被判无效。

为使就业者在机会面前人人平等,针对人口老龄化的特点,1994 年日本政府对《高龄者就业安定法》进行了修改,将就业者 60 岁退休定为雇主的法定义务;1990 年日本劳动省颁布题为《企业主应努力采取的措施》的公告,力图改变女大学生就业难的现象。

为了保障全球金融危机爆发后失业者的生活和解决再就业问题,日本政府于 2010 年 3 月 31 日完成了对《就业保险法》的修订。然而,在日本的失业人群中还有一部分人既达不到生活保护的条件,也不能加入失业保险。为了解决这部分人员的保障问题,日本政府于

[①] 车维汉.日本就业政策及其对我国的启示[J].政策,2003(4):59-60.

2011年10月出台《求职者支援制度》，对这些失业者提供就业支援。这样，日本将形成一个"生活保护制度+失业保险+求职者支援制度"的失业保障安全网。

（2）由国家出面直接对失业者进行安置。在经济发展过程中，日本的经济结构中不断演化出新生的"朝阳产业"和衰退的"夕阳产业"，在区域经济结构中也不断形成人口的过密和过疏地区。为顺利地完成产业结构升级，实现就业人口在部门之间和地区之间的平稳转移，日本政府于1977年颁行了《特定不景气行业离职者临时措施法》和《特定不景气地区离职者临时措施法》。这些法规的基本内容包括：一是在减少失业、维持就业方面，除提供就业保险中的就业调整补助金外，还设立了针对这些行业的就业安定补助金、职业转换补助金和职业训练补助金等；二是在促进离职人员尽快就业方面，对其发放为期三年的求职证，在此期间对此类人员采取特别优待措施，对录用此类人员的企业提供就业开发补助金。日本1987年通过的《地区就业开发促进法》对于将人口从类似于东京这样人口密集的大城市转移出来，并将拓宽就业渠道和实现对落后地区的开发结合起来，起到了重要的作用。

（3）为失业者提供就业指导和职业介绍。关于就业指导和职业介绍，由《职业安定法》所指定的分布在全国各地的公共职业安定所实施，这是日本政府对劳动力市场进行调节的最基本措施。就业指导包括组织求职者进行职业适应性测试、举办讲座、参观实习等，以促使求职者就业。职业介绍包括向企业、求职双方提供信息，如举办招聘会等。近年来，在失业率不断上升的情况下，日本政府加大了就业指导和职业介绍的力度，允许并积极增加民间职业介绍所在某些业务领域的活动。

（4）对劳动者进行职业培训。在这方面的法律依据是日本的《能力开发促进法》。该法的主旨是促进及强化劳动者的职业培训和知识更新，以适应就业岗位变化的需要。其主要内容为：一是政府通过就业促进事业团设置公共培训机构，同时为各都道府县及企业设置的培训机构提供补助。二是倡导以职业能力开发为主要内容的终身学习体制，将培训学习纳入职工职业生活的全过程。20世纪末至今，日本政府实施了一系列就业培训资金援助制度，如1998年实施的教育培训补贴发放制度、2008年实施的职业培训期间生活保障资金供给制度、2009年实施的紧急人才培养援助计划等。培训的对象不仅包括失业者也包括就业者。因此职业培训具有对劳动力的供给结构进行调节的性质。

（5）推动老年人就业以缓解人口老龄化问题。1963年，日本发布《老年福利法》，明确要求延长退休年龄，为老年人提供工作机会；1970年，出台《老年人就业促进法》，明确日本退休年龄为60岁；1986年，出台《高龄者雇佣稳定法》，要求企业必须雇用有就业意向的65岁以上员工；2004年，出台《老年人就业稳定法》，并在2012年修订，明确将退休年龄提高到65岁，建立老年人就业推荐制度；2013年，修订《高龄者雇佣稳定法》，开始提供公共职业安定所，为老年人就业创造环境与提供平台保障，并对雇用老年人的企业进行补贴。经过半个多世纪的发展与政策的推进，日本社会对老年人的就业认可不断提升，而老年人自身也积极创造条件继续工作。日本老年人的就业数量、比重处于逐年上涨的趋势。日本的老年人就业率从2010年开始一直维持在20%以上，老年人就业政策极大地保障了老年人的就业。

本章小结

（1）日本国家经济安全观与国家经济安全战略。日本的国家经济安全观不断演进与发展，国家经济安全战略也在不断演进。1982年，日本发布《国家经济安全战略》报告；2013年，安倍政府出台国家安全保障战略，将经济视为日本"综合安全保障"的重要部分之一；2018年开始，日本的防卫省、国家安全保障局等机构和组织纷纷制定相关政策、采取相应措施或提出政策建议。近年来，日本国家经济安全战略越来越丰富和具体。

（2）日本维护国家经济安全的机构组织。目前日本维护国家经济安全的机构体系主要包括经济安全保障问题特别小组、技术调查室、国家安全保障局经济组等。

（3）日本国家经济安全的立法保障。日本仅有一部单独的、明确的关于国家经济安全的法律《经济安全保障推进法案》，该法案主要包含强化供应链韧性、加强关键基础设施审查、敏感专利非公开化、官民协作强化尖端技术研发等四大内容。除此之外，日本涉及国家经济安全的内容大多散见于经济法的各部分中，形成了系统的法律体系，涵盖金融安全、科技安全、粮食和农业安全等领域。

（4）日本国家经济安全的政策保障。日本维护国家经济安全的政策措施集中于不同领域，本章主要阐述了日本在产业安全、金融安全、科技与人才安全、粮食安全、能源安全、对外贸易安全、对外投资安全和就业安全等领域的政策措施。

复习思考题

1. 简述日本国家经济安全观的发展与演进。
2. 简述日本维护国家经济安全的机构组织体系。
3. 阐述日本国家经济安全立法的整体情况，并简要阐释日本在能源安全领域的立法情况。
4. 阐释日本强化经济安全保障的总体战略。
5. 简述日本在产业安全、金融安全、粮食安全、对外投资安全领域加强国家经济安全保障的政策措施。

参考文献

车维汉.日本就业政策及其对我国的启示[J].政策,2003(4):59-60.
崔健.日本经济安全保障理论辨析[J].东北亚论坛,2006(4):102-106.
戴龙.日本反垄断法的域外管辖及对我国的借鉴价值[J].上海财经大学学报,2009,11(5):44-51.
高坂正尧.文明衰亡论[M].周俊宇,译.北京:北京时代华文书局,2013.
顾海兵,刘国鹏,张越.日本经济安全法律体系的分析[J].福建论坛(人文社会科学版),2009(7):4-11.
韩喜平,李二柱.日本农业保护政策的演变及启示[J].现代日本经济,2005(4):55-59.
何力.日本贸易安全制度的发展及其机制[J].海关与经贸研究,2015,36(1):102-113.
何维达.全球化背景下的国家经济安全与发展[M].北京:机械工业出版社,2012.
吉田茂.世界和日本[M].袁雅琼,译.上海:上海人民出版社,2020.

李清林.经济安全法治理念研究:基于美日两国的比较分析[J].广西政法管理干部学院学报,2021,36(3):1-7.

孟晓旭.日本国际安全战略的新动向及其影响[J].国际问题研究,2021(4):87-102.

邱丹逸,袁永.日本科技创新战略与政策分析及其对我国的启示[J].科技管理研究,2018,38(12):59-66.

任景波,杜军.日本经济战略转型与对策[M].北京:经济日报出版社,2014.

尚琳.日本能源政策:演进与构成[J].经济经纬,2006(5):51-53.

孙文竹.当前日本经济安全政策剖析[J].和平与发展,2020(4):37-58.

王珊珊.日本加速立法,保障经济安全[EB/OL].(2021-11-29)[2022-05-13].https://www.ctils.com/articles/3511.

谢华玲,迟培娟,杨艳萍.双碳战略背景下主要发达经济体低碳农业行动分析[J].世界科技研究与发展,2022,44(5):605-617.

徐梅.新形势下日本强化经济安全保障及其影响[J].日本学刊,2022(1):52-70.

徐爽,闫亭豫,吴金希.日本科技基本法设立以后科技政策的演变研究[J].科学学与科学技术管理,2022,43(2):19-31.

颜泽洋.日本经济安全保障战略新动向[J].现代国际关系,2022(4):26-32.

张瑾.日本央行维护金融安全的实践与启示[J].福建金融,2017(10):43-46.

第十三章
印度的国家经济安全

> **学习目标**
> 1. 了解印度的国家经济安全观。
> 2. 了解印度的国家经济安全战略。
> 3. 了解印度维护国家经济安全的组织机构。
> 4. 了解印度维护国家经济安全的立法保障。
> 5. 了解印度维护国家经济安全的政策措施。

导入案例

印度基于国家安全的保护措施

2020年是中国和印度关系面临挑战的一年,6月份以来,两国士兵之间爆发的肢体冲突导致两国边境的紧张气氛升级。作为对中国抗议的一部分,印度政府效仿美国的做法,以数据流动威胁隐私和国家安全为由,禁止中国企业59个应用程序(App)在印度的使用。中国政府对印度的这一做法提出了抗议,中国驻新德里大使馆在一份声明中指出,"印方的措施选择性地特定针对部分中国应用程序,歧视性地采取限制,理由模糊牵强,程序有违公正公开,滥用国家安全例外,涉嫌违反世贸组织相关规则,与国际贸易和电子商务发展大趋势背道而驰,更无益于印度消费者利益和促进市场竞争"。

紧接着,2020年9月,印度电子与信息技术部又阻拦了中国企业118个移动App,给出的理由是"从所包含的信息情况看,这些App所从事的活动不利于印度的主权、国防、国家的安全和社会秩序"。2020年10月,中国代表在WTO会议上公开批评了美国和印度所采取的措施,指出这些措施"明显违背了WTO的基本规则,限制了跨境服务的流动,违背了多边贸易体系的基本原则和宗旨"。

实际上就在2020年6月边境局势紧张之前,印度就以国家安全为由,主要是针对中国,采取了一些贸易和投资方面的限制性措施,2020年4月,印度政府宣布将对来自陆地邻国的外国投资实施安全审核制度,6月宣布,来自陆地邻国的企业在参与印度政府合同招标时,首先要通过政治和安全审核。印度政府认为这些措施的目的是加强印度的国防和国家安全。

对于印度来说,印度的国家安全是中国和印度两个大国之间的竞争,印度错误地认为只有在竞争中获胜,印度才有国家安全;如果在竞争中处于落后的地位,至少按照很多人的理念,印度的国家安全将会受到威胁。除此之外,在印度采取的措施背后还存在其他方面的动机。首先,同中国相比,印度一直反对贸易自由化,在经济上将中国视为头号竞争者,印度政府求助于国家安全措施实际上是为了掩盖其保护主义的动机。其次,就在2020年6月双方边境局势趋于紧张之前,中国在印度公众眼中的形象已经变得日益负面,印度官方的表态日益具有民族主义和民粹主义的色彩。

资料来源:林桂军,PRAZERES T.国家安全问题对国际贸易政策的影响及改革方向[J].国际贸易问题,2021(1):1-15.

第一节　印度的国家经济安全观[①]

印度国家经济安全的内涵经历了从"经济独立"到"经济发展"的转变。从1947年印度独立到20世纪80年代,印度国家经济安全主要是以争取自身经济独立、摆脱他国控制为重点,即"只有经济独立,才能经济安全"。但是,20世纪80年代以来,尤其是1991年经济危机发生后,印度沦为一个经济增长率低、贸易封闭和处处实行许可证限制的国家,这促使印度国家经济安全观发生转变,"只有经济发展,才能经济安全"。

20世纪50年代初,印度尚带有明显的殖民地性质,国民经济基础十分薄弱,封建生产关系占据主要地位,主要经济命脉如铁路、银行、邮电、对外贸易等部门都掌握在外国资本手中。面对农业凋零、工业停滞、失业率激增、物价不断上涨、饥荒频发和人民生活困苦的现实情况,印度国民大会党(以下简称"国大党")政府在刚刚取得政治独立后,又不得不再次踏上为经济独立而奋斗的征途。

在印度独立后的第一个五年计划(1951—1956年)中,印度政府明确提出发展经济的长期战略目标是"最大限度地发展生产、充分就业、实现经济平等和社会公平",并且强调,所有这些方面必须全面、协调地实现,不能偏废。这种追求平衡、和谐的国家经济安全观一直贯穿于印度后来的经济独立和经济发展的进程,此时的国家经济安全首先被看作是一个国内经济问题。在后来的经济独立实践中,印度国大党政府逐步提出一整套发展经济、维护国家经济安全的方针政策,其中,核心是实行"混合经济政策",建立混合经济体系,即在建立和发展公有经济的同时,允许私营经济的发展。

到20世纪80年代末,印度公营部门已经在军工、邮电、铁路、航空、能源、钢铁、石油、造纸、采矿、银行保险、水供应和储藏等重要国民经济领域中占据垄断地位。私营部门则主要集中在农业及其相关产业、消费品生产、建筑、贸易、餐饮等领域,涉及范围较为广泛。总体来说,印度的混合经济是由规模较小但影响较大的公营经济和规模较大但受到严格控制

[①] 顾海兵,沈继楼,刘玮.印度国家经济安全的经验与借鉴[J].开放导报,2007(4):81-86.

的私营经济组成的。

混合经济的发展为印度建立了一个比较完整的国民经济体系,有效防止了印度经济的异常波动,控制了物价的飙升,基本实现了经济独立这个经济安全目标,但同时也产生了很多不利影响。例如,经济"黑钱"不断增多,1981—1982年印度"黑钱"达3 850亿卢比,约占当时GNP的37%;两极分化日趋严重;政府预算赤字不断增大等。上述因素阻碍了印度经济的进一步健康发展。于是,20世纪80年代以来,印度国家经济安全观的内涵发生了变化,将发展综合国力、提高科技实力和融入世界经济作为维护国家经济安全的重要内容,即"只有经济发展,才能经济安全"。1984年,印度总理拉吉夫·甘地(Rajiv Gandhi)执政后提出"新经济政策",并尝试从放松对私营部门的管制和改革公营企业的管理两方面入手进行经济改革。

冷战结束后,全球化浪潮逐渐汹涌,各国国家安全理念发生重大变化,经济安全在整个国家安全体系中的地位和作用变得越来越重要。面对世界新形势,印度政府审时度势,把增强国家经济实力、发展国民经济放在优先考虑的地位,大胆推行改革开放政策。

1991年,印度遭遇了独立以来最严重的国际收支危机,这迫使同年上台的纳拉辛哈·拉奥(Narasimha Rao)对印度经济体制进行大刀阔斧的改革,他明确提出印度经济要自由化、市场化、全球化,加快了印度经济全球化进程。改革的主要措施包括实行自由进出口政策、放松对外资的限制、大幅降低进口关税税率、使卢比成为可兑换货币等。

1996年大选上台的德维·高达(Deve Gowda)和其后的因德尔·古杰拉尔(Inder Gujral),坚持了拉奥政府重新启动的印度经济全球化进程,明确表示"任何以就业为导向的、与农业密切相关的、创造就业机会的、引入新技术的以及扩大出口的外资,我们都欢迎"。

1998年大选上台的阿塔尔·瓦杰帕伊(Atal Vajpayee)领导风格虽然具有强烈的民族主义色彩和宗教色彩,但仍然坚持推进印度经济全球化。

在几届政府有效政策的推动下,印度经济飞速发展。20世纪90年代至21世纪初,印度GNP年均增长6%,成为世界上增长速度最快的经济体之一,并且经济结构发生了巨大变化,在传统产业不断发展的同时,信息产业等新兴产业快速壮大。这表明印度国家经济安全观的转变在实践中取得了很大的成功。

进入21世纪后,恐怖主义活动越来越频繁,南亚次大陆始终处于战争、社会冲突和动荡之中。基于对自己生存环境安全的主观感受,独立以来印度的安全理念,即处理国际事务尤其是涉及国家安全的问题方面,具有较强的独立自主性,认为邻国是潜在的敌人。从地缘安全战略角度考虑,印度认为南亚具有地缘战略一体性,而周边极具挑战性的国家制约着印度地缘政治影响力的扩展。

上述安全理念在独立后印度安全战略中的实际体现即是主宰南亚,称霸印度洋,视整个南亚次大陆和印度洋区域为其势力范围,在打压巴基斯坦的同时,强化对南亚其他国家的控制,将其纳入印度的战略安全体系。印度先后与不丹、锡金和尼泊尔订立新的"友好条约",加强与它们的"特殊关系",与独立后的孟加拉国也签订了《印度-孟加拉国友好合作与和平条约》,使其服从印度的安全利益需要安排。对印度洋上的斯里兰卡和马尔代夫,印度也保持着对其采取"安全措施"的主动权。

印度因为欲做世界性的大国,所以对域外大国在南亚次大陆与印度洋区域的动向极为关注和敏感,持有警惕、防范及"厌恶"心理。实际上,印度将任何进入印度洋和南亚次大陆的大国都视为对印度安全地位的威胁,并时常夸大这样的"安全威胁"来转移国际社会的注意力,作为自己进行军备扩张的理由。

第二节 印度的国家经济安全战略

与世界上大多数国家一样,印度并没有单独制定自己的国家经济安全战略,而是将其包含在印度国家安全战略之中,为印度的总体国家战略服务。

早在建国初期,印度的开国总理贾瓦哈拉尔·尼赫鲁(Jawaharlal Nehru)就提出要把印度建成世界上"有声有色的大国"。这一目标有四层含义:一是自强自立,二是称雄南亚,三是主导印度洋,四是成为联合国安理会的常任理事国。为实现国家战略的最终目标,印度的经济、教育、科技、军事、外交都为之服务,同时也为印度的国家经济安全服务。

冷战结束以来,面对复杂的国际和国内环境,印度政府不断调整和重新评估国家安全战略,对"有声有色的大国"目标有了全新的认知,完成了由传统国家安全战略向综合国家安全战略的转变,并推动了国家安全战略实现手段的及时更新。其中一个显著的变化是,印度改变了过去以国防建设为中心的发展战略,开始将雄厚的经济实力作为"有声有色的大国"的建设基础。

印度意识到国际竞争的实质是以经济和科技实力为基础的综合国力的较量,因此更加注重以电子产业、软件产业带动经济发展。从"八五计划"开始,以电子产业和软件产业为突破点,印度大力推进经济改革,扶植高新技术产业,加快经济私有化和市场化进程,深化财政金融制度改革,使印度经济快速增长,进入"黄金十年"。在1997年东亚金融危机爆发后,印度经济仍然以不低于5%的速度增长,1998—2003年间,印度经济的年增长率一直保持在6.5%左右,成为继中国之后第二个快速发展的国家。

除宏观的国家安全战略外,印度不同部门的发展战略也涉及国家经济安全内容,如,印度国家年度计划、国家信息计划、国家自动化任务计划等。另外,印度的国家经济安全战略和经济安全重点还隐含在印度的五年计划之中。例如,"一五计划"的重点领域包括农业、能源和工业;"二五计划"重点发展重工业;"五五计划"提出重点发展矿产、化学等产业的进口替代战略,着力点落在劳动密集型产品技术上;"六五计划"将物流产业作为重心;"十五计划"中提到了国家应放宽引资要求。

印度的国家经济安全战略目标和战略重点随着国内外现实情况的变化而变化。20世纪50年代,印度把国家经济安全看成是一个国内问题,因此,采用进口替代工业化政策限制外国资本和贸易,彼时,印度政府信奉的是通过学习苏联建立完善的工业体系,国家经济安全战略重点是产业安全。20世纪60年代,印度发生大干旱,政府随之启动绿色革命,粮食安全成为国家经济安全战略的重心。20世纪70年代,印度实行进口替代战略,并于1970年2月颁布了关于工业许可证制度的法令,从产业方面维护国家经济安全。在经历了1979年和1990年两次石油危机后,印度意识到能源安全是国家经济安全的重要组成部分。1990—1991年的国际收支危机后,印度开始进行经济改革,大力追求经济自由化,同时采取措施减少对外债的依赖,通过对外贸易和吸引外资增加外汇资源,从内外两方面增强国家经济安全。进入21世纪,随着信息时代的到来,电子产业成为政府支持的重要产业,它构成了印度国家经济安全的战略重点。2008年世界银行对各国软件出口能力的调查结果显示,印度软件的出口规模、质量和成本三项综合指数居世界首位。

随着自身经济与军事实力的增强、南亚"超级大国"地位的稳固,印度积极谋求走出南亚次大陆与印度洋,扩展对外交往空间,为其"世界大国梦"的实现营造更加有利的地缘战略环境。为此,结合"东向"战略转为"东进"战略的进程,印度提出了旨在扩大印度地缘政治经济空间与平衡其周边区域影响力、中心不断增长的"印太战略"概念。

2014年纳伦德拉·莫迪(Narendra Modi)就任印度总理以来,积极推动印度经济体制改革,直面印度长期存在的制度性痼疾,围绕"印度制造""数字印度""季风计划""向东行动"和"环印工业走廊"等重大战略重构印度经济格局,以发掘新的经济增长点,降低长期居高不下的潜在失业率,缓解不断拉大的贫富差距,同时培育新的国际竞争力,使印度能够更加紧密地融入全球产业链,助力印度走出贫困。

总体而言,印度国家经济安全战略的目标包括:国内人均收入可持续增长,国内企业的竞争力提升,国民收入不平等程度下降;维持稳定的国际收支、合理的外汇储备和可管理的外债水平,不断扩大外贸总额,保障外汇外资安全。概括来看,印度经济安全战略的目标就是对内经济稳定发展,对外应对冲击、抵御风险的能力增强。

相关案例 13-1

印度的"东望政策"和"东向行动"

20世纪90年代初,由于冷战结束和苏联解体,印度在外部失去经济和军事援助,内部则由于多年受制于"尼赫鲁式"发展模式,经济举步维艰。1991年拉奥就任总理后,印度政府决定从半封闭、半管制的经济体制转向市场经济,并对外交政策作出调整。1992年,印度正式推出"东望政策",这成为印度"东向"战略的起点。进入21世纪,印度"东向"战略获得极大进展,合作范围已涵盖从东南亚到日本、韩国、澳大利亚等国的广大地区,合作重点也从经济转向海运安全、反恐和军事合作。

印度"东望政策"的目标主要有以下几个方面:第一,分享东盟国家经济快速发展的红利,进入拥有五亿人的广大市场,获得更多国外投资以及石油、天然气等能源,促进印度经济快速增长。第二,获得缅甸的支持和配合,共同打击位于印度东北部印缅边境地区的反政府武装,维护该地区的安全稳定,改善印度的周边安全环境。第三,强化对东南亚战略要地尤其是对马六甲海峡等重要海上通道的控制,确保印度穿越南海抵达东北亚和美国的贸易航道安全,并以东南亚地区为"跳板",为印度进军亚太、跻身世界大国行列找到突破口,实现做"有声有色的大国"目标。第四,提升印度在区域和国际事务中的影响力与话语权,在东亚和太平洋地区的合作中占据一席之地。第五,平衡中国在东南亚日益增长的影响力,打破中国在东南亚、南亚地区对印度形成的"包围圈",防止中国利用与缅甸、巴基斯坦的紧密合作关系对印度形成夹击之势,并阻止中国进军印度洋。此外,为突出自身地区主导地位,印度还与泰国共同推动建立了环孟加拉湾多领域技术经济合作倡议(BIMSTEC,包括孟加拉国、缅甸、斯里兰卡等);2000年,印度与缅甸、泰国、越南和老挝建立了"恒河－湄公河合作倡议"机制,从而加快了"东望"步伐。

在"东望政策"的基础上,2014年,印度外交部长苏什玛·斯瓦拉杰(Sushma Swaraj)在越南河内提出印度拟实施"东向行动"。同年,在缅甸举行的东亚峰会上,莫迪介绍了"东向行动",该行动以亚太地区为重点,以东盟为政策核心。"东向行动"是印度根据国内经济社会发展现状、亚太地区整体国际地位变化以及国际社会发展逻辑演进而提出的方针政策,是指导莫迪政府外交行动的重要依据。与"东望政策"相比,莫迪政府的"东向行动"突出表现为更加注重行动、进一步拓宽与相关国家的合作领域,以及更大力度干预南海事务。这一行动延续并拓展了同东盟和亚太国家在经贸领域的合作,并进一步深化同亚太国家在政治与防务安全领域的合作,表现出突破性和实用性的特点。

资料来源:[1]马燕冰.印度"东向"战略的意图[J].和平与发展,2011(5):42-48;[2]马方.印度莫迪政府"东向行动政策"探析[D].沈阳:辽宁大学,2017.

第三节　印度维护国家经济安全的组织机构

印度国家经济安全战略运行的保障机构依托于国家安全组织机构。1998年11月19日,印度成立了国家安全委员会作为国家安全问题的咨询机构。在正式成立国家安全委员会之前,印度内阁政治事务委员会负责处理国家综合安全保障问题,其中也包括国家经济安全问题。印度内阁政治事务委员会被称为"内阁中的内阁"。

除国家统一机构在宏观层面统领和协调国家经济安全事务外,分部门的经济安全由各部门设立相应的机构进行监控和保障。例如,印度设有全国环境保护委员会,负责处理全国环境问题;印度金融管理局对金融体系进行严格监管;印度工业政策与促进部负责制定外商直接投资政策;印度商业和工业部工业和内部贸易促进局负责外资政策的审议和发布;印度储备银行负责外国公司代表处、子公司及项目办事处的批准。

一、内阁政治事务委员会[①]

在印度决策体系中,总理办公室、内阁政治事务委员会、国家安全委员会和外交部是决策的主体。在印度政治体制下,总理是议会多数党的领袖,又是部长会议的首脑,在国家决策中处于绝对主导地位。

2003年瓦杰帕伊担任总理期间,参照美国国家安全委员会的模式在总理办公室设置了国家安全顾问。在具体决策时,以内阁为核心的总理、总理首席秘书和国家安全顾问行使决策权,起到决策的关键作用。总理在国家安全决策中居于核心地位,垄断了经济、外交和安全问题的决策大权。

内阁政治事务委员会权力小于总理办公室,政府任何重大决策都必须提交内阁政治事

---

① 彭东辉.冷战结束后印度国家安全战略研究[D].北京:中共中央党校,2019.

务委员会讨论,其成员结构由外交部部长、国防部部长、财政部部长、内政部部长和人力资源开发部部长五人组成。印度的外交政策、外交方针由外交部制定、执行,并呈交总理办公室审议。

二、国家安全委员会[①]

印度国家安全委员会下设三个附属机构,开展日常工作:一是国家安全委员会秘书处,秘书处是国家安全委员会的办事机构,核心部分是联合情报委员会,主要职责是情报收集、情报分析;二是战略政策小组,主要职责是评估国防战略,主要成员有内阁秘书、陆海空三军司令、外交秘书、内政秘书、国防秘书、国防生产秘书、财政秘书、储备银行行长、情报局局长、原子能委员会秘书、空间开发委员会秘书以及联合情报委员会主席;三是国家安全咨询委员会,是国家安全委员会的智库,主要职责是向国家安全委员会提供具有前瞻性的决策分析及相关政策建议。国家安全咨询委员会拥有自己的秘书处,其主要成员均是已退休或退役的政界、军界高官。此外,还有战略分析、外交事务、国防、内外安全、科学技术、经济发展及战略分析等多领域的知名专家和学者。

印度国家安全委员会是政府决策的咨询机构,并不负责国家安全决策,只是在涉及政治、经济、能源、安全和外交政策的领域向政府提供咨询服务。印度国家安全委员会未被赋予任何法定责任,国家安全委员会作用大小取决于与总理关系的密切程度和总理的强势程度。

在具体决策时,总理、总理首席秘书和国家安全顾问行使决策权,发挥关键性作用。第一,总理在国家安全会议上以口头或书面形式传达相关信息给内阁部长、国家安全顾问或者担任特定职务的官员。第二,国家安全顾问组织政策涉及的人员,通过会议的形式进行充分讨论,收集、汇总与会各方意见,初步形成报告。第三,国家安全机构将报告呈请国家安全顾问审议,报送总理审批。第四,总理决定是否签署该文件、是否下发各级政府机构组织贯彻实施。

第四节 印度维护国家经济安全的立法保障

印度并没有专门的国家经济安全法,相关法律法规主要分布在产业安全、金融安全、能源安全以及对外贸易安全四个领域。

一、产业安全[②]

产业安全是国家经济安全的重要组成部分,以提高产业的创新能力为重中之重。20世纪90年代以来,印度高度重视电子产业和信息产业发展。印度在1998年制订了"印度信息技术行动计划",根据这一计划制定和修改了相关法规,形成了国家信息技术政策体

[①] 彭东辉.冷战结束后印度国家安全战略研究[D].北京:中共中央党校,2019.
[②] 陈劼.从法律体系看印度市场经济[J].南亚研究季刊,2000(2):15-21.

系。印度政府对印度软件产业实行免税,包括免除关税、流通税和服务税,免除进口软件的双重关税和软件出口商的所得税,并允许其保留出口收入的50%。

2000年6月,印度政府颁布了《2000年信息技术法》,强化对信息产业和信息技术应用的综合管理。2008年孟买恐怖袭击发生后,为了更好地维护网络安全,印度政府对信息技术法进行了修订。修订后的法案对网络恐怖主义作出了明确界定,对那些客观明知或主观故意利用计算机技术破坏印度领土完整、主权统一、国家安全或对人民实施恐怖行为的个人或团体,将判处有期徒刑甚至终身监禁。2011年,印度继续修订信息技术法,旨在从立法层面进一步规范网站。新法案规定:印度通信与信息技术部有权查封网站和删除内容,网站运营商须告知用户不得在网站发表有关煽动民族仇恨、威胁印度团结与公共秩序的内容;网站在接到当局通知后应该在36小时内删除不良内容,否则网站所有者将面临长达三年的监禁。为了进一步加强对互联网平台的监管,印度政府又于2019年修订了信息技术法,通过加重对虚假新闻和儿童色情应用程序与网站的处罚,来确保互联网平台的安全。

知识产权保护对印度软件业等产业的发展至关重要。20世纪90年代,印度政府开始加强对知识产权的保护。近年来,保护知识产权问题日益受到印度政府、产业和理论研究界的重视。伴随着信息技术的升级,印度政府近年来格外重视专利文件提交与专利审查效率的提高,并于2019年9月17日发布宪报公告,正式制定和引入《2019年专利(修订)细则》。

印度的知识产权保护涵盖专利、商标、设计、地理标识、版权等多个领域。印度的知识产权法律主要包括专利、商标、版权三方面的法律。

第一,专利保护。《1911年专利及设计法》和《1970年专利法》是印度关于保护发明和外观设计专利的基本法。《1970年专利法》于1972年4月20日生效,该法对发明所作的定义是:任何新的及有用的技艺及生产过程、机器、制造的实际产品或对产品所作的任何改良。某些发明,包括有关原子能的发明不能登记专利。随着印度逐步履行作为WTO成员的相关义务,印度于1999年4月19日起正式实施《1999年专利(修正)法》,使之与其所承担的TRIPs的履约义务相一致。

第二,商标保护。《1958年贸易和商品标记法》(1958年第43号)是印度关于保护注册商标的基本法。该法规定把专利局和商标登记处合并,共同归属于"专利、外观设计、商标管理总署"领导。除商标外,印度法律承认"财产标记"即指明商品所有权的标记。《印度刑法典》规定,某种侵犯贸易和财产标记的行为属犯罪行为,将依照《印度刑法典》追究刑事责任。

第三,版权保护。《1957年版权法》(1957年第14号)是印度关于版权的基本法,明确了知识产权持有者所享有的权利,包括所有者有权控制和处理自己的发明,有权分享因发明被使用而产生的经济利益。该法以英国《1956年版权法》为基础制定。1999年12月30日,印度进一步对版权法进行修订,并于2000年1月15日起正式实施。通过此次修订,印度版权法实现了与TRIPs的完全接轨。

二、金融安全[①]

印度经济持续增长的优势之一是拥有完整的金融体系和证券市场的支持。其金融体系延续了英国留下的金融制度,银行体系和股票市场均有百年历程,其中,孟买证券交易所世界闻名,具备完善的公司信息披露制度。印度的银行体系由印度储备银行、国有商业银行、国有专业银行、本国私营银行和外国银行等构成。根据印度《1934 年储备银行法》《1949 年银行管制法》和《1974 年储备银行(修正)法》,印度储备银行行使中央银行的职能,可监督商业银行的设立和资产流动,具有控制各商业银行信贷的权力,在印度从事银行金融活动必须向该行提出申请许可。

在金融和证券市场建设方面,印度在第二次世界大战时就已拥有 21 家证券交易所和多家场外交易市场。印度独立后,政府批准了其中 15 家继续经营。根据《1956 年证券合同(管理)法》的规定,印度中央政府有权约束证券交易活动及决定交易所会员的资格、收入等,并且有权关闭证券交易所。

2008 年金融危机后,印度全面加强对重要性金融机构的宏观审慎监管,并于 2010 年成立金融稳定与发展委员会,以加强监管部门的协调与合作。在金融业的外商直接投资方面,印度法律对外资也有所限制。例如,保险业外资入股不得超过 26%,国有银行外资入股不得超过 20%等。

三、能源安全

能源安全在国家发展、国家经济安全保障等方面起着不可替代的催化剂作用。2020 年,拥有全球 20%人口的印度只占有全球 6%的能源储量,印度人均一次能源消费 503.21 千克油当量,仅为美国的 1/14。能源安全成为印度经济安全关注的焦点,成为国家经济安全战略安全的隐患和制约经济社会可持续发展的瓶颈。以法律保障能源安全是改善能源安全现状、实现可持续发展的需要。

印度政府视能源问题为本国基本保障问题,因此,在能源保护方面的法律涉及广泛。在油气方面,《1934 年石油法》涵盖石油的炼制、运输、储存、进口等业务,《1948 年油田管理与开发法》内容涉及油田管理和资源开发等。在电力方面,主要法律有《1910 年电力法》《1948 年电力供应法》和《1998 年电力调整委托法》,这三部法律规定了如何促进电力产业的发展和提高竞争力,从而保护消费者利益和电力供应。

此外,印度政府颁布综合性的《2001 年能源保护法》,并设立能源效能局负责该法的制定与实施,2002 年又推出"2025 年印度碳氢产品规划",提出最大限度挖掘和利用国内石油资源。2018 年,印度放宽石油进口规则,首度允许国营炼厂按到岸价格(CIF)购买所需进口石油的 35%,从而使国营炼厂能够迅速取得更为便宜的船货,以稳定石油进口。

近些年来,印度以增加对可再生能源的使用为目标,对相关法律进行修订。2016 年,印度政府对税法中的碳税进行了修改,此前碳税一直以"清洁能源税"的名义进行征收,现

[①] 顾海兵,李彬.印度国家经济安全法律体系及其借鉴[J].国家行政学院学报,2009 (4):88-92;顾海兵,李彬.印度经济安全战略及对中国的借鉴[J].经济理论与经济管理,2010(6):12-16.

已更名为"清洁环境税",这表明印度政府有意将碳税收益投入其他环保项目。另外,印度政府一直在努力将大型水力发电项目重新分类为可再生能源项目。

2020年,印度政府对电力法提出一项修正案,要求执行水电购置义务(HPO),此次新修订的执行提高了电力零售商从水力发电项目中购买其电力需求的最小百分比。这就意味着,除现有的可再生能源采购义务(RPO)外,电力零售商还将执行 HPO,该义务要求电力零售商从太阳能和非太阳能可再生能源技术中购买最低比例的电力。

四、对外贸易安全[①]

(一)印度对外贸易安全立法的倾向

印度对外贸易安全立法具有产业保护主义和经济发展导向的基本特征。印度政府主要依据《1992年外贸发展和管理法》《1993年外贸管理规则》等对外贸进行管理。印度关税管理方面的法规主要有《1962年海关法》和《1975年海关关税法》。其中,海关关税法详细规定了进出口商品海关关税分类、适用税率及具体征税办法。与外国投资有关的指导性法律法规有《1956年公司法》《1961年所得税法》《1991年工业政策》和《1999年外汇管理法》等。

2006年,印度规定完全禁止外资进入的领域包括零售业(除单一品牌商品的零售)、核工业和彩票业等。印度《2006年投资通告》对外商投资的广播、银行、航空、国防、保险、投资、电信等敏感领域规定了外资持股上限。例如,电视频道的外商投资比例不得高于49%;外商直接投资进入时事电视频道领域需要政府的预先批准,并且股份上限为26%;涉及单一品牌的零售业务,外商投资比例不得高于51%。

2015年,印度财政部宣布,为促进"印度制造",下调某些投入品的关税,如金属部件、绝缘线缆、冰箱压缩机零件、催化转换器中使用的化合物、制造化肥的硫酸等;此外,将车床机器使用的某些原材料的基本关税从7.5%下调至2.5%,医疗内视镜关税从5%下调至2.5%,光纤电缆关税从7.5%下调至0,LCD/LED电视面板关税从10%下调至0。免除用于生产起搏器的某些原材料的反倾销税及特种附加税。

2017年,印度对重要资源进口壁垒再度放宽,以保障国内相关制造业的原材料需求,主要如下:腰果关税由30%提高到45%,液化天然气关税由5%降到2.5%,用于生产焊接管材的特定热轧卷产品关税由12.5%降至10%,用于生产太阳能电池板的太阳能钢化玻璃关税由5%降至0,镍及其制品关税由2.5%降至0等。

2020年4月22日,印度政府修订外汇管理法,直接将中国等在地理上与印度接壤的国家的外商直接投资从"自动审批路径"改为"政府审批路径",以遏制中国等接壤邻国在印度的投资。通过外商直接投资政策修改后,从修订日起,与印度接壤国家的非公民实体在印度投资时,需在政府路径下进行提前审批。在印度需要发展的制造业方面,如邻国的手机产业或家电产业在印度投资建厂,印度会在14天内完成审批,以提供便利化的投资通

---

① 印度突发 FDI 政策修订 中国投资印度困难重重[EB/OL].(2020-04-19)[2022-12-06]. https://zhuanlan.zhihu.com/p/133434636;宋利芳.印度反倾销政策及其特点分析[J].国际贸易问题,2007(1):116-120.

道;而在印度需要保护的制造业方面,印度则会进行较长期的审批,通过降低邻国在印度投资的便利度,削弱邻国在这些产业方面对国内产业生存造成的冲击。

(二) 反倾销立法

近几年,印度频繁运用反倾销策略保护国内生产商的利益。印度是 WTO 成员中实施最终反倾销措施最多的国家,也是发起反倾销调查第二多的国家。印度《1975 年海关关税法》规定,输入印度的产品出口价格低于其正常价格则视为倾销,印度财政部有权对该产品征收不超过其倾销幅度的反倾销税。

在应用反倾销贸易保护手段的同时,印度也采取了反补贴措施。支持印度反补贴调查的两大法律是《1995 年海关关税(修正)法》和《1995 年海关关税规则》,这两部法案详细规定了关于外国政府补贴性质的认定、补贴数额估算、损害的确定、反补贴调查的进行和反补贴的征收等。根据印度目前的反倾销管理体制,负责处理反倾销事务的行政管理机构主要有三个:印度反倾销总局、印度财政部以及法院。

第一,印度反倾销总局。根据海关关税法的规定,印度反倾销的具体事务由印度反倾销总局负责。该局成立于 1998 年 4 月 13 日,隶属于商工部商业局。第二,印度财政部。印度财政部根据反倾销总局的初步裁决,有权对低于正常价格的进口产品征收临时反倾销税。如果临时反倾销税高于最终征收的反倾销税,则由财政部负责向进口商退回多征的差额价款。第三,法院。负责印度反倾销事务的法院有两家机构:印度海关、税收和黄金(管制)上诉法院和印度高等法院。这两家法院分别负责处理反倾销当事方对反倾销最终裁决的申诉。

第五节 印度维护国家经济安全的政策措施

一、产业安全①

(一) 重视产业结构的升级

20 世纪 90 年代后,印度政府改变了经济发展思路,开始重视市场化、全球化和信息化对一国产业经济发展的推动力量。因此,可以说 20 世纪 90 年代中后期印度经济的强势增长实质上反映了印度政府把握世界产业发展趋势,利用印度优异的人力资源优势,积极推进信息产业和金融业等新兴产业与现代服务业的发展,推动印度产业结构与世界产业经济体系的融合,借助现代服务业的超常规发展,以产业跨越的模式实现印度经济的腾飞。研究表明,在印度 20 世纪 90 年代中后期的经济增长中,服务业的贡献高达 51%。

以信息产业为例,早在 20 世纪 80 年代中期,总理甘地就提出"要用电子革命把印度带入 21 世纪"的口号,大力扶持计算机和软件产业,提升电子信息产业特别是软件产业在印度产业经济体系中所占的比重。天然的语言优势和高科技人才优势使得印度发展软件产业具有得天独厚的条件。

---

① 唐志红.经济全球化下一国产业结构优化:一般理论及中国的应用[D].成都:四川大学,2005.

20世纪80年代后期,印度政府根据现代信息技术的发展潮流,制定了重点开发计算机软件的长远战略,并于1991年6月在印度南部著名科技中心班加罗尔建立了全国第一个计算机软件园区。随后,印度政府又将软件园区由南向北推进,形成全国性软件技术网络。为了鼓励海内外投资,印度政府对进入这些高科技园区的本国公司和跨国公司都实行优惠政策。

为了进一步促进信息产业发展,印度放宽了对计算机及相关产品的进口限制,发布了一系列促进电子产业的政策,如1984年12月的计算机新政策、1985年的电子技术政策,特别是1986年12月的计算机软件出口、开发和培训政策。政府还承担了包括从国外引进技术、产业发展的科研开发和培训人员的部分费用,推动了印度计算机软件产业的迅猛发展。

1991年,拉奥担任印度总理。为了使印度经济得到改善,拉奥政府开始对印度国家经济进行全面改革,其核心就是结构调整,把在国内发展高新技术产业尤其是发展计算机软件产业作为重点。1998年,瓦杰帕伊就任印度总理,坚持并继续推动印度的经济改革。瓦杰帕伊政府继续坚持把信息技术产业作为重点产业发展,并立志把印度建设成为计算机软件超级大国。2004年,曼莫汉·辛格(Manmohan Singh)上任后,对信息技术产业在政策和经费上给予了很大的支持。

根据印度品牌价值基金会(IBEF)发布的《2021年印度IT和BPM市场报告》,2020年印度的IT行业对印度GDP的贡献约为7.7%,预计到2025年对印度GDP的贡献约为10%。截至2020财年,印度IT行业雇用了430万员工。IT行业正在推动印度初创企业的增长,在印度约有5 300家科技初创企业。

(二) 重视第一产业的发展

印度是一个人口大国和传统意义上的农业大国,所以历届政府都高度重视农业发展。采取的政策主要有:①农民"无税一身轻"。印度法律规定,耕种面积不超过8英亩、年收入在10万卢比(约合2 300美元)以下的农户,免交包括所得税在内的各项税费。现实情况是,不管是普通农户还是拥有几十甚至上百英亩土地的大户,他们所申报的实际耕种面积和年收入都低于此标准。②使农业受益于柴油、电力免费或优惠政策。③使农业受益于化肥、农业机械等生产资料价格补贴政策。化肥是印度农业补贴中最大的项目,价格由政府统一规定并实行补贴。无论是进口化肥还是国产化肥,售价普遍低于生产成本,运输费全部由政府承担。④使农业受益于政府出资修建农村基础设施。农村的电力、道路等基础设施建设全部由印度政府出资,农民负担大为减轻。

(三) 限制产业开放

印度在长期的经济发展中对外资采取相对排斥的态度,凡是牵涉国计民生的产业以及军工产业,印度在吸引外资上都有诸多限制。虽然印度很早就加入了WTO,但为了保护民族产业,印度一直尽最大努力利用协议中的优惠条款。该种战略虽然影响了印度发展的速度,但是为本国企业的发展和竞争力的打造提供了足够的时间和市场空间。截至2022年,印度在各个产业几乎都有3—5个具有世界性竞争力的企业。

二、金融安全[①]

在金融安全方面,20 世纪 90 年代债券和股票市场危机发生后,印度开始进行金融市场改革。在股票市场,印度政府于 1992 年成立印度证券交易委员会(SEBI),主持股票市场改革。具体如下:

(一) 改革金融市场,实现国内金融自由化

2007 年,印度相关部门允许外国个人、企业和对冲基金等投资者通过直接注册的方式进入印度股市。2012 年 1 月,印度宣布非印度籍个人投资者获准可直接进入印度股票市场,标志着外国投资者可以全面在印度开展证券投资。2016 年,印度相关部门允许外资对印度股市的持股占比从 5% 放开到 15%。对金融市场的改革主要是逐步放松外汇管制,放开利率,改革银行机构,并对外资开放,使资金流通渠道得到改善,最终实现金融市场的自由化。同时,经济改革也大幅增加了外汇储备,2021 年印度储备银行外汇储备达到 6 000 亿美元,印度成为全球第四大外汇储备国,仅次于中国(排名第一)、日本(排名第二)和瑞士(排名第三)。

(二) 改革货币制度,稳定汇率和国内通货膨胀

自 20 世纪 90 年代中期起,印度储备银行进行了货币和信贷改革,从货币供应量管理目标转向利率管理,并对卢比的自由兑换设定一个分阶段的时间表,致力于推出一个易于管理和可控的卢比兑换体系,避免金融危机。为控制通货膨胀,印度实行紧缩货币政策、建立平价供应体系,使得经济进入低通货膨胀率阶段。

1997 年,印度储备银行内部成立金融市场委员会,跟踪监测市场发展情况、评估市场流动性变化,后来又建立跨部门的研究小组开展广泛的通货膨胀预期调查,及时掌握社会公众对未来通货膨胀走势的态度,以辅助进行决策。

2005 年 7 月,印度储备银行设立货币政策技术咨询委员会,成员包括来自印度储备银行、有关货币经济领域、金融市场和公共财政部门的专家,每季度至少召开一次会议,回顾宏观经济状况和金融发展情况,为印度储备银行的货币政策决策提供建议。

2010 年,印度政府为遏制通货膨胀率上升,开始采用高强度的紧缩性货币政策,印度储备银行在 2010 年内连续 13 次加息,对抑制通货膨胀起到了显著的作用,将通货膨胀率稳定在 10% 以内。

(三) 改革证券市场,释放股市活力

1992 年,印度废除了对新股发行的发行频率、价格和规模的管制,建立了以注册制为基础的发行新体制,大举开放资本市场。当年 6 月,SEBI 颁布《投资者保护与信息披露指引》,推动印度发行制度由过去的"选优为本"转变为"披露为本"。实施注册制后,印度股市的供给充分体现了市场化原则。截至 2018 年年底,印度股市 27 年间累计上市 5 379 家,年均上市约 200 家,同时也迎来一波退市潮——1996—2018 年,印度股市退市总计 2 869

[①] 顾海兵,沈继楼,刘玮.印度国家经济安全的经验与借鉴[J].开放导报,2007 (4):81-86.

家。这也足以说明,注册制的实施让印度股市的优胜劣汰机制被释放,将优秀的公司留在了资本市场,并淘汰了一批质量差的企业。

相关案例 13-2

新冠疫情下印度的通货膨胀问题

作为金砖国家之一的印度也在遭受通货膨胀高企的"炙烤"。2022年4月份的数据显示,印度零售通货膨胀率升至8%,而批发通货膨胀率则升至17%,这对于印度总理莫迪来说,无疑是个头疼的问题。经济学家表示,值得注意的是,最初由商品引发的通货膨胀压力上升,现在也开始反映在服务业中,这可能会导致印度通货膨胀局势恶性循环。在此背景下,印度央行年内将有较大可能加息,而印度政府也不得不加大减税和补贴的力度。

（一）通货膨胀走高威胁印度经济

印度消费者价格指数（CPI）已经连续数月飙升至印度央行容忍区间的上限6%。根据印度国家统计局的分析,通货膨胀走高主要源于食品、燃料和家庭用品价格的上涨。综合来看,这与疫情和俄乌冲突背景下全球大宗商品价格的持续走高密不可分,原油、金属等价格飙升,导致印度通货膨胀压力上升。与此同时,印度通货膨胀压力上升的另一个原因是供应链中断,供应链恢复正常所需的时间比预期要长。

高通货膨胀无疑会给印度经济带来巨大威胁。一是个人和小企业担心物价会进一步上涨,从而推迟支出和投资,需求受到打击将直接影响经济复苏,随着经济增长受到影响,投资减少,政府的油田将面临严峻挑战;二是为了减轻燃料价格飙升带来的负担,印度政府于2021年11月削减了汽油和柴油的消费税,估计这将导致印度2022年收入减少4 950亿卢比,另外,由于减税,来自燃料消费税的财政收入还将在2023年继续降低;三是印度财政上的另一个打击来自全球地缘政治紧张（俄乌冲突）导致的化肥补贴成本上升,经济学家估计,在2023年,化肥补贴成本可能超过预算,从而进一步加大财政赤字;四是通货膨胀走高也可能推高印度政府的借贷成本。

（二）印度政府的应对措施

首先,印度央行通过加息来应对通货膨胀。印度央行将在2022年剩余时间再加息25个至50个基点用以降低通货膨胀率。根据通货膨胀的轨迹,回购利率需要在2023年2月前提高到5.75%至6.0%。目前,由于通货膨胀高企,印度实际的政策利率为负。

其次,除印度央行持续收紧货币政策外,印度政府也将继续通过减税、补贴等手段来应对通货膨胀走高。通货膨胀居高不下对于莫迪来说是个非常糟糕的消息和巨大的政治考验——2022年印度将有数个邦议会选举。有印度官员表示,印度政府正考虑在2022—2023年额外支出20万亿卢比以缓解物价上涨对消费者的冲击。这些措施包括对汽油和柴油减税。此外,印度政府可能还需要对化肥进行补贴,化肥是农业生产所必需的。加大减税和补贴力度将导致印度政府财政状况"雪上加霜"。根据印度政府2022年2月份公布的预算,印度政府计划在本财年借入创纪录的143.1万亿卢比,通过扩大财政赤字,将消费者对产品的部分支付转移至政府身上,以稳定销售商的产品价格,也就是通过扩张性财政政策控制物价。

资料来源:莫莉.通胀难题考验印度经济[N].金融时报,2022-05-24(8).

三、科技安全[①]

早期依靠进口替代战略的实施来促进科技发展的印度,在20世纪80年代出现了严重的经济问题,主要体现在经济增长停滞与外债积累。这些问题迫使印度反思进口替代战略的缺陷,并对科技发展政策进行了一系列调整,这些调整尽管内容各异,但都反映了"市场化"与"自由化"的基本价值取向。印度的市场化改革具有渐进式的特点,在科技政策的调整方面,政府也采取了持续推进科研活动向市场主导的方向转变的做法,并采取措施加强对国外先进技术的引进吸收,印度开始运用市场原则对传统科技政策进行调整,努力将政府主导的科研生产体系转变为市场主导、需求拉动的国家创新体系。这种政策调整主要涉及两个方面的内容:

第一,科技活动市场化。印度政府压缩对政府科研机构的行政拨款,希望通过面向企业的技术开发与技术服务获得经费。印度政府在《2000年科学和工业研究展望》中提出科学和工业研究实验室要通过外部合同与咨询服务获得全部预算的30%的目标,2001年的"展望"更将这一目标提高到了50%。

第二,科技成果转化市场化。印度政府加强了专利保护与专利服务,为科技成果的市场化创造条件。1970年印度就已颁布专利法,但该法并非对科技成果提供专利保护,而是在食品、医药等产业部门废除产品专利、放松工艺专利,目的是通过鼓励模仿与适应性改造促进本地研发。2005年,印度对专利法进行修订,修订后的专利法将工艺与产品列入专利保护的范围,从而有力推动了科技成果的市场化。此外,印度通过创立"专利信息中心"推动科研成果转化,计划在全国设立20个专利信息中心,从而在不同领域培养专利意识、提供专利信息、促进专利申请。

2016年5月16日,为了促进中小企业的创新,印度专利局通过了《专利法实施细则》修正案:为了降低中小企业的创新成本,对其专利申请费、维持费等费用进行减免,同时,设置加速审查申请标准,以减少初创型中小企业申请专利的审查时间;为了提高专利的申请效率,设置委托书提交期限,规定与专利申请程序相关的授权委托书必须在申请提交后的3个月内提交。

在2020年10月19日,印度政府为了保障科技成果的有效落地,对专利法进行修订,修订后的专利法要求专利权人或被许可人在每年9月30日前提交两个财政年度(上年4月1日至当年3月31日)的商业实施声明,来阐述该专利技术是否在印度实施以及具体实施情况,或未能实施的原因等,如果该专利技术得到实施,申请人还应提供专利产品的数量和价值。

四、粮食安全[②]

粮食关乎一国居民的生存,而居民的生存是国家生存的必要条件。印度是一个拥有14多亿人口的发展中农业大国,农业现代化水平低,大多数农产品没有比较优势,粮食安全和

[①] 盛浩.发展中国家科技政策的调整与技术进步:以印度和巴西为例[J].经济问题,2013(12):96-100.
[②] 王军杰.印度农业国内支持制度的完善及对我国的启示[J].农村经济,2011(8):126-129.

贫困问题是印度政府长期以来面临的两大严峻挑战。随着农产品贸易自由化进程的推进，印度农业也面临国际市场的巨大冲击，粮食安全和贫困问题愈发凸显。20世纪90年代以来，在 WTO 框架内，印度通过调整国内支持结构，极大促进了农业发展。近年来，印度粮食产量增加，进口依存度下降，逐渐转变为粮食出口国，人均粮食产量、单产和灌溉面积都在增加，粮食产量足以满足人口增长的需求，粮食库存和经济上的可获得性都在不断提高。

尽管整体粮食生产和自给状况良好，印度粮食安全状况仍旧存在较大问题：一方面，热带季风气候降水不稳定，容易造成粮食生产周期性波动，粮食供给状况不稳定；另一方面，印度社会存在贫富差距较大的问题，大量的贫困人口购买力低，严重影响了对粮食等食品的消费，人口平均营养状况不佳。印度仅保证粮食整体供应充足，并不意味着每个印度人民的粮食获取能得到保障，因此，不能代表国家粮食安全。为进一步保障国家粮食安全，印度还制定了粮食分配政策。具体而言，印度粮食安全实践包含以下两部分：

（一）支持国内农业发展

印度农业的国内支持政策具体如下：

1. 建立粮食价格支持制度

印度 20 世纪 60 年代初的全国大饥荒促使政府加强对粮食的支持和控制，并成立了农产品价格委员会，由其每年向政府提议农产品支持的最低价格（收购价），然后由政府确定并公布，该价格即为当年有关农产品的最低支持价格。当农产品过剩时，由政府按照最低支持价格全部收购，从而保证了增产的农民必定会增收，提高了农民生产积极性。

到 20 世纪 70 年代中期，印度基本上实现了粮食自给。其最低价格支持制度最初只适用于大麦、大米、玉米等粮食作物，20 世纪 70 年代末范围逐步扩大到大豆、油料、黄麻等 24 种农产品，使得受最低价格支持的作物产值占农业总产值的 2/3。

21 世纪初，为了提高农产品竞争力，最低支持价格水平有所提高，使得印度粮食库存大量增加，2002 年达到 6 300 万吨，粮食安全基本得到了保证。对最低价格支持制度没有涵盖的农产品，政府实施了"市场干预计划"支持，如果某种农产品价格过低，政府会以不超过生产成本的干预价格来收购，其中的损失由中央和地方政府共同承担，实质上也是一种价格支持。价格支持操作简单、效果明显，极大提高了农民的积极性。

2. 实行农业投入补贴政策

农业补贴有显性和隐性两种类型：前者主要是政府对农业科研、农村教育以及农村基础设施等方面的公共投资；后者是促进农业生产的直接补贴，包括对肥料、电力和灌溉三个主要部分的补贴。

在对农业生产投入的直接支持（非特定产品支持）方面，印度从 20 世纪 80 年代就开始对化肥、电力和灌溉进行支持，其中化肥是印度非特定产品支持中水平最高的。加入 WTO 后，印度把对化肥、电力等的支持适时转化为发展中国家的特殊差别待遇中的投资补贴。对农业投入的支持改善了生产条件，提高了农业生产力，保证了粮食产量。

3. 调整现代农业发展战略①

20世纪60年代中期起,印度政府在世界银行等国际机构的援助下,对印度的农业政策进行了重大的调整,开始实行农业发展新战略,即以高产品种为主,结合水、肥、农药等方面的农业技术发展现代农业的战略,通称"绿色革命"。该战略使印度农业得到长足的发展,大幅提高了印度的粮食产量,使印度基本结束了"吃粮靠进口"的日子。在此基础上,印度还推行了发展牛奶生产的"白色革命"和发展渔业的"蓝色革命",这些都极大地促进了印度农业的发展。

进入20世纪90年代后,受印度人口暴增、"绿色革命"成功后对农业投入的热情渐减以及农田基础设施建设放缓等因素的影响,印度农业的粮食和农产品生产出现停滞甚至下降的趋势。总理辛格敏锐地察觉到农业粮食及农产品生产下滑的趋势,及时地向全印度提出"我们需要第二次农业的'绿色革命'"的号召。

辛格政府从八个方面提出印度第二次农业的"绿色革命"的政策与措施:①继续加大对农业的投资,刻不容缓,并从多个方面研究农业改革的措施与政策,使印度的农业生产(粮食、农产品)适应时代发展的需求和步伐。②加强对农业灌溉系统的升级、改造和建设,逐渐摆脱靠天吃饭的自然规律的约束。③切实解决好农业现代化和提高现代农业科学之间的矛盾。④农业信用体系和农业市场机制应得到进一步的改造和完善,农民应得到帮助和最高的回报率。⑤农业与农业问题的研究体系须加强。对农业与其他经济领域发生的矛盾和农业本身存在的问题应及早进行研究,提出解决办法,以便打破瓶颈,使农业发展、农民受益。⑥吸纳农村广大剩余劳动力再就业,引导农民从事农业相关领域的工作,从中得到技能和科学知识的提高与应得的回报,并对农民工实施最低工资法。⑦更好地解决工业化进程中农业与生态环境之间的矛盾,真正使印度农业的"绿色革命"取得成功,还自然一片绿色,给生命一片净土蓝天。⑧切实重视、扶持与发展农畜产业和加工业。公布针对农业工人实施的综合保护法,进一步明确建立土地所有权制度,保护合法人的权益。

在辛格总理任职期间,大多数印度人都认为,政府对农业和农业科技投入的资金是最多的,对农民的贷款是大方的,农民的债务负担与利率是最低的,农业方面的各种灌溉体系的建设也是富有成效的。

第二次农业的"绿色革命"也取得了巨大的成功,不仅使全印度人有饭吃有衣穿,基本生活得到保障,还有余粮和优质农产品出口。这也就有了2019年印度向中国出口粮油和优质农产品的举措,以缩小中印贸易逆差(2018年,中印双边贸易额为955.4亿美元,中国对印度出口767.1亿美元,对印度进口188.3亿美元,印方有578.8亿美元的巨大逆差)。

(二) 制定粮食分配政策

粮食分配政策主要是在家庭层面上满足居民粮食经济上的可获得性,该项政策更多体现的是粮食流通的问题,目标是通过储备、合理分配等流通环节的政策来解决粮食安全问题。

印度的粮食分配政策主要通过公共分配系统来执行。具体来说,中央政府(借助于印

---

① 吴永年.印度如何凭借两次"绿色革命"从粮食进口国变成出口国[EB/OL].(2019-03-31)[2022-12-10]. https://finance.sina.com.cn/roll/2019-04-01/doc-ihtxyzsm2123171.shtml.

度食品公司)负责定购、储存以及把粮食从定购地点运送到中央仓库,并按照低于收购价格的补贴价格(中央发行价格)批发给各邦政府,由各邦政府负责把粮食从中央仓库运出,并通过 40 多万个庞大的平价商店网络向消费者分配粮食。

印度 75% 的平价商店分布在农村,这种粮食分配系统存在很多缺点,从 1997 年 6 月开始,政府又转而实施了定向公共分配系统,即把所有家庭分为低于贫困线和高于贫困线两类,实行差别的价格对待。低于贫困线的家庭可以通过定向公共分配系统,以较低价格购买粮食;而高于贫困线的家庭只能按照规定的价格购买粮食。

为了将存储、运输损失降至最低,并引进现代化技术,2000 年印度政府制定了有关粮食处理、存储和运输的政府政策。该政策允许私人部门参与集成散装处理、存储和运输设施建设。印度也对政府粮食存储模式和技术进行了改革,改革计划包括建设几十个钢式筒仓存储设施的公私合营模式以及签署长期合同建设传统码头仓的私人公司担保项目,联邦政府采购的粮食将大规模引入仓储公司的密封筒仓盛放。

"绿色革命"后,印度粮食生产增长迅速,印度政府实施《2013 年粮食安全法》,以便为大多数国民提供廉价粮食,实现粮食安全。但是,由于分配制度腐败、粮食储备管理制度落后和损耗严重等,实施情况离粮食安全目标尚有距离。为此,印度政府于 2014 年 8 月 20 日成立了高阶委员会,负责对印度粮食储备管理制度进行改革,以降低印度粮食公司的管理和服务成本,并转变其在粮食分配系统方面的职能。

五、能源安全[①]

为满足日益增长的能源需求、保障本国的基本能源安全,印度目前已开始实施某些重要措施。主要措施包括:①减少行政干预,强调利用法律、金融、市场等宏观调控手段解决能源的生产、管理与消费,以期创造出一个对外资更具吸引力的投资环境,如向私营生产商颁布更宽松的许可证制度,对油气资源开发尤其是举办合资企业提供更多实质性的鼓励;②改善能源基础设施,包括建设现代化炼油厂和城市天然气输送网络,由国家统一管理和改善交通运输设施;③积极推进"能源外交",将能源合作列为国家对外关系的重要目标之一;④鼓励大规模采用太阳能、风力、水能等可再生能源;⑤提高能源工业的组织与管理技术;⑥考虑制定、实施国家能源安全政策,应付紧急状态和突发事件引发的能源危机。

其中,能源外交已成为印度国家总体外交战略和国家安全战略的重要组成部分,在能源安全、全方位拓展能源市场、利用可再生能源、引进资金和能源技术、发展与能源供应国的关系等方面,印度开展了广泛的国际合作。具体来看印度的能源外交措施有以下几个方面:

第一,不断深化与美国、俄罗斯的对话交流。美、俄分别是世界第一和第二大能源生产国。印美双方在天然气、石油、煤炭、电力、新技术与可再生能源、民用核能和能源效率领域的交流正在不断深入。印俄双方在民用核能、石油和天然气等领域进行了大规模合作。2022 年年初俄乌冲突爆发后,印度基于自身经济利益和安全考虑,并未追随美国对俄进行

---

① 张力.印度的能源安全:挑战与应战[J].南亚研究季刊,2004(2):29-35;汪巍.印度保障能源安全的举措及启示[J].中国能源,2013,35(4):22-25.

制裁,并且加大了进口俄罗斯石油力度,2022年5月进口量已接近2021年月平均进口量的9倍。

第二,加强与海湾国家①的能源外交。海湾地区是印度石油、天然气的主要来源地,印度石油供应的1/4来自沙特阿拉伯。为确保能源的稳定供应,印度对海湾国家大力开展首脑外交。科威特元首访问印度期间,双方发表联合声明,表明两国致力于在原油与石油产品供应领域开展工作。2006年1月沙特阿拉伯国王访问印度,与印度方面共同签署《德里宣言》,明确通过长期合同,保证稳定并持续地增加对印度的原油供应。印度还通过对话磋商,积极开拓也门石油市场。

2010年之后,印度与世界主要石油生产国和主要石油消费国之间的对话协调不断发展,由于亚洲地区石油进口国进口中东原油要比欧美国家支付的费用更高,印度联合中国、日本、韩国等亚洲石油消费国力争取消这种石油差价。印度是伊朗石油的第二大进口国,仅次于中国,然而由于美国和欧洲对伊朗的贸易制裁,印度不得不加大力度寻找其他石油供应渠道,但在2012年6月,印度和其他一些国家拿到了美国对伊朗石油贸易制裁的豁免权。2016年以来,印度又与伊朗探讨建设伊朗—阿曼—印度深海天然气管道(IOI),该管道长868千米,此项目也使阿曼加入与印度的天然气贸易。

第三,开辟海外新油源。在产油国拓宽合作领域,印度政府积极加快海外油气收购和勘探开发步伐,目前,印度与亚洲的缅甸、越南,非洲的尼日利亚、安哥拉、埃及、苏丹,以及拉丁美洲的哥伦比亚、厄瓜多尔、委内瑞拉、古巴等国的油气合作不断发展。其中,在21世纪第二个十年,印度投资了超10亿美元用于开发缅甸油气资源。

另外,印度开拓非洲石油市场的重要策略是以援助换项目,已向非洲国家提供了价值超10亿美元的援助。印度还向非洲国家提供期限为15—20年的贷款用于石油工业和基础设施项目建设,贷款利率低至0.5%—1.75%。2010—2020年,印度立足国内外两个市场保障石油供应,取得了明显成效,印度政府为企业开道,在产油国拓宽合作领域,重视与中东产油国签订长期购油合同,并加快海外油气收购和勘探开发步伐。

第四,与东亚和东南亚国家携手开拓能源市场。为建立中印能源领域机制化的合作框架,在2006年印度石油和天然气部长穆利·德奥拉(Murli Deora)访华期间,中印双方签署关于联合勘探、开发、投资获取第三国油气资源的谅解备忘录,鼓励两国企业在联合勘探与生产、第三国油气资源开发、参与对方现有油气田等诸多方面加强合作。印度在与日本的关于建立战略性全球伙伴关系的联合声明中提出,推动日本企业对印度电力部门的参与,在深海钻探科学领域开展合作,推动双方在洁净煤和生物质能领域的合作。

2013年,印度是全球第五大液化天然气(LNG)进口国,为了能以较低价格进口LNG,印度和日本发起组建LNG进口国集团,并已邀请韩国、新加坡等国参加。2016年,印度总理莫迪访问越南,两国政府首脑一致同意将双边关系提升为全面战略伙伴关系,并表示将进一步提升双边能源合作的水平与规模,印度对越南油气开发的投资力度也在不断加大,越南对印度出口石油的比重也不断上升。

---

① 海湾国家指波斯湾沿岸的八个国家,包括伊朗、伊拉克、科威特、沙特阿拉伯、巴林、卡塔尔、阿拉伯联合酋长国和阿曼。

第五,拓宽新能源合作领域。在洁净能源开发方面,印度呼吁发达国家加速对发展中国家的技术转让。印度还主张利用国际多边金融机构设立风险投资基金,推动生物质能等洁净能源技术的开发。印度在与欧盟建立战略伙伴关系的宣言中阐明,双方将继续加强在能源部门的合作,开发效率更高、更为清洁的能源链。

2008年4月10日,印度联邦产业部宣布印度和以色列产业部合作开发可再生能源相关技术,相关合作领域涉及水资源、太空技术开发、生物质能源技术和纳米技术研发。印度政府于2010年12月下旬表示,通过利用国家清洁能源基金建立绿色银行,该基金将通过税收资本化对国产和进口煤炭征收消费税,同时,绿色银行将向风能、太阳能、潮汐能和其他可再生能源形式的项目提供基金。

2013年,印度内阁经济事务委员会批准了一个发电量为750兆瓦的太阳能发电厂建设计划,印度政府将通过国家清洁能源基金提供187.5亿卢比,并采取措施吸引更多私人资本参与其中。

2015—2017年,印度依靠中国"一带一路"倡议,与中国在太阳能发电领域开展了部分合作,主要合作模式以光伏产品出口为主,中国光伏企业占据了印度光伏组件近一半的市场份额。2021年,印度与国际能源机构加强合作,在战略伙伴关系框架下,印度将与国际能源机构加强在能源数据共享和分析方面的实质性合作。

六、对外贸易安全[①]

在贸易安全方面,印度推行了一系列对外贸易政策的改革举措。印度实行对外贸易政策改革的根本目的在于用贸易去创造实现经济增长的相关条件,进而促进经济发展。印度对外贸易政策自由化改革20年间,经济获得持续高速增长。政策具体包括以下几个方面:

第一,贸易政策向高新技术产品贸易倾斜。一方面,印度政府为鼓励高新技术产品出口,出台了一系列的优惠政策,如提高部分产品的出口退税率等,使得印度信息技术产品、材料技术产品、生物技术产品出口增长迅速;另一方面,印度政府不仅对进口关键设备和先进技术实行关税减免,甚至对部分产品进口予以贴息和信贷扶持,以满足高新技术产业发展的需要。

第二,加大对制成品贸易的扶持力度。特别是2004年以后,印度政府认识到制造业发展落后的弊端,在继续发展服务贸易和高新技术产品贸易的同时,对劳动密集型产业也进行扶持:一方面,对具有出口创汇优势的制造业部门进口原材料实行进口自由和税收减免;另一方面,通过建立出口加工区、经济特区、自由贸易区和出口导向型企业等多种形式吸引对制造业的投资,为制造业生产和出口提供优惠政策。值得一提的是,在其基础设施落后且短期内无法明显改善的情况下,印度贸易政策更加倾斜于对基础设施依赖程度相对较低的产业。

第三,在发展农产品贸易时采取了较为谨慎的态度。农业是印度经济中发展相对缓慢的产业,占整个经济结构的比重也最低,农产品领域也一直是印度贸易政策自由化程度最

---

① 李好,陆善勇.印度对外贸易政策改革促进经济增长剖析[J].广西社会科学,2012(5):65-68.

低的部门。20世纪90年代后,印度政府一方面积极调整国内农业生产及农产品贸易政策以符合WTO《农业协议》的基本要求,另一方面利用关税和进出口限制等贸易措施支持其粮食自给自足和价格稳定的总目标,表现出较大程度的谨慎。在农产品贸易政策上,印度会根据国内的产销过剩或缺口量来调整其进出口政策。在2016年年初,印度还实施农产品的出口补贴政策,但是随着价格上涨,5月便取消了其补贴政策,但随着2017年印度农产品总产量预估持续下调,印度政府立马调转方向,上调出口关税,并又开始发放进口配额。

七、海洋安全[①]

截至2015年年底,印度商品对外贸易额占GDP的42%,其中,90%的货物贸易量及70%以上的贸易额是通过海运实现的。与此同时,印度全国80%的原油需求通过海运进口,而且是经由印度洋海上通道,另外,11%的原油来自印度海上专属经济区的近海能源开采。海上安全风险直接影响印度的对外贸易和海上运输以及海岸和港口城市的安全,最终会危及印度的经济安全和国家安全。

印度政府清醒认识到海洋特别是印度洋对印度的经济安全与国家发展的关键意义,于是从2015年起适时调整海洋安全战略,将2007年确立的以"自由使用海洋"为主题的海上军事战略调整为以"确保安全的海洋"为主题的海洋安全战略,由相对狭义的"军事战略"上升为较为广义的"安全战略"。在海洋安全方面,印度采取的措施有以下几方面:

第一,制定海洋安全战略和巩固海上军事力量。面对来自多个领域、多种形式的海洋安全威胁与挑战,印度政府积极应对,既有统筹又有针对性地制定相应的海洋安全战略,采取并部署相应的海上措施与行动。印度明确界定海洋安全利益的范围与目标,制定海上军事战略,加强海上军事力量,同时积极采取诸多海上安全行动,创建海上安全机制,综合利用海上军事、民事力量以及国际海洋法规等多种手段来应对海上安全威胁,维护海洋利益。

第二,注重处理同周边国家之间的关系。2014年,印度政府提出"季风计划",意在重塑印度与印度洋地区国家的文化联系及交往。2015年,印度政府又推出"印度洋地区国家安全与增长计划",作为以相互支持与合作的方式加强经济联系和推动发展的努力的一部分。2016年1月,印度外交部专门成立一个独立的印度洋地区事务部,协同处理印度与斯里兰卡、马尔代夫、塞舌尔、毛里求斯等印度洋海上邻国的关系,并创建与斯里兰卡、马尔代夫等国的双边海上安全对话机制,来维护印度在印度洋地区的地缘战略安全、经济和发展利益。除印度洋邻国外,印度也注重与东南亚和东亚国家的海上安全合作。莫迪政府将面向东亚和东南亚国家的"东望政策"升级为"东向行动",进一步加强了同东南亚国家的经济和安全合作。可以看出,上述措施均为确保印度"自由而安全"地使用海洋,进而维护印度的经济安全和国家安全。

---

① 刘磊.莫迪执政以来印度海洋安全战略的观念与实践[J].国际安全研究,2018,36(5):98-119.

> 相关案例 13-3

经济外交是印度保障国内经济安全的重要举措

在全球化背景下,经济外交是印度总体外交和国家安全战略的重要组成部分。印度外交部专设经济司主抓经济外交事务,协调国内相关机构的关系,指导驻外机构的经济工作。2003年年底,印度还组建了印度经济外交委员会,由政府有关部门高官和民间智囊人士参加,对印度的经济外交进行全面审议,以提高经济外交的全局性、整体性和协调性。

印度运用多层次、全方位的经济外交手段为经济发展和经济安全服务,主要方式包括:进行多边贸易和经济谈判;签订地区和双边贸易协定;获取海外资源;增加对外援助;寻求海外印度人的支持;拓展出口市场;促进对外投资;吸引外国投资;等等。与此同时,印度还注重增加对发展中国家的援助和投入。印度每年向发展中国家提供3 000个培训名额,培训内容覆盖从信息技术到家禽饲养等各领域。2003年,印度开始实施"非洲发展新伙伴计划",并根据这一计划向非洲提供了2亿美元的信贷。

2010年是印度外交史上最辉煌的一年,对外交往和高层互动异常频繁。据印方统计,印度平均每15天接待一次外国政府首脑的来访,平均每12天接待一次外国外交部部长的来访,印度外交部部长索玛纳哈利·克里希纳(Somanahalli Krishna)共出访国外19次,平均每隔20天便有一次。在印度2010年的大国外交中,经济外交的特征非常明显。首先,印度意图向国外开放基础设施建设领域以完善基础设施建设,同时为目标国家创造商机,而美国、俄罗斯、欧盟国家及日本、韩国等亚太经济强国也都在抢占先机;其次,继续开拓海外资源,印俄两国共签署29项协议,其中就包括印度石油天然气公司与俄罗斯国家天然气公司等国有能源巨头的能源合作协定,以及合作研发两座核反应堆的协定,俄罗斯宣布将继续向印度提供民用核技术支持。

然而,自从莫迪政府外交政策的战略目标发生调整和变化后,印度的外交手段也随之调整和变化。出于提升大国地位、实现经济增长以及维护国家安全与联系海外印度人等因素的考虑,莫迪第一任期内非常重视非洲在其外交政策中的地位。需要强调的是,非洲对印度推行"印度制造"、扩展民主以及增强国际地位特别是做"领导性强国"十分重要;另外,印度举办的三次印非论坛峰会对推动印非关系产生了较大影响。

与此同时,为了适应印太地区和全球形势的变迁,遵循国内发展的逻辑,莫迪政府将"东向政策"升级为"东向行动政策"。无论印度是做"领导性强国",还是发挥"平衡性力量",中美两国都是印度外交着重考虑的对象,而南太平洋方向和东印度洋方向将是印度与两国力量遭遇最多的地区,因此,印度也在不断加强与美国在印太地区的战略合作。

资料来源:[1]王瑞领.论莫迪执政以来印度外交政策的调整:基于印度政治发展的视角[J].南亚研究,2019(4):24-39;[2]张力.印度2010年大国外交述评:以印美关系为中心[J].南亚研究季刊,2011(3):1-7.

本章小结

(1)印度国家经济安全的内涵经历了从"经济独立"到"经济发展"的转变。从1947年独立到20世纪80年代,印度国家经济安全主要是以争取自身经济独立、摆脱他国控制为重点,即"只有经济独立,才能经济安全";20世纪80年代后,印度国家经济安全观发生转变,转变为"只有经济发展,才能经济安全";冷战结束后,印度政府把增强国家经济实力、发展国民经济放在优先考虑的地位,大胆推行改革开放政策;进入21世纪后,印度安全战略为主宰南亚,称霸印度洋,视整个南亚次大陆和印度洋区域为其势力范围。

(2) 印度国家经济安全战略的目标包括:国内人均收入可持续增长,国内企业的竞争力提升,国民收入不平等程度下降;维持稳定的国际收支、合理的外汇储备和可管理的外债水平,不断扩大外贸总额,保障外汇外资安全。概括来看,印度经济安全战略的目标就是对内经济稳定发展,对外应对冲击、抵御风险的能力增强。

(3) 印度国家经济安全战略运行的保障机构依托于国家安全组织机构。在正式成立国家安全委员会之前,印度内阁政治事务委员会负责处理国家综合安全保障问题,其中也包括国家经济安全问题。印度内阁政治事务委员会被称为"内阁中的内阁"。除国家统一机构在宏观层面统领和协调国家经济安全事务外,分部门的经济安全由各部门设立相应的机构进行监控和保障。

(4) 印度并没有专门的国家经济安全法,相关法律法规主要分布在产业安全、金融安全、能源安全以及对外贸易安全四个领域。在产业安全方面,印度通过各项立法来促进电子产业和信息产业发展;在金融安全方面,印度拥有完整的金融建设体系和证券市场监管法律体系;在能源安全方面,印度政府视能源问题为本国基本保障问题,在能源保护方面的法律涉及广泛;在对外贸易安全方面,印度对外贸易安全立法具有产业保护主义和经济发展导向的基本特征。

(5) 印度维护国家经济安全的政策措施主要包括产业安全、金融安全、科技安全、粮食安全、能源安全、对外贸易安全和海洋安全七个方面。在产业安全方面,印度通过升级产业结构、重视第一产业发展和限制产业开放等手段来保障国内产业安全;在金融安全方面,推动金融市场和货币制度改革是印度保障金融安全的重要手段;在科技安全方面,印度努力将政府主导的科研生产体系转变为市场主导、需求拉动的国家创新体系;在粮食安全方面,印度通过支持国内农业发展和制定粮食分配政策来保障国内粮食安全;在能源安全方面,能源外交是印度保障能源安全的主要手段;在对外贸易安全方面,印度推行了一系列对外贸易政策的改革举措;在海洋安全方面,印度通过实施以"确保安全的海洋"为主题的海洋安全战略来保证海洋安全。

复习思考题

1. 试概括印度国家经济安全观的变迁历程。
2. 试概括印度国家经济安全战略的变迁历程。
3. 试概括印度国家经济安全立法体系中四个法律领域各自的特征。
4. 简要论述印度是如何通过外交的手段来保障国家经济安全的。
5. 试概括印度保障国家经济安全的主要措施。

参考文献

巴鲁.印度崛起的战略影响[M].黄少卿,译.北京:中信出版社,2008.

蔡鼎.印度施行注册制27年 股指暴涨近14倍 A股也将开启优胜劣汰时代[EB/OL].(2019-12-31)[2022-08-23]. https://cj.sina.com.cn/articles/view/1649173367/624c637702000qq4p? autocallup=no&isfromsina=no&sudaref=www.so.com&display=0&retcode=0.

陈劼.从法律体系看印度市场经济[J].南亚研究季刊,2000(2):15-21.

董运来,余建斌.印度粮食安全政策及其对我国的启示[J].南亚研究季刊,2009(1):45-50.

顾海兵,李彬.印度国家经济安全法律体系及其借鉴[J].国家行政学院学报,2009(4):88-92.

顾海兵,李彬.印度经济安全战略及对中国的借鉴[J].经济理论与经济管理,2010(6):12-16.

顾海兵,沈继楼,刘玮.印度国家经济安全的经验与借鉴[J].开放导报,2007(4):81-86.

李渤."印太战略"与印度的安全理念[J].人民论坛·学术前沿,2019(12):91-97.

李好,陆善勇.印度对外贸易政策改革促进经济增长剖析[J].广西社会科学,2012(5):65-68.

梁建武.印度的国家经济安全战略[J].经济研究参考,1998(40):41-46.

刘磊.莫迪执政以来印度海洋安全战略的观念与实践[J].国际安全研究,2018,36(5):98-119.

彭东辉.冷战结束后印度国家安全战略研究[D].北京:中共中央党校,2019.

盛浩.发展中国家科技政策的调整与技术进步:以印度和巴西为例[J].经济问题,2013(12):96-100.

宋利芳.印度反倾销政策及其特点分析[J].国际贸易问题,2007(1):116-120.

汤先营.印度完善《信息技术法》加强网络监控[N].光明日报,2011-10-20(8).

唐志红.经济全球化下一国产业结构优化:一般理论及中国的应用[D].成都:四川大学,2005.

汪巍.印度能源国际合作新格局 拓宽核能和新能源合作领域[N].中国经济时报,2007-08-06(1).

汪巍.印度保障能源安全的举措及启示[J].中国能源,2013,35(4):22-25.

王军杰.印度农业国内支持制度的完善及对我国的启示[J].农村经济,2011(8):126-129.

文富德.经济全球化与印度经济发展[J].当代亚太,2001(11):28-35.

吴永年.印度如何凭借两次"绿色革命"从粮食进口国变成出口国[EB/OL].(2019-03-31)[2022-12-10]. https://finance.sina.com.cn/roll/2019-04-01/doc-ihtxyzsm2123171.shtml.

张力.印度的能源安全:挑战与应战[J].南亚研究季刊,2004(2):29-35.

张利军.试析印度能源战略[J].国际问题研究,2006(5):62-66.

周博.对中国与印度软件产业发展及现状的分析[J].软科学,2003(4):30-32.

Recommendations of High Level Committee on restructuring of FCI [EB/OL].(2015-01-22)[2022-06-01]. https://pib.gov.in/newsite/PrintRelease.aspx? relid=114860.

Sagarmala: concept and implementation towards Blue Revolution [EB/OL].(2015-03-25)[2022-06-01]. https://pib.gov.in/newsite/PrintRelease.aspx? relid=117691.

第十四章
俄罗斯的国家经济安全

> **学习目标**
> 1. 了解俄罗斯的国家经济安全观。
> 2. 了解俄罗斯的国家经济安全战略。
> 3. 了解俄罗斯的国家经济安全监测预警指标。
> 4. 了解俄罗斯维护国家经济安全的组织机构。
> 5. 了解俄罗斯维护国家经济安全的政策措施。

导入案例

俄乌冲突背景下西方对俄经济制裁

2022年2月24日,俄罗斯总统普京宣布对乌克兰开展"特别军事行动",引发了一场自2003年伊拉克战争以来最大规模的国际军事冲突。对此,美国联合西方世界,在金融、贸易、能源项目合作和人员往来等众多领域,对俄罗斯诉诸规模空前的经济制裁,俄罗斯也采取了一些针锋相对的反制措施。这场经济战覆盖范围广、实施烈度强、涉及主体多,堪称冷战结束之后一场史诗级大国经济斗争。

自俄乌冲突爆发以来,西方国家已经密集出台了多轮对俄经济制裁措施,具体手段包括冻结资产、切断金融交易渠道等金融制裁举措,以及技术出口管制、取消最惠国待遇等贸易制裁行动,同时还配以切断人员流动、中止重大合作项目等其他制裁内容。可以说,这一次西方制裁工具箱中的武器几乎倾囊而出。就制裁烈度来说,西方国家动用了两大制裁"核武器"——断开俄罗斯部分银行同SWIFT系统之间的联系、取消俄罗斯的最惠国待遇。这两项核武器级别的制裁威力巨大,不仅使得俄罗斯开展国际交易的主要渠道被切断,还意味着俄罗斯对外出口产品面临高昂的、歧视性的关税壁垒,对俄罗斯经济的正常运转将产生系统性的打击。此外,西方国家联手在国防、航空航天、炼油设备等高技术领域对俄罗斯断供,也将使俄罗斯国内经济发展和产业升级受到重大限制。可以说,美欧对俄罗斯这个万亿美元级别的经济体实施的制裁力度,在以往的国际经济制裁案例中都鲜有出现。

从短期看,西方对俄罗斯制裁效果可能比较有限,俄罗斯经济防线的稳定程度尚需要时间来观察,其原因主要在于两个方面:第一,俄罗斯经济融入全球化程度不深,经济长期以内循环发展模式为主。经济转型30年来,俄罗斯经济结构仍以初级产品出口的粗放型经济发展模式为主,其在全球制造业中的比重长期低于世界平均水平,这与现代经济的发展方向背道而驰。2020年,俄罗斯对外贸易占全球贸易的比重为1.9%,低于2013年的2.8%,同时也远低于其他世界主要经济体。而在俄罗斯的对外贸易结构中,能源类产品和金属制品又占了相当大的比重,分别为49.6%和10.4%。这表明俄罗斯同世界经济之间联系较为单一,资源类产品充当了俄罗斯同世界经济联系的纽带。第二,俄罗斯国内对大规模经济制裁早有预案,各行业在应对制裁、规避风险上已具备一定的反制裁经验。2014年以来,俄罗斯在支付结算、外汇储备多元化方面已有所作为。

但如果俄乌冲突持续激化,俄罗斯和西方国家迟迟不能达成协议,那么俄罗斯将因美西方国家的经济制裁付出高昂的代价。

第一,西方对俄罗斯在国防、航空、半导体等尖端技术领域的封锁,会进一步削弱俄罗斯残存不多的工业基础。由于长期自我封闭,俄罗斯整体技术水平和西方有巨大差距,尤其在信息和通信产业领域已大幅落后。俄罗斯长期本土化,远离全球价值链、产业链中心,国家产业发展受到抑制。从进口贸易结构来看,2020年,俄罗斯总进口中近50%都是机械和设备类产品,反映出俄罗斯经济结构严重畸形。转型多年来,俄罗斯以原油等初级产品出口的经济形态没有发生本质转变,能源依旧是拉动其经济增长的主要动力,但俄罗斯同时却严重依赖从西方国家进口油气开采设备。因此,西方对俄罗斯实施的多边出口管制不仅使其无法获得国防、武器生产所需的设备和技术,同时也将影响俄罗斯开采能源的效率。这会对能源和军工这两大俄罗斯的支柱产业构成威胁,进一步侵蚀其工业化和现代化的发展基础,限制其经济增长潜力。而在低效率的内部经济循环中,技术现代化进程的放缓又会让俄罗斯陷入下一个"停滞的十年"。

第二,美西方对俄罗斯近乎摧毁式的金融制裁会进一步加快俄罗斯同世界经济体系脱轨的步伐,加剧国内通货膨胀和金融市场的动荡。俄罗斯6 300亿美元的外汇储备中有3 000亿美元被冻结。这一核武器级别的制裁举措削弱了俄罗斯利用外汇储备干预货币市场、平息卢布币值暴跌的能力,同时也阻碍了央行为市场提供必要的流动性支持。

俄罗斯央行预计,受制裁影响,2022年俄罗斯通货膨胀率将达到20%,国内经济增长率为−8%。国际金融协会对俄罗斯经济前景的预测则更为悲观,预计俄罗斯经济2022年将萎缩15%,衰退程度是2008年金融危机后的两倍。未来俄乌冲突持续时间的长短以及美欧对俄罗斯制裁的战略定力,是西方对俄罗斯制裁成效需要考虑的重要变数。

资料来源:李巍,穆睿彤.俄乌冲突下的西方对俄经济制裁[J].现代国际关系,2022(4):1-9.节选。

第一节 俄罗斯的国家经济安全观

经济安全作为国家层面的重大课题,在俄罗斯国内受到广泛关注。俄罗斯科学院主席团在1995年9月的一次讨论会中首次提出"经济安全是国家安全的基础",随后其下属世界经济与国际关系学部的各研究所立即就此问题展开了积极讨论。同时,俄罗斯联邦委员会相关政府官员及学者开始讨论和拟定"俄罗斯国家安全构想",取得了《俄罗斯联邦经济安全构想——基本条例》《俄罗斯联邦国家经济安全战略》《俄罗斯联邦总统国家安全咨文》《俄罗斯联邦国家安全构想》等一系列工作成果。

俄罗斯对国家经济安全的认识经历了复杂的变化过程。苏联时期将国家经济安全的基点建立在"自给自足"基础上,将经济独立自主视为最安全的发展模式。在获得独立并向市场经济迈进后,俄罗斯原来的经济安全观念从根本上受到冲击,这使得俄罗斯学界和政界于20世纪90年代围绕"如何建立符合市场经济条件的经济安全观念"这一问题争论不休。在这个过程中,具有俄罗斯特色的国家经济安全观念逐渐得到确立,一些国家经济安全相关的基本概念、定义、原则、任务、目标和管理模式等也逐渐清晰,并在一系列法律文件中得到体现。

对于国家经济安全的定义,俄罗斯理论界存在广义和狭义两种不同的理解。广义上,国家经济安全是指制定和实施一种国家纲领,旨在保障国家经济持续发展和完善,保障社会各阶层通过直接参与获得相应利益。例如,《俄罗斯联邦经济安全构想——基本条例》将经济安全定义为"为保障个人的生存和发展与国家政治、经济和军事的稳定,以及抵御来自国内外的各种威胁创造条件"。狭义的国家经济安全相较于广义理解更加具体。例如,俄罗斯联邦委员会于1996年7月1日致函俄罗斯政府有关部门和社会科学研究机构,建议将"经济安全"的含义正式表述为"经济安全是指实现国家经济稳定,并能在保障国家政治、军事和社会稳定的前提下,有效地满足社会消费;确保国家经济独立,不受内部和外部威胁的影响,在国内和国际市场上确保俄罗斯国家利益免遭损害"。[①]

另外,俄罗斯不同学者也对国家经济安全进行了界定。例如,俄罗斯科学院院士巴克拉诺夫指出,"一个国家或一个地区的经济安全概念,是指一个国家或一个地区为了发展的长期安全甚至稳定及有效运行而具有的内部能力、自身的内部潜力。有鉴于此,也可以将经济安全说成是一个国家或地区在社会经济发展中达到临界值的一定概率"[②]。俄罗斯自然科学院院士、著名经济学家先恰戈夫认为,"可以把经济安全的本质规定为经济和政权机构的一种状态,在这种状态下,国家利益的捍卫、政策的社会目标和足够的国防潜力,甚至在国内外发展条件不利的情况下都能得到保障。换句话说,经济安全不仅仅是捍卫国家利益,还是政权机构实现和维护本国经济发展的国家利益以及保持社会政治稳定机制的决心和能力"[③]。

综上所述,俄罗斯政界和学界对经济安全的看法并无原则性差别,这是一种追求大国地位的国家经济安全观。

---

① 许新.叶利钦时代的俄罗斯·经济卷[M].北京:人民出版社,2001:427.
② 马蔚云.俄罗斯国家经济安全及其评估[J].俄罗斯中亚东欧研究,2012(5):56-62.
③ 先恰戈夫.经济安全:生产·财政·银行[M].国务院发展研究中心国际技术经济研究所,译.北京:中国税务出版社,2003:4.

第二节 俄罗斯的国家经济安全战略

从相关文件来看,俄罗斯目前仅颁布了两份与国家经济安全直接相关的战略性文件,分别是 1996 年 4 月俄罗斯总统叶利钦签署颁布的《俄罗斯联邦国家经济安全战略》以及 2017 年 5 月 15 日俄罗斯总统普京签署批准的《2030 年前俄罗斯联邦经济安全战略》。除此之外,俄罗斯的国家经济安全战略均内嵌于国家安全战略以及国家安全咨文、国家安全构想等文件之中。

1996 年 4 月,俄罗斯总统叶利钦签署颁布了《俄罗斯联邦国家经济安全战略》,对俄罗斯的国家经济安全任务、国家经济安全面临的主要威胁以及国家经济安全保障措施等作出明确阐述。根据《俄罗斯联邦国家经济安全战略》,俄罗斯的国家经济安全基本任务是:①分析和界定俄罗斯联邦国家经济安全面临的内外部威胁以及构成这些威胁的条件和因素,确定并监控破坏国家社会经济体制稳定性的短期和中期因素;②确定反映经济领域国家利益和反映俄罗斯联邦经济安全要求的指标和参数;③制定经济政策,进行制度化改革和建立必要的机制,以便消除和减少破坏国民经济稳定性的因素。俄罗斯国家经济安全面临的内外部威胁主要有五个方面:①居民贫困程度高和居民贫富差距悬殊;②经济结构畸形,经济原材料化倾向逐渐加强,尤其是燃料动力方面的畸形变化加剧;③企业缺乏竞争能力,最重要部门的生产萎缩,许多国产商品被进口商品排挤出国内市场;④国内区域间经济发展不平衡现象加剧;⑤社会犯罪和经济犯罪现象增加。

随着俄罗斯各界对国家安全认识的不断深化,经济安全在国家安全体系中的地位和作用愈发重要。1996 年 6 月,俄罗斯政府公布《俄罗斯联邦总统国家安全咨文》,12 月正式批准《俄罗斯联邦经济安全指标清单》,这是俄罗斯立国以来第一份关于国家经济安全量化指标的官方文件。1997 年 12 月 17 日,叶利钦总统正式批准《俄罗斯联邦国家安全构想》,标志着俄罗斯国家安全战略正式形成。《俄罗斯联邦国家安全构想》不仅关注传统安全意义上的军事安全和国防安全,也把经济安全、生态安全、社会安全等非传统安全问题纳入国家安全战略之中。《俄罗斯联邦国家安全构想》反映出俄罗斯的一种新的经济安全观,标志着俄罗斯对经济安全的认识取得了重大突破。2000 年 1 月 10 日,普京总统签署颁布新版《俄罗斯联邦国家安全构想》,对 1997 年版本作了相应修改和补充。新版《俄罗斯联邦国家安全构想》指出,俄罗斯面临的经济安全威胁主要是 GDP 急剧下降、银行体系失衡、国家内债和外债增加、社会贫富差距扩大等。

2017 年 5 月 15 日,普京总统签署命令,批准《2030 年前俄罗斯联邦经济安全战略》,该战略主要指出了当时俄罗斯经济中的风险和挑战,以及国家在保障经济安全方面的任务和政策。该战略指出,俄罗斯经济安全的主要挑战在于外部对俄罗斯关键经济部门实施歧视性措施、限制俄罗斯接触外国金融资源和技术、全球商品和金融市场行情波动性增强、全球能源需求结构发生变化从而使俄罗斯依赖原料出口的经济发展模式完结和燃料资源枯竭等,同时,国内区域发展不平衡也严重影响了俄罗斯经济发展。为了应对上述挑战,俄罗斯将发展调控、预防和战略规划体系,发展国家金融系统,创造条件研究和推广新技术,激励创新,完善法律基础等,与此同时,平衡地区发展,优先发展东西伯利亚、远东、北高加索、克里米亚和加里宁格勒州等区域,以期形成统一的经济空间。

2021年7月2日,普京总统签发《2021年俄罗斯联邦国家安全战略》,这一战略文件由俄罗斯联邦安全会议制定,是当前俄罗斯国家安全保障领域的最高层次指导文件。该战略指出,俄罗斯经济发展的大方向是平稳和多元化,并提出四项具体任务,具体如下:①在主要行业方面,巩固航空、舰船、导弹与航天、发动机制造、核电工业、信息技术的领先地位;②在进口依赖方面,自主研发技术及推广应用,摆脱对进口技术设备的依赖;③在货币使用方面,健全国家支付系统,在对外经济活动中减少使用美元;④在均衡发展方面,强化国家经济一体化,缩小联邦各地区经济发展差距。另外,在全球经济向新技术基础转变的背景下,科技发展的领先地位正成为提高竞争力、保障国家经济安全的关键因素之一。为保障俄罗斯经济的可持续增长和提高竞争力,战略明确了科技发展的五个重点领域,分别是物理、数学、化学、生物和医药,以及十五项重点技术,分别是纳米技术、机器人、医学、生物、基因工程、信息、量子、人工智能、大数据、能源、激光、添加剂、新材料、认知和仿自然。

相关案例14-1

《2021年俄罗斯联邦国家安全战略》关于经济安全的论述

2021年7月2日,俄罗斯总统普京签署命令,批准新版《俄罗斯联邦国家安全战略》(以下简称"2021版战略")实施,以取代2015年12月31日颁布的旧版国家安全战略(以下简称"2015版战略")。对比2015版战略可以发现,2021版战略是延续性和变革性的结合体,既体现了俄罗斯对变动的战略环境的认知,也蕴含了俄罗斯一以贯之的战略诉求和对外政策精神,还反映了俄罗斯在维护国家安全途径手段上的坚持与策略性调整。

在经济安全方面,2021版战略指出,要发挥经济安全、科技发展与环境安全的互为依托作用,实现有竞争力的可持续发展。相对于2015版战略,2021版战略对经济领域战略优先方向的表述从"经济增长"转变为"经济安全",其内涵从强调"提高国民经济的竞争力"到强调"经济在科技支撑下的可持续发展"。

当前世界经济正经历严重衰退期。市场波动性大,国际金融体系不稳定性增强,实体经济和虚拟经济之间的规模差距拉大。世界各国和各地区经济高度依赖,新的国际生产和供应链形成进展缓慢,投资流量降低。积压的社会经济问题、各国发展不平衡和前期所使用的经济刺激手段没有发挥效力,妨碍了世界经济的稳定发展。在世界经济结构持续调整的背景下,由于世界经济发展的技术基础发生了质变,人的潜能和生态环境变得越来越重要。传统商品、资本、技术和劳动力市场的转型以及新经济领域的出现,与世界各国和地区角色及潜力的重新分配和新经济影响中心的形成相交织。面对错综复杂、前景堪忧的经济形势,2021版战略指出,俄罗斯需要实施好以下经济政策:①确保以现代技术为基础的国民经济体制和结构调整;②加强在航空、造船发动机、核电及信息通信技术领域领先地位和竞争优势;③克服育种、选种和水产养殖领域对进口的严重依赖;④通过数字化、人工智能技术提高劳动生产率;⑤通过加强金融体系建设及主权维护,发展支付基础设施,扩大与外国伙伴以本币结算的做法;⑥对俄经罗斯济实施"去美元化"、减少美元的使用、建立矿产资源战略储备等。

资料来源:[1]赵景芳,綦大鹏,谢明扬.俄罗斯国家安全战略向何处去:解读新版《俄联邦国家安全战略》[EB/OL].(2021-08-25)[2022-05-12].https://mp.weixin.qq.com/s/yp_rJQOvyybQcW6UFABI1w;[2]于淑杰.俄罗斯新版国家安全战略评析[J].俄罗斯东欧中亚研究,2022(1):32-47.

第三节　俄罗斯的国家经济安全监测预警指标

为使各类法律性文件及政策中的经济安全保障措施更具实际操作性,俄罗斯非常注重制定配套的实施细则和监控指标。其中,以以先恰戈夫院士为代表的经济安全理论研究及经济安全阈值理论为例,先恰戈夫院士在苏联时期曾任财政部副部长,是俄罗斯国家经济安全理论的主要奠基者之一,也是《俄罗斯联邦国家经济安全战略》的主要推动者和制定者之一。1996—2000年,先恰戈夫院士带领俄罗斯科学院经济研究所及财政金融研究中心与俄罗斯自然科学院宏观经济与社会市场经济研究组的专家先后合作出版了相互衔接和配套的三部专著,分别是《经济安全:财政·银行》《经济安全:生产·财政·银行》和《俄罗斯经济安全:趋势·方法论·组织机构》,系统研究了俄罗斯经济安全的理论与实践问题,研究成果受到政府和联邦安全会议的重视和采纳。

1996年《俄罗斯联邦国家经济安全战略》被批准后,俄罗斯联邦经济部、国家统计委员会、财政部及联邦安全会议共同制定了《俄罗斯联邦经济安全指标清单》,提出了23项国家经济安全量化指标,并明确规定了各项指标的临界值参数。经济安全量化指标体系的主要作用在于评估、预警俄罗斯国家经济安全状况,如果某项指标低于(或超过)指标清单所列参数,则意味着该领域不安全,须予以高度重视、尽快解决。2000年2月,俄罗斯联邦安全会议学术委员会重新制定《俄罗斯联邦经济安全指标清单》,将安全指标调整为19项。1996年与2000年制定的具体经济安全指标及临界值见表14-1。

表14-1　1996年和2000年俄罗斯联邦经济安全指标及临界值

序号	经济安全指标	1996年	2000年
1	GDP在西方七大工业国平均值中的比例	75%	75%
2	人均GDP在七大工业国平均值中的比例	50%	50%
3	加工业在工业生产中的比例	70%	—
4	机器制造业在工业生产中的比例	20%	25%
5	高科技新产品在新产品中的比例	6%	15%
6	进口在国内消费中的比例(其中食品占比)	30%(25%)	25%(此为食品占比)
7	投资总额在GDP中的比例	25%	25%
8	科研经费在GDP中的比例	2%	

（续表）

序号	经济安全指标	1996年	2000年
9	贫困线以下居民在总人口中的比例	7%	7%
10	人均寿命	70岁	—
11	10%最富裕者与10%最贫穷者的人均收入差距	8倍	8倍
12	犯罪率	5%	—
13	失业率（按国际劳工组织统计法）	7%	5%
14	各联邦主体最低生活费标准的差距	1.5倍	—
15	年通货膨胀率	20%	25%
16	内债在GDP中的比例	30%	60%（不再区分内外债）
17	外债在GDP中的比例	25%	
18	偿还内债在预算收入中的比例	25%	20%
19	外债弥补预算赤字的比例	30%	—
20	预算赤字在GDP中的比例	5%	3%
21	外汇量兑卢布量的比例	10%	
22	外汇现钞兑卢布现钞的比例	25%	
23	货币量（M2）在GDP中的比例	50%	50%
24	粮食收货量	—	7 000万吨
25	国防支出在GDP中的比例		3%
26	民用工业支出在GDP中的比例		2%
27	居民人均货币收入与最低生活保障的比值	—	3.5
28	黄金外汇储备		400亿美元

资料来源：[1]陈凤英.国家经济安全[M].北京：时事出版社，2005：418；[2]覃甫政.俄罗斯保障国家经济安全立法研究[J].经济法研究，2016(1)：143-179.

注：1996年《俄罗斯联邦经济安全指标清单》中的指标"偿还内债在预算收入中的比例"在2000年《俄罗斯联邦经济安全指标清单》中变为"偿还国家债务的支出在预算支出总额中的比例"。

在1996年和2000年《俄罗斯联邦经济安全指标清单》的基础上，《2020年前俄罗斯联邦国家安全战略》进一步将安全指标缩减为7项，但没有设置明确的临界值。具体指标是：①失业率（失业人数占就业人数与失业人数总和的比重）；②基尼系数（10%最富居民与10%最贫困居民收入比）；③消费价格增长率；④国家外债和内债占GDP的百分比；⑤卫生保健、文化、教育和科学资金供应水平占GDP的百分比；⑥武器、军事和专门技术设备每年的更换率；⑦军事和工程技术人才福利水平。

就经济安全领域而言，上述指标可以分为以下几类：一是生产领域的安全指标，涉及国内产业在对外部世界依赖程度最低的条件下仍能运转的能力；二是居民生活水平指标，涉及俄罗斯公民的最低生活标准和社会财富的分配差距；三是财政状况的安全指标，涉及国家汲取财政收入的能力与宏观调控能力。对这几类指标进行适时监测和控制,目的在于保障俄罗斯经济发展的独立性,满足本国居民最低生活水平和维持社会团结稳定的必要水平,以及保障俄罗斯政府拥有必要的财政能力。

相关案例 14-2

"俄罗斯堡垒":解读俄罗斯经济的关键词

自从 2014 年乌克兰危机以来,以美国为首的西方国家在金融等领域对俄罗斯先后进行了 90 多轮制裁,其中包括冻结相关人员资产、切断俄罗斯大企业与西方的联系等。2022 年俄乌冲突爆发之后,更有多家俄罗斯银行被踢出 SWIFT 系统。

但是,在这种严厉的打击下,俄罗斯尚能维持基本经济运转,秘诀何在?

"俄罗斯堡垒"是对如今俄罗斯经济体系最形象的描述。"俄罗斯堡垒"是指在西方常年的经济制裁下,俄罗斯建立了一套有抵御能力的、自给自足的经济体系。从更宏观的角度来看,"俄罗斯堡垒"体系还体现在众多数据中。例如,经常账户盈余相当于 GDP 的 5%;债务仅占 GDP 的 20%,且只有一半是美元;拥有 6 430 亿美元的外汇储备以及丰厚的石油及天然气收入。

在"俄罗斯堡垒"的所有含义之中,"去美元化"无疑是最重要的一环。美国国会研究服务部(Congressional Research Service, CRS)2021 年报告指出,2014 年以来,俄罗斯政府加快了去美元化的步伐,俄罗斯总统普京呼吁去美元化以"隔离"美国现有和未来制裁对俄罗斯经济的影响。俄罗斯的去美元化主要表现在三个方面:减少美元持有;降低贸易中的美元结算份额;发展俄罗斯本国支付系统并建立本土金融信息传输系统。

2020 年第四季度,在俄罗斯向中国、印度、巴西和南非等金砖国家的出口贸易中,仅有约 10% 的账单是用美元开具的,远低于 2013 年 95% 的高位水平。根据俄罗斯中央银行 2022 年 1 月公布的数据,2021 年美元储备约占俄罗斯总储备的 16.4%,较 2020 年 6 月 22.2% 的水平进一步下降。

英国《金融时报》报道称,俄罗斯从第一次(2014 年)制裁中吸取了教训。俄罗斯学会了减少对外国投资者的依赖,企业也同样如此,来自外国银行的公司贷款已经从 2014 年 3 月的 1 500 亿美元下降至 2021 年的 800 亿美元,削去了近一半。

在美元为主导的当前国际经济秩序下,"俄罗斯堡垒"某种程度上可以说是被西方国家逼出来的。放眼整个西方舆论界,对"俄罗斯堡垒"实际效果的评价是不同的。英国《金融时报》认为,该政策缓冲了西方制裁的威胁;摩根士丹利全球战略部总监日前在《金融时报》也撰文称,普京为俄罗斯打造了坚不可摧的"俄罗斯堡垒"战略,很有可能会削弱西方的威胁与威慑。但是,芬兰国际事务研究所访问学者玛丽亚·沙吉娜(Maria Shagina)却表示,"俄罗斯堡垒"的稳定是一种后苏联式的稳定,这种稳定意味着牺牲经济增长。美国《纽约时报》认为,"俄罗斯堡垒"及去美元化努力削弱了美国通过美元来扼杀俄罗斯经济的能力,但是,俄罗斯的努力不过是为制裁提供了缓冲,并不是坚不可摧的盾牌。

资料来源:周毅."俄罗斯壁垒":深度解析制裁下的俄罗斯经济[EB/OL].(2022-03-11)[2022-06-11]. https://www.guancha.cn/economy/2022_03_11_629905_s.shtml.

第四节　俄罗斯维护国家经济安全的组织机构

俄罗斯没有专门的国家经济安全决策机构，相关事务均由俄罗斯联邦安全会议执行。俄罗斯联邦安全会议成立于 1992 年，是俄罗斯国家安全保障决策指挥机制的重要组成部分，也是保障俄罗斯国家经济安全最主要的联邦机构。根据《俄罗斯联邦宪法》和《俄罗斯联邦安全法》的规定，俄罗斯联邦安全会议是负责草拟并推行俄罗斯联邦有关保障个人、社会和国家的重要利益免受内外威胁的政策，保障俄罗斯联邦总统履行保护人民的权利与自由的相关义务，并保卫俄罗斯联邦主权独立和领土完整的具有宪法权限的宪法性机构。从俄罗斯联邦安全会议的职能与任务来看，它无疑是俄罗斯国家安全事务的决策核心，负责从情报汇总分析、决策草案拟定到最终采取决策整个决策流程中的诸多环节。

在俄罗斯联邦安全会议中，经济安全跨部门委员会是专门处理国家经济安全事务的协调性机构，主要任务是确保完成俄罗斯联邦安全会议所承担的在经济领域保护国家利益的责任，涉及对外经济、财政、银行、技术工艺和食品领域，以及社会发展、工业和交通领域。主要职能包括：①研究和实施在经济领域保障俄罗斯国家安全的国家战略方针政策，并向安全会议提供有关建议；②从保障经济安全角度分析、预测俄罗斯联邦的社会经济发展形势；③按法定程序确定俄罗斯联邦在经济领域的国家利益，厘清这一利益所面临的内外威胁并深入研究避免和应对这些威胁的有效措施；④就解决保障俄罗斯联邦在经济领域安全的实际工作和长期任务而协调国家权力机关活动，研究和制定有关法律和措施；⑤对矿藏资源利用、外国公司参与开发俄罗斯自然资源进行调节并研究制定在这些领域的安全战略，同时制定保障俄罗斯联邦能源安全的战略；⑥就保障俄罗斯联邦在有价证券市场调控、外商投资和流动资金领域的安全问题向俄罗斯联邦安全会议提供建议；⑦从保障国家经济安全角度出发，对国家货币信贷政策进行评估并预测金融体制的发展形势；⑧从保障国家经济安全角度出发，对科学、技术工艺和经济领域技术生产水平的现状和发展前景进行评估；⑨按法定程序制定俄罗斯联邦经济安全统一规划，对该规划的有效性进行评估，准备相应的建议；⑩分析并预测俄罗斯联邦国家安全构想中有关纳入该委员会职权范围内问题的实施进程，提供相关材料；⑪针对保障俄罗斯联邦在经济领域的安全的相关问题向安全会议提供有关这方面问题的法律法规草案；⑫完成安全会议交付的联邦国家权力机关和联邦主体国家权力机关就俄罗斯联邦在经济安全领域所通过的决议草案的技术鉴定；⑬研究国外在经济领域维护国家利益的经验。

第五节　俄罗斯维护国家经济安全的政策措施

保障经济安全是俄罗斯国家安全极其重要的组成部分。俄罗斯通过行政、立法、司法部门与学术界的密切合作，为保障国家经济安全提供法律依据及政策指导。目前，《俄罗斯联邦国家经济安全战略》《俄罗斯联邦国家安全构想》和《2021 年俄罗斯联邦国家安全战略》三部纲领性文件构成了俄罗斯保障国家经济安全的法律基础，集中体现了俄罗斯政府关于保障经济安全的行动举措。此外，俄罗斯还在不同时期颁布了作为这些法律性文件补充规定的总统令、政府令和议会令等,这些文件相互配套、互为补充,形成了以产业、金融、科技、粮食、能源、对外贸易和利用外资等为重点的国家经济安全保障体系。

一、产业安全

在保障产业安全方面,俄罗斯进行的具体实践如下:

第一,限制外资进入对国防和国家安全具有战略意义的商业组织。俄罗斯制定并通过《俄罗斯联邦外资进入对保障国防和国家安全具有战略意义商业组织程序法》,限制外国投资者及有外国投资者参与的团体获得对国防和国家安全具有战略意义的商业组织的注册资本,以及进行可获得上述商业组织的控制权的交易行为,以保障国防和国家安全。

第二,立法鼓励发展高新技术产业发展。2012年12月,俄罗斯出台《俄罗斯2013—2020年国家科技发展纲要》,规定了俄罗斯的科技优先发展方向、科技经费投入、科技人才培养等规划内容,旨在通过科研体制改革、国家政策支持、资金投入等手段,增强科研部门的竞争力和行动力,推动俄罗斯科技的全面振兴。

第三,规制自然垄断产业对经济安全的影响。俄罗斯的自然垄断产业主要包括管道运输、铁路运输和交通枢纽服务、内河运输基础设施服务、邮政电信服务、供电服务及电力调度等。《俄罗斯联邦保护竞争法》规定,由联邦反垄断署和联邦价格署对自然垄断实行监督管理,前者负责制定相关法规,监督自然垄断商品市场的竞争情况,以及对自然垄断企业活动进行监督,后者负责制定自然垄断产品与服务的价格并对价格执行情况进行监督。

第四,依托本国产业发展,摆脱对外依赖。《2021年俄罗斯联邦国家安全战略》要求在大部分行业实现"依托本国发展",以摆脱对外部的依赖。俄罗斯进口替代近年来已采取一些措施。2015年1月,俄罗斯颁布《关于保障经济可持续发展和社会稳定的优先措施》,明确提出要"促进进口替代",并且把农业与农产品加工、基础设施、机械制造、运输设备制造、高技术产品出口等作为投资激励的主要领域。政府还专门成立进口替代委员会以统筹协调相关事宜。未来,俄罗斯将不断落实这些规划,推进各领域的进口替代。

二、金融安全[①]

为确保社会经济和国家金融的稳定发展,以及保持金融系统的完整统一,俄罗斯主要进行的具体实践有:

第一,注重信贷安全立法。1998年亚洲金融危机后,俄罗斯银行业监管制度改革取得实质性进展。1998年俄罗斯通过了《俄罗斯联邦不动产抵押法》。1999年2月,《俄罗斯联邦银行破产法》引入银行破产预警制度,加强了俄罗斯中央银行对问题银行采取措施的权力。1999年7月,《俄罗斯联邦信贷组织重组法》颁布,为金融机构重组公司的建立和运作提供了法律基础。2001年,俄罗斯通过了《俄罗斯联邦银行和银行活动法》修正案,并修订银行破产法和中央银行法,加强宏观审慎监管。2002年,俄罗斯通过新的企业破产法,提高了破产程序的透明度,同年俄罗斯中央银行取消了外资在俄罗斯银行部门总资本比重不得超过12%的限制,并制定新的外汇调节法,放宽外汇管制,外汇业务由许可制变为备案

---

① 覃甫政.俄罗斯保障国家经济安全立法研究[J].经济法研究,2016,16(1):143-179.

制,但是保留在经济恶化的情况下采取限制性措施的权力。2006年,俄罗斯中央银行宣布取消资本账户管制,卢布完全可兑换,试图加速卢布国际化进程。

第二,注重证券市场安全立法。俄罗斯证券市场监管的基础性法律有《俄罗斯联邦证券市场法》《俄罗斯联邦证券市场投资者权益保护法》《俄罗斯联邦股份公司法》《俄罗斯联邦金融服务市场竞争保护法》和《俄罗斯联邦投资基金法》,以及俄罗斯联邦政府关于联邦金融市场服务监管的政府法令。这些法律随着俄罗斯证券市场的发展,经过了多次修订。《俄罗斯联邦证券市场法》通过国家监管和行业自律组织监督的办法,从规范证券市场和保护投资人权利两个方面着手,逐步改善证券市场的秩序。2004年3月,俄罗斯联邦证券市场委员会被取缔,其对金融市场的控制和监督职能转至联邦金融市场管理局,该管理局成为一个负责调节和控制证券市场参与者活动的专门国家机构,对金融服务市场参与者的活动进行严格监管,规范证券市场的交易行为,打击滥用内部信息的行为和非法操纵证券市场的行为。

第三,加强外汇市场监管。2015年以前,在俄罗斯从事外汇交易业务的金融公司并不会受到俄罗斯政府的专项监管,这导致了俄罗斯外汇业务的盲目发展,市场环境较为恶劣。面对乱象丛生的零售外汇业,2015年10月,俄罗斯开始实施新外汇法案,赋予了俄罗斯中央银行外汇监管权,开始对俄罗斯外汇行业进行监管。新外汇法案实施后,只有获得俄罗斯中央银行的许可,相关企业才可以开展零售外汇业务。2016年1月1日起,新证券市场法案也开始实施。按照该法案,俄罗斯所有注册经纪商都必须向俄罗斯外汇行业自律监管组织——俄罗斯场外金融技术与工具监管中心(CRFIN)提出申请,取得中央银行牌照后才可进行外汇经纪活动。

第四,强化自主能力,维护对外经济中的金融安全。《2021年俄罗斯联邦国家安全战略》要求"克服对第三国支付基础设施的依赖"。为防范被美国踢出SWIFT,俄罗斯构建了自主支付系统,已建立起独立的金融信息传输系统SPFS。同时,《2021年俄罗斯联邦国家安全战略》要求"扩大与外国合作伙伴的本币结算规模""在对外经济活动中减少美元使用"。近年来,俄罗斯已经采取了一系列措施。在贸易结算方面,2014年美国开始对俄罗斯制裁前后,美元占俄罗斯外贸结算的比重为75%—80%。俄罗斯在2017年开启外贸去美元化,使这一比重在2020年第二季度下降至60%,第四季度又进一步降至48%,首次跌破50%。在国际储备方面,2020年7月,俄罗斯正式将美元从国家福利基金的资产结构中剔除,而人民币比重从15%上升至30.4%。另外,俄罗斯从2018年上半年开始大量抛售美债,当年3月,俄罗斯尚持有961亿美元美债,4月骤降至487亿美元,5月降至149亿美元,到2021年7月,俄罗斯持有美债仅剩40.1亿美元。

三、科技安全

俄罗斯在科技安全领域的具体实践如下:

第一,集中资源,优先发展重点科技领域。1996年7月,俄罗斯政府就通过了《俄罗斯联邦国家科技发展优先领域计划》,涵盖七个优先发展领域及基础研究领域。随后,俄罗斯政府先后在《2002—2006年俄罗斯联邦科技优先发展方向研发专项纲要》《俄罗斯联邦科技和创新发展战略》《关于批准2013—2020年俄罗斯联邦科技发展国家计划纲要》和

《2024年前俄罗斯联邦创新发展战略》等指导性文件中提出国家科技发展的优先领域。通过这些政策和规划，俄罗斯政府实际完成了对科技资源的优先配置，并且为整个科技创新系统的运转搭建了框架，提供了政策保障。通过国家的各项科技规划，政府将有限的预算资金集中用在了国家优先发展的重点科技领域。

第二，制定科技创新优惠政策。俄罗斯政府对科技创新的机构和企业提供诸多优惠政策，主要包括：免征土地税、企业财产税和增值税，对科研机构不征销售税且实行利润税的优惠并允许以税转贷形式的优惠，针对展开科技创新活动可能遇到的风险建立相应的国家保险制度，对科技创新项目投资失利造成的经济损失给予一定比例的补偿，以及出台向投资者提供科技创新活动成果的产权等措施。

四、粮食安全[①]

在保障粮食安全方面，俄罗斯的具体实践包括：

第一，不断完善保障粮食安全的机制和政策法规。为确保国家粮食安全，俄罗斯政府不断完善保障粮食安全的机制和政策法规。具体为：建立确保粮食安全的预算机制，提供充足的财政资金保障，以有效预防内外部威胁对国家粮食安全的影响；不断提高居民的食品购买力，为保障低收入居民弱势群体获得必需食品提供援助机制。2006年12月29日，俄罗斯总统普京签署的《俄罗斯联邦农业发展法》正式生效，先后经历多次修改和补充。该法确定了俄罗斯农业和农村发展规划，调节了农业商品生产者的公民、法人与农业发展领域其他公民、法人以及国家权力机构之间的关系，为俄罗斯农业的未来发展和建立全俄统一农产品市场创造了制度、经济和社会条件，提出了发展俄罗斯农业生产的具体措施。此外，自2009年以来，俄罗斯对进口肉类实施税率配额制度，废除税率配额制度中的国家分配，提高超配额税率；相关部门对粮食安全状况进行监测和预警，针对国际粮食市场和气候变化，并结合国家经济发展态势，对粮食安全状况作出预警，评估食品供应的对外依赖程度。同时，建立确保粮食安全的国家信息资源库，随时跟踪国内外粮食市场的最新动态，对粮食安全形势作出较为科学准确的预判。

第二，建立粮食安全的安全体系和指数体系。俄罗斯构建起了粮食安全体系，涵盖粮食的可用性和获得性、农业和加工业、原料和食品市场及对其质量的监督、质量管理体系、价格水平、改善居民健康状况、国家经济发展、劳动生产率、提高就业率和增加居民福利等要素，各要素间相互关联、相互影响，形成了完整的粮食安全体系。同时，俄罗斯建立了确保食品安全的指标体系，为食品企业制定了适应监督体系和符合国际组织的统一要求，并将食品业纳入综合安全监督体系之中。《俄罗斯联邦国家粮食安全学说》确定了包含消费领域、生产和流通领域及管理组织方面的俄罗斯国家粮食安全的指数体系。

五、能源安全[②]

俄罗斯在能源安全领域的具体实践如下：

---

① 姜振军.俄罗斯国家粮食安全状况及其保障措施分析[J].俄罗斯东欧中亚研究,2017(5):95-108.
② 尚月,韩奕琛.俄罗斯对当前国际能源局势变化的认知及应对[J].俄罗斯东欧中亚研究,2021(2):75-94.

第一，加速资源创新型发展转型。2020年6月，俄罗斯通过新版《2035年前俄罗斯联邦能源战略》。总理米舒斯京指出，燃料和能源综合体是俄罗斯经济增长的驱动力。"一旦疫情结束、全球市场复苏，我们就必须立即开始计划如何继续执行能源政策。"作为俄罗斯国家能源战略指导方针，新版战略提出俄罗斯将以"油气仍是未来10年经济支柱"为基点，加速向"资源创新型发展"的经济结构转型，并努力将该行业从国民经济的"补贴方"变身为"火车头"。政府为此设定了五个关键目标：一是通过能源产品和服务满足国内社会经济发展需求；二是促进能源出口多样化；三是实现基础设施现代化；四是推动技术独立和提高竞争力；五是进行能源行业的数字化转型。

第二，降低油气设备进口依赖。为减少对西方油气生产、服务技术和设备的依赖，更好地保障能源安全，俄罗斯政府和企业积极发展油气领域进口替代，着力降低进口依赖。2014年，俄罗斯政府批准《2020年前工业领域进口替代计划》。几年以来，进口替代取得一定进展。根据俄罗斯联邦工业和贸易部数据，俄罗斯油气设备进口份额已从2014年的60%下降到2018年的51%。2019年，俄罗斯政府推出新版《石油天然气机械制造领域进口替代计划》，规划了2019—2024年油气开采技术、设备和服务领域的进口替代，明确列出了石油开采、LNG生产、大陆架开发等领域的27个具体项目。

第三，加速能源转型。新冠疫情加剧了国际能源市场的不稳定性和不确定性，使俄罗斯传统油气行业面临长期威胁。俄罗斯认为，目前条件下亟须在低碳、环保、高能效的基础上重组能源行业，全力加速能源和经济转型，并实现可持续发展。正如俄罗斯科学院能源研究所和斯科尔科沃管理学院能源中心专家所言，能源部门转型和出口收入下降虽会导致油气部门贡献减少，但通过实现节能和燃料动力综合体现代化，将创造出对工业产品的额外需求，为GDP增长提供新动力。为此，俄罗斯一面推动能源行业数字化转型，继续开发天然气、核能、水电等低碳清洁能源，提高能效，优化能源消费结构，一面加快制定低碳发展战略，筹谋中长期绿色低碳发展。2020年，俄罗斯经济发展部向政府提交了应对气候变化的一揽子文件，包括《温室气体排放国家管理法》《2050年前长期低碳发展战略草案》《俄罗斯气候项目清查、注册、发布及结算体系构想草案》等。

六、对外贸易安全

俄罗斯在对外贸易安全领域的具体实践如下：

第一，重新重视"进口替代"。进入21世纪以来，排除国际经济危机等短期原因，俄罗斯进口总量逐年增加，对外经济依存度不断提高。2014年之后，由于俄罗斯面临的政治经济形势发生变化，这一趋势明显中断。2014年油价大幅下跌和乌克兰危机引发的金融制裁诱发了严重的经济困难，俄罗斯从政府到学界普遍开始重新审视进口替代问题。早在2012年，粮食安全就被摆上俄罗斯议事日程，政府在《俄罗斯2013—2020年国家农业发展纲要》中提出应予以进口替代。随着俄罗斯与西方制裁战打响，在更为迫切的关键领域实行进口替代成为俄罗斯的必然选择。《俄罗斯联邦发展和提高工业竞争力国家纲要》及后续一系列法令都规定，应进一步明确国家在进口替代过程中的作用。2015年8月4日，俄罗斯政府通过决议，批准成立进口替代委员会，下设两个分委会，分别就民用经济和国防工业综合体相关事务给予指导。

俄罗斯政府对迫切需要降低进口依赖的领域及指标进行了规定,主要有常规武器、通信电子、船舶制造、木材加工、道路维修、机场技术设备、民用机场修建、机床制造、轻工业、汽车工业、化学工业、医疗制药业、油气业、林业、能源产业、交通运输业、重型机械制造和农业机械制造业、黑色金属和有色金属业以及食品加工工业机器设备制造等,涉及国民经济的方方面面。俄罗斯政府还规定,政府采购时,如果某些东西有国产替代品,则不许用进口商品,如轻工业的布匹、羽绒制品、鞋底橡胶、皮包等,机械制造业的建筑和市政技术设备、公共汽车、无轨电车、载重机等,医疗用品中的医疗器械和服装、酒精消毒巾、实验分析装置等。至于电子通信和IT业,根据2016年1月1日俄罗斯政府发布的相关规定,国产软件享有优先采购权,禁止某些外国软件进口。

第二,优化贸易结构。俄罗斯贸易结构失衡问题较为突出,从近年来俄罗斯出口数据看,煤、石油、天然气等能源产品在俄罗斯出口中所占的比重较大,这种以出口自然资源为主的贸易结构,不但对国家产业发展起不到拉动作用,而且当国际油价大幅下跌时,会使出口额大幅缩水,国内相关石油产业必将受到严重影响,致使俄罗斯在参与国际竞争时处境被动,很难依靠国际贸易在长期内发挥经济增长发动机的作用。为改善出口商品结构,俄罗斯对外贸易政策配合产业政策,加大了对非能源和非原材料商品出口的支持力度,希望逐步摆脱经济对资源出口的依赖。2020年7月21日,俄罗斯总统普京签署《关于2030年前俄罗斯联邦国家发展目标》的总统令(又称"七月政令"),是俄罗斯根据当下经济社会发展现实,对2018年颁布的"新五月命令"所设定的国家发展目标作出的重要调整,从五个方面为俄罗斯未来十年发展规划定调,其中对外贸易政策的目标为"促进非能源和非原材料类产品出口是转变经济增长模式的重要举措,与2020年相比,2030年非能源和非原材料产品出口实际增长不低于70%"。

七、利用外资安全

自2003年起,随着外国资本大量收购俄罗斯企业,俄罗斯有关部门担心经济安全的基础将受到冲击和动摇。2005—2007年,普京多次提出政府应在短期内出台专项法律,对涉及国家安全、国防军工和战略性矿产资源的行业实施国家监控。

2008年5月,俄罗斯国家安全审查制度的基础法律《俄罗斯联邦外资进入对保障国防和国家安全具有战略意义商业组织程序法》(以下简称"程序法")规定,任何外国投资者控制俄罗斯战略性商业实体的交易,将由全权负责监督在俄外国投资的执行权力机构(以下简称"全权负责机构")与外资审查政府委员会进行审查和裁决。外资审查政府委员会是一个由总理领导并横跨多个部门的机构,成员包括副总理办公室、联邦反垄断署等15个部门或机构以及国营民用核工业集团公司,拥有外资审查的最终决定权。程序法第2条第1款指出,外国投资者或团体获得对保障国防和国家安全具有战略意义的商业实体的股权或份额,以及进行能够控制该类商业实体的交易,将接受审查。

总的来看,从维护国家利益出发,俄罗斯国家经济安全保障体系包括对内和对外二元目标。其中,对内的国家经济安全目标包括:①加大国家对经济调控的力度,建立并完善经济改革的法律保障和监管机制;②实行公平有效的分配政策,增加社会福利与居民收入;③优先发展具有国际竞争力的经济部门,拓展知识密集型产品市场,推动新的军事技术向民用生产转变,培育在世界市场上有竞争力的俄罗斯企业;④防止自然环境污染,寻找适用的清洁能源;⑤注意因军备生产而产生的生态环境安全保护问题;⑥完善与保障本国信息基础设施,实现俄罗斯与外界信息传递空间一体化,维护信息安全。

对外的国家经济安全目标包括:①在对外经济活动中,保护本国商品生产商的利益,平衡信用金融政策,逐步减少俄罗斯对国外信贷的依赖性;②与友好国家建立统一经济区,提高俄罗斯在国际金融组织中的地位;③增强俄罗斯政府在外资银行、保险与投资公司中的作用,对经营范围涉及战略自然资源、电子通信、交通和商品生产网络的外国公司实行严格限制。

相关案例 14-3

俄罗斯去美元化的动因

通常来说,经济中出现的"美元化"是在全球化背景下或被动或主动的客观过程,而当前俄罗斯的"去美元化"则是由俄罗斯政府主动推动的一个过程,具有多重原因:

(一) 维护本国货币主权

本币的发行和在本国范围内的流通是货币主权的主要内容。一国基本的商品和劳务的流通不用本国货币来代表,而是被他国货币替代,意味着本国的货币主权受到了侵害。在俄罗斯经济美元化的背景下,这种侵害具体表现为:俄罗斯丧失巨额的铸币税;支付效率降低(外币并非总能适应本国的支付需求);热钱快速流动导致卢布币值波动起伏;限制了俄罗斯本国货币政策的传导效果,使俄罗斯经济受到美联储货币政策的影响;加剧了汇率对通货膨胀的影响;迫使俄罗斯政府被动持有更多外汇储备以应对金融风险等。去美元化是主权国家维护本国货币主权的自然反应。

(二) 与美国战略博弈

苏美曾是全球地缘战略博弈的对手,最终美国赢得了冷战的胜利,俄罗斯一度失去了与美国进行战略博弈的资格。普京执政期间,俄罗斯政治日趋稳定,经济逐渐恢复,作为大国和美国继续战略博弈的使命感并没有丧失,俄罗斯不仅一改 20 世纪 90 年代的战略颓势,而且在乌克兰、叙利亚等问题上都取得了先手。美元霸权是美国掌控世界霸权的经济基础,借助美元霸权,美国试图强迫他国按照美国的意愿行事,对地区或国际形势施加影响。乌克兰危机后,美欧实施制裁,试图迫使俄罗斯改变对乌克兰的政策。去美元化是俄美两国地缘战略博弈在金融领域、国际货币体系内的自然延伸。

(三) 争夺石油定价权

俄罗斯是能源出口大国,俄罗斯经济是典型的能源经济,需要能源出口来支撑。但自 1973 年以后,美元和国际原油价格锚定,成为国际能源贸易的结算货币。有商品但没有商品定价权直接给俄罗斯带来了严重影响。为此,俄罗斯先后在圣彼得堡建立石油交易平台和国际商品交易所,对出口原油以卢布计价,把俄罗斯混合原油期货(REBCO)从纽约商品交易所撤回,在俄罗斯国际商品交易所进行交易。借此平台,俄罗斯取得了国内成品油的定价权。该平台完全由国家支撑,国家采购石油和石油产品总量的 1/4 在此交易,对俄罗斯宏观经济的稳定具有决定性意义。为了保障国家经济安全、实现俄罗斯主要支柱性出口产品利益的最大化，俄罗斯有争夺石油定价权的迫切需求。而石油定价权是与美元锚定的，是美元霸权的基础。

（四）对美欧金融制裁的反制

2013年年底乌克兰危机爆发后，以美国为首的西方国家对俄罗斯开始实施包括经济、金融、国防和能源等多领域的制裁。其中金融领域的制裁包含多项内容：威胁将俄罗斯踢出SWIFT系统，金融勒索或冻结，利用长臂管辖以美元为中介实施制裁，禁止购买俄罗斯债券等。2006年前后，俄罗斯政府已偿清了所欠外债。近年来俄罗斯外债多是企业债务。美欧制裁切断俄罗斯的融资渠道，限制俄罗斯企业与欧美企业进行经济往来。俄罗斯企业很难获得西方的贷款，即使获得贷款，贷款的条件也十分苛刻且贷款利率很高，给俄罗斯的企业经营和整个社会都带来了沉重负担。与此同时，俄罗斯巨额外汇储备投资于美国国债、美国证券或存入西方银行，本质上形成了对美国的低息贷款，俄罗斯企业再从西方以市场化利率获得贷款，存贷之间的利差至少为5%。专家估算，俄罗斯每年由外汇储备造成的损失至少为250亿美元。

同时，美欧等国的金融制裁对俄罗斯资本市场有较大影响。由于俄罗斯资本市场规模小，产业结构单一，比较脆弱，且近70%的俄罗斯证券市场投资者来自西方，美欧等国的金融机构以此影响卢布汇率，通过打压手段使卢布大幅贬值，仅2018年俄罗斯卢布就贬值了30%以上。

（五）担忧美元的霸权地位与其经济实力不匹配

近年来，美元逐渐成为一种高风险资产，美元的霸权地位与其经济实力不相匹配也是俄罗斯推行去美元化政策的重要原因。

近年来美国经济逐渐空心化，增长乏力，美国债务却连年攀升。美国联邦政府债务在新冠疫情之前已达23.3万亿美元，到2021年7月已超过28.5万亿美元，而美国2020年的GDP只有20.6万亿美元，美国国债规模达到GDP的128%。美国一年的GDP增速仅3%左右，债务增速却大大超过了GDP增长速度。美国财政监督组织警告，2028年美国仅债务利息就将达到1.05万亿美元，GDP增速必须超过7%才有能力偿还。美联储的购债能力已经赶不上未来激增的债务，以美联储的购买行为抵消美债发行的平衡将被打破，结果将会是灾难性的。美国以后连美债的利息都还不起，更不要说本金了。

稀释债务最好的办法就是货币贬值。美联储实施无限量化宽松政策，通过扩大货币投放、降低美元币值实现社会财富的重新分配，以此刺激经济恢复和稳定社会。美国经济越来越依赖于量化宽松金融刺激政策。进入21世纪之后，美元超发先后导致全球范围内三次重大"违约"，美元多次违约超发标志着美国和美元信用的历史性转变。此外，因美国一直借用美元霸权随意透支世界各国财富，美元信誉在持续下降。美元存在长期贬值的规律。美元的升值/贬值循环实质上导致了国际经济的失衡，成为下一轮金融危机的诱因，需要世界各国为此付出代价。

资料来源：许文鸿.去美元化：俄罗斯在俄美金融战中的反击[J].俄罗斯东欧中亚研究，2021(5):31-50.节选，有删改。

相关案例 14-4

俄罗斯:从"去工业化"到"新工业化"

苏联解体后,俄罗斯开始了被动的"去工业化"进程。其"去工业化"的特点是工业全面萎缩、质量下降和对进口高度依赖。从工业规模看,以1998年为基期计算,截至2020年,俄罗斯整体工业尚未恢复到1990年的水平,其中制造业产值是1990年水平的80%。从产业结构看,工业在整体经济中占比大幅下降,1990年工业产值占GDP比重为37.8%,2018年为29.8%。从工业内部结构看,俄罗斯呈现能源原材料行业快速增长、制造业严重萎缩的趋势。1990年能源原材料行业在工业中占比为33%,制造业为67%,到2018年能源原材料行业占比超过73%,制造业约为27%。制造业中,技术密集型产业萎缩尤甚。2016年机械和设备生产约为1991年水平的45%,交通工具生产约为1991年的66%。制造业发展严重依赖技术设备进口,如信息技术进口依赖度高达93%,机床进口依赖度达88.4%。

众所周知,发达国家的"去工业化"是跨国公司基于比较优势在全球配置资源的结果,研发设计等价值链高端环节留在本国,加工组装等价值链中低端环节向发展中国家转移,是市场的主动选择。俄罗斯的"去工业化"则是苏联时期结构性危机和系统性危机的延续,是对华约解散与苏联解体造成的产业链和供应链断裂、转型危机、资源依赖、地缘政治危机等被动适应的结果。20世纪90年代,华约解散后,苏联与经济互助委员会成员国之间的经济联系被割裂;苏联解体,原来各加盟共和国之间的产业分工和协作被打破。由此,工业赖以发展的统一经济空间分崩离析,产业链和供应链断裂,销售市场萎缩。此外,因苏联时期重视重工业发展,轻工业本来就实力不足,市场放开后,轻工业产品很难与国外同类产品竞争,从而持续萎缩。

2000—2008年,俄产乌拉尔原油均价从每桶24美元上涨到每桶91美元,使俄罗斯自然资源依赖型发展模式得以固化,其主要通过三种效应对制造业发展空间造成挤压:一是"挤出效应"。能源行业的巨大利润空间对生产要素产生强大的吸引力,制造业对投资的吸引力下降,由此产生对制造业的"挤出效应"。二是"收入效应"。随着能源出口收入增加,国内市场对制造业产品的需求升级,增加了对进口制成品的需求,对本国制造业产品需求因而相对下降。三是"汇率效应"。巨额能源出口收入推动卢布升值,本国制造业产品的出口竞争力下降,外需减少。上述效应下,1999—2007年俄罗斯GDP累计增长超过80%,但工业产值累计增长幅度仅为60%。2008年之后,国际金融危机和乌克兰危机引发的美欧制裁、石油价格下跌等因素的叠加效应致使2008—2017年俄罗斯经济年均增长率为1.2%,而工业年均增长率仅为0.9%,工业增长率依旧低于经济整体增长率。

"去工业化"使俄罗斯陷入出口资源能源产品、进口高附加值制造业产品的恶性循环,在全球分工体系中处于价值链低端。《2020年世界发展报告》显示,俄罗斯参与全球价值链的关联类型属于有限初级产品参与型,与澳大利亚和非洲部分国家属于同一类型。代表俄罗斯制造业精华的军工产品出口近年也呈现大幅下降趋势,2014—2019年相比2010—2014年下降18%。

为加快实现产业结构转型升级,俄罗斯开始了"新工业化"的探索和实践。有别于西方国家通过"再工业化"解决制造业空心化问题、使经济发展"脱虚向实"的尝试,俄罗斯学界更多倾向于选择"新工业化"这个术语来阐释俄罗斯经济在创新驱动下摆脱能源原材料依赖、实现经济多元化发展的实践。"新工业化"主要内容包括:一是对传统优势产业进行现代技术改造,促使其复苏;二是促进新兴产业发展;三是打造支撑产业发展的技术基础,主要目标是摆脱能源依赖、转变经济增长方式、提高产业竞争力和提升本国在国际分工体系中的地位。

"新工业化"的探索和实践分为以下三个阶段:

第一阶段是创新导向的"新工业化"战略逐渐形成阶段(2008—2013年)。2008年,俄罗斯批准《2020年前俄罗斯社会经济长期发展构想》,提出向创新型发展模式转变、在创新驱动下实现经济多元化发展的目标,并相继推行系列措施优化创新生态,侧重创新链与产业链结合,在创新发展问题上集"政产学研"各方之智,合力谋划产业政策并推动相关政策落地。以创新驱动实现多元化发展为导向的"新工业化"战略初步形成。

第二阶段是侧重进口替代的"新工业化"实践阶段(2014—2018年)。通过设定进口替代指标、政府采购设限等方式逐步实现"进口替代"。

第三阶段是面向新一轮科技革命和产业变革的"新工业化"探索阶段(2018年至今)。随着以大数据、人工智能等为代表的新一代数字技术飞速发展,第四次工业革命深入推进,为各国经济向数字化、智能化转型提供了前所未有的机遇。普京总统迫切希望抓住此次变革机遇,将数字经济视为促进国家繁荣的必要工具以及在全球市场上保持竞争力不可或缺的条件。

从俄罗斯国内产业发展看,到2018年,进口替代政策除在化工、食品加工、石化行业取得一定进展外,在其他行业的实施效果并不理想。2018年3月,总统普京也承认,进口替代只是暂时为之,而非终极目标。由此,从2018年起,"新工业化"的着力点向更加注重科技支撑、数字技术赋能和综合规划制造业发展转变,以此提高制造业竞争力。

资料来源:高际香,刘伟,杨丽娜.俄罗斯工业化200年:回顾与展望[J].欧亚经济,2021(5):47-65.节选,有删改。

相关案例14-5

俄罗斯"进口替代"政策

俄罗斯的进口替代,其主要目标是停止进口某些类别的产品,在国内建立起同类产品的生产线,从而达到用俄罗斯生产的货物和产品来代替某些进口品的目的。在西方对俄罗斯实施制裁之后,俄罗斯开始以政府政策的方式在2014年推行进口替代。首先是2014年5月,俄罗斯对西方制裁实施反制裁,对来自一些国家的食品、农产品等实施进口限制(或禁运)。在这一背景下,为确保这些商品在俄罗斯的供应,农业领域被确定为优先实施进口替代的部门。之后,俄罗斯政府开始协调各部门研究制定进口替代规划,2015年8月,成立了由国防工业问题委员会和民用经济部门组成的俄罗斯政府进口替代委员会。

由于进口替代具有经济安全和结构调整两方面的目标,因此,在重点领域的确定方面,农业、食品生产和制药等关系国计民生的一些领域,以及机械设备、电子仪器设备、航空航天、船舶制造等关系国防安全的领域被纳入进口替代政策支持的优先领域。在俄罗斯进口替代委员会的规划中,进口替代项目达 2 500 项,目标是把一些领域的进口份额从当时的平均 88% 降至 40%。

进口替代的政策实施途径主要是通过俄罗斯工业发展基金(主要是财政拨款)、国家补贴、共同出资、政府采购计划等优惠和支持措施,促进那些需要实施进口替代的俄罗斯企业快速成长。获得进口替代政策支持的基本要求是在俄罗斯联邦境内某个地区生产相应产品。俄罗斯政府决定,逐渐增加获得长期和优惠贷款公司的数量,这些获得进口替代政策金融支持的公司主要是那些在机械制造、农业、能源、电信、化工、运输、加工业和住房建设领域开展活动的企业和控股企业,在性质上必须是从事竞争性产品和劳务生产的公司。

在俄罗斯联邦国家统计局及工业和贸易部的统计数据中,可以看到进口替代的主要进展。从产品和行业领域看,农业、食品工业和制药等产业的一些产品进口替代率取得显著进展。食品工业领域的进口替代是俄罗斯政府一直高调宣传的进口替代成果。统计数据显示,2014 年第一季度,俄罗斯食品零售总额中,进口食品比重为 36%。2015 年这一比重降至 28%,2016 年进一步下降为 23%。食品工业领域进口替代效果显著,背后的原因有三个:①反制裁和进口限制减少了食品进口量,为国内食品工业腾出了空间;②卢布贬值产生了积极的支出转换效应,更贵的进口食品被国产食品替代;③国内食品工业有过剩产能,能够弥补进口减少造成的短缺。与此同时,食品工业属于非技术密集和非资本密集型产业,投资周期短,扩大再生产更加容易。

2014 年以来俄罗斯进口替代的发生机制主要有三个途径:第一个是 2014 年卢布大幅贬值引发相对价格变动效应和支出转换效应;第二个是反制裁进口限制引发国内市场商品供给结构转换效应;第三个是进口替代支持政策引发的国内生产能力提升和国产商品供给增加,进而产生进口替代效应。总体上看,这些效应在零售商品市场和其他最终产品市场的进口替代都比较显著,但在工业原材料、中间产品和工业用机械设备采购领域,进口替代效应则效果不佳,甚至基本没有进展。

进入 2017 年,在产业政策支持下,俄罗斯的进口替代进程在最终消费品领域,特别是农产品、食品和轻工产品领域仍然在取得进展,但在工业设备、工业原料和中间产品领域的进口替代进程已经基本停滞,甚至出现反弹和逆转,原因有两方面:

一方面,随着石油价格稳定和一定程度的回升,卢布汇率逐渐稳定,实际有效汇率也有一定程度的回升。2014—2016 年实际有效汇率贬值的趋势正在被扭转。卢布汇率升值提升了俄罗斯企业对进口资本品的购买力。

另一方面,在俄罗斯的出口结构中,能源原材料的出口仍然占总出口额的 70% 以上。尽管俄罗斯已经高度融入世界经济,但是俄罗斯经济自身的分工和专业化程度却很低,俄罗斯在全球价值链中的位置只在上游的原材料供应方面有一定的影响力。至于在产品的设计研发、生产运营和仓储、销售、物流服务等领域,俄罗斯基本是游离在全球价值链分工体系之外的。由于整个世界的供应链和产品生产链已经基本形成,一个完整的商品实际上是在许多国家完成的。要参与这个分工体系,必须在某些环节具有成本优势或技术优势。俄罗斯目前只是作为原材料供应商参与这种价值链分工,几乎没有俄罗斯的公司能够影响乃至掌控这些分工链条。俄罗斯在国际分工中的地位和在全球价值链分工中的参与程度，反映了俄罗斯与外部世界的产业鸿沟。

资料来源：徐坡岭.进口替代在俄罗斯取得的进展及其问题[J].欧亚经济，2018（1）：12-18.节选，有删改。

本章小结

（1）俄罗斯国家经济安全观。俄罗斯对国家经济安全的认识经历了复杂的变化过程，俄罗斯理论界存在广义和狭义两种不同的理解。广义上，国家经济安全是指制定和实施一种国家纲领，旨在保障国家经济持续发展和完善，保障社会各阶层通过直接参与获得相应利益。狭义的国家经济安全相较于广义理解更加具体，不同学者对其作出了不同界定。综合来看，俄罗斯政界和学界对经济安全的看法并无原则性差别，这是一种追求大国地位的国家经济安全观。

（2）俄罗斯国家经济安全战略。《俄罗斯联邦国家经济安全战略》以及《2030年前俄罗斯联邦经济安全战略》均对俄罗斯的国家经济安全任务、国家经济安全面临的主要威胁以及国家经济安全保障措施等作出了明确阐述。《2021年俄罗斯联邦国家安全战略》指出俄罗斯经济发展的大方向是平稳和多元化，并提出了多项具体任务。

（3）俄罗斯关于国家经济安全的监测预警指标。就经济安全领域而言，俄罗斯国家经济安全监控指标可分为以下几类：一是生产领域的安全指标，二是居民生活水平指标，三是财政状况的安全指标。对这几类指标进行适时监测和控制，目的在于保障俄罗斯经济发展的独立性，满足本国居民最低生活水平和维持社会团结稳定的必要水平，以及保障俄罗斯政府拥有必要的财政能力。

（4）俄罗斯维护国家经济安全的机构组织。俄罗斯没有专门的国家经济安全决策机构，相关事务均由俄罗斯联邦安全会议执行。

（5）俄罗斯关于国家经济安全的具体实践。俄罗斯通过行政、立法、司法部门与学术界的密切合作，为保障国家经济安全提供法律依据与政策指导。此外，俄罗斯还在不同时期颁布了作为这些法律性文件补充规定的总统令、政府令、议会令等，这些文件相互配套、互为补充，形成了以产业、金融、科技、粮食、能源、对外贸易、利用外资等为重点的国家经济安全保障体系。

复习思考题

1. 俄罗斯理论界如何界定国家经济安全？
2. 俄罗斯在产业安全领域施行了哪些保障措施？
3. 俄罗斯在金融安全领域施行了哪些保障措施？
4. 俄罗斯国家经济安全保障体系包括对内和对外二元目标，其中对内国家经济安全目标包括哪些？对外国家经济安全目标包括哪些？

参考文献

陈凤英.国家经济安全[M].北京:时事出版社,2005.
陈宇.从俄新版《国家安全战略》看其战略走向[J].现代国际关系,2021(10):29-36.
俄罗斯联邦外交部.2020年前俄罗斯联邦国家安全战略[EB/OL].(2009-12-05)[2022-05-12]. https://mid.ru/cn/foreign_policy/founding_document/1771182/.
郭连成,李卿燕.经济全球化与转轨国家经济安全相关性[J].世界经济,2005(11):54-63.
郭晓琼.俄罗斯对外贸易发展:形势、政策与前景[J].俄罗斯学刊,2021,11(4):109-129.
郝韵,张小云,吴淼.俄罗斯2013—2020年国家科技发展纲要[J].全球科技经济瞭望,2014,29(7):28-31.
黄蕊,蔡伟志.国际石油价格波动对俄罗斯经济的影响[J].税务与经济,2016(5):65-70.
姜振军.俄罗斯国家粮食安全状况及其保障措施分析[J].俄罗斯东欧中亚研究,2017(5):95-108.
蒋菁.俄罗斯科技创新体系的构建与发展[J].俄罗斯东欧中亚研究,2021(5):76-96.
李福川.俄罗斯反垄断政策[M].北京:社会科学文献出版社,2010.
李建秋.民族保护学说:俄罗斯新版的国家安全战略[EB/OL].(2021-07-07)[2022-05-12]. https://user.guancha.cn/main/content?id=546230&page=0.
李旭.俄罗斯科技创新体系中联邦政府的主导角色评析[J].当代世界与社会主义,2016(6):97-104.
林治华,赵小姝.俄罗斯经济安全状况的动态分析:以两次世界金融危机的影响为例[J].东北亚论坛,2010,19(1):98-104.
陆南泉.俄罗斯经济转型30年评析[J].探索与争鸣,2021(3):150-159.
马蔚云.俄罗斯经济安全中的经济结构问题[J].俄罗斯中亚东欧研究,2011(2):52-58.
马蔚云.俄罗斯国家经济安全及其评估[J].俄罗斯中亚东欧研究,2012(5):56-62.
孟光.俄罗斯新版《国家安全战略》解读[EB/OL].(2021-10-19)[2022-05-12]. https://new.qq.com/omn/20211019/20211019A0AQ1Y00.html.
米铁男.俄罗斯金融服务市场监管法律制度评介[J].北方法学,2013,7(4):150-160.
欧阳向英.俄罗斯:从进口依赖到进口替代[J].欧亚经济,2018(1):29-35.
覃甫政.俄罗斯保障国家经济安全立法研究[J].经济法研究,2016,16(1):143-179.
上海太平洋国际战略研究所.俄罗斯国家安全决策机制[M].北京:时事出版社,2007.
尚月,韩奕琛.俄罗斯对当前国际能源局势变化的认知及应对[J].俄罗斯东欧中亚研究,2021(2):75-94.
童伟.抵御经济危机的国家安全气囊:俄罗斯财政预算稳定机制分析[J].俄罗斯中亚东欧研究,2010(4):37-42.
先恰戈夫.经济安全:生产·财政·银行[M].国务院发展研究中心国际技术经济研究所,译.北京:中国税务出版社,2003.
许新.叶利钦时代的俄罗斯·经济卷[M].北京:人民出版社,2001.
俄罗斯安全决策最高咨询机构:联邦安全会议[EB/OL].(2014-03-11)[2022-05-12]. http://www.xinhuanet.com/world/2014-03/11/c_126245029.htm.
普京签署命令批准《2030年前俄联邦经济安全战略》[EB/OL].(2017-05-16)[2022-05-12]. http://www.xinhuanet.com/world/2017-05/16/c_129605353.htm.

第十五章
中国的国家经济安全

> **学习目标**
> 1. 了解新中国不同时期的国家经济安全思想。
> 2. 掌握中国的国家经济安全观及其演进。
> 3. 了解中国维护国家经济安全的组织机构。
> 4. 了解中国不同经济领域维护国家经济安全的立法。
> 5. 掌握中国维护国家经济安全的政策措施。

导入案例

中国的一揽子稳经济措施

2022年7月,一系列有关2022年上半年的经济数据陆续发布。多角度看,我国经济都呈现出企稳回升①态势,继续保持增长,这背后离不开一揽子稳经济措施的有效实施。

稳粮食:稳住经济"压舱石"

稳住粮食安全底线,才能稳住中国经济发展的大盘。2022年上半年,我国夏粮再获丰收,然而,有三分之一的小麦在播种时碰上了秋汛,比往年晚了半个月左右。

为打赢夏粮丰收保卫战,我国对2021年立冬后种麦的农田实施补助,冬小麦面积达到3.36亿亩,不仅稳住了水平,还比去年增加了面积;中央财政先后下拨300亿元一次性补贴给种粮大户,稳住了农民种粮的积极性;农业农村部还启动了"科技壮苗"行动,给13万台联合收割机装上北斗导航,保证夏收颗粒归仓。

同时,我国还实行了提高粮食收购价、严厉打击哄抬粮价等多项稳价举措。确保粮食价格和市场的稳定,实际上是为整个宏观经济和社会发展的稳定奠定根本性的基础。

---

① 企稳回升是指经济运行停止下跌并有上涨趋势(但还未上涨)。还有一个词叫"企稳向好",就是指经济运行停止下跌向好的方向发展。

稳物价：稳住百姓"菜篮子"

"米袋子"满了，"菜篮子"也得有保障。2022年上半年，我国居民消费价格指数（CPI）上涨1.7%，物价呈现平稳运行的态势，重点民生商品保障充足。这样的平稳来之不易，除面对国外输入性通货膨胀压力外，国内多地散发疫情使物流受阻，通货膨胀压力加剧。

2022年上半年剔除了粮食和能源因素的核心CPI只在1%左右。2022年上半年以来，从产、供、储、销、加全链条工作做细做实，有利于我们兜住民生的底。

稳大宗商品：稳住工业大盘

民生的底兜住了，工业经济的信心也要稳住。从2022年1月同比增长9.1%到6月同比增长6.1%，2022年上半年工业生产者出厂价格指数（PPI）涨幅逐月回落。2022年6月，国家发展和改革委员会明确表示，国际油价高于130美元一桶时，国内油价将不再上升，同时给予炼油企业相应价格补贴。我国还出台了包括稳定煤炭价格在内的多个举措，稳定大宗商品价格。

稳信心：市场主体活力强

中国经济平稳运行，也让近1.6亿户的市场主体信心越来越足。2022年前5个月，全国新办涉税市场主体同比增长6.2%，其中99%是中小微企业。2022年6月，中国制造业采购经理指数连续收缩3个月后重回扩张区间。2022年第二季度，企业盈利指数达到51.2%，比第一季度上升2个百分点。

国际清算银行指出，作为一个"非常有韧性"的经济体，中国将继续为世界经济增长贡献动能。

资料来源：稳经济一揽子政策有效实施　我国经济呈现企稳回升态势[EB/OL].(2022-07-18)[2022-08-23]. http://news.china.com.cn/2022-07-18/content_78328362.htm.

第一节　新中国不同时期的国家经济安全思想

一、毛泽东时期的国家经济安全思想

以毛泽东同志为核心的党的第一代中央领导集体，对当时的时代主题所作出的基本判断是战争与革命。在毛泽东领导时期，虽然新中国已经成立，但战争隐患依然存在，而在有可能爆发战争的情况下，维护国家安全的最重要目标还是军事安全，军事安全的实现需要经济发展提供物质基础与保障。因此，第一代中央领导集体把恢复和发展国民经济作为维护国家安全的物质基础和加强国防建设的有力支撑。同时，为确保国家经济安全，使我国在经济建设中不受制于人，毛泽东从新中国成立之时起就再三强调要建立独立的国民经济体系和工业体系，自力更生建设社会主义。即便在接受社会主义兄弟国家的援助时，毛泽东仍然要求贯彻以自力更生为主的方针。

二、邓小平时期的国家经济安全思想①

以邓小平同志为核心的党的第二代中央领导集体,继承和发展了第一代中央领导集体的国家经济安全思想。邓小平始终坚持通过发展经济、增强国家综合实力来维护国家安全,认为"中国能不能顶住霸权主义、强权政治的压力,坚持我们的社会主义制度,关键就看能不能争得较快的增长速度,实现我们的发展战略"②。因此,我们要"抓住时机,发展自己,关键是发展经济"③。特别是在经济全球化的背景下,一些国家的霸权主义与强权政治已更多地经由日益统一的世界市场,凭借自身强大的经济实力,以非战争的手段控制和奴役他国。如何确保经济发展、切实维护经济安全,已成为当今世界各国国家战略关注的焦点。就中国而言,只有经济发展了,人民生活才能切实得到改善,国内各种矛盾才能及时化解,安定团结的政治局面才能巩固,社会主义事业才能进一步推进。因此,国家安全能否落实,从根本上取决于自身的经济发展及实力的增强与否。

三、江泽民时期的国家经济安全思想④

以江泽民同志为核心的党的第三代中央领导集体,在继承邓小平的"和平与发展"时代主题的基础上审时度势,为中国国家经济安全指明了方向。随着经济全球化的发展和国际经济、科技竞争的激化,经济的发展与合作、经济上的相互依存和渗透已成为显著的特征。经济优先、发展至上,已成为各国的共识。江泽民也同样有着深刻的体会,他指出,"经济优先已成为世界潮流。这是时代进步和历史发展的必然。当前,对每个国家来说,悠悠万事,唯经济发展为大。发展不但关乎各国国计民生、国家长治久安,也关系到世界的和平与安全。经济的确越来越成为当今国际关系中最首要的关键的因素"⑤。

但当今世界的政治经济并不安全,霸权主义、强权政治不仅依然存在,而且比过去有更大的进攻性、侵略性和冒险性。一些大国奉行"炮舰政策"和新的经济殖民主义,使许多中小国家的主权独立和发展利益遭到严重损害,使世界和平与国际安全受到威胁。因此,必须将保护主权国家的经济安全列为最迫切的问题。为了实现我国经济发展和安全,江泽民把经济安全提高到国家安全战略的核心地位。他反复强调经济是国家利益的核心,没有经济安全,就不可能有真正的国家安全,更不可能在国际上有一席之地,一定要把国家安全建立在经济安全的基础上。

四、胡锦涛时期的国家经济安全思想

以胡锦涛同志为总书记的党中央在继承和发展前几代中央领导集体国家经济安全思想的基础上,对国家经济安全观进行了拓展和深化,具体包含两个方面:一方面,从国家安

---

① 李长根,陈大理.论邓小平的国家安全观[J].党的文献,2000(4):31-35.
② 邓小平文选:第三卷[M].北京:人民出版社,1993:356.
③ 邓小平文选:第三卷[M].北京:人民出版社,1993:375.
④ 张凤霞.当代中国国家安全观的发展历程[J].兰州学刊,2008(5):71-74.
⑤ 江泽民文选:第一卷[M].北京:人民出版社,2006:414.

全"物质基础"高度看待经济安全。胡锦涛指出,"集中力量发展经济,使我国形成发达的生产力,这是中国特色社会主义事业兴旺发达的物质基础,是我们在日益激烈的国际竞争中掌握主动的物质基础,也是国家繁荣富强、人民安居乐业和社会长治久安的物质基础"①。另一方面,统筹国内发展与对外开放,切实维护国家经济安全。胡锦涛还指出,要完善对外贸易运行监控体系和国际收支预警机制,切实维护国家根本利益和保障国家经济安全。胡锦涛在中共中央政治局第四十四次集体学习中强调,各级党委和政府要加强和改进对外开放工作的领导,认真贯彻中央关于对外开放的决策部署,全面分析对外开放形势,完善对外开放政策措施,自觉维护国家经济安全,不断提高统筹国内发展和对外开放的能力。

五、习近平时期的国家经济安全思想

以习近平同志为核心的党中央立足于历代中央领导集体的理论探索基础,着眼于世界政治经济格局深刻变革的大势和新时代国家经济安全的新形势,正式明确了经济安全在国家安全体系中的基础性作用。习近平在中央国家安全委员会第一次会议上首次提出"总体国家安全观",并强调坚持总体国家安全观要以经济安全为基础。

习近平高度重视经济安全的风险防控,强调要增强忧患意识,坚持底线思维,着力防范化解重大风险。习近平既注重经济风险的预警和防范,又坚决守住不发生系统性危机的底线,保持经济持续健康发展,维护国家经济安全。习近平提出,要坚决维护我国发展利益,积极防范各种风险,确保国家经济安全。除此之外,习近平也指出科技创新对维护国家经济安全的重要作用,我们比以往任何时候都更加需要强大的科技创新力量。只有把核心技术掌握在自己手中,才能真正掌握竞争和发展的主动权,才能从根本上保障国家经济安全、国防安全和其他安全。

2014年4月15日,习近平在中央国家安全委员会第一次会议上指出,当前我国国家安全内涵和外延比历史上任何时候都要丰富,时空领域比历史上任何时候都要宽广,内外因素比历史上任何时候都要复杂,必须坚持总体国家安全观,以人民安全为宗旨,以政治安全为根本,以经济安全为基础,以军事、文化、社会安全为保障,以促进国际安全为依托,走出一条中国特色国家安全道路。其中的五个"以……为……"逻辑严密、思想深邃,共同构成总体国家安全观的"五大要素";此后九年来基本维持不变,只是增加了仅次于军事安全的科技安全保障,足见其原创性、系统性与生命力。

党的二十大报告对于国家总体安全观的阐释为:国家安全是民族复兴的根基,社会稳定是国家强盛的前提。必须坚定不移贯彻总体国家安全观,把维护国家安全贯穿党和国家工作各方面全过程,确保国家安全和社会稳定。我们要坚持以人民安全为宗旨、以政治安全为根本、以经济安全为基础、以军事科技文化社会安全为保障、以促进国际安全为依托,统筹外部安全和内部安全、国土安全和国民安全、传统安全和非传统安全、自身安全和共同安全,统筹维护和塑造国家安全,夯实国家安全和社会稳定基层基础,完善参与全球安全治

---

① 胡锦涛.用"三个代表"重要思想武装头脑指导实践推动工作[J].求是,2004(1):3-13.

理机制,建设更高水平的平安中国,以新安全格局保障新发展格局。党的二十大报告重申这"五大要素",也体现了对新时代国家安全事业的"不忘初心"。

第二节 中国的国家经济安全观①

一、热点关注阶段

20世纪80年代中后期,中国粮食安全问题率先成为中国学者对国家经济安全关注的热点。随着改革开放的不断深入,大量涌入的外资对中国传统民族工业产生了巨大的冲击,中国的产业安全问题随之成为国家经济安全研究的热点。总体来看,一直到20世纪90年代初期,中国对国家经济安全的研究基本上还处于热点追逐式的起步阶段,缺少对整体国家经济安全的系统性研究,主要关注点集中于粮食安全、制造业安全、石油安全等局部领域,有关中国国家经济安全的文章比较零散,几乎没有形成系统的专著。

二、渐成体系阶段

1994年,中国社会科学院学者赵英在国内提出"国家经济安全"概念,其专著《中国经济面临的危险——国家经济安全论》是国内早期系统研究国家经济安全的著作。1997年,党的十五大报告明确提出要"维护国家经济安全"。在此政策导向之下,中国的国家经济安全研究迎来了一个新的高潮。有学者研究了我国经济安全监测、预警指标体系,其框架结构包括金融安全、市场安全、产业安全、社会安定、国际关联等多个部分。1999年,中国社会科学院和国家统计局的专家们完成了对中国国家经济安全量化监测和预警指标体系与方法的初步研究。这一时期,国内对国家经济安全的研究开始渐成体系。

三、入世应对阶段

2001年11月中国加入WTO,标志着中国参与经济全球化的进程开始全面加速。如何在全面参与国际贸易的过程中应对全球化对中国国家经济安全的挑战,成为亟待解决的重大课题。2002年,党的十六大报告指出,要"十分注意维护国家经济安全"。2007年,党的十七大报告强调要"注重防范国际经济风险"。以党的十六大、十七大报告为指导,相关部门出台了一系列应对经济全球化挑战的政策法规,学界对国家经济安全的研究也出现了以应对全球化挑战为中心任务而百花齐放的盛况。如余根钱设计的监测指标专门引入了进口依存度指标,张汉林和魏磊(2011)设计了含有135个指标的我国经济安全指标体系,专门增加了国际测度方面的指标。

四、顶层设计阶段

党的十八大以来,以习近平同志为核心的党中央在全面把握我国经济安全新趋势、新特点、新要求的基础上,创造性地形成了系统的经济安全观。2013年11月,中央十八届三

---

① 陈斌,程永林.中国国家经济安全研究的现状与展望[J].中国人民大学学报,2020,34(1):50-59.

中全会通过《中共中央关于全面深化改革若干重大问题的决定》，明确了我国经济改革的方向和目标，为维护国家经济安全提供了指导性方针。2015年1月，中共中央政治局召开会议审议通过《国家安全战略纲要》，充分体现了总体国家安全观中关于国家经济安全的战略思想。2015年7月1日，第十二届全国人民代表大会常务委员会第十五次会议通过新的《中华人民共和国国家安全法》，国家经济安全在国家安全中的基础地位以法律的形式得到强化。在这一阶段，习近平经济安全观形成，标志着党和国家把对国家经济安全问题的理论认识提升到了新的高度。

五、制度建设阶段

2019年10月31日，中央十九届四中全会通过《中共中央关于坚持和完善中国特色社会主义制度、推进国家治理体系和治理能力现代化若干重大问题的决定》，提出要将中国特色社会主义制度和国家治理体系建设提升到新的历史高度。加快国家经济安全的制度化建设也相应提上了日程，国内学者对国家经济安全的研究开始进入以制度建设为中心任务的规范发展阶段。2021年3月11日，第十三届全国人大第四次会议表决通过了关于国民经济和社会发展第十四个五年规划和2035年远景目标纲要的决议。"十四五"规划和2035年远景目标纲要对国家经济安全进行了专章部署，明确提出，"强化经济安全风险预警、防控机制和能力建设，实现重要产业、基础设施、战略资源、重大科技等关键领域安全可控，着力提升粮食、能源、金融等领域安全发展能力"。

2022年10月，党的二十大报告首次以专章阐述和部署国家安全，充分彰显新时代国家安全在党和国家工作全局中的重要地位，首次提出"以新安全格局保障新发展格局"，彰显党中央统筹发展和安全、协调推进构建新发展格局和新安全格局、实现高质量发展和高水平安全动态平衡的治国理政大战略。二十大报告也明确指出，要坚持以人民安全为宗旨、以政治安全为根本、以经济安全为基础、以军事科技文化社会安全为保障、以促进国际安全为依托。以经济安全为基础，这是"经济基础决定上层建筑"的历史唯物主义观点，符合中国需要保持经济可持续发展的基本国情，也是坚持"以经济建设为中心"这一党的基本路线的体现。

在具体落实中，二十大报告强调，要完善国家安全法治体系、战略体系、政策体系、风险监测预警体系、国家应急管理体系，完善重点领域安全保障体系和重要专项协调指挥体系，强化经济、重大基础设施、金融、网络、数据、生物、资源、核、太空、海洋等安全保障体系建设；要增强维护国家安全能力，加强重点领域安全能力建设，确保粮食、能源资源、重要产业链供应链安全，加强海外安全保障能力建设。这些均与国家经济安全息息相关。

> **相关案例15-1**
>
> #### "十三五"时期我国经济安全形势总体稳定
>
> 经济安全是国家安全的基础，是国家安全体系的重要组成部分。"十三五"以来，经济安全工作协调机制逐步健全，经济安全相关政策体系日趋完善，较好保障了我国经济社会平稳健康发展，抵御内外部各种冲击与威胁的能力明显增强，为维护国家发展和安全提供

了坚实支撑。

1. 产业基础能力和产业链水平不断提升

产业链供应链稳定是大国经济循环畅通的关键,产业链的韧性和抗风险能力是维护国家经济安全的重要基础。经过长期努力,我国已形成比较完整的产业体系,成为全球唯一拥有联合国产业分类目录中全部工业门类的国家,220多种工业产品产量居世界第一,制造业规模居世界首位。农林牧渔业全面发展,主要农产品产量居世界前列。服务业快速发展,新技术、新产业、新业态层出不穷。综合交通运输体系迅速发展,高速铁路和高速公路里程以及港口吞吐量均居全球首位。

2. 粮食安全持续巩固

作为人口众多的大国,粮食安全的主动权必须牢牢掌控在自己手中。"十三五"以来,我国粮食连年丰产,产量稳定超过6.5亿吨,粮食播种面积由2015年的17亿亩上升至2020年的17.5亿亩,单位面积产量由2015年的365.5公斤/亩上升至2020年的382公斤/亩,增长4.5%,谷物自给率超过95%,口粮自给率达到100%,人均粮食占有量超出世界平均水平30%以上,中国人的饭碗牢牢端在了自己手上。粮食储备和应急体系逐步健全,政府粮食储备数量充足,质量良好,储存安全,在北京、天津、上海、重庆等36个大中城市和价格易波动地区建立了10—15天的应急成品粮储备。粮食流通体系持续完善,粮食物流骨干通道全部打通,公路、铁路、水路多式联运格局基本形成。

3. 能源资源安全得到有效保障

能源安全是关系经济社会发展的全局性、战略性问题。我国是世界上最大的能源生产国和消费国,基本形成了煤、油、气、电、核和可再生能源多轮驱动的能源生产体系,2020年原煤、原油、天然气产量分别为38.4亿吨、1.9亿吨、1888.5亿立方米,发电量达到7.4万亿千瓦时,是世界上能源自主保障程度较高的国家之一。能源输送能力显著提高,建成天然气主干管道超过8.7万公里、石油主干管道5.5万公里、330千伏及以上输电线路30.2万公里。能源储备体系不断健全,综合应急保障能力显著增强。矿产资源开发利用水平不断提高,产品产量居世界前列。

4. 金融体系抗风险能力显著增强

金融是经济的血脉,是现代市场经济运转的基石,金融安全是国家安全的重要组成部分,是经济平稳健康发展的重要基础。"十三五"以来,我国金融事业快速发展,货币政策和宏观审慎政策双支柱调控框架建立健全,宏观审慎管理与微观审慎监管、行为监管相结合的金融监管体系建设持续推进。打好防范化解重大金融风险攻坚战,宏观杠杆率过快上升势头得到遏制,影子银行无序发展得到有效治理,重点高风险金融集团得到有序处置,高风险中小金融机构处置取得阶段性成果,互联网金融和非法集资等涉众金融风险得到全面治理,经受住了国内外各种挑战特别是新冠疫情冲击带来的考验,金融风险总体可控。

"十四五"时期,我国面临的外部环境更趋复杂,不稳定性不确定性明显增加,国内发展不平衡不充分问题依然突出,国家经济安全仍然存在不少薄弱环节,主要体现在:①产业基础能力和产业链水平存在诸多短板;②粮食安全方面不能有丝毫放松;③能源资源安全面临不少挑战;④金融领域风险点多面广。因此,在"十四五"时期,我国要强化经济安全风险预警、防控机制和能力建设,实现重要产业、基础设施、战略资源、重大科技等关键领域安全可控,着力提升粮食、能源、金融等领域安全发展能力。

资料来源:中华人民共和国国家发展和改革委员会."十四五"规划《纲要》解读文章之36:强化国家经济安全保障[EB/OL].(2021-12-25)[2022-11-19].https://www.ndrc.gov.cn/fggz/fzzlgh/gjfzgh/202112/t20211225_1309724.html? code=&state=123.有删减。

第三节 中国维护国家经济安全的组织机构

根据宪法有关规定,《中华人民共和国国家安全法》第三章规定了全国人大及其常委会、国家主席、国务院、中央军委、中央国家机关各部门和地方包括香港、澳门两个特别行政区维护国家安全的职责,并对国家机关及其工作人员履行职责应当贯彻维护国家安全的原则作出专门规定。目前,中国暂未形成独立的维护国家经济安全的机构,中国的国家经济安全是由多个相关部门共同维护、共同保障的。首先,中央国家安全委员会是我国成立的最权威、最全面的维护国家安全的组织,维护国家经济安全是其重要的任务之一;其次,中央金融委员会是为金融稳定和发展所设立的协调机构;最后,国务院直属的国家安全部、商务部、中国人民银行、国家能源局、工业和信息化部等部门均在维护国家经济安全中起着重要作用。

一、中央国家安全委员会

中央国家安全委员会全称为"中国共产党中央国家安全委员会",简称"国安委""中央国安委",是中国共产党中央委员会下属机构。中央国家安全委员会主要向中央政治局、中央政治局常务委员会负责,统筹协调涉及国家安全的重大事项和重要工作。1997年,中国首次提出成立国家安全委员会的方案。当时的国家主席江泽民访问美国看到美国的国家安全委员会后,计划组建我国的国家安全委员会。随着国际形势的不断变化,为完善国家安全体制和国家安全战略、确保国家安全,2013年,中央十八届三中全会决定设立国家安全委员会。中央国家安全委员会的设立,形成了经济、军事、政治跨部门以及跨党政军前所未有的打通,为维护国家安全特别是国家经济安全提供了强有力的保障。

二、中央金融委员会

2023年3月,中共中央、国务院印发了《党和国家机构改革方案》,提出组建中央金融委员会作为党中央决策议事协调机构,并设立中央金融委员会办公室,作为中央金融委员会的办事机构,列入党中央机构序列。同时,不再保留国务院金融稳定发展委员会及其办事机构,将国务院金融稳定发展委员会办公室职责划入中央金融委员会办公室。中央金融委员会的职责为:加强党中央对金融工作的集中统一领导,负责金融稳定和发展的顶层设计、统筹协调、整体推进、督促落实,研究审议金融领域重大政策、重大问题等。

三、国务院相关部门

(一)国家安全部

国家安全部是国务院的组成部门,是维护国家主权和利益的国务院职能部门,是中国情报及治安系统中政府参与层面最广的一个单位。国家安全部既参与国内安全事务,也是中国政府最大、最活跃的外交和情报机构。国家安全部主要以中国政府对于世界情势的掌握为重点,除广泛收集各国的军备动态外,各国对中国政府所采取的态度以及各国对中国的经济贸易前景等,均在国家安全部情报收集的范围内,为维护国家经济安全提供情报支持。

(二)商务部

中华人民共和国商务部是主管我国国内外贸易和国际经济合作的国务院组成部门,承担制定和实施我国国内外经济贸易政策、推进扩大对外开放的重要职责。商务部下设产业安全与进出口管制局,承担着拟定并组织实施国家出口管制、最终用户和最终用途管理、产业与技术评估、国家出口管制体系建设等职能。该组织通过运用国际通行规则,利用现代化出口管制手段,一方面坚定维护和塑造国家安全,筑牢国家安全屏障,另一方面严格履行防扩散国际义务,为建设持久和平、普遍安全的世界作出积极贡献。

(三)中国人民银行

中国人民银行(以下简称"央行")是中华人民共和国的中央银行,为国务院组成部门,下设金融稳定局,在维护国家金融安全方面起到重要作用,具体职责为:综合分析和评估系统性金融风险,提出防范和化解系统性金融风险的政策建议;评估重大金融并购活动对国家金融安全的影响并提出政策建议;承担会同有关方面研究拟定金融控股公司的监管规则和交叉性金融业务的标准、规范的工作;负责金融控股公司和交叉性金融工具的监测;承办涉及运用央行最终支付手段的金融企业重组方案的论证和审查工作;管理央行与金融风险处置或金融重组有关的资产;承担对因化解金融风险而使用央行资金机构的行为的检查监督工作,参与有关机构市场退出的清算或机构重组工作。

(四)工业和信息化部

工业和信息化部是在2008年中国"大部制"改革背景下新成立的中央部委,是根据十一届人大政府机构改革方案而组建的。中央将国家发展和改革委员会(以下简称"国家发改委")的工业管理有关职责、国防科学技术工业委员会除核电管理以外的职责,以及信息产业部和国务院信息化工作办公室的职责加以整合,并且划入工业和信息化部。工业和信息化部在维护国家经济安全方面的职责主要包括:推进工业、通信业体制改革和管理创新,提高行业综合素质和核心竞争力,指导相关行业加强安全生产管理;制定并组织实施工业、通信业的行业规划、计划和产业政策,提出优化产业布局、结构的政策建议,起草相关法律法规草案,制定规章,拟定行业技术规范和标准并组织实施,指导行业质量管理工作;承担通信网络安全及相关信息安全管理的责任,负责协调维护国家信息安全和国家信息安全保障体系建设,指导监督政府部门、重点行业的重要信息系统与基础信息网络的安全保障工作,协调处理网络与信息安全的重大事件等。

(五)国家能源局

国家能源局是国家发改委管理的国家局,承担着保障国家能源安全的重任。具体职责包括:推进能源行业节能和资源综合利用,参与研究能源消费总量控制目标建议,指导、监督能源消费总量控制有关工作,衔接能源生产建设和供需平衡;负责能源预测预警,发布能源信息,参与能源运行调节和应急保障,拟定国家石油、天然气储备规划、政策并实施管理,监测国内外市场供求变化,提出国家石油、天然气储备订货、轮换和动用建议并组织实施,按规定权限审批或审核石油、天然气储备设施项目,监督管理商业石油、天然气储备等。

(六)其他组织机构

除上述部门承担着维护国家经济安全的职责外,还有很多部门和组织机构也在为维护国家经济安全作贡献。例如,国家粮食和物资储备局与国家发改委、国家能源局相互配合,共同维护国家战略资源安全。具体来看,国家发改委负责拟定中央储备粮棉糖等战略物资的规划和总量计划。国家能源局拟定石油、天然气战略储备规划,提出国家石油、天然气战略储备收储、动用建议,经国家发改委审核后,报国务院审批。国家粮食和物资储备局负责收储、轮换,按照国家发改委的动用指令,按程序组织实施。此外,科学技术部在加强自主创新、强化科技安全方面承担重要责任,为维护和塑造国家安全提供强大的科技支撑;国家金融监督管理总局统一负责除证券业外的金融业监管,强化机构监管、行为监管、功能监管、穿透式监管、持续监管,统筹负责金融消费者权益保护,加强风险管理和防范处置,依法查处违法违规行为。

第四节 中国维护国家经济安全的立法保障

一、国家安全法

为了维护国家安全、保护人民的根本利益,2015年7月1日,第十二届全国人民代表大会常务委员会第十五次会议通过新的《中华人民共和国国家安全法》并开始实施。国家安全法的制定不仅立足于我国经济社会发展和保障国家安全的现实需要,也着眼于大力提升国家安全工作法治化水平的发展目标。该法律明确指出,国家安全是指国家政权、主权、统一和领土完整、人民福祉、经济社会可持续发展和国家其他重大利益相对处于没有危险和不受内外威胁的状态,以及保障持续安全状态的能力;国家安全工作应当坚持总体国家安全观,以人民安全为宗旨,以政治安全为根本,以经济安全为基础,以军事、文化、社会安全为保障,以促进国际安全为依托,维护各领域国家安全,构建国家安全体系,走中国特色国家安全道路。同时,该法律也对维护国家经济安全的任务、制度以及保障作出了较为明确的规定,具体如下:

(一)国家经济安全任务

第一,国家维护国家基本经济制度和社会主义市场经济秩序,健全预防和化解经济安全风险的制度机制,保障关系国民经济命脉的重要行业和关键领域、重点产业、重大基础设施和重大建设项目以及其他重大经济利益安全。

第二,国家健全金融宏观审慎管理和金融风险防范、处置机制,加强金融基础设施和基础能力建设,防范和化解系统性、区域性金融风险,防范和抵御外部金融风险的冲击。

第三,国家合理利用和保护资源能源,有效管控战略资源能源的开发,加强战略资源能源储备,完善资源能源运输战略通道建设和安全保护措施,加强国际资源能源合作,全面提升应急保障能力,保障经济社会发展所需的资源能源持续、可靠和有效供给。

第四,国家健全粮食安全保障体系,保护和提高粮食综合生产能力,完善粮食储备制度、流通体系和市场调控机制,健全粮食安全预警制度,保障粮食供给和质量安全。

第五,国家加强自主创新能力建设,加快发展自主可控的战略高新技术和重要领域核心关键技术,加强知识产权的运用、保护和科技保密能力建设,保障重大技术和工程的安全。

第六,国家建设网络与信息安全保障体系,提升网络与信息安全保护能力,加强网络和信息技术的创新研究和开发应用,实现网络和信息核心技术、关键基础设施和重要领域信息系统及数据的安全可控;加强网络管理,防范、制止和依法惩治网络攻击、网络入侵、网络窃密、散布违法有害信息等网络违法犯罪行为,维护国家网络空间主权、安全和发展利益。

第七,国家根据经济社会发展和国家发展利益的需要,不断完善维护国家安全的任务。

(二) 国家经济安全制度

在维护经济安全的审查监管方面,国家安全法规定:建立国家安全审查和监管的制度和机制,对影响或者可能影响国家安全的外商投资、特定物项和关键技术、网络信息技术产品和服务、涉及国家安全事项的建设项目,以及其他重大事项和活动,进行国家安全审查,有效预防和化解国家安全风险。

(三) 国家经济安全保障

国家安全法对国家安全保障进行了明确规定,即国家要健全国家安全保障体系,增强维护国家安全的能力;同时,国家要健全国家安全法律制度体系,推动国家安全法治建设。其中,有关经济安全方面的保障如下:

第一,国家加大对国家安全各项建设的投入,保障国家安全工作所需经费和装备。

第二,承担国家安全战略物资储备任务的单位,应当按照国家有关规定和标准对国家安全物资进行收储、保管和维护,定期调整更换,保证储备物资的使用效能和安全。

第三,鼓励国家安全领域科技创新,发挥科技在维护国家安全中的作用。

第四,国家采取必要措施,招录、培养和管理国家安全工作专门人才和特殊人才。根据维护国家安全工作的需要,国家依法保护有关机关专门从事国家安全工作人员的身份和合法权益,加大人身保护和安置保障力度。

二、不同经济领域的立法保障

除国家整体的安全法外,我国其他经济领域也有相关的法律以维护国家安全稳定发展。具体包括如下领域:

(一) 产业安全①

近年来,我国的贸易救济法律逐步完备,维护产业安全效果显著。1994 年 5 月 12 日,

---

① 宋和平.我国贸易救济法律制度回顾与展望[EB/OL].(2022-05-18)[2022-08-23]. http://lgj.mofcom.gov.cn/article/swsj/202204/20220403305806.shtml.

我国颁布《中华人民共和国对外贸易法》，首次将国际通行的反倾销、反补贴、保障措施引入中国，并作出原则性规定。1997年3月25日，国务院根据对外贸易法制定《中华人民共和国反倾销和反补贴条例》，为我国开展反倾销、反补贴调查提供了具体可操作的依据。

2001年，根据中国入世的客观需要，国务院重新颁布《中华人民共和国反倾销条例》《中华人民共和国反补贴条例》和《中华人民共和国保障措施条例》。商务部也相继发布《反倾销产业损害调查规定》等部门规章。2002年，最高人民法院审查公布《最高人民法院关于审理反倾销行政案件应用法律若干问题的规定》和《最高人民法院关于审理反补贴行政案件应用法律若干问题的规定》两个司法解释。2004年，为了深化改革、扩大开放，全国人大修订《中华人民共和国对外贸易法》，新增加第七章"对外贸易调查"和第八章"对外贸易救济"，依据WTO的具体规则拓展和完善了维护产业安全法律体系的内容。

2018年4月，我国对《倾销及倾销幅度期间复审规则》《反倾销和反补贴调查听证会规则》和《反倾销调查问卷规则》等部门规章进行了进一步完善和修订。经过几十年的不断制定和完善，我国初步建立起包含法律、法规、部门规章等多层次的贸易救济法律制度体系，为维护我国产业安全特别是对外贸易安全作出了重大贡献。

（二）金融安全

新中国成立后的前30年，由于实行高度集权的计划经济体制，我国的金融事业发展缓慢，对金融活动的规范和管理以行政手段为主，因而也就没有所谓的金融立法。实行改革开放政策后，随着金融改革的深化及我国法制建设进程的加快，为了适应有计划的商品经济的需要，我国加快了金融立法的脚步，制定了大量的金融法规和规章，其中以1986年1月7日发布的《中华人民共和国银行管理暂行条例》为代表。

1993年，随着我国社会主义市场经济体制改革目标的确立，我国金融改革进一步深化，金融立法也步入了一个崭新的时期。1995年被称为我国的"金融立法年"，在这一年里，我国制定颁布了"五法一决定"（五部金融基本法律及一个决定），即1995年3月18日第八届全国人民代表大会第三次会议通过的《中华人民共和国中国人民银行法》（以下简称"中国人民银行法"），1995年5月10日第八届全国人民代表大会常务委员会第十三次会议通过的《中华人民共和国商业银行法》（以下简称"商业银行法"）、《中华人民共和国票据法》（以下简称"票据法"），1995年6月30日第八届全国人民代表大会常务委员会第十四次会议通过的《中华人民共和国担保法》（以下简称"担保法"）、《中华人民共和国保险法》（以下简称"保险法"）及《全国人民代表大会常务委员会关于惩治破坏金融秩序犯罪的决定》，这些法律法规从根本上改变了我国金融领域欠缺基本法律规范的局面，初步形成了我国金融法体系的基本框架。

1997年3月14日修订、同年10月1日起实施的新刑法中专门设立了两节内容，对有关金融方面的犯罪进行集中规定；1998年12月29日第九届全国人民代表大会常务委员会第六次会议通过的《中华人民共和国证券法》（以下简称"证券法"），对证券市场的管理作了比较全面系统的规定；2003年12月27日，第十届全国人民代表大会常务委员会第六次会议通过对中国人民银行法、商业银行法的修正，通过并于2004年2月1日起施行《中华人民共和国银行业监督管理法》,将中国人民银行对金融业的监管职能划归中国银监会,强化了中国人民银行制定和执行货币政策的调控职能;2005年10月27日,根据我国金融体制改革和证券市场发展的需要,并对《中华人民共和国公司法》(以下简称"公司法")和证券法相关规定进行理顺和协调,第十届全国人民代表大会常务委员会第十八次会议通过了于2006年1月1日起施行的对公司法和证券法的修正。至此,我国的金融监管体制基本确立,金融法律体系进一步完善,金融事业真正走上了法治化规范发展的轨道。

自2012年党的十八大召开以来,我国金融立法进入提高立法质量、推进立法精细化的新发展阶段。在这一阶段,金融立法主要表现为对已有法律和行政法规进行修订与完善。例如,2013年6月和2014年8月,证券法分别经历了第二次和第三次修正;2015年4月,第十二届全国人民代表大会常务委员会第十四次会议对保险法进行了第三次修正;2012年12月和2015年4月,《中华人民共和国证券投资基金法》经历了两次修订;2013年5月、2016年2月和2019年9月,国务院对《中华人民共和国外资保险公司管理条例》进行了三次修订;2012年10月、2013年7月、2016年2月和2017年3月,国务院分别对《期货交易管理条例》进行了四次修订。

截至2022年,我国形成了以中国人民银行法、商业银行法、证券法、保险法、票据法、信托法、反洗钱法等金融基础法律为统领,以《中华人民共和国人民币管理条例》《存款保险条例》《征信业管理条例》《中华人民共和国外汇管理条例》《金融资产管理公司条例》等金融行政法规和《征信业务管理办法》《金融机构反洗钱和反恐怖融资监督管理办法》等部门规章和规范性文件为重要内容,以地方性法规为补充的多层次金融法律体系,共同维护国家金融安全。

(三)其他经济领域立法

除产业、金融业出台了相关的立法保障外,我国其他经济领域也有相应的立法保障。首先,我国针对新兴领域风险点、空白区,相继出台了《中华人民共和国电子商务法》《中华人民共和国数据安全法》等重要法律,以防范化解市场风险。其次,2003年8月15日,中华人民共和国国务院令(第388号)公布了《中央储备粮管理条例》,并经2011年和2016年两次修订,为加强对中央储备粮的管理,保证中央储备粮数量真实、质量良好和储存安全,保护农民利益,维护粮食市场稳定作出了法律保障。最后,我国在能源、科技等领域也有出台相关的法律法规以维护其安全稳定发展,如《中华人民共和国科学技术进步法》《中华人民共和国节约能源法》等。

第五节 中国维护国家经济安全的政策措施

一、产业安全[①]

入世以来,中国的产业竞争力迅速提升,产业安全状况趋于改善。从内部来说,是因为

---

① 杨益.入世以来我国的产业安全及未来应采取的政策[J].中国对外贸易,2009(1):84-87.

采取了成功的对外开放战略,坚持统筹国内发展和对外开放,着力转变经济发展方式,成功地应对了过渡期的各种挑战;从外部来说,是因为遇到了全球经济快速发展和国际产业转移的历史机遇。两方面相辅相成推动了中国产业的飞速发展。具体来说,中国的产业安全保障措施主要表现为以下几个方面:

(一) 积极参与经济全球化

2001年加入WTO后,中国全面履行加入WTO的各项义务和承诺,清理和修改了3 000多项法律法规,建立了统一、透明、符合WTO要求的法律法规体系,推动了社会观念的转变和市场意识的提高,规则意识、竞争意识、法治和知识产权保护等观念深入人心。企业家的经营素质普遍提高,企业参与国际市场竞争的能力显著增强,锤炼出一批像华为、格力、小米、海尔、联想等具有自主品牌和知识产权、有能力参与国际竞争的优势企业。除此之外,中国抓住国际产业转移向纵深发展、发达国家高新技术产业和现代服务业向外转移加速的历史性机遇,大力实施以发展先进制造业和现代服务业为方向的产业结构升级战略,促进了相关产业的发展和升级。

(二) 实施国家创新战略

自主创新能力缺乏、对外技术依存度较高、缺少核心技术,是中国很多企业面临的问题,也是中国企业缺乏国际竞争力的主要原因。加入WTO以来,国家加大了在科技基础设施建设方面的投资力度,建设了生物芯片、煤矿安全等工程研究中心,建立了一批为企业技术创新服务的技术转移中心和技术创新服务中心,初步形成企业自主创新的基础支撑平台,还组织实施了超高压输变电设备等一批重大成套技术装备的研制和5G、移动通信、数字电视等一批重要的产业技术研发,掌握了一批具有自主知识产权的核心技术,有力促进了中国在高科技领域的产业安全。

(三) 合理运用贸易救济措施

从各国维护国家产业安全的法律制度来看,贸易救济法律制度是国家产业安全法律的核心组成部分。加入WTO前后,中国政府组建了专门的贸易救济调查机构,积极构建贸易救济法律体系;依法、公正、合理地运用贸易救济措施,妥善应对国际贸易摩擦;开展了产业安全评估和产业损害预警等前瞻性、预防性工作。中国的贸易救济措施对产业安全起到了重要作用,为保护国内市场提供了法律保障。此外,中国在产业安全法律、法规和规章的"立、废、改"方面做了大量工作,不断完善国家产业安全法律制度,制定了对外贸易法、反倾销条例、反补贴条例和保障措施条例等产业安全法律制度体系。

> **相关案例 15-2**
>
> #### 入世20年 中国产业发展成就辉煌
>
> 产业安全是一国经济安全的核心,是国家安全的重要基础。入世以来,随着我国市场开放程度的不断提升,更多的国内产业面临进口产品或跨国公司进入带来的冲击,也会有更多的出口产品遭遇来自国外的反倾销、反补贴等各种贸易保护措施,产业安全问题备受关注。
>
> 加入WTO 20年,中国产业发展经受住了国际竞争的洗礼和考验,产业规模快速增长,

产业结构不断优化,产业竞争力明显增强,产业开放水平大幅提升,产业开放质量明显提高,对中国和世界经济的贡献越来越大,中国经济总量从世界第六位上升到第二位,货物贸易从世界第六位上升到第一位,服务贸易从世界第十一位上升到第二位,利用外资的规模稳居发展中国家首位,对外直接投资从世界第二十六位上升到第一位。可以说,入世20年,中国产业在确保总体安全的前提下,取得了辉煌的发展成就。

入世以来,中国各个产业在快速发展的同时,未发生重大产业安全问题或重大系统性风险。在入世前大家普遍担心的、认为冲击大的产业,也保持了稳步或快速增长态势。当时顾虑最深的两个行业:一是农业,发展一直比较弱,入世意味着直接面临世界上最发达的美欧农业的竞争;二是汽车行业,入世时刚刚起步,面临国际市场冲击太大的风险。然而,入世20年的实践证明,我国相关产业都经受住了严峻考验,经过国际竞争的洗礼,取得了更好的发展。

例如,我国农业在入世后稳步增长,2001—2020年,中国农业总产值从1.45万亿元增长到了7.17万亿元,年均增长8.79%;入世20年来,中国农业保持了入世之前的良好发展势头,增长速度平稳,稳定性大大提高,粮食和其他主要农产品供给有保障。

再如,我国汽车行业入世后快速增长,2001—2020年,中国规模以上汽车制造业企业产成品从302.04亿元增长到了3 553.25亿元,年均增速高达13.85%;中国生产乘用车数量从70万辆增至1 999万辆,年均增长19%,2020年中国乘用车产量占全球的36%。20年间,中国汽车产业以大开放促进大变革、大发展,如今已发展成为全球最大的汽车市场,成为全球汽车产业发展的动力源,基本实现从跟跑到并跑再到部分领域的领跑。中国在新能源汽车领域已成为世界的领跑者,中国新能源汽车产销量连续六年位居世界第一。

资料来源:崔卫杰.入世二十年中国产业发展成就辉煌[N/OL].第一财经日报,2021-12-17[2022-11-20].http://www.liutong.org.cn/fazhanluntan/2021-12-18/57325.html.

二、金融安全[①]

(一)法律和制度保障

2017年第五次全国金融工作会议以来,中国金融监管体制发生了一系列重大变化。例如,建立国务院金融稳定发展委员会,承担金融发展规划、金融监管协调、指导地方金融改革发展与监管等职能;银监会和保监会合并,组建中国银行保险监督管理委员会;增强中国人民银行监管职能,由中国人民银行拟定金融业重大法律法规和其他有关法律法规草案等。2023年3月,国家金融监管机构进一步深化改革。一方面,组建中央金融委员会作为党中央决策议事协调机构,并设立中央金融委员会办公室作为中央金融委员会的办事机构,同时,不再保留国务院金融稳定发展委员会及其办事机构,将国务院金融稳定发展委员会办公室职责划入中央金融委员会办公室。另一方面,不再保留中国银行保险监督管理委员会,并在其基础上组建国家金融监督管理总局。

---

① 吴振宇,王洋.防范化解金融风险:进展和挑战[M].北京:中国发展出版社,2020:150.

1. 宏观法律保障

2020年9月,中国人民银行、银保监会联合发布《关于建立逆周期资本缓冲机制的通知》,明确建立逆周期资本缓冲机制,同时根据系统性金融风险评估状况和疫情防控需要,设置银行业金融机构初始逆周期资本缓冲比率为0。该机制有助于进一步促进银行业金融机构稳健经营,提升宏观审慎政策的逆周期调节能力,缓解金融风险顺周期累积和突发性冲击导致的负面影响,维护我国金融体系稳健运行。

2022年4月,为防范化解金融风险、健全金融法治的决策部署,建立维护金融稳定的长效机制,中国人民银行起草了《中华人民共和国金融稳定法(草案征求意见稿)》,并公开征求意见。该法律的出台将建立起金融风险防范、化解和处置的制度安排,与其他金融法律各有侧重、互为补充,共同维护国家金融安全。

2. 金融机构监管制度

2020年9月,《国务院关于实施金融控股公司准入管理的决定》公布,明确了对金融控股公司实施准入管理,由中国人民银行颁发许可证。中国人民银行也发布了《金融控股公司监督管理试行办法》,细化准入条件和程序。该办法对金融机构、非金融企业和金融市场的影响积极,有助于整合金融资源,提升经营稳健性和竞争力。

2020年12月,中国人民银行、银保监会联合发布《系统重要性银行评估办法》,对我国系统重要性银行的评估方法、评估指标、评估流程和工作机制等作出规定,确立了我国系统重要性银行评估规则体系。

2021年4月,中国人民银行、银保监会联合发布《系统重要性银行附加监管规定(试行)(征求意见稿)》,从附加资本、附加杠杆率、流动性、大额风险暴露、公司治理、恢复处置计划、数据报送等方面提出了附加监管要求。

3. 存款保险制度

2015年5月生效的《存款保险条例》对存款类金融机构确立了差别费率的存款保险费征收机制,明确赋予存款保险基金管理机构早期纠正和处置风险的职责。对严重危及存款安全和存款保险基金运行的银行,可以从"补充资本、控制资产增长、控制重大交易授信和降低杠杆率"四个方面采取早期纠正措施。

(二)化解金融机构风险

金融管理部门按照"分类施策、一行一策"的原则,对金融机构进行风险化解。对高风险金融集团,依照既定方案和分工依法依规处置;对农村金融机构,坚持县域法人地位总体稳定,鼓励采用多种方式补充资本、引进战略投资者;对城商行和信托等地方法人机构,支持省级政府制定并实施处置方案,金融管理部门加强专业指导。

(三)加强金融政策统筹协调

1. 及时采取逆周期调节政策

确定"稳预期、扩总量、分类抓、重展期、创工具"的工作方针,创设直达实体经济的货币政策工具,推动货币信贷实现"量增、价降、面扩",既做到在较短时间内促进经济正增长,又推动金融服务实体经济的体制机制更加完善。

2. 统筹推动打好防范化解重大金融风险攻坚战

继续抓好存量风险化解,切实加强增量风险防范,加大中小银行资本补充力度,加强对金融创新的审慎监管,强化反垄断和防止资本无序扩张。

3. 统筹深化金融改革

确立"建制度、不干预、零容忍"的工作方针,部署实施创业板注册制和新三板改革试点,严厉打击财务造假。推动中小银行和开发性、政策性金融机构改革。

4. 推进更高水平对外开放

彻底取消银行、证券、保险业外资持股比例限制,取消合格境外机构投资者(QFII)和人民币合格境外机构投资者(RQFII)投资额度及RQFII试点国家和地区限制。

(四)加强系统性风险监测评估

对全国4 000余家银行业金融机构进行压力测试,不断扩大测试范围,及时进行风险提示,引导金融机构稳健经营。稳步推进央行金融机构评级工作,按季对全国金融机构开展央行金融机构评级,摸清风险底数,精准识别高风险机构。建立重点银行流动性风险监测报告机制,密切监测流动性状况,测算流动性缺口,及时进行风险警示。继续针对上市公司大股东股票质押风险、公募基金流动性风险等开展压力测试,运用金融市场压力指数监测股票、债券、货币和外汇等市场风险。积极开展保险公司稳健性现场评估和非现场监测,重点关注不当关联交易、大股东占款、股权结构不稳定等风险,密切追踪偿付能力不足的保险公司风险状况。继续开展大型有问题企业风险监测,加强对宏观经济形势、区域金融风险及房地产等特定行业趋势的研判。

(五)完善资管①业务标准规制

建立资管业务整改联络协调机制,加强政策协调统筹和监测分析,推进资管业务整改政策落实。持续加强非现场监管,按月监测资管业务运行情况。针对部分银行保本理财有所反弹、现金管理类产品规模快速增长等问题,及时进行风险提示,确保资管新规及各项配套制度有效落实。

相关案例15-3

中美贸易摩擦冲击我国金融稳定

2018年3月,美国总统特朗普签署对华贸易备忘录,悍然举起贸易大棒,中美贸易摩擦拉开序幕并反反复复。贸易摩擦会通过实体经济部门对我国金融体系产生影响,也会通过影响市场预期而冲击我国金融市场,造成股市、债市、汇率波动增大,外贸行业经营压力加大、信用风险上升等问题,对我国的金融运行、金融改革、金融开放造成冲击,甚至给全球资本市场带来阶段性冲击。

以人民币汇率为例,2018年上半年,人民币汇率总体保持稳定;然而进入下半年,人民币汇率的波动明显增强,到10月中旬,累积跌幅已接近7%;2019年5月,离岸人民币兑美

---

① 资管即集合资产管理。集合资产管理是将所有顾客的财产进行集中,由专业的投资者(如证券公司)进行管理的一种方法。

元一度下跌超过3%,这完全是美国升级贸易摩擦进而影响市场情绪的结果。再以资本市场为例,在中美贸易摩擦导致避险情绪升温的情况下,境外机构资金多次出现明显连续的流出,从2018年3月开始,上证指数从3 200多点一度跌破2 500点,中国股票市场维持弱势,风险集聚。中国经济复苏的进程被迫"中断",人民币贬值预期显著加强,外汇大规模流出以及外储大量损耗进一步收紧了国内金融条件。全球资本市场亦出现明显下跌,美国股市、欧洲股市、亚太股市无一幸免。可以预见,中美贸易摩擦将直接影响全球经济增长。

金融的一个重要内涵是风险估值。通过梳理过去发生的金融危机,我们不难发现,一旦爆发金融危机或者系统性金融风险,经济体的估值就会受到沉重打击。相应地,该经济体的信用也会受挫,市场会对其发展前景和发展预期失去信心,经济恢复会变得越发困难。因此,经济体的估值一旦受挫便很难恢复,有可能进入恶性循环。面对严峻的内外部形势,考虑到中美贸易摩擦可能的长期化、金融化,提高国家金融安全意识、加强金融防风险建设迫在眉睫。

资料来源:王文,贾晋京,卞永祖,等.大金融时代:走向金融强国之路[M].北京:人民出版社,2019:131.

三、就业安全

(一)稳市场主体

中小企业在吸纳劳动力就业方面具有重要作用,因此,我国为中小企业的发展提供了很多优惠政策,通过这些扶持中小企业的措施增加了中小企业的竞争优势,改善了中小企业的盈利状况,进而创造了大量就业岗位。2022年5月,李克强总理在"稳增长稳市场主体保就业座谈会"上表示,要着力通过稳市场主体来稳增长保就业保基本民生,落实落细留抵退税减税等组合式纾困政策,让政策速享尽享;更加突出就业优先,着力支持市场主体稳岗,失业保险稳岗返还、留工补助、留工培训等政策要加大力度;引导金融机构对中小微企业和个体工商户贷款缓交利息。

(二)保障重点群体就业

1. 全力促进高校毕业生就业

我国通过组织国家级人力资源服务产业园、国家级人才市场和人力资源服务机构,以及开展一系列专项活动,为高校毕业生集中推荐优质就业岗位和多样化就业服务。例如,2022年,围绕高校毕业生等就业重点群体,我国人力资源和社会保障部组织实施了"百日千万网络招聘"等专项行动,为高校毕业生推荐就业岗位和服务;江西、山东等地组织人力资源服务机构进校园,广西开展高校毕业生"留桂就业计划",不断加大服务供给,提供更多就业机会,成都组织开展"百日万企"高校毕业生系列招聘活动等。

2. 积极助力农民工稳定就业

鼓励引导人力资源服务机构开展劳务协作、技能培训、助力劳务品牌建设等服务,帮助农民工外出务工和就近就业。启动农田水利、农村公路等工程,推广以工代赈,增加农民工就业岗位。同时要求,对失业保险参保不满一年的失业农民工发放临时生活补助。

(三) 强化就业服务①

1. 创新发展就业服务

大规模开展求职招聘服务,通过线上线下结合、跨区域协同等方式,加大服务力度和增加招聘频次,针对多样化就业需求开展联合招聘。支持人力资源服务机构运用数字技术创新开展劳动力余缺调剂、人力资源服务外包等服务,开发灵活就业平台,参与零工市场建设,拓宽就业渠道。加大惠企利民各项政策落实力度,通过就业创业服务补助、奖励补贴、减免场地租金等措施,帮助服务机构更好发展。

2. 加强人力资源市场供求信息监测

实施人力资源市场"一线观察"项目,支持各地定期发布人力资源市场供需状况,鼓励人力资源服务机构开展分析预测,为劳动者求职和用人单位招聘用工提供参考。人力资源市场供求信息对称化就是使得求职者和用人单位双方充分掌握对方的信息。一方面,对于求职者,就业服务中心主要通过多种形式为求职者提供免费的服务;另一方面,对于用人单位,就业服务中心为企业提供发布用工信息的服务等。

四、能源安全

能源短缺问题一直以来都是中国未来发展面临的一个巨大风险点,最具代表性的就是石油。如果石油供应危机发生,我国经济安全就无法得到保证。2014年,习近平总书记从保障国家能源安全、推动我国能源事业高质量发展战略的高度提出"四个革命、一个合作"的能源安全新战略,即推动能源消费革命、供给革命、技术革命、体制革命和加强国际合作五个方面,既考虑供需平衡又考虑生态环境保护,既强调科技支撑又强调破除体制障碍,既完善国内产业链又部署全球战略合作,在保障当代人能源需求的前提下,为后代人免于遭受能源安全风险合理规划、指明方向。

(一) 建立国家石油储备体系

石油是现代经济社会不可或缺的重要能源和原材料,石油的稳定供应关系到经济社会的持续、健康发展和国家安全。2004年3月,国家发改委召开国家石油储备一期项目建设启动会,拉开了建立国家石油储备的序幕。到2008年年底,国家石油储备一期项目四个基地(镇海、舟山、黄岛、大连)已全部建成,基本完成国家储备石油的收储任务。截至2017年年中,我国已建成舟山、舟山扩建、镇海、大连、独山子、兰州、天津、黄岛及黄岛国家石油储备洞库共九个国家石油储备基地,利用上述储备库及部分社会企业库容,我国储备原油达到3 773万吨,进一步增强了我国应对石油中断风险的能力。

(二) 保障煤炭供应充足②

我国已探明的煤炭储量占我国化石能源的90%以上,在新能源能被充分利用之前,要充分保障煤炭供应充足、价格平稳。首先,建立完善的煤炭供需预测预警体系和调节机制,

---

① 我国多措并举助企稳就业[EB/OL].(2022-07-06)[2022-08-23]. https://news.cctv.com/2022/07/22/ARTIjl-hpLxXZ8GAnEajOh9Fp220722.shtml.
② 王轶辰.能源安全必须立足国内为主[EB/OL].(2022-08-11)[2022-12-10]. http://www.ce.cn/xwzx/gnsz/gdxw/202208/11/t20220811_37952367.shtml.

防止煤炭产能无序扩张或收缩,保障市场平稳运行。其次,完善煤炭产供储销体系、落实新一轮定价机制,引导煤炭价格在合理区间运行。最后,要抓好煤炭清洁高效利用,推动煤电节能降碳改造、灵活性改造、供热改造"三改联动",保持煤电动态合理装机规模,并有序发展现代煤化工。

（三）大力推动可再生能源替代

为加强能源安全,我国正加快实施可再生能源替代行动。从资源储量来看,我国水能技术可开发量达 6.87 亿千瓦,截至 2022 年 6 月开发程度仅为 57.1%。低风速资源潜力至少在 14 亿千瓦,截至 2022 年 6 月仅利用了其中的 8%左右。太阳能可开发潜力更是高达千亿千瓦量级。从技术和产业链来看,我国已拥有全球最完备的可再生能源技术产业体系。我国在水电领域具备全球最大的百万千瓦水轮机组自主设计制造能力;低风速、抗台风、超高塔架风电技术位居世界前列;光伏发电多次刷新电池转换效率世界纪录,光伏产业占据全球主导地位。全产业链集成制造有力推动风电、光伏发电成本大幅下降。

五、粮食安全

民以食为天。习近平总书记一直强调中国人的饭碗要牢牢端在自己的手上,还要装中国人自己的粮食。把饭碗牢牢端在自己的手上,关键在于实施"藏粮于地、藏粮于技"战略。耕地是底线,是粮食安全的一条红线,必须采取"长牙齿"的强制性硬措施,牢牢守住 18 亿亩耕地红线。科技是出路,是农业现代化的必由之路。2020 年,因为新冠疫情影响和亚非两洲的蝗虫灾害,全球出现粮食问题,使得粮食危机意识再次被提升到一个新的高度。习近平对粮食浪费的现象特别是餐饮浪费现象作出重要指示,强调要建立长效机制,坚决制止餐饮浪费行为。所以在国家粮食安全问题上,不仅要"开源",还要"节流"。

中国主要从以下几个方面入手保障粮食安全:首先,制定国家粮食安全制度,保障用于粮食生产的土地规模;其次,坚持耕地保护制度,在保证已有耕地面积稳定的前提下,加快建设高标准田,保护与提升耕地质量;再次,依靠科技创新与技术进步,加强优质高产粮食品种培育,提高粮食耕种、栽培技术水平,集成示范与推广粮食标准化、绿色化生产技术,积极转变生产方式,突破资源环境瓶颈的约束;最后,基于国内粮食供需情况调整生产端的粮食生产结构,优化粮食生产的区域布局,充分利用优势资源。这些措施显著提高了中国粮食单产,在人均耕地和播种面积缺乏增长潜力的背景下,基本实现了国内粮食自给,保障了中国粮食安全。

（一）建立耕地保护制度,保证耕地面积

中国的耕地保护始于 20 世纪 80 年代,政府连续出台政策文件,逐步明晰耕地保护的基本概念。1981 年,《政府工作报告》提出"十分珍惜每寸土地,合理利用每寸土地"的国策。1981 年,《国务院关于制止农村建房侵占耕地的紧急通知》提出限制农用地随意被占用、征用,中央首次提出"耕地保护"的概念。1986 年,《中华人民共和国土地管理法》明确"制止乱占耕地",《中共中央、国务院关于加强土地管理、制止乱占耕地的通知》首次提出"十分珍惜和合理利用每一寸土地,切实保护耕地"的基本国策,标志着耕地保护概念的深化。1997 年,《中共中央、国务院关于进一步加强土地管理切实保护耕地的通知》严格建设用地的审批管理,遏制乱占耕地、违法批地等问题。同时,确立破坏耕地罪,以"冻结"和"清查"的方式将耕地保护概念拓展至"生命线"的层次。1998年,中国成立国土资源部,通过修订《基本农田保护条例》《中华人民共和国土地管理法》,确立"十分珍惜、合理利用土地和切实保护耕地"基本国策的法律地位。

2007年,《政府工作报告》要求守住18亿亩耕地红线;2008年,中共十七届三中全会提出"永久基本农田"概念且在《中华人民共和国耕地占用税暂行条例》中正式确立耕地保护共同责任制;2009年、2010年连续两年的中央一号文件要求继续坚守耕地红线、建立保护补偿机制。随后,耕地保护概念不断深化,2012年的《国土资源部关于提升耕地保护水平全面加强耕地质量建设与管理的通知》和2017年的《中共中央国务院关于加强耕地保护和改进占补平衡的意见》,不仅强调耕地数量管控,还密切关注耕地质量管理和生态管护。

(二)实行轮作休耕制度,提升耕地质量

耕地具有农业生产、生态景观和生态服务等多种价值和功能,是粮食生产的根本保证,也是发展绿色农业、发挥土地生态景观功能和生态服务价值的基础。近年来,中国一直面临耕地质量下降、耕作层变浅、水土流失加剧等问题。推行耕地轮作休耕制度,能够"藏粮于地、藏粮于技",提升耕地质量,保障长久粮食安全。

中国于2016年启动轮作休耕制度实施试点,并持续扩大试点规模,目前正在形成制度化的组织方式、技术模式和政策框架。中国轮作休耕政策实施有助于保护耕地资源,有利于稳定农民收入,保护潜在农产品生产能力,促进传统农业向现代农业转变,合理调整种植业种植结构和比例,实现农业区域协调发展,也有利于中国粮食市场与国际市场接轨。

(三)鼓励农业技术进步,实现粮食增产

增加耕地面积、提高作物单产和增加复种指数是提高粮食产量的三种途径。在中国,耕地面积在缩减,可开发的耕地资源十分有限。要用有限的耕地面积来保障不断增长的粮食需求,需依靠大面积提高单产、走高产农业的发展道路。

在保持水稻、小麦等优势品种竞争力的基础上,要缩小玉米、大豆等品种与国际先进水平差距,加快少数依赖型品种选育。要建立起以企业为主体、以基础公益研究为支撑、产学研用融合的国家种业创新体系,培育一批具有自主知识产权的重大品种,攻克一批突破性关键核心技术,使重点作物创新能力接近或达到国际一流水平。

(四)优化农业布局和产品结构

将有限的资源优先用于口粮等必保品种,稳口粮、稳玉米、扩大豆、扩油料,着力提高单产。实施大豆和油料产能提升工程,在黄淮海、西北和西南地区推广玉米大豆带状复合种植,在东北地区开展粮豆轮作,充分挖掘大豆增产空间和潜力,开展盐碱地大豆种植示范,提高农业绿色发展水平。在确保国家粮食安全的前提下,推动用地与养地相结合,加强农业面源污染治理。贯彻大食物观,宜粮则粮、宜经则经、宜牧则牧,形成同市场需求相适应、与资源环境承载能力相匹配的现代农业生产结构和区域布局。

六、科技安全

中国科技强大以后,威胁到了美国等西方国家的霸主地位,因此,美国凭借其在一些领

域的技术优势和影响力,妄图通过不正常手段打击中国高科技企业,其最终目的是遏制中国的技术进步和经济转型升级。"国之利器,不可以示人。"真正的核心技术事关国家安全和国家的核心竞争力,是买不来也求不来的,它具有公共品特性,单靠市场自发的力量很难搞起来。在这种情况下,我们必须形成集中力量办大事的新机制,形成核心技术攻关新型举国体制,采取人力、财力、物力等资源集中配置的方式,团结各方面的力量,共同对抗发达国家发起的这场技术战。

中国科技立法起步较晚,改革开放后中国科技创新体系发展经历了拨乱和酝酿改革阶段(1978—1985年)、科技创新体制重大改革阶段(1985—1998年)、国家科技创新体系的布局建设阶段(1998—2006年)、系统运行与提高阶段(2006—2013年)以及创新驱动发展战略实施阶段(2013年至今)。自从1985年《中共中央关于科学技术体制改革的决定》明确承认技术的商品价值并肯定技术作为知识形态商品的属性以来,中国科技立法的历史演进呈现出公法到公法与私法配合的转变和价值综合。自1995年"科教兴国"战略、2005年《国家中长期科学和技术发展规划纲要(2006—2020年)》、2012年国家创新体系建设和2014年前后的创新驱动发展战略实施以来,科技立法和政策开始在国家战略统摄下逐渐形成完整的制度协同体系。从整体上看,中国科技立法发展遵循了政策先行、成熟政策通过立法固定的规律。

从历史发展阶段视角,1985年,中央发布《中共中央关于科学技术体制改革的决定》,拉开了中国科技体制改革的大幕。其主要的改革内容包括科研拨款、促进产学研一体化、促进企业学习和科技成果转化等。与此同时,国家在科技体制的宏观层面也建立了一系列新的机制,如设立知识产权保护制度,设立国家自然科学基金等。2006年以来,中国科技创新政策顶层设计发生了一系列具有深远影响的重大变化,《国家中长期科学和技术发展规划纲要(2006—2020年)》《国家创新驱动发展战略纲要》相继发布,增强自主创新能力、建设创新型国家、推动创新创业等战略层出不穷,与创新相关的配套政策、措施、实施细则、规定等密集出台,中国科技创新政策供给呈现快速增长之势。2007年修订的《中华人民共和国科学技术进步法》进一步明确了保护国家科技安全的各方面内容。例如,国家实行科学技术保密制度,保护涉及国家安全和利益的科学技术秘密;禁止危害国家安全、损害社会公共利益、危害人体健康、违反伦理道德的科学技术研究开发活动;知识产权向境外的组织或者个人转让或者许可境外的组织或者个人独占实施的,应当经项目管理机构批准等。2015年修订的《科学技术保密规定》则对科技保密工作提出了更加细致的要求,规定了科技对外提供的详细要求和申请部门清单,进一步奠定了中国科技安全基石。

七、人才安全

中国是世界上最大的发展中国家,核心人才的流失已成为中国人才强国战略、人才结构与产业结构互动和人力资源管理面对的挑战之一,扩大开放与限制保护的矛盾问题日益突出。针对人才流失、人才培养及管理不当等导致的国家人才安全问题,中国政府从法律和政策等多方面制定了措施。

（一）法律保障

针对人才流失导致的国内核心技术泄露、商业秘密信息外流等问题，政府制定了一系列法律条款。1990年发布的《商业科学技术保密规定》和1997年发布的《关于加强科技人员流动中技术秘密管理的若干意见》等均规定禁止与涉密人员参与国际技术与信息交流活动，并针对泄密或窃密人员制定严格的处罚措施；2005年通过的《中华人民共和国公务员法》中规定公务员有保守国家秘密和工作秘密的义务，若公务员在涉及国家秘密等特殊职位任职或者离开上述职位不满国家规定的脱密期限，不得辞去公职。2010年通过的《中华人民共和国保守国家秘密法》中规定，"涉密人员离岗离职实行脱密期管理。涉密人员在脱密期内，应当按照规定履行保密义务，不得违反规定就业，不得以任何方式泄露国家秘密"。一系列旨在防范国家人才安全问题的法律规定保障了国家信息安全、科技安全和经济安全，从保护技术诀窍、商业信息、核心机密等角度，在国家法律法规的层面形成对涉密人才群体的约束力。

（二）人才市场管理政策①

人才资源市场扩大开放是以人才市场的建立和发展为标志的。中国政府于2001年发布的《人才市场管理规定》详细规定了人才市场的定位、人才市场的组建、人才市场的业务范围以及违反规定的相应处罚。关于人才安全问题，该文件规定用人单位不得招聘正在从事涉及国家安全或重要机密工作的人员，以及正在承担国家、省重点工程与科研项目的技术和管理主要人员等，该文件为保障中国人才安全、优化人才资源在劳动力市场中的配置提供了重要法规依据。随后于2003年发布的《中外合资人才中介机构管理暂行规定》，对中外合资人才中介机构的性质和作用、设立登记的条件、经营范围以及对违反规定的相关处罚进行了人才安全方面的相关规定。

中国人才市场的扩大开放正是得益于这两个文件的出台，而中国人才市场开放程度的提升也正是以《中外合资人才中介机构管理暂行规定》这个文件的制定和实施为标志的。正是有了这一人才市场管理政策为国家人才安全提供保障，中国的人才流动、人才引进才得以进一步开放。

（三）国际人才引进政策

自中国改革开放以来，人才引进工作日益受到国家和社会的重视，人才引进的数量和质量不断提高、层次和范围更加扩大。随着中国经济技术实力的大幅提升，中国正在从引进技术、学习模仿，快速转变为与发达国家相互学习和取长补短。因此，之前人才引进中不太引起注意的人才安全问题已经开始进入人们的视野。

自2003年政府发布《中共中央国务院关于进一步加强人才工作的决定》，提出积极引进海外人才和智力、制定和实施国家引进海外人才规划、重点引进高级人才和紧缺人才等规定后，国家和地方陆续推行了一系列旨在吸引海外人才的政策措施。如2008年《中央人才工作协调小组关于实施海外高层次人才引进计划的意见》《关于海外高层次引进人才享受特定生活待遇的若干规定》、2010年《国家中长期人才发展规划纲要（2010—2020年）》、

---

① 刘霞,孙彦玲.国家人才安全问题研究[M].北京:中国社会科学出版社,2018:52-53.

2012年《关于为外籍高层次人才来华提供签证及居留便利有关问题的通知》、2016年《关于加强外国人永久居留服务管理的意见》、2018年《外国人才签证制度实施办法》以及2021年中央人才工作会议的召开等。中国政府制定了大量配套政策措施,如开通绿色通道、出入境便利、优惠税收等福利措施广泛吸引海外人才来华工作、学习与定居。引进优秀国际人才的政策与措施,在一定程度上为中国高技能劳动力供给提供了保障,促进了中国产业尤其是高端技术产业的发展,缓解了人才流失导致的国家人才安全问题。

相关案例 15-4

打赢人才争夺战,确保国家人才安全

随着世界百年未有之大变局的日渐明晰,国家和地区间的竞争更加激烈,新的国际人才争夺战即将打响。多国调整相关政策,大力吸引或留住各类高端人才。人才安全是国家安全从属概念,在保障经济安全、科技安全乃至政治安全中具有战略意义。其中,既有人才短缺、结构失衡、作用不彰等引发的国家发展瓶颈问题,也有留学生学成不归、人才外流等人才资源流失等问题。面对新形势新要求,必须认真学习领会习近平总书记关于做好新时代人才工作的重要思想,超前研判,集成措施,讲求策略,夯实根基,有效维护国家人才安全。

建好法治护栏,加强国家人才安全保护

习近平总书记强调,当今世界的竞争说到底是人才竞争、教育竞争。需要看到,近些年来,美西方对流出或拟流出人才采用恫吓手段,阻止其流回原属国或服务其他国家。突破美西方国家对我国人才的限制,除及时调整有关政策外,还应从法治角度加强立法,弥补缺失、规避风险,为维护国家人才安全提供制度保证。应深入分析各国人才流动相关法律条款,做到知己知彼。过去,有的人才进入他国工作,但职位仍保留在原属国,甚至领取薪酬。美西方国家法律对此类人才是严格限制的。我们应加强法律风险评估,对归国或来华工作的人才进行合规性审查,不接受某些岗位人才的兼职"双跨",以免陷入不必要纷争。

加快制定人才促进法。发达国家人才法律法规体系相对成熟,既有人才综合立法,又有人才分类立法。相比而言,我国人才法律法规建设尚处于摸索阶段:一是立法层次较低,行政规章和规范性文件居多,上位法律和行政法规较少;二是立法权限不明,影响法规约束力和权威性;三是立法质量不高,人才政策法规覆盖面不广,法规间相互配套协调不足,操作性和执行效率不高;四是立法的国际通用性不够,难以适应人才国际竞争需要。建议加快制定人才促进法,规范人才与人才、人才与社会、人才与各类组织之间的权利义务关系,充分体现人才流动规律,反映人才创新创造特点,严格保护知识产权,明确人才发展预期,增强人才"恒心",让人才创新创业无虞。

调动社会力量引才聚才。国外专业人才一般分布在教育单位、科研机构和各类企业,用人主体相对独立。国内地方政府和部门面向海外结团组队,大张旗鼓引才揽才,效果不一定好。应鼓励社会机构和企业组织通过建立猎头公司、人才市场等手段,自主灵活觅才、引才、用才,推动"走出去"就地使用各类人才,降低人才进出境成本,规避人才流动安全风险。

建立特殊人才遂行保护制度,为国家战略研究、特殊工程项目、重大科研攻关等领域人才建立人才库,全方位加强监督、管理、服务。开展人才安全培训,增强人才自我防范意识,善于规避风险、化解风险,提高自我安全保护能力。

坚持自主培养,夯实国家人才安全基础

习近平总书记指出,要"走好人才自主培养之路""提高人才供给自主可控能力"。立足国内,走人才自主培养之路,实现人才自主可控,是确保国家人才安全的根本之策。近些年来,我国科技创新能力大幅提升,但有重大影响的成果不多,不少领域仍处于跟跑阶段。这与长期以来我国的人才培养质量有直接关系。从长远看,必须坚定不移把战略重点放到人才自主培养上来。

聚焦创新型人才培养。与农耕文明、工业文明不同,信息社会、创客时代的鲜明特征是创新和变革,如果一个国家和地区教育违背人才培养现实逻辑,沉湎于知识的复制囤积,就不可能培养并拥有规模庞大的创新人才队伍。应围绕当今世界新一轮科技革命和工业革命走势,深研教育的时代性、针对性,着力提升学生的想象力、创造力。应按照整体性、协同性、连续性要求,全面深化教学改革,更新教育内容和方法体系,鼓励教师创造性地教,学生创造性地学,营造鼓励创新、支持创新、投身创新的浓厚氛围,让创新动机、创新思维、创新能力根植广大青少年群体中。应逐步革除重感性轻逻辑、重道轻术、重通轻专等人才培养陋习,处理好"知与识""通与专"的关系,改进人才教育评价方式,形成科学有效的激励机制。

优化人才培养结构。影响人才安全的因素不仅有规模和质量问题,也会有结构问题。应重视建立人才培养结构与经济社会发展需求相适应的动态调控机制,围绕战略新兴产业、创新驱动发展、中国式现代化等培养人才,确保与社会需求深度融合、有效对接。应大规模、大范围推进人才培养专业结构调整,适当压缩办学水平不高、社会需求不旺的哲学社会科学、文化艺术专业学生招生规模,做到少而精;扩大自然科学、工程技术、技能人才招生比例,做到多而专,确保数理化、天地生等理工专业人才培养保持足够规模。应通过优化人才培养结构,努力为国家和社会培养更多"适销对路"人才,防范人才供给领域出现战略性、结构性、系统性风险。

统筹人才培养周期。青少年学习渠道的拓展、学习手段的现代化、学习效率的提升加快了人才培养进程,缩短了人才成长周期。学校教育必须适应人才成长变化规律要求,积极主动推进变革。建议压缩基础教育、高等教育学制,增加青少年在企业、农村、军营、社会组织等领域学习实习时间,促使其陶冶意志品格,增强社会责任感。硕士研究生学制也应区分类型,视情况缩短在校学习时间,让人才尽快进入机关、企业、教研机构和社会组织,加强理论知识与实践相结合。

借鉴国外经验,规避国家人才安全风险

西方主要国家走向强盛的发展历程背后都有一系列人才政策的支持,其做法对于参与国际人才竞争、维护人才安全有借鉴意义。近些年来,英国的杰出人才签证、德国的蓝卡制度、以色列的卓越计划、加拿大的首席研究员计划、欧盟的青年专业人才跨境培养计划、韩国的智力回归计划、泰国的人才回流计划、巴西的博士扎根计划,以及美国在俄乌冲突爆发后诱挖俄罗斯科学家的行动等,都在国际人才争夺中产生了较大影响。应重视开展对这些国家人才政策的动态研究,把握其变化规律和变化趋势,通过不断降低海外人才流入成本,提升人才流入意愿和实际效用。

在这一过程中,应保持更加自信开放的心态,柔性软性弹性引才用才。探索实行针对急需紧缺人才的特殊制度,完善人才签证、永居、移民、国籍、税收、金融、社会保障等政策体系和相关法律制度。突破国籍、户籍、地域、人事关系、社会保障等刚性约束,破除因身份改变、家庭迁徙、子女教育、环境适应等面临的流动难题,尽可能满足多元多样的人才需求。如采取更加灵活方式,"设立海外研究机构""远程在线指导""工作外包""灵活弹性工作时间"等,以此分享全球智力资源。

发挥国家大装备平台聚集作用。用好国家科技大设备、大装备、大平台,发起国际大科学计划,构筑全球人才竞争制高点,形成战略支点和雁阵格局,使之成为出成果、聚人才、避风险、创经验的人才高地。从学术氛围、创新平台、文化生态等方面营造更富吸引力的类海外、超海外软环境,打造多元循环人才生态系统,畅通人才流动渠道,降低人才归国来华成本,形成"虹吸效应"。

发起创建国际人才合作组织。随着人才在国际的大规模、大范围流动,国际人才矛盾冲突不断加剧,亟须建立国际人才管理、协调、约束机制。可由我国政府发起倡议,会同若干国家筹建"国际人才合作组织",掌控话语权,争取主动权。通过创建国际人才合作组织,重点解决四个问题:构建人才培养、使用、流动、评价等国际合作体系,既可以吸收引进发达国家人才,也可以向落后国家和地区提供人才服务;消除人才流动壁垒,降低人才流动成本,促进人才合理流动;建立人才矛盾纠纷多边协商机制,减少国与国之间的直接冲突,降低人才竞争风险;遏制和扭转发达国家对发展中国家的人才"套利"行为,打破少数国家垄断稀缺人才格局。

加强忠诚教育,筑牢国家人才安全防线

对国家忠诚是职业操守,也是内心信念,具有持久力和稳定性。应大力宣传"两弹一星"精神,引导人才恪守"科学无国界、科学家有祖国"的信念,始终高扬爱国主义旗帜,自觉维护国家利益、荣誉和尊严,正确处理个人利益与国家利益关系,把个人聪明才智与国家需要结合起来,把个人追求与各族人民的幸福安康结合起来,把个人理想与实现中华民族复兴的中国梦结合起来,形成国家利益至上的价值追求,铸牢矢志不移的国家忠诚意识。对于损害国家利益、泄露国家机密的行为,应果断处置。

培育创新精神。人才的基本特质在于创新。实现创新必须保证人才具有独立人格和自由探索的环境,鼓励人才异想天开、敢为天下先,让鼓励创新、宽容失败成为一种文化、一种精神。科学研究人员应始终瞄准国际科技前沿,不断提出原创思想、原创理论和原创技术,不可袭人故智、步人后尘。大力褒奖为"中国制造"升级为"中国创造""中国智造"作出贡献的人才,激励其将专业才能转化为推动国家发展进步的强大力量。

建立人才大数据库。把国内国外、体制内体制外人才大数据聚合起来,形成规模化、系列化的人才数据集,在此基础上进行深度挖掘、聚类分析、精细加工等,探寻人才开发、使用和管理规律。根据国家产业发展需求,通过智能算法进行高精度人才搜寻、举荐、沟通、引进、合作等服务国家经济社会发展。面对人才数据不全、底数不清、分布不明,以及教育机构、企业组织人才找人难、用人不易等问题,整合政府、社会组织和企业数据库,建立统一的国家人才大数据平台,发布人才流动信息,为用人主体提供引进、使用、评价、培训等技术支持。加强人才规模、结构、质量动态分析,建立人才安全预警机制,服务国家总体安全。

资料来源:孙学玉.打赢人才争夺战,确保国家人才安全[EB/OL].(2022-08-16)[2022-11-20]. https://opinion.huanqiu.com/article/49FuYADYgAj.

八、对外贸易安全

对外贸易安全是国家经济安全的重要组成部分,良好的对外贸易环境是维持国内经济安全稳定发展的一大保障。完善对外贸易安全体系可以在国家面临来自国内外不利因素的冲击时,使国内的产品能够拥有较强抵御或抗风险的能力,从而为本国的经济发展提供良好的国内外生存环境。中国在维护对外贸易安全中的具体措施有:

（一）健全贸易摩擦应对体制机制

加强中央、地方、行业组织、研究机构和企业协作,推动形成多主体协同应对贸易摩擦工作格局,建立工作保障机制。探索建设应对贸易摩擦综合试验区,推进全国预警体系建设,发挥各类应对贸易摩擦工作站作用,加强对重点企业分类指导,提高企业应对和防范贸易风险的意识和能力。用好贸易政策合规机制,进一步提高合规意识和能力。拓展双边贸易救济合作机制。综合运用多种手段,应对不公平竞争等行为。

（二）提升贸易救济政策工具效能

研究完善对外贸易调查制度。推进贸易调整援助制度建设,指导和鼓励有条件的地方开展贸易调整援助。健全贸易救济调查工作体系,加强产业损害预警监测,开展服务公平竞争环境和产业链供应链安全的案件效果评估。加强官产学研合作,积极参与贸易救济规则谈判。完善现代化出口管制体系,实施《中华人民共和国出口管制法》及其配套法规、规章,健全出口管制工作协调机制,优化出口管制许可制度,加强精准管控。

（三）加快出口管制合规体系建设

强化出口管制调查执法,有效打击出口管制违法行为。加强出口管制国际交流合作。推动发达国家放宽对华出口管制。妥善应对外国滥用出口管制等歧视性行为,维护和塑造国家安全。

（四）加强技术进出口管理

健全技术进出口法律法规。优化完善禁止、限制进出口技术目录,完善技术进出口协调监管、专家咨询等机制。强化知识产权保护国际合作,促进境内外知识产权同等保护,完善知识产权预警和维权援助信息平台。

相关案例 15-5

《中华人民共和国出口管制法》(2020)的相关解读

《中华人民共和国出口管制法》(以下简称"出口管制法")于2020年10月17日由中华人民共和国第十三届全国人民代表大会常务委员会第二十二次会议通过,于2020年12月1日起施行。该法律第一条指明"为了维护国家安全和利益,履行防扩散等国际义务,加强和规范出口管制,制定本法",进一步加强了中国政府对相关产品(包括货物、服务和技术)实行出口限制的法律基础。

出口管制法颁布以后,国际上最为关注的是新法律对稀土出口的影响。稀土是一些高科技产品生产所必需的材料(包括手机、电池、导弹和荧光等),中国稀土产量占全球的比重超过90%。2012年,美国、欧盟和日本曾就稀土出口征税和配额等问题向WTO起诉中国,要求取消出口限制措施。最终WTO裁定中国所实行的出口税收和配额措施与WTO规则不符。但是2012年关于稀土的争端更多地从出口竞争的角度考虑,对于国家安全关注较少。2015年,中国政府参照WTO的裁决对有关稀土出口的规定进行了修改。稀土不仅是一些民用高科技产品生产时所需要的,在一些军事技术产品的生产中也具有重要的作用,因此,稀土的出口限制备受关注。

新出台的出口管制法有助于保护中国的高科技产业,以应对未来类似美国对华为、抖音和微信等所采取的措施。出口管制法第二条规定出口管制的货物、技术、服务等物项包括物项相关的技术资料等数据。从抖音在美国的经历中就可以看出,如果抖音放弃在美国的经营,任资产被另一美国公司收购,其复杂的人工智能算法将被并购的美国公司获取。新出台的出口管制法将为中国政府和企业限制他国获得软件和源代码提供法律基础。

出口管制法第四十八条明确了当其他国家或地区滥用出口管制威胁到中国的国家安全和利益时,中国可以采取反制措施。"任何国家或者地区滥用出口管制措施危害中华人民共和国国家安全和利益的,中华人民共和国可以根据实际情况对该国家或者地区对等采取措施。"在《中国关于世贸组织改革的建议文件》中,中国提出了对滥用国家安全受害方实行救济的建议,即"为利益受影响成员提供更多快速且有力的救济权利,以保障其在世贸组织项下权利和义务的平衡"。结合WTO的一般做法,这里的"对等"应该解释为反制措施在强度上是等比例的,不应超过保护国家安全的需要界限。

资料来源:林桂军,PRAZERES T.国家安全问题对国际贸易政策的影响及改革方向[J].国际贸易问题,2021(1):1-15.有删节和修改。

九、对外投资安全

中国对外投资从空白期(1949—1978年)、探索期(1979—1991年)、起步期(1992—2004年)、发展期(2005—2012年)到深化期(2013年至今),规模和特征均发生了重大变化:在投资主体上,实现了国有企业单一主导向多种所有制企业共同发展的转变;在投资地区上,由内地集中投资于中国香港地区发展为向全球投资;在投资行业上,由出口相关行业向高端制造业发展。尤其在全球国际直接投资连续多年下滑的背景下,中国对外直接投资实现了逆势增长,2020年流量达1 537亿美元,首次跃居世界第一,占全球总额的20.2%。总的来说,中国对外投资之所以呈现这样的特点,离不开国家层面强有力的政策支持以及企业有效的海外经营策略。

(一)促进企业投资政策①

在1985年颁布的《关于在国外开设非贸易性合资经营企业的审批程序和管理办法》明

---

① 刘文勇.改革开放以来中国对外投资政策演进[J].上海经济研究,2022(4):23-32.

确指出,只要是经济实体,有资金来源,具有一定的技术水平和业务专长,有合作对象,均可申请到国外开设合资经营企业。2000年,中国正式将"走出去"战略上升为国家战略,这是我国对外投资发展进程的重要里程碑,各类促进政策相继出台,为对外投资企业提供了诸多政策红利。这些政策重点从改革境外投资管理制度、提升企业对外投资便利化水平,以及提供金融财税政策支持、缓解对外投资企业资金短缺问题等方面为中国企业"走出去"提供支持。针对民营企业"走出去"面临的困境,2020年发布的《关于支持民营企业加快改革发展与转型升级的实施意见》提出,支持民营企业平等参与海外项目投标,避免与国内企业恶性竞争,通过第三方市场合作的平台、行业组织以及海外中国中小企业中心助力民营企业开拓国际市场。截至2020年年底,中国2.8万家境内投资者在境外共设立对外直接投资企业4.5万家,分布在全球189个国家和地区。

(二) 对外投资监管政策①

中国对外投资快速增长的同时,非理性投资甚至是异常投资问题频发。例如,2016年中国对外投资中住宿/餐饮、文化/体育/娱乐、房地产投资增长速度接近或超过了100%,非理性投资增长直接促成了此前"普惠性激励政策"向"分类施策"的转变。为规范企业对外投资行为、减少投资风险,政府多部门联合出台了多项监管措施,特别是在2016年和2017年前后。这些政策重点从以下三个方面加以监管和引导:一是在投资方向、监管方式等方面加强对企业的规范引导;二是根据中央企业和民营企业的特点,针对性地规范其海外经营行为;三是加强对银行、保险机构等特殊行业的投资监管,保证其境外业务健康运行。

(三) 营造良好的国际环境②

中国积极参与全球投资治理,提升国际话语权。吸收外资和对外投资的快速增长使政府充分认识到,积极参与全球经济治理、建立一个稳定的国际投资体制对中国来说是有利的。中国一方面积极参与国际规则制定,主动提出中国方案,发出中国声音;另一方面,充分利用多边机制维护中国正当权益,妥善应对针对中国的诉讼和国际投资争端。此外,考虑到多边投资协定达成的难度,中国高度重视双边投资协定的投资保护作用。

(四) 注重本土化经营

中国企业海外经营面临制度障碍、文化障碍、消费需求障碍等问题,使其开始重视本土化经营策略,生产经营尽可能地利用当地生产要素,努力实现生产采购销售本土化、人员本土化、品牌本土化和融资本土化等,从而准确定位当地消费者需求,扩大产品知名度,加快企业融入,同时还能促进当地就业,提升企业影响力。特别是我国部分"走出去"企业坚持共享式发展,严格遵守当地法律法规,依法纳税,重视安全生产、环境保护,致力于为当地社会作出更多的贡献、实现共赢。

---

① 中华人民共和国商务部,国家统计局,国家外汇管理局.2020年度中国对外直接投资统计公报[M].北京:中国商务出版社,2021:4.

② 高鹏飞,胡瑞法,熊艳.中国对外直接投资70年:历史逻辑、当前问题与未来展望[J].亚太经济,2019(5):94-102.

(五) 依托规模经济①

为分散对外投资风险、实现企业间优势互补,越来越多的中国企业开始共同拓展海外市场。一方面,同类企业或优势互补企业通过组建产业联盟,资源共享、相互配合,共同抵御对外投资风险;另一方面,依靠中国和东道国政府的支持建立境外经济贸易合作区,主导企业以自建、与中国企业共同投资或与东道国企业合作等方式吸引中国企业加入,在获取规模经济的同时还可降低对外投资风险,产生集聚效应。

十、利用外资安全

改革开放以来,中国吸引外资的水平越来越高,跃升至全球前列,自1992年以来一直是吸收外商直接投资的第二大经济体。然而,安全与发展休戚相关,利用外资安全是当前中国面对国际环境巨变应守住的重要防线,对安全风险的严格防控,是实现高水平开放的保障。下面对中国利用外资安全的实践进行介绍。

(一) 外资利用政策

1983年9月印发的《国务院关于加强利用外资工作的指示》,在放宽税收政策、提供一部分国内市场、放宽对设备进口限制等方面对外资提出了明确的优惠政策。例如,在所得税方面,对中外合资经营企业实行"两免三减半"政策,即在合营期十年以上的,从开始获利的年度起,头两年免征所得税,从第三年起减半征收所得税三年。1986年10月发布的《国务院关于鼓励外商投资的规定》对外商投资创办的产品出口企业和先进技术企业,在场地使用费、信贷资金、企业所得税、利润汇出和再投资等方面给予了特别优惠的"超国民待遇"。1992年邓小平南方谈话之后,中国引进外资力度进一步加大,政策上对外资优惠力度进一步加大。有的地方政府甚至突破国家基本税率和"两免三减半"的优惠政策底线,出台"四免四减"和"五免五减"等税收优惠政策,或者直接承诺零税费。这些行为易造成政府职能缺位、错位和越位,导致招商引资初衷难以实现。

进入21世纪以来,随着国内国际形势和环境发生重大变化,中国地方政府招商引资对象从之前的以引进外资为主,逐步转向外资、内资并重,外资企业的超国民待遇转为国民待遇。2008年1月1日起施行的《中华人民共和国企业所得税法》实行"两税合一"②,内外资企业所得税税率统一为25%。自2010年12月1日起,中国决定统一内外资企业以及个人城市维护建设税和教育费附加制度,从而基本取消了外资企业的"超国民待遇"。但是,各地方政府仍然对外资提供税收返还、降低土地价格等优惠政策,影响了国家财政税收收入。

2012年11月,党的十八大提出要"提高利用外资综合优势和总体效益,推动引资、引技、引智有机结合",中国地方政府招商引资也随之转向"双招双引"(招商引资、招才引智)新阶段。在"双招双引"新阶段,中国地方政府招商引资优惠和奖励政策也经历了从规范

---

① 太平,李姣.中国对外直接投资:经验总结、问题审视与推进路径[J].国际贸易,2019(12):50-57.
② "两税合一"是指将《中华人民共和国企业所得税暂行条例》和《中华人民共和国外商投资企业和外国企业所得税法》两部法律法规统一成一部所得税法,在税率等方面对内外资企业一视同仁。

管理到"再加码"的变化。2013年11月,中央十八届三中全会提出,完善税收制度,要按照"统一税制、公平税负、促进公平竞争的原则,加强对税收优惠特别是区域税收优惠政策的规范管理"。2014年11月,《国务院关于清理规范税收等优惠政策的通知》强调,在全面清理已有的各类税收等优惠政策的同时,要从统一税收政策制定权限、规范非税等收入管理、严格管理财政支出等方面切实规范各类税收等优惠政策。

"十三五"期间,受美国等发达经济体"再工业化"和印度尼西亚等东南亚发展中经济体低成本要素优势的双重夹击影响,中国实际使用外资的增速不断下滑。因此,"稳外资"成为"十三五"时期的重要任务。2020年以来,新冠疫情给全球跨境投资带来巨大冲击。2020年8月,《国务院办公厅关于进一步做好稳外贸稳外资工作的意见》发布,从引导加工贸易梯度转移、给予重点外资企业金融支持、加大重点外资项目支持服务力度、降低外资研发中心享受优惠政策门槛等方面提出15项具体政策措施。

(二)行业准入制度

中国主要是通过禁止性的准入规定、外国人投资的管理限制、股权的比例限制等制度限制外商的准入,对于外商投资多是批准性的制度,主要依据是2002年4月1日起施行的《指导外商投资方向规定》和2007年10月31日发布的《外商投资产业指导目录》。2016年,外资企业在华投资由审批制改为备案制。2017年商务部修订《外商投资产业指导目录》,减少外资准入限制并大幅简化外资并购中国企业手续。2018年商务部发布《外商投资准入特别管理措施(负面清单)(2018年版)》,推出一系列重大开放举措,减少对外资准入的限制。2020年1月1日,《中华人民共和国外商投资法》(以下简称"外商投资法")正式施行,准入前国民待遇加负面清单管理制度通过立法在中国得以完善,在坚定支持经济全球化和跨国投资自由化的同时,保障国家经济安全。

(三)国家安全审查制度

中国外资政策中最早提及"国家安全"的是《指导外商投资方向规定》。2006年出台的《关于外国投资者并购境内企业的规定》第十二条涉及国家安全审查相关规定,并且将品牌资源的保护纳入经济安全审查范围中。2011年,依据《国务院办公厅关于建立外国投资者并购境内企业安全审查制度的通知》,商务部颁布《商务部实施外国投资者并购境内企业安全审查制度的规定》,对外资并购境内企业的安全审查程序作了进一步细化,设立了预约商谈机制,明确了提交材料清单、消减影响的若干措施。

2015年,商务部出台的《中华人民共和国外国投资法(草案征求意见稿)》第四章中规定了国家安全制度的实体性和程序性规定。同年,中国自贸区开始试点实施与负面清单管理模式相适应的外商投资安全审查措施,国家颁布了《中华人民共和国国家安全法》《自由贸易试验区外商投资准入特别管理措施(负面清单)》和《自由贸易试验区外商投资国家安全审查试行办法》这三项法令,其中均包括关于外资"国家安全"的内容。

2020年1月1日中国正式施行的外商投资法明确要建立外资安全审查制度,该法直接援引了"国家安全"这一概念,使外资安全审查的范围超越了原先并购安全审查下的考量因素,从外资并购安全审查拓展到与外资有关的国家安全、国家公共政策、政策保护等内容,从而赋予外资安全审查新的内涵。同时,虽然在内容上已经有所企及,但是就外资安全审查制度而言,中国与国外仍存在一定差距。因此,在由商品和要素流动型开放向规则等制度型开放转变的过程中,必须尽快建立以外资审查为工具的开放风险防范体系。经中华人民共和国国务院批准,国家发改委、商务部发布,并于2021年1月18日开始正式实施的《外商投资安全审查办法》详细规定了外资安全审查制度的使用范围、对象、程序等。

(四)反垄断审查

2007年8月30日通过、2008年8月1起施行的《中华人民共和国反垄断法》首次明确规定了对外资并购境内企业进行国家安全审查。该法对国家安全审查作出了规定,"对外资并购境内企业或者以其他方式参与经营者集中,涉及国家安全的,除依照本法规定进行经营者集中审查外,还应当按照国家有关规定进行国家安全审查"。

相关案例 15-6

永辉超市为何取消收购中百集团

2019年12月16日晚,永辉超市股份有限公司(以下简称"永辉超市")发布公告称,决定取消2019年4月11日向中百控股集团股份有限公司(以下简称"中百集团")发出的部分要约收购计划,维持29.86%的持股比例不变。资料显示,中百集团为一家以商业零售为主业的大型连锁企业,涉足的商业零售业态主要包括超市和百货。此次并购案有两点值得关注:

第一,从发起收购要约至放弃收购计划,永辉超市经历了哪些审查?2019年8月20日,永辉超市收到国家市场监督管理总局出具的《经营者集中反垄断审查不予禁止决定书》,通过反垄断审查。2019年8月21日,永辉超市收到国家发改委关于公司要约收购中百集团外商投资安全审查申请表和补充申报文件的邮件。2019年11月11日,永辉超市收到国家发改委的《特别审查告知书》,决定自11月8日对永辉超市要约收购中百集团外商投资安全审查启动特别审查。2019年12月16日,永辉超市发布公告称,公司决定取消中百集团发出的部分要约收购计划,维持29.86%的持股比例不变。

第二,为什么此次收购会受到国家发改委的国家安全审查?其主要原因是永辉超市的第一大股东、持股19.99%的牛奶国际控股有限公司是在香港登记设立的私人股份有限公司,掌握着7-11、宜家、星巴克经营大权,并拥有惠康超市、万宁、美心等零售业务,属于境外法人,因此,永辉超市被认定为外国投资者。永辉超市和武汉商联(集团)股份有限公司(以下简称"武汉商联")同为中百集团的股东。永辉超市自2013年就对中百集团开展投资,此后多次增资。截至2019年上半年,永辉超市及其关联方合计持有中百集团29.86%的股份。武汉商联及其关联方目前合计持股比例为34%,与永辉超市相差仅4.14%。永辉超市若完成此次收购计划,持股比例将达到40%,取代武汉商联成为中百集团的第一大股东,可能取得中百集团的实际控制权。根据国务院安全审查通知,任何涉及国防安全的外资并购项目都需要受制于安全审查,不论外资是否取得实际控制权;但对于并购非涉及国防安全的境内企业,则需要外国投资者通过并购获得实际控制权才会受制于安全审查。因此,该案完全符合国家安全审查的条件。

此次并购案是国家发改委在2019年4月接替商务部主管外商投资安全审查工作后,

首起公开报道的涉及国家安全审查的并购案件。尽管永辉超市于2019年8月通过了国家市场监督管理总局的反垄断审查,但最终未过国家安全审查这一关。

资料来源:[1]余昕刚,蒋惠区,李瑞,等.外商投资安全审查2.0时代即将到来?[EB/OL].(2019-09-04)[2022-08-23]. http://www.zhonglun.com/Content/2019/09-04/1647363311.html;[2]中止收购 永辉超市收到国家发改委终止外商投资安全审查通知[EB/OL].(2019-12-28)[2022-11-28]. https://baijiahao.baidu.com/s?id=1654154550851527033&wfr=spider&for=pc.

本章小结

(1)新中国成立以来,不同时期的国家经济安全思想有所不同。毛泽东时期主要贯彻以自力更生为主的方针维护国家经济安全;邓小平时期主要认为,国家安全能否落实从根本上取决于自身的经济发展及实力的增强与否;江泽民时期则反复强调经济是国家利益的核心,没有经济安全,就不可能有真正的国家安全,更不可能在国际上有一席之地,一定要把国家安全建立在经济安全的基础上;胡锦涛时期对国家经济安全观进行了拓展和深化,表示要从国家安全"物质基础"高度看待经济安全,以及统筹国内发展与对外开放,切实维护国家经济安全;习近平时期高度重视经济安全的风险防控,强调要增强忧患意识,坚持底线思维,着力防范化解重大风险。

(2)中国国家经济安全观的演进。中国国家经济安全观主要经历了五个阶段:热点关注阶段、渐成体系阶段、入世应对阶段、顶层设计阶段、制度建设阶段。20世纪80年代中后期是国家经济安全的热点关注阶段,主要关注点集中于粮食安全、制造业安全、石油安全等局部领域,有关中国国家经济安全的文章比较零散,几乎没有形成系统的专著;1994年,中国社会科学院学者赵英在国内提出"国家经济安全"概念,这时国内对国家经济安全的研究开始渐成体系;2001年11月,中国加入WTO,开始应对全球化对中国国家经济安全的挑战;党的十八大以来,以习近平同志为核心的党中央在全面把握我国经济安全新趋势、新特点、新要求的基础上,创造性地形成了系统的经济安全观,标志着党和国家把对国家经济安全问题的理论认识提升到了新的高度;2019年10月31日,中央十九届四中全会通过《中共中央关于坚持和完善中国特色社会主义制度、推进国家治理体系和治理能力现代化若干重大问题的决定》,提出要将中国特色社会主义制度和国家治理体系建设提升到新的历史高度。

(3)中国维护国家经济安全的机构。中国暂未形成独立的维护国家经济安全的机构,中国的国家经济安全是由多个相关部门共同维护、共同保障的。首先,中央国家安全委员会是我国成立的最权威、最全面的维护国家安全的组织,维护国家经济安全是其重要任务之一;其次,中央金融委员会是为金融稳定和发展所设立的协调机构;最后,国家安全部、商务部、中国人民银行、国家能源局、工业和信息化部等部门均在维护国家经济安全中起着重要作用。

(4)中国维护国家经济安全的立法保障。为了维护国家安全、保护人民的根本利益,2015年7月1日,第十二届全国人民代表大会常务委员会第十五次会议通过新的《中华人民共和国国家安全法》并开始实施。除国家整体的安全法外,中国其他经济领域也有相关的法律以维护国家安全稳定发展。在产业安全方面,经过几十年来的不断制定和完善,中国初步建立起包含法律、法规、部门规章等多层次的贸易救济法律制度体系,为维护中国产业安全特别是对外贸易安全作出了重大贡献;在金融安全方面,中国形成了以金融基础法律为统领、以部门规章和规范性文件为重要内容、以地方性法规为补充的多层次金融法律体系,共同维护国家金融安全;同时,中国在新兴经济形式、粮食、能源、科技等领域也出台了相关的法律法规以维护其安全稳定发展。

（5）中国维护国家经济安全的政策措施。中国维护产业安全的措施主要有积极参与经济全球化、实施国家创新战略、合理运用贸易救济措施。中国维护金融安全的措施主要有建立法律和制度保障、化解金融机构风险、加强金融政策统筹协调、加强系统性风险监测评估、完善资管业务标准规制。中国维护就业安全的措施主要有稳市场主体、保障重点群体就业、强化就业服务。中国维护能源安全的措施主要有建立国家石油储备体系、保障煤炭供应充足、大力推动可再生能源替代。中国维护粮食安全的措施主要有建立耕地保护制度,保证耕地面积;实行轮作休耕制度,提升耕地质量;鼓励农业技术进步,实现粮食增产;优化农业布局和产品结构。中国维护科技安全在科技立法发展方面遵循了政策先行、成熟政策通过立法固定的规律。中国维护人才安全的措施主要有法律保障、人才市场管理政策、国际人才引进政策。中国维护对外开放安全方面主要包括对外贸易安全、对外投资安全以及利用外资安全。

复习思考题

1. 请简述我国不同时期的国家经济安全思想。
2. 我国国家经济安全观的演进经历了哪些阶段？
3. 请简述我国维护产业安全的措施。
4. 请简述我国维护能源安全的措施。
5. 请简述我国维护对外开放安全（对外贸易安全、对外投资安全、利用外资安全）的措施。

参考文献

陈斌,程永林.中国国家经济安全研究的现状与展望[J].中国人民大学学报,2020,34(1):50-59.

丛亮.切实保障国家粮食安全[N].学习时报,2022-07-08(1).

高鹏飞,胡瑞法,熊艳.中国对外直接投资70年:历史逻辑、当前问题与未来展望[J].亚太经济,2019(5):94-102.

《国家安全知识百问》编写组.国家安全知识百问[M].北京:人民出版社.2020.

国家粮食和物资储备局.职能配置与内设机构[EB/OL].[2022-08-23].http://www.lswz.gov.cn/html/jggk/znpz.shtml.

国家能源局.国家能源局简介[EB/OL].[2022-08-23].http://www.nea.gov.cn/gjnyj/index.htm.

胡锦涛.用"三个代表"重要思想武装头脑指导实践推动工作[J].求是,2004(1):3-13.

黄季焜,杨军,仇焕广.新时期国家粮食安全战略和政策的思考[J].农业经济问题,2012,33(3):4-8.

黄翔宇,孟宪生.习近平经济安全观的逻辑向度论析[J].理论导刊,2019(9):65-71.

黄翔宇,孟宪生.新中国成立以来国家经济安全观的演进历程、总体趋势及基本经验[J].天津师范大学学报(社会科学版),2021(2):87-95.

江泽民.增进睦邻友好,共创光辉未来:在泰国国家文化中心的演讲[N].人民日报,1999-09-04(1).

李长根,陈大理.论邓小平的国家安全观[J].党的文献,2000(4):31-35.

李丹.监管短板加快补齐 金控公司实施准入管理[EB/OL].(2020-09-14)[2022-08-23]. https://paper.cnstock.com/html/2020-09/14/content_1370603.htm.

李冬琴.中国科技创新政策协同演变及其效果:2006—2018[J].科研管理,2022,43(3):1-8.

李哲.从"大胆吸收"到"创新驱动":中国科技政策的演化[M].北京:科学技术文献出版社,2017.

刘斌.国家经济安全保障与风险应对[M].北京:中国经济出版社,2010.

刘文勇.改革开放以来中国对外投资政策演进[J].上海经济研究,2022(4):23-32.

刘霞,孙彦玲.国家人才安全问题研究[M].北京:中国社会科学出版社,2018.

牛善栋,方斌.中国耕地保护制度70年:历史嬗变、现实探源及路径优化[J].中国土地科学,2019,33(10):1-12.

宋和平.我国贸易救济法律制度回顾与展望[EB/OL].(2022-05-18)[2022-08-23]. http://lgj.mofcom.gov.cn/article/swsj/202204/20220403305806.shtml.

太平,李姣.中国对外直接投资:经验总结、问题审视与推进路径[J].国际贸易,2019(12):50-57.

唐春元.毛泽东经济安全观探析[J].湘潭大学学报(哲学社会科学版),2008(4):5-11.

王华庆,李良松.金融监管有效性的法律安排[J].中国金融,2019(17):26-28.

王轶辰.能源安全必须立足国内为主[EB/OL].(2022-08-11)[2022-12-10]. http://www.ce.cn/xwzx/gnsz/gdxw/202208/11/t20220811_37952367.shtml.

吴振宇,王洋.防范化解金融风险:进展和挑战[M].北京:中国发展出版社,2020.

徐孟洲.金融立法:保障金融服务实体经济:改革开放四十年中国金融立法的回顾与展望[J].地方立法研究,2018,3(6):62-73.

薛澜.中国科技创新政策40年的回顾与反思[J].科学学研究,2018,36(12):2113-2115.

杨波,柯佳明.新中国70年对外投资发展历程回顾与展望[J].世界经济研究,2019(9):3-15.

杨益.入世以来我国的产业安全及未来应采取的政策[J].中国对外贸易,2009(1):84-87.

张凤霞.当代中国国家安全观的发展历程[J].兰州学刊,2008(5):71-74.

张汉林,魏磊.全球化背景下中国经济安全量度体系构建[J].世界经济研究,2011(1):8-13.

张学森.金融法学[M].上海:复旦大学出版社,2006.

张永恩,褚庆全,王宏广.发展高产农业保障粮食安全的探索和实践[J].中国农业科技导报,2012,14(2):17-21.

赵玉川.我国经济安全监测与预警指标体系[J].北京统计,1999(7):8-9.

郑燕珊.十八大以来我国国家经济安全观的新发展[J].商业经济,2021(11):158-159.

中共中央党史和文献研究院.习近平关于总体国家安全观论述摘编[M].北京:中央文献出版社,2018.

中国人民银行.金融稳定局简介[EB/OL].[2022-08-23]. http://www.pbc.gov.cn/jinrongwendingju/146766/146778/index.html.

中国人民银行金融稳定分析小组.中国金融稳定报告2021[R/OL].(2021-09-03)[2022-08-23]. http://www.pbc.gov.cn/jinrongwendingju/146766/146772/4332768/2021111616012855737.pdf.

中华人民共和国工业和信息化部.工业和信息化部主要职责内设机构和人员编制规定[EB/OL].[2022-08-23]. https://www.miit.gov.cn/gyhxxhb/jgzz/art/2020/art_764adf9bbab147c39c934519f8e1103b.html.

中华人民共和国商务部,国家统计局,国家外汇管理局.2020年度中国对外直接投资统计公报[M].北京:

中国商务出版社,2021.

中华人民共和国商务部."十四五"对外贸易高质量发展规划[EB/OL].[2022-08-23].http://images.mofcom.gov.cn/wms/202111/20211123170359494.pdf.

周英峰.辉煌60年:石油储备从无到有 初步保障石油安全[EB/OL].(2009-08-20)[2022-08-23].http://www.gov.cn/jrzg/2009-08/20/content_1397515.htm.

朱国锋,李秀成,石耀荣,等.国内外耕地轮作休耕的实践比较及政策启示[J].中国农业资源与区划,2018,39(6):35-41.

朱涛.现代产业经济学[M].郑州:河南大学出版社,2016.

《总体国家安全观干部读本》编委会.总体国家安全观干部读本[M].北京:人民出版社,2016.

总体国家安全观研究中心课题组,傅小强.党的二十大精神指引国家安全新征程[J].国家安全研究,2022,5(5):5-19.

国家安全委员会需要全体爱国者支持[EB/OL].(2014-01-26)[2022-08-23].https://baike.baidu.com/reference/13003621/8be6ziLaCQdAOGxlle_W0649a9mQycjxjXtTjgsGQPv6juY68Tcx6Oyu1OYFQ6bYOTlLdniPBqJ6MDBNkUHdwMre8c6AjcJIJL8am9PYSxwNNho57Zk.

国务院金融稳定发展委员会成立并召开第一次会议[EB/OL].(2017-11-08)[2022-08-23].http://www.gov.cn/guowuyuan/2017-11/08/content_5238161.htm.

农民工就业总体稳定[EB/OL].(2022-05-04)[2022-08-23].http://www.gov.cn/xinwen/2022-05/04/content_5688546.htm.

世纪之交的中俄关系(中俄高级会晤结果联合声明)[J].中华人民共和国国务院公报,1998(31):1170-1173.

我国多措并举助企稳就业[EB/OL].(2022-07-06)[2022-08-23].https://news.cctv.com/2022/07/22/ARTIjlhpLxXZ8GAnEajOh9Fp220722.shtml.

习近平:坚持总体国家安全观 走中国特色国家安全道路[EB/OL].(2014-04-15)[2022-08-23].http://www.xinhuanet.com/politics/2014-04/15/c_1110253910.htm.

中国人民银行就《中华人民共和国金融稳定法(草案征求意见稿)》公开征求意见[EB/OL].(2022-04-07)[2022-08-23].http://www.gov.cn/xinwen/2022-04/07/content_5683802.htm.

中华人民共和国国民经济和社会发展第十四个五年规划和2035年远景目标纲要[EB/OL].(2021-03-13)[2022-12-07].http://www.gov.cn/xinwen/2021-03/13/content_5592681.htm.

教辅申请说明

北京大学出版社本着"教材优先、学术为本"的出版宗旨,竭诚为广大高等院校师生服务。为更有针对性地提供服务,请您按照以下步骤通过**微信**提交教辅申请,我们会在1~2个工作日内将配套教辅资料发送到您的邮箱。

◎ 扫描下方二维码,或直接微信搜索公众号"北京大学经管书苑",进行关注;

◎ 点击菜单栏"在线申请"—"教辅申请",出现如右下界面:

◎ 将表格上的信息填写准确、完整后,点击提交;

◎ 信息核对无误后,教辅资源会及时发送给您;如果填写有问题,工作人员会同您联系。

温馨提示:如果您不使用微信,则可以通过以下联系方式(任选其一),将您的姓名、院校、邮箱及教材使用信息反馈给我们,工作人员会同您进一步联系。

联系方式:

北京大学出版社经济与管理图书事业部

通信地址:北京市海淀区成府路205号,100871

电子邮箱:em@pup.cn

电　　话:010-62767312

微　　信:北京大学经管书苑(pupembook)

网　　址:www.pup.cn